불멸의 열쇠

불멸의 열쇠

초판 1쇄 발행 2022년 6월 3일
초판 2쇄 발행 2022년 6월 20일

지은이 브라이언 무라레스쿠
옮긴이 박중서
감수자 한동일
펴낸이 유정연

이사 김귀분
책임편집 심설아 **기획편집** 신성식 조현주 유리슬아 이가람 서옥수 **디자인** 안수진 기경란
마케팅 이승헌 반지영 박중혁 김예은 **제작** 임정호 **경영지원** 박소영

펴낸곳 흐름출판(주) **출판등록** 제313-2003-199호(2003년 5월 28일)
주소 서울시 마포구 월드컵북로5길 48-9(서교동)
전화 (02)325-4944 **팩스** (02)325-4945 **이메일** book@hbooks.co.kr
홈페이지 http://www.hbooks.co.kr **블로그** blog.naver.com/nextwave7
출력·인쇄·제본 (주)상지사 **용지** 월드페이퍼(주) **후가공** (주)이지앤비(특허 제10-1081185호)

ISBN 978-89-6596-513-8 03920

• 이 책은 저작권법에 따라 보호를 받는 저작물이므로 무단 전재와 복제를 금지하며,
  이 책 내용의 전부 또는 일부를 사용하려면 반드시 저작권자와 흐름출판의 서면 동의를 받아야 합니다.
• 흐름출판은 독자 여러분의 투고를 기다리고 있습니다. 원고가 있으신 분은 book@hbooks.co.kr로
  간단한 개요와 취지, 연락처 등을 보내주세요. 머뭇거리지 말고 문을 두드리세요.
• 파손된 책은 구입하신 서점에서 교환해드리며 책값은 뒤표지에 있습니다.

역사에서 지워진
신화적이고 종교적인 이야기

불멸의
열쇠

브라이언 무라레스쿠

박중서 옮김

한동일 감수

흐름출판

이 책을 훌리에타 벨렌과 알렉사 파스에게 바친다.
그들이 없었다면 이 책은 결코 태어나지 못했을 것이므로,
또 그들 때문에 이 책은 사실상 결코 끝나지 않았으므로.

그리고 나의 PJ, 포르모시시마 카우사 시네 쿠아 논.[*]

---

[*] [감수 주] formosissima causa sine qua non. 라틴어로 "그 아니면 할 수 없을 가장 아름다운 일"이라는 뜻이다.

αν πεθάνεις πριν πεθάνεις,

δεν θα πεθάνεις όταν πεθάνεις

당신이 죽기 전에 죽는다면

당신은 죽어도 죽지 않을 것이다.[*]

---

[*] [감수 주] 현대 그리스어로 "항상 죽음을 생각하고 산다면 죽더라도 죽는 것이 아니"라는
의미이다.

차
례

1부 환각성 맥주 양조
Brewing the Psychedelic Beer

2부 환각제 포도주 혼합

Mixing the Psychedelic Wine

『교회법률 용어사전』과 『카르페 라틴어 한국어 사전』 작업을 마친
뒤 스스로 한 가지를 약속했다. 하루를 '세븐 일레븐'으로 살지 않겠
다는 약속이었다. 사전을 작업하는 동안은 아침 7시부터 밤 11시까
지 간단한 식사와 생리적인 문제를 해결하는 일 외에는 꼬박 책을
들여다보며 일에 빠졌다. 외롭고 고독한 작업의 어려움은 둘째치고
건강에 이상이 생겼기 때문에 하루를 그렇게 보내는 삶은 거기서
멈추겠다고 다짐했다.

　하지만 브라이언 무라레스쿠의 역작 『불멸의 열쇠』*The Immortality Key*
로 나와의 약속이 깨졌다. 모처럼 지적 흥분에 빠져 700쪽에 달하는
원고를 2주 만에 쏜살같이 읽어 내려갔다. 한 장을 읽고 나면 다음
장에서는 어떤 이야기가 나올지 궁금증과 호기심이 생겨 쉽게 멈출
수 없었다. 자신과의 약속을 저버릴 만큼 이야기가 흥미롭게 전개되
는데, 단순히 글의 진행만 재미있는 것이 아니었다. 저자는 변호사
로서 보기 힘든 언어 능력을 지니고 있었다. 산스크리트어, 고전 그
리스어, 라틴어를 포함한 고어와 프랑스어, 이탈리아어, 스페인어에
이르는 현대어까지 그의 놀라운 언어 능력은 책 내용과 자료, 고증
을 더욱 풍부하게 만들었다.

무엇보다 좋았던 점은 평소 내가 가지고 있던 커다란 의문의 실마리가 이 책을 읽으며 풀린 것이다. 바로 산스크리트어에 대한 의문이다. 내가 『법으로 읽는 유럽사』와 문법서 『카르페 라틴어』에서 다룬 라틴어는 세계 언어 분포상 인도유럽어계에 속하는데, 인도유럽어란 북인도, 근동, 유럽 전 지역에 전파되어 있는 언어군을 말한다. 나는 인도유럽어가 어떤 과정과 이유로 유럽 전 지역에 퍼졌는지 늘 의문해왔다.

그에 대한 실마리로 이 책의 저자는 고대 인류가 사용한 도기에서 추출한 고고화학적 결과를 바탕으로 수렵 생활을 하는 고대 인류가 원시 맥주를 경험하고, 그로 인해 수렵 생활에서 농경 생활로 삶의 형태가 바뀌어가는 과정을 설명한다. 인도유럽어가 동양과 서양에 광범위하게 영향을 주며 언어의 뿌리 역할을 했던 데에는 그들의 언어를 사용해야만 얻을 수 있는 편익이 있었을 텐데 아마도 초기 인류가 받아들인 것은 인도유럽어 사용자의 다양한 곡물에 대한 지식일 것이다. 저자는 이를 고대 맥주와 환각 물질이라 말하는데, 그것은 곧 인간이 삶을 영위하는 데 중요한 먹을거리에 대한 정보와 지식이었기에 고대 사회의 가정 경제를 관리하는 데 중요했다.

이를 그리스어에서는 '오이코노미아'οἰκονομία라 했고, 라틴어는 그리스어를 그대로 음차하여 '오이코노미아'oeconomia라 했으며, 이것이 다시 '에코노미아'economia로 변형되어 오늘날 우리가 아는 '이코노미'economy가 되었다. '오이코스'οἶκος는 '야생지'라는 의미도 있기 때문에 초기 수렵 인류가 농경 생활을 하는 과정에서 파생되었을 수도 있다. 이 그리스어 'οἶκος'가 인도유럽어 'ueik-, uoik'에서 유래한 말이다.[*]

한편 가톨릭 신자이면서 예수회 학교에서 교육받은 저자는 가톨릭 신자로서 느끼는 그리스도교, 구체적으로 로마 가톨릭교회에 대한 자신의 입장을 피력한다. 어떤 부분에서는 고개가 숙여지기도 하고, 또 어떤 부분에서는 지나친 비약이나 상상이 작용한 듯해 불편하기도 하다. 그리고 어떤 부분에서는 교회의 치부를 드러내는 것처럼 느껴지기도 한다. 하지만 어디까지나 저자 본인이 십수 년간 연구하고 경험한 산물이니 설령 받아들이기 어려운 점이 있다 해도 '그의 생각'이라 여기며 그대로 따라 읽어 내려가 보면 좋을 듯하다.

어찌 보면 이 책은 '현대 종교는 인간에게 어떤 기다림과 기대감을 줄 수 있을까?' '오늘날 종교는 인간에게 어떤 기쁨과 희망을 줄 수 있을까?'라는 의문에서 시작하는 듯하다. 또한 내 졸서 『믿는 인간에 대하여』에서처럼 그리스도교를 빼놓고는 말할 수 없는 유럽의 역사와 문화 속에서 드러난 믿음과 종교에 대한 또 다른 형태의 물음과 고찰로 다가오기도 한다. 이 책을 읽는 독자 여러분도 저자의 물음과 고찰을 통해 다시 나와 같은 물음과 고찰로 이어지기를 희망해본다. 그 이어짐을 통해 나의 신앙과 종교, 인류의 믿음과 종교에 대해 다시 생각해보는 기회가 되면 좋겠다.

한동일

---

* Robert Beekes, *Etymological Dictionary of Greek Vol. 2* (Brill 2009), 1055쪽 참조.

여기에서 기쁜 마음으로 여러분께 소개하는 이 탁월한 책 『불멸의 열쇠』의 저자 브라이언 무라레스쿠처럼 나 역시 기독교 가정에서 태어났다. 내 부모님은 장로교도셨고, 브라이언의 양육 배경은 로마 가톨릭이었다. 두 종파에는 교의적인 차이점이 여럿 있지만 '거룩한 친교', 즉 성찬식을 실천했으며, 비교적 최근인 18세기까지 특히 마술로 고발당한 '이단'의 화형을 옹호하고 추구했다는 공통점을 지녔다.[*]

내 부모님은 1940년대 에든버러의 교회에서 만났으며, 이후 아버지는 의사 면허를 취득하고 1954년부터 1958년까지 인도 남부 벨로르Vellore에 있는 크리스천 의과대학에서 의료 선교사로 재직하셨다.

나는 1950년 부모님의 외동 자녀로 태어나 헌신적인 기독교 공동체에 에워싸인 '선교 현장'에서 4년을 보냈다. 그 시간은 내 삶을 형성하는 데 분명히 영향을 주었다. 물론 내 아버지가 기대한 방식으로는 아니었지만 말이다. 아버지는 내 머릿속에 기독교 관념을 채

---

[*] [감수 주] 마녀사냥은 중세 로마 가톨릭교회뿐 아니라 종교 개혁 이후 각 개혁종파에서도 있었다. 사람들이 악마학에 관한 논문에 별다른 관심을 갖지 않게 된 17세기 중반부터 서유럽에서 마녀사냥은 점차 쇠퇴했다.

우려 애썼고, 그 노력은 교회에 나가 길고도 지루한 설교를 억지로 듣고 싶지 않았던 내게 기름을 부었을 뿐이다.

열네 살 무렵 그 반감은 결국 혐오로 굳어졌다. 때는 1964년이었다. 영국에 돌아온 지 6년째였고, 더럼시의 기숙학교에서 비참한 시간을 보내고 있었다. 영국 국교회인 성공회와 제휴한 학교는 끔찍했고, 여기에 묘사하기 어려울 정도로 가학 폭력적이었다. 가톨릭교회나 장로교와 교의적으로 차이는 있지만 '거룩한 친교'의 전례만큼은 공유하는 성공회 학교에는 으스스한 석조 예배당이 우뚝 솟아 있었고, 학생들은 정기 예배에 의무적으로 참석해야 했다.

나는 무자비하게 지루한 예배를 적극적으로 두려워하고, 그 어리석음과 비합리성을 적극적으로 원망했다. 왜 내가 '하느님'과 그의 '아들' 예수, 천국과 지옥과 천사와 사탄을 믿어야 한다는 것일까? 교회 목사들과 내 부모님이 사실이라 말했다는 이유만으로?

그것은 나에게 사실이 아니었다!

예배가 진행되는 동안 무릎 꿇고, 기도하고, 찬송 부르기를 거부하는 식으로 10대답게 반항하면서 나는 이후 모든 것에 질문을 던지기로, 어떤 권위 있는 인물이나 케케묵은 책이 그렇다고 말한다는 이유만으로 절대 아무것이나 신뢰하지 않기로 마음먹었다.

10대 말에 이르러 나는 이미 철저히 무신론자atheist가 되어 있었다. 무신론이야말로 기독교의 신조에 대항해 내가 지킬 수 있는 유일하게 이성적이고 합리적인 입장인 것만 같았다. 그러다 1970년대 초 대학에 들어가 당시 급진적이고 수상했던 분야인 사회학을 공부하게 되었고, 내 견해는 더욱 단단해졌다.

그 후 나는 줄곧 엄밀한 의미 그대로 무신론자였다. 이 단어는 그리스어 아테오스átheos, 즉 '신이 없다'[無神]라는 뜻에서 유래했기 때문이다. 50년이 지난 지금까지도 신을 믿어야 하는 이유는 찾지 못했다. 하지만 지난 반세기 동안 마주한 어떤 경험들은 내 전망을 심오하게 바꿔놓았다. '신'은 여전히 입증되지 않은 가설이지만 그 경험으로 나는 다른 영역과 현실의 존재를 받아들이게 되었다. 그것은 우리의 영역이나 현실과 공존하고 모든 사람에게 영향력을 발휘하지만 현대 기술 사회에서 보이지도 않고 인식되지도 않는다. 기독교 가르침에 오랫동안 노출되었던 사람에게는 특히 그렇다.

경험들

교회에서 설교를 듣는다면 그곳에서 내가 경험하는 일은 설교를 듣는 일에 그 설교가 불러일으키는 온갖 반응이 더해진 것이다.

따라서 이 경우 '경험'은 강연이나 여느 가르침을 듣거나 그에 반응하는 경험과도 유사하다. 거기에서 새로운 것을 배울 수도 있고, 이미 친숙한 내용을 접할 수도 있다. 한편으로는 끔찍하게 지루해하면서 다른 한편으로는 열광적으로 참여할 수도 있고, 다양한 단계로 동의하거나 동의하지 않을 수도 있다.

이와 마찬가지로 인간의 성행위에 관해 강연을 듣거나 책이나 학술 논문을 읽을 경우 그 강연이나 책 혹은 논문을 지루하다거나, 자극적이라거나, 흥미롭다거나, 당혹스럽다거나, 유익하다거나, 불필요하다는 식으로 경험할 수 있다. 하지만 한 가지만큼은 확실하다. 강연을 듣거나 책이나 논문을 읽는 경험은 실제로 성행위를 할 경우 즐기게 될 경험과 범주상 똑같지 않다.

따라서 우리는 경험으로서의 가르침, 설교, 책, 강연, 논문이란 그것이 묘사하거나, 분석하거나, 설명하려 하는 바와는 별개이며 뚜렷이 다르고 그보다 낮은 종에 속한다는 데에 동의할 수 있을 것이다. 성행위에 관해 강의를 듣는 일과 성행위 하는 일이 똑같지 않듯 하느님 나라에 관해 설교를 듣는 일과 하느님 나라를 방문해 직접 경험하는 일도 같지 않다.

그래서 나는 환각제와 환각제가 불러오는 경험에 관심을 갖게 되었다.

첫 환각제 경험은 1974년 영국에서였다. 그때 나는 한 축제에서 충동적으로 LSD를 복용하고 열두 시간 동안 희열, 계시, 섬뜩한 도전, 시간 여행, 신비를 겪었다. 이 경험이 워낙 강렬해서 처음에는 괜찮았지만 다음번에는 잘못되면 어쩌나 하는 두려움에 이후 30년 동안 다시 '여행'trip*하는 기회를 몇 번 거절했다.

그러다 처음에는 석기 시대 동굴 미술의 신비에 관해 쓰려 했으나 결국 그보다 훨씬 방대한 내용을 담은 책을 펴내게 되었다. 2005년 발행된『슈퍼내추럴: 고대의 현자를 찾아서』*Supernatural: Meeting with the Ancient Teachers of Mankind*를 집필하기 위해 사전 조사하던 2002년, 나는 남아프리카 비트바테르스란트 대학교University of Witwatersrand 인류학 교수 데이비드 루이스 윌리엄스David Lewis-Williams를 만났다. 그해 출간된 데이비드의 저서『동굴 속의 정신: 의식과 예술의 기원』*The Mind in the Cave: Consciousness and the Origins of Art*은 내게 계시로 다가왔다.

---

* LSD 등의 복용에 따른 강력한 환각 체험을 가리키는 은어이기도 하다.

이 책은 전 세계 동굴 미술의 특징적인 모습이나 서로 접촉했을 리 없는 사람들의 예술에서 나타나는 공통적 테마 등을 언급하며, 그 화가들이 생존했던 시대와 장소에 관계없이 모두 깊은 변성 의식 상태를 경험했으며, 특히 부족과 수렵 채집민 문화의 샤먼이 강력한 환각 물질을 섭취해 황홀경과 유사한 변성 의식 상태를 추구했다고 보아야 그들 작품의 특징이 설명된다고 많은 증거를 들어 설득력 있게 주장했다. 데이비드의 '동굴 미술의 신경심리학적 이론'에 따르면 한마디로 석기 시대의 샤먼은 다양한 수단, 특히 환각 성분 식물과 균류를 이용해 황홀경 상태에 들어서서 강력한 환시vision를 경험했다. 이들은 '정상', 즉 일상 의식 상태로 돌아온 뒤 각자의 환시를 떠올려 동굴 벽에 그렸다.

나는 오늘날 전 세계에 잔존하는 부족과 수렵 채집민 사회의 샤먼이 이처럼 황홀경 상태를 포용하며 이를 위해 환각 성분 식물과 균류를 이용하는 경우도 여럿이라는 사실을 금세 발견했다. 그중 다수는 환시를 그림으로 남겼으며, 이른바 '영의 세계'와 그곳 거주민을 묘사했다는 이 현대 샤먼의 이미저리(imagery, 화상)는 석기 시대 동굴 미술의 이미저리와 흡사했다.

직접 참여 연구자인 나는 환각제에 대한 지식을 새로이 할 때가 되었다는 사실을 알 수 있었다. 그래서 첫 번째 연구 '여행'을 위해 남아메리카 아마존 우림으로 갔고, 그곳 샤먼들과 나란히 앉아 아야와스카Ayahuasca라는 신성한 환시의 조제약을 마셨다. '영혼의 포도주' 또는 '죽은 자의 포도주'라는 뜻을 지닌 이 용액의 활성 성분인 디메틸트립타민dimethyltryptamine, DMT은 이제껏 과학이 발견한 물질 중 가장 유효한 환각제이다.

나는 2003년 아마존에서 총 11회에 걸쳐 아야와스카 세션에 참여하며 책을 집필하는 데 필요한 만큼 충분히 경험했다. 『슈퍼내추럴』을 펴낸 뒤로도 70회 넘게 아야와스카 세션에 참여했으며, 그중 가장 최근에 한 경험은 지금 이 글을 쓰고 있는 2019년 12월 코스타리카에서였다. 꾸준하지는 않지만 1년에 한 번은 아야와스카 순례를 시도하며, 세계 어느 곳으로 가든 매번 다섯 명에서 스무 명, 드물게는 백 명쯤 되는 동료 탐구자 무리와 동행해 예식 자리에서 용액을 마신다. 전형적으로 이런 예식은 아마존 샤먼이나 그 밑에서 수습한 서양인이 진행하며, 남성이 아니라 여성이 예식을 이끈다.

아야와스카를 마시는 일은 쉽지 않다. 배터리 액과 더러운 양말과 하수를 뒤섞고 나서 초콜릿 냄새를 약간 곁들인 듯 고약한 냄새가 나며, 마시고 나면 기운이 다 빠지도록 헛구역질이 나고 종종 설사, 많은 땀, 심한 구토까지 이어진다. 이 모든 증상에 수반되는 환영幻影은 때로는 무시무시하고 때로는 깊이 위안된다. 비범하게 회전하고 번쩍이는 기하학적 무늬가 별세계적 배경막을 만들어준다. 그 환영에서는 지적 실체들과도 만나며 그들은 때로는 인간, 때로는 동물의 형태이다. 때때로 일부는 인간, 일부는 동물인 혼종이며 이를 전문 용어로 테리안트로페스therianthropes, 즉 반인반수半人半獸라 한다. 이는 그리스어로 야수를 뜻하는 테리온therion과 인간을 뜻하는 안트로포스anthropos에서 비롯한 말이다.

경험의 불편함을 각오하고서라도 매년 아야와스카로 돌아가는 이유는 그 환영이었다. 매끄럽게 설득력 있는 평행 우주로 들어가는 느낌, 흥미롭고 뜻깊으며 때때로 삶을 바꿔놓는 별세계적 실체와 만나는 기회를 얻는다는 느낌 때문이었다.

이 실체들은 흔히 뱀이나 뱀/인간 혼종 그리고 '아야와스카 어머니'Mother Ayahuasca로 나타난다. '아야와스카 어머니'는 많은 사람이 그 음료 배후에 있는 초자연적 지성이라 믿는 실체로, 샤먼의 미술에서 뱀이나 뱀 반인반수로 종종 묘사된다. 나도 '그녀'를 그런 형태로 여러 번 만나보았다. 한번은 '그녀'가 길이 6미터에서 9미터쯤 되는 커다란 보아 뱀으로 나타났다. 그녀는 내 몸 주위로 부드럽게 똬리를 틀더니 커다란 머리를 내 어깨에 올려놓고 내 눈을 무한히 바라보았다. 그녀는 내게 사실보다 사실 같았고, 우리 인간이 뱀에 대해 가지게 마련인 '자연적' 공포를 뛰어넘어 깊은 공감과 전적인 아름다움을 느끼게 했다. '그녀'는 가장 오랫동안 나를 사랑했고, 그사이 매우 단순하고 기본적인 메시지를 텔레파시처럼 놀랍고 숨 막히는 힘으로 거듭 쏘아 보냈다. 그 내용은 내가 다른 사람에게 더 친절하고 더 힘을 줄 필요가 있다는 것이었다.

그 세션을 마치면서 시간을 거슬러 지난 실수와 몰인정을 바로잡지는 못하더라도 다시는 그런 일을 저지르지 않고 다른 사람들의 삶에 더 친절하고 더 긍정적이며 따뜻하고 건설적인 영향을 끼치겠다고 마음먹었으며, 내가 그렇게 다짐할 수 있다는 사실을 분명히 알았다.

우리가 실제 사람이나 실제 사물이라 말하듯 일반적인 의미에서 아야와스카 어머니가 '실재'인지 아닌지는 알 수 없지만 내 책『슈퍼내추럴』에서 철저히 기록하고 주석한 자료들에 따르면, 여기에는 현상학적 차원에서 한 가지 흥미로운 점이 있다. 수천 명의 사람이 아야와스카 세션 중 '그녀'와 만났고, 그 결과 행동과 인생관이 십오하게 변화했다는 사실이다. 유물론 과학계에서는 그들에게 영감을 제공한 실체를 가리켜 기껏해야 교란된 두뇌 활동의 부수 현상에 불과하다고 축소하지만 그런 변화는 현실이다.

현실일 수도 있고 아닐 수도 있으나 현실처럼 겪는 이 실체는 아야와스카 여행 한가운데에서 심오한 도덕적 교훈을 준다. 그 여행에서는 모든 환영과 변명이 벗겨져 절대적인 명확성과 투명성을 지닌 채로 다른 사람에게 불친절하고 부당하게 행동했거나, 비열하게 생각하고 애정 없었거나, 잠재력에 걸맞게 살지 못했던 삶의 여러 일화를 볼 수 있으며, 자신의 냉정하고 엄혹한 진실을 있는 그대로 직면하게 된다. 이런 계시는 고통스러울 수 있다. 그래서 세션 가운데 울음을 터뜨리기도 하지만 이 일로 통찰하고 앞으로의 행동을 바꾸는 기회를 얻는다. 다른 사람을 조금 더 북돋고, 조금 덜 해하고, 조금 더 살피고, 우주가 우리를 인간의 몸으로 태어나도록 허락함으로써 선사한 엄청난 혜택을 이전보다 조금 더 자각하도록 한다. 우리는 영혼의 성장과 개선을 위한 기회인 이 혜택을 허비해서는 안 된다.

어쩌면 이는 유해한 초강력 약물에 대한 중독에서 벗어나는 방법으로 아야와스카가 크게 성공한 이유 중 하나일 것이다. 한 예로 자크 마비Jacques Mabit 박사는 수년간 페루 타라포토Tarapoto 소재 타키와시 진료소Takiwasi clinic에서 헤로인과 코카인 중독자들을 대상으로 아야와스카 치료를 시행해 대단히 뛰어난 효과를 거뒀으며, 그곳에서는 보통 12회 세션을 진행한다.

상당히 많은 참가자가 세션 동안 각자의 문제와 행동의 근원에 관해 강력한 계시를 받았다. 이들은 타키와시를 떠날 무렵 중독에서 완전히 벗어났고, 금단 증상조차 없는 경우도 종종 있었으며, 다시는 그 습관을 보이지 않았다. 이 성공 비율로 보면 서양의 전통적인 약물 중독 치료 중 어떤 방법보다 효과적이다.

그동안 캐나다에서는 게이버 메이트Gabor Mate 박사가 약물 중독 환자들에게 아야와스카 치유 세션을 제공해 놀라운 성공을 거두고 있었는데, 갑자기 캐나다 정부가 끼어들어 아야와스카가 불법 약물이라는 빌미로 연구를 중단시켰다. (다음 자료를 보라. www.theglobeandmail.com/life/health-and-fitness/bc-doctor-agrees-to-stop-using-amazonian-plant-to-treat-addictions/article4250579/)

하지만 브라이언 무라레스쿠가 『불멸의 열쇠』에 기록한 것처럼 이른바 '약물과의 전쟁'이 요구한 가혹한 처벌을 정당화하기 위해 오랫동안 동원되었던 서양 과학조차 지금은 환각제의 긍정적이고 삶을 바꿔놓는 유익을 점점 더 많이 인식해 외상 후 스트레스 장애나 암 환자의 죽음에 대한 두려움을 없애는 데 사용하기도 한다. 현재 존스홉킨스 환각제와 의식 연구센터Johns Hopkins Center for Psychedelic and Consciousness Research에서는 이른바 '마법 버섯'의 활성 성분인 실로시빈psilocybin의 잠재력을 연구 중이며, 브라이언의 보고처럼 "자원자 가운데 75퍼센트가 단 한 번의 실로시빈 투여를 평생 가장 뜻깊거나 가장 좋았던 경험 다섯 가지 안에 드는 일로 꼽았다"라고 하니 놀라울 따름이다.

나 역시 여러 차례의 아야와스카 세션 가운데 일부에서 매우 날카로운 통찰을 얻게 하는 비범한 힘을 느끼는 축복을 누렸으며, 그 일을 내 삶에서 가장 의미 있는 경험 가운데 하나로 서슴없이 꼽는다. 실제로 그 경험은 삶과 '실재'의 성격에 관한 나의 전체적인 관점을 바꿔놓았다. 나는 여전히 무신론자이며 의식을 물질로 축소시키려 했던 과학자들이 옳을지도 모른다고 생각한다. 하지만 아야와스카를 경험한 뒤 유물론적 환원주의materialist-reductionism가 심오한 오류이고, 살아 있고 의식한다는 것은 거대하고도 측정 불가능한 규모의 신비이며, 셰익스피어가 『햄릿』Hamlet에서 한마디로 요약한 것처럼 우리의 철학에서 현재 생각하는 것보다 "많은 것이 하늘과 땅에 있다"*라고 믿게 되었다. 이는 어떤 강연이나 설교를 읽고 연구하고 들어도 얻지 못할 확신이었다.

처음 무신론을 포용했을 때 나는 삶의 초월적 의미나 목적은 없고, 천국도 없고 지옥도 없으며, 설령 우리의 신체와 두뇌가 죽어도 '정신적인' 부분인 '영혼'은 살아남는다는 상상이 부조리하다는 등의 상호 연관된 발상들도 함께 받아들였다.

아야와스카 체험 이후 나는 더 이상 논리와 이성이 이처럼 의식을 육체로 쉽게 환원시킨다고 확신하지 못하게 되었다. 이제 사는 동안 의식이 육체에서 현현되는 것은 사실이지만 육체에 의해 만들어지거나, 육체에만 국한되거나, 육체의 죽음과 함께 불가피하게 소멸하는 것도 아니라고 확신하게 되었다. 나는 이전처럼 죽음을 두려워하지 않는다. 오히려 호기심과 모험심을 가지고 다가오는 죽음을 바라본다.

따라서 나의 아야와스카 경험은 설득되는 경험이었다고 말할 수 있을 듯하다. 어쩌면 고대 그리스 엘레우시스의 성역에서 순례자들이 경험한 일도 이와 흡사한 방식으로 설득되는 일이었을지 모른다.

---

* 『햄릿』 1막 5장에서 선친의 유령을 만나고 돌아온 햄릿이 그 기이한 현상을 의아해하는 친구 호레이쇼에게 건네는 말의 일부이다.

이 책을 읽으며 알게 되겠지만 엘레우시스의 참가자들은 환각성일 가능성이 있는 음료 키케온ĸυκεών**을 마신 뒤 죽음에 대한 두려움을 모두 사라지게 하는 직관을 경험했다. 아야와스카에 관여하는 구체적인 환각 성분은 키케온의 환각 성분과 밀접하지만 똑같지는 않다. 하지만 양쪽에서 유도된 '지복직관'至福直觀, beatific vision과 뜻깊은 경험만큼은 매우 놀랍게도 똑같은 것으로 보인다.

고대의 스승들

서양 역사 대부분에 걸쳐, 다시 말해 '초기' 그리스도교가 로마 가톨릭교회의 구둣발 아래 조직적으로 짓밟히기 시작한 4세기까지만 해도 '지복직관'은 『불멸의 열쇠』의 주제인 '이름 없는 종교'의 주된 모집 도구였다. 매우 오래되고 영향력 있던 이 종교는 브라이언이 예로 든 엘레우시스 신비제와 디오니소스 신비제나 내가 『슈퍼내추럴』에서 탐구한 벽화 동굴의 훨씬 앞선 종교와 같이 여러 형태로 달라지고 변할 수 있었지만 그 사례들은 모든 참가자가 때로는 음식, 때로는 음료, 때로는 둘 다 먹고 마시는 묘약의 신비sacrament***를 치렀다는 공통점을 지녔다.****

브라이언이 설득력 있게 논증했듯 '초기' 그리스도교*****는 지금

** [감수 주] 키케온(kukeon)은 묘약, 음료수, 독약, 물약, 혼란, 무질서, 난잡, 문란, 잘못된 일, 뒤얽힘, 혼합물, 잡동사니 등을 뜻한다. 그리스어 철자 υ는 '우'나 '이'로 음역되어 ĸυκεών은 우리말로 쿠케온, 키케온 양쪽으로 읽을 수 있으나 통상 '이'로 음역하는 쪽이 더 자연스러워 '키케온'으로 읽기로 한다.

으로부터 2,000년 전쯤 기껏해야 이 고풍스러운 종교의 최신 형태 또는 체현incarnation으로 시작되었으며, 적어도 몇몇 경우에는 환각성 식물과 균류를 넣은 빵과 포도주를 그 신비로 이용한 것으로 보인다. 콘스탄티누스 치세(306~337) 이전까지만 해도 당시 그리스도교는 로마 제국 치하에서 탄압받았기 때문에 신봉자들은 보통 소수 집단을 이루어 비밀리에 만나 '거룩한 친교'의 빵을 먹고 포도주를 마신 다음, 강렬하고 뜻깊은 지복직관을 경험했다. 신성을 직접 경험하는 친교인 이 비밀 예식은 여성이 주도하고 남성이 부차적인 역할을 담당하는 경우가 흔했다.

그러다 남성이 지배하는 로마 가톨릭이 4세기 후반부터 대두하면서 교회에서 여성의 역할을 주변화했으며, 성사에서 환각 성분을 제거하는 결정적인 조치를 취했다. 이로써 '거룩한 친교'는 강력한 경험의 내용이 제거된 채 기독교인이 수억 명 계속해서 수행하는 공허한 상징적 행위로 축소되고 말았다.

아야와스카에서 상당히 많은 영향을 받아 작품을 만드는 선견 미

*** [감수 주] 법학자 출신 신학자 테르툴리아누스(155~240)가 'sacrament'의 원 개념인 'sacramentum'을 로마법의 충성 서약이나 선서, 분쟁공탁금, 신비라는 개념으로 사용하면서 3~4세기 '신적인 일'이라는 의미의 '성사'라는 개념이 등장했다. 중세부터 이 용어가 사용되어 현재 'sacrament'는 일반적으로 로마 가톨릭교회의 성사를 의미하게 되었다.

**** [감수 주] 신비주의는 신화 속 시인이자 음악가인 오르페우스에 의해 이집트에서 그리스로 전파되었다. 오르페우스는 그리스 다신교의 창시자로 여겨지는 인물이다. 기원전 1400년 무렵 확립된 것으로 추정되는 엘레우시스 신비제 또는 신비의식은 이집트의 신비주의적인 진리를 함께 나누고 보전하는 데 기여한 가장 큰 전수의 장이 되었다. 엘레우시스 신비제의 원리 가운데 많은 내용이 플라톤과 로마의 작가이자 풍자가인 루키우스 아풀레이우스의 작품으로 현대까지 내려온다. 제임스 와서만 지음, 『성전기사단과 아사신단』, 서미석 옮김, 정신세계사 2006, 366쪽 참조.

***** [감수 주] '기독교'는 그리스도를 믿는 모든 종파를 뜻하나 한국에서는 개신교만을 의미한다고 받아들이기 쉬워 그리스도교로 옮긴다.

술가이자 내 친구인 알렉스 그레이Alex Grey는 구약성서에 나오는 뱀, 선악과, 에덴동산에서 아담과 하와Eve를 추방한 하느님 이야기를 가리켜 '1차 환각제 탄압'이라 묘사했다.

그의 발상을 계속 따라가다 보면 로마 가톨릭의 '초기' 기독교인 탄압과 그들의 환시적 친교용 포도주 근절을 2차 환각제 탄압이라 묘사할 수 있지 않을까 하는 생각에 다다른다.

그러다 20세기에 이르러 우리가 교회의 사랑 없는 철권으로부터 자유로워지고 새로운 영적 가능성이 열리는 듯하자 세계 각국 정부는 즉시 이른바 '약물과의 전쟁'에 뛰어들었다. 이는 곧 3차 환각제 탄압이었다.

범속한 것 이외의 영역과 현실의 접촉을 금지하는 일은 이처럼 여러 세기에 걸쳐 반복되었다. 이는 때때로 권력을 이용해 화형이나 투옥을 자행하며 치명적으로 강제되었다. 하지만 '이름 없는 종교'가 인류의 기록에서 완전히 삭제된 것이 확실해 보였던 때조차 지구 전역에서 자라나는 환각성 식물과 균류의 형태를 취한 다양한 '백업 파일'은 항상 있었다. 물론 여러 세기에 걸칠 만큼 오랜 공백도 있었지만 한 호기심 많은 개인이 우연히 혹은 의도적으로 이름 없는 종교의 영구 기록관 역할을 하는 식물과 버섯 표본을 채취하면서 그 경험을 시작하고 궁극적으로 그런 경험을 완전히 복원할 사회 조직의 이후 과정도 시작하게 되는 순간은 항상 찾아왔다.

멕시코 남부의 마자테크족 샤먼들이 자신들의 예식에 사용하는 실로시빈 함유 버섯을 가리켜 '작은 스승들'little teachers이라 부른 것은 우연이 아니었으며, 어떤 면에서는 모든 환각성 식물과 균류가 그렇다. 문자 그대로 이는 인류의 오랜 스승이었다. 아야와스카나

프실로키베 멕시카나Psilocybe mexicana, 페요테peyote, 맥각 균류fungus ergot에서 추출한 성분인 LSD 중 어떤 것을 이용하든 우리는 이름 없는 종교의 생물학적 대행자를 마주하고, 우리의 영적 욕구와 잠재력을 재각성시키는 신비로운 역량을 상대하는 셈이다.

브라이언은 평생 한 번도 환각제를 경험해본 적 없으며 앞으로도 경험할 필요 없다고 말한다. 『불멸의 열쇠』는 환각제 여행 보고서가 아니라 명백히 사실인 자료와 경험적 논증을 제공할 뿐이기 때문이다. 환각제 무경험자로 남겠다는 그의 결정은 현명하며 전략적인 행보로 보인다. 자칭 회의주의자들이 이 중요한 책을 가리켜 '약쟁이'의 '헛소리'나 그와 비슷한 망발이라며 쉬이 인신공격할 수 없게 하기 때문이다.

내가 접근하는 방법은 다르다. 나야 환각제를 직접 경험하지 않고는 『슈퍼내추럴』을 쓰지 못했을 테지만 거기에서 비롯한 회의적인 반격은 크고, 지속적이고, 뚜렷했다. 실제로 『슈퍼내추럴』이 발간된 지 15년이 지난 지금까지도 나의 환각제 경험은 회의주의자들이 내 저서를 조롱하고 폄하하는 주된 도구 중 하나이다.

후회하지는 않는다.

오랫동안 변함없이 무신론을 지키며 종교적 믿음으로 보이는 것이라면 무엇이든 멀리해왔는데도 종종 여성이 인도했으며, '초기' 기독교인들의 '친교'처럼 비밀리에 개최된 세계 각지의 환각제 예식을 통해 내 삶에 영성이 다시 들어왔기 때문이다.

이에 나는 깊이 감사한다.

그레이엄 핸콕

새로운 혁명

"저는 무신론자예요. 하느님이 있다고 믿지 않아요." 그녀는 단언했다. "하지만 그때 그 사랑을 느끼기 시작했어요. 정말 압도적이고 모든 것을 포용하는 사랑을요." 이윽고 긴 침묵이 흘렀다. "그건 하느님의 사랑 속에 푹 잠겼다는 말로 묘사할 수 있어요." 말을 이어나가는 사이 그녀의 목소리가 갈라졌다. "그 말밖에는 그걸 설명할 방법이 없어요. 저는 혼자가 아니고, 모든 것의 일부이며 여기에 있을 권리를 지녔다고 느꼈어요. 달리 그걸 어떻게 묘사하겠어요? 어쩌면 당신이 아기였을 때 당신 어머니의 사랑을 그렇게 느꼈을지도 몰라요. 이 사랑의 느낌은 모든 경험을 채우고 있어요."

나는 다이너 베이저Dinah Bazer와 이야기를 나누고 있었다. 뉴욕에 사는 그녀는 노년의 여성이자 생존자였다. 그리고 완고한 불신자이기도 했다. 그녀는 63세였던 2010년 혼합세포 난소암 진단을 받았다. 다이너와 같은 입장에 처한 여성 가운데 절반 이상은 진단 직후 무시무시한 5년을 넘기지 못하고 사망했다. 하지만 다이너는 운이 좋았다. 1C단계에서 일찌감치 종양을 찾아낸 덕분에 전투에서 승리할 확률도 훨씬 높았다. 화학요법 6회와 2년의 후속 치료 이후 암이 차도를 보여 다이너는 낙관적인 기분을 느껴야 마땅했다. 하지만 그녀는 그저 병을 억제하고 있을 뿐 결코 완치될 수 없다고 여겼으며 항상 돌아와 복수하게 마련인 이 질병에 대해 무력한 공포를 떨칠 수 없었다.

2012년 뉴욕 대학교 부설 펄머터 암 센터에서 정기검진을 받던 도중 다이너는 우연히 한 간호사에게 자신의 실존적인 위기를 고백했다. 그러자 그곳 정신과 연구진은 존스홉킨스 대학교와 공동 진행 중인, 그 종류로는 최초인 연구에 참여해보라고 제안했다. 연구자들은 이른바 마법 버섯*의 활성 성분인 실로시빈이 암 환자의 우울과 불안을 완화시킬 수 있는지 알아내려 시도하고 있었다. 2016년 11월 저명한 학술지 『정신약리학 저널』Journal of Psychopharmacology에 게재된 내용에 따르면 무작위적, 이중 맹검, 위약僞藥 대조 실험에서 참가자 대다수의 임상적 경감이 확인되었다. 뉴욕 대학교 연구의 자원자 스물아홉 명 가운데 87퍼센트가 이후 여러 달 동안 삶의 만족이나 행복이 증대했다고 보고했다.[1] 다이너와 마찬가지로 자원자 중 정확히 70퍼센트는 단 한 번의 실로시빈 투여를 삶 전체에서 가장 뜻깊거나 가장 좋았던 경험 다섯 가지에 든다고 꼽았다. 그 수치는 같은 지면에 발표된 존스홉킨스 대학교 연구에 참여한 자원자 쉰한

---

* 환각 효과를 유발하는 실로시빈 성분을 함유한 버섯의 총칭이다.

명의 결과와도 일치한다고 볼 수 있었다.[2] 고통받는 사람 총 여든 명이 미지로 뛰어들었다. 대부분 사람이 활기를 되찾았으며, 영원히 변화했다. 그 결과는 "정신의학 분야에서 선례가 없었다"라고 평가되었다.[3]

치료법 관점에서는 눈길을 사로잡는 새로운 데이터였지만 연구자들이 굳이 차세대 프로작이나 자낙스를 찾아낼 필요는 없었다. 딱 한 번만 투여해도 되는 환상의 약품은 큰돈이 되지 않았기 때문이다. 제약업계는 갱신 가능한 처방전의 꾸준한 계획에 사로잡히는 장기 사용자들을 선호하는 경향이 있었다. 뉴욕 대학교 연구진은 이보다 훨씬 가치 높은 뭔가를 찾아내기 위해 존스홉킨스 동료들과 협업한 것이었다. 진짜 의문은 환각제가 죽음에 직면한 사람들에게 효과가 있는지 여부가 아니라, 오히려 효과가 있는 이유였다. 과학자들은 이에 대한 최초의 답변들을 따라 오히려 비과학적인 길을 걸었으며, 과거에만 해도 종교 연구자들이나 관심을 두었던 정신mind의 복도 속으로 무단 침입하게 되었다.

그로부터 10년 전인 2006년 존스홉킨스 연구진은 1970년대 이후로는 최초였던 실로시빈 연구 프로젝트를 완료했는데, 과거 '약물과의 전쟁' 동안에는 이 금지된 물질을 연구하는 일조차 대부분 불가능했기 때문이다. 철저히 통제된 상황하에서 사용된 실로시빈은 자원자 서른여섯 명에게 지속적으로 정서적이고 심리적인 유익을 심어준 듯 심오하고도 신비로운 경험을 불러일으켰다. 이들은 생명을 위협하는 질환이나 다이너를 소모시킨 피 말리는 불안으로부터 자유로웠다. 하지만 이 초기 결과는 2016년 뉴욕 대학교와 공동 연구한 결과와 흡사했다. 참가자 가운데 3분의 1은 각자의 경험을 가리켜 "삶에서 영적으로 가장 중요"하다고 말했으며, 자녀의 탄생이나 부모의 죽음에 비견했다. 3분의 2는 지금까지 가장 좋았던 경험 다섯 가지 안에 든다고 꼽았다.[4] 친구와 가족과 동료를 면담해보니 단 한 차례 투약 이후 참가자의 기분과 행동이 몇 달, 심지어 몇 년까지도 현저히 변모했다고 답했다.

그 순간부터 롤랜드 그리피스Roland Griffiths 박사는 자신의 경력을 뒤엎으면서까지 거의 전적으로 실로시빈에 집중했으며, 오늘날 '존스홉킨스 환각제 연구단'Johns Hopkins Psychedelic Research Unit이라 불리는 조직을 만들었다. 자원자를 360명 이상 모으고 동료 검토 간행물을 50편 이상 내놓은 뒤에야 그는 솔직해질 준비가 되었다.[5] 2016년 TED 강연에서 그리피스는 실험실에서 자신이 일상적으로 보는 약물에서 얻은 황홀경이 인간 역사 내내 타고난 예언자와 선견자가 보고한 내용과 "사실상 똑같"다고 말했다. 실로시빈에 의해 활성화되었든, 신경전달물질의 어떤 자발적이고 내적인 홍수에 의해 활성화되었든 그 배후의 경험 자체는 분명히 "생물학적으로 정상"이어야 한다는 것이다.[6] 만약 우리가 본질적으로 신비적 경험에 연결되어 있다면 그로부터 한 가지 호기심을 끄는 전망이 제기된다. 즉 올바른 마음가짐과 환경 아래에서는 호기심 많은 영혼이라면 누구나 곧장 종교적 천재savant로 바뀔 수 있다.

그리피스의 동료 윌리엄 리처즈William Richards 박사는 1960년대에 이 의식의 절정 상태를 측정하는 척도인 '신비 경험 질문지' the Mystical Experience Questionnaire를 공동 개발하고, 줄곧 그 가설을 시험해왔다. 리처즈는 1977년 실로시빈의 마지막 투여를 주관함으로써 미심쩍은 명성을 얻었으며, 그 일이 진행된 메릴랜드 정신의학 연구

센터Maryland Psychiatric Research Center는 이후 장기간의 휴지休止 이전 이 연구를 위한 최후의 합법적 피난처였다. 그리피스와 리처즈는 2000년대 초 최초로 이 연구를 재개하기도 했는데, 당시 연방 정부가 미국 최고의 의과대학 가운데 하나인 존스홉킨스의 "수준 높은 학술적 역량"에 설득된 까닭이었다.[7]

리처즈는 2015년 저서 『신성한 지식: 환각제와 종교적 경험』Sacred Knowledge: Psychedelics and Religious Experiences에서 완벽한 실로시빈 여행의 기본 특징을 서술했다. 즉 시공간의 초월, 만물의 단일성과 신성함에 대한 직관적 감각, 정상적으로는 이용할 수 없는 지식에의 접근이었다. 일상적인 인격이 더 크고 더 근본적인 전체와 통합되는 경우도 종종 있었다. 경험자는 현실의 궁극적 본성을 일별했다는 굳은 확신을 말로 포착할 수 없었다. 그런 통찰은 당시 "노골적으로 뚜렷해" 보였으며, 흔히 환희와 평정과 고양과 경외라는 강렬한 느낌이 수반되었다.[8]

형언 불가능성 척도ineffability scale에서는 다이너도 분명히 예외가 아니었다. 나는 그녀처럼 공공연한 무신론자가 생화학계에 실로시빈이 과다 주입되는 과정에서 자신이 "푹 잠겼던" 무한한 사랑을 묘사하기 위해 굳이 "하느님"을 들먹이는 이유가 궁금했다. "왜 '우주'universe나 '조화우주'cosmos나 '자연'의 사랑이 아니었나요?" 내가 물었다.

"왜냐하면 '하느님'은 '우주'와 '조화우주'와 '자연'만큼 좋으니까요. 우리는 이 모든 것을 제대로 알지 못해요. 저는 천국과 지옥이 부조리한 발상이라고 항상 생각했어요. 신비주의에도 전혀 관심 없었고요. 그거야말로 헛소리라고 생각하는 편이었죠. 삶에 어떤 의미가 있다고도 생각하지 않았어요. 하지만 그건 저에게 중요하지 않은 데, 왜냐하면 저 자신의 경험이야말로 제가 가진 전부이기 때문이에 요. 한번은 매우 종교적인 사람들이 제게 이렇게 물었어요. '당신은 하느님을 믿지 않나요?' 제가 대답했죠. '그럼요, 저는 사랑을 믿어 요.' 그리고 여전히 때때로 그걸 느껴요."

"심지어 지금까지… 7년이 지났는데도요?"

"네, 그럼요."

하지만 말로 표현하는 일이 항상 실패하는 것은 아니다. 다이너 는 2012년 실로시빈 세션 동안 펼쳐진, 그리고 지금은 그녀의 심혼 psyche에 지울 수 없이 새겨진 그 환시에 관한 생생한 세부사항을 들 춰낼 수도 있다. 안락의자에 편안히 누워 눈에 수면용 안대를 하고 마음을 가라앉히는 클래식이나 연주곡이 흘러나오는 헤드폰을 긴 채 그녀는 여섯 시간 동안의 여행에서 치료적인 부분을 매우 신속 하게 공략했다. 다이너는 마음의 눈으로 뭔가를 보았고, 그것이 바 로 자신의 두려움과 불안임을 곧바로 깨달았다. "커다랗고, 석탄처 럼 시커먼 덩어리가 제 흉곽 왼쪽 아래에 있었는데, 그곳은 암이 있 는 자리가 아니었어요. 그러니 제 암은 아니었죠." 그녀는 격분해 어 엿한 뉴욕 시민답게 그 시커먼 침입자를 향해 거나하게 욕설을 퍼 부었다. 그 순간 그것은 사라졌다. 영원히.

고약한 부분이 없어지자 다이너는 뉴욕 대학교 연구진이 솜씨 좋 게 만들어놓은 음악 재생 목록을 즐기는 것 말고는 딱히 할 일이 없 었다. "그래서 그냥 둥둥 떠다녔어요. 강물 같은 그 음악 속에 살아 있었어요." 바로 그 순간 '하느님'의 사랑이 다이너의 삶에 들어왔 고, 안락의자에 누워 있었던 나머지 몇 시간 내내 그녀와 함께 있었으며, 이후로도 여러 해 동안 그녀와 같이했다. 하지만 다른 일들도 벌어졌다. 연구자들은 그 일에 전체 경험의 열쇠가 있다고 믿는다.

그 순서를 말로 설명하기는 어렵다. 다이너는 혹시 내가 "우주와 하나 되는 것"이라는 말처럼 감상적이고 진부한 표현으로 자기 말을 잘못 인용할까 봐 노심초사했다. 그래서 '자기 비움'*과 '장애물이 사라지는' 과정을 묘사했다. 그녀는 '내적'과 '외적' 같은 개념들이 더 이상 진실이 아닌 순간을 기억했다. "더는 거기 가만히 서서 세계를 내다보고 있지만은 않았어요. 제가 곧 세계의 일부였죠." 적절한 표현을 찾으려고 한동안 침묵한 뒤 다이너는 그 일시적인 순간을 "순수한 존재의 상태"라 일컬었다. 깊은 숨을 몇 번 들이마시다 힘차게 내뱉자 가슴에서 공기가 빠져나가는 소리가 들렸다고 회고했다. 자신의 물리적 신체가 여전히 시공간 어딘가에 존재하고 있다고 입증할 필요가 있었다. 자각의 원천을 매우 쉽게 찾아내고 나니 그것은 갑자기 어디에나 있는 동시에 어디에도 없게 되었다. 그러자 모든 것이 이치에 닿았다. 그 불안정한 평행 현실에서 어려움 없이 절정으로 나아가며 다이너는 '탄생과 죽음이 사실은 아무런 의미도 지니고 있지 않다'는 깨달음에 이르렀다. 명료하게 설명해달라고 다그치자 그녀는 이렇게 덧붙였다. "그건 오히려 항상 있음의 상태a state of always being였어요."

"항상 있음이라고요?"

"항상 있음이요. 그래서 지금도 있고 항상 있음being now and always이죠. 시작도 끝도 없어요. 모든 순간이 그 자체로 영원이죠."

---

* [감수 주] 통상 종교에서 말하는 깨달음의 과정이나 신비체험을 묘사한다.

회의주의자에게서 나온 시적 돌파구였다. 그것이야말로 다이너의 인도자인 앤서니 보시스Anthony Bossis 박사가 바라는 바였다. 뉴욕 대학교 정신의학과 교수이자 동 대학 산하 실로시빈 완화 치료 연구 책임자로서 이 임상심리학자의 전공은 죽음에 가까워지는 미국인 가운데 매우 많은 수를 먹잇감으로 삼는 "실존에 관한 영적·심리학적 낙담"이었다. 최근 통계에 따르면 삶의 막바지에 있는 사람들 가운데 최대 26퍼센트에서 우울증이 나타났다.[9] 흔히 이 논제를 회피하는 미국 문화에서는 껄끄러운 세부사항을 팽창하는 호스피스 산업에 하청하는 상황이다 보니, 보시스는 이 나라에서 우리가 한마디로 "잘 끝내지 못한다"라고 믿었다.[10] 그는 실로시빈이 "불필요한 고통을 특징으로 삼는 나쁜 죽음"을 대체할 어마어마한 잠재력을 지닌 "의미 만들기 치료제"이며, 죽어가는 사람뿐 아니라 모두를 위한 것이라 보았다.[11]

존스홉킨스와의 역사적인 협업 덕분에 보시스는 자신이 여러 해동안 매료되어 있었던 롤랜드 그리피스와 윌리엄 리처즈의 첨단 연구를 객석 맨 앞줄에서 구경하게 되었다. 그가 다이너와 다른 자원자 수십 명과 진행한 잊지 못할 세션들은 이 실로시빈 실험의 신비적 중핵에 놓인 외관상 비현실적인 경험이 가져온 현실의 결과를 확실히 보여주었다. 보시스가 보기에 다이너는 '하느님의 사랑'을 예기치 못하게 만나 촉발될 수 있는, 계속해서 긍정적인 영향을 보여주는 궁극적인 사례였다. 심지어 무신론자인데도 말이다. 다이너가 자신이 경험한 바를 말로 다 표현할 수는 없었지만 보시스가 "시간을 초월한 차원"이라 부른 것에 그녀가 접촉했다는 데에는 의심할 여지가 없었다. 그것은 바로 인간이기에 지니는 모든 고통, 절망,

스트레스에 대한 '무집착'을 육성하고, 내면의 '더 영속적인' 뭔가와의 연계를 허락하는 일이었다. 내게 개인적으로 보낸 이메일에서 보시스는 이처럼 비합리적인 사건이 죽음의 가장자리에 있는 사람들에게 그토록 많은 의미를 신뢰할 만하게 형성한 이유를 다음과 같이 설명했다.

> 우리 연구의 참가자들은 새로이 발견한 지식으로 이 경험을 묘사합니다. 의식은 육체가 죽어도 남아 있다는, 우리는 우리의 육체 이상이라는 겁니다. 물론 죽음으로 말하자면 이미 고장 난 육체, 진행한 질병 때문에 머지않아 기능을 멈출 육체를 지닌 사람에게는 오히려 심오한 선물이지만 말입니다. 이 경험은 과거와 현재와 미래의 초월로 묘사되었습니다. 순간의 초시간성이죠. 저는 참가자들이 '시간의 바깥'을 느낀 일에 관해 이야기하는 것을 들었습니다. 우리가 물질세계에 얽매여 있지 않다는 깨달음은 강력한 통찰입니다. 그것이 심리학적으로, 실존적으로, 영적으로 우리를 해방시킵니다.

자기 자신의 더 원대하고 더 포괄적인 측면, 다시 말해 다이너가 말한 "항상 있음의 상태"에서는 결코 죽지 않을 부분과 동일시하려면 익숙한 것을 벗어야 한다. 육체를 포기하고 시간과 공간 감각이 사라지면 방향감각을 잃었다고 느낄 수 있는데, 이는 그 자체로 죽음과 다소 비슷하다. 보시스는 다음과 같이 썼다. "앞으로 닥칠 일의 전조라도 되듯 자원자 일부는 이렇게 말합니다. '이건 죽음이 어떤 것일지에 관한 내용입니다. 이건 죽음이에요.'" 윌리엄 리처즈는

1960년대부터 똑같은 현상을 기록해왔으며, 다이너가 표현한 것과 똑같은 용어를 사용해 '의식의 신비적 영역'으로의 이행을 가리켜 '녹아내림' 또는 '비움'으로, 심지어 신성한 연인에게 달콤하게 유혹당하는 일로 묘사했다." 나아가 그는 『신성한 지식: 환각제와 종교적 경험』에서 이렇게 덧붙였다.

> 정신은 죽음과 재탄생에 관한 강렬한 경험을 하나 이상 겪을 수 있으며, 자아ego(일상생활에서 우리의 이름과 함께 기능하는 우리 정신의 바로 그 부분)에 대한 자각에 부침을 겪을 수 있다. 이와 유사하게 안락의자에 누워 있는 육체에 대한 자각 역시 깊은 황홀 상태에서 경험되리라 기대되는 것처럼 나타났다 사라질 수 있다. (…) 개인적인 것(일상적인 자아)과 초개인적인 것(더 근본적이거나 보편적인 의식의 차원) 사이의 문턱은 여러 사람에 의해 여러 방식으로 개념화되었다. 가장 흔히 '죽음'이라는 용어가 차용될 때 자아는 정말 문자 그대로 죽어가고 있다고 느끼게 마련이다. 우리가 영원에 뒤따르는 몰입과 거듭남의 경험 그리고 이후 일상적 존재로의 복귀에 관한 다른 사람들의 보고를 읽었다 하더라도 죽음의 임박 순간은 날카롭게 (어떤 경우에는 끔찍하게) 현실로 느껴질 수 있다.[12]

그리고 바로 그곳에, 최대한 명료하게 세계의 모든 종교를 궁극적 시험에 부쳐 시도한 모든 신비주의자와 성인聖人의 명시된 목표가 있다. 우리가 죽기 전에 죽는 것이다. 또는 오히려 우리의 거짓되거나 아무리 줄잡아도 불완전한 자아의 감각으로 들어온 생각과 감정과 기억의 배후에 놓인 것을 이해하기 위해 짧은 순간이라도 심리학적으로 자아를 못 쓰게 하는 것이다. 작은 자아(라틴어로 '나')는 정교한 환상일 뿐이다. 그리고 이는 하버드 출신 신경해부학자 질 볼트 테일러Jill Bolte Taylor가 2008년 저서 『나는 내가 죽었다고 생각했습니다』My Stroke of Insight*에서 명석하게 서술한 바대로 단지 이야기의 절반에 불과하다.

모든 세부사항을 세심하게 주의하며 볼트 테일러는 자신이 1996년 겪은 뇌출혈을 설명한다. 좌반구의 매우 전략적인 영역에서 혈관이 파열되면서 '계산 지능'이 모두 날아갔다. 두뇌에서 감각 입력을 범주화하고 조직하는 책임을 담당하는 영역 절반이 한마디로 꺼졌다. 갑자기 '내적 대화'brain chatter가 더는 일어나지 않게 되었다. 그녀 내면의 목소리 사이에 대화, 즉 오감에서 온 유입 자료를 과거 경험과 비교하고 미래 행동의 최상 과정을 결정하는 몇 분의 1초 동안의 알고리즘을 가동함으로써 외부 세계를 항해하도록 우리를 돕는 조언자가 전혀 없었다. 이 대화는 냉장고에 식품을 다시 채워 넣으라거나 너무 늦기 전에 승용차에 기름을 채우라고 상기시키는 일처럼 순차적이고 합리적인 사고방식이다. 이 대화는 배뇨 욕구를 느낄 때 기저귀를 적시는 영유아기 아이와 달리 우리를 화장실로 가게 만든다. 자아가 완전하게 형성되기 전, 이 정신적인 주고받기는 몇 년에 걸쳐 비로소 성숙하고 제자리에 고정된다. 하지만 일단 그렇게 되고 나면 좌반구는 일상의 명령을 떠맡고, 우반구의 기능인 현재 순간에 대한 더 직접적인 자각을 유년기의 그림자로 들어가게 만든다.[13]

---

* 한국어 판본은 『긍정의 뇌』(장호연 옮김, 월북 2010)로 출간 이후 2019년 이 제목으로 개정되었다.

볼트 테일러가 뇌졸중을 겪는 동안 그 증상은 이전에 벌어진 일이나 다음에 다가올 일이 아니라 지금 벌어지는 일에 관한 것이었다. 그 끝없음 때문에 다이너가 경탄해 마지않았던 그 시간을 초월한 지금이었다. "모든 순간이 그 자체로 영원이었죠." 그렇다면 이는 신생아가 자신의 어머니와 독립적인 별개의 존재라는 사실조차 깨닫지 못한 상태에서 세계를 보는 방식일까? 아기가 자기에게 두 팔이 있다는 사실을 마침내 깨닫고, 그 낯선 팔에 매달린 두 손을 믿기 어렵다는 듯 빤히 바라보는 순간 모든 부모는 그 발달의 이정표에서 축출되고 만다. "우와, 나는 정말 기묘하게 생긴 것이로구나." 볼트 테일러는 뇌졸중 초기 단계 동안 자기 몸에 반응했던 일을 회고하는데, 한번은 평소처럼 아침 운동을 하려고 유산소 운동 기구에 올라탔다. 그것은 "조용한 도취감euphoria의 바다* 속을 활강하는 커다란 고래" 같았기에 이 과학자에게는 아무런 걱정도, 우려도, 슬픔도 없었다. 완벽한 만족감 속에서 그녀는 죽을 채비가 되어 있었다.

하지만 최근 수년 동안 다이너와 실로시빈 연구 지원자 수백 명이 섬뜩한 자아의 죽음을 예고한 것처럼 볼트 테일러는 병을 이겨냈고, 진정제와 함께 잃은 두뇌 반쪽에 대한 신선한 눈과 아이 같은 호기심을 지닌 채 다시 태어났다. 그녀는 이를 "우반구의 깊은 내적 평화의 회로"라 부른다. 그것이 일단 재활성화되고 나자 그녀는 뇌졸중에서 쾌유하기까지 걸린 8년의 기간 동안 그 "조용한 도취감의

---

* [감수 주] 영어 euphoria는 라틴어 euphoria를 그대로 차용한 것이며, 라틴어 euphoria는 그리스어 εὐφορία를 그대로 옮긴 것이다. 라틴어 euphoria는 '행복감'을 의미하지만 동시에 '마약에 의한 도취감'도 뜻한다. 이를 통해 마약이나 환각제에 의한 도취감은 인류 역사와 거의 함께해왔다는 사실을 유추할 수 있다.

바다"에서 위안을 얻을 수 있었다. 이와 유사하게 다이너는 자기가 속도를 늦출 수만 있다면 "하느님의 사랑 안에 푹 잠겼다"는 감각을 다시 경험할 수 있다고 말했다. 원하는 만큼 자주 실행하지는 않지만 매번 명상할 때면 신성한 사랑이 분출된다고 했다. 뉴욕 대학교의 음악 재생 목록 역시 그 상태를 촉발할 수 있었다. 보시스는 실로 시빈 세션 이후 그녀에게 재생 목록의 복사본을 선물했고, 다이너는 특히 추수감사절에 그 목록을 즐겨 들었다. 다이너가 만나는 하느님이 어떤 종류의 '하느님'이든 지루한 교리나 진부한 교의와는 아무 관계 없었다. 그것은 엄연히 느껴지는 현존이면서 결코 판단하지 않고, 결코 정죄하지 않으며, 결코 아무 대가도 요구하지 않았다. 맹목적인 믿음도 물론 아니었다. 2018년 초여름 내가 윌리엄 리처즈의 오아시스라 할 수 있는 볼티모어 외곽 자택으로 찾아갔을 때, 그는 마치 불교 선사禪師처럼 수십 년의 가치가 있는 연구를 이렇게 요약해주었다. "당신이 일단 바다에 뛰어들고 나면 당신이 물을 믿는지 여부가 과연 중요하겠습니까?"

애초부터 찾아 나섰던 목표까지는 아니었으나 다이너는 진정한 종교적 경험을 얻은 셈이었다. 그것이야말로 밀물처럼 밀려드는 구도자들에게 호소력을 발휘할 법한 경험이었다. 교회나 사원, 모스크에서 평생을 보내도 경험하기 힘든 황홀경을 존스홉킨스와 뉴욕 대학교에서는 반나절 만에 경험할 수 있고, 이후로도 꾸준히 경험할 수 있었기 때문이다. 전 세계 10억 명 이상이 오늘날 종교가 없으며 미국인과 유럽인 다섯 명 가운데 한 명, 영국인 거의 절반이 그렇다.[14] 미국에서 '기독교인 감소'를 특히 촉발한 요인인 밀레니얼 세대 40퍼센트는 그 어떤 신앙에도 소속되지 않았다고 말했다.[15] 한 세대 전보다 두 배 이상 늘어난 수치이다. 오늘날 미국에서 가장 많은 세대인 7300만 명에게도 거부당하는 하느님은 다이너 베이저의 하느님이 아니다. 우리가 직접적이고 개인적인 방식으로 **경험할** 수 있는 하느님이어야 이치에 닿는 하느님이다. 우주 의사처럼 우울과 불안을 지우고, 죽음에 대한 두려움을 없애며, 우리의 연약한 마음에 사랑의 충격파를 보내는 하느님이어야 선명하게 살아 있는 하느님이다. 불신자들을 상대로 한 전쟁을 시작하리라고는 생각할 수 없는 하느님이다.

조직화된 종교의 하느님과 그의 대변자 무리는 더 불편하다. 사제, 랍비, 이맘과 같은 이들은 천국에 대한 피상적 정의와 상식적인 대중 사이에 서 있기 때문이다. 하지만 대중에게는 증거를 요구할 권리가 있다. 이들의 의심에 대한 답변이 기껏해야 시대에 뒤떨어지고 이해하기도 힘든 거룩한 책holy book*에서 가져온 생색내는 도덕주의라면, 이제는 초월에 관한 개인적 탐색에서 중간상을 제외할 때이다. 그 결과는 미국인 27퍼센트가 이른바 '영적이지만 종교적이지는 않은 사람'spiritual-but-not-religious, SBNR인 현상을 부추겼다.[16] 이는 "우리 시대의 가장 중요한 종교적 발전"으로 일컬어지는데, 이 추세는 분명하며 향후 수년 동안 계속해서 급증할 것이기 때문이다.[17] 세계 여러 신앙의 가르침에 접근하는 일이 선례 없이 가능해지면서 우리는 SBNR의 다음과 같은 슬로건이 어느 때보다 실현 가능한 시대에 살아가고 있다. "모든 전통의 학생이자 수혜자가 되는 동시에 그 어

---

* [감수 주] 중세시대 성서(聖書)를 '거룩한 책' '거룩한 글'이라는 의미에서 '사크라 빠지나'(Sacra Pagina)라 불렀고, 영어는 그것을 그대로 옮겨 'holy book'이라 일컬었다. 사크라 빠지나는 훗날 신에 대한 논리를 배우는 신학(theology)이 된다.

떤 전통의 노예도 되지 않는 셈이다."[18]

만일 서양이 영적 위기를 겪고 있다면 그것은 세 거대 일신교 신앙이 그 뿌리를 망각했기 때문이다. 야훼가 불타는 덤불에서 모세에게 모습을 드러냈을 때, 그것은 끔찍한 시련이었다. 이스라엘 민족의 해방자는 자신의 생명이 위험할까 두려워한 나머지 하느님을 보지 않으려 자기 눈을 가렸다. 더 나중에, 그러니까 「탈출기」 33장 20절에서 하느님은 이렇게 경고한다. "너는 내 얼굴을 보지 못할 것이다. 나를 보고도 살아남은 인간은 없기 때문이다!" 그리스도교의 가장 위대한 선교사 성聖 바오로(바울)**는 다마스쿠스로 가는 도중 하늘에서 보낸 섬광을 만나 사흘 동안 눈이 멀고 예수의 환청을 경험했다. 이후 바오로는 하느님 아들과 지속적으로 초자연적인 소통을 하고 있다고 주장했다. 코란 전체는 이슬람교 경전을 계시하는 천사 가브리엘의 구술을 무함마드가 일련의 황홀경 속에서 받아 적은 것이다. 무함마드의 초기 전기 작가 가운데 하나인 이븐 이샤크 Ibn Ishaq에 따르면, 당시 이 젊은 예언자 가족의 친구들은 그가 뇌졸중을 앓았다고 믿었다. 현대 학자들은 그가 "무아경의 발작"을 일으키는 경향이 있다고 말한다.[19]

"그것 외에는 종교를 시작할 방법이 없다." 베네딕도회 수사 데이비드 슈타인들라스트David Steindl-Rast 형제의 말이다.[20] "모든 종교에는 신비라는 핵심이 있다. 관건은 그것에 접근하는 방법을 찾아내고, 그 힘으로 살아가는 것이다." 그가 여러 세기에 걸쳐 벌어진 "신비적인 것과 종교 기득권층 사이의 갈등"이라 일컬은 상황 속에서,

---

** [감수 주] 한국 개신교에서는 바울이라 하고, 천주교에서는 바오로라 한다. 이하 바오로라 쓴다.

진짜 경험을 열망한 기교파들은 그저 만사를 질서정연하게 유지하려 노력하던 종교 당국과 항상 정면충돌했다. 데이비드 형제의 말에 따르면 "시간은 시스템에 영향을 준다. 파이프는 녹슬어 새거나 막히기 쉽다. 원천에서 흘러나온 물도 졸졸거리는 수준으로 줄어든다." 그런 일이 벌어질 때면 다이너의 하느님 경험은 역사의 안개 속으로 후퇴한다. 원래의 만남을 포착하려 기록한 말이 개인적 경외감의 경험을 불가피하게 대체한다. 따라서 "살아 있는 교리가 화석화해 교조주의가 되고" "신비적 친교를 실용적 삶으로" 번역하려 시도하던 윤리와 도덕은 도덕주의로 축소된다.[21] 하지만 불가피하게 시스템을 더럽히는 교조주의와 도덕주의에도 불구하고 신비주의자들은 항상 종교 기득권층의 규칙과 규제를 스스로 정한 강요자들을 부끄럽게 할 질책을 가지고 나타났다. '하느님'(신비주의자들은 정작 잘 사용하지 않는 단어)에 관해 말하자면 대단한 중요성을 지닌 한 가지 중요한 쟁점은 만장일치이다.

하느님은 거룩한 책에 들어 있지 않다는 것이다.

성서에서건 코란에서건 신비주의자들은 하느님에 관해 읽는 일만으로는 결코 하느님을 발견하지 못했다. 세상의 어떤 수업, 어떤 강의, 어떤 설교도 우리를 하느님께 더 가까이 데려가주지는 못한다. 이 세상에는 우리가 하느님에 관해 알 수 있는 것이 절대적으로 없기 때문이다. 신비주의자들 입장에서 하느님을 아는 유일한 방법은 하느님을 경험하는 것뿐이었다. 그리고 하느님을 경험하는 유일한 방법은 자아가 우리의 유아 시절 이후 그토록 열렬히 제조하려 시도해온 모든 것을 의도적으로 망각하는 것뿐이었다. 이불에 지도 그리기를 멈추고 사회의 생산적인 일원이 되려는 과정에서 "우반구의 깊은 내적 평화의 회로"는 옆으로 밀려났다. 이를 다시 가져오는 가장 단순하고도 효과적인 방법은 우리가 죽기 전에 죽는 것이라고 신비주의자는 말한다.

이슬람 신비주의자인 수피sufi가 "인내심 없는 자들"이라 불린 이유도 그래서이다. 세계에서 두 번째로 큰 종교의 이 영적 전문가들은 각자의 실제 죽음을 기다리는 대신 다른 어느 것보다 긴급한 과제 한 가지를 꼽았다. 그것은 바로 살아 있는 동안 "자신의 완전한 정체성에 대한 자각"을 회복하는 일이었다.[22] 12세기 페르시아의 약학자 아타르는 언젠가 이렇게 말했다. "우리가 자신에 대해 죽지 않는 한, 우리가 다른 누군가나 다른 무엇과 동일시하는 한 우리는 결코 자유롭지 못할 것이다."[23] 그의 제자이자 수피 대가大家이며 미국에서 사랑받는 시인인 루미는 이 주장에 완전히 동의한다. "당신이 자신을 단 한 번만 제거할 수 있다면 비밀 중의 비밀이 당신 앞에 열릴 것이다. 우주의 배후에 숨어 있는 미지의 얼굴이 당신 지각의 거울에 나타날 것이다."[24]

유대교 신비주의자, 이른바 카발라주의자Kabbalist*의 근본 개념이 '아인'Ayin, 즉 전무全無인 이유도 그래서이다. "인간이 자기 소멸의 단계에 다다르면 그는 신성한 전무의 세계에 이르렀다고 이야기할 수 있다. 자아성을 비운 그의 영혼은 이제 진정한 실재에 접하게 된다."[25] 랍비 로런스 커슈너Lawrence Kushner는 이른바 우리의 이행 순간을 위한 "예행연습"이라 부른 과정을 방대하게 서술한 바 있다. "각 창조물의 죽음이 어떤 면에서는 종種의 죽음, 은하의 죽음, 조화우주의 죽음을 위한 예행연습인 것과 마찬가지이다. 이는 사라짐과 돌아옴이라는 거대한 리듬이다. 이제 이런 종류의 죽음은 끝이 아니라 재탄생을 만드는 변모의 시작일 뿐이다. 기꺼이 죽을 의향이 있지 않은 한 우리는 재탄생할 수 없다."[26]

중세 그리스도교 최고의 신비주의자인 독일 신학자 마이스터 에크하르트Meister Eckhart가 하느님을 발견하는 일보다 선행하는 한 가지 조건으로 '자기 소실'을 강조한 이유도 그래서이다. "만일 당신이 한 순간이라도, 단언컨대 차마 한 순간도 못 되는 짧은 순간만이라도 자기 자신을 망각할 수 있다면 당신은 모든 것을 소유하게 될 것이다."[27] 에크하르트는 자아의 무효화를 의도적 망각의 과정이라 묘사하는데, 이때 볼트 테일러가 말한 "조용한 도취감의 바다"와 유사하게 "영혼이 반드시 존재와 생명을 상실해야" 한다. "다른 무엇보다 고요와 침묵 속에 있을 때 이 말씀의 효과가 가장 잘 나타난다. 우리는 그곳에서 그것을 들을 수 있으며, 또한 그곳에서 그것을 바르게 이해할 것이다. 부지不知 속에 있을 때 말이다. 아무것도 모르는 사람에게는 그것이 스스로 나타나 자신을 드러낼 것이다."[28] 오늘날까지도 정교회 영성의 가장 중요한 장소 가운데 하나인 그리스 아토스산에 있는 성 바오로 수도원을 찾는 방문자는 모두 접객 구역 벽에 걸린 아름다운 그리스어 격언을 마주할 것이다. "당신이 죽기 전에 죽는다면, 당신은 죽어도 죽지 않을 것이다."

이 인용문에 "하느님"이라는 단어가 완전히 부재한다는 사실에

---

* [감수 주] '카발라'(Kabbalah)라는 말은 '받아들이다'라는 의미의 히브리어 קבל에서 유래한 것으로, 구전으로 비밀 지식을 전수하는 일을 일컫는다. 하느님은 낙원에서 선택된 천사 무리에게 카발라를 가르쳤으며, 아담이 타락한 뒤 정신적으로 순결한 이전 상태를 회복하게 할 수단으로 아담에게 직접 전해주었다고 한다. 그것이 기원전 2000년 무렵 노아와 아브라함에게 전수되었고, 아브라함은 이집트로 가 그곳에서 선택된 사제들과 카발라 교리를 공유했다. 제임스 아서만 지음, 『성전기사단과 아사신단』, 서미석 옮김, 정신세계사 2006, 364쪽 참조.

주목하라. 신비주의자가 유대교와 그리스도교와 이슬람교를 좌우할 수만 있었더라도 이 세계는 지금과 매우 다른 곳이었으리라는 생각이 문득 든다. 다이너 같은 실용주의자조차 신비주의에 관한 옛 격언에 동의할 것이다. 무신론자와 신비주의자는 사실상 무無를 믿는 셈이다. 유일하게 차이가 있다면 신비주의자가 말하는 무는 '절대무'라는 점이다. 게다가 충분히 동의하기만 한다면 건강한 성인은 다이너가 적절한 준비와 인도하에서 겪은 일을 평생 단 한 번이라도 경험할 수 있으므로, 어쩌면 지금 우리 앞에는 새로운 종교 개혁이 다가와 있을지도 모른다.

1950년대 영국 철학자 올더스 헉슬리가 페요테의 환각 성분인 메스칼린mescaline을 이용한 숭고한 경험 직후 예견한 내용이 바로 그것이었다. 1954년 펴낸 『지각의 문』*The Doors of Perception*에서 헉슬리는 "만유All가 모두all에 들어 있다. 만유는 사실 개체each이다"라는 에피파니(epiphany, 깨달음)에서 비롯한 '무자아'無自我에 관한 자신의 일별을 기록했다. 메스칼린에서 비롯한 그의 신비 경험은 "유한한 정신이 '우주 모든 곳에서 벌어지고 있는 모든 것을 인식하는' 데 도달할 수 있는" 최근접치로 묘사되었다.[29] 유럽 대부분과 미국의 기독교인 감소보다 수십 년 앞서 헉슬리는 "평범한 일요일 교회 출석자"를 이미 괴롭히던 "90분간의 지루함"에 대한 해독제를 발견했다.[30] 1958년 『새터데이 이브닝 포스트』*The Saturday Evening Post*에 게재한 기고문에서 그는 환각제가 조직화된 종교를 전복해 과거의 유물로 만들 미래를 예견했다.

나는 개인적으로, 비록 처음에는 일종의 부끄러움으로 시작할 수도 있으나 장기적으로 보아 이 새로운 정신 변경제를 이용할 수 있는 공동체에서는 그 덕분에 영적 생활이 심화될 가능성이 있다고 믿는다. 매우 많은 사람이 아주 오랫동안 이야기해온 저 유명한 '종교의 부흥'으로 말하자면, 복음주의적 대중 집회나 사진 잘 받는 성직자의 텔레비전 출연이라는 결과로 나타나지는 않을 것이다. 그것은 많은 사람이 급진적으로 자기 초월을 이루고, 사물의 본성을 더 깊이 이해하는 일을 가능하게 만들 생화학적 발견이라는 결과로 올 것이다. 이런 종교의 부흥은 곧 혁명일 것이다. 종교는 주로 상징과 관련되었던 활동에서 벗어나 경험이나 직관과 관련된 활동으로 바뀔 것이다. 즉 일상의 합리성, 일상의 과제와 의무, 일상적 인간관계의 배후에 놓여 의미를 부여하는 일상의 신비주의로 변모할 것이다.[31]

하지만 60년 뒤에도 종교 기득권층은 여전히 메스칼린, 실로시빈 그리고 그 자매뻘인 환각제들을 계속해서 전적으로 금지해야 한다는 연방 정부와 의견을 같이한다. 신비주의자는 역사적으로 탄압받고 때때로 처형당했는데 여기에는 그럴 만한 이유가 있었다. 철학자 앨런 와츠Alan Watts의 고찰처럼 "교계敎階 입장에서는 신비주의의 대중적 창궐만큼 당혹스러운 일이 없었기 때문이다. 이는 하느님 나라에 민주주의를 수립하는 데 맞먹는 일이었을 것이다."[32]

미국에서는 이런 성분들이 여전히 1970년 마약규제법Controlled Substances Act of 1970상의 제1항목 마약으로 분류되어 있다. 다시 말해 이런 성분들은 "현재 의료 용도로 전혀 용인되지" 않으며 "남용될 가능성이 높다고" 예증되었다는 뜻이다. 2012년 다이너의 불안 제거가 의학적 기적의 수준에 도달했으며, 그녀가 그 후 실로시빈을 건드리지도 않았는데도 현실은 이렇다. 연방 정부 입장과는 무관하게 과학은 꾸준히 행진해 지역 차원에서 개종자를 얻고, 환각제 종교 개혁의 초창기 꽃봉오리를 피우고 있다. 2019년 5월 덴버는 미국 최초로 마법 버섯 이용과 소지를 합법화한 도시가 되었다. 캘리포니아주 오클랜드와 산타크루스가 그 뒤를 이었으며, 각각의 시 의회에서는 그 처분을 자연산 환각 식물과 균류 전체로 확대했다. 주 전역에서 대마초의 개인적 사용을 최초로 합법화한 콜로라도주는 이미 2017년 문을 연 국제 대마초 교회의 본거지가 되어 있었다.[33] 다음 차례는 최초의 환각제 교회들이 될 것이 불가피해 보인다.

이는 인공적으로 하느님을 손쉽게 얻기 위한 계획일까? 아니면 헉슬리가 예견했듯 21세기 실용적 신비주의자들의 공격 아래 진정한 종교 개혁이 탄생하려는 것일까? 이 운동이 중요성이나 장점을 조금이라도 지니려면 헉슬리의 선견은 반드시 확고한 역사적 선례에 근거해야 한다. 어쨌거나 16세기 종교 개혁에는 진지한 학술 연구가 어느 정도 뒷받침 되었기 때문이다. 마르틴 루터Martin Luther가 신약성서의 그리스 원어에 매혹된 일은 르네상스 유럽을 집어삼킨 인문주의의 산물이었다. 인문주의자의 주된 좌우명은 아드 폰테스(ad fontes, '원천으로 돌아간다'는 뜻의 라틴어)였으며, 이는 결국 그리스도교 신앙의 산파인 그리스 로마 선조들의 지적 명민함으로의 귀환을 의미했다. 루터의 독일어 성서 번역 대본은 네덜란드의 인문주의자 에라스무스가 1516년 간행한 그리스어 판본으로, 신약성서 원문 자료의 불일치를 근절하기 위해 라틴어 필사본을 최대한 많이 찾아내 그리스어 원문과 대조한 결과물이었다. 따라서 "루터가 부화시킨 알은 에라스무스가 놓아둔 것"이라는 이야기도 있다. 그리스도교의 진정한 기원과 참다운 의미를 재발견하는 일이 종교 개혁 전체의 주된 동기였기 때문이다.[34]

헉슬리가 1958년 "종교의 부흥"에 관해 쓰면서 머릿속에 품고 있었던 생각도 바로 그것이었다. 다만 그는 신약성서를 들여다보지는 않았다. 대신 그 책 너머, 즉 신약성서를 '에워싼' 초기 그리스도교인의 본래적인 관습으로 거슬러 올라가 바라보았다. 『지각의 문』에서 그는 신성 모독의 수역에 들어선다. "그리스도교의 초기 몇 세기 동안 여러 이교의 전례와 축제는 세례를 받고, 결국 교회의 목적에 봉사하게 되었다." 논쟁적인 토론의 세부사항으로 들어가지 않은 채 헉슬리는 그리스도교 이전 축일의식의 특징이 "영혼을 만족시키는 근본적인 충동들의 표현"이라면서 그것들이 "새로운 종교의 직조물에" 엮여 들어갔다고 서술했다.[35] 기묘하게도 그는 이른바 '이교 연속 가설'pagan continuity hypothesis을 더 이상 추구하지 않았다. 이 이론에 따르면 그리스도교는 어느 날 갑자기 마법처럼 나타난 것이 아니라 오히려 고대 지중해 그리스 로마에 있었던 예배들의 이교적 요소를 물려받았다. 이것은 결코 새로운 이론이 아니었다. 교회의 기원을 둘러싸고 벌어진 세속 학자들과 교회 학자들 사이의 논쟁은 19세기까지 거슬러 올라간다. 1950년에는 또 다른 마르틴 루터, 즉 마틴 루서 킹 2세Martin Luther King Jr. 목사가 「신비 종교가 기독교에 끼친 영향」The Influence of the Mystery Religions on Christianity이라는 제목의 논고를 내놓기도 했다. 그 시절 사람들은 이런 주제를 논의하면서도 예의를 갖춰 가며 의견을 달리할 수 있었다. 1954년 헉슬리가 유일하게 덧붙인 것은 환각제라는 의외의 요소뿐이었다.

그리스도교의 토대에 대해 의문을 제기함으로써 헉슬리는 조직화된 종교의 죽음을 예언했을 뿐 아니라 그 신비적 뿌리로의 귀환까지 예언했다. 아울러 그 조각들을 하나로 맞출 수만 있다면 그리스도교의 기원뿐 아니라 서양 문명 전체의 기원까지 다시 쓰게 될 뭔가가 '부흥'할 것이라 예언했다. 하지만 이 과제는 그 영국 철학자에게도 너무나 벅차, 미래에 횃불을 운반할 고전학자들에게 남겨두는 편이 나았다. 그들은 에라스무스와 마르틴 루터처럼 그리스어와 라틴어 전문가였기 때문이다. 오직 그들만이 아드 폰테스라는 훈련을 받은 관계로, 『세계의 종교』*The World's Religions*를 집필했으며 20세기의 가장 저명한 종교학자일 휴스턴 스미스Huston Smith가 훗날 명명한 대로 역사상 "가장 잘 지켜진 비밀"을 해석할 수 있었기 때문이다. 오늘날까지도 그것은 먼 과거의 가장 큰 미해결 수수께끼로 남아 있다. 여러 세기 동안 학자들은 그 답을 찾기 위해 불철주야 연구했다.

서양 문명 최초의 성사는 무엇이었을까? 그것은 그리스도교의 원시 전례 속으로 어찌어찌 숨어들었을까? 그리스어 구사 이교도 다수가 갈릴래아(갈릴리) 출신의 유대인 치료사를 역사상 가장 유명한 인간으로 바꿔놓음으로써 그리스도교의 창립 세대가 된 **진짜** 이유에 관한 새로운 정보를 전문가들이 찾아내기만 한다면 그것은 모든 종교 개혁을 끝낼 종교 개혁을 약속할 것이다. 역사상 세계에서 가장 큰 종교의 무아적 원천과 참된 생명선인 신비라는 핵심이 마침내 드러날 것이기 때문이다.

이 책의 구성과 마찬가지로 환각제라는 의외의 요소가 깃든 이교 연속 가설은 다음과 같이 매우 단순한 질문 두 가지로 나뉜다.

1. 그리스도교 대두 이전, 고대 그리스인은 가장 유명하고 가장 참여자가 많았던 자신들의 종교 전례에서 비밀 환각성 신비를 거행했는가?

2. 고대 그리스인은 그리스어를 구사한 최초의 그리스도교인들에게 자신들의 신비의 일종을 전해주었는가? 그렇다면 최초의 그리스도교인들에게 본래의 '거룩한 친교'나 성만찬Eucharist은 사실 환각성 성만찬이었을까?

첫 번째 질문에 대한 답변이 '그렇다'라면 서양 문명의 뿌리는 정신 변성 약물을 흠뻑 머금게 되며, 존스홉킨스와 뉴욕 대학교의 최근 실험도 요즘 유행에 따르는 것으로 보이지는 않을 것이다. 실제로 그 실험은 천연 약물과 우리의 현재 관계를 심각하게 재평가해야 한다고 강요할 것이다. 그 신성한 약물은 우리가 아는 세계와 민주주의의 건설자들에게 필요 불가결했기 때문이다. 두 질문에 대한 답이 모두 '그렇다'라면 새로운 종교 개혁은 마르틴 루터의 종교 개혁만큼이나 근거가 충분하고 역사적으로 지향되었으며, 수천만 SBNR와 종교에 환멸을 느끼는 사람들에게는 즉각적인 현실이 된다. 하지만 먼저 오늘날 세계 인구의 3분의 1에 가까운 24억 2000만 명의 그리스도교인이 "90분간의 지루함" 사이에서 계속해서 위약을 홀짝일지, 아니면 죽어가는 신앙과 함께 멸종의 문턱에 서 있는 문명을 구출하는 혁명에 가담할지를 반드시 결정해야 할 것이다. 지난 2,000년 동안 만들어진 이 신앙과 문명의 재난은 사실이다. 그리고 지금보다 위험한 때는 또 없었다.

불운하게도 서양 문명의 영혼을 둘러싼 전쟁은 건조한 학술지와 불가해한 학술대회 속으로 깔끔하게 치워졌으며, 학식 있는 내부 항쟁 가운데 그 어떤 것도 여과되어 일반 대중에게 도달하지 않았다. 그 내용을 조금만 쉽게 번역해도 충분할 텐데 말이다. 하지만 하필이면 가장 필요한 순간에 통역사가 모두 사라져 모든 논쟁을 닫힌 문 너머에 남겨둔 듯하다. 그리하여 지금까지도 이 책은 집필되지 않은 채 남아 있었다.

고전古典은 죽어가고 있다, 그것도 급속히. 또는 이미 죽었을 수도 있다. 현재 상황에 대한 평가에서 이제 이야기할 스탠퍼드 출신의 불만 가득한 교수 둘보다 뛰어난 사람이 있을까. "야행성 동물들이 가뜩이나 물이 줄어드는 연못의 작은 수련 잎을 서로 차지하려 울고 할퀴어대는 희화화 서사시다운 투쟁."[36]

2001년 발행된 『누가 호메로스를 죽였나?: 고전 교육의 종언과 그리스인 지혜의 회복』*Who Killed Homer?: The Demise of Classical Education and the Recovery of Greek Wisdom*에 나온 판정은 이러했다. 빅터 데이비드 핸슨 Victor David Hanson과 존 로버트 히스John Robert Heath는 이 책에서 학계를 신랄하게 고발하며 그리스 지적 전통의 임박한 죽음을 예찬한다. 정당하게도 이들은 줏대 없는 행정가들과 완고하고 배타적인 고전학과들을 비난한다. 한편으로는 학생들을 21세기 경제에 필요한 실용적인 기술도 갖추지 못하도록 내버려둔다는 점에 두려워한다. 솔직히 어떤 대학이 사어死語를 전공하도록 추진할 수 있겠는가? 일단 학교가 게으름뱅이 실업자를 배출한다는 평판을 받으면 그것으로 끝장이다. 다른 한편으로는 고전학자들 자체가 문제이다. "그리스인의 생기와 그리스인을 보전하는 책임을 지닌 사람들의 소심함 사이, 그리고 전자의 명료성과 풍부함과 후자의 모호함과 둔감함 사이에 방대한 간극"이 있다.[37]

잔혹한 조합이다. 우리의 고등교육 기관들에서는 애초에 그런 곳들을 만들어냈던 이유가 관료와 책벌레 사이에서 모두 말라버렸다. 바로 라틴어와 그리스어이다. 서양 역사 대부분 기간 동안 이런 고대 언어를 연구하는 것이 우리가 대학에서 할 수 있는 유일한 일이었다. 르네상스 이후 고등교육이란 대부분 고전에 대한 유창함의 동의어나 마찬가지였다. 미국 1세대들이 육성한 '옛것에 대한 숭배'만 생각해보아도 그렇다.[38] 아테네와 로마가 "우리 종족(인류)을 기리는 일에서는 나머지 모두보다 많은 일을 해냈다"라는 존 애덤스 John Adams의 견해는 18세기 말 딱히 독특하지도 않았다.[39] 독립선언서의 주요 기초자였던 토머스 제퍼슨Thomas Jefferson은 고전 문학을 "기쁨과 교육 모두의 궁극적인 원천"이라 보았다.[40] 역사가 칼 리처드Carl Richard는 이른바 문법 학교라는 이름에 들어 있는 "문법"이 바로 그리스어와 라틴어 문법이라고 설명했다.* 당시 지배적이던 의견

---

* [감수 주] 중세 교육 문화의 특징은 무엇보다 '백과사전 성격'의 교육이었다. 여기에서 말하는 백과사전 성격의 교육이란 전반적인 지식과 교양인으로서의 능력을 배양하는 학문을 뜻한다. 따라서 알아야 할 모든 지식은 일곱 가지 '교양과목'(artes liberales) 안에 모아놓았다. 그리고 좀더 후대에 이르러 샤를마뉴의 자문이자 스승인 요크의 앨퀸(Alcuin)이 이 일곱 가지 교양과목을 크게 '3과'(trivium)와 '4과'(quadrivium) 교양과목으로 구분했다고 여겨진다. 3과 교양과목은 문법, 논리학(변증법), 수사학으로, 이들 과목은 정신을 표현하고 추론하며 토론하는 일종의 종합과목이었다. 이와 달리 4과 교양과목은 산술, 기하학, 음악, 천문학으로, 이 과목들을 통해 크기, 수, 공간, 조화와 관련해 고뇌하는 정신을 기를 수 있다고 생각했다. 또 교회가 설립한 학교에서는 일곱 가지 교양과목 외에 문법과 수사학, 논리학과 철학을 매개로 해 성경을 연구하는 과목이 있었다. 이 과목이 앞서 이야기한, 훗날 신학이 되는 사크라 파지나이다. (한동일, 『법으로 읽는 유럽사』, 글항아리 2018, 296쪽 인용.) 따라서 이 글에서 말하는 문법 학교는 3과 학교에서 처음 배우는 라틴어와 그리스어 문법을 뜻한다.

에 따르면, 교실은 영어 문법처럼 어린이가 집에서도 쉽게 배울 수 있는 내용에 허비되는 대신 "고전 언어 같은 진지한 학술적 주제"에 사용되어야 마땅했다.

하지만 이후부터는 사상 최초로 '실용적' 주제들이 교과 과정에 슬며시 들어오게 되었다. 예를 들어 물리 과학, 현대 언어, 역사, 지리학 같은 것들이었다.[41] "미국 학술과 교육의 아버지"이자 유명 사전의 배후 인물인 노아 웹스터Noah Webster는 문제의 핵심을 찌르고 싶어 했다. "상인, 기계공, 농부가 그리스 로마 언어를 익혀봐야 무슨 이득이 있겠는가?" 제2차 세계대전 이후 여러 대학에서는 그리스어를 핵심 교과 과정에서 완전히 제외해 서양 문명의 모국어에 대한 지식이 전무한 사람도 졸업할 수 있게 했다. 다음과 같은 글을 보면 핸슨과 히스가 좋았던 옛날을 회고하며 불가피한 일이 닥칠 것에 대비해 이를 악무는 소리를 들을 수 있다.

문해력, 정련된 문어와 구어 표현, 정치와 사회 체계에 대한 친밀함, 불변하는 윤리적 가정들의 공통적인 모음이 이른바 교양과목의 주된 목표이며 교육 자체가 학생에게 암기와 구조를 어느 정도 요구하는 한 고전어 수강신청이 꾸준히 줄어들지라도 고전은 사라지지 않을 것이다. (…) 고전 연구는 항상 서양 교육의 중심에 있었으며, 도전에 대응해 부적절성, 비실용성, 이교에서 비롯된 부정이라는 공격에 응답했다. 여기에서 기억해야 할 점은 대학 자체가 그리스의 발상이었으며, 전체 구조와 용어와 운영 모두 그 핵심에 그리스와 로마를 두고 있었다는 점이다. (…) T. S. 엘리엇, 에즈라 파운드, 피카소, 윈스턴 처칠처럼 다양한 20세기 지성도

급진주의자와 반동주의자의 지식과 표현과 능변에서 고전이 지니는 가치를 입증한 바 있다.[42]

스탠퍼드 대학교 출신의 이 두 저자에 따르면, 그러다 '독선적인' 1960년대가 찾아왔다. 반전 시위, 클래식 록, 환각제를 야기한 반문화 운동 또한 이미 낡아 그 만기를 훨씬 넘긴 교육 모델에 어마어마하게 압력을 가했다. 사어는 한마디로 그 시대에 맞지 않았으며, '개인의 성장과 방종'으로 많은 학생이 예술이나 정치학, 경제학, 심리학 같은 사회과학으로 이끌린 반면 먼 과거로 이끌리는 학생은 줄었다.[43] 권위와 전통은 어떤 대가를 치르더라도 의문이 대상이어야 했다. 제1차 세계대전 참전 용사인 늙은 백인 무리와 함께 쓸모도 없는 문법과 구문을 공부하고 싶어 하는 사람은 아무도 없었다. 바티칸조차 미사에서 라틴어를 버리려 했던 상황이었으니[*] 미국의 대학에는 아무런 희망이 없었다.[44] 그렇게 2,500년 이상의 세월이 흐른 뒤 호메로스는 마침내 타자기처럼 시대에 뒤떨어진 물건이 되는 전철을 밟게 되었다.

　최근 들어 고대 그리스어 전공자 수는 급감했다.[45] 이는 "관례적

---

[*] [감수 주] 제2차 바티칸 공의회(1962~1965) 이전까지 로마 가톨릭교회 전례의 공식 언어는 라틴어였기에 모든 미사는 지역과 나라에 관계없이 라틴어로만 거행되었으나 대중의 이해와 참여가 어려워 라틴어가 아닌 모국어 미사를 허용했다. 이 문맥은 그 상황을 설명한다. 하지만 문제는 모국어 미사를 허용한 일이 아니라 이후 가톨릭 신학교에서 라틴어 학습이 현저히 감소한 데 있다. 신학교에 따라 다르지만 한 학기 수업 정도, 그야말로 교양으로만 학습하는 지경에 이르렀다. 그래서 안타깝게도 오늘날 가톨릭 신부조차 라틴어를 잘 모르게 되었다. 이는 그들이 창고에 보관하고 있는 수많은 보고를 놔두고도 읽을 수 없고, 알 수 없는 상태가 된 것이나 마찬가지이다. 이런 상황에 미국의 대학에서 무슨 희망을 가질 수 있겠느냐는 자조적인 글이다. 이것이 어디 미국 대학만의 문제이겠는가?

인 주기적 쇠퇴"가 전혀 아니었다. 알고 보니 핸슨과 히스는 정곡을 찔렀다. 이들은 남들이 못 보는 징조를 보았으며, 이미 2001년 정확히 예견했다.

> 일반 대중에게 대개 친숙하지 않았던 그리스어는 대학 자체에서도 죽고 말았다. 오늘날 고전은 사실상 인정받지 못하는 지식 체계와 세계를 바라보는 방법을 포용하고 있으며, 그 귀중한 서식지인 학과에서조차 거의 멸종한 종이다. 우리 고전학자들은 학계의 도도dodo이다. 우리가 은퇴하거나 죽고 나면 우리 자리는 임시직이나 비상근직 인력으로 대체되거나 아예 폐지되고 말 것이다.

그러니 나야말로 운이 좋은 경우 같다. 나는 도도에 비견되는 그 희귀종이 이미 예상된 마지막 인사를 건네기 전 가까이에서 직접 관찰했기 때문이다. 1851년 설립된 세인트 조스 예비학교로 말하자면 필라델피아 북동부의 블루칼라 고립 지역에서 온 수재에게 잘 어울리는 곳은 아니었는데, 내가 그런 기관에 대해 아는 바라고는 〈죽은 시인의 사회〉Dead Poets Society와 〈스쿨 타이〉School Ties 같은 영화에서 본 내용뿐이었기 때문이다. 때때로 나는 그 도시에서 가장 멋진 남자 고등학교에 들어가게 해준 뜻밖의 장학금을 저주하기도 했다. 하지만 그 예수회의 교과 과정에는 학교 이너서클의 충실한 일원이 되도록 나를 빠르게 바꿔놓은 것이 두 가지 있었다. 바로 라틴어와 그리스어였다. 나는 그 둘과 첫눈에 사랑에 빠지고 말았다.

그로부터 4년 뒤, 나는 고전학 교수나 사제가 될 운명을 타고났다고 굳게 믿은 나머지 브라운 대학교에 입학해 고대 세계에 관해 쓸모없는 연구를 계속하게 되었다. 우리 가족 중 대학에 들어간 최초의 인물로서 나는 그 기회를 사어에 허비하기로 작정했고, 그 과정에서 산스크리트어까지 곁들이게 되었다. 4년이 더 흐르는 동안 나는 시간을 거슬러 그 원천으로 곧장 향했다. 아드 폰테스. 번역으로 의미가 전혀 손상되지 않은 상태에서 서양 문명을 낳고 신약성서를 저술한 사람들의 정신을 직접 만나는 것이었다. 칼리지 힐에 있는 맥팔레인 하우스에서 진행되는 수업에 학생이 다섯 명 넘게 참석하는 일은 드물었다. 하지만 정작 나 자신이 현실 세계에서의 삶에 끔찍하리만치 준비되지 않았다고는 단 한 번도 생각해보지 않았다. 그러다 하루는 어느 대학원생들이 취업 시장에 관해 투덜거리며 핸슨과 히스가 요약한 엄혹한 현실을 한탄하는 소리를 듣게 되었다. "고전학 쪽에는 박사는 너무 많은데 일자리가 너무 없어. (…) 학생이 거의 없기 때문이야. 대학 안에서든 밖에서든 그리스어에는 사실 아무도 관심 없으니까."[46]

쓸모없는 지식만 가득하고 시장성 있는 기술은 전무한 상태로 나는 또 한 가지 일을 시작해 자격을 획득하게 되었다. 법조계에 뛰어든 것이었다. 법학전문대학원을 졸업하고 뉴욕주 변호사 시험을 통과한 다음 나는 월스트리트에 있는 법률 회사 밀뱅크 트위드 해들리 앤드 맥클로이Milbank, Tweed, Hadley & McCloy에서 새로운 삶에 적응하려 노력했다. 그러다 국제 기업 금융에 관해 배우라고 그곳 파트너들이 독려해 『이코노미스트』The Economist를 구독하게 되었다. 2007년 여름 나는 읽지도 않은 채 점점 높아지는 그 잡지 더미에서 한 권을 무작위로 꺼내 펼쳤다. 그때 내 삶을 영영 바꿔놓을 기사의 제목이 나를 강타했다. 「신의 알약」The God Pill.

그것은 존스홉킨스의 첫 번째 실로시빈 실험에 관한 기사였다.[47] 자원자 가운데 3분의 2가 그 약물의 단 한 차례 투여를 삶 전체에서 가장 뜻깊은 경험 중 하나로 꼽았다는 통계를 읽은 순간은 결코 잊지 못할 것이다. 그 기사 첫 줄에는 R. 고든 와슨R. Gordon Wasson이라는 민족균류학자의 발언이 언급되어 있었다. 그는 존스홉킨스 환각제 연구진의 동료 검토 논문 50편으로 절정에 이를 환각제 부흥의 개막 배후에서 영감을 준 인물이었다.

나는 곧바로 1978년 출간된 『엘레우시스로 가는 길: 신비제의 비밀을 파헤치다』The Road to Eleusis: Unveiling the Secret of the Mysteries라는 책을 떠올렸다. 브라운 대학교 시절 읽은 책이었다. 나는 존 D. 록펠러 2세 도서관에서 그 책을 비롯해 고대 그리스 종교와 관련된 자료는 무엇이든 찾아서 읽었다. 알베르트 호프만Albert Hofmann과 칼 러크 Carl Ruck가 공저한 이 책에서 와슨은 아테네에서 북서쪽으로 약 21킬로미터 떨어진 그리스의 영적 수도 엘레우시스에서 이루어지던 고대의 입문식에서 1,000년 넘게 널리 목격된 삶을 바꾸는 환시의 배후에 환각제 추정 물질이 있다고 주장했다. 보스턴 대학교에 재직하던 러크는 훗날 그리스도교도 이와 유사하게 약물에 근거해 수립되었다고 주장했다. 이것이야말로 비정통적인 사고 노선이 분명했다. 하지만 당시에는 고대 그리스나 초기 그리스도교에서의 약물 사용에 구체적으로 전념하는 학술 연구가 거의 없었다. 더 깊이 파고들 방법이 없다 보니 나 역시 이후 여러 해 동안 그 발상을 떠나 있을 수밖에 없었다. 그런데 존스홉킨스의 주 연구자인 윌리엄 리처즈와 롤랜드 그리피스가 상상 범위 안에서 가장 의외의 방법으로 그발상을 내 레이더상에 다시 가져온 것이었다. 그것은 바로 실험실을 이용하는 방법이었다.

나는 곧장 새로 만든 아마존 계정에 들어가 법률회사에서 받은 급여를 탈탈 털어 와슨과 호프만과 러크가 지금까지 쓴 책을 모조리 주문했다. 그러고 나서 이후 12년 동안 이 책을 쓰기 위해 조사했는데, 원래 30년 묵은 가설이었던 것이 40년 묵은 가설이 되도록 누구 하나 관심을 보이지 않았다. 오늘날까지 나는 아직 단 한 번도 환각제를 가지고 직접 실험하지 않았는데, 성인으로서의 내 삶을 소비한 이 조사에서만큼은 객관적인 증거에 따라 인도받고자 의식적으로 노력했기 때문이다.

존스홉킨스와 뉴욕 대학교의 데이터는 정황적 관점에서는 설득력 있었지만 거기에서 고대 그리스인이나 초기 그리스도교인을 환각제의 신비와 연결해주는 확실한 증거는 상당히 파악하기 힘들었다. 따라서 법률 업무가 없는 야간이며 주말마다 죽어라 공부할 수밖에 없었는데, 마침 다른 과학 분야에서도 추가 데이터가 나오기 시작했다. 오늘날 고고식물학과 고고화학계에서 고대 지중해 지역에 환각성hallucinogenic 맥주와 포도주가 존재했다고 입증한 것이다. 또한 이를 의례 목적으로 소비했을 가능성도 입증했다. 올더스 헉슬리가 새로운 종교 개혁을 위한 선언서를 처음 내놓은 때로부터 60년이 지나서야 마침내 환각제라는 의외의 요소가 깃든 이교 연속 가설이 21세기의 검증에 회부되었다. 대중은 이런 사실을 알 필요가 있었다.

그런데 문제는 그 자료가 상당히 조밀하다는 것이었다. 한때 야심만만했던 고전학자로서 장담하건대 구글조차 도움 되지 않았다. 이교 연속 가설을 보여주는 원문 자료는 워낙 특수하고 무명이며 찾기 힘들어 허구에서 사실을 걸러내려면 직접 소매를 걷어붙이고 구식으로 추적할 수밖에 없다. 즉 도서관에, 박물관에, 문서고에 직접 가야 한다. 자료 상당수가 해외에 틀어박혀 있으며, 고대와 현대 언어의 장벽 때문에 접근할 수 없다. 그뿐 아니라 고고학 유적은 지중해 주위에 산산이 흩어져 있으며, 그중 일부에 보유된 단서는 오로지 직접 가보고 나서야 해독할 수 있다. 아마도 가장 중요한 자료는 이 탐구에 관여한 여러 분야에 평생을 바친 전문가들일 것이다. 하지만 이들조차 각자 아는 것을 항상 모두 글로 써내지는 않는다. 그래서 이들을 찾아가 질문을 던지기만 해도 종종 믿기 힘든 결과가 나왔다.

지난 여러 해 동안 나는 역사에서 가장 잘 지켜진 비밀의 바닥까지 한 번에 확실히 도달하기 위해 그리스, 독일, 스페인, 프랑스, 이탈리아를 여행했다. 서양 문명과 그리스도교의 탄생에 환각의 신비가 필수적이었다면 그 증거는 어디에 있을까? 나는 햇빛을 거의 못 보는 귀중한 유물들을 지키는 정부 장관, 큐레이터, 기록 보관원 들과 나란히 앉아보았다. 또 우리 선조들의 의례적 약물 사용에 대한 신선한 증거를 발굴해 최첨단 장비로 분석하는 현장 및 실험실의 발굴자, 고고식물학자, 고고화학자 들을 갖가지 질문으로 괴롭혀보았다. 그리고 이 모든 것을 이해하려 노력하는 고전학자, 역사학자, 성서학자 들과 시간을 넘나들며 여행해보았다.

이 조사를 통해 나는 지금으로부터 12년 전에만 해도 예상조차할 수 없었던 결론에 다다랐다. 그리스와 그리스도교 신비제의 핵심에는 환각 성분 맥주와 포도주가 있었다는 증거뿐 아니라 종교 당국이 이를 억압했다는 증거도 있었다. 나는 바티칸에서 상당한 시간을 보내며 교황청 고고학 위원회Pontifical Commission for Sacred Archaeology 와 협력 관계를 발전시켰다. 교황이 관할하는 로마 거리 아래의 초기 그리스도교 카타콤을 조사했다. 가톨릭 학교에서는 결코 논의되는 법이 없는 성 베드로 대성당 아래 지하 묘지에 내려가보았다. 나는 바티칸 박물관 큐레이터들과 함께 거의 알려진 바 없는 고기물古器物, artifact을 분석했다. 한 해 대부분을 바쳐가며 바티칸 비밀 문서고의 교황청 사서와 진정한 우정을 쌓았으며, 그곳에서 이제껏 극소수만 손대본 필사본을 뒤져보았다. 교황청에서 보낸 시간의 절정은 최근 개방된 이단 심문소 기록물과의 막후 약속이었다. 지금껏 한 번도 영어로 번역된 적 없는 핵심 문서들을 겨냥한 것이었다. 그 결과 본래 성만찬을 준비하는 과정에서 여성이 담당했던 중추적인 역할과의 부조화적인 충돌은 물론 오늘날까지도 바티칸과 싸우는 그리스도교 이단 종파의 잔존 또한 알게 되었다.

이제부터 그 수수께끼에 완전히 몰두한 나의 여정이 시작된다. 나는 자칫 대학 교과 과정에서 사라질 수도 있는 심각한 위험에 처한 고대 그리스와 이제껏 기록에서 지워져 있었던 비밀스러운 형태의 초기 그리스도교를 탐험했다. 나는 모든 증거를 살폈으며, 그것을 합쳐본 뒤에는 서양 문명의 최초 종교 배후에 환각의 현실이 있다고 확신하게 되었다. 선사 시대의 어떤 의례가 기록 문자가 전무한 상태에서 수천 년 동안 생존하다 그리스인 사이에서 좋은 보금자리를 발견했다. 훗날 그리스어를 구사하는 초기 그리스도교인이 계승한 어떤 전통이 특히 이탈리아에서 두드러져 교부들에게서 공격받았다. 또 약물에 관한 어떤 방대한 지식은 이교도와 이단 덕분에 암흑시대 내내 살아 있었다. 그러다 세계 각지의 마녀들이 여러 세기 동안 탄압당했고, 지구 역사상 가장 오래 지속된 종교에 관한 기억이 모두 삭제되었다. 그 종교에는 이름이 없으며, 아마 이제껏 한 번도 없었을 것이다. 하지만 한 가지 사실만큼은 분명하다. 신비주의자와 관료 사이의 잘 알려진 갈등은 파괴점에 도달했다는 것이다. 신비주의의 대중적 창궐이야말로 우리의 영혼을 되찾기 위한 처방이 될 수 있다.

그리고 이 처방은 태초에 있었던 바로 그것이었을 수 있다. 즉 그 모든 것을 시작한 종교를 확실히 투여함으로써 우리가 죽기 전에 죽는 것이다.

이름 없는 종교를 투여하는 것이다.

1부

환각성
맥주 양조

Brewing
the Psychedelic
Beer

1장
정체성 위기

우리가 종종 망각하는 사실이 있다. 서양 문명은 그리스도교의 사업으로 수립된 것이 아니었다. 민주주의를 발명했으며 오늘날 우리가 당연하다고 여기는 모든 예술과 과학을 낳은 고대 그리스만 해도 예수에 대해서는 전혀 들어본 적이 없었다. 예루살렘, 로마, 메카 이전에 엘레우시스가 있었다. 기원전 5세기와 4세기의 아테네인이 21세기 서양의 삶의 진정한 원천이라면 엘레우시스는 우리의 최초이자 논박할 여지 없는 영적 수도이다. 이 기묘한 항구 도시는 고전 고대 내내 여러 세대에 걸쳐 구도자들의 발원지였다. 하지만 그 종교는 영원히 지속되지 않을 것이었다. 엘레우시스야말로 서양의 신성한 유산을 둘러싼 전투의 피해자였다. 4세기 새로이 기독교화한 로마 제국의 손으로 이루어진 종말이야말로 오늘날까지 이어지는 정체성 위기의 시작을 상징한다.

우리는 그리스인인가, 아니면 그리스도교인인가?

전통적인 시각에 따르면, 오늘날 우리가 아는 세계를 만든 것은 그리스인 선조들이었을지 모르지만 그 세계의 영혼을 구원한 것은 그리스도교였다. 이혼한 부모의 자녀들처럼 우리는 어느 한쪽을 선호하거나 편들려 하지 않는다. 그리고 그리스도교가 나타나기 훨씬 전부터 그리스인이 구원을 찾아내는 데 성공했다는 사실을 대개 무시한다. 이것이야말로 완벽하게 타당한 간과인 것이, 과거 지중해 세계의 중심이었던 장소가 지금은 폐허로 흩어져 있기 때문이다. 오늘날 엘레우시스 고고학 유적은 기껏해야 무너져가는 대리석과 석회석 조각들에 지나지 않는다. 1882년 이래 발굴이 이루어졌지만 답을 얻기는커녕 질문만 더 많이 나오고 말았다.[1] 어째서 이곳 신전에는 무덤 너머의 삶을 추구하는 순례자들이 2,000년 넘는 시간 동안 모여왔을까? 어째서 그 유서 깊은 의례는 어둠을 틈타 거행되었을까? 어째서 묘약(또는 신비의 약)은 감춰졌을까? 어째서 그리스도교인은 이를 완전히 폐지했을까?

비록 우리는 의식하지 못했지만 서양 문명의 역사에서도 가장 오래된 미해결 수수께끼는 우리에게 이미 각인되었을 수 있다. 그들의 천재성 가운데 아주 많은 것이 살아남았는데 서양 문화를 창조한 사람들의 종교가 간단히 사라졌다는 점은 이치에 닿지 않는다. 고대 그리스에서 가장 오래 지속되고 가장 저명했던 영적 전통인 엘레우시스 신비제에 관해서는 더 많은 것이 있어야 한다.[2] 불행히도 이것은 맨 처음부터 비밀에 가려져 있었기에 그 신성한 경내에서 실제로 벌어진 일에 관해서도 기껏해야 암시와 단서밖에 남아 있지 않다. 아리스토텔레스는 입문자들이 뭔가를 배우기 위해서가 아니라,

오히려 뭔가를 경험하기 위해 엘레우시스를 찾는다고 말한 적 있다.[3] 그 경험이 무엇이든 여러 세기 동안 학자들의 손아귀에서 빠져나가는 데는 성공했다. 결국 이 수수께끼가 설계된 방식이 이러했다. 기묘한 제의와 예식의 단편들은 재구축될 수 있지만 주요 명물은 여전히 미확인 상태로 남는다. 어떻게 신비제는 다음과 같이 불가능한 약속을 해를 거듭하며 지속적으로 전달할 수 있었을까?

네가 엘레우시스에 온다면, 너는 결코 죽지 않을 것이다.

분명히 대담한 주장이다. 오늘날 같으면 믿기 힘들 정도로. 하지만 어떤 이유에서인지 우리 선조들은 이를 믿었다. 사실 그들은 그 예외적인 지표가 없는 세계를 상상할 수조차 없었다. 신비제는 "온 인류를 하나로" 엮어준다고 이야기되었다.[4] 그것이 부재한 삶은 "살 수 없게" 될 것이라고도 했다.[5] 엘레우시스에 관해 답해지지 않은 모든 문제 가운데에서도 한 가지 불가피한 사실 때문에 연구자들은 수백만 명에게 이야기했던 그리스 남부의 잘 알려지지 않은 벽지僻地에 계속해서 붙박여 있다. 그 불가피한 사실이란 시간의 검증을 이겨냈다는 것이다.

예수가 갈릴래아 호숫가를 거닐던 때보다 훨씬 이전, 즉 불쾌한 불확실성의 시대에 엘레우시스는 희망의 등대였다. 이때는 평균 기대 수명이 오늘날보다 훨씬 낮아 인구 절반이 5세 이전에 사망할 정도였다.[6] 외상적인 유년기에서 살아남았을 뿐 아니라 노예화, 자연 재해, 식량 부족, 폭력, 사회 불안, 치명적 전염병, 감염병을 어찌어찌 피해 간 사람들조차 우리보다 훨씬 불쾌한 삶을 영위해야 했는데, 그리스 로마 세계의 인구 60퍼센트는 오늘날 우리가 대개 억제하고 있는 박테리아와 바이러스에도 굴복했기 때문이다.[7] 오늘날 코로나 바이러스가 과거에 대한 통찰을 일말이라도 제공해준다면 그것은 바로 우리 선조들을 분명히 몹시 괴롭혔을 전염병의 심리적이고 정서적인 대가, 그리고 무기력감이다. 하지만 신비제가 매년 추분 즈음 거행되는 한 모든 것이 질서정연했다. 이것은 기원전 1500년경부터 시작해 서기 392년까지 이어진 확실한 공식이었다. 그리고 그 마지막 해에 골수 그리스도교인인 로마 황제 테오도시우스가 그 연례 축제를 갑작스레 불법화했다.*

많은 사람이 계속해서 침묵을 지키기에는 워낙 긴 시간이다 보니 아주 약간이지만 세부사항이 역사적 기록으로 새어나갔다. 하지만 성스러운 문턱을 넘어선 모든 사람은 입장admission의 대가를 이해했다. 영어에서 '신비'mystery라는 단어는 그리스어 무오μύω에서 유래했는데, 문자적으로는 '눈을 감는다'는 뜻이다. 죽음의 처벌을 내건 상태에서 모든 방문객은 자신들이 그 안에서 본 내용을 밝히는 일을 명시적으로 금지당했다.[8] 다시 말해 엘레우시스에서 벌어진 일은 엘레우시스에만 남았다. 현대 역사가들에게는 불만스러운 일이지만 이 정책은 신비제에 제대로 기여했다. 그런 침묵의 장벽은 그 매력을 더욱 강화했으며, 상류층에서도 팬들을 보장했기 때문이다.

---

* [감수 주] 최초의 그리스도교 신자인 테살로니카의 테오도시우스 1세(347~395) 황제는 정치적, 종교적 이유로 제국 내에서 신앙의 통일을 이루고자 380년 칙령을 반포했다. 이 칙령은 성부, 성자, 성열을 믿는 사람만이 가톨릭 신자임을 천명하는 내용으로, 여기에서 '보편적인, 일반적인'이라는 뜻의 '가톨릭'(catholicus)이라는 명칭이 유래하게 된다. (한동일, 법으로 읽는 유럽사, 글항아리 2018, 268쪽 참조.) 이에 대해서는 본문 63쪽에서도 아주 간단히 언급한다. 아울러 381년 칙령에서 제국 내 이교의 희생제와 신전의 입장, 신상의 숭배를 금지한다(Sacrificia Paganorum, templorumque aditum, cultumque simulacrorum urbe Roma & finitimis inhibuere…)는 내용을 테오토시우스 법전에서 확인할 수 있다. 이때부터 박해받던 종교가 박해하는 종교로 바뀌게 된다.

신전의 전성기에는 아테네가 제공할 수밖에 없었던 가장 우수한 인재들도 이끌려 왔으며, 그중에는 플라톤도 있었다. 자신의 경험을 비밀로 간직하기 위해 서양 철학의 대부인 그는 "완벽의 상태"에서 "축복된 광경과 환영"을 목격했다며 모호하고도 비밀스러운 언어로 묘사했다. 이것이 "신비제 중에서도 가장 거룩한 것"으로의 입문의 절정이었다.[9] 모든 여행자가 그렇듯 플라톤은 엘레우시스에서 목격한 것으로 영구히 변모했다. 그는 우주의 진리에 배타적으로 접근했던 남녀 환영자들의 긴 대열에서 가장 신참이었다. 키케온이라는 이례적인 영약을 마시고 신전에서 하룻밤의 장관을 경험하고 나면 순례자는 각자 대략 '모두 본 사람'이라는 뜻에 해당하는 에포프테스 ἐπόπτης라는 명예 직함을 얻었다. 이들은 죽음이 우리 인간 여정의 끝은 아니라고 아무런 의심 없이 주장했다. 사실 우리는 물리적 육체보다 오래 산다고 했다. 이처럼 죽어 없어질 외피 아래 우리는 모두 변장한 불멸자, 즉 영원히 별이 되기로 정해진 남신과 여신이라는 말이었다.

엘레우시스에서 고작 하룻밤을 보내고 나서 이 모든 주장을 한다고?

다른 모든 면에서 합리적이며 제정신인 사람들이 한 이야기이지만 미친 소리처럼 들린다.

플라톤을 이해하려면 우리는 고대 그리스인이 사후의 삶에 일반적으로 어떻게 접근했는지 기억해야 한다. 당시 대부분 사람은 영혼이 하데스라는 황량하고 불투명한 장소로 내려간다고 믿었다. 영혼이 그곳에 영원히 살 것인지, 아니면 결국 소멸할 것인지는 전적으로 명료하지 않으며 사실은 중요하지도 않았다. 죽음은 결코 기대할 만한 것이 아니었다. 오디세우스가 죽은 자의 땅을 방문했을 때, 이미 사망한 그의 동료 아킬레우스는 다음과 같이 유명한 불평을 내놓았다. "죽은 자 사이에서 왕 중의 왕이 되느니 가난한 사람의 집에서 유급 하인이 되더라도 지상에 있고 싶다네."[10]

물론 '백문이 불여일견'인 신비제에 입문하지 않은 사람의 경우에는 그렇다는 뜻이다. 그 유적지에서 발견된 한 비문碑文에는 이렇게 나와 있다. "인간에게 죽음은 더 이상 악이 아니라 오히려 축복이다."[11] 동료 입문자이자 고대 그리스에서 가장 위대한 서정시인일 핀다로스는 기원전 5세기에 이렇게 썼다. "텅 빈 땅 아래로 가기 전에 이런 것들을 본 자는 복되도다. 그는 죽어 없어질 사람의 삶의 끝을, 그리고 신이 주신 새로운 삶의 시작을 이해했기 때문이다."[12] 당대의 가장 저명한 극작가 가운데 한 명인 소포클레스가 보기에 이 세계는 엘레우시스에 발을 들여놓은 사람과 들여놓지 않은 사람으로 양분할 수 있었다. 플라톤이며 핀다로스와 마찬가지로 그는 이 경험의 시각적 성격을 강조했다. "사람들 중에서도 이 제의를 목도한 이후 하데스로 내려가는 자는 세 배로 복되도다. 오로지 그들에게만 죽음 이후의 삶이 있기 때문이다. 나머지는 모두 악운을 겪을 것이다."[13]

지금은 매우 드물게 남아 있는 고대의 증언은 대부분 모든 순례자에게 평생 한 번뿐이라 입증된 숭고한 환영을 찬양하지만 정작 그 커다란 비밀이 무엇인지 누설하지는 않는다.[14] 그리스인은 심오한 종교 체계를 다루고 있었음이 분명하다. 이것이야말로 우리가 기쁘게 물려받아 문명을 건설한 여러 선물인 그들의 여러 업적의 웅장함과 정교함에 버금가는 것으로 보인다. 엘레우시스는 지속적인 전통이었고, 시간을 초월한 의심에 대한 구체적인 답변과 망각 앞에서의 낙관을 제공했다고 전한다. 이는 불가피한 사실이다. 즉 그리스도교 이전에 진짜 종교가 있었으며, 이는 그리스의 영성이 오히려 무지하고 어리석었다는 현행의 가정과 상반된다.

우리가 고등학교에서 그리스 신화의 희화화된 버전을 배웠다면 아마 그때부터 혼동이 시작되었을 것이다. '회의주의'skepticism라는 단어를 우리에게 제공했을 뿐 아니라 (그 어원인 그리스어 스켑토마이σκέπτομαι는 '신중하게 바라본다'라는 뜻이다) 나아가 자신들이 설교한 바를 실제로 행동에 옮긴 사람들이 도대체 어떻게 그런 동화를 믿을 수 있었는지 의문했을지도 모른다. 번개를 휘두르는 제우스라고? 바다를 지배하는 포세이돈이라고? 모든 악이 판도라의 상자에서 나왔다고? 그리스인이 매우 분별 있어 그런 것에는 어울리지 않아 보인다면 그 이유는 그들이 실제로 분별 있었기 때문이다. 인정할 것은 인정하도록 하자.

가장 위대한 것은 모두 지금으로부터 2,500년 전쯤 마치 문화적 대폭발처럼 무대에 나타났다. 혼돈이 있던 곳에서 고대 그리스인은 역사와 시정市政, civics과 윤리를 통해 우리에게 의미를 제공했다. 미신이 있던 곳에서 그들은 물리학, 생물학, 수학 같은 최초의 과학 분야들을 창조했다. 그들의 경기장과 극장은 우리의 스포츠와 연예 산업이 되었다. 그들은 법률과 의학과 금융을 성문화했고, 오늘날 우리 삶을 소비하는 여러 기술의 기초를 놓았다. '기술'technology이라는 단어 자체도 '실력' '교활' '수공품'을 뜻하는 그리스어 테크네τέκνη에서 비롯했다. 소셜미디어 덕분에 우리 앞에 펼쳐진 과다 연결된 전 세계적 대화에서는 개인의 표현과 자유로운 발상의 교환을 전적으로 단언하며, 그런 표현과 교환은 고대 그리스의 학교들이 있기 전에는 사실상 전혀 들어본 적도 없는 기본권이었다. 트위터나 인스타그램이나 페이스북에 접속할 때마다 우리는 라파엘로가 그의 상징적인 작품 〈아테네 학당〉The School of Athens에서 예찬한 경이로운 유산에 접촉하는 셈이다. 이 그림에서 그리스의 여러 동료 선각자에게 에워싸인 플라톤과 아리스토텔레스는 우리 세계가 존재하도록 사고한 사람들이었다. 우리는 저 계단 위에 모인 현자들이 매우 많은 것을 옳게 이해했으나 정작 가장 중요한 질문들에는 미치지 못했다고 믿어야 할까? 여기에서 말하는 질문은 예를 들어 다음과 같은 것들이다. 우리는 왜 여기에 있는가? 우리가 죽으면 무슨 일이 일어나는가? 그 모든 것은 무엇을 의미하는가?

대개 동물의 도살, 끝없는 헌주獻奏,libation, 공식화된 기도 같은 것이야말로 올림포스산의 열두 신을 기쁘게 하고 재난을 물리친 것처럼 보이는 일이었다. 수많은 고대 그리스인에게는 그것이 바로 종교였다. 하지만 이조차도 큰 질문들에 대해서는 답해주지 않았다. 〈아테네 학당〉에 드러나는 명석함의 수준에서 보기에 머나먼 산꼭대기에 있는 상상의 신들에게 바치는 피투성이 희생제는 그런 일을 제대로 해내지 못했다.

바로 이 대목에서 엘레우시스 신비제가 등장한다. 이는 옛날에 지중해의 정신을 매료시켰던 이른바 여러 신비 종교 가운데 하나에 지나지 않는다. 내용은 좀더 풍부하고 헛소리는 좀 덜하기를 바랐던 호기심 많은 영혼들에게 고대 그리스는 전통적인 메뉴보다 만족스럽다고 증명된 영적 대안들의 메뉴를 완전히 갖추고 있었다. 신비 종교들의 핵심에는 "신성과의 직접적이거나 신비적인 만남"이 놓여

라파엘로가 1509년에서 1511년 사이에 그린 〈아테네 학당〉은 현재 바티칸 사도궁에 소장되어 있다.

있었는데, 여기에는 "죽음으로의 접근과 삶으로의 귀환"이 포함되었다.[15] 향후 수천 년 사이 그리스도교와 유대교와 이슬람교로 침투하게 될 신비주의자들과 마찬가지로 그리스인은 죽기 전에 죽는다는 고대의 비밀을 알고 있었다. 이러한 신과의 일대일 만남이 어떻게 수행되든 엘레우시스로 내려가는 입문자들은 뭔가를 배우기 위해서가 아니라 오히려 뭔가를 경험하기 위해 간다고 말했을 때 아리스토텔레스가 뜻한 바가 이것이었다. 잘 캐묻고 냉소적인 그리스인은 확고한 증거를 추구했다. 그들은 내세의 증거를 좇았다. 결코 향후 천국에서의 삶에 관한 공허한 약속에 맹목적으로 안주하지 않았다. 이 문제에 일말의 진실이 있는지 아닌지 알아보기 위해 커튼 뒤를 직접 들춰봐야만 했다. 그들에게나 우리에게나 진정한 종교가 어떻게 덜 중요한 뭔가가 될 수 있겠는가?

한 제국이 또 다른 제국으로 대체되었지만 로마인도 그 경험의 가치를 잃지 않았기에 이들은 엘레우시스에 있는 그리스 신전을 자신들의 신전으로 취했다.* 기원전 1세기의 위대한 웅변가이자 정치인 키케로는 후세를 위해 자신의 견해를 이렇게 기록했다.

> 당신네 아테네인이 생산해 인간 삶에 기여한 여러 예외적이고 신성한 것 가운데 내가 보기에 저 신비제보다 나은 것은 없어 보입니다. 그것을 이용해 우리는 거칠고도 야만적인 삶의 방식에서 인류애의 상태로 변모되고 문명화되었기 때문입니다. 그것을 입문이라 일컫듯 실제로 우리는 그것으로부터 삶의 기본을 배우고 기쁨을 누리며 살아가는 동시에 더 나은 희망을 가지고 죽어가기 위한 기반까지 파악했습니다.[16]

2세기 마르쿠스 아우렐리우스 황제 역시 아테네에 와서 공부했으며 후에 엘레우시스에서 입문했다.[17] 그는 신전 본채인 텔레스테리온 τελεστήριον 내부에 있는 지성소인 아나크토론 ἀνάκτορον 내부까지 들어가본 유일한 평신도였다고 전한다. 그는 이런 특권을 얻었다. 이 '철

---

* [감수 주] 이 같은 현상은 매우 많이 목격할 수 있다. 그리스 신전이 로마 신전이 되고, 다시 로마 신전은 그리스도교 대성당이 되며(예. 이탈리아 로마 산타 마리아 소프라 미네르바 대성당), 이슬람화되면 그리스도교 대성당은 모스크가 되고, 다시 그리스도교 지역이 되면 그 모스크는 다시 그리스도교 대성당이 되었다. 이런 현상은 흔히 '메스키타'라 불리는 스페인 코르도바 산타 마리아 대성당을 포함해 여러 지역에서 확인할 수 있다. 인류의 역사 안에서 종교적 신념에 의해 생각과 흔적을 지우는 작업은 늘 있어왔고 현재도 그렇다.

학자'는 (실제로 이렇게도 일컬어졌으므로) 170년 야만인 코스토보키족에게 거의 다 파괴된 그 유적을 복원하는 방대한 건설 계획을 관장했다. 마르쿠스 아우렐리우스는 침략자들이 불태운 것을 로마 기준으로 솜씨 좋게 재건축했으며, 신비제가 결코 또다시 신성 모독을 당하지 않도록 보장했다. 한때 가로 52미터에 세로 52미터였던 성소를 떠받쳤던 마흔두 열주柱의 잔재인 왜소한 돌덩어리들은 지금도 볼 수 있다. 비밀을 목격하기 위해 그 내부에 덧붙여진 계단 위로 모여든 사람은 어림잡아 3,000명에 달했으며, 이를 위해 최대 1년 반까지 준비 과정을 거치기도 했다.[18] 입문자 지망생, 즉 미스테스μύστης 중에서도 엘레우시스를 두 번째 방문하는 사람만이 실제로 성소에 들어가 완전한 에포프테스가 되었다.[19]

'철학자'는 또한 그 신성한 업무가 불경한 눈에 띄지 않도록 펜텔리코스산產 대리석으로 거대한 출입구를 건설하고 유적지 입구에 넓은 마당을 만들었는데, 오늘날에는 이를 '큰 출입구'라 일컫는다. 위압적이고 실물보다 큰 마르쿠스 아우렐리우스의 흉상은 그 모든 세월을 견디고 살아남았으나 '철학자'의 가슴팍에 문장紋章으로 달려 있던 뱀 머리 고르곤 장식은 얼굴이 손상되고 말았다. 무엇이든 돌로 만드는 시선을 지닌 이 머리 잘린 괴물을 장식으로 삼는 일은 당시 악운을 물리치는 일반적인 방법이었다.[20] 이는 후세의 약탈자들을 향한 엄한 경고였다. 이곳은 신성한 땅이라는 뜻이었다.

한동안 이 방법은 효과가 있었다. 그리스도교가 치명타를 날리기 위한 기운을 충분히 모으기 전까지는 말이다. 고르곤은 결국 박살났으며 그 자리에는 커다란 십자가가, 그것도 마르쿠스 아우렐리우스의 가슴팍에 보란 듯이 새겨졌다. 그리스도의 병사들은 나름의 메

오늘날 엘레우시스 고고학 유적 입구 옆에 있는 예전의 '큰 출입구'에는 신비제 후원자였던 로마 황제 마르쿠스 아우렐리우스(121~180)의 거대한 흉상이 남아 있다. 한때 황제의 가슴팍에 달려 있던 고르곤의 머리를 떼어낸 자리에는 그리스도교의 십자가가 대신 새겨졌다.

시지를 갖고 있었다. 이곳은 마귀에게 더럽혀진 불경한 땅이라는 것이었다. 이는 오늘날에야 정직한 비판적 관심을 받게 된 역사의 한 혼란기를 증언하는 가장 작은 사례이다. 캐서린 닉시Catherine Nixey는 저서 『암흑화하던 시대: 기독교의 고전 세계 파괴』*The Darkening Age: The Christian Destruction of the Classical World*에서 우리의 탐구를 위한 무대를 마련한다.

이전까지 한 번도 본 적 없었던 그 모습을 지켜보는 여러 비非그리스도교인을 소스라치게 만들었던 4세기와 5세기의 파괴의 발작 속에서 그리스도교 교회는 그야말로 정신이 아찔할 정도로 많은 미술품을 부수고, 훼손하고, 녹였다. 주추에 놓여 있던 고전 조상彫像을 쓰러뜨리고, 얼굴을 망가뜨리고, 더럽히고, 산산조각 냈다. 신전을 모조리 허물고 훼손했으며 (…) 이 시기의 난폭한 공격은 괴짜와 기인의 전유물이 아니었다. 가톨릭교회의 맨 중심에 있던 사람들이 "미친""저주받을""정신 나간" 이교도들의 기념물을 겨냥한 공격을 조장하고 주도했다. 위대한 성 아우구스티누스조차 "이교도와 이방인의 모든 미신이 말살되는 일이야말로 하느님께서 원하시고, 명령하시고, 선포하신 바"라고 카르타고에서 회중을 향해 선언했다.[21]

한때 신성하게 여겨진 엘레우시스의 벽들은 395년에 짓밟히고 말았는데, 비유하자면 다이너마이트를 놓은 것은 서고트족이었지만 거기에 불을 댕긴 것은 교회였다. 그 세기 초 콘스탄티누스가 그리스도교를 승인함에 따라 380년 테오도시우스 황제는 이미 기독교를 로마 제국의 공식 국교로 만들었다. 그로부터 12년 뒤 이 황제는 신비제를 불법으로 규정하며 한계를 그었다. 문명은 결국 그리스적인 모든 것에서 세속적 유익을 수확할 예정이었지만 그 후로는 오로지 그리스도교만이 서양 세계의 변하지 않는 신앙 노릇을 하게 될 예정이었다. 영적 문제에 관한 한 그리스의 이교도들과 사탄 의식은 결코 존재하지 않았던 척하는 것이 최선이었다.* 문자 기록 남기기를 거부한 엘레우시스 같은 비밀 종교의 경우 소멸은 신속하고도 철저했다. 4세기가 끝나기도 전에 초기 그리스도교 교부 성 요한네스 크리소스토무스Johannes Chrysostomus**는 완전한 승리를 선언했다. "선조들의 전통은 파괴되었고, 깊이 뿌리박힌 관습은 박살 났으며, 쾌락의 횡포와 저주받을 축제는 (…) 연기처럼 말살되었다."[22]

4세기 말부터 시작해 지금으로부터 약 200년 전에 이르기까지 그리스도교 역사와 서양 역사는 사실상 하나이고 똑같았다. 다시 말해 800년 크리스마스에 성 베드로 대성당에서 교황 레오 3세가 샤를마뉴를 '로마인들의 황제'이자 유럽의 아버지라 부르며 대관식을 거행한 일은 1806년까지 지속된 신성로마제국 황제들의 긴 계보가 시작된 지점이었다. 정교의 콘스탄티노플 총대주교와 로마의 가톨릭교회 사이에 벌어진 1054년 동서의 분열은 유럽을 영원히 둘로 나누어놓았다.*** 십자군에 뒤이어 르네상스 때 이루어진 고전의 재발견은 종교 개혁과 반反종교 개혁으로 이어졌다. 15세기부터 18세기 말까지 이어진 발견의 시대에 그리스도교는 유럽과 근동을 뒤로하고 오늘날과 같은 불굴의 전세계적 브랜드가 되었다. 아프리카, 아시아, 라틴아메리카의 원주민들을 개종시키기 위해 지구상의 모든 구석으로 선교사들이 파견되었다. 교회와 국가가 실제적으로 전

---

* [감수 주] 오늘날 로마 가톨릭교회에서 사탄 의식(rito satanico)이란 "누군가를 해치려는 명확한 의도를 가지고 '악마의 미사'(messa nera)를 거행하거나 다른 사탄 예식을 하는 것"이라 정의한다(현행 구마예식에 따른 구마 직무를 위한 지침*Linee Guida per il Ministero dell'Esorcismo alla Luce del Rituale Vigente*, 97항 f). '악마의 미사'로 번역된 말을 글자 그대로 번역하면 '검은 미사'라는 뜻인데, 이탈리아에서는 사탄 숭배자들이 종종 성당에서 악마를 숭배하는 '검은 미사'의 흔적을 남기고 간 내용이 언론에 보도되기도 한다.

** [감수 주] 한국 천주교회에서는 요한 크리소스토모(344/354?~407)라 부른다. 콘스탄티노플의 총대주교이자 교회 학자, 동방 교회의 4대 교부 가운데 한 사람으로 안티오키아 학파 중 가장 뛰어난 교부로 꼽힌다. 라틴어 크리소스토무스(Chrysostomus)는 그리스어 크뤼소스토모스(Χρυσόστομος)를 옮긴 것으로, '황금의 입'이라는 그의 사후 별칭이다. 그래서 한때 한국 천주교회에서는 그를 '요한 금구(金口)'라고도 불렀다.

혀 분리되지 않았기 때문에 예수에 대한 기억과 그가 곧 재림하리라는 희망이 모든 일의 배후에서 추진력이 되었다. 특히 아메리카에서는 그리스도교인을 위해 마지막으로 남아 있는 백지나 다름없었다. 식민지마다 각자 버전의 예수를 숭배할 영적 자유를 추구하는 온갖 종류의 프로테스탄트 종파가 넘쳐났다. 19세기가 한창일 때에, 이른바 '명백한 운명'Manifest Destiny에서는 앵글로색슨족을 가리켜 "아메리카 대륙과 세계에 그리스도교를" 가져오기 위해 하느님에게 선택된 우월한 종족이라 선언했다.[23]

레오나르도 다 빈치의 〈최후의 만찬〉The Last Supper에서 기념되는 것이 바로 이런 유산이다. 전하는 바에 따르면, 바로 그때 예수는 가장 가까운 친구들에게 빵과 포도주의 형태로 자기 자신을 내놓았다. 전통적으로 이는 온 인류의 구원을 위해 이튿날 그가 감내할 십자가 처형의 전조였다. 이 친밀한 만찬은 기독교를 정의하는 성사인 성만찬이 되었다. "나를 기념하여 이를 행하여라." 복음서에는 이렇게 기록되어 있다. 이 순간은 오늘날까지 하루에도 열 번, 모든 대륙의 교회에서 수억 명의 신자에게 재현되고 있다. 예수와 초기 추종자들은 신자와 불신자 모두에게 역사의 경로를 독자적으로 바꿔놓

***　[감수 주] 역사적으로 1054년 동방과 서방 교회가 서로를 단죄하고 파문하면서 동서양의 교회가 나뉘었다. 이 과정에서 동방 교회는 자신을 '똑바른(ortos) 생각(doksa)'이라는 의미에서 '정교회'(Chiesa ortodossa)라 부르기 시작했다. 물론 '정통'(ortodossa)이라는 말은 초기 일곱 차례의 세계 공의회에서 모든 그리스도인에게 유보된 명칭이다. 그런데 16세기 중엽 총대주교좌 소속의 일부 동방 정교회가 동방 가톨릭교회 편입을 결의하면서 로마 가톨릭교회와 온전히 일치하게 된다. 이 과정에서 라틴 교회와 친교를 이룬 교회는 로마 교회와 일치하지 않는 비슷한 정교회와 구분하기 위해 '가톨릭'이라는 용어를 더해 '동방 가톨릭교회'라 부르기 시작했다. 이 가운데 대표적인 동방 가톨릭교회가 한국 언론에서 '마론파 기독교'라고 부르는 레바논의 마로니타 교회이다. 한동일, 『교회법률 용어사전』, 가톨릭출판사 2017, 315쪽 참조.

았다.

한 가지 이미지가 우리의 보잘것없는 기원을 이야기해줄 수 있다면 그것은 〈아테네 학당〉일까, 아니면 〈최후의 만찬〉일까? 이 두 그림은 역사상 가장 유명한 회화이다. 또한 우리의 과거를 매우 다르게 그린 그림이기도 하다. 여기에서 또다시 우리는 그리스인인가, 아니면 그리스도교인인가? 교회는 어디에서 끝나고, 국가는 어디에서 시작되는가?

미국 대통령 취임 선서만큼 그 경계가 뚜렷이 나뉜 것이 또 있을까? 최근 들어 온갖 거창한 행사는 미국 국회의사당 서쪽 전면에서 개최되는데, 그 건물만 해도 로마에 있는 그리스 로마 양식 판테온을 노골적으로 오마주한 것이다. 그 건물의 창조자는 "새로운 공화국을 고전 세계와 그 시민적 미덕과 자치에" 연결하기를 원했다.[24] 내셔널 몰*의 맨 끝, 그러니까 이집트 양식 오벨리스크를 지난 곳에서는, 에이브러햄 링컨이 아테네 아크로폴리스에 올라앉은 파르테논의 모조품인 자신의 번쩍이는 건물에서 취임식을 지켜본다. 여기에서 또다시 그 건물의 건축가는 "민주주의를 수호한 인물의 기념관이라면 민주주의의 탄생지에 건립된 구조물을 근거로 삼아야 마땅하다"라고 느낀 것이다.[25] 신고전주의 양식 대리석에 사방이 둘러싸인 채 (그것이야말로 지금으로부터 1,600년도 더 전에 수많은 그리스도교인이 기억에서 지우려 한 것과 똑같은 이교도의 대리석이다) 대통령들은 각자 오른손을 들어 취임 선서를 한다. 바로… 성서

---

* 워싱턴 D. C. 소재 공원으로, 주위에 국회의사당, 워싱턴 기념탑, 링컨 기념관, 국립 미술관, 국립 자연사 박물관, 국립 항공우주 박물관, 스미소니언 연구소 등 주요 기관과 기념물이 늘어서 있다.

레오나르도 다 빈치가 1495년에서 1498년 사이에 그린 〈최후의 만찬〉은 현재 이탈리아 밀라노 소재 산타 마리아 델레 그라치에 수도원(Convent of Santa Maria delle Grazie) 식당에 소장되어 있다.

에 대고. 덧붙여 말하자면 최근의 세 대통령은 실제로 두 가지 성서를 사용했다. 케네디 암살 직후 린든 B. 존슨은 대통령 전용기에 탑승한 상태에서 로마 가톨릭 기도서에 대고 취임 선서를 했기 때문이다. 사실 이런 절차 가운데 어느 것도 미국 헌법으로 의무화되지는 않았다. 다만 유서 깊은 정체성 위기가 고개를 드는 것뿐이다.

　사소해 보일 수도 있지만 이런 그리스 대 그리스도교 논쟁의 뿌리에는 매우 심오한 질문들이 놓여 있다. 쟁점이 기후 변화이건, 번식의 권리이건, 전 세계적 유행병이건 〈아테네 학당〉과 〈최후의 만찬〉 사이의 뚜렷한 분열은 삶과 죽음의 문제에 관한 국가적인 대화에 계속해서 프레임을 제공한다. 2020년 4월, 전례 없는 전국적인 봉쇄에 반대하는 시위 도중 펜실베이니아주 의사당 앞에 멈춰 서서 경적을 울리던 초록색 견인 트레일러의 후드 위에는 방금 전 적은 듯한 저항의 구호가 있었다. "예수가 나의 백신이다."

4세기 말 그토록 극적으로 충돌했으며 서로 경쟁하는 두 세계관을 화해시킬 기회가 서양이라 부르는 이 실험을 시작한 지 2,500년이 넘도록 과연 있기는 했을까? 그런 기회가 있었다 하더라도 훌륭한 타협이 항상 그렇듯 양측은 상당히 실망했을 것이다. 이성을 지닌 사람들은 현대 과학에도 한계가 있다는 사실을 시인할 수밖에 없었을 것이다. 모든 가치를 숙고하고 측정할 수는 없었을 것이다. 신앙을 가진 사람들은 우리가 더 이상 역사보다 전설을, 또는 호기심보다 순명을 앞세우지는 못하리라고 인정할 수밖에 없었을 것이다. 신속하게 가속화하는 세계에서 거대 종교는 허구보다 사실을 선호하는 젊은 세대와 발맞추는 데 실패했다. 하지만 거대과학과 거대기술은 너무 빨리 진행되어 서양 문명의 최초 종교를 규정한 고대의 의미 탐구로부터 우리를 벗어나게 만든다.

이 탐구의 전체 요지는 기성 학계에서 널리 조롱당했을 뿐 아니라 검열되기까지 했던 한 가지 정신 나간 이론을 시험하는 것이다. 1970년대 말 보스턴 대학교의 칼 러크라는 불운한 고전학자는 환각제라는 의외의 요소가 깃든 이교 연속 가설을 들며, 우선 키케온이라 알려진 신비적 물약이 환영의 양조주 일종이라 주장했다. 그리고 엘레우시스 신비제를 둘러싼 불가침의 비밀은 모두 그리스어 구사 세계에 불멸성을 보장한 환각제 제조법을 보호하는 일과 관련되어 있다고 말했다. 이 가설이 내가 태어나지도 않은, 지금으로부터 40년 전 『엘레우시스로 가는 길』에 수록되어 처음 제기된 일은 잘못된 시기에 등장한 잘못된 발상이 아닐 수 없었다. 올더스 헉슬리가 새로운 종교 개혁을 위해 소집 명령을 내린 1958년으로부터 정확히 20년이 흐른 뒤였다. 그 시기 동안 환각제는 처음에만 해도 헉슬리 같은 영국 신사들 사이에서 존경받는 지적 추구의 주제였으나 나중에 미국에서는 가장 양극화된 쟁점 가운데 하나로 변모하게 되었다. 환각제가 전적으로 불법적이라는 사실은 두말할 나위도 없었다. 심지어 전국의 최고 대학들조차 약물과의 전쟁이라는 테두리를 벗어날 수 없었다.

하지만 이것은 그 이단성 가운데 겨우 절반에 지나지 않았다. 그리스인은 환각성 성만찬을 반드시 발명해야 했다. 그리고 그리스도교인은 거기에 피신처를 반드시 제공해야 했다. 따라서 '종교의 부흥'에 관한 헉슬리의 혁명적인 예견으로 구체화된 두 가지 질문 중 후자에 답변하기 위해 보스턴 대학교의 고전학자는 훗날 이렇게 주장할 예정이었다. 실제로 로마 제국 전역의 초기 그리스도교인 중 그리스어 구사 소집단들이 헬레니즘 시대의 비밀Hellenistic sacrament 가운데 일부 버전을 갓 피어난 그 신앙에 통합시켰다는 것이었다.* 신약성서의 그리스어에 에라스무스와 마르틴 루터가 몰두한 일과 마찬가지로 최초의 그리스도교 공동체를 지탱해준 실제 성사에 관한 이 논쟁적인 분석은 궁극적으로 세계에서 가장 큰 종교의 진짜 기원과 역사상 가장 유명했던 사람들의 진짜 환영을 재발견하려는 시도였다. 『브리태니커 백과사전』이 명백히 밝혔듯 "인문학의 입장에서 고전의 복원이란 현실의 복원에 상응하는" 것이었기 때문이다.[26]

---

* [감수 주] 로마 제국은 라틴어와 그리스어 분포에 따라 동방과 서방교회, 동로마와 서로마로 정확히 구분되었다.

그리고 이를 위한 현대의 시도는 앞서 16세기 종교 개혁 당시 루터가 야기한 화염 폭풍 못지않게 획기적인 결론으로 귀결되었다.

〈최후의 만찬〉을 바라볼 때 우리는 그리스도교가 시작된 사건을 바라보는 것이 아닐 수도 있다. 플라톤과 핀다로스와 소포클레스를 비롯한 저 아테네 사람들 나머지가 실천했던 신비 종교를 일별하는 것인지도 모른다. 어쩌면 이것이야말로 우리의 정체성 위기가 극적 결말에 도달한 방식일 수도 있다. 즉 환각제라는 반전이 끼어든 셈이다. 그렇다면 예수는 새로운 종교를 시작한 것이 아니라 단지 고대 그리스의 "신비제 중에서도 가장 거룩한 것"을 보전하거나 모방하려 했을 뿐일까? 더 정확히 말하자면 그의 그리스어 구사 추종자들이 믿고 싶어 했던 것은 바로 그것이었을까? 그렇다면 예수는 졸지에 유대인 메시아가 아니라 그리스 철학자이자 마법사에 가까워지는 난처한 상황이 야기된다. 레오나르도의 식탁에 앉은 예수가 사실상 동료 입문자들과 마찬가지로 〈아테네 학당〉 계열에 속한다는 뜻이 된다. 초기 그리스도교인들의 가장 먼저였고 가장 진짜였던 공동체가 보기에 나자렛 출신의 기적 수행자는 엘레우시스가 수천 년 동안 그토록 필사적으로 감추려 한 비밀을 아는 이처럼 보였을 것이다. 이 비밀이 있어 그 신앙은 새롭게 개종하려는 사람을 쉽게 얻을 수 있었다. 하지만 그 이론에 따르면, 이 비밀은 훗날 교회가 억압하려 한 대상이기도 했다. 또한 오늘날 그리스도교의 기반 시설을 모두 사실상 무용지물로 만들고 전 세계 24억 2000만 명을 뿌리 뽑히게 만들 만한 것이었다.[27]

일찍이 에덴동산에 있었다던 금지된 과일이 금해진 데에는 어떤 이유가 있을지도 모른다. 우리에게 필요한 것이 그 과일뿐이었다면 과연 누가 멋진 건물이며 사제며 나머지 모든 것을 (심지어 성서까지) 필요로 했겠는가?

2장

체면 실추

서양 문명의 환각성 기원을 향한 추적은 반드시 엘레우시스에서 시작되어야 한다. 이곳이야말로 고대 그리스에서 가장 오래되고 가장 유명한 종교 전통 가운데 하나이기 때문이다. 하지만 무엇보다 타이밍이 중요하다. 지금으로부터 40년 전에만 해도 고전 분야는 신비제와 약물의 논쟁적인 결합을 진지하게 고려할 만한 입장이 전혀 아니었다. 그러니 최초의 그리스도교인이 그리스 선조들에게서 환시적 비밀을 물려받았을 가능성을 생각해보는 일이야 두말할 나위가 없다. 모든 것에 대해 감히 질문을 제기했던 한 학자는 자신의 원죄로 인한 대가를 톡톡히 치렀다. 완전한 불가촉천민이 된 그는 새로운 세대의 고고학자와 과학자에게서 구원의 징후를 찾아냈다. 하지만 파문은 길고도 외로웠다.

이 모든 일은 1978년 4월에 시작되었다. 상아탑에서 경보가 울리기 시작했다. 아웃사이더 세 명으로 이루어진 별종들이 차마 생각할 수조차 없는 일을 발표했다. 종교사가 휴스턴 스미스가 역사상 "가장 잘 지켜진 비밀"이라 지칭한 것이 더 이상 비밀이 아니게 되었다. 여러 세기 동안 잘못된 단서와 난관을 마주했으나 서로 영 어울리지 않는 듯한 이 연구진은 마침내 엘레우시스 신비제의 지성소로 뚫고 들어갔다. 이들은 고대 그리스인을 움직인 것이 진짜 무엇인지 발견했다. 마침내 우리 선조들의 시와 철학의 진정한 원천을 파헤쳤다. 어쩌면 오늘날 우리가 아는 세계 배후의 숨은 영감인지도 몰랐다. 이들이 확신해 마지않은 바에 따르면, 그 답은 환각성 약물이 가득한 마법의 물약이었다.

"뒤틀린 데다 설득력 없다는 것이 많은 사람의 평결일 것이다." 『엘레우시스로 가는 길』에 관한 냉혹한 서평 가운데 하나는 이렇게 시작했다. 학식 있는 비평가는 이 문제를 단 한 문단으로 빠르게 일축하며 다음 한마디로 냉정하게 마무리했다. "모든 것이 걷잡을 수 없이 정도를 벗어났다."[1]

서양 문명을 일으킨 이들이 약물에 취해 제정신이 아니었으며 그 환각 사건을 자신들의 가장 소중한 종교로 변모시켰다고 주장한다면 약간의 저항은 당연히 예상될 수밖에 없다. 하지만 이처럼 도발적인 내용을 주장한 이들은 미국 역사에서 그보다 나쁜 순간이 없었을 때 그 발견을 발표했다. 1960년대의 무절제와 히스테리가 대부분 가라앉고 이른바 '약물과의 전쟁'이 막 달아오르던 시기였다. 1971년 6월 17일 열린 전국적인 기자회견에서 닉슨 대통령은 카메라 앞에서 약물을 "공적 제1호"라 공표하며, 미국 전체와 세계 전역에 걸쳐 "새롭고도 전면적인 공세를 취하겠다"라고 맹세했다.[2] 약물은 실재하고 현존하는 위험으로서 희생양이 되었으며, 외관상 소련의 존재와 핵무기 대학살 가능성보다도 큰 걱정거리가 되었다. 머지않아 도망자가 된 LSD 전도사이자 반문화의 스승 티모시 리어리Timothy Leary는 "미국에서 가장 위험한 사람"이 되었다.[3]

내가 어렸을 때 레이건 행정부가 들어서며 크랙(crack, 코카인의 일종)과 코카인과 헤로인을 대상으로 한 "그냥 싫다고 말해요"Just Say No 캠페인이 나오기 이전, 즉 1970년대 말까지만 해도 무려 10년 동안 언론의 주목을 받아온 표적은 환각성 약물이었다.[4] 두뇌를 망가뜨리는 모든 방법 가운데 환각제를 능가할 만한 것은 없었다. 잠시였지만 'LSD로 인한 광기'는 형사책임 감경의 인기 사유가 되었다.[5] 약물은 우리의 공중보건과 안전에 대한 주된 위협뿐 아니라 현실을 궁극적으로 도피하는 일로도 간주되었다. 따라서 이 위험하고도 자칫 치명적일 수 있는 혼합물을 가리켜 오랫동안 찾아다닌 신비제의 잃어버린 열쇠라 주장하는 일이야말로 완전히 정신 나간 짓이었다.

비록 그 아웃사이더들이 '뒤틀린' 가설로 학계 주류의 비위를 거슬렀다 하더라도 단순히 공부가 부족해서 그런 것은 아니었다. 『엘레우시스로 가는 길』에서 고든 와슨, 알베르트 호프만과 칼 러크는 신비제의 비밀 음료인 키케온에 환각제가 하나 이상 첨가되었음이 분명한 이유에 대해 열정적이고 상세히 주장을 펼쳤다. 이들은 진정한 학제간 방식으로 주장했으며, 이는 당시만 해도 케케묵은 분야였던 고전학에서는 기본적으로 선례 없는 일이었다.

와슨은 J. P. 모건 소속 금융인 출신의 아마추어 버섯 사냥꾼이었다. 본인은 민족균류학자로 불리기를 선호했는데, 이는 민족과 균류의 관계를 연구하는 사람이라는 뜻이었다. 그는 세계 각지에서 인류학 현장 조사를 하는 과정에서 인류 영적 자각의 기원과 발달에 마법 버섯이 중추적인 역할을 담당했다고 확신하게 되었다. 특히 정신을 변모시키는 한 경험이 그런 확신을 굳혔다.

시에라 마자테카Sierra Mazateca 중심부에서 마리아 사비나Maria Sabina 라는 이름의 쿠란데라curandera, 즉 전통 치유사가 그때까지 외부인이 한 번도 시도해본 적 없는 입문인 치유의 여정에서 그를 인도해주기로 했다. 와슨은 기록되지도 않은 그 예식을 포착하는 데 몰두했다. 1955년 어느 날 오후 10시 30분 그는 마침내 허락을 받았다. 관습에 따라 마리아는 그날 일찍 와슨이 손수 채집한 신선한 프실로키베 멕시카나Psilocybe mexicana를 약간 씻어 축복했다. 그녀는 그에게 버섯 여섯 개를 섭취하라고 지시하면서, 그러면 정신 활성제인 실로시빈이 그의 체내에 차오를 것이라 말했다. 30분 동안 완전한 어둠 속에서 귀가 먹먹한 침묵이 흐른 뒤 마침내 모험이 시작되었다.

와슨의 회고에 따르면 이후 다섯 시간 동안 "눈을 뜨거나 감거나에 상관없이 환영이 나타났다." 그는 "준準귀금속으로 뒤덮인 눈부신 궁전"부터 "왕의 수레를 끄는 신화적인 동물"에 이르기까지 모든 것을 보았다. 어느 대목에서는 자신의 영혼이 육체를 떠나 하늘로 날아가는 모습을 목격했다. 기묘하게도 그 여행 전체는 와슨이 이제껏 경험한 것 중에서도 가장 현실적인 것으로 기억에 새겨졌다. 그는 1957년 5월 13일 자 『라이프』Life지에 기고한 「마법 버섯을 찾아서」Seeking the Magic Mushroom라는 기사에 자신의 웅장한 현현epiphany 을 다음과 같이 기록했다.

환영은 흐려지거나 불확실하지 않았다. 초점이 선명했고, 선과 색깔이 워낙 또렷해 이제껏 내가 육안으로 본 어떤 것보다 현실적으로 보였다. 분명히 보고 있으면서도 일반적인 시각이 우리에게 불완전한 광경만 전달한다고 느꼈다. 나는 일상생활의 불완전한 이미지 배후에 놓인 원형을, 플라톤의 형상을 보고 있었다. (…) 문득 이런 생각이 머리를 스쳤다. 혹시 이 신성한 버섯이 고대 신비제 배후에 놓인 그 비밀일 수도 있지 않을까?[6]

독서량이 많았던 와슨은 엘레우시스에서 나온 증언에도 매우 친숙했다. 그는 곧바로 고대의 입문자에게 공감했으며, 우리 선조들에게 어마어마한 의미를 가져다주었지만 어쩌다 현대 학자들의 관심에서 벗어난 뭔가를 자신이 우연히 마주하게 되었다고 굳게 믿었다. 그리스 의례의 메아리가 어떻게 멕시코 산맥에서 살아남았는지는 와슨이 여생을 바쳐 답하려 노력한 중요한 문제가 되었다. 하지만 이보다 마리아 사비나의 버섯을 과학적으로 분류하는 일이 급했다. 그는 버섯 포자 일부를 스위스로 보내 자신의 친구이자 미래의 공저자에게 재배하도록 했다.

알베르트 호프만은 이미 국제적으로 유명한 화학자였다. 1938년 그는 바젤에 소재한 자신의 연구 실험실에서 자연 발생하는 균류인 맥각麥角의 특수한 배양체에서 LSD를 추출함으로써 환각제의 금맥을 발견한 바 있었다. 와슨이 보낸 샘플에서도 호프만은 역시나 실로시빈을 성공적으로 추출할 수 있었고, 이로써 최근 존스홉킨스와 뉴욕 대학교에서 있었던 실험을 위한 기초를 놓은 셈이 되었다. 와슨과 호프만은 향후의 대중 환각제 혁명을 의도치 않게 촉발할 예정이었으며, 여기에는 올더스 헉슬리가 『지각의 문』에서 보여준 능변의 마케팅도 적지 않은 역할을 했다. 수백만 명이 『라이프』에 게재된 와슨의 에세이를 읽을 것이었다. 수천만 명이 CBS 뉴스 프로그램 〈퍼슨투퍼슨〉Person to Person에서 그를 볼 것이었다.[7] 1960년대 초 히피와 비트닉beatnik은 저마다 마리아 사비나 식의 의식 확장을 경험하기 위해 멕시코로 달려갔다. 밥 딜런부터 레드제플린과 롤링스톤스에 이르기까지 모두 와슨의 발자취를 뒤따랐다는 소문이 돌았다.[8]

하지만 와슨은 멕시코에서 통찰의 번쩍임을 경험한 지 정확히 20년이 지난 1975년 7월에야 비로소 신비제의 수수께끼를 최종적으로 폭로하기 위해 호프만을 공식 섭외했다. 이들은 다른 누구 못지않게 좋은 기회를 얻고 있었다. 확실한 자료가 부재했기 때문에 오랜 세월 동안 온갖 황당무계한 이론이 등장했다. 19세기 중반 위대한 독일 고전학자 루드비히 프렐러Ludwig Preller는 엘레우시스가 찬가와 신성한 춤과 무대 소품까지 완비해 공들여 만든 연극 공연에 불과하다고 주장했다. 19세기 말 케임브리지 대학교 고고학 교수 퍼시 가드너Percy Gardner는 엘레우시스가 꼭두각시와 관련 있으며 "그중 일부는 아마도 상당한 크기였을 것이고, 관람객의 각성된 신경에 인상을 남겼을 것"이라 단언했다.[9] 그렇다면 플라톤과 핀다로스와 소포클레스가 증언한 숭고한 환영은 무엇이란 말인가? 기껏해야 연기와 거울 그리고 손 인형일 뿐이라는 말이었다. 적절한 조건하에서는 상상이 폭주한다는 것이었다.

20세기 초 영국의 고전학자 제인 엘렌 해리슨Jane Ellen Harrison은 향후 수십 년 동안 반향을 일으킬 주장을 내놓았다. 그녀는 엘레우시스를 원시 풍요 의례, 즉 조잡한 형태의 공감 주술로 보았다. 적절한 수확을 보장하기 위해 입문자는 정화와 단식의 긴 과정을 거친 뒤 첫 결실을 먹는다.[10] 이 경우 결실은 키케온의 주성분인 보리 낟알이 었다. 앞선 선사 시대 사람들과 마찬가지로 그리스인은 농지의 결실이 무르익고 준비될 때까지 삼갈 것이었다. 신비제 같은 수확 축제에서는 이런 금기가 분명히 깨졌다. 갓 베어낸 곡물을 맨 처음 맛보는 일이야말로 "특별히 신성한 일이자 신비의 미덕을 가진 일로 여겨지기 쉬웠을 것이다."[11] 따라서 해리슨은 키케온을 의례화된 물약으로 이해했다. 비록 지지받지는 못했으나 그녀는 그런 물약이 "더 넓고 더 깊은 통찰, 또 더 넓은 인간의 자비와 이해에 관한 갑작스러운 깨달음"을 동반하는 "영적 도취"로 귀결될 수 있다고까지 주장했다.[12] 하지만 환각제의 영역으로는 결코 접근하지 않았다.

더 이전의 여러 당당한 학자와 달리 민족균류학자와 화학자는 환각의 세계land of tangerine trees and marmalade skies*로 곧장 나아갔다. 그 숭고한 환영은 외적으로가 아니라 반드시 내적으로 생성되어야 한다고 그들은 추론했다. 기원전 7세기의 고대 그리스 텍스트 가운데 한 행에서 와슨과 호프만은 무려 2,500년 동안 간과된 뭔가를 발견했다. 『호메로스풍風 데메테르 찬가』Homeric Hymn to Demeter(이하 『데메테르 찬가』)는 엘레우시스를 에워싼 침묵의 벽을 어찌어찌 뚫고 나온 무작위적인 단서들 가운데 하나였다. 아름답게 쓰인 이 시에서는 딸 페르세포네를 애타게 찾아다닌 데메테르의 전설을 서술한다. 이 두 여신은 신비제를 바치는 대상이기도 하다.

---

* 비틀스(The Beatles)의 곡 'Lucy in the Sky with Diamonds' 가사에서 인용한 말이다.

옛날 옛적 어린 페르세포네가 밖에 나가 들꽃을 꺾을 때 하데스는 그녀를 납치해 자신의 지하 왕국으로 데려갔다. 순진한 소녀는 자칫 영원히 죽은 자의 여왕이 될 뻔했으나 어머니의 근성과 고집으로 위기를 모면했다. 사방팔방을 찾아봐도 딸이 보이지 않자 데메테르는 상심해 엘레우시스에 자리를 잡고 계속해서 딸을 애도했다. 데메테르의 명령에 따라 그 유서 깊은 도시의 왕과 왕비는 그녀를 기리는 신전을 건립했다. 하지만 곡물의 여신에게는 위안이 되지 못했다. 여신은 격분해 그리스의 모든 쟁기에서 씨앗을 모두 감추고 농지를 시들게 만들었으며 땅 전체에 기근을 보냈다. 인류가 굶어 죽기 직전의 상황에 놓이자 제우스도 마침내 데메테르의 요구에 승복했다. 제우스는 형제인 하데스에게 페르세포네를 곧바로 풀어주도록 명령했다. 죽은 자의 왕은 형의 명령에 따랐지만 그에 앞서 일종의 마법으로 석류 씨앗 하나를 페르세포네에게 억지로 먹였다. 이후 페르세포네는 영원히 한 해의 3분의 1을 지하 세계에서 보내고, 나머지 3분의 2는 지상에서 데메테르와 함께 보내게 되었다.

어머니와 딸이 재회했을 때 엘레우시스와 인접한 라리온 평야는 여전히 "황량하고 메마른" 상태였다. 하지만 봄이 찾아오자 하얀 보리의 "긴 이삭이 바람에 휘날리는 갈기처럼 흔들렸다." 금세 "온 세계에 잎사귀와 꽃이 만발했다."¹³ 완벽에 가깝게 보전된 이 신화는 분명히 사계절에 대한 찬가였겠지만 여기에는 신비제의 제의와 예식에 이미 통합된 풍부한 요소가 다수 포함되어 있다. 이것은 기원 이야기로서 입문 동안의 레고메나^{λεγόμενα}와 드로메나^{δρώμενα}와 데이크누메나^{δεικνύμενα}, 즉 '이야기된 것'과 '행해진 것'과 '보여진 것'의 훌륭한 선례를 제공한다.

암호 해독서를 필요로 하는 사람을 위해 설명하자면, 일단 보리는 명료하게 이해된다. 『데메테르 찬가』는 엘레우시스 들판을 지구상 어느 곳보다 칭송한다. 라리온 평야는 가뭄 이후 생명이 처음 지상으로 돌아온 곳이다. 그곳의 보리는 정말 특별한 것이라 496행짜리 시에서 반복해서 언급된다. 가장 놀라운 사례는 209행인데, 여기에서 그 유명한 키케온이 소개된다.

엘레우시스의 왕 켈레오스와 왕비 메타네이라는 슬퍼하는 어머니를 격려하기 위해 자신들의 왕궁에 초청했다. 데메테르 여신은 며칠째 먹지도 마시지도 않은 상태였다. 메타네이라가 "꿀처럼 달콤한" 적포도주를 권하자 데메테르는 이를 거절했다. 포도주와 연극과 무아경과 신비적 황홀의 신으로서 경계를 해체하는 디오니소스의 취향에 더 가까운 음료를 마셔 자신의 단식을 깨트리는 일은 "벌 받을 짓"이 된다는 것이었다. 곡물의 여신은 그 이름에 걸맞게 맥주 애호가였다. 그녀는 보리로 만든 키케온을 요구했는데, 이 그리스어 단어는 단순히 '혼합물' 또는 '섞은 것'이라는 뜻이었다. 그 어떤 모호함도 회피하려는 듯, 곧이어 여신은 이후 여러 세기 동안 자신의 제의에서 사용될 마법의 물약 제조법을 읊어댔다. 보리와 물에 "박하의 연한 잎사귀", 즉 블레콘 βλήχων을 섞으라는 것이었다.[14]

줄거리 진행과는 무관한 세부사항이 열거되다 보니 이 대목은 눈엣가시처럼 두드러진다. 또 한 가지 특이한 점은 이 대목 중간에서 잘려나간 원문 필사본의 여백이다. 최대 스물여섯 행이 사라졌는데, 이는 시 전체에서 가장 큰 여백이다. 고대의 저자가 너무 많은 것을 폭로하는 바람에 후대의 필경사가 그 실수를 교정한 것일까? 『데메테르 찬가』에는 원래 키케온의 다른 활성 성분이 들어 있었을까? 다음 장에서 우리는 이 요리 교습의 제조법 구조를 훨씬 더 넓고 훨씬 더 오래된 맥락에 놓아보게 만드는 언어학적 돌파구를 살펴볼 것이다. 그것은 그리스어를 훌쩍 뛰어넘어 고대 세계의 여러 지역으로 확장된 전례 예식의 잔재이다.

하지만 호프만은 언어학자가 아니었다. 그는 단지 과학의 렌즈를 통해서만 시를 해석할 수 있었다. 다만 화학자인 그는 극소수만 아는 뭔가를 알고 있었다. 그것은 어떤 고전학자나 역사학자도 모르는 사실이었다. 즉 보리가 있는 곳에는 맥각도 있다는 것이었다. 학명으로 **클라비켑스 푸르푸레아**Claviceps purpurea인 맥각은 앞에서도 언급했던 균류 기생체이다. 이것은 보리뿐 아니라 밀과 호밀 같은 곡물 낱알도 감염시킨다. 맥각은 유독하기로 악명이 높다. 우리에게 삶의 의미를 발견하기 위한 환상적인 내적 항해의 시작은커녕 괴저와 경련을 가져다줄 가능성이 더 크다. 사실 중세에 유럽 전역에서는 맥각에 오염된 빵 때문에 맥각 중독이 정기적으로 대유행했다. 이 증상은 훗날 '성 안토니오의 불'St. Anthony's Fire이라는 이름을 얻는데, 성 안토니오 수도회 소속 수도사들이 이 질환의 치료에 일가견이 있었기 때문이다.

그처럼 불쾌하고 종종 유독한 부작용을 피하기 위해 고대 그리스인은 맥각에서 순수하고 강력한 환각제를 화학적으로 추출하는 조잡한 방법을 고안한 것일까? 호프만이 아는 한 그 섬세한 위업은 1938년 그가 최초로 달성했다. 흥미롭게도 호프만은 애초부터 환각제를 찾아본 것이 아니었다. 지루한 일을 하던 지루한 과학자에 지나지 않았던 그는 순환 및 호흡 장애에 대해 새로운 해결책을 마련하려던 가운데 우연히 LSD를 합성했다. 그로부터 몇 년 뒤인 1943

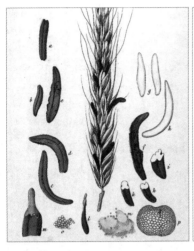

맥각 알갱이는 곡물 낱알의 총상꽃차례(flowering spike, raceme)에서 싹을 틔운다. 균핵(菌核, sclerotium)이라 불리는 가늘고 단단해진 돌기(며느리발톱)가 땅에 떨어지고 나면 따뜻하고 습한 조건에서 이 균류가 열매를 맺으며 작은 자주색 버섯이 돋아난다.

년, 호프만이 이른바 자신의 '문제아'인 LSD-25 250마이크로그램을 직접 실험하려 결심한 덕분에 그 정신 활성적 성격이 비로소 밝혀졌다.[15] 머나먼 과거의 호기심 많은 원시 과학자가 1938년의 호프만과 똑같은 비밀을 풀었다니 이 얼마나 실현 불가능한 일인가? 특히 LSD-25는 당시 유일한 정신 변성 화학약품도 아니었다. 1970년대 말에 이르러 맥각에서는 알칼로이드가 무려 서른 개 이상 추출되었다.[16] 식물과 균류에서 발견되는 알칼로이드는 인간의 신경계에 간섭할 수 있는 질소 기반 유기 화합물을 총칭한다. 그중 일부는 코카인이나 카페인이나 니코틴처럼 흥분제로 작용한다. 또 일부는 향정신성이어서 환각을 비롯해 다양한 영향을 초래한다. 맥각이라는 냄새 고약한 작은 균류에는 가능성이 가득했다.

와슨에게 의뢰받은 호프만은 밀과 보리의 맥각을 추적하고 분석했는데, 『데메테르 찬가』에서 그토록 노골적으로 공개되었듯 라리온 평야에는 이 두 곡물이 풍부했을 것이다. 호프만은 실제로 거기에 두 가지 정신 활성 알칼로이드인 에르고노빈ergonovine과 리세르그산아미드lysergic acid amide가 풍부하다는 사실을 알아냈다. 양쪽 모두 수용성, 다시 말해 "고대에 이용 가능한 기술과 장비로도 환각성 추출물을 마련하기가 손쉬웠을 것"이라는 뜻이었다.[17] 물론 "고대 그리스의 약초학자가 정복 이전 멕시코의 약초학자만큼 똑똑하고 요령 있었다고" 가정한다면 그렇다.[18] 그로부터 20년 전 와슨이 느낀 육감이 정확했던 셈이다. 놀랍게도 엘레우시스의 고대 맥각이 화학적 사촌에 해당하는 호프만의 LSD-25나 마리아 사비나의 버섯에 들어 있는 실로시빈 함유물과 똑같은 효과를 가질 수 없었다고 생각할 정신약리학적 이유는 전혀 없었다. 결국 모두 균류이니 말이다.

하지만 『데메테르 찬가』에서 보리가 그토록 두드러진 이유가 정말 그것이었을까? 1979년 이전까지만 해도 이 곡물은 항상 풍요의 뚜렷한 상징으로 해석되어왔다. 곡물의 여신은 2,000년 동안 불길에 모여드는 나방들처럼 엘레우시스로 순례자들을 끌어모으게 된 그 파악하기 힘든 물약의 내용물을 실제로 밝혔을까? 데메테르가 "보리"라고 말했을 때 여신은 실제로 맥각 오염 보리를 일컬었으며, 어디까지나 입문자만 알 수 있는 암호화된 암시를 뜻했을까? 어쩌면 이는 그 마법의 제조법의 세 가지 구체적인 성분을 설명할 수도 있다. (1) 몇 가지 정신 활성적 알칼로이드를 비롯해 온갖 알칼로이드를 함유한 맥각 오염 보리 (2) 유용한 알칼로이드와 유독한 알칼로이드를 분리하기 위한 물 (3) 알칼로이드 혼합물의 쓰고 역한 맛을 줄이기 위한 박하.

그리스에는 풍요한 들판이 결코 드물지 않았을 테니 어디라도 신비제를 개최할 장소로 선택될 수 있었을 것이다. 엘레우시스가 최종 부지로 선택된 까닭은 그곳의 보리가 유난히 맥각에 잘 감염되었기 때문은 아니었을까? 그것은 계절마다 시계처럼 정확하게 딱 알맞은 알칼로이드를 생산하는 종류의 맥각이 아니었을까? 기원전 7세기에 쓰인 시의 한 행뿐이라면 끔찍하게도 얇은 증거의 한 조각 같지만, 바로 거기에서 이 수수께끼가 시작되었다.

와슨과 호프만은 자기들이 돌파구를 마련했다고 생각했지만 동시에 자기들의 부족함을 시인할 수밖에 없었다. 학계의 가장 오래되고 가장 현학적인 분야에 맞섰으니 그들의 새로운 이론을 뒷받침해 줄 가능성이 있어 보이는 고대 문헌과 고고학 자료를 모조리 긁어모아야 했다. 솔직히 그들은 각자의 능력을 넘어선 곳에 들어선 셈이었다. 버섯 사냥꾼과 약물 제조자의 조합이라면 비웃음과 함께 내쫓기게 마련이었으니 그들로서는 정식 고전학자와 공조해 완벽한 논거를 구축해야만 했다. 그들이 수없이 거절당한 뒤에야 발견한 동료는 바로 하버드와 예일 대학교에서 공부하고 보스턴 대학교 고전학과에 재직하던 칼 러크였다.

구글이나 위키피디아 같은 인터넷 검색이나 디지털 도서관이 전혀 없었던 시기 러크는 고대 그리스 문헌을 탁월하게 연구했는데도 별로 주목받지 못하고 있었다. 또한 그는 등한시되던 고고학 고기물에 관해 방대한 기록을 편찬하기도 했는데, 그중 일부는 19세기 발굴까지 거슬러 올라간다. 불과 몇 달 만에 러크는 『엘레우시스로 가

왼쪽 사진: 알베르트 호프만(왼쪽)과 R. 고든 와슨(오른쪽). 오른쪽 사진: 칼 러크(왼쪽)와 배우자 고(故) 대니 스테이플스(Danny Staples)(오른쪽). 두 사진 모두 1977년 10월 워싱턴주 포트 타운센드(Port Townsend)에서 개최된 제2회 국제 환각성 버섯 학술대회(Second International Conference on Hallucinogenic Mushrooms)에서 촬영되었다.

는 길』을 완성하는 데 충분한 증거를 얻었다. 와슨이 1장을 쓰고, 호프만이 2장을 썼다. 책 나머지는 러크가 맡아 근거가 확실한 학술적 내용으로 잔뜩 채웠다. 깨알 같은 각주가 어찌나 많은지 본문을 왜소하게 만드는 경우가 상당히 (어쩌면 너무) 많았다. 때로는 밀턴이나 셰익스피어 주석본을 읽는 듯했다.

와슨이나 호프만으로서는 딱히 손해 볼 것이 없었다. 당시 79세였던 와슨은 독자적으로 부유했고, 정치나 대학 시스템의 제약에서도 자유로웠다. 72세였던 호프만은 스위스 소재 산도스 연구소(Sandoz Laboratories, 오늘날 노바티스Novartis 연구소로 이름이 바뀌었으며, 여전히 제약업계에서는 주도적인 다국적 회사)에서 편안하게 은퇴한 상태였다. 반면 42세로 세 공저자 가운데 가장 젊었던 러크는 '공공의 적 제1호'와 교제함으로써 잃을 것이 많았다. 그리고 실제로도 크게 잃었다.

나는 러크의 간행물이나 강의 어디에서도 그의 체면 실추나 동료들에게서 악의적인 반응을 초래한 원인에 관해 실제 세부사항을 찾을 수 없었다. 그의 학술 연구에 관해 10년 가까이 몰두한 뒤 2018년에야 그 은둔 교수와 마침내 연락이 닿았다. 나는 매사추세츠주 헐Hull 소재 미국 혁명 이전 풍風 주택에 살던 러크와 인근 낸터스킷 비치 소재 식당 제이크스에서 만나 조개 튀김과 시원한 맥주 몇 잔을 나눴다. 우리는 해가 지고 나서도 몇 시간이나 이야기하다 결국 종업원들에게 쫓겨났다. 상대를 꿰뚫는 듯한 사파이어색 눈동자와 갈색과 회색이 뒤섞인 염소 수염을 한 호리호리한 고전학자는 자기 숙적 한 명과의 위험한 관계에 대해 40년 동안 묻어두었던 이야기를 능란하게 설명했다. 환각제 가설이 일말의 기회도 얻지 못하고 무시되게 한 권력과 열의를 모두 지닌 그 숙적의 이름은 존 실버John Silber였다.

"그는 일종의 괴물이었지." 러크는 점차 사라지는 추세인 뉴잉글랜드 특유의 세련된 억양과 걸걸한 바리톤 목소리로 맥주를 마시며 킥킥거렸다. "존은 아주 보수적이었어. 사람들은 그를 상대하기 어려워했지."

보수적인 장로교에 텍사스 출신의 근엄한 인물 실버는 1971년부터 1996년까지 보스턴 대학교를 이끌었다. 주지사 후보로도 나섰던 그는 훗날 미국에서 임금을 가장 많이 받는 대학 총장 가운데 한 명이 되어 높은 자리에서 크나큰 즐거움을 맛볼 예정이었다. 한때 그는 환각제의 가장 위대한 선지자이자 미국에서 가장 위험한 인간인 리어리가 지지하는 환각제의 계몽 복음을 가리켜 "허무주의라는 설탕을 섞은 쾌락주의"라 일컬었다.[19] 이것만으로도 러크의 대담한 이론에 의심의 눈길을 보내기에는 충분했다. 하지만 실버는 역사에 대한 대안적 접근을 처벌한 전력이 있었다. 혁명적인 저서 『미국 민중사』*A People's History of the United States*(1980)의 저자 하워드 진Howard Zinn의 팬이라면 한때 그가 보스턴 대학교에 재직했다는 사실을 기억할 것이다. 실제로 그는 그곳에서 24년 동안 러크와 함께 학생들을 가르치며 즐겁게 지냈다. 실버는 마르크스주의자를 자처한 진에게 안식년과 승진 그리고 임금 인상을 정기적으로 거부했다고 알려져 있다.

진이 수정주의 역사를 주장해 애국심을 의심받았다면, 러크는 수정주의 역사를 주장해 정신 상태를 의심받았다. 그는 서양 문명의 기초에 있는 치명적 결함을 폭로했고, 실버는 그 점을 전혀 좋아하지 않았다. 고전학자는 『엘레우시스로 가는 길』을 한 번도 자세히 논의한 적 없던 총장이 그 일 전체에 대해 유일하게 논평한 내용을 이 한마디로 요약했다. "그리스인이 그런 종류의 일을 했을 리 없다." 비극적이게도 러크 본인은 이런 종류의 반응을 이미 예견했다. 『엘레우시스로 가는 길』 61쪽에서 그는 와슨과 호프만을 뒷받침하기 위해 자신이 힘들게 조합한 증거에 대해 확신을 드러냈다. 그의 더 큰 도전, 즉 다른 무엇보다 가장 큰 도전은 "합리적인 그리스인, 그중에서도 가장 유명하고 똑똑한 사람 일부가 그런 비합리성을 경험하고, 또 그 안으로 완전히 들어설 수 있었다"는 사실을 사람들에게 납득시키는 일이 될 예정이었다.[20]*

이른바 유서 깊은 미국식 비합리성이라는 것이 있는데, 예를 들어 위스키와 담배를 좋아하는 카우보이의 취향 같은 것이 그렇다. 그러다 환각제라는 것이 등장했다. 1970년대 말 이보다 비합리적이고, 비非미국적이며, '뒤틀린' 것은 드물었다. 실버가 보기에 환각제는 우리 그리스 선조들과 미국의 건국자들이 수립하기 위해 매우 열심히 노력한 일 자체에 대한 완전한 거부를 상징했다. 법과 질서, 상식, 깨끗한 생활 같은 중차대한 일들인데도 말이다. 고대 세계의 가장 위대한 사상가들이 탐욕스러운 약물 사용자라는 사실이 외부로 새어나가기라도 한다면 LSD를 사랑하고 버섯을 복용하며 대마초를 피우는 저 바깥의 모든 히피에게 자유를 허가하게 되는 것 아닐까? 그렇게 된다면 우리가 아는 문명의 종말을 부르게 될 것이었다.

실버는 곧바로 러크를 강등시켜 학생과 동료 모두와 차단시킴으로써 기피 인물로 만들었다. 이것이야말로 하워드 진조차 겪지 않았던 차별의 낙인이었다. 그 폭탄의 발행 직후 러크는 고전학과 직위에서 물러나게 되었고, 대학원 세미나에서 가르치는 일을 금지당했다. 이미 교수로 종신 계약을 맺어 그를 해고할 수는 없었다. 하지만 더 젊고 개방적인 다음 고전학자 무리의 손에 닿지 않는 곳에 그를 치워둘 수는 있었다. 대중의 눈으로부터 더 멀리 밀어둘 수는 있었다. 다른 학과에 재직하는 지인들은 그와 가까이하지 말라고 지시받

---

* [감수 주] 인드로 몬타넬리(Indro Montanelli)는 자신의 책 『로마 이야기』Storia di Roma에서 '정복된 그리스'(Graecia capta)가 정복자 로마를 정복했다는 사실을 기억할 필요가 있다고 했다. 사실 그리스도교와 서양 문화를 고민할 때 '라틴어로 그리스를 그린다'(Dipingere di greco in latino)는 점을 간과해서는 안 된다. 라틴어가 근대 속으로 거듭나고 로마 예술이 13세기 예술 문명의 창조적 가치를 고양시키며 서양에 흔적을 남겼던 기간에 1,000년 전통의 비잔티움 제국은 발칸, 이집트, 흑해, 캅카스, 소아시아 지역에서 종교와 세속 모든 면의 최전성기를 누렸다는 사실을 잊고 있다. 이런 맥락에서 그리스도교의 신학이 어려워진 것도 사실은 이단에 대응하기 위해 그리스 철학을 도입하면서부터이다. 움베르토 에코, 『중세 3: 1200~1400』, 김정하 옮김, 시공사 2016, 849쪽 참조.

았으며, 학제간 시도는 차단되었다. 만약 그런 방면의 연구를 지속하고 싶다면 러크 혼자 해야 할 것이었다. 그는 하룻밤 사이 정교수에서 추방자가 되어 이 운명에서 결코 벗어나지 못했다.

그로부터 40년 뒤인 지금에 와서는 분노도 식고 말았다. 최근 발행된 교과서에 쓰인 다음 문장처럼 이따금 어떤 학자가 그 오래된 상처에 소금을 뿌리러 들르기는 했다. "엘레우시스의 경험이 지닌 힘에 관해서라면 그 극장은 부엌이나 양조장보다는 훨씬 보기 좋은 장소인 듯하다."[21] 하지만 모욕과 술책은 침묵처럼 대체로 더 효율적인 기동機動으로 대체되었다. 어쨌거나 이 시점에서는 걱정할 것이 많지 않았다. 이 도발적인 이론은 이미 오래전 매우 잘 통제되었다. 오늘날 학생들은 한때 고전학계를 뒤흔들었던 그 선동적인 책에 관해서는 전혀 들어본 적도 없는 것이 거의 확실하다. 원래 저자들도 천천히 사그라졌다. 와슨은 1986년 88세 고령의 나이로 사망했다. 호프만은 2008년 그보다 고령인 102세 나이로 사망했다. 남은 사람은 러크뿐이었다. 84세의 그는 이제 거의 위협이 되지 않았다.

보스턴 대학교의 괴짜로서, 러크는 인터넷의 뒷골목에 안전하게 숨겨진 무해하고 늙은 기인으로 널리 간주된다. 우리의 뿌리에 관한 한때의 정당한 토론은 이제 유튜브에서 아마추어 역사가들의 여흥으로 넘어가고 말았다. 러크는 여전히 학부생 강의를 한 학기에 한두 개 진행하지만 고전학 분야의 미래 지도자들과는 동떨어져 있다. 동료들과 학술대회에 참석하지도 않고, 그들과 비공식적으로 만나는 일도 드물다. 그들은 러크가 순순히 굴복하는 대신 무서운 속도로 단행본과 논문을 쏟아냈다는 사실을 쉽게 간과한다. 보스턴 대학교 웹사이트에 게시된 그의 이력서는 여덟 쪽에 달한다.[22]

『엘레우시스로 가는 길』이 처음 등장한 이래 일종의 임무를 맡은 사람이 된 러크는 지난 40년 동안 마녀들이 제조한 정신 변성 칵테일 속에서 그리스인이 신을 찾아냈다는 점을 입증하려 강박적으로 시도했다. 그렇다. 그것은 엘레우시스에서 물약을 장만하고 나눠주던 여사제들의 엘리트 학교였다. 데메테르로서도 달리할 여지가 있었을까? 곡물의 여신은 폭군 제우스는 물론이고 납치범에 강간범인 그 형제까지 무릎 꿇게 만들지 않았던가? 신비제는 항상 여성들의 영역이었다. 처음에는 여성들이야말로 입문에 알맞은 유일한 사람들이었다. 이 사소하지만 흥미로운 세부사항이 그리스도교의 탄생 그리고 확산과 연결될지도 모른다는 점을 러크는 금세 깨달았다.[23]

그리하여 고전학자들이 과거의 스캔들에 아랑곳하지 않게 되자 러크는 예수를 뒤쫓았다. 2000년대 초 그는 그리스도교의 초기 기원에 관한 수년간의 연구를 발표하기 시작했다. 16세기 인문주의 운동기의 에라스무스와 루터처럼 러크는 곧바로 원천으로 돌아갔다(즉 아드 폰테스 했다). 예수에게로 나아가려면, 아울러 예수의 실제 메시지를 이해하려면 신약성서의 원어를 분해하는 길 말고는 없었다.[24] 네 명의 복음서 저자(마태오, 마르코, 루카, 요한)는 그리스어로 글을 썼다. 초기 교회의 성공을 거의 전적으로 담당했던 성 바오로도 그 언어에 통달한 상태였다. 그러지 않을 수 없었다. 1세기의 30년대 중반부터 50년대 중반까지 바오로는 에게해海 주위에 수많은 그리스도교 공동체를 설립했다. 그리스인이나 그리스어 구사 신앙 소수 공동체에게 보낸 그의 편지, 즉 서간은 신약성서를 구성하는 스물일곱 권 가운데 스물한 권을 차지한다. 그 제목을 들으면 모두들 기억할 것이다.

바오로의 「테살로니카 신자들에게 보낸 첫째 서간」과 「테살로니카 신자들에게 보낸 둘째 서간」은 오늘날 그리스에서 두 번째로 큰 도시인 테살로니키Thessaloniki에 사는 사람들에게 보낸 것이다. 바오로의 「필리피 신자들에게 보낸 서간」은 거기에서 더 동쪽인 그리스의 섬 타소스Thasos 북쪽에 있는 지금은 사라진 도시 필리피Philippi에 보낸 것이다. 바오로의 「에페소 신자들에게 보낸 서간」과 「콜로새 신자들에게 보낸 서간」과 「갈라티아 신자들에게 보낸 서간」은 바다 건너 오늘날의 터키에 있는 여러 도시에 보낸 것이다. 바오로의 「코린토 신자들에게 보낸 첫째 서간」과 「코린토 신자들에게 보낸 둘째 서간」은 엘레우시스 고고학 유적에서 자동차로 한 시간도 걸리지 않는 곳에 있는 도시에 보낸 것이다.

복음서와 바오로의 편지 그리고 당시 다른 그리스어 문서에 대한 러크의 분석에 따르면 최초 그리스도교인 세대는 그리스인들에게서 향정신 작용의 신비를 물려받았으며, 환각성 취기를 위한 매개체인 데메테르의 맥주를 디오니소스의 포도주로 대체했다. 고대 지중해의 산과 숲에 걸쳐 확산된 엘레우시스에서의 놀라운 경험이나 디오니소스적 무아경과 경쟁하려면 그리스도교에도 미끼가 필요했다. 당시 전설적인 키케온이나 (고대 그리스의 모든 축제 가운데 3분의 1의 헌정 대상이었던) 디오니소스의 약물이 첨가된 포도 묘약보다 유혹적인 것이 또 있었겠는가? 특별한 순례나 그리스와 이탈리아의 황무지에 그 이용을 국한하는 대신 초기 교회가 유서 깊은 물약을 길들인 것일까?

더 이상 엘레우시스의 데메테르 신전에 국한되지도, 디오니소스의 오지 위 나무와 바위 너머에 흩어져 있지도 않게 되자 원시 미사는 예수 사후 처음 세 세기 동안 초기 그리스도교를 규정했던 가정 교회와 카타콤에서도 거행될 수 있었다. 4세기에 최초의 대성당이 건립되기 이전까지만 해도 초기 그리스도교인들은 바로 그곳, 그러니까 가정과 무덤에 모여 빵과 포도주로 이루어진 자신들의 거룩한 식사를 섭취했다. 바로 그곳에서 본래의 성만찬은 여성이 적지 않은 역할을 담당하는 방식으로 발전했으며, 새로운 그리스의 성사가 과거 그리스의 성사를 대체하게 되었다. 단지 1년에 한 번씩이 아니라 초기 그리스도교인들만 좋다면 매주 한 번씩 이뤄졌다. 정신에 변화를 주는 성만찬은 부모와 조부모에게서 엘레우시스와 디오니소스의 신비제에 관해 들으며 자란 이교도 개종자들을 위한 탁월한 구인 도구가 되었다. 그들은 언젠가 신비제를 직접 보기를 열망했고, 특히 코린토에서는 그리스의 그리스도교 예비자가 엘레우시스까지 문자 그대로 육로로 걸어갈 수도 있었다! 로마의 그리스도교 예비자는 밤에 몰래 나가 당시 이탈리아 남부 곳곳에서 여전히 끓어오르던 여성 주도형 디오니소스 주신제bacchanal 가운데 어떤 것에든 참여할 수 있었다.

러크가 이른바 고전학자라는 멸종 위기종 사이에서 경이로운 변칙이 된 까닭은 그리스인의 환각제에 관한 연구 때문만이 아니었다. 어쩌면 그의 동료 중에는 그리스도교 첫 세대의 가장 오래 되고 가장 진정한 실천을 재건하려는 그 시도의 진가를 인정하기가 좀더 쉬웠으리라 생각할 사람도 있을 것이다. 고대 그리스의 언어와 문화에 대해 평생의 전문성을 보유한 누군가가 그 논제에 신선한 눈으로 접근했을 때 자연스럽게 얻어지는 결과라고 말이다. 하지만 그것을 추구하는 과정에서 러크는 사실상 외로운 늑대였다. 1958년 올더스 헉슬리가 새로운 종교 개혁을 역사적으로 뒷받침할 만한 종류의 증거를 모아보라며 제기했던 도전에 선뜻 응한 고전학자가 왜 그토록 드물었는지는 물어볼 만한 가치가 있다.

여기에서 핵심은, 고전학자는 그리스도교에 별로 관심을 두지 않는다는 점이다. 고전과 신학이 서로 다른 학문 분야인 데에는 다 이유가 있다. 고대 그리스에 매료된 사람이라면 비교적 단순한 성서나 교부의 그리스어를 배우기 위해 굳이 신학교에 가지 않는다. 그런 사람이라면 굳이 목사나 사제가 되지도 않는다. 차라리 하버드나 예일 대학교에 가서 호메로스, 플라톤, 에우리피데스를 공부하고, 서양 문명의 **진짜** 창건자들에 관해 점점 더 비의적인 논문을 쓴다. 그들은 엘리트 대학에서 드물게 남아 있는 일자리를 얻기 위해 필사적으로 싸우는데, 예전부터 항상 바로 거기에 명성이 있었기 때문이다. 고전 언어학자 로이 J. 드페라리Roy J. Deferrari는 1918년 다음과 같이 말했다.

> 기독교계에서는 항상 그리스어와 라틴어 그리스도교 문헌을 열심히 연구했지만 어디까지나 그들 신학의 출처에 한했다. 반면 고전학자는 그런 문헌이 신학자를 위한 정보밖에 담고 있지 않다면서 성급히 외면하고 말았다. 그 결과 세계사에서 매우 방대한 부분을 차지하는 문헌과 문명이 있는데도 정작 그것을 조사할 능력이 가장 뛰어난 사람들이 매우 소홀히 하고 말았다.[25]

따라서 고전학자 중에서도 러크는 사어들 가운데 유독 버림받고 사라지는 분야에 속한 망명자였다. 지금은 더욱 구닥다리가 된 분야이지만 한 세대 전에도 이미 구닥다리였다. 세상에 이름을 떨치지 않기 위한 계획이라면 이보다 나은 것이 없을 정도였다. 핸슨과 히스가 『누가 호메로스를 죽였나?』에서 상술한 것처럼 더 이상 아무도 고대 그리스어를 배우지 않았으며, 최소한 누구도 그 수업료를 내고 싶어 하지 않았다. 설령 그 침몰하는 배에 뛰어올라 고전학 분야에서 박사학위를 받는다 하더라도 정작 러크의 이름은 전혀 마주하지 못했을 것이다. 그리하여 만사형통이었다. 학계의 감시자들은 이 불명예스러운 학자가 조용히 어둠 속으로 사라져 안도의 한숨을 내쉴 수 있었다. 한때 역사를 완전히 뒤집을 잠재력을 지녔던, '뒤틀린' 데다 믿음이 가지 않는 발상 역시 이 학자와 더불어 사라졌다.

하지만 그가 옳았다면? 무려 40년 동안 조롱받고 열외로 취급받던 러크의 학술 연구가 대학 교과 과정에서 사어를 모조리 없애겠다고 위협했던 '부적절성'과 '비실용성'의 혐의에 대해 마침내 답변할 수 있었다면? 학계에서 아무 자리도 차지할 수 없었던 이 궁극의 아웃사이더가 고전학의 필수적인 중요성을 그것이 세계에 가장 필요할 법한 시기에 다시 한 번 예증할 수 있다면? 겉보기에 가능성 없어 보이지만 역사의 가르침은 오히려 반대이다.

19세기 말, 그러니까 사회과학이 고전학을 낙마시키려 위협하던 때 자수성가한 백만장자이자 고등학교 중퇴자인 하인리히 슐리만 Heinrich Schliemann이 혜성처럼 나타났다. 그는 트로이를 실제로 발견했는데, 그때까지만 해도 학자들은 그 도시를 순전히 신화, 즉 호메로스가 창안한 허구라 생각해 실존 가능성을 거부해왔다. 슐리만은 훗날 "지중해 고고학의 아버지"가 될 예정이었다.[26] 1920년대 말, 다시 말해 전후의 고립주의와 대두하는 불황이 구식 교육 모델에 도전을 제기했을 때 밀먼 패리Milman Parry는 파리의 소르본 대학교에 가지 않을 수 없게 되었으니, 미국의 어떤 대학원도 그의 대담한 언어학 이론에 자금을 지원하지 않으려 했기 때문이다. 하지만 바로 이 패리가 호메로스의 수수께끼를 해결했으며, 서양 문명에서 가장 오래된 "저자"가 실제로는 단지 "문맹의 음유시인"임을 입증했다.[27] 마침내 1950년대, 이 분야의 하강세가 시작되기 직전 마이클 벤트리스Michael Ventris는 지금까지 기록된 최초의 그리스 문자이자 유럽에서 가장 오래된 문자 체계인 선형문자 B라는 이국적인 글자를 해독했다.* 런던 출신의 이 무명 건축가는 유급 전문가들도 해결하지 못한 문제를 여가 시간에 풀어냈다. 하지만 벤트리스는 자신의 걸작이 간행되기 몇 주 전 교통사고로 34세 나이에 사망하고 말았다.[28]

예전부터 항상 이런 식이었다. 호메로스를 시체 보관소에서 계속 구출한 사람들은 몽상가와 낭만주의자였다. 슐리먼, 패리, 벤트리스 같은 사람이 하나 나타날 때마다 고전학은 예상치 못하게 각광받았다. 신문마다 최신의 발견을 머리기사로 올리고, 대중도 관심을 보였으며, 대학 행정가들도 대기 중인 새롭고 똘망똘망한 고전학자를 채용할 구실을 얻었다.

『엘레우시스로 가는 길』은 분명히 잘못된 시기에 나온 잘못된 책이었다. 하지만 시대가 바뀌었다. 환각제는 여전히 세계 대부분과 미국 연방 차원에서 불법으로 남아 있지만 의료적 연구는 유례 없을 정도로 폭발적으로 늘어나고 있다. 존스홉킨스와 뉴욕 대학교 연

---

* [감수 주] 오늘날 레바논 사람의 선조인 페니키아인은 기원전 15세기 무렵 우가리트에서 알파벳 자음을 사용했다. 이 문자 체계가 크레타섬과 미케네에 전해져 선형문자 B, 일명 미케네 문자가 되었으며, 이것이 그리스 문자의 원형이다.

구진뿐 아니라 예일 대학교, 하버-UCLA 의료센터 그리고 다른 여러 곳에서도 실로시빈, LSD와 MDMA 같은 물질의 잠재력을 적극적으로 연구하고 있다. 이는 알코올 중독, 니코틴 중독, PTSD, 자폐증, 불안증, 우울증, 생애 말 비탄증end-of-life distress을 비롯한 여러 증상에 환각제를 보조 사용하는 완화책 제공을 목적한다.[29] 2019년 4월 임페리얼 칼리지 런던에서는 환각제를 본격적으로 연구하는 전담 연구소를 세계 최초로 창설한다고 발표했다.[30] 2019년 9월 존스홉킨스 연구진이 출범한 환각제와 의식 연구센터는 1700만 달러에 달하는 개인 기부금으로 실현되었다. 2019년 5월부터 2020년 1월 사이에만 덴버, 오클랜드, 산타크루스가 뛰어들었으며, 더 많은 도시가 환각제 열풍에 편승하는 것은 시간문제이다. 지역 차원의 합법화 다음에는 주州 차원의 합법화가 이어질 것이다. 최근 대마초의 경우도 그런 과정을 거쳐, 이제 미국 50개 주 가운데 33개 주에서 대마초의 의료적·개인적 사용이 합법화되었다. 모두 1978년에만 해도 상상하지도 못했을 일이었다.

오늘날 미국인의 27퍼센트(그중에서도 내가 속한 세대는 정확히 40퍼센트)가 스스로를 '영적이지만 종교적이지는 않은 사람'이라 간주하게 된 점 역시 과거에는 상상도 못 했을 일이다. 이미 SBNR 진영에 가담한 수천만 명에게, 그리고 조직화된 종교에 속해 있다고 자처하면서도 최근 수년 동안 황홀감을 단 한 번도 느껴본 적 없는 또 다른 수백만 명에게 그리스도교에 대한 러크의 논쟁적인 학술 연구는 귀가 솔깃할 만한 이야기였다. 심지어 종교적으로 헌신적인 사람들조차 최초 그리스도교인의 성사 관습 맥락을 설명하는 데 도움이 되는 명백한 고고학적 증거 앞에서 과거와 똑같이 반응하리라고 예상되지는 않는다. 더 젊은 세대는 뭔가 다른 것을 받아들일 준비가 되어 있으며, 존스홉킨스와 뉴욕 대학교의 실로시빈 실험은 일찍이 헉슬리가 어떤 미래의 "생화학적 발견"에 의해 널리 이용할 수 있을 것이라 예견했던 건실하고 실용적인 신비주의로 향한 길을 가리키고 있다. 와츠와 그가 말한 "신비주의의 대중적 창궐"과 마찬가지로 헉슬리는 "많은 사람이 급진적인 자기 초월을 이루고 사물의 본성을 더 깊이 이해하는" 일이 가능한 시대를 예견했다. 어느 면으로 보든 그 시대는 바로 지금이다.

하지만 선례는 중요하다. 헉슬리가 예견한 부흥은 이제 모습을 갖추기 시작했다. 그런데 그 모든 것은 기묘하게도 친숙하게 느껴진다. 우리가 이 길을 예전에도 가보았다면? 고대 그리스의 가장 뛰어나고 가장 명석한 사람들에게는 물론이고 초창기 그리스도교인 세대들에게도 호소했던 이름 없는 종교로부터 배울 교훈이 있다면? 이 두 가지 가운데 어느 것도 오늘날 불법인 비합리성으로 들어서는 문제를 지녔다고 보이지는 않는다. 따라서 나는 현대 그리스에 사는 한 사람과 대화를 나눠보려고 떠났다. 그 사람이라면 러크가 고대 신앙을 부활시킴으로서 고전학을 구출할 가능성이 있는지, 아니면 그와 호메로스 모두 똑같이 불명예스러운 결말을 맞이할 운명인지를 내게 말해줄 수 있을 것이었기 때문이다.

3장

보릿가루와 월계수 잎

아테네에서의 하루는 모든 것을 바꿔놓을 수도 있다.

2018년 9월, 그리스 고유물 및 문화유산 종합 관리국General Directorate of Antiquities and Cultural Heritage 국장 폴릭세니 아담벨레니 Polyxeni Adam-Veleni 박사와의 만남을 조율하는 데에는 몇 주가 걸렸다. 현대 세계를 형성한 문명의 유산에 관해서라면 그녀가 최고였다. 국장은 어느 누구도 고대 그리스를 잊지 않도록 보장하는 일을 맡고 있었다. 고대 그리스는 미국과 세계 각지 여러 대학의 더 실용적인 주제들뿐 아니라 현대 그리스의 개발과도 경쟁해야 하는 처지였다. 이 나라에서는 유적과 유물이 경제 발전을 가로막는 경우가 종종 있었기 때문이다. 고고학자이자 학자인 아담벨레니는 매일같이 과거를 보호하는 동시에 미래를 촉진하도록 줄타기해야 하는 직위에 있다는 점에서 보기 드문 학자였다. 상식과 냉정을 지키며 러크의 학술 연구를 평가할 수 있는 사람이 있다면 바로 그녀였다.

나는 국장의 사무실로 매일 전화를 걸었고, 매우 중요한 문제를 논의하고 싶을 뿐이며 미친 사람은 아니라고 그녀의 부하를 안심시켰다. 그런 일과를 열두어 번쯤 겪고 나서야 비로소 약속이 잡혔다. 아담벨레니의 부하는 내가 어떤 대학이나 정부 기관을 대표하는지 공손하게 물었다. 어느 곳도 아니라고 하자 그녀의 목소리가 불편해지며 불신의 경계에 섰다. "엘레우시스 신비제에 관해 논의하고 싶습니다만," 나는 워싱턴 D. C.와 아테네를 연결하는 잡음 심한 전화에 대고 말했다. 이는 CIA 국장 사무실에 전화해 대뜸 케네디 암살에 관해 궁금한 것을 몇 가지 질문하고 싶다고 말하는 일과 비슷했다.

이처럼 전화하고 매우 진심 어린 이메일을 여러 번 보낸 결과, 마침내 아테네로 향하는 루프트한자 비행기에 탑승하는 바로 그날 허락을 얻었다. 뜬눈으로 밤새 비행하고 잠깐 낮잠을 잔 뒤, 나는 택시를 타고 국립 고고학 박물관 맞은편에 있는 허름한 문화체육부 청사로 향했다. 경비원의 설명에 따라 4층 한구석에 있는 아담벨레니의 사무실로 갔다. 국장은 1층에서 회의를 마치고 돌아왔다. 그녀가 재빨리 설명한 바에 따르면 그곳 장관이 최근 자기에게 그리스의 모든 고유물을 관장하는 업무를 맡겼다고 했다. 다시 말해 고고학 박물관 242곳을 거느린 박물관 관리국을 관장하게 되었다는 뜻이었다. 그리스에서 진행 중인 개개의 고고학 발굴 현장을 운영하는 지역 사무실 53곳 역시 관장하게 되었다는 뜻이기도 했다.

"그러면 바쁘시겠군요?" 내가 물었다.

"정말 매우 바쁘답니다." 아담벨레니가 웃음을 터트렸다. "이곳에는 어디에나 고유물이 있거든요. 우리나라 고고학자들은 크나큰 두려움을 품고 있어요. 개발업자가 뭔가(가령 지하철)를 건설하고 싶어 한다면 우선 발굴 비용을 내야 하거든요. 그런데 발굴 작업은 여러 해가 걸릴 수 있어요. 비용도 수백만 달러가 들 수 있죠. 정말 비싼 금액이에요. 하지만 고유물을 보호하고 사람들에게 보여주는 일이 우리 임무니까요."

어색한 분위기가 풀리고 이야기가 자연스럽게 이어지자 나는 우리가 있는 곳에서 남쪽으로 10분 거리에 있는 놀라우리만치 현대적인 아크로폴리스 박물관에서 최근 개최된 전시회에 관해 국장에게 물었다. 그곳에서 개최된 〈엘레우시스: 거대한 신비제〉Eleusis: The Great Mysteries 관람 기회를 아깝게 놓쳤으나 박물관 웹사이트에는 여전히 당시 전시물을 설명하는 페이지가 남아 있었다. "본 박물관의 목표는 전시장을 찾은 방문객에게 호기심을 불러일으키는 동시에 이 전시품이 출토된 장소들을 직접 방문하도록 독려할 만한 색다른 주제들을 제시하는 것이다."[1]

"왜 국장님 박물관 가운데 한 곳에서 이런 전시회를 개최하셨습니까?" 내가 물었다. "단순히 문화를 보전하기 위한 역사적 연습이었나요, 아니면 국장님 동료들에게서 그 신비제가 아직 살아 있다고 느끼셨나요? 이 종교야말로 이 나라에서 배출된, 어쩌면 전 세계에서 배출된 인물 중 가장 뛰어난 두뇌의 소유자들에게 호소력을 발휘했으니까요. 그런데도 우리는 그 이유를 전혀 모르고 있습니다. 이렇게 오랜 시간이 지났는데도요. 공개적으로 말하는 일이 금지되었다는 사실이나 모든 그늘과 비밀 외에도 우리가 해석 과정에서 뭔가를 놓친 것 같습니다."

"맞아요. 우리가 뭔가를 놓쳤어요. 그리스도교 때문이죠." 국장은 전혀 예상치 못하게 내 말에 끼어들었다. "이유는 바로 그거예요. 아주 간단하죠. 그것 말고는 없어요. 그리스도교가 모든 걸 바꿨어요."

고전 문명의 죽음에서 그리스도교가 담당한 역할에 대해 이 정도로 솔직한 발언은 내 고국은 물론 학자들 사이에서도 듣기 어려웠다. 미국 고전학자들에게 그리스도교는 껄끄러운 주제였다. 4세기 말 일어난 종교 간의 충돌은 서양 문명사의 일부로 완벽하게 받아들여졌지만 정작 그 명백한 사실을 언급하는 일은 무례하게 비춰졌다. 미국 헌법과 성서의 양자택일을 마뜩찮아 하며 미국이 그리스도교 국가로 건립되었다고 동경하는 듯한 주장에는 차마 부정할 수 없는 현실을 정치화하는 뭔가가 있었다. 따라서 미국의 고전학자들은 일반적으로 신학자들을 거스르는 대신 그들의 구석으로 후퇴하면서, 드페라리가 1918년 말한 것처럼 "세계사에서 매우 방대한 부분을 (…) 정작 그것을 조사할 능력이 가장 뛰어난 사람들이 매우 소홀히" 하도록 방치하고 말았다. 나는 아담벨레니에게서 내가 대학에 다니는 내내 공개적으로 논의되지 않았던 사건들에 관해 기꺼이 이야기하려는 동류의식을 발견했다. 내가 다음 질문을 떠올리는 동안 그녀는 자기가 염두에 둔 두 가지 사례를 먼저 자진해 내놓았다.

"알렉산드리아 대도서관 파괴." 그녀가 말을 이었다. "이거야말로 커다란 손실이죠. 제가 보기엔 세계에서 가장 큰 손실일 거예요. 우리가 그 자료, 그 고대 텍스트를 모두 가졌더라면 상황은 크게 달라졌을 거예요. 지금 우리는 고대에서 물려받은 게 워낙 적으니까요."

테오도시우스 황제가 신비제를 불법화한 392년 알렉산드리아의 테오필로스 주교Theophilus of Alexandria는 광포한 폭도를 이끌고 "세계에서 가장 아름다운 건물" 안으로 들어가 초토화했다.[2] 그리스어로 '하느님에게 사랑받는 자'라는 뜻의 이름을 지닌 테오필로스와 그에게 선동된 그리스도교인들이 진정으로 노린 것이 그리스식 이집트 신 세라피스의 번쩍이는 조상彫像이었는지, 아니면 그 신전 경내에 보관된 방대한 도서관 수집품이었는지는 불확실하다. 어느 쪽이든 캐서린 닉시의 『암흑화하던 시대: 기독교의 고전 세계 파괴』는 첫 장부터 연구의 틀을 잡으며 "세계 최초의 공립 도서관"과 그곳에 소장되었던 "서적 수십만 권"의 소멸에 관해 상세한 내용을 제공한다.

"양날 도끼"가 세라피스의 얼굴을 가르자 그리스도교인들은 "기쁨의 함성을 질렀다." 이 이교 신상의 몸통은 곧이어 "공개 굴욕"의 일종으로 중앙 원형극장에서 "앞서 이 신상을 숭배했던 알렉산드리아인들의 눈앞에서 불타 재가 되었다." 이에 만족하지 못한 예수의 "호전적인" 용병들은 신전을 낱낱의 돌덩이로 해체했고 "거대한 대리석 기둥들을 쓰러뜨려 벽 자체도 무너지게 만들었다."[3] 정확히 무슨 일이 벌어졌는지는 모르지만 그 후 대도서관의 내용물은 두 번 다시 볼 수 없었다. 닉시는 다음과 같이 결론짓는다.

> 오늘날 이런 생각을 다시 떠올려보면 역설적일 수밖에 없지만 이교 신전에 대항하는 전쟁은 안전을 위해 그 안에 보관되는 경우가 매우 흔했던 책에 맞선 것이기도 했다. 만약 그 [대도서관의] 책들이 불탔다면 이는 [이탈리아의 학자 루치아노] 칸포라가 "과거 문화와 그 성소인 도서관에 대항해 그리스도교가 수행한 전쟁의 우울한 경험"이라 일컬은 중대한 순간이었을 것이다.

신전의 파괴 이후 그리스도교인의 광분은 온 도시를 휩쓸었고, 2500만 개의 "사원, 신전, 종교적 장소"가 추가로 공격받았다.[4] 다른 모든 곳에서와 마찬가지로 알렉산드리아에서 일어난 이런 터무니없는 폭력은 오늘날 우리라면 "정신적"이라 부를 법한 더 커다란 영적 전쟁의 일부였다. 훗날 테오필로스는 고대 세라피스 신전 자리에 교회를 세우고, 팔레스타인에서 가져온 세례자 요한의 유해 가운데 일부를 그곳에 보존할 것이었다. 그것은 "의식적으로 계획된 도발"이었다. 그 목표가 "이집트 수도인 그 도시의 물리적이고 상징적인 구조물"에 대한 독점적 소유권 주장이라는 점은 "차마 오인할 수 없이" 명백했다. 그 도시는 "이제 그리스도교인들의 하느님과 그리스도의 소유가 되"었다.[5] 그 시대 그리스 역사가 에우나피오스에 따르면 그리스도교인들은 "자기네가 신들을 극복했다고 자랑했으며, 자신들의 신성 모독과 불경함을 자랑거리처럼 여겼다."[6]

국장과 나는 먼 과거의 사건들에 관해 이야기했지만 그런 것들과 오늘날의 명백한 관계를 외면하기는 어려웠다. 최근 ISIS의 하수인들이 고대 아시리아 유적을 훼손하거나 이라크의 모술 박물관Mosul Museum에 소장된 귀중한 고기물을 파괴할 때마다 서양의 석학들은 방송에 나와 문화유산의 상실을 개탄한다. 그들은 우리의 집단 세습 재산이 위험에 처해 있다고 말한다. "ISIS는 일종의 빈 서판 만들기를 통해 미래 세대들에게 새로운 버전의 역사를 내놓으려 도모하는 겁니다." 한 논평가는 이런 의견을 내놓기도 했다. "그런 역사에서는 ISIS의 영웅들이 악과 싸운다는 이분법적 서사가 번성할 수 있을 겁니다. 역사 유적을 말살하는 일이야말로 ISIS가 새로운 시작을 건설할 수 있는 텅 빈 화폭을 만들려는 시도입니다."[7]

알렉산드리아나 엘레우시스에서 종교적 과격주의자들의 동기도 이와 별반 다르지 않았던 것 아닐까?

이어서 아담벨레니는 두 번째 사례를 들었다. 믿기 어려울 정도로 많은 문헌이 사라졌다는 것이었다. "우리가 갖고 있는 비극 작품의 수만 봐도 아실 겁니다. 기껏해야 33편과 절반이거든요." 그녀가 말했다. "하지만 과거에 배출된 작품은 그보다 훨씬, 정말 훨씬 더 많습니다."

실제로 에우리피데스의 작품 77편 중 지금 남아 있는 것은 19편뿐이다. 한때 엘레우시스의 비밀을 폭로했다는 이유로 비난받았던 아이스킬로스의 작품은 99편 중 7편뿐이다. 또 다른 엘레우시스 입문자 소포클레스의 작품도 120편 가운데 7편만 남아 있다. 에우리피데스의 경우에는 입문 여부가 불확실하지만 그의 희곡에는 엘레우시스에서 보낸 마법의 밤에 관한 미세하고도 어쩌면 환각성일 수 있는 내용이 담겨 있다.[8] 상상해보시라. 극작가들이 자기 작품 속에 단서를 넣어보았자 얼마나 많이 넣을 수 있었을까? 하지만 그런 모든 단서는 물론 고대에서 비롯한 수많은 기록까지 한마디로 기억에서 삭제되었다. 물론 이 모든 일을 그리스도교인 탓으로 돌릴 수는 없겠지만 학자들의 추산에 따르면 전체 고전 문헌 중 오늘날까지 살아남은 것은 "기껏해야 1퍼센트쯤"에 지나지 않는다.[9] 생각해보시라. 고대 세계에 관해 우리가 아는 내용은 모두 그 실제 산출량 가운데 극히 작은 파편에 근거하고 있다. 에즈라 파운드의 말마따나 고전학자들은 "깨진 조상 두 무더기"와 "손상된 책 수천 권"으로 이루어진 100만 피스짜리 직소 퍼즐을 맞추려고 여러 세기 동안 노력해왔다.[10] 엘레우시스가 그 마법을 공개하기를 거부하는 것도 놀랍지는 않다.

이 숫자를 염두에 둔 채 나는 다시 본론으로 돌아갔다. 갈색 가죽 가방으로 손을 뻗어 『엘레우시스로 가는 길』을 꺼냈다. 고전학계의 말썽꾸러기인 책을 말이다. 국장으로선 전혀 들어본 적 없으리라 여기고 나는 키케온이 신비제의 중심적인 환각성 비밀이라는 40년 묵은 가설의 대강을 설명했다. 와슨과 호프만이 이미 사망했다고 말했다. 하지만 러크는 여전히 보스턴 대학교에서 활동 중이며 자기가 옳다고 확신한다고도 덧붙였다.

"러크… 러크…." 국장은 큰 소리로 혼잣말하며 기억을 더듬었다. 그러더니 실제로는 한 번도 들어본 적 없는 이름이라는 뜻으로 고개를 저었다.

"좋습니다. 하지만 세부사항으로 들어갈 것까지도 없이, 국장님이 보시기에는 이런 발상 자체가 이상한가요? 서양 문명의 건설자들이 약물을 복용했다는 러크의 주장이 거슬리시나요? 고대 그리스인이 어쩌면 각자의 삶에서 한 번쯤 페르세포네와 이야기를 나누려고… 하느님과 소통하려고 환각성 물약을 마셨다는 주장이 불편하신가요?"

"아뇨, 아뇨, 아뇨." 국장은 재빨리 대답하면서 이 질문의 터무니없음을 부정하려는 듯 한 손을 내저었다. "당연히 아니죠!"

"하지만 이런 주장을 불편해하는 사람이 많은 것 같더군요." 나는 곧바로 저명한 스위스의 고전학자 프리츠 그라프Fritz Graf와 최근 오하이오 주립대학교에서 나눈 대화를 떠올렸다. 나는 여름 내내 함께 이야기 나눌 만한 그리스 연구자를 찾아다녔다. 환각제 가설에는 전혀 동의하지 않았지만 그라프는 처음부터 극도로 사려 깊은 태도를 보였다. 2018년 7월 내가 받은 그의 첫 이메일에는 잊지 못할 한마디가 담겨 있었다. "솔직히 말씀드리자면 이렇습니다. 저는 와슨과 러크의 이론이 부자연스럽다고 봅니다."[11]

그런데도 그라프는 전화 통화에 응했는데, 이것이야말로 고전학을 지배하는 중유럽의 지혜의 샘물을 얻어 마실 수 있는 흔치 않은 기회였다. 그라프는 취리히 대학교에서 박사 학위를 취득했으며, 그를 엄격하게 지도했던 발터 부르케르트Walter Burkert라는 독일 출신 교수는 그 분야의 반신半神이나 다름없었다. 『엘레우시스로 가는 길』이 발행되기 1년 전인 1977년 부르케르트는 『고대 및 고전 시대의 그리스 종교』Griechische Religion der archaischen und klassischen Epoche를 펴냈고, 이 책의 영역본은 1985년 하버드 대학교 출판부에서 『그리스 종교』 Greek Religion라는 제목으로 출간되었다. 이것이야말로 고전학자 지망생에게는 기본에 해당하는 서적이었다. 나도 그 책을 두 번이나 읽어야 했다. 부르케르트의 저서 같은 위업 때문에 진지한 학생이라면 누구나 독일어를 기본적으로 이해한 뒤에 비로소 그리스어를 배우는 데에 많은 시간을 쏟았다. 부르케르트는 2015년 사망했다. 그리하여 여러 면에서 그의 제자와의 대화는 내게 보수파 최고수를 개인적으로 회견하는 일이나 마찬가지였다. 내가 엘레우시스와 환각제의 관계를 "부자연스럽다고" 여기는 이유가 무엇이냐고 묻자, 그라프는 내가 한마디도 놓치지 않고 듣게 하려는 듯 또박또박 천천히 대답했다. "주된 이유는 (…) 우리가 가진 자료에 증거가 단 하나도 없기 때문입니다."

하지만 아테네에서 아담벨레니와 한자리에 있다 보니 그런 종류의 회의주의는 어디에서도 찾아볼 수 없었다. 그녀는 곧바로 논쟁으로 넘어갔다. "사실 저도 그들이 약물을 사용했다고 생각하거든요. 왜냐하면 그들은, 음… 뭐랄까, 환상을 보고 싶어 했으니까요."

"환영이요?" 내가 물었다.

"환영! 맞아요. 고대에는 그런 일이 아주 기이하지도 않았어요. 가령 그 식물 이름이 뭐였죠? 모르핀을 만드는 꽃이요."

"모르핀이요? 아, 양귀비 말씀이시군요."

"네, 양귀비요." 국장이 대답했다. "양귀비는 사방에서 볼 수 있어요. 그리고 델포이Delphi가 있죠. 피티아가 무슨 잎사귀를 먹었다고 하는지 아세요? 바로 월계수예요. 월계수 역시 환영을 야기하죠. 거기에는 기름진 잎사귀가 달리니까요. 그 잎에 든 기름이 일종의 약물인 거죠."

사무실에서 북서쪽으로 160킬로미터쯤 떨어진 델포이에서의 그 유명한 예언에 영감을 준 원인이 무엇인지에 관해서는 오늘날까지도 논쟁이 격렬하다. 확실한 사실은 엘레우시스의 경우와 마찬가지로 그곳에서도 여성이 업무를 진행했다는 것이다. 그곳에는 피티아, 즉 고위 여사제가 세 명 있었으며, 그들 각자는 아폴론 신의 매개자 또는 대언자로서 평생을 바쳤다. 청원자는 피티아 주위에 모여 각자의 운명을 들었다. 스파르타의 리쿠르고스와 아테네의 클레이스테네스는 각자의 국가 헌법을 그녀에게 제출해 승인받았다.[12] 소포클레스의 희곡에서 오이디푸스가 아버지를 죽이고 어머니와 결혼하리라는 나쁜 소식을 전하는 사람도 바로 피티아이다. 발터 부르케르트는 『그리스 종교』에 다음처럼 매혹적인 묘사를 실었다.

카스탈리아 샘에서 목욕한 다음 염소의 사전 희생제를 치르고 그녀는 신전에 들어간다. 신전 안에는 항상 불타는 헤스티아hestia [그리스어로 '아궁이'라는 뜻]에 보릿가루와 월계수 잎사귀를 태운 연기가 가득하다. 그녀는 신전 내부의 맨 끝에 있는 움푹 들어간 구역 아디톤adyton으로 내려간다. 그곳은 바로 옴팔로스Omphalo [그리스어로 '배꼽'을 뜻하며 세계의 중심이라 여겨지는 둥근 돌로, 신들과 직접 의사소통할 수 있게 한다고 여겨졌다]로, 땅에 우물처럼 둥근 구멍이 뚫리고 삼발이 솥이 설치되어 있으며 (…) 그 틈 위에 걸터앉아 솟아오르는 수증기에 에워싸인 채 갓 꺾은 월계수 가지를 들고 그녀는 황홀경에 빠진다.[13]

피티아의 황홀경을 유도하는 방법을 설명하기 위해 수많은 이론이 제안되었다. 부르케르트는 1948년판 옥스퍼드 고전 사전에 나온 내용에 동의했으며 "땅에서 솟아오르는 화산 가스는 지질학적으로 반박되었다"라는 사실을 지적했다. "그 무아경은 스스로 유도한 것이다."[14] 물론 부르케르트가 더럽게 뛰어난 고전학자였을지는 몰라도 그렇다고 해서 지질학자까지는 아니었다. 과거의 지질학자는 "솟아오르는 수증기" 이론을 반박하려 한 반면 2002년 새로운 학제간 연구진은 20년 동안의 연구가 아깝지 않은 증거를 내놓았다. 지질학자와 고고학자와 화학자와 독물학자로 구성된 이 연구진은 아폴론의 여사제들이 에틸렌의 영향 아래 있었을 가능성이 있다고 밝혔다. "한때 마취제로 사용되었던 이 달콤한 냄새가 나는 가스"는 "초연한 행복감"을 불러올 수 있었다.[15]

1981년에는 그리스 정부가 관광버스 다닐 길을 만들기 위해 델포이 동쪽의 언덕 경사면을 깎아내기로 결정하면서 이전까지 몰랐던 지질학적 단층 두 곳이 운 좋게 밝혀졌다. 부르케르트의 『그리스 종교』가 간행된 지 한참 뒤인 1996년 새로운 연구진이 마침내 그 유적을 조사했고, 그 성소 "아래에 있는 지층이 역청질 석회석이며 검은 기름을 최대 20퍼센트까지 함유하고 있다"라는 사실을 밝혀냈다.[16] 화산 작용이 아니라 오히려 에틸렌 같은 석유 화학 물질이 그런 작용을 했던 것이다. 비교적 "간단한 지질 작용"에 의해 역청이 가열될 때마다 신전 아래 지하수 속으로 정신 활성 가스가 배출되었다.[17] 2000년 이 연구진의 독물학자인 헨리 A. 스필러Henry A. Spiller 박사는 그 유적지의 기반암 표본을 약리학적으로 분석해 그 이론을 추가로 지원했다. 그가 보기에 에틸렌의 효과는 익히 알려져 있었다. "첫 단계에서 에틸렌은 육체 이탈의 행복감, 변성 정신 상태, 유쾌한 감각을 불러온다. 속된 표현으로 '뿅 간다'는 것이다. 투여량이 많을수록 효과도 강렬해진다."[18]

이 모두는 간단한 핵심 세 가지를 예증하는 셈이었다. 첫째, 고전학에서 최상의 순간은 방대한 범위의 학자들이 한 가지 까다로운 문제를 놓고 힘을 합칠 때 가능했다. 100만 피스짜리 직소 퍼즐을 맞추려면 손을 최대한 많이 빌려야 했다. 둘째, 우리가 앞 장에서 하인리히 슐리만, 밀먼 페리, 마이클 벤트리스의 사례를 통해 살펴보았듯 경험 많은 전문가라고 해서 항상 옳지는 않다. 새로운 발견과 새로운 자료가 항상 멀지 않은 곳에 있지만 그것이 다음번에 도대체 어디에서 나타날지 우리는 전혀 모른다. 셋째, 약물에 관해서라면 고전학자는 사실상 아무것도 모른다. 에틸렌 외에도 피티아의 변성 의식 상태를 야기하거나 향상하는 추가 도구로 사용된 '보릿가루'나 '월계수 잎'의 효과에 대해서도 확실한 논박이 아직 없는 상태이다. 플루타르코스와 아이스킬로스의 언급으로 이 식물들은 오랫동안 델포이와 연계되어왔다. 하지만 완전한 사각지대에서 부르케르트처럼 만만찮은 학자조차도 아담벨레니가 (심지어 방금의 방식으로) 했던 것처럼 고대 그리스인의 '월계수'가 지닌 잠재적인 정신 활성 효과에 대해 언급하는 데에는 실패했다.[19]

하지만 이것은 부르케르트가 그 발상을 완전히 외면해서가 아니었다. 위에서 말한 『그리스 종교』 바로 앞쪽에서, 에피라의 '죽은 자의 신탁'Oracle of the Dead at Ephyra에서 보고된 유령의 환영에 관해 논의하며 그는 "어쩌면 특정한 종류의 콩을 먹으면 환각 효과가 나타나는 것일지도 모른다"라고 추측했기 때문이다.[20] 나는 "어쩌면"이라는 말이 마음에 든다. 이것이야말로 "그 무아경은 스스로 유도한 것이다"라는 구절과는 딴판이었기 때문이다. 그런 종류의 절대론은 모든 증거를 활용하는 창의적 해결책을 질식시킬 수 있다. 이런 사실을 염두에 둘 때, 어쩌면 '보릿가루'의 짙고 매캐한 냄새 역시 와슨과 호프만이 『데메테르 찬가』에서 발견한 것처럼 입문자들을 가리키는 또 다른 비밀 지표일 수 있다. 비교적 흔한 맥각 균류의 LSD나 실로시빈 같은 마법은 자칫 열기에 살아남을 수 없을지 몰라도, 보릿가루에 들어 있는 마력의 식물이나 약초는 분명히 환각성 향기를 풍길 수도 있었다. 어쩌면 실제로 월계수 잎사귀가 그런 작용을 하는 것일 수도 있었다.

이런 추측을 제외하면 고대 세계의 약물에 관해서는 매우 많은 것이 알려지지 않은 채 남아 있다. 고전학 교과 과정에는 이 분야의 엄밀한 학술 연구가 여전히 대부분 부재하며, 심지어 금기로 여겨지기까지 한다. 러크가 떠난 자리를 뒤이은 몇 안 되는 고전학자 가운데 한 명인 데이비드 힐먼David Hillman 박사는 미생물학 석사 학위 취득자이기도 했다. 로마 공화국의 의료용 약물 사용에 관한 박사 논문을 마무리하는 과정에서 그의 지도교수는 고대에 마취제, 흥분제, 환각제를 오락으로 이용한 일에 관한 언급을 모두 삭제하라고 지시했다. 힐먼은 그 말을 따랐고, 훗날 자신의 논쟁적인 발견을 2008년 『화학의 뮤즈: 약물 사용과 서양 문명의 뿌리』The Chemical Muse: Drug Use and the Root of Western Civilization라는 책으로 펴냈다. 『타임스』Times는 그의 연구를 가리켜 "고전학 연구의 마지막 미개척지"라 일컬었다.

개인적인 서신에서 힐먼은 고대의 약물에 대한 증거를 담고 있는 의학 및 약리학 텍스트가 고전학자들에게는 너무 복잡할 뿐이라고 설명했다. 그런 텍스트를 해석하려면 생물학, 식물학, 해부학, 생리학, 병리학, 역학疫學, 약리학에 관해 지식이 상당해야 하기 때문이다. 힐먼은 마르쿠스 아우렐리우스의 시의侍醫로 약물에 관해 방대한 기록을 남긴 갈레노스(130~210?)를 예로 들었다. 130년 페르가몬 그리스인 부모에게서 태어난 갈레노스가 그리스어로 작성한 풍부한 문헌은 그때부터 미국 남북전쟁 때까지 서양 의학의 실천을 이끌었으며, 특히 비잔틴 제국과 이슬람 세계에 큰 영향을 미쳤다.[21] 오늘날 남아 있는 갈레노스의 저술로 말하자면 호메로스, 핀다로스, 헤로도토스, 소포클레스, 아리스토파네스, 에우리피데스, 플라톤, 아리스토텔레스의 저술을 모두 합친 것보다 양이 많았으나 정작 그의 약제학 논문은 이제껏 한 번도 영어로 번역되지 않았다.[22]

부르케르트에게 영향을 주었으며, 이후 지금까지도 대부분 고전학자를 괴롭히는 그 맹점은 정작 아담벨레니 국장의 사고를 흐려놓지는 않은 듯했다. 엘레우시스나 델포이에 약물이 관계되었다고 믿는 이유가 무엇인지 내가 묻자 그녀는 이렇게 핑계를 댔다. "저는 그리스 사람이에요! 그러니 그거야 다 아는 이야기죠."

"그렇다면 여기에서는 그게 아주 논쟁적이지는 않다는 건가요?" 내 생각에 독일과 스위스에서는 이런 이야기를 듣자마자 사람들이 못마땅한 표정을 지을 것 같았다. 물론 알베르트 호프만은 제외하고 말이다.

"네, 전혀 그렇지 않아요. 여기에서는 그거야말로 아주 자연스러운 일이니까요."

바로 그때 국장의 휴대전화가 울렸고, 그녀는 다급하게 업무를 살펴야 했다. 자리에 앉은 뒤 처음으로 나는 지금 내가 어디에 있는지, 누구와 이야기하고 있는지를 떠올렸다. 나는 아담벨레니가 뜬금없는 미국인에게서 뜬금없는 질문을 받고 대답하는 대신, 차라리 유럽에서 가장 오래된 도시들의 고유물을 보전하는 일로 돌아가도록 놓아두는 편이 최선이라고 생각했다. 하지만 그러기 전에 작별 선물로 시詩를 한 편 선물해야 했다.

국장이 현대 그리스어를 번개 같은 속도로 말하는 동안 나는 소파에 등을 기댄 채 가방에 손을 넣어 지퍼 백에 든 호메로스의 책을 꺼냈다. 연하늘색 표지의 『오디세이아』*The Odyssey* 고대 그리스어 판본은 1917년 옥스퍼드 대학교 출판부에서 초판 발행되었다. 책 전체에서 그리스어가 아닌 곳은 영어로 적힌 간기면과 무슨 영문인지 라틴어로 저술된 토머스 W. 앨런Thomas W. Allen의 서문뿐이었다. 좋았던 시절에는 바로 그런 식으로 했다. 나로서는 대학 시절 교과서를 아테네에 가져가지 않을 수 없었다. 지금으로부터 20년 전 그리스어로 된 내용에서 발견한 한 가지 단서를 논의하기 위해 너무나 오래 기다렸다. 그리고 국장은 고대의 약물 이용이야말로 "다 아는 이야기"이자 "자연스러운" 것이라는 말로 내가 오랫동안 기다려온 신호를 막 제공했다. 그것이야말로 어쩌면 맨 처음부터 바로 거기에 있었다. 종교가 실천되는 방식에 워낙 깊이 뿌리박힌 것이다 보니, 21세기 미국 고전학자와 역사학자가 약물에 관해 부자연스러운 편견을 지녔는데도 거기에 군이 의문을 제기하는 일이 오히려 이치에 닿지 않기도 했다.

나는 『오디세이아』를 뒤적여 권10을 펼쳤다. 엘레우시스와 델포이의 무녀들은 바로 거기에서 자신들의 우상, 그 모든 일을 시작한 슈퍼스타 여자 마법사를 발견했다. 식물과 약초에 대한 백과사전적 지식으로 널리 경외의 대상이 되었던 여신 키르케는 서양 문학에서 현존하는 가장 오래된 이 작품에서 주역을 담당했다. 이 이야기야말로 밀먼 페리가 입증한 것처럼 전통적으로 호메로스의 시대로 간주하는 기원전 8세기, 또는 7세기까지 거슬러 올라가는 더 깊은 구전 전통의 기록 유산이다. 거인 라이스트리고네스족으로부터 가까스로 벗어난 이후 오디세우스와 선원들은 신화 속의 섬 아이아이아Aeaea에 도착한다(철자가 희한하지만 걱정 마시라. 고전학자들조차 그 정확한 발음이 무엇인지 전혀 모르니까). 키르케는 오디세우스의 부하들에게 약물을 먹여 돼지로 변신시키고, 곧이어 그 영웅에게도 똑같이 행한다. 하지만 오디세우스는 헤르메스 신으로부터 언젠가는 죽어 없어질 사람을 보호하는 약초 해독제를 얻어 지니고 있었기에 키르케의 마법을 물리칠 수 있었다. 그녀의 매력에도 마음이 흔들리지 않은 채, 그는 여자 마법사를 굴복시켜 자신의 친구들을 사악한 마법에서 풀어준다. 오디세우스는 재미 삼아 1년 동안 아이아이아에서 키르케의 연인으로 지내며 동료들과 함께 "달콤한 포도주"를 마신다.

『데메테르 찬가』와 마찬가지로『오디세이아』권10에는 그 제조법이 적혀 있다. 호메로스는 키르케가 인간을 돼지로 바꾸기 위해 조제하는 영약의 내용물을 밝히는데, 이것이야말로『엘레우시스로 가는 길』에 인용된 핵심 증거이기도 했다. 이 구절은 항상 내 호기심을 자극했다. 대학 시절에 하루는 수업을 준비하다 고대 그리스어 텍스트의 여백에 "물약"이라고 적어두었다. 내 작은 필적은 이 시의 몇 행이 엘레우시스뿐 아니라 종교 기원 전반의 더 커다란 수수께끼와도 관계있으리라는 초기의 의구심을 나타냈다. 국장이 통화를 마치자 나는 한때 고대 세계 전체를 연결해주었을 수도 있는 약물의 그물망에 고대 그리스를 연루시키는, 거의 알려지지 않은 연구의 흐름이 있다고 그녀에게 설명했다.

"국장님이 '자연스럽다'라고 말씀하셨을 때… 그건 이 약물 관련 발상이 '자연스럽다'는 뜻이었죠."

"네, 우리에겐 워낙 친숙한 일이니까요." 아담벨레니가 덧붙였다.

"음, 제가 생각하기에 그게 '자연스럽다'거나 '친숙하다'고 말할 수 있는 까닭은 서양 문명을 기반으로 한 텍스트에서 나왔기 때문일 것 같군요. 키르케도 **파르마카**pharmaka를 조제했으니까요."

"네, **파르마카**… 그러니까 약물이죠." 그녀가 동의했다. 그리스어 '**파르마카**'φάρμακα를 영어로 옮긴 단어가 '제약'製藥, pharmacy이다. 내가 국장에게 그 특이한 옥스퍼드 판본을 건네주자 그녀는 놀란 듯 눈이 커졌다. "고대 그리스어를 아세요?!"

"290행을 보시면 호메로스가 **파르마카**를 언급한 부분이 있습니

ὅς μοι κήδιστος ἑτάρων ἦν κεδνότατός τε· 225
"Ὦ φίλοι, ἔνδον γάρ τις ἐποιχομένη μέγαν ἱστὸν
καλὸν ἀοιδιάει, δάπεδον δ' ἅπαν ἀμφιμέμυκεν,
ἢ θεὸς ἠὲ γυνή· ἀλλὰ φθεγγώμεθα θᾶσσον."
Ὣς ἄρ' ἐφώνησεν, (τοὶ) δ' ἐφθέγγοντο καλεῦντες.
ἡ δ' αἶψ' ἐξελθοῦσα θύρας ὤϊξε φαεινὰς 230
καὶ κάλει· οἱ δ' ἅμα πάντες ἀϊδρείῃσιν ἕποντο·
Εὐρύλοχος δ' ὑπέμεινεν, ὀϊσάμενος δόλον εἶναι.
εἷσεν δ' εἰσαγαγοῦσα κατὰ κλισμούς τε θρόνους τε,
ἐν δέ σφιν τυρόν τε καὶ ἄλφιτα καὶ μέλι χλωρὸν
οἴνῳ Πραμνείῳ ἐκύκα· ἀνέμισγε δὲ σίτῳ 235
φάρμακα λύγρ', ἵνα πάγχυ λαθοίατο πατρίδος αἴης.
αὐτὰρ ἐπεὶ δῶκέν τε καὶ ἔκπιον, αὐτίκ' ἔπειτα
ῥάβδῳ πεπληγυῖα κατὰ συφεοῖσιν ἐέργνυ.
οἱ δὲ συῶν μὲν ἔχον κεφαλὰς φωνήν τε τρίχας τε

저자가 대학 시절 사용한 교과서의 한 쪽. 호메로스의 『오디세이아』 권10의 이 의미심장한 구절에서, 마녀 키르케는 약물을 사용해 오디세우스의 부하들을 돼지로 변신시킨다. 왼쪽 여백을 보면 1999년의 필기 흔적 가운데 "물약"(potion)이라는 단어가 보인다.

다. 심지어 키르케가 사람들을 돼지로 바꾸는 데 사용한 '혼합 물약'을 가리켜 쿠케오kukeo라는 명사를 사용하고 있어요. 엘레우시스의 키케온처럼 말이죠."

국장은 내가 어떤 대목을 가리키는지 정확히 알았고, 그 고대 육보격六步格 시를 큰 소리로 읽었다. 언어의 음악을 듣고 있자니 나는 더 젊었던 시절로 돌아갔다. 영어 판본에서는 헤르메스가 오디세우스에게 다음처럼 경고한다. "그녀(키르케)는 그대에게 '물약'kukeo을 조제해줄 것이며, '약물'pharmaka을 음식에 집어넣을 것이다." 나는 국장에게 또 다른 쪽을 살펴보라고 부탁했다. 내가 자신에게 적어둔 "물약"이라는 메모 바로 오른쪽이었다. 그녀는 233행부터 236행 사이에 키르케의 키케온을 이루는 신선한 재료가 언급된 내용을 살펴보았다.

거기에서 호메로스는 대大마녀가 그때를 위한 특별한 물약을 "뒤섞"거나 "혼합한" 다음 '파르마 리그라'φάρμακα λυγρ', 즉 "사악한 약물"을 '아네미스게'ἀνέμισγε, 다시 말해 "섞었다"고 우리에게 말한다. 여기에서는 키케온과 똑같은 어근에서 유래한 그리스어 동사 에쿠카ἐκύκα가 사용되었다. 그 물약은 치즈, 보리, 꿀 그리고 (그리스의 섬 이카리아Ikaria에서 생산되는 쌉쌀하고 강한 포도주인) 프람네이아 포도주로 이루어졌다.[23] 여기에서 또다시 보리가 나온다. 나는 20년 전에도 이것이 중대한 단서일 수 있다고 생각했다. 『엘레우시스로 가는 길』을 읽다 보니, 1978년 캘버트 왓킨스Calvert Watkins가 『미국 철학회보』Proceedings of the American Philosophical Society에 게재한 「이제 우리 유명한 곡물들을 예찬하자」Let Us Now Praise Famous Grains라는 제목의 논문을 러크가 언급하고 있었다. 내가 그 사실에 곧바로 주목한 까닭은 하버드 대학교 언어학 및 고전학 명예교수인 왓킨스가 내 산스크리트어 연구 도중에도 툭 튀어나온 적 있었기 때문이다. 나는 그가 엘레우시스에 관해서도 연구하고 있다는 사실을 모르고 있었다.

왓킨스의 논문은 키르케 마법의 진짜 기원을 명석하게 설명하고 있었다. 비전문가는 읽을 수 없는 내용이지만 2013년 "위대한 인물"로 사망한 "전지적" 학자는 인도유럽어 계통 언어 최소 열두 개에 걸쳐 잘 알려지지 않은 비교언어학적 증거들을 열거했다.[24] 열두 개라니! 그 모든 일은 이 구절을 비롯해 『일리아스』The Iliad와 『오디세이아』에 나오는 다른 구절들이 고대 인도에서 비롯되어 문헌에 잘 기록된 의례의 핵심 특징들과 "정확하게 상응"해 맞아떨어진다는 사실을 예증하려는 노력이었다.[25] 이 의례는 분명히 엘레우시스보다 먼저였으며, 왓킨스의 견해에 따르면 신비제에서 사용된 데메테르의 실제 키케온에는 물론 호메로스가 묘사한 키르케의 신화 속 키케온에도 모두 영향을 미쳤다.

인도와 그리스를 연결하는 신비의 잃어버린 언어는 원시 인도유럽어라 알려졌다. 그 정확한 고국은 여전히 미확인 상태이다. 하지만 시간과 거리에 따라 변모한 결과 그 언어는 어휘와 문법 면에서 원래 출처와 어떤 핵심 연계를 지니게 되었다. 원시 인도유럽어에는 환경에 적응하는 기묘한 능력이 있어 그 후손인 인도유럽어는 "역사상 가장 성공적인 어족"이 되었으며, 오늘날 지구 인구 가운데 거의 절반이 그중 하나를 모어母語로 사용한다.[26] 인도유럽어는 서쪽으로 나아가 발트어파, 슬라브어파, 게르만어파, 그리스어파, 켈트어파, 이탈리아어파를 낳았으며 고대 세계에는 그리스어와 라틴어를 선사했다. 오늘날 가계도의 그 분지分枝에는 러시아어와 독일어부터 스페인어와 영어까지 갖가지 언어가 포함된다. 유라시아의 고국에서 동쪽으로 나아간 인도유럽어는 완전히 다른 인구와 혼합되어 인도이란어파를 낳았다. 오늘날 그 태곳적 뿌리는 힌디어, 우르두어, 벵골어, 펀자브어, 페르시아어로 진화했다. 고전 고대에 이 동쪽 분지에서 생존한 언어 가운데 가장 잘 기록된 것은 히말라야 산맥을 넘어 인도로 진출한 산스크리트어였다.

학부생 시절 산스크리트어 수업 첫날, 나는 웨일스계 영국인 언어학자 윌리엄 존스 경이 1785년에 내놓은 다음 인용문을 배웠다.

그 오래됨과 무관하게 산스크리트어는 놀라운 구조물이다. 그리스어보다 완벽하고, 라틴어보다 넉넉하며, 이 두 언어보다 정교하게 정련되었으면서도, 우연히 만들어졌을 가능성보다 이 두 언어와 우연이라고는 볼 수 없을 만큼 강력한 연관성을 지니는데, 동사의 어근 면에서는 물론 문법의 형태 면에서도 그렇다. 실제로 그런 연관성이 워낙 강력해 어떤 언어학자라도 그 세 언어를 검토한다면 그것들이 지금은 더 이상 존재하지 않는 어떤 공통 원천에서 비롯되었다는 사실을 믿지 않을 수 없다.

산스크리트어는 신비적인 목적을 지닌 거룩한 언어이며, 그 기록 중에서도 최초의 사례인 『리그베다』*Rigveda*는 최대 기원전 1700년에 지어진 것으로 여겨지는 신성한 찬송의 모음집이다. 이것은 인도유럽어 전체를 통틀어 가장 오래된 현존 문헌일 수도 있다. 『일리아스』와 『오디세이아』가 서양 문명의 어머니 격인 텍스트라면 『리그베다』는 그 할머니 격인 텍스트이다.* 거기에서 우리는 독창적인 "조제 물약"을 발견하게 되는데, 그것이 바로 소마soma라 불리는 신비 음료이다.** 『리그베다』에서 소마는 식물인 동시에 바로 그 식물을 관장하는 신이기도 하다. 키르케와 데메테르의 키케온과 마찬가

---

* [감수 주] 산스크리트어의 발전을 연구하다 보면, 자음 l은 인도유럽어 가운데 가장 후대에 형성된 것으로 보인다. 자음 l은 모음 r의 변형된 발음 형태로 나타나며, 그 뜻은 모음 r이 가지고 있던 의미를 간직하고 있었다. 산스크리트어에서 자음 l로 시작하는 최초의 단어는 lakṣa로, 『리그베다』에서 처음 발견된다. Lakṣa라는 단어는 '결속하다' '묶다'(l)라는 의미와 '사방에서'(akṣ)라는 의미의 합성어이며 자기 소유의 동물들을 분간하기 위해 낸 '흔적' '표시'를 뜻한다. 라틴어는 좀더 후대에 산스크리트어의 lakṣ 어근을 laq 형태로 받아들여 '결속하다' '묶다'를 뜻하는 동사 laqueo, as, avi, atum, are가 된다. 또한 '결속하다' '묶다'라는 의미의 lag 어근은 라틴어에서 lig 어근 형태로 바뀌어 '신으로 결속하다'라는 의미의 'religio, -onis, f.'라는 말이 나오게 되며, 이를 오늘날 우리는 "종교"라 부른다. 한동일, 카르페 라틴어 부록, 문예림 2014, 33쪽 인용.

지로 소마를 준비하는 일은 종종 "여성의 현존"과 연계된다.[27] 그것은 "삶의 영약"으로 지칭된다. 그리고 이것의 명시적 특징은 마디라 madira[***] 라고 하는데, 이 산스크리트어 용어를 왓킨스는 '도취성' 또는 '환각성'이라고 번역했다. 『리그베다』에서 한 가지 특별히 기억할 만한 행은 다음과 같다. "우리는 소마를 마시고 불멸하게 되었다. 우리는 빛을, 발견된 신들을 얻었다."[28]

언어적 자료를 조사한 이후, 왓킨스는 『리그베다』의 소마 의례와 "여성에 의한, 여성을 위한 엘레우시스 신비제의 의례적 친교 행위"의 유사성이 단순히 우연의 일치일 수는 없다고 결론지었다. "우연적인 유사성이 매우 뚜렷해 믿기지 않을 정도이다." 그리고 위에 소개한 키르케 대목은 마녀와 돼지가 등장하는 우습고 유치한 동화처럼 보이지만 사실 호메로스는 여기에서 "종교적 의례를 묘사한" 것이었다. 즉 "베다 시대 인도의 소마 제의와 똑같은, 인도유럽어 시절의 전례 행위를" 말이다.[29] 고대 그리스인과 인도인의 영적 언어가 심오하게 상호 연관되어 있기 때문에 그리스어와 산스크리트어의 '공통 원천'에 관한 윌리엄 존스 경의 육감은 분명 정확했을 것이다. 나중에 이를 조사하는 과정에서 우리는 그리스와 인도 모두에 종교적 약물 사용을 도입했으며, 현대 아이슬란드와 시베리아와 스리랑카를 잇는 고대의 전 지구적 삼각형을 넘어 팽창했던 것으로 보이

[**] [감수 주] 그리스어 σῶμα(몸)는 히브리어 basar(요한 6, 51~59)에 나오는 σαρξ(살)에 상응하는데, 약하고 한계를 지닌 인간을 표현한다. '11장 영원의 넥타르를 마시고'에서 이 내용을 자세히 다룬다. 피에트로 로싸노 외, 『새로운 성경신학사전 2』, 임승필 외 옮김, 바오로딸 2011, 1269쪽 참조.

[***] [감수 주] 산스크리트어 madira의 사전적 의미는 '술, 도취한 음료, 포도주, 감로'라는 뜻이다. A cura di Tiziana Pontillo, *Dizionario Plus Sanscrito* (Avallardi 1993), 363쪽.

는 모어인 원시 인도유럽어의 선사 시대 기원이라는 뜨거운 쟁점으로 다시 돌아가볼 것이다. 그 비밀의 약리학은 어찌어찌해 우리가 방문했던, 지금은 바티칸의 독점적인 관할하에 있는 카타콤까지 나아갔다.

인도유럽어 사용자들이 지구 각지로 운반한 이 '종교 제의' 또는 '전례 행위'가 그 언어적 성공과 관계있을 수 있을까? 소마가 의심할 여지 없이 '환각성'이라면 키케온도 마찬가지이지 않았을까? 와슨은 분명히 그렇다고 생각했다. 그가 소마 배후의 미확인 품종을 알아낼 수만 있었다면 키케온도 제자리에 들어맞을 것이었다. 하지만 와슨은 식물 대신 환영적인 아마니타 무스카리아Amanita muscaria 버섯을 모든 환각성 제의의 할머니라고 주장했다. 호프만과 러크와 한 팀이 되기 전 이 균류학자는 자체적인 획기적 연구를 1968년『소마: 신성한 불멸의 버섯』Soma: Divine Mushroom of Immortality으로 펴냈다. 인도의 신비가 옳았는지 여부는 핵심이 아니었다. 아담벨레니가 약물과 종교의 관계를 "자연스럽다"라고 말했을 때 나는 이것이야말로 그녀가 지칭한 바라고 생각했다. 어쨌거나 소마와 키케온은 '약물과의 전쟁'보다 훨씬 오랫동안 우리 주위에 있었다.

국장도 내 의견과 그리스 신비의 기원에 관해 왓킨스가 탐구한 전반적인 요점에 동의했다. 하지만 내가 신비제의 뿌리를 물색하고 있다면 내 조사를 진정으로 도와줄 수 있는 사람은 한 명뿐이라고 그녀는 말했다. 내가 떠나려 할 때 국장은 지난 수십 년간 엘레우시스의 발굴 책임자였으며 자신의 친구이자 동료인 칼리오페 파팡겔리Kalliope Papangeli의 개인 연락처를 내게 알려주었다. 가뜩이나 만나기 힘든 그 고고학자와 연락을 취하려 시도했다가 실패하기를 이미 여러 주 동안 반복한 끝에 마침내 연고를 얻었다.

　나는 국장의 사무실을 나오자마자 국립 고고학 박물관 한구석에서서 파팡겔리 휴대전화 번호로 세 번이나 전화를 걸면서 기적을 기대했다. 곧이어 그녀에게 문자 메시지를 보내 내가 워싱턴으로 돌아가기 전에 한번 만나달라고 간청했다. 나는 플라카Plaka 지구에 있는 내 아파트에서 두 블록 떨어진 오이노스켄트Oinoscent라는 이름의 아늑하고 작은 와인 바로 향했다. 호메로스가 트라키아에 있다고 말한 고대의 포도주 제조 부족의 이름을 딴 키코네스Kikones 포도밭에서 나온 림니오Limnio의 두 번째 잔을 내려놓는 순간, 주머니에서 전화가 울렸다.

　파팡겔리와 나는 다음 날 오전 엘레우시스에서 만나기로 약속했다.

4장

비밀 중의 비밀

나는 숨 막히도록 멋진 아크로폴리스 박물관 앞에 서 있었다. 스위스계 프랑스인 건축가 베르나르 추미Bernard Tschumi가 설계한 그곳은 2011년 미국 건축협회American Institute of Architects에서 격찬받았다. 충분히 그럴 만했다. 전체 구조물이 위풍당당하게 기존 발굴 장소 위로 떠 있어, 앞쪽 출입구의 반투명 경사로를 올라가다 보면 모든 발굴 장소가 발아래 보였기 때문이다. 1층의 높은 실내에는 자연광이 가득 찼는데, 이는 추미가 "과도한 열기와 노출을 방지하기 위해 현대의 유리 기술"을 사용한 결과였다.[1] 그 효과는 최상층에서 완전히 혼을 빼놓는데, 그곳에는 현대식 기둥 48개가 고대 파르테논 켈라(cella, 성상 안치소)의 원래 모습처럼 정확한 배열로 늘어서 있었다. 신전의 프리즈[小壁] 원형 그대로인 소박한 대리석이 햇빛 속에서 반짝였다. 그중 절반은 19세기 초 엘진Elgin 경이 훔쳐가 대영 박

2018년 아크로폴리스 박물관에서 열린 〈엘레우시스: 거대한 신비제〉의 도록 표지를 장식한 데메테르의 모습.

물관이 소장하게 되었다. 불행히도 나는 그중 어느 것을 오래 만끽하기 위해 이곳을 찾은 것이 아니었다.

칼리오페 파팡겔리와 만나기 전 내가 이곳에 온 유일한 목적은 바로 안내 책자였다. 아깝게 놓친 최근의 전시회 〈엘레우시스: 거대한 신비제〉의 배경에 관해 좀더 알고 싶었다. 나는 야외에 있는 박물관 매점에서 매우 우아한 번트오렌지 색깔 전시회 도록을 한 부 구입하고, 널찍한 로비에 있는 길쭉한 나무 벤치 가운데 하나로 향했다. 도록 표지에는 예복을 걸치고 홀笏,scepter*을 든 채 오른쪽을 바라보는 데메테르의 옆모습 사진이 가로 4인치 세로 7인치의 판지에 인쇄되어 붙어 있었다. 국립 고고학 박물관에 소장된 대리석 비석의 확대 사진으로, 대략 기원전 470년에서 450년 사이의 것이었다. 여신의 오른손은 사진에 나와 있지 않지만 원래 비석에는 곡식 줄기를 한 다발 들고 있다.

도록 서문에서 데메트리오스 판데르말리스Demetrios Pandermalis 박사는 엘레우시스를 가리켜 "개인의 생전 희열과 사후 행복"을 약속하는 환영 신비 의식 중에서도 "가장 저명하다"라고 말했다. 그런데도 그가 포함시킨 키케온에 관한 형식적인 개요는 오히려 프리츠 그라프를 우쭐하게 만들 법한 내용이었다. "예비 입문자는 금식 뒤에 물과 곡분과 로열민트의 혼합물인 키케온을 마신다." 이것이 전부이다. 그런데 신비제에 관한 간략한 개요를 마무리하며 판데르말리스는 내 시선을 완전히 잡아끌었다. "부디 이번 전시회가 다가올 2021년, 즉 엘레우시스가 유럽의 문화 수도로 봉사하게 될 기념의 해를 위한 예고가 되기를 바란다. 그곳의 매혹적이고 신성한 침묵 안에서 새로운 입문자들이 웅성거리는 소리를 기다린다."

관련 웹사이트(eleusis2021.eu)를 대강 살펴보니 나로서는 속보를 접한 기분이었다. 아담벨레니도 마치 지나가듯 이 축제에 관해 뭐라고 언급하기는 했지만 대도서관이며 상실된 고전 문헌의 99퍼센트이며 환각을 경험하는 무녀들에 관한 이야기에 정신이 팔려 제대로 듣지 못했다. 1,600년 이상 그늘에 가려져 있던 엘레우시스가 다시 한 번 세계 무대에 나서게 된 것이다. 이번에는 유럽 연합에서 자금을 지원하는 교육 및 예술 프로그램이 네 가지 주요 테마에 걸쳐 진행될 예정이었다.

---

* [감수 주] 화려하게 장식된 지휘봉으로, 주로 유럽계 군주가 사용하며 때때로 종교적인 신성함을 드러낸다.

'데메테르: 대지의 어머니' 프로그램은 식품과 우리의 관계에 초점을 맞춘다. '페르세포네' 프로그램은 도시 녹지 공간, 정원, 꽃과 우리의 관계에 초점을 맞춘다. '생태문화' 프로그램은 기후 변화, 에너지, 재활용에 초점을 맞춘다. 마지막으로 '여성 자연' 프로그램은 문화유산과 여성성에 초점을 맞춘다.

웹사이트에 게재된 서한에서 엘레우시스 시장 기오르고스 추칼라스Giorgos Tsoukalas는 19세기 말 그 고대 도시를 휩쓴 산업화가 수정처럼 맑은 엘레프시나만灣과 달리 그것을 굽어보는 "해안선에 폐공장을 늘어세워 뚜렷하게 흔적을" 남겼다고 개탄한다.[2] 4세기에 교회가 그 성소를 지도에서 충분히 잘 지우지 않았다는 듯, 추칼라스는 현대 신성 모독의 범위를 포착하기 위해 20세기 그리스 시인 니코스 가츠스Nikos Gatsos의 말까지 인용했다. "성소에 들어가기 전 입문자들이 경건하게 손잡았던 곳에 / 지금은 관광객들이 담배꽁초를 버리고 / 새로운 정유소를 방문하네 / 잠들어라, 페르세포네여, 대지의 포옹 속에서 / 더 이상 세계의 발코니에는 나오지 말아라."[3]

쇠락하는 도시에 대해 아무런 희망이 없었던 그때, 브뤼셀에 있던 외교관들이 본질적으로 엘레우시스적인 선물을 가지고 나타났다. 바로 부활이었다. 이른바 "현대의 신비제"라는 이름의 공식 축제가 진행 중이었고, 거기에는 어머니 자연(대자연)과의 재연결이라는 매우 21세기적인 주제를 중심으로 하는 다양한 행사와 활동이 뒤따랐다. 이는 기후 변화로 촉진되는 전례 없는 지구적 재난의 시기에 나타났다. 1970년 이후 지금까지 포유류, 조류, 어류, 파충류, 양서류가 평균 50퍼센트 감소하며 "인간 문명의 생존을 위협했다."[4]

일부 과학자는 이런 현상을 "여섯 번째 대멸종 사건"이라 부르며, 그 이유를 이와 비슷한 사건이 지난 4억 4300만 년 동안 다섯 번밖에 없었기 때문이라고 했다. 과거에는 그런 사건들이 지구 상 모든 생명의 95퍼센트를 사라지게 만들 수도 있었다.[5]

우리는 허약한 행성에 살아가는 허약한 생물종이다.

고대 그리스인은 그 사실을 알았다. 죽음은 항상 가까운 곳에 잠복하고 있었다. 하지만 (하나같이 그리스어에서 비롯한) 격변(cataclysm, 대홍수), 파국, 대학살(holocaust, 번제), 종말(apocalypse, 묵시) 같은 상황에서도 엘레시우스는 그들을 보호해주었다. 박물관 로비에 앉아 휴대전화를 들여다보면서 나는 4세기의 고위 귀족이었던 베티우스 아고리우스 프라이텍스타투스Vettius Agorius Praetextatus를 떠올리지 않을 수 없었다. 그는 총독과 집정관과 히에로판트(hierophant, 문자 그대로 '신성한 것들을 보여주는' 사제를 말한다)처럼 로마 제국에서 여러 존경받는 정치 및 종교 직위를 거쳤다. 그리고 선배인 키케로와 마르쿠스 아우렐리우스처럼 신비제에 입문했다. 그는 엘레우시스에 진정으로 비범한 뭔가가 있다고 느낀 세계주의적 로마인 가운데 한 명이었다. 존재의 본성에 관해 계시되는 숭고한 환영이 무엇이었든 거기에는 단순히 개인의 구원보다 위험에 처한 뭔가가 있었다. 훨씬 더 위험에 처한 뭔가가.

364년 그리스도교인 황제 발렌티니아누스는 신비제를 없앨 요량으로 모든 야간 축제를 폐지했다. 2,000년 가까이 이어져온 엘레우시스 순례 행진이 급정거할 수도 있는 심각한 위험에 처했다. 그리스 역사가 조시무스에 따르면, 이때 권력자인 발렌티니아누스가 앞선 조치를 철회하고 "모든 제의를 선조들에게서 물려받은 방식으로 거행하도록"허락하게끔 설득한 장본인이 프라이텍스타투스였다. 하지만 그 입문자가 황제에게 한 말이야말로 엘레우시스에 관한 기묘한 이야기 중에서도 가장 기묘하게 느껴지는 내용이다. 그것은 일종의 예언이었다. "가장 신성한 신비제"의 폐지에 직면하자 프라이텍스타투스는 근시안적인 법률이 "그리스인의 삶을 살 수 없게 만들 것"이라 주장했다. 키케온을 마시고 그 환영을 직접 경험한 이 사제는 엘레우시스를 가리켜 "온 인류를 하나로" 엮어주는 하나의 장소라고 지적했다.[6]

그의 발언에서 "살 수 없게"에 해당하는 그리스어는 아비오토스 ἀβίοτος이다. 문자 그대로 해석하면 비오스bios, 즉 '삶'의 부재 또는 반대라는 뜻이다. 이것은 흔치 않으며, 생각을 환기시키는 단어이다. 저명한 헝가리 학자 카를 케레니Carl Kerenyi는 1962년 신비제에 관해 독일어로 쓴 독창적인 저서 『엘레우시스 신비제』Die Mysterien von Eleusis 에서 이 단어에 매료되었다. 케레니는 신비제가 "단지 아테네와 그리스의 존재와 연결되는 데 그치지 않고, 나아가 인류의 존재 전반과도 연결되었음"을 미래 세대에게 알리기 위해 이 단어가 의식적으로 선택되었다고 결론지었다.[7] 그 예언은 서양 문명의 역사에서 중대한 순간, 즉 횃불과 쇠스랑을 치켜든 그리스도교 폭도와 엘레우시스 사이를 가로막은 것이 거의 없는 상황에서 나왔기 때문이다.

케레니는 데메테르 숭배자와 예수 숭배자를 뚜렷이 대비시킨다. "이전 문서에서는 전례가 없었을 만큼 엘레우시스의 중요성을 극명하게 공식화한 원인이 그리스 종교와 그리스도교의 갈등이었다는 데에는 의심할 여지가 없다."[8] 신앙들이 경쟁하며 벌이는 서사시적 전투는 오늘날까지도 우리가 겪는 정체성의 위기로 분출되며, 오직 신비제만이 인간이라는 생물종과 지구의 지속 가능한 미래를 보장할 수 있었다. 프라이텍스타투스에 따르면, 필요 불가결하지만 정작 그리스도 신앙에는 완전히 결여된 뭔가가 데메테르 신전에 보관되어 있었다. "선조들에게서 물려받은" 본래의 비밀이 없다면 우리 모두 죽을 운명일 것이었다.

왜? 정확히 어떻게 데메테르가 그리스인의 존재뿐 아니라 인류의 존재까지 "살 수 없게" 되지 않도록 막아줄 수 있단 말인가? 러크가 "대지의 어머니"Earth Mother라 부른 그 여신은 어떻게 우리 생물종을 자연과 일치하게 만들었다는 걸까? 체면을 실추당한 그 고전학자가 보기에 이 모든 것은 '비밀 중의 비밀'과 관련 있었다. 그는 매년 키케온을 어찌어찌 제조할 수 있었던 농업과 생화학적 전문 지식의 유서 깊은 전통을 묘사하기 위해 이 표현을 만들어냈다. 수수께끼 같은 전통의 방대한 수집물은 신비제가 이어져온 긴 시간 동안 "약초학자에게서 견습생에게 입에서 입으로 전수되었다."[9] 맥각에 오염된 곡물의 수확과 비밀의 혼합은 죽음과 재탄생의 신비를 드러내는 "모든 인간 지식의 기원"을 상징한다고 여겨졌다.[10] 하지만 균류의 변덕스러운 성질 때문에 마법 물약은 어디까지나 길들이지 않은 삶이 길들인 삶과 조화를 이룰 때에만 만들 수 있었다. 이른바 음과 양의 조화로 흔히 묘사되는 그 균형을 그리스인은 카오스chaos와 코스모스cosmos라 일컬었다. 말 그대로 카오스χάος는 "우주의 최초 상태" 속에 존재하는 "형태를 이루지 못한 물질"의 "무한한 어둠"을 뜻한다. 반면 코스모스κόσμος는 우리가 밤하늘에서 일별하는 우주의 최종 산물의 "자연적 질서"를 뜻한다.

여성 장로들에게 훈련받은 여사제들은 엘레우시스 들판에서 경작을 감독했을 것이다. 러크는 그런 수고스러운 과정이야말로 선사시대의 "야생적이고 유목민적인" 방식과 그리스 생명공학에 근거한 "문명화된 제도" 사이를 가르는 가느다란 경계선이라 보았다.[11] 곡물 자체는 "더 원시적인 풀에서 신중하게 진화한" 흥미로운 창조물이었다.[12] 농작물을 "적절하게 관심을 주어 돌보지" 않으면 위험한 잡초가 자라기 시작한다. 이것이 바로 보리의 사악한 의붓자매인 독보리darnel이다. 학명으로는 롤리움 테물렌툼Lolium temulentum이라고 한다. 고대 그리스어로 아이라αἶρα인 이 식물은 "신성한 격앙"과 결부되었다. 이미 예상했겠지만 독보리, 즉 아이라의 흥미로운 점은 맥각의 탁월한 숙주 노릇을 한다는 점이다. 러크의 주장에 따르면, 독보리와 맥각의 성장을 면밀히 감시해 둘 중 어느 것도 과도해지지 않게 만드는 일이 여사제들의 임무였다. 너무 많으면 치명적인 잡초와 균류 때문에 농작물 전체가 망가지고 생명까지 위험해졌다. 반대로 너무 적으면 키케온의 활성 성분이 전무해졌다. 오직 카오스와 코스모스가 공조할 때에만 신비의 환각성 원료 성분이 만들어졌다. 순전히 맥각에서 유래한 알칼로이드를 적절히 투여해 질서정연하고 합리적인 심혼이 압도될 때에만 분열적이고 비합리적인 환영, 즉 "이전까지의 눈뜸seeing이 모두 눈멂처럼 느껴지는 광경이" 벌어졌다.[13] 러크의 말마따나 "일생에서 정점의 경험"이었다.[14]

키케온의 환영적 주문 아래에서는 페르세포네가 **직접** 입문자들에게 죽음과 재탄생의 신비를 밝혀준다고 여겨졌다. 애초에 데메테르가 엘레우시스 신비제를 마련한 이유도 페르세포네가 순례자 각자와 개인적 관계를 맺기 위해서였다. 러크에 따르면, 이 삶과 저 삶 사이의 경계 공간에서 페르세포네를 만난 순례자들은 그들이 현실의 참다운 본성에 접근했다고 확신했다. 데메테르의 신전을 침범한 지하 세계에서 그들은 페르세포네가 거룩한 아이를 낳는 모습을 목격할 것이었다. 이때 페르세포네가 실제로 그곳에 (어쩌면 그리스 여사제의 연기를 통해) 있었는지, 아니면 전적으로 마음의 눈이 상상한 것인지는 알 수 없다. 어쩌면 맥각의 영향으로 그 두 가지가 특별히 조합되었을 수도 있다. 핵심은 입문자들이 그것을 믿었다는 점이다.

그들은 그 환영을 기묘한 환각, 흥분된 두뇌 화학, 희망적 사고 등으로 쉽게 설명하고 넘어가지 못했음이 분명하다. 키케온을 마신 사람들에게는 그 사건이야말로 또 다른 독립적인 현실을 엿본 셈이었다. 그 현실은 고든 와슨이 1950년대에 우리가 의문할 여지 없이 매일같이 받아들이는 흑백의 "불완전한" 버전보다 또렷하고, 선명하며, 밝고, "현실적"이라 묘사한 것과도 유사했다. 1902년 발행된 『종교적 경험의 다양성』In The Varieties of Religious Experience에서 심리학자 윌리엄 제임스William James는 "산만한 지력에 의해 측량되지 않은 진리의 깊이 속으로 들어가는" 통찰이라는 드문 순간들을 포착하기 위해 "이지적 성질"noetic quality이라는 용어를 사용했다.[15] 신비주의자는 "의미와 중요성으로 가득한 조명이나 계시를 경험할 수 있는데, 그런 것들은 여전히 남아 있지만 차마 말로 설명할 수 없다. 이후 그들에게는 일반적으로 기묘한 권위의 느낌이 따른다."[16] 어쩌면 신비제가 제공하는 것은 일종의 자아가 분해되는 통찰이었을지도 모른다. 그런 통찰이야말로 그리스도교 신비주의자들이 소중히 간직한 것인 동시에 그리스도교 기득권층이 억압한 것이었으므로. 일단 신비주의자가 되고 나면 하느님을 보지 못하는 일이 없었다.

올더스 헉슬리가 "측량 불가능한 신비"unfathomable Mystery라 부른 것과의 충돌 이후, 현대의 입문자에게도 상황은 결코 예전 같지 않았다. 존스홉킨스와 뉴욕 대학교의 실험 자원자들도 전반적으로 더 나은 (더 개방적이고, 더 공감적이고, 더 용서하고, 더 사랑하는) 자신이 되었다고 보고했다.[17] "하느님의 사랑 안에 푹 잠겼다"라고 말한 무신론자 다이너 베이저는 마침내 난생처음 심오한 수준에서 사람들을 평가하고, 또 그들과 연결될 수 있었다. 나와 대화를 나누면서 그녀는 자기 가족과 다시 한 번 사랑에 빠진 일을 묘사했다. 그녀는 타인의 순수한 선함에 깜짝 놀랐다고 회고했다. "이런 경험을 하기 전까지만 해도 저는 사람들이 얼마나 진실한지 깨달을 수 있으리라고는 미처 생각하지 못했습니다!"

이 사람은 실로시빈 세션을 경험한 제멋대로이고 자기중심적인 뉴에이지 추종자도 아니었다. 즉 자신의 개인적 행복과 안녕을 위해 자기애적 사냥을 떠났던 누군가가 아니었다는 뜻이다. '사회의식을 지닌' 다이너는 인간이라는 종족의 온전한 구성원으로서 태생적인 소속감을 느꼈고, 자신의 손주 세대가 물려받을 이 행성의 미래를 열성적으로 우려하는 사람이었다. 어떤 사람은 이 효과를 가리켜 "경외의 과학"science of awe이라고 이미 지칭하기 시작했다. 『사이콜로지 투데이』Psychology Today에 실린 최근 기사에서는 이 현상을 다음과 같이 설명했다. "집단적 울타리 안에 뿌리내렸다는 감각, 친절함과 자기희생과 협동과 자원 공유 같은 친사회적 행동의 증가. 자아에 대한 감각, 사회에서의 역할, 더 우주적인 관점에서 우주 속 우리의 자리를 재개념화하도록 경외를 불러일으키는 경험."[18]

존스홉킨스 실로시빈 실험의 오랜 협력자인 임상심리학자 윌리엄 리처즈는 윤리와 도덕성이 인간의 유기체에 내장되어 있으며, 어쩌면 "유전적으로 암호화되어" 있다고 결론지었다.[19] 실로시빈은 그리스도교의 역사 내내 신비주의자들이 나름의 찬송과 명상과 단식과 기도 모두를 통해 채굴하려 했던 뭔가를 직접적으로 건드리는 방법으로 그 암호를 푸는 것처럼 보인다. 그것은 종교 당국이 어린 아이들에게 주입하려 했던 것이기도 하다. 품위와 미덕이 표현하도록 유도되어야 하는 자연적 충동이라기보다는 오히려 배워야 하는 것이라도 되는 듯 말이다.

그렇다면 엘레우시스가 "온 인류를 하나로" 엮어준다는 프라이텍스타투스의 말뜻이 바로 이것이었을까? 그것이 없다면 삶은 "살 수 없게" 된다는 것이었을까? 키케온을 통해 해방되는 변모적 내면 여행은 서로를, 또 이 행성을 돌보는 방법을 우리에게 상기시킨다는 것일까? 이 신비적 경험을 통합시키는 데 실패한 사회는 근본적으로 결함을 지니며, 그런 사회의 제도에는 세계 최초의 민주주의가 실제로 작동하게 만들었던 공통의 시각이 부재하는 것일까?

만약 그렇다면 프라이텍스타투스가 엘레우시스와 그리스도교의 차이로 지목하려 했던 뚜렷한 구분이 매우 잘 설명된다. 이 책 후반부에서 충분히 살펴보겠지만 4세기에 이르러 평범한 빵과 포도주를 이용하는 교회의 주류 성만찬은 이전의 갖가지 이단적 비밀을 대체했기 때문이다. 하지만 러크의 주장에 따르면, 세계에서 이교도의 영향력을 제거하기 위한 전역戰役의 또 다른 부분은 바로 그리스도교가 지도력을 발휘하는 지위에서 여성을 배제한 것이었다. 고대 그리스의 비밀 중의 비밀을 유지하는 데 필수적이었던 바로 그 여성들, 즉 할머니들을 배제한 것이었다.

여러 그리스도교 이전 문화들과 마찬가지로 그리스인은 여신을 세 가지 주요 형태로 숭배했다. 첫째는 젊은 처녀(페르세포네), 둘째는 성인 어머니(데메테르), 셋째는 노파(데메테르, 신비제의 절정 동안 페르세포네가 아이를 낳으면 그렇게 되었다)였다. 러크에 따르면 데메테르는 할머니로 변신함으로써 죽음에 더 가까워지고, 그 신비로운 "식물에 끼치는 힘"을 얻게 된다. 데메테르가 계속해서 성숙하면 오직 그제야 "여성 고대 종교의 힘"이 "무시무시하고 형이상학적인 삶의 원천과 그녀의 놀라운 계약을 통해" 완벽해진다.[20] 그리스 역사가 디오도로스 시켈리오테스Diodorus Siculus의 기록에 따르면 항상 50세가 넘었던 델포이 신탁의 피티아들과 마찬가지로 "원형적 마녀"prototypic witch로 새로이 육화한 데메테르는 엘레우시우스의 여사제들에게 영감도 제공했다.[21]

그리스도교의 성가정(성부와 성자와 성령)이 모두 남성으로 조합되었다는 점은 기묘하지 않은가? 그리고 삼위일체와 함께 숭배되는 유일한 여성이 결코 할머니가 되지 않는다는 사실은 더 기묘하지 않은가? 교회는 마리아의 처녀성과 모성을 다른 무엇보다 중요시할 것이다. 할머니의 식물학적 지식에 경탄하는 대신 교회는 오히려 그것을 악마화했다. 4세기 이후 데메테르와 노파의 원형은 서서히 사라졌다. 그 여성은 이단 심문소의 사냥감이 되었으며, 훗날 핼러윈 서적과 디즈니 영화에서 큰 솥에 담긴 초록색 액체를 국자로 휘젓는 무시무시한 여성이 되었다. 사악한 여성 마법사가 못된 짓을 꾸민다. 하지만 하버드 대학교 민담 신화 연구 프로그램 책임자인 마리아 타타르Maria Tatar에 따르면 "동화와 민담에 나오는 늙은 여성은 사실상 문명을 유지해준다. 그들은 판정하고, 보상하고, 해를 끼치고, 치료한다. 종종 이야기에서 가장 흥미를 유발하는 등장인물이다."[22] 이들은 이번 조사에서 가장 흥미로운 현실의 등장인물이기도 한데, 그 내용에 대해서는 교황청 신앙교리성성 문서고Archive of the Congregation for the Doctrine of the Faith에서 자세히 살펴볼 것이다.

나는 휴대전화를 다시 주머니에 집어넣고 전시회 도록 표지에 나온 "대지의 어머니"를 바라보았다. 아크로폴리스 박물관이 〈엘레우시스: 거대한 신비제〉를 개최하기로 마음먹은 이유도 2021년 이 고대 성역을 유럽 문화 수도로 탈바꾸는 데 속도를 약간 붙이기 위해서였다. 유럽 연합이 데메테르며 페르세포네와 우리의 관계를 회복하는 일과 엘레우시스의 '여성적 본성'을 부흥시키는 일에 관해 이야기할 때, 나는 문득 환각을 일으키는 여사제들의 비밀 결사에 관한 러크의 40년 묵은 이론이야말로 그들이 염두에 둔 것 아닐까 하고 의구했다. '현대 신비제' 축제의 어느 누구도 맥각이 함유된 보리 물약을 다시 마시려 들지는 않을 것이었다. 하지만 나로서는 인구 3만 명의 작은 도시 엘레우시스에 왜 **누군가가** 굳이 관심을 보이는지 정확히 파악할 수 없었다. 그리고 왜 하필 지금일까? 한때 어머니 자연에 신성하게 헌정된 곳이었지만 오늘날은 정유소와 시멘트 공장으로 숨 막히는 곳이 되었으니 말이다. 은유는 나도 이해했다. 하지만 과거에 붙잡힌 우리들에게 이곳은 더 많은 의미가 있었다.

나는 완벽한 금요일의 눈부신 햇빛 아래로 걸어 나갔다. 프라이텍스타투스의 예언에 관해 계속해서 명상하기 위해서였다. 다른 한편으로는 고대 그리스인이 대지의 경이로운 힘이나 천연 약물의 무한한 제공을 결코 부정하지 못했던 아테네의 한 장소를 방문하기 위해서였다.

나는 북쪽으로 몇 미터 떨어진 땅에서 툭 튀어 나온 바위투성이 성
채 가장자리로 향했다. 성채 꼭대기에는 파르테논이 올라앉아 있었
다. 관광객들이 돌아다니기 시작해 아침에 비해서는 산책이 좀 덜
유쾌했다. 하지만 아크로폴리스 남쪽 경사면을 깎아 만든 세계 최초
의 극장에 도달하자 군중도 흩어졌다. 나는 텅 빈 무대와 마주한 반
원형 단지의 돌 벤치 중 하나에 앉았다. 바로 앞줄 대리석 특석들 사
이에는 풀이 나 있었다. 그곳에 착석한 디오니소스 사제와 귀빈들도
뒤에 앉아 코피를 흘리는 그리스인들처럼 약물 복용으로 혼미한 상
태에서 공연을 즐기지 않았을까.

　에우리피데스, 아이스킬로스, 소포클레스, 아리스토파네스는 모
두 바로 이곳에서 봄이 시작할 때마다 열리는 대大디오니소스 축제
Great Dionysia에서 '무아경의 신'의 비위를 맞추기 위해 경쟁을 벌였
다. 오늘날 우리와 달리 그리스인은 종교와 오락 사이에 경계가 뚜
렷하지 않았다.[23] 공연의 핵심은 "그들 신성의 현존에 더 가까이 다
가가는 것"이었다.[24] 엘레우시스와 전혀 다르지 않았다. 디오니소스
는 포도주로 상징되는 것이 아니라… 그가 곧 포도주였다. 축제에 참
석한 그리스인이 포도나무 과일을 섭취할 때 그녀는 그 신 자체를
섭취하는 것이다. 그렇지 않다면 비극을 낳는 데 "다른 어떤 것보다
많이 기여한 한 가지 성질"이라 간주된 '열심'enthusiasm의 개념을 어
떻게 설명할 수 있겠는가(이 단어는 '신성한 격앙' 또는 '신에게 사
로잡힌 영감'을 뜻하는 그리스어 엔테오스ἔνθεος에서 유래했다)?[25] 영
국 학자 피터 호일Peter Hoyle은 "격렬한 황홀의 순간에" 디오니소스

의 광녀들maenads, 즉 여성 추종자들이 "자신을 그 신 자체와 동일시하게 되는" 과정을 가장 잘 묘사했다. "그들은 그 신의 정신으로 가득해지고, 신성한 힘을 얻게 된다."[26]

러크에 따르면 "극장 경험의 본성은 집단의 영적 빙의 가운데 하나"로서, "영웅적인 사람들의 무덤에서 죽은 자의 영혼이 사제를 사로잡아 죽은 자의 이야기나 신화를 사제의 입으로 말하던" 샤먼의 의식으로 거슬러 올라갈 수 있다.[27] 그리스인은 이 "위험한 신의 도취"를 바로 이 원시적인 시골에서 우리 고대 민주주의의 중심지로 가져왔으며, 그곳에서 극drama의 시는 코이네κοινή, 즉 '일반' 그리스어라 불리던 독특한 아테네 방언을 신약성서의 언어로 바꿔놓았다. 우리가 할리우드 영화의 유명한 대사를 어렵지 않게 인용하듯 우리 선조들은 이 반원형 극장에서 발언된 그리스어를 쉽게 인용할 수 있었다. 그리하여 코이네는 복음서를 넘어 영속했으며, 교부와 초기 비잔틴 제국의 공용어가 되어 오늘날까지 그리스 정교회의 전례 언어로 남아 있다.

그 모든 것의 배후에는 이 극장에서 제공되는 특별한 포도주가 있었다. 그 이름인 트림마τρίμμα는 문자적으로 뭔가를 '으깼다' 또는 '빻았다'라는 뜻이다. 러크는 이 음료의 이름이 관객들 사이에서 "자신들의 공통된 문화적 정체성과 이 도시의 형이상학적 동맹자로서 이세계에서 온 영靈과 (…) 하나 되는 공통된 느낌"을 일으키기 위해 그 물약에 '갈아' 집어넣는 첨가물에서 비롯했다고 설명했다.[28] 분장과 의상의 자력을 통해 천상의 등장인물을 아래로 데려온 배우들과 함께 시작되는 '홀리기'bewitching는 머지않아 "유령의 빙의에 모두 동조된" 관객에게로 전달될 것이었다.

나로서는 기원전 405년의 분위기를 상상해볼 수 있을 뿐이었다. 그 직전 사망한 에우리피데스의 『디오니소스의 여신도들』*The Bacchae* 이 바로 이곳에서 초연되었기 때문이다. 고대가 이제껏 생산한 것 중 가장 큰 디오니소스 신비제를 축하하는 그 공연을 그가 어떻게 놓칠 수 있었을까? 포도주 신의 비밀 축제나 그 행사에 자양분을 제공한 비밀 물약에 관해서도 우리는 엘레우시스에 관해서만큼 아는 바가 거의 없다. 하지만 숨죽인 구전 전통의 세계에서 번성했을 법한 광녀들을 위한 성서처럼 『디오니소스의 여신도들』은 이 책 뒷부분에서 우리가 살펴보게 될 뚜렷한 단서를 여럿 남겨두었다. 그 단서들은 예수의 마법적 버전으로 이어진다. 그 버전에서는 자연적 치유자, 신비의 주창자, 약물 함유 포도주의 혼합자가 서로 동등한 비율을 차지한다. 오늘날 신앙심 깊은 여러 사람에게는 알려지지 않은 이 버전은 그리스어를 사용한 초기 그리스도교인의 최초 세대에게는 자명하기 짝이 없었을 법한 종류의 세부적인 역사적 맥락에 그리스도교의 창시자를 놓아둔다.

다행히 우리의 조사는 과녁을 정확히 조준한 셈이었으니, 무아경의 신에게 접근하려면 우선 엘레우시스 신비제를 해명하지 않을 수 없기 때문이다. 이 극장의 팬들을 유혹해 이후 로마 시대가 한창일 때까지도 지중해 전역에 걸쳐 그의 즉흥적인 야외 교회를 형성할 산과 숲으로 데려가기 이전, 디오니소스는 페르세포네의 아이로서 엘레우시스에 슬그머니 숨어들었다. 원래부터 그랬던 것은 아니지만 데메테르 신전의 신비제를 마무리하는 이아코스 Ἴακχος라는 이름을 지닌 거룩한 아이의 기적적인 탄생은 무아경의 신과 점점 더 많이 관련되게 되었다.[29]

프리츠 그라프 본인도 1974년 박사 논문에서 무아경의 신과 관련된 착란과 격앙과 광기가 엘레우시스에 흔적을 남기게 된 과정에 대한 결정적인 연구를 내놓았다.[30] 환각제 가설의 지지자까지는 결코 아니었지만 그라프는 한때 데메테르와 페르세포네에게 속했던 제의의 비이성적인 측면을 서슴없이 시인했다. 여름에 이야기를 나누며 그는 내게 이렇게 말했다. "실제로 엘레우시스에서 입문자들이 굳이 말해 무아적 경험을 했을 수도 있다는 점은 의심할 여지가 없습니다. 또는 그와 비슷한 다른 어떤 경험일 수도 있지만요. 제가 보기에 가장 설득력 있는 주장은 이렇습니다. 즉 기원전 5세기에 이미 소포클레스는 엘레우시스로 가는 행렬을 인도하는 신 이아코스를 디오니소스의 한 형태로 이해했습니다. 따라서 디오니소스가 엘레우시스에 현존했다면 내국인 입문자는 디오니소스 제의 참여에 비견할 만한 일을 경험했다는 사실을 말합니다."[31]

불현듯 내 머릿속에 프라이텍스타투스가 떠올랐다. 왜 그는 로마의 호화로운 집을 떠나 여기까지 찾아왔을까? 그는 정말 단지 어떤 은유를 만나기 위해 (처음도 아니고 두 번째로!) 1년 반 동안 훈련받고, 며칠 동안 굶고, 아테네에서 엘레우시스까지 하프마라톤 거리를 걸어왔을까? 모든 순례자가 그렇듯 프라이텍스타투스는 우리에게 이처럼 상기시킬 수도 있다. 자기는 데메테르와 함께 애곡하고, 육화된 페르세포네와 디오니소스를 엿보기 위해 왔노라고. 러크의 말이 맞는다면 그는 단지 무해한 물약의 표본을 수집하러 오지는 않았을 것이다. 그는 신성을 흡수하러 왔을 것이다. 열심인 피티아들이 정신 변성 월계수 속에서 아폴론을 찾을 수 있듯, 디오니소스가 트림마를 통해 미끄러져 들어가 자기 추종자에게 빙의할 수 있듯이 말이다. 그리하여 프라이텍스타투스는 원래 성가정과 하나 될 수 있고, 윌리엄 제임스가 "기묘한 권위의 느낌"이라 부를 법한 것과 함께 모든 살아 있는 것 사이의 경계는 영원히 사라진다.

고전학자 E. R. 도즈E. R. Dodds는 원래 디오니소스 신비의 부대 효과를 강조한다. 즉 엘레우시스의 키케온과 매우 유사하게, 원래 디오니소스 신비는 인간이라는 생물종과 어머니 자연을 공통의 포옹으로 이끎으로써 삶을 "살 수 있게" 만든 것으로 보인다는 것이다.

> (…) 개인의식과 집단의식의 합체이다. 예배자는 티아세우에이타이 피칸θιασεύεται ψυχὰν [즉 '자신의 영혼을 집단에 합치며'], 그는 삶의 주인뿐 아니라 그의 동료 예배자들과도 일치한다. 또한 그는 대지의 삶과도 일치한다.[32]*

그 신비에 무슨 일이 일어난다면? 그렇더라도 외관상 우리의 전 지구적인 멸종 사건 와중에 프라이텍스타투스는 "그것 봐! 내 말이 맞지!" 하고 으스대지 않을까? 그는 지금으로부터 1,600년 전 우리에게 경고했다. 신비제가 사라진다면… 우리도 없어질 것이라고 말이다. 그리스도교가 무엇을 제공하더라도 데메테르와 페르세포네의 약물 첨가 맥주 성만찬이나 디오니소스의 약물 첨가 포도주 성만찬에 버금갈 수는 없을 것이라고 말이다. 삶을 진정으로 "살 수 없게" 되기까지 우리는 얼마나 더 오래 평소와 같은 태도를 유지할 수 있을까? 과학자들의 말마따나 우리는 절벽 가장자리를 향해 몽유병

---

* 에우리피데스의 『디오니소스의 여신도들』 중 일부.

환자처럼 걷고 있는데 아무도 이에 신경 쓰지 않는다.[33] 프라이텍스타투스라면 모든 기후 활동가와 환경 보전론자가 우리 나머지를 향해 상황의 엄중함을 설명하려 하며 벽에 머리를 쿵쿵 찧는 모습을 보면서 진정한 짜릿함을 맛볼지도 모른다. 우주를 가로질러 달리는 이 외로운 행성의 취약성과 어머니 자연의 중요성을 설명하려 하며 자학하는 모습을 보면서 말이다.

어쩌면 국립자원방어위원회National Resources Defense Council 창립자인 거스 스페스Gus Speth가 다음처럼 설명한 내용이 최선일 수도 있다. "저는 이 세계가 직면한 최고의 환경 문제가 지구 온난화, 환경 악화, 생태계 붕괴라고 생각했고, 우리 과학자들이 충분히 발전한 과학으로 그런 문제들을 고칠 수 있다고 생각했습니다. 하지만 제 생각은 틀렸습니다. 진짜 문제는 그런 것이 아니라 오히려 탐욕과 이기심과 냉담이었습니다. 이에 대처하려면 우리에게는 영적이고 문화적인 변모가 필요합니다. 그런데 우리 과학자들은 그렇게 하는 방법을 모릅니다."[34]

하지만 그리스인은 그렇게 하는 방법을 알았을지도 모른다. 프라이텍스타투스와 그의 동료 입문자들이 엘레우시스에서 경험한, 또는 광녀들이 약물 함유 포도주의 무아경에서 발견한 순간적인 자아의 소멸이야말로 큰 그림을 일별하기에는 충분했을지도 모른다. 지구가 우리의 유일한 고향이라는 사실을, 우리 모두 이 안에 있다는 사실을, 어머니 자연을 홀대하는 일이야말로 살인보다는 자살에 가깝다는 사실을 이해하기에 충분했을지도 모른다. 나는 고대 그리스의 최고 보물이 여러 세기에 걸친 역사의 홀대 끝에 '유럽의 문화 수도'로 명명된다는 사실에 프라이텍스타투스가 어떻게 반응할지 궁금했다. 여느 훌륭한 입문자와 마찬가지로 징조와 징후를 항상 물색하는 그 로마 사제는 2021년을 오랫동안 기다려온 귀환의 조용한 시작으로 해석할 것인가? 인류가 수억 년에 한 번 찾아오는 종류의 위협에 직면했을 때, 이것이야말로 위기에 처한 문명을 위한 마지막 기회인 것일까?

엘레우시스에서 환영적 마법을 경험한 프라이텍스타투스 같은 사람이 보기에 이 모든 것은 완벽히 이치에 맞았을지도 모른다. 이와 마찬가지로 알베르트 호프만은 2008년 4월 사망하기 몇 달 전 환각제의 향후 가망성에 관한 결론적인 생각을 다음처럼 남겼다.

> 자연으로부터의 소외, 그리고 살아 있는 창조물의 일부분이 되는 경험의 상실은 우리 유물론적 시대의 가장 큰 비극이다. 이것이야말로 환경 파괴와 기후 변화의 원인이 되는 이유이다. 따라서 나는 의식 변화에 절대적으로 가장 높은 중요성을 부여한다. 나는 환각제야말로 이를 위한 촉매라 여긴다. 환각제는 우리의 지각을 인간 존재의 다른 더 깊은 영역으로 인도할 도구이며, 우리는 그로써 우리의 영적 본질을 또다시 깨닫게 된다. 안전한 환경에서의 환각제 경험은 이러한 연결의 느낌, 자연과 하나 되는 느낌에 우리의 의식이 열리도록 도울 수 있다. LSD와 연관된 물질은 일반적인 의미의 약물이 아니라 수천 년 동안 의례적인 배경에서 사용되어온 신성한 물질의 일부이다.[35]

다른 선례들 중에서도 호프만은 당연히 엘레우시스에 대한 자신의 오랜 몰두를 언급한다. 2008년 출간된 『엘레우시스로 가는 길』의

30주년판 후기에서 이 스위스 화학자는 동포인 프리츠 그라프와 마찬가지로 무아경의 신을 환기시킨다. "엘레우시스 신비제는 디오니소스 신을 기리는 제의나 축제와 밀접히 연관되어 있다." 그의 말이다. "그런 행사들은 본질적으로 치유 그리고 인류와 자연 간 구분의 초월로 귀결된다. 어떤 사람은 이를 가리켜 창조자와 창조물 사이의 구분을 없애는 것이라 말할 수도 있을 것이다. 이것이야말로 엘레우시스 신비제의 진정하고도 더 커다란 의도였다."[36]

하지만 화학자와 고전학자가 급격하게 분기되는 대목은 바로 그런 초월이 정확히 어떻게 달성되었는가 하는 시점이다. 나와 이야기를 나눌 때 그라프는 의례적 행진과 며칠 동안의 단식 이후 입문자의 신체적 쇠약에 따랐을 엔도르핀의 신경화학적 위력에 초점을 맞추었다. 그는 "내인성內因性으로 야기된 무아적 경험"이라는 내 표현을 좋아했다. 호프만은 단순한 러너스 하이 이상을 선호했다. 우리가 2장에서 『엘레우시스로 가는 길』의 주요 주장을 분석하며 살펴보았듯 그는 "고대의 기술과 장비로도" 환각성 맥각 물약을 어렵지 않게 마련했을 것이라 주장했다. 그렇게 확신하고 지난 40년 동안 끈질기게 시도했으나 어느 누구도 현대의 실험실에서 그가 주장하는 환각성 음료를 성공적으로 재현하는 데에는 성공하지 못했다. 최소한 엘레우시스에서 행했다고 증언된 것과 같은 경험을 이룬 경우는 전혀 없었다. 서른 가지 맥각 알칼로이드 가운데 하나가 실제로 그렇게 작용했다 하더라도 우리는 그게 과연 어떤 것인지 여전히 모르는 셈이다.

스위스의 학자가 옳았는지 아닌지 여부를 판정하는 유일한 방법은 이른바 '신성한 길'을 따라 21킬로미터 올라가 서양 문명 최초의 종교가 그 귀중한 비밀 가운데 일부라도 마침내 드러낼 의향이 있는지 여부를 알아보는 것뿐이다. 프라이텍스타투스와 알베르트 호프만에 따르면 세계의 운명이 거기에 달려 있기 때문이다.

5장

지복직관

"엘레우시스 신비제와 그리스도교는 공통점이 매우 많습니다. 이 고고학 유적지의 통로로 사람들을 안내할 때마다 저는 고대와 현대 사이의 유사성을 즐겨 강조합니다." 칼리오페 파팡겔리가 쾌활한 그리스어 억양으로 말했다. 마침내 나는 엘레우시스 고고학 박물관 바깥의 백악질 땅에 다리를 꼬고 앉아 오늘날 지구 상의 어떤 사람보다 많은 시간을 이 폐허에서 보낸 여성과 마주하고 있었다. 일부에게는 '포피'Popi라는 별명으로 통하는 파팡겔리는 엘레우시스의 발굴 책임자이자 서양 문명 최초의 종교에 관한 세계적인 권위자였다. 지난 몇 시간 동안 그녀는 이 잊히고 사방으로 뻗었으며 내 상상보다 열 배 이상 큰 부지 곳곳으로 나를 직접 안내했다.

험한 유적지를 가로지르는 각석과 옥석으로 이루어진 길을 지나며 곡예 같은 여정으로 나는 이미 숨을 헐떡이고 있었다. 박물관을 에워싼 가파른 언덕을 터벅터벅 걷다 보니 이제 머리가 어지러웠다. 단단한 철근처럼 깡마른 파팡겔리는 이 일을 수십 년째 해오고 있었다. 빨간 폴로셔츠와 감색 카키 팬츠 차림인 그녀는 너무 태연했다. 뜨거운 햇빛을 피해 목제 정자 아래에 앉자 그곳은 우리의 그늘진 휴식처가 되었다. 파팡겔리는 2세기에 만들어진 대리석 석관 옆 벤치에 앉았다. 고대 그리스에 관한 스승과 제자로서, 그 현자가 수많은 정보를 풀어놓는 동안 나는 그 광경에 흠뻑 젖었다. 내 오른쪽으로는 엘레프시나만이 눈부시게 반짝였는데, 그런 모습은 나도 이제껏 한 번도 보지 못했다. 내 왼쪽으로 펼쳐진 가파른 경사지 아래로는 데메테르 신전의 잔해가 침묵 속에 누워 격정적인 바람의 채찍질을 감내하고 있었다. 성소 주위로는 파낸 흙더미가 높고 낮은 발자국을 거대하게 이루며 사방을 에워싸고 있었다. 이 풍파에 시달린 기둥들이 말을 할 수만 있다면 얼마나 좋을까.

나는 매우 이교적인 그리스의 수수께끼에 대한 답변을 찾아 이곳으로 여행을 왔다고 생각했다. 그 수수께끼란 이러했다. 입문자들은 환각성 물약을 소비했을까, 소비하지 않았을까? 만일 소비했다면 그 물약은 어디에서 나왔을까? 이교 연속 가설이 옳다는 점을 입증하려면 고대 그리스인과 그 선사 시대 선조들에게서 시작해야 했다. 아담벨레니 국장과 대화를 나누고 발터 부르케르트와 카를 케레니 같은 고전학 분야 20세기 거장들의 저술을 면밀히 읽은 덕분에 나는 러크의 학술 연구가 그 악명의 함의보다는 덜 논쟁적이라 확신하게 되었다. 따라서 파팡겔리와 침착하게 이야기 나누기 위해 몇 달 동안 준비하면서 약물에 대한 학계의 40년에 걸친 편견을 풀어보기를 바랐다. 환영적 키케온이 성립되고 나야만 그 배후의 생물학 기술을 물려받은 초기 그리스도교인에 대한 주장도 이치에 닿을 듯했다. 하지만 어떤 이유에서인지 파팡겔리는 계속해서 갈릴래아 출신 치유자에게 곧장 뛰어들었다. 한편으로는 데메테르와 페르세포네와 디오니소스 숭배, 다른 한편으로는 예수 숭배라는 둘 사이의 명백한 관련성에 대해서는 전혀 개의치 않은 채 이 고고학자는 오전 내내 나를 담당 유적지의 가장 구체적인 사례들 가운데 일부로 안내했다. 그녀는 고대 신비제의 핵심 요소들이 결코 실제로 사라진 적 없었음을 가까이에서 보여주었다. 그런 요소들은 그리스도교라는 신발로 갈아 신고 계속해서 앞으로 행진했을 뿐이었다.

이교 연속성에 관한 최초의 자발적인 공부는 우리 여정의 맨 처음, 즉 파팡겔리가 멋진 선글라스를 끼고 마르쿠스 아우렐리우스의 마당에 나타났을 때부터 시작되었다. 우리가 그 경내에서 좀더 신성한 구역으로 들어가는 커다란 문인 '큰 출입구'를 지날 때 이 발굴자는 오른쪽에 있는 한 예전 출입구의 잘 보존된 대리석을 가리켜 보였다. 기원전 1세기에 조각된 이 평방平枋, 즉 들보는 과거 출입구의 이중 열주 위에 있었으나 지금은 커다란 파편이 되어 땅에 놓여 있다. 신비제의 상징은 높은 부조浮彫여서 뚜렷이 알아볼 수 있다.

가슴 높이의 하얀 돌덩어리를 왼쪽에서 오른쪽으로 훑으며 나는 곡물 이삭과 장미 문양과 라틴어로 '신비의 함'을 뜻하는 신성한 바구니 키스타 미스티카cista mystica를 알아보았다. 그 오른쪽에 놓인 더 손상된 돌덩어리에서는 소머리(부크라니움bucranium)을 알아보았다. 이것은 입문자들이 각자 환영을 얻고 입문을 마친 뒤 밤샘 잔치를 벌이며 희생 제물로 사용했고, 때때로 디오니소스와 관련되는 황소를 상징하는 두개골이었다. 세 번째이자 마지막인 대리석 조각은 또

아테네와 엘레우시스를 연결하는 '신성한 길'의 마지막 구간에 해당하는 '작은 출입구'(Lesser Propylaea)에 있는 대리석 평방. 왼쪽에서 오른쪽으로 곡물 이삭, 장미 문양, 신성한 바구니 '키스타 미스티카'가 보인다.

하나의 키스타 미스티카와 장미 문양이었다. 정말 환각성 비밀이 있었다면, 그 재료를 어찌어찌 아테네에서 엘레우시스까지 가져와야 했을 것이다. 그리고 지금 내 앞에 있는 돌에 새겨진 용기容器는 거기에 사용되었을 주요 후보였다.

"이 키스테kίστη에 신성한 물건을 넣어 운반했습니다." 파팡겔리는 바구니나 덮개식 바구니를 가리키는 그리스어를 언급하면서 설명했다. "어떤 사람들은 그 신성한 물건이 어떤 곡물에 불과했다고 말합니다. 또 어떤 사람들은 키스테 안에 진흙으로 만든 작은 미케네 우상을 넣었다고 믿고요. 어느 쪽이든 가벼운 물건이었을 겁니다. 여사제들이 그걸 들고 아테네에서 여기까지 왔다가 다시 아테네까지 가져가야 했으니 아주 무거운 건 아니었을 거예요."[1]

"그렇다면 반드시 운반할 수 있는 물건이었겠군요, 그렇죠?" 내가 물었다.

"네." 고고학자가 대답했다.

"운반 가능한 비밀 용품sacrament일 수도 있었겠죠?"

"네, 아마도요."

"그렇다면 키케온의 성분 가운데 일부가 그 안에 들어 있었다고 생각하시지는 않나요?"

"어쩌면… 어쩌면 그랬겠죠." 파팡겔리가 수긍했다. 고대 대리석의 갈라진 틈으로 바람이 쉭 하고 지나가는 동안 나는 상대방이 이어서 할 말을 준비하고 있다고 느낄 수 있었다. "아시다시피 정교회에서도 물약을 쓰니까요."

이 고고학자는 물론 성만찬을 일컫는 것이었다. 그에 대해 생각해볼수록 그녀가 내놓은 이교도 신비와 그리스도교 신비 간의 즉흥적인 연계도 그리 무작위적인 것 같지 않았다. 이전까지는 그런 생각을 전혀 해본 적 없지만 키스타 미스티카가 아테네에서 21킬로미터 떨어진 이곳까지 의례적으로 운반되어 키케온을 축성하는 여사제들에게 전달되었다는 사실을 알고 나니 문득 대규모 봉헌 행렬이 떠올랐다. 초등학교 시절, 나는 가톨릭 미사 때 신경이 곤두선 학교 친구들이 축성하지 않은 영성체용 제병과 주수병酒水瓶을 들고 교회 중앙 복도를 따라 유쾌하게 행진해 성체성사의 '선물'을 제단에 봉헌하는 모습을 지켜보곤 했다. 특히 주일이면 봉사자들이 신자들에게서 막 걷은 헌금을 담은 긴 손잡이가 달린 바구니들이 친구들을 뒤따랐다. 그 의미는 분명했다. 사제가 자신의 임무(빵과 포도주를 예수의 살과 피로 변모시키는 일)를 실행하려면 미사의 정수에 해당하는 행위를 위한 원재료와 금전적 자원을 사람들로부터 먼저 제공받아야 했다. 회중 없는 교회가 무슨 쓸모 있겠는가?

물론 그 발상은 여기에 먼저 자리 잡았다. 입문자들이 이 방향으로 보낸 물건은 비밀로 가득한 키스타 미스티카 하나만이 아니었다. 그들은 집전자에게 사례금을 냈고, 그 사건 내내 벌어질 동물 희생제를 위해 각자 모은 돈도 내놓았기 때문에 신비제 참여는 "주민 중에서도 덜 가난한 계층"에 한정될 수밖에 없었다.[2] 파팡겔리는 우리 바로 왼쪽에 있는 거대한 곡물 사일로를 가리켰다. "그리스의 모든 도시는 곡물 생산품 일부를 데메테르 성소로 보냅니다." 그녀가 말했다. "전설에 따르면 데메테르는 땅을 경작하는 방법을 인간에게 가르친 신이었다고 하니까요."

『데메테르 찬가』에서 곡물의 여신은 곳곳의 그리스인에게 농업 기술을 가르치기 위해 왕자이자 반신 트립톨레모스를 파견했다. 농업 교육 이상이었던 그의 고대 지중해 전역 여행을 가리켜 러크는 "선교 여행"proselytizing mission이라 불렀다. 이는 "디오니소스의 여행에 상응했"는데 "양쪽 모두 뱀들이 끄는 날개 달린 수레에 올라타고 전 세계를 여행하며, 저마다 포도나무와 곡물의 복음을 전파했기 때문이다."[3] 우리 등 뒤쪽에 있는 박물관에는 트립톨레모스와 날아다니는 용 수레를 묘사한 기원전 4세기의 대리석 부조가 있었다.

기원전 5세기 초에 그려진 적색 인물화 스키포스skyphos, 즉 음료용 잔에도 이와 매우 유사한 장면이 등장한다. 현재 대영박물관에 소장된 이 물건은 아테네 주위에서 제작되었지만 발굴된 장소는 이탈리아 나폴리 북쪽에 있는 카푸아Capua였다. 왼손에 곡식 이삭 다섯 개를 든 트립톨레모스의 양옆에 데메테르와 페르세포네가 횃불

엘레우시스 고고학 박물관에 소장된 대리석 부조(위). 대영박물관에 소장된 적색 인물화 스키포스(아래). 두 도판에서 신비제의 신성한 전도자 트립톨레모스는 날아다니는 뱀들이 끄는 날개 달린 수레를 타고 있는 모습으로 묘사된다. 데메테르와 페르세포네가 그의 양옆을 에워싸고 있다.

을 하나씩 들고 서 있다. 왕자 뒤로 스키포스를 빙 둘러 이어지는 행진 대열에서는 거룩한 아기 이아코스가 '디오니소스'ΔΙΟΝΥΣΟΣ임이 분명히 표시되어 묘사된다. 곡물의 여신은 트립톨레모스의 오른손에 들린 넓은 그릇에 어떤 액체를 쏟으려는 참이다. 그것이 키케온이거나 키케온과 유사한 비밀 용품이라면 그 몸짓은 데메테르의 실제 물약이 모국으로부터 분리된 고대 그리스의 식민지 개척자들에게, 이탈리아처럼 먼 곳까지는 물론이고 더 서쪽으로도 도달했다는 사실을 암시하는 것일까? 그들은 엘레우시스의 성소 바깥에서 그 여신의 거룩한 의례를 준수함으로써 자칫 여신의 분노를 살 위험도 감수했던 것일까?[4] 어느 쪽이든 현장에 있는 곡물 사일로는 그리스어 사용 세계 전체를 에워싸는 일종의 수레바퀴 한가운데 바퀴통으로서 엘레우시스를 긍정했다. 모든 수확의 첫 열매는 항상 "온 인류를 하나로" 엮어주는 이 독특한 땅뙈기로 오게 마련이었다.

이교 연속성에 관한 두 번째 수업은 1분 뒤에 벌어졌다. 지금은 사라진 데메테르 신전까지 약간 경사진 길을 따라 입문자들을 데려가던 신성한 길 마지막 구간에 파묻힌 작은 옥석을 파팡겔리가 가리켰다. "어쩌면 이것이 바로 '기쁨 없는 바위'일 겁니다." 발굴자는 이른바 아겔라스토스 페트라ἀγέλαστος πέτρα를 언급했다. 슬픔에 사로잡힌 데메테르는 바로 그곳에 앉아 페르세포네가 지옥 깊은 곳에서 돌아오기를 기다렸다고 전한다. "신비제 동안에는 연기演技, enactment를 행했다고 합니다. 데메테르 여사제가 바로 이곳에 앉아 딸의 상실에 매우 슬퍼할 때 다른 페르세포네 여사제들이 저곳에서 이쪽으로 다가왔다고 상상해볼 수 있죠." 그녀는 우리가 방금 전 살펴본 20보쯤 떨어진 곳의 플루토니온Plutonion이라는 바위 은신처를 손으로 가리켰다.

파팡겔리는 고고학 유적 위로 솟은 움푹한 경사면을 손짓하며 매년 지하의 어둠을 벗어나 페르세포네가 부활한 장소를 내게 보여주었다. 신新이교도 한 무리가 최근 그 좁은 균열지에 죽은 자의 여왕을 위해 공물을 약간 놓아두었다. 석류 하나, 참깨 케이크 하나, 아몬드, 호두 그리고 올리브나무의 어린 가지 몇 개였다. "그리고 바로 이곳, 즉 입문자들의 눈앞에서 어머니와 딸이 재회했죠." 파팡겔리가 설명했다. "마치 우리 그리스도교인에게 자식 잃은 성모Virgin Mother가 있었던 것처럼요."

"마테르 돌로로사Mater Dolorosa 말이군요." 나 역시 고대 언어학자라는 소멸하는 종의 신뢰할 만한 일원이라는 사실을 비밀의 수호자에게 납득시키고 싶었다. 이 말은 '슬픔의 성모'Our Lady of Sorrows라는 그리스도교의 신앙 가운데 '슬퍼하는 어머니'의 모티프를 일컫는 라틴어 표현이었다. 현재 시카고 미술관에 소장된 초기 네덜란드 화가 디리크 바오츠Dieric Bouts의 15세기 유화 패널은 핏발 선 눈으로 눈물 흘리는 마리아의 가장 유명한 사례 가운데 하나이다.[5]

"마테르 돌로로사. 바로 그겁니다!" 파팡겔리가 확인해주었다. "마리아의 유일한 자식도 지하로 갔다가 돌아왔으니까요."

"흥미롭군요. 그렇지 않나요? 이교 연속성 가설 전체가 말입니다. 기독교가 엘레우시스에서 흡수한 것처럼 보이는 이 보편적인 주제들 말이죠. 훔쳤다고 말할 수 있을 정도예요."

"맞습니다. 그들은 엘레우시스에서 많은 것을 훔쳤죠."

"심지어 재활용하기도 했고요?"

"맞아요." 파팡겔리는 거듭 말했다. "그들이 진압할 수 없는 건…

간직했죠. 아주 영리한 기술이에요."

1세기 고대 지중해는 총체적인 용광로였다. 그 어떤 신앙도 진공에서 태어나지 않았다. 복음서 기록자들과 성 바오로, 어쩌면 예수 본인도 그 시대의 영적 지형으로부터 영감을 얻었을 것이다. 하지만 일부 보수적인 종교계에서는 이 이론이 여전히 이단의 냄새를 풍긴다. 이 이론은 다른 무엇보다 성체성사를 통해 인간과 하느님을 엮어준다는 새롭고도 전례 없는 계약을 이용한 예수의 유일무이한 중재라고 간주되는 것의 독특함과 독창성을 약화시킨다. 교회가 단순히 그리스인에게서 모든 것을 훔쳤다면 그리스도교라는 사업 전체가 치명적인 결함을 지녔다고 주장할 수도 있을 것이다. 그렇게 되면 인간이라는 종을 영벌永罰(영원한 형벌)*에서 구원하기 위한 유일무이한 명령은 매우 예외적인 것이었다가 졸지에 매우 평범한 것이 되고 만다.

따라서 초기 그리스도교의 전례와 실천의 진정한 기원에 관해 종교 당국과 세속 학자 사이에서 벌어진 토론은 중요하고 막대한 함의를 지닐 수밖에 없었다. 미국 역사가 프리저브드 스미스Preserved Smith가 철학 학술지 『모니스트』The Monist 1918년 4월호에 기고한 글의 첫 문장은 이에 관해 탁월하게 주장한다. 그는 이렇게 썼다. "미사 거행에 참석해본 사람은 고풍스러운 고대에서 비롯한 가장 오래된 생존을 목격한 셈이다." 스미스는 "성사"라는 단어를 특히 강조했는데 라틴어 사크라멘툼sacramentum에서 비롯한 이는 원래 '맹세'

---

* [감수 주] 세상에서 하느님을 거절하고 하느님과 이웃을 받아들이지 않았던 사람이 죽은 뒤 하느님의 심판을 거쳐 지속적으로 받게 되는 벌을 말한다. 라틴어로 damnatio라 표기했고, 영어에서는 이를 eternal damnation이라 쓴다.

또는 '엄숙한 의무'를 뜻했다. 하지만 예수 사후 수십 년이 지났을 무렵에만 해도 이 단어는 이미 그리스어 미스테리온μυστήριον의 직역이었다. 즉 "그리스도교를 비롯한 모든 '신비 종교'의 특징이었던 거룩한 비밀과 마법적 실천으로의 입문이었다."[6]

그리스의 신비제와 마찬가지로, 예수의 최초 추종자들이 본래의 성만찬 거행 때 비공개로 했던 일이 무엇이든 그 일에는 신비롭게 감춰진 전례와 밝혀진 진실이 포함되었던 듯하다. 스미스는 그 시대의 이른바 영지주의 교회에 끼친 특수하게 이교적인 영향을 확인했다. 2세기와 3세기에 번성한 이 선택된 소수만을 위한 밀교적 의미의 그리스도교 종파는 결국 이단으로 단죄되어 신앙의 역사에서 지워졌다. '영지주의'Gnostic라는 말은 '지식'이라는 뜻의 그리스어 그노시스γνῶσις에서 비롯했다. 하지만 이것은 일반적인 지식이 아니었다. 이 그리스도교인들은 우리 그리스인 선조들의 동의어로 너무 많이 사용된 이성적이고 현실적인 지식보다 훨씬 심오한 것을 추구했다.

오늘날 이 잃어버린 전통에 관한 최고 권위자는 프린스턴 대학교의 학자 일레인 페걸스Elaine Pagels이다. 1979년 그녀가 내린 그노시스의 정의는 지금까지도 최고로 남아 있다.

그리스어에서는 "그는 수학을 안다"라고 말할 때처럼 과학적이거나 반성적인 지식knowledge과 "그는 나를 안다"고 말할 때처럼 관찰이나 경험을 통한 앎knowing을 구분했는데, 그중 후자가 그노시스이다. 영지주의자가 이 용어를 사용할 경우 우리는 이를 '통찰'insight이라 번역할 수 있는데, 그노시스는 스스로를 아는 직관적 과정과 관련되기 때문이다. 영지주의자들의 주장에 따르면, 자신을 안다는 것은 곧 인간 본성과 인간 운명을 아는 것이며 (…)
가장 깊은 층위에서 자신을 안다는 것은 동시에 하느님을 안다는
것이었다. 이것이 바로 그노시스의 비밀이었고 (…) 정통파 유대
인과 그리스도교인은 인간과 그 창조자를 가르는 간극이 있다고
주장했다. 하느님은 완전히 타자라는 것이다. 하지만 이 복음서를
저술한 영지주의자 가운데 일부는 그런 주장을 반박했다. 즉 자아
에 관한 지식은 곧 하느님에 관한 지식이라는 것이다. 자아와 신
성은 똑같다는 것이었다.[7]

『영지주의 복음서』*The Gnostic Gospels*에서 페걸스는 1945년 강력한 시
한폭탄과 같이 이집트 나그함마디에서 발굴된 52종의 영지주의 텍
스트 가운데 상당수를 인용한다. 그리스 알파벳으로 표기된 이집
트어 후기 형태인 콥트어로 작성된 발굴 '복음서'의 최초 완역본은
1977년에야 발행되었다.[8] 이후 교회는 "신화로 가득한" 이런 "위경
僞經들"을 거부함으로써 "교회에서 모든 모독을 제거하자"라며 알렉
산드리아의 대주교 아타나시우스가 367년에 내놓은 맹렬한 외침을
옹호하지 않을 수 없는 입장이 되었다.[9] 이것이야말로 반동적인 움
직임이었으며, 그 자체도 그로부터 200년 전 이레네오(130~202?)[*]
가 결론지은 내용에 근거한 것이었다. 오늘날 프랑스 남동부 리옹의
이 주교는 170년 복음서 4종(마태오, 마르코, 루카, 요한)만이 신약
성서 최종본에 포함할 만한 가치가 있다고 결론지었다. 그의 논리는

---

[*] [감수 주] 리옹의 주교 이레네오는 '가톨릭교회의 수호자'라 불리며, 특히 그노시스주의
계통 이단들에 대항해 가톨릭 교리를 주장한 교부로 꼽힌다.

난공불락이지만 정작 그것을 논증하기는 어렵다. "이 세상에는 큰 바람도 네 가지이고, 우주의 모퉁이도 네 군데이고, 하늘을 떠받치는 기둥도 네 개이므로, 복음서도 오직 네 개일 수밖에 없다."[10] 하지만 페걸스에 따르면, 이레네오와 다른 교부들을 곤란하게 만든 것은 영지주의 세계관의 "잠재적으로 전복적인" 영향력이었다. "거기에서는 주교와 사제 들조차 알지 못하는 하느님에게로의 직접적인 접근을 모든 입문자에게 제공한다고 주장했기 때문이다."[11] 실제로 "그들의 말에 따르면 그노시스를 받은 사람은 모두 이미 교회의 가르침을 넘어섰고, 교계 제도의 권위를 초월했다."[12]

실제로 영지주의 텍스트 가운데 하나인 「토마스 복음서」Gospel of Thomas는 그리스도교의 창시자에 관한 대안적인 설명을 바로 그렇게 시작한다. "이 말씀의 해석을 발견하는 자는 누구나 죽음을 맛보지 아니하리라."[13] 그리스 신비제에서 비롯한 것과 유사하게 이 고대의 저자는 남성으로만 구성된 사제단이나 교회의 특징적인 빵과 포도주 성사에 대한 그들의 압박에 관해 아무것도 이야기하지 않는다. 대신 영지주의자는 페걸스의 말처럼 "변성 의식 상태"로 초청받으며, 바로 그 상태에서 무매개적이고 개인적으로 하늘나라에 입장하게 되는데, 보통 비입문자에게는 이런 일이 거부되게 마련이다. 단지 자신들의 지각을 변화시킴으로써 이들은 조화우주에 새로운 의미가 주입되는 것을 발견한다. 눈에 보이지 않는 것이 눈에 보이게 된다. "너희 눈앞에 있는 것을 인식하라." 「토마스 복음서」는 이렇게 말한다. "그리하면 감춰진 것이 너희에게 드러날 것이다."[14] 이곳 엘레우시스의 여사제와 마찬가지로 영지주의의 예수는 자아 발견의 길에 조언자로 등장하며, 페걸스는 이를 심리요법에 비견한다. "양쪽 모두 인도의 필요성을 인정하나 단지 임시적인 수단으로서만 인정한다. 권위를 받아들이는 목적은 배움을 통해 그 권위를 능가하기 위해서이다."

이 탈중앙화되고 자유분방한 그리스도교의 브랜드가 아주 오래 살아남지는 못했음은 분명하다. 이것이야말로 파팡겔리의 표현처럼 교부들이 "진압"하려 했던 그리스 신비제의 여러 측면 가운데 하나이다. 하지만 그들은 목욕물과 함께 아기까지 내버리지는 않았다. 무가치한 외부자들로부터 이들을 보호해줄 사제단이 있는 한 예수의 비밀 숭배에는 여전히 여지가 많았다. 어쨌거나 매우 정경적이고 엄격한 「마르코 복음서」를 보면, 훗날 신약성서에 기록된 수수께끼 같은 수많은 비유(탕자, 어리석은 부자, 겨자씨 등)를 예수가 자신의 대중 사역에 채워 넣기로 한 이유가 전혀 모호하지 않은 용어로 밝혀졌기 때문이다. 왜 그냥 평이하게 말하지 않았을까? "왜냐하면 하늘나라의 비밀에 대한 지식이 너희에게는 주어졌지만 그들[입문하지 않은 자들]에게는 주어지지 않았기 때문이다." 이때 마르코가 사용한 "비밀"이라는 단어는 미스테리아μυστήρια, 즉 신비제이다. 1889년 초판 발행된 세이어의 『신약성서 그리스어-영어 어휘 사전』*Greek-English Lexicon of the New Testament*에는 더 훌륭한 정의가 나와 있다. "오직 입문자에게만 전해지며 그들을 통해 보통의 죽어 없어질 사람에게 전달되어서는 안 되는 종교적 비밀."[15]

불과 몇십 센티미터 떨어진 데메테르 신전에서 제공하는 것처럼 진정한 그리스도교의 입문도 숭고한 환영이 없었다면 불완전할 수밖에 없었다. 페걸스는 한 예로 성 바오로가 어떻게 "보통의 죽어 없어질 사람"을 능가해 예수처럼 선택된 불멸자 가운데 하나가 되었는지 묘사했다.

십자가 처형 이후, 그들[영지주의자]은 부활한 예수가 사도 일부에게 당신의 모습을 계속해서 드러냈으며, 환영을 통해 신성한 신비에 대해 새로운 통찰을 그들에게 열어주었다고 주장했다. 바오로는 자신을 3인칭으로 간접 지칭하면서 그가 "세 번째 천국에 올라갔는데, 몸을 입은 상태였는지 벗은 상태였는지는 나도 모르겠다"라고 말했다. 그때 그는 무아적인 황홀경 상태에서 "차마 말할 수 없는 것들을 들었다. 인간이라면 말하지 않게 마련인 것들을." 그리스도와 영적으로 소통해 바오로는 자기가 "감춰진 신비"와 "비밀의 지혜"를 발견했다고 말한다. 그의 설명에 따르면 이는 모든 사람이 아니라 오직 그가 "성숙하다"고 여기는 그리스도교인들과 공유된다.[16]*

그리스도교가 신비 숭배의 장식물을 모조리 갖고 태어났다는 데에는 의심할 여지가 거의 없다. 하지만 종교가 성장하자 입문자와 비입문자의 관계는 심각한 쟁점이 되었다. 젊은 신앙의 가장 깊은 비

---

* [감수 주] 단테 알리기에리의 『신곡』*La Divina Commedia*은 지옥과 연옥, 천국에 대해 이야기한다. 죽음 이후의 세계는 성경의 「요한 묵시록」과 「코린토 2서」 12장 '바오로가 받은 환시와 계시(신비로운 영상과 계시)'에 등장한다. 성경은 바오로가 본 이 환영에 대해 언급하되 더 자세한 이야기는 쓰지 않은 반면, 외경은 바오로가 본 환영에 대해 말한다. 이 「바오로의 환영」(l'Apocalisse di Paolo)은 그리스어로 쓰였으며, 이후 라틴어로 옮겨져 단테의 작품 안에서 다시 등장한다. 환영에 대해 말하는 것, 즉 겉으로 보기에는 죽은 상태이거나 열에 들뜬 상태에서 꿈꾸는 동안 영혼이 하는 여행은 광범위한 작품 속에 삽입되었다가 나중에는 완전히 독립적인 작품이 되었다. 움베르토 에코 기획, 『중세 I: 476~1000』, 김효정 외 옮김, 시공사 2015, 644~645쪽 참조.

밀에서 누가 혜택을 입어야 하는가? 회중인가, 아니면 사제인가? 파팡겔리와 함께 데메테르 신전으로 접근해 플라톤이 "신비제 중에서도 가장 거룩한 것"을 엿보았던 가로 52미터 세로 52미터의 성소를 바라보는 순간 고대 그리스인과 기독교인의 입문 사이에 자리한 단절이 노골적인 방식으로 나를 강타했다. 이것이야말로 내가 여기에서 발견하리라고는 전혀 생각하지 못한 것이었다. 하지만 그것은 그곳, 저 아래 플루토니온을 비롯한 전체 풍경을 굽어보는 절벽 위에 우뚝 서 있었다.

"저게 도대체 뭐죠?"

"아, 이것도 흥미롭죠." 고고학자의 얼굴이 밝아졌다. "작은 그리스도교 교회예요. 비잔틴 시대 이후 성모에게 봉헌하기 위해 만들어졌어요. 이것도 마테르 돌로로사죠."

"정말요? 이건 약간 기묘하지 않나요?"

"네," 파팡겔리도 동의했다. 하지만 다른 뭔가가 더 있었다. "성모의 축제도 가을에 있거든요. 그러면 엘레우시스의 여성들이 사제에게 축복받으려고 빵 덩어리를 이곳으로 가져옵니다."

"그러니까 곡물의 여신 데메테르와 마찬가지로요? 그건 똑같은 이야기로군요… 단지 이름만 다른 거고요. 2,000년 동안이나요."

"2,000년 동안이나요, 네!" 파팡겔리의 계속된 설명에 따르면, 그 예배당의 수호 성녀인 '파나기아 메소스포리티사'Panagia Mesosporitisa를 직역하면 '씨 뿌리는 중의 성모'Our Virgin of the Mid-Sowing라는 뜻이었다. 그리스 정교회에서 이 성모의 생애 주기는 전통적인 재배 시기와 매우 유사해 이 구체적인 성모가 곧 농부의 대모가 되었다. 마리아는 8월 15일에 사망해 8월 23일에 매장되었다고 전하는데, 두 날짜는 그리스에서 농업 및 전례의 달력 끝과 일치한다.* 이후 "하느님의 어머니는 지하 세계로 내려가 초가을에야 겨우 돌아오며, 그때부터 농업 주기가 새롭게 시작된다."[17] 가을비가 내리기 시작하면 일꾼들은 씨를 뿌리고 땅을 일군다. 그 일이 절반쯤 끝나는 11월 21일에는 지옥으로 가는 원시적인 입구 위에 서 있는 이 수수한 사각형 건물에서 파팡겔리가 언급한 축제가 거행된다.

"그렇다면 사람들이 고고학 유적지를 가로질러 행진하는 겁니까?" 나는 기독교 축제의 참가자들에 관해 물었다.

"네, 그게 관습이니까요."

초저녁, 맨 위에 십자가가 달린 19세기의 종탑 건너편 예배당 계단 위에서 주로 여성인 신자들이 각자 21세기의 키스타 미스티카에 담아 온 둥근 프로스포로prosphoro, 즉 '거룩한 빵' 덩어리를 내밀며 성직자에게 축복받는다. 또한 이들은 폴리스포리아polysporia, 즉 '다양한 씨앗'이라고 알려진 곡물 씨앗과 꼬투리 안에 든 콩과 식물의 혼합물을 끓인다. 행사를 집전하는 사제는 "빵과 촛불의 바다 앞에" 서 있다고 전한다.[18] 그가 빵 한 덩어리를 상징적으로 축복하고 나면 여성들은 그 곡물 생산품을 그곳에 모인 모든 사람에게 나눠주며 맛좋은 '거룩한 친교'와 재배철 후반부의 풍요를 기원한다. 하지만 직관, 내적 변모, 각자의 영적 발전에 대한 개인적 책임은 이미 사라졌다. 그리스 전역의 다른 9,792개 본당이나 수도원이 맡고 있는 교회,

---

* [감수 주] 8월 15일은 천주교회에서 의무 축일로 규정하는 성모 승천 대축일로, 성모 마리아를 공경하고 기념하는 여러 축일 중 으뜸이다. '원죄에 물들지 않고 평생 동정이신 하느님의 어머니 마리아가 지상 생애를 마친 다음 육신과 영혼이 함께 천상 영광으로 하늘로 들어 올려진 것'을 기념하는 대축일이다.

또는 지구 상의 여느 수많은 로마 가톨릭 대성당과 주교좌성당과 마찬가지로 여기에서도 남성 사제들이 감독하고 축복을 내린다.[19]

그리스 정교회의 서품식 절정(새로이 서품을 받은 사제에게 마법적이고 성사적인 힘이 부여될 때)에 주교는 서품자의 새 제의를 하나하나 잡으며 "악시오스!"Ἄξιός라고 외치는데, 이는 그리스어로 '가치 있음'을 뜻한다. 그러면 회중이 "악시오스"라고 우렁찬 목소리로 화답한다. 실제로 사제만이 입문의 '비밀', 즉 미스테리아를 받을 자격이 있다. 서품식을 끝내기 위해 주교는 합당히 받아들여진 사제의 양손에 축성된 성체를 놓고서 이렇게 말한다. "이 거룩한 위임을 받아 우리 주 예수 그리스도께서 다시 오실 때까지 이를 지키시오. 그때가 되면 그분께서 당신에게 이를 되물을 것입니다."[20]

이것이야말로 서양 문명에서 가장 오래 지속된 남성 클럽이다. 그들은 종말까지 하느님의 경호원이 되자고 맹세한 의형제이다. 그렇다면 어떤 소중한 비밀이 2,000년 동안 지켜졌을까? 파팡겔리가 이 유적의 신성함을 완전히 이해하지 못한 사람들의 호기심 많은 정신으로부터 감추고 싶어 하는 비밀일 수도 있고, 지구 곳곳에서 이곳으로 사람들을 계속해서 끌어모으는 진정한 영적 유산일 수도 있다.

관광객과 순례자는 서로 매우 다른 범주의 방문객이었다. 내가 후자를 자처하려 무척 애썼지만 파팡겔리는 곧이듣지 않았다. 나는 10대 때부터 이 장소를 탐사하고 싶었다고 말을 꺼냈다. 그리고 의도적으로 추분을 선택했으며, 바로 이때 고대 입문자들이 '큰 출입구'에 모습을 나타냈을 것이기 때문이라고도 이야기했다. 서사시의 뮤즈(Muse, 무사)인 칼리오페Kalliope의 이름을 정확히 말하고, 호메로스가 그 여신에게 호소하는 『오디세이아』의 첫 행을 고대 그리스어로 읊기도 했다. 하지만 파팡겔리는 내 조사의 전제 자체에 끝내 동의하지 않는 듯했다.

"행운이 있기를 바라요." 그녀는 앞서 내게 이렇게 농담했었다. "하지만 신비제는 그냥 신비로 남도록 내버려두자고요."

그런데도 고고학자는 우리 여정의 막바지인 이곳 정자 그늘 아래에서 내가 약물에 관해 집요하게 묻는 내용에 집중했다. 마침내 우리는 애초에 내가 이곳까지 온 이유인 러크의 학술 연구에 관해 이야기를 나누게 되었다. 나는 『엘레우시스로 가는 길』을 꺼내 보여주었고, 그녀도 이 책에 대해 잘 알고 있었다. 지금으로부터 10여 년 전 러크의 책이 현대 그리스어로 번역되었을 때 파팡겔리가 번역을 감수했기 때문이다. 그녀는 그 노교수의 주장을 자세히 검토했다. 하지만 납득하지 못했다고 잘라 말했다.

"저는 동의하지 않아요." 그녀는 책 표지를 살펴보며 이렇게 단언했다. "현대인은 고대인이 어떤 환각제를 마시지 않은 상태에서 더 높은 영적 상태로 갈 수 있었다고 믿기 힘들어하더군요."

"물론 신성으로 나아가는 길은 여러 가지가 있죠." 나는 프리츠 그라프가 말한 "내인성으로 야기된 무아적 경험"을 생각했는데, 이것도 무시될 수는 없었다. 입문자는 실제로 배고프고 목마르고 지친 상태로 (아울러 21킬로미터 거리 행진의 격앙과 흥분에 자극까지 받아) 이곳에 도착했다. 1년 반 동안의 준비와 기대는 두말할 것도 없다. 인류학 기록에는 정신 활성 성분 없이도 변성 의식 상태를 이루는 (때로는 잔인한) 방법이 가득하다. 전통적인 통과 의례에 매우 자주 등장하는 의례적 시련을 고려해보라. 단식, 폭언, 문신, 피어싱, 모닥불 걷기, 구타, 어두운 곳에서 잠재우지 않기, 공중에 매달기, 손가락 자르기 등처럼 말이다.[21] 루마니아의 학자 미르체아 엘리아데 Mircea Eliade는 이 "무아경을 얻는 오랜 기술"들이 "부족의 입문 의례" 나 "비밀 결사 입문" 과정에서 기억하기 어려울 정도로 오래전부터 사용되었다고 설명한다.[22] 더 거친 고행과는 별개로 자연적으로 발생하는 멀미, 간질 발작, 환각 역시 "매우 짧은 시간 안에 샤먼의 경력을 결정할" 수 있었다.[23]

다른 절차들은 더 엽기적이었다. 예를 들어 이글루리크 이누이트족의 입문 의례는 심령 수술을 받을 의향이 있는 "보통의 죽어 없어질" 모두에게 열려 있다. 이때 최고 샤먼인 앙가코크angakok는 어찌어찌 후보자의 눈과 두뇌와 내장에서 영혼을 '추출'해 육체에서 분리한다. 엘리아데의 의견에 따르면 "의례적인 죽음과 부활의 이런 경험"은 "무아적" 의례였다.[24] "오랜 기다림"과 "오두막 안 걸상에 앉아 있기" 이후 미래의 샤먼은 「토마스 복음서」에서 언급된 것과 같은 종류의 환영을 부여받고, 그리하여 눈에 보이지 않는 것이 눈에 보이게 된다. 이 새로 얻은 시력은 "빛남" 또는 "조명"이라 불린다. 이는 두뇌 속의 "설명할 수 없는 탐조등" 또는 "환한 불"로 묘사된다.

심지어 눈을 감아도 [입문자는] 어둠을 꿰뚫어 보고, 타인에게는 감춰진 사물과 다가올 사건을 지각할 수 있다. 따라서 이들은 미래와 타인의 비밀을 들여다보며 (…) 자신보다 훨씬 앞서 산을 뚫고, 땅을 하나의 거대한 평야처럼 바라보고, 눈이 땅끝까지 닿을 수 있다. 그에게는 이제 아무것도 감춰져 있지 않다. 그는 아주 멀리 있는 것까지 볼 뿐 아니라 영혼을 발견할 수도 있다. [여기에서 말하는 영혼이란] 도둑맞은 영혼으로, 멀고도 낯선 땅에 감춰져 있거나 위나 아래로 가져가 '죽은 자의 땅'에 놓아둔 것이다.[25]

이런 계열의 뭔가가 바로 이곳에서, 그것도 4세기 말 테오도시우스 황제가 신비제를 불법화하기 전까지 거의 2,000년 동안 일어났다. 1962년 케레니는 이를 비시오 베아티피카visio beatifica, 즉 "지복직관"이라 불렀다. 그는 그리스도교의 "지고한 목표를 지칭하기 위해 고안된" 용어를 차용했다. "이 직관을 획득한 자는 영원한 지복의 상태로 옮겨가게 된다."[26] 하지만 케레니는 이런 비교를 편하게 생각했는데 "에포프테이아epopteia가 행복을 부여한다는 차마 부정할 수 없는 증거"이기 때문이었다. 그리고 교회의 긴 역사에서 "하느님을 직접 목격"한 축복받은 그리스도교 신비주의자와 마찬가지로 그 고명한 학자는 엘레우시스의 환영을 진정으로 기적적인 것이라 생각했다. 즉 "눈을 감거나 뜨거나에 상관없이" 목격되는 것이라고 말이다.[27] 믿기 어려운 이야기이겠지만 비시오 베아티피카는 워낙 예외적이고, 일반적인 바라봄과 판이해 눈먼 사람도 참여할 수 있었다.

아테네 국립 고고학 박물관에는 에우크라테스 봉헌 부조Eukrates votive relief라는 대리석 명판이 하나 있다. 기원전 5세기의 이 물건은 이곳 데메테르 신전에서 발견되었다. 위쪽에는 여신의 목과 머리가 묘사되었고, 얼굴에서는 번쩍이는 빛줄기가 방사된다. 아래쪽에는 섬뜩한 아몬드 형태의 눈 두 개가 수천 년 세월을 넘어 우리를 바라본다. 코와 눈썹을 제외하면 입문자 얼굴의 나머지는 완전히 사라진

에우크라테스 봉헌 부조는 엘레우시스 신비제의 지복직관을 기록했다고 전한다. 여기에서는 눈먼 사람도 바라보는 법을 배울 수 있었다.

상태이다. 아래쪽에는 다음과 같은 그리스어가 새겨져 있다. "에우크라테스가 데메테르에게." 케레니의 말마따나 그 소유주는 여신의 머리를 생각하며 어쩌면 자신의 눈멂을 고쳐준 "페르세포네의 에피파니를 상기했을 것이다."[28] 에우크라테스는 글로 적어서는 안 된다는 그녀의 이름을 "데메테르"라는 이름으로 대체함으로써 자신의 비시오 베아티피카를 안전히 기록해 후세에 전했다.

케레니의 해석은 물론 도발적이지만 입증할 수는 없다. 하지만 이와 관련해 1997년 『임사 체험 연구 저널』*Journal of Near-Death Studies*에 실린 「시각 장애인의 임사 체험과 유체 이탈 경험: 명백히 눈으로 보지 않은 선견에 관한 연구」Near-Death and Out-of-Body Experiences in the Blind: A Study of Apparent Eyeless Vision라는 잘 알려지지 않은 논문을 주목할 만한 가치가 있다. 공저자인 케네스 링Kenneth Ring과 샤런 쿠퍼

Sharon Cooper는 선천적인 경우를 포함한 시각 장애인 응답자 서른한 명을 조사했다. 그중 상당수는 각자 재난의 순간 동안 선명하고도 세부적으로 시각적 자각을 경험했다고 보고했다. 시각 장애인들의 증언이 놀라웠던 이유는 다음과 같다.

고전적인 NDE(임사 체험)을 규정하는 데 기여하는 요소들만 놓고 보면 시력을 지닌 사람들의 증언과 구분되지 않을 정도였기 때문이다. 그 요소들은 그런 체험에 따르는 커다란 평화와 안녕의 느낌, 물리적 신체에서 분리되는 느낌, 터널이나 어두운 공간을 지나가는 체험, 빛과의 만남, 삶을 되돌아보기 등등.[29]

19세에 교통사고로 시력을 잃은 한 응답자는 NDE 동안 겪은 "계곡 너머에 돌아가신 할머니가 계시는 위안을 주는 선견"에 관해 이야기했다. 그런 일이 어떻게 일어났는지 설명할 수 없었지만 그는 자기가 본 것을 알고 있었다. "물론 저는 시력이 없습니다. 사고로 눈이 완전히 망가졌기 때문이죠. 하지만 저의 선견은 매우 맑고 분명했고 (…) 그 체험에서 제 시각은 완벽했습니다."[30] 다른 응답자들의 유사한 증언을 고려한 끝에 저자들은 "죽음에 근접한 경험이 그들의 시력에 정상적인, 어쩌면 더 뛰어난 예리함을 회복시킨 것으로 보인다"라고 결론지었다.[31]

이 현상은 고든 와슨이 1955년 멕시코에서의 실로시빈 여행 도중 목격한 비시오 베아티피카와 흡사하다. "눈을 뜨거나 감거나에 상관없이 선견이 나타났다." 그리고 "어둠을 꿰뚫어" 보고, "죽은 자의 땅"을 탐사할 수 있었던 이누이트 샤먼의 임사 체험 엑스레이 선견과 똑같이, 실로시빈으로 풀려난 과다현실주의적 정신 이미지는 물리적 신체로부터 해방된 듯한 뚜렷한 인상을 와슨에게 주었다. "눈이 육체에서 분리되었고, 볼 수 없었으며, 비물질적이고, 보고 있지만 보이지 않았다."[32]

수십 년간 통제된 상황하에서 여러 차례 진행한 환각제 실험에서도 이와 유사한 이야기가 가득했다. 그중에는 시각 장애인의 "복잡한 환각"이며 "고인이나 선조"와의 예상치 못한 만남도 포함되어 있었다.[33] 존스홉킨스의 연구자 윌리엄 리처즈는 저서 『신성한 지식: 환각제와 종교적 경험』에서 이 명백한 사실에 주목했다.

> 임사 체험에 관한 문헌, 즉 죽음의 물리적 과정에 들어섰다가 소생한 사람들의 보고에는 흥미를 자극하는 이야기가 여럿 실려 있어 숙고할 만한데, 종종 그 내용이 환각제 경험과 매우 유사하다. 터널을 지나갔다거나 상상의 존재들과 마주쳤다거나 신성한 빛의 영역을 향해 끌려갔다는 보고까지 완비되어 있다.[34]

무아적 경험, 임사 체험, 환각제 경험 간의 명백한 연관성을 깡그리 무시하는 행위는 이 유서 깊은 유적에서 계속해서 중첩되는 이교도 전통과 그리스도교 전통 간의 연속성을 깡그리 무시하는 일만큼 비생산적일 수밖에 없다. 알베르트 호프만과 프리츠 그라프를 서로 싸움 붙이는 대신 양쪽 모두 맞는다고 볼 수도 있지 않을까? 즉 엘레우시스 입문자는 전통적인 통과 의례의 육체적 요구를 거치며 고통받은 동시에 데메테르 신전 안에서 경험한 뭔가를 증폭하기 위해 환각성 물약을 신중하게 투여했을 수도 있다. 두 가지 이론은 상호 배제하지 않는다.

나는 와슨과 호프만과 러크에 대해 나름대로 고안한 임시적인 접근법을 파팡겔리가 음미해주기를 바랐다. 무려 10년 동안이나 그들의 주장이 사실인지 확인하려 노력했으니 말이다. 그들의 가설에 대해 의문점도 있다고 그녀에게 솔직히 말했다. 그라프의 스승이자 고전학의 상징인 발터 부르케르트 같은 이성의 목소리에 계속해서 호소했다고도 말했다. 나는 부르케르트의 저서 『그리스 종교』의 1985년 영역본에서 몇 줄을 읽었다. 아테네로 가는 비행기를 타기 직전 내 휴대전화에 찍어둔 부분이었다. 너무 많은 역사학자가 너무 빨리 둘러대고 넘어간 '신비제와 금욕주의' 관련 장에 들어 있는 충격적인 구절이었다.

데메테르와 디오니소스는 중요한 신비제의 신들이다. 그 중심이 되는 행사는 보리 물약 마시기와 포도주 마시기이다. 하지만 농업의 마법으로부터 신비제를 이끌어냈다는 점이야말로 선사 시대에 관한 추측에 불과하므로 (…) 확실한 답변을 얻을 수 있다는 전망이 없더라도 차라리 이렇게 물어봐야 할 것이다. 신비제의 기반에는 선사 시대의 약물 의례가 있었을까? 일부 불멸성의 축제에서는 의식의 확장을 통해 어떤 환각성 '내세'를 보장했던 것처럼 보이는데 (…) 원래 약물이 오래전 망각되고 무해한 물질로 대체된 이후로도 이 의례는 존속될 수 있었다. 신비제의 밤은 정교의 부활절 축제나 서양의 크리스마스와 그리 다르지 않았을지도 모른다.[35]

파팡겔리도 관심이 자극된 모양이었다. "그의 책이라면 저도 모두 읽었죠."

"저도 마찬가지예요. 하지만 어떤 이유에서인지 저도 이전까지는 이 구절을 눈여겨보지 못했어요. 두 번째로 읽을 때에야 부르케르트 교수가 한 가지 가능성을 일깨워주었죠. 머지않아 저는 이 양반도 그 가능성에 공감하고 있었다는 사실을 발견했고요." 나는 바닥에 주저앉은 자세로 케레니의 『엘레우시스: 어머니와 딸의 원형적 이미지』*Eleusis: Archetypal Image of Mother and Daughter*를 꺼내 내밀었다. 부르케르트의 역작과 마찬가지로 원래 독일어로 쓴 책이었다.

"아, 케레니!" 파팡겔리가 외쳤다. 옛 친구와 우연히 만나기라도 한 투였다.

"케레니가 이른바 '약리학적 질문'이라고 일컬은 점만 다룬 부록이 이 판본에 실린 것 알고 계셨나요?"

이 고고학자는 놀란 것 같았다. 나도 그 내용을 처음 발견했을 때 놀랐으므로. 이 성소에 관한 케레니의 권위 있는 텍스트에서 내가 발견하리라고 결코 생각하지 못한 이름이 있다면 바로 알베르트 호프만이었다. 와슨과 러크와 함께 의기투합하기 몇 년 전, 이 스위스 화학자는 또 다른 유럽인 동료에게 학제간 통찰을 얼마간 공유했다. 케레니는 맥각 대신 『데메테르 찬가』에 나온 키케온의 세 번째 성분인 박하에 초점을 맞추고 있었다. 오늘날 멘타 풀레기움(Mentha pulegium, 향긋한 박하)이라 일컬어지는 식물이다. 그리스인이 말한 블레콘이 정확히 어떤 종을 염두에 둔 것인지는 우리도 확신할 수 없다. 따라서 이 게르만 학자는 북아프리카부터 중유럽까지의 넓은 범위 안에서 현대의 상응물을 찾아보았다. 그는 박하류의 일종이 신비제에 관여되었을 수 있다고 믿었다. 그 기름과 잎사귀는 의료적 성질을 지녔다고 알려졌다. 케레니는 1960년대 중반 언젠가 호프만에게 받은 개인적 편지 내용을 인용했다. "야생 식물[멘타 풀레기움]을 증류하고 채취해 남유럽에서 방향제로 가공하는 폴리poley 기름, 즉 올레움 풀레기(Oleum pulegii, 향긋한 기름)*의 주성분은 '풀레고네'pulegone라는 방향성 물질인데 (…) 다량으로 복용하면 착란, 의식 상실, 경련을 야기합니다."[36]

어쩌면 케레니가 환각제 가설을 받아들이려는 의향을 보인 까닭에 부르케르트도 위에 소개한 것처럼 '환각성 내세'에 관해 통찰하게 되었을 수 있다. 1977년 그 통찰이 있고 이듬해『엘레우시스로 가는 길』이 발행되었다. 환각제가 논란과 금기가 되기 전까지만 해도 LSD 발견자와 케레니의 협업은 공평한 타협으로 여겨졌다.

엘레우시스의 키케온은 "최초의 추진"뿐 아니라 필수적인 내적 평화와 선견의 기타 선행 조건까지 제공했을 수 있다. 호프만 박사는 이렇게 말했다. "폴리 기름, 즉 '올레움 풀레기'를 함유한 그 휘발성 기름을 키케온의 알코올 성분에 첨가했을 경우 단식으로 인해 감수성이 고조된 사람에게 환각을 야기했을 가능성이 매우 높다."[37]

내가 이들의 발견을 요약하는 동안 파팡겔리는 얼굴이 굳었다. 더 앞선 시대 고전학 엘리트의 주장과 같은 맥락에서 읽어보자면 러크

---

* [감수 주] 라틴어 oleum은 '올리브유, 기름, 성유', pulegii는 '감미로움, 향긋함'을 뜻하는 pulegium의 2격으로, Oleum pulegii는 '방향유'를 뜻한다.

의 주장도 완전히 정신 나가 보이지는 않았다. "부르케르트의 말처럼 엘레우시스가 '선사 시대의 약물 의례'로 시작되었을 가능성이 있다고 생각하시나요?" 내가 물었다.

"네." 그녀는 서슴없이 대답했다. "농업 축제로 시작되었다가 나중에 사후의 삶에 관한 내세론적 의미를 갖기 시작했을 수 있어요."

"하지만 선사 시대 축제가 이곳 엘레우시스에 도달했을 즈음에는 약물을 잃고 말았다는 건가요? 그래서 키케온은 기껏해야 무해한 물약에 불과했다고요?"

"네." 그녀는 또다시 동의했다.

"그러니까 '거룩한 친교'처럼요?" 내 입에서 "'거룩한 친교'라는 단어가 나온 순간, 하느님께서 귀 기울이고 계시기라도 했던 것처럼 90미터 떨어진 19세기의 종탑에서 종이 울리기 시작했다. 규칙적인 땡그랑 소리 열두 번이 파나기아 메소스포리티사의 예배당 바로 옆에서 정오를 알렸다.

"바로 그거예요. '거룩한 친교'죠."

"결론은 그거로군요." 나는 환각제 가설을 더 이상 밀고 나가지 않기로 마음먹었다. 부르케르트와 마찬가지로 이 고고학자는 최소한 잠재적인 환각제가 한때 어떤 석기 시대 버전의 신비제에서 일익을 담당했다는 주장을 수용하려 했다. 그리스인보다 훨씬 앞선 아득한 선사 시대에 그것들이 어디에서 실천되었든 파팡겔리는 그 정신 변성 제의가 어떤 희석된 형태로 지금은 텅 빈 이 유적으로 전수된 모습을 상상할 수 있었다. 내게는 그것으로도 충분했다. 키케온의 활성 성분에 관한 부르케르트와 케레니의 초기 추측에 『엘레우시스로 가는 길』이 살을 붙이고 40년이 지나는 동안 새로운 학문 분야가 발전함으로써 이전까지는 검증 불가능했던 가설을 확실히 확증하거나 반증할 수 있게 되었기 때문이다.

다음 장에서 살펴보겠지만 부르케르트의 말처럼 더 이상 케케묵은 고전학자가 "확실한 답변을 얻을 수 있다는 전망이 없"는 상태에서 어둠 속을 더듬을 필요 없다. 전통적인 고고학(특히 고대 문화의 음주와 잔치와 기타 의례적 습관 해독)의 한계가 너무나도 명백해졌기 때문이다. 선구적인 발굴자들은 자신들의 분야를 뒷받침해줄 수 있는 다른 전공을 찾아보게 되었으며, 그 결과 고고화학이라는 팔팔하게 젊은 학문이 급속히 성장하게 되었다.

지난 20년 동안 푸리에 변환 적외선 분광법Fournier transform infrared spectroscopy, FTIR, 고속 액체 크로마토그래피high-performance liquid chromatography, HPLC, 기체 크로마토그래피 질량 분석gas chromatography-mass spectrometry, GC-MS 같은 첨단 기술을 더 손쉽게 이용할 수 있게 되었다. 이제 과학자들도 발굴된 그릇에 온전히 남아 있거나 도기 구멍 속으로 흡수된 유기적 잔여물에서 화학적 특징을 추출함으로써 우리 선조들이 마셨던 물질을 확인할 수 있게 되었다.[38] 도취제를 겨냥한 이 첨단 사냥에 경력을 바친 극소수 연구자는 믿기 어려운 발견을 몇 가지 발표하기도 했는데, 그중 일부는 최대 1만 3,000년 전으로 거슬러 올라가기도 했다.[39]

추측의 시대는 끝난 것이다.

떠나려 짐을 꾸리는 동안 나는 저 아래 땅에서 발굴된 수많은 잔chalice을 떠올렸다. 파팡겔리는 엘레우시스 고고학 박물관의 이 마지막 전시실 유리 너머에 보호된 표본 열두 개를 구경시켜주었다.

"저 그릇들 말인데요. 혹시 과학적으로 검사해보도록 허락할 의향이 있으신지요?"

"우리도 뭔가 들어 있는 케르노스kernos*를 찾아내서 실험해보고 싶어요." 그녀가 답했다. 신비제와 일상적으로 관련된 도기 그릇이나 금속제 그릇을 말한 것이었다. 이 현장에서는 한가운데의 대접 주위를 더 작은 컵 여러 개가 에워싼 형태의 그릇이 여러 점 발굴된 바 있다. 케레니는 고대의 한 저자를 인용하며 한때 주위의 용기들을 채웠을지 모르는 산물들을 열거했다. "세이지, 하얀 양귀비 씨앗, 밀과 보릿가루, 완두콩, 살갈퀴, 오크라 씨앗, 렌즈콩, 콩, 쌀 밀, 귀리, 말린 과일, 꿀, 기름, 포도주, 젖, 달걀, 생 양털."[40] 이것이야말로 『데메테르 찬가』보다 훨씬 많은 세부사항을 제공하는 버거운 혼합물이지만 러크는 케르노스가 대부분 상징에 그쳤을 것이라 생각했다. 그 형태만 보더라도 "마시는 그릇으로는 영 어색했"을 것이다.[41] 어쩌면 그 그릇은 저 아래 신전에서 거행된 "혼합 예식을 위한 중요한 성분을 담고 있는 잔"으로 사용되었을 가능성이 더 크며, 이때 중요한 성분이란 맥각화한 보리나 마법의 박하였을 것이다. 일단 그릇이 축성되고 나면 엘레우시스 신비제의 대사제가 "자신의 케르노스를 높이 들어올리고" 그 내용물을 맛봄으로써 입문식을 거행했다.[42] 입문자도 이 행동을 따라 그릇에 든 것을 마셨을 텐데, 이때의 그릇은 우리 뒤의 박물관 안에 깔끔하게 복원된 다른 용기들과 비슷했을 가능성이 크다. 서양 문명의 역사에서 가장 잘 지켜진 비밀을 해결할 기회에 기꺼이 뛰어들 만한 연구소가 수많은 상황에서도 그 고대의 미시적 내용물이 그냥 날아가도록 방치하는 셈이었다. 나

---

* 고대 그리스에서 사용한 그릇의 한 종류로, 작은 그릇 여러 개를 붙여 구절판과 유사한 모양으로 만들었으며 주로 제물을 담아 바치는 데 사용했다.

현장에서 발견되어 엘레우시스 고고학 박물관에 전시된 예식용 그릇들. 이 술잔들은 신비제 동안 키케온을 혼합하거나 소비하는 데 사용되었다.

는 러크의 연구에 대해 회의적이었던 파팡겔리가 이곳 책임자라는 사실에 충격받았다.

"그렇다면 왜 아직까지 검사해보시지 않은 거죠?"

"왜냐하면 저것들은 처리를 거친… 그러니까 세척한 상태거든요. 그게 이유예요. 물론 수장고에 더 많이 갖고 있기는 하죠." 그녀가 덧붙였다. "하지만 그것들 역시 보존하기 위해 처리를 거친 상태예요." 엘레우시스의 특별한 고고학적 역사를 내게 상기시키며 그녀는 이 그릇이 "모두 19세기 말부터 20세기 초 사이에 발견되었다"는 사실을 알려주었다.

"그러니까 모두 지금으로부터 100년 전에 발굴되었다는 건가요? 이후로는 당신도 하나도 찾지 못했고요?"

"저는 더 이상 현장 안에서 발굴하지 않아요. 오히려 그 바깥인 현대 도시 엘레우시스 내부에서 발굴하죠. 그곳은 고대 도시 바로 위에 자리하고 있거든요. 우리는 무덤이며 다른 여러 물건을 발견했어요."

"하지만 그릇은 없었다는 거죠?"

"예식용 그릇은 없었어요."

"그렇다면 이곳 아래에 그릇이 몇 점 남아 있을 가능성도 있지 않을까요?" 나는 저 아래 폐허를 향해 손을 저어 보였다.

"제 생각엔 다른 사람들이 모두 조사한 것 같아요."

"정말요? 지난 세기 전환기에 그 정신 나간 고고학자들이 예식용 그릇을 모두 발견했다고 생각하세요? 그 사람들은 자기가 무슨 일을 하는지도 몰랐을 텐데요." 물론 내 말은 과장되었지만 '파내는 것은 곧 파괴하는 것'이라는 고고학의 주된 신조 가운데 하나를 언급하지 않고 지나갈 수는 없었다. 1882년 바로 이곳에서 시작된 현대의 발굴은 그 이전의 사례에 비해서는 체계적이었다고 할 수 있겠으나 이 유적지를 들쑤시고 돌아다니는 행동은 무엇이든 태생적으로 파괴적이었다. 다른 어디에서나 마찬가지였겠지만 불완전한 발굴 기록과 발견품 등록부는 엘레우시스에서도 문제였다.[43] "그 그릇들 가운데 하나를 검사하지 않고서는 답을 결코 알 수 없을 겁니다. 그렇죠?"

"네." 파팡겔리도 뭔가 생각하는 듯 고개를 끄덕였다.

"그러면 신비는 지속되는 셈이겠군요."

"네… 그러길 바라요!" 그녀가 킥킥거렸다. 우리는 크게 웃음을 터트렸다. 우리의 체스 경기가 결국 지난 수천 년 동안 지속된 교착 상태에 다다랐기 때문이었다.

"왜 이 문제를 해결하기를 원하지 않나요?"

"우리는 서로 목표가 다르니까요, 브라이언."

"신비가 계속 살아 있는 걸 좋아하시는군요. 어째서죠?"

"사람은 누구나 신비를 좋아하니까요. 이게 당신을 이 이야기로 끌어들인 신비였잖아요, 안 그래요? 그러니 다음 세대들도 이 신비에 끌리도록 내버려두자는 거죠." 파팡겔리는 내게 조언했다. 이 말을 남긴 채 고고학자는 박물관 안으로 사라졌다.

파팡겔리의 말이 맞을지도 몰랐다. "원래 약물이 오래전 망각되고 무해한 물질로 대체된 이후로도 이 의례는 존속될 수 있었다"던 위대한 발터 부르케르트의 말처럼 말이다. 플라톤, 핀다로스, 소포클레스, 키케로, 프라이텍스타투스가 남긴 고대의 증언은 어떤 설득력 있는 이유 때문에 2,000년 동안 입문자들이 바로 이곳에 모였다고 지적한다. 여기에서 몇 미터 떨어진 데메테르 신전 내부에서 무슨 일이 벌어졌든 그 일은 매년 11월 저 위의 파나기아 메소스포리티사에서 거행되는 공허한 빵 축복 의례 같은 일에 지나지 않았다. 현대의 성체성사가 '무해한' 비非환각성 행사라는 점에는 의심할 여지가 없다. 하지만 다시 한 번, 이는 지금으로부터 2,000년 전 교회의 유아기에 동반한 신비에 대해 아무것도 말해주지 않는다. 그리스와 그리스도교의 신비제 모두에서 고전 시대의 실천자들은 선사 시대 선조들의 약물 첨가 물약을 포기하고 순전한 위약으로 대체하고 싶어 하지 않았을지도 모른다.

엘레우시스에서 나온 의례용 잔을 검사할 수 없다면 단서를 찾아 다른 곳을 살펴보아야 했다. 오래 기다린 끝에 다행히 파팡겔리를 만나 이 조사의 범위가 좁혀지기는 했다. 어쩌면 엘레우시스보다 앞선 일종의 의례들에서 정신 변성 물약이 사용되었는지 여부가 더 이상 문제가 아닐지도 몰랐다. 오히려 부르케르트의 말처럼 언제 "원래의 약물"이 "망각되고" 급기야 위약으로 "대체되"었는지가 문제인지도 몰랐다.

여러 훌륭한 고전학자와 역사학자에게는 못마땅할 수도 있지만 문명은 건배와 함께 시작된 것으로 보인다. 그리고 그 파티는 결코 중단되지 않았다. 민주주의가 처음 생명을 얻은 장소 정동쪽에 있는, 그리스 역사와 깊이 뒤얽혔으며 그 민족과 벌인 서사시적 전투가 서양 문명에 관한 호메로스의 창시적 운문이 된 나라에서 선사 시대 의례가 태어났다. 마지막 빙하 시대 막바지에 이르러, 그러니까 트로이 전쟁보다 한참 전 오늘날 터키로 알려진 그 유서 깊은 땅은 다른 뭔가로 유명했다.

종교 자체의 탄생으로 말이다.

그리고 그 토양에서 돋아난 이름 없는 종교야말로 신비제를 가능
하게 만든 취하고 환각적인 종교였을 수 있다.

6장

묘지 맥주

세계에서 가장 오래된 현역 양조장에 도착해 보니, 잿빛 바이에른 특유의 이슬비 속에서 턱수염 기른 거인이 나를 기다리고 있었다. 마르틴 차른코브Martin Zarnkow 박사는 뮌헨 공과대학교 부설 바이엔슈테판 양조 및 식품 품질 연구센터의 연구 및 개발 책임자였다. 그의 연구소는 독일 뮌헨 국제공항에서 불과 몇 분 거리인 이곳 프라이징Freising에 있는 맥주의 우주에서 일종의 주축을 상징했다. 십자군 운동보다 앞선 1040년부터 운영되어온 이곳은 한때 수도원이었으며, 이곳의 첫 번째 맥주통은 베네딕도회 수사들이 제조한 것이었다. 1516년 바로 이곳 바이엔슈테판 현관 계단에서 바이에른 공작 빌헬름 4세Duke Wilhelm IV of Bavaria가 순수법Purity Law을 발표해 맥주의 세 가지 주원료인 보리, 물, 홉을 영원히 각인시켰다.[1] 이 세 주원료 외에 다른 것이 들어가면 '맥주'라고 부를 수 없다는 취지였지만 사실 그 복잡한 단어의 복잡한 과거는 석기 시대까지 거슬러 올라간다. 최근 일부 고고식물학자와 고고화학자가 내놓은 일차적 결과에 따르면 선사 시대에 있었던 종교와 정신 활성 양조주의 연계야말로 현대 문명 배후의 진짜 원동력이다. 한때는 발터 부르케르트와 기타 학자들 사이에서 한낱 추측에 지나지 않았지만 이제는 엘레우시스보다 수천 년 앞선 도취의 의례에 관해 확실한 증거를 갖게 되었다. 이때의 의례는 키케온과 상당히 비슷한 비밀까지 완비된 상태였다.

세계적으로 유명한 맥주 과학자인 차른코브만큼 그 이야기를 잘 해줄 수 있는 사람은 없었다. 2018년 11월의 추운 금요일 오후 나와 가까스로 만났을 때 그는 터키와 인도와 브라질로 연이은 출장 사이 짬을 낸 상태였다. 그 나라들에서도 본래 바이에른 기술에 첨단 기법을 도입한 이 양조 명인에게서 열렬히 가르침을 구했던 까닭이다. 완벽한 양조용 효모를 배양하는 문제든 글루텐 없는 맥주를 개발하는 문제든 차른코브가 해결사였다. 그는 믿을 수 없을 정도로 뛰어난 역사가이기도 했다. 우리가 비를 피해 그의 편안하고 널찍한 사무실에 자리를 잡자, 이 자부심 넘치는 독일인은 뒤쪽 벽을 따라 늘어선 높은 책장으로 나를 곧장 안내했다. 나는 한 구역 전체에 이 분야의 고서 초기 판본이 가득하다는 사실을 깨달았다. 요한 콜레르 Johan Coler의 『시골과 가정의 경제』*Oeconomia Ruralis Et Domestica*(1645), 볼프 헬름하르트 폰 호베르크Wolf Helmhardt von Hohberg의 『진본 농경시』*Georgica Curiosa*(1687), 『바이에른의 기념물들』*Monumenta Boica*(1767)이 있었다.

감색 버튼다운 셔츠와 올리브색 바지 차림의 이 덩치 좋은 과학자는 인체공학적 의자에 앉아 양팔을 가슴 앞에 모았다. 이미 서로 이메일을 몇 차례 주고받아 그는 자신이 평생을 바친 음료의 역사에 내가 관심 있다는 사실을 알고 있었다. 하지만 내가 굳이 직접 이야기 나누기 위해 뮌헨까지 날아온 이유를 확신하지는 못하고 있었다. 그래서 그는 질문으로 시작했다.

"양조 과정이라고 하면 맨 먼저 무슨 생각이 드십니까?"

"잘 모르겠습니다." 나는 시험당하고 있다고 느끼고 대답을 머뭇거렸다. 문득 워싱턴 D. C.에 있는 내 집 냉장고가 떠올랐다. 그 안에는 그 지역 양조장에서 만든 IPA가 열두 병 들어 있었다. 난티코크 넥타르Nanticoke Nectar, 더블 덕핀Double Duckpin, 서렌더 도로시Surrender Dorothy. 내가 제일 좋아하는 님블자이언트Nimble Giant는 473밀리리터 캔에 홉hop 캐릭터가 그려져 있었다. "저는 어쩐지 커다란 구리 탱크가 떠오르네요. 발아와 분쇄와 발효도 생각나고요. 그리고 열熱도요."

"맞아요. 대부분 사람이 그렇게 생각하죠. 하지만 그건 현대적인 방법이에요. 어디까지나 중세 이후, 그러니까 우리가 맥주를 양조하기 시작하면서부터의 일이죠. 맥주를 끓이기 시작하면서부터요." 전문가는 우선 고대의 양조에 관해 신속히 개관하며 이야기를 시작했다. 그는 자신의 사무실 곳곳에 있는 형형색색 병 안에 든 황금 영약의 전사前史로 곧장 뛰어들었다. 그리고 60년 넘도록 고고학계에서 회자되고 있는 맥주 대 빵의 오랜 논쟁에서 명백한 입장을 드러냈다. 그 논쟁의 핵심 질문은 이러했다. 둘 중 어느 것이 인류의 가장 오래된 생물공학이라 칭호받아 마땅할까?

1953년 위스콘신 대학교 식물학과 J. D. 사우어J. D. Sauer가 유일하게 타당한 답변을 제안했다. 맥주라는 것이었다. 그의 동료이자 주도적인 중동 선사 시대 학자인 시카고 대학교 로버트 브레이드우드 Robert Braidwood와 달리 사우어는 기원전 1만 3000년부터 9500년까지 오늘날의 시리아, 이스라엘, 요르단에 살았던 나투프인이 최초의 빵 덩어리를 굽기 전부터 원시적인 맥주를 양조할 수 있었다고 믿었다. 당시로서는 최신 발굴품이었던 낫, 절구, 절굿공이는 나투프인의 맥주 제조 능력에 대한 증거가 되어야 했다.[2] 당시 지배적이었던 견해와 정반대로 야생 곡물을 길들인 것은 인간이 아니었다. 오히려 둘의 관계는 거꾸로였다. 그리고 사우어에 따르면, 최초의 농부들은 말라빠진 빵 조각으로 지나가는 수렵 채집민을 유혹해 그들의 위험한 농업으로 끌어들인 것이 아니었다. 그들은 분명히 정신 변성 물약을 이용했다.

차른코브도 이에 동의하며 양조가 제빵보다 훨씬 쉬운 이유를 설명했다. 가공하지 않은 곡물을 빵으로 만들려면 노동이 약간 필요했다. 첫째, 충분히 반죽하려면 곡물을 분쇄해야 했다. 둘째, 수확하면서 낱알이 껍질에서 자연적으로 떨어져 나오지 않기 때문에 곡물의 단단한 보호막을 제거해야 했다. 셋째, 제빵에는 고온이 필요했다. "그거야말로 사람들이 과거의 맥주 제조에 관해 생각할 때 범하는 중요한 실수 가운데 하나입니다. 그건 열과는 사실상 아무런 관련이 없거든요. 그냥 곡물을 물에 집어넣으면 끝이에요. 그게 답니다."

"그렇게만 해도 발효가 되나요?"

"네, 효모는 사람 손에서 나오는 거니까요." 양조자가 답했다.

"그것으로도 발효 과정을 촉발하는 데는 정말 충분하다는 건가요?"

"그럼요, 충분하죠. 효모가 충분히 살아 있고 생생하다면 발효가 시작될 겁니다. 우리 피부에는 완전한 미생물군계가 있으니까요."

맥주 대 빵의 논쟁이 매우 치열한 까닭은 오늘날 세계의 기초 자체에 대해 함의를 지녔기 때문이다. 맥주가 정말 가장 오래된 생명 공학이라면 고고학자들이 "인류 역사의 가장 중요한 전환점 가운데 하나"라 부르는 일에 책임이 있다고 봐도 무방할 것이기 때문이다.[3] 여기에서 말하는 전환점이란 수렵 및 채집에서 정주 공동체 기반 생활양식으로 갑작스럽게 전환된 신석기 혁명 또는 농업 혁명이라 일컬어지는 사건이었다.

우리는 식물과 동물을 길들이는 움직임이 비옥한 초승달 지대 Fertile Crescent 인근에서 시작되었다는 사실을 알고 있다. 시기는 기원전 1만 200년경으로, 구석기 시대가 신석기 시대에 자리를 내주던 즈음이었다. 하지만 왜 그런 일이 일어났는지는 우리도 모른다. 어쩌면 농업으로의 이행 덕분에 우리는 지식과 자원을 모을 수 있었고, 결국 그때 이후로 인류가 번성해온 거대 도시 문명을 만들었는지도 모른다. 하지만 몇 가지 심각한 결함도 없지는 않았다. 식단이 단조롭고 불균형해졌고, "끈적끈적한 곡물 몇 가지"로 축소되어 우리의 건강이 전반적으로 나빠졌다. 우리는 점점 현저히 키가 작아졌다. 북적이고 비위생적인 조건 때문에 사상 최초로 전직 채집민들이 다른 사람과는 물론 지저분한 동물과도 널리 접촉하다 보니 기생충과 감염병이 창궐했다. 역사가 제레드 다이아몬드 Jared Diamond가 농업 혁명을 가리켜 "인류 역사에서 최악의 실수"라 일컬은 이유도 그래서이다.[4] 그보다 앞선 후기 구석기 시대 수만 년 동안 인간은 키가 크고, 탄력적이고, 행복하고, 건강했다. 그것을 왜 포기했을까?

그야 당연히 맥주를 꾸준히 공급하기 위해서였다. 차른코브가 방금 주장했듯 땅에서 자라난 곡물을 수확해 물에 담가두기만 하면 그만이었다. 분쇄, 박피, 열도 필요 없었다. 만약 맥주 양조가 정말 제빵보다 앞섰다면 이제껏 제대로 이해되지 못했던 '농업 혁명'의 수수께끼 기원도 '맥주 혁명'으로 다시 쓰일 것이다. 그리고 이번 조사의 목적 면에서는 마침내 키케온처럼 보리에 기반한 물약을 적절한 맥락에 놓아두게 될 것이다. 만약 선사 시대 인간이 1만 2,000년 이상 맥주를 마셔왔다면 우리 종의 발달에서 변성 의식 상태는 이전에 인정된 것보다 훨씬 커다란 역할을 담당했을 것이다. 여기에서 우리는 지난날의 맥주가 오늘날의 맥주와 매우 달랐다는 사실을 깨달을 필요가 있다. 우리가 동굴을 포기하고 도시를 선택하게 된 이유가 무엇이든 그것은 맥주를 일상 음료에서 비밀로 격상시켰던 종교적 의미를 지니고 있었음이 거의 확실하다. 그리고 기원전 1500년경 박하 맥주의 형태로 엘레우시스에 도달했을 즈음 이 비밀은 놀라우리만치 긴 역사를 축적했을 것이다. 이제껏 우리가 가능하다고 생각했던 것보다 길게 말이다.

논쟁은 계속되고 있지만 차른코브가 브레이드우드 대신 사우어의 의견에 동의하는 이유 가운데 최소한 한 가지는 사이먼 프레이저 대학교 명예 교수 브라이언 헤이든Brian Hayden의 최근 학술 연구였다.[5] 사우어의 추론에 대한 21세기의 변주에서, 헤이든은 나투프인이 근동에서 최초로 길들인 농작물 가운데 일부인 외알밀einkorn과 엠머밀emmer wheat 같은 야생 곡물을 재배하려 바친 '이례적인 노력'을 부각시켰다. 그 곡물의 원래 출처에서 어떤 경우에는 최대 100킬로미터까지 떨어진 나투프 유적 몇 군데에서는 선사식물학 표본이 발굴되었다.[6] 따라서 이 식물들은 어떤 특별한 가치를 지녔음이 분명하다. 헤이든의 '잔치 모델'feasting model에 따르면, 최초의 농업 정착지들이 성장하면서 이를 유지하는 데 필요한 노동력을 얻으려 경쟁이 벌어졌고, 최상의 술잔치를 여는 곳이 충성을 얻게 되었다. 함께 술을 마시는 사람들이 뭉쳤다는 것이다. 하지만 선사 시대의 음주가 모두 이처럼 여가 활용 행사까지는 아니었다.

최근 스탠퍼드 대학교 산하 공동 연구진은 사우어와 헤이든이 선호한 이론에 대해 몇 가지 분명한 증거를 내놓았다. 하지만 이 과정에서 이들은 애초에 우리 선조들이 양조의 종교로 개종한 수수께끼의 이유까지 발굴했을 가능성이 있다. 『고고과학 저널』*Journal of Archaeological Science* 2018년 10월호에 게재된 「이스라엘 라케페트 동굴의 1만 3,000년 된 돌절구의 발효 음료와 식량 저장: 나투프의 의례적 잔치에 대한 조사」Fermented beverage and food storage in 13,000 y-old stone mortars at Raqefet Cave, Israel: Investigating Natuan ritual feasting에서 묘사된 것처럼, 고고학자 리 리우Li Liu는 오늘날 이스라엘 하이파 교외에 있는 카르멜산 소재 나투프의 동굴 무덤에서 나온 석회석 절구 세 개를 검사했다. 기원전 1만 1700년부터 9700년까지 라케페트 동굴에는 약 서른 명이 매장되었다. 이 유적지는 가장자리에 꽃을 늘어놓은 무덤들과 '장례 잔치' 동안 소비된 동물 뼈까지 완비된 의례적 행동의 '분명한 암시'를 보여준다.[7]

절구 안의 식물성 잔여물을 수집하고 분석한 결과, 리우와 연구진은 갖가지 식물을 찾아냈다. 야생 밀, 그리고/또는 보리, 귀리, 사초, 백합, 아마 그리고 여러 콩류도 있었다. 그 미시 잔여물 가운데 일부는 "발아에 전형적인 특별한 손상의 특징을 드러내는"것으로 밝혀졌다(발아란 날곡식에 습기를 충분히 가해 싹이 돋으면서 양조

선사 시대 맥주 양조에 사용된 것이 분명한 3,000년 묵은 옥석 절구의 현장 사진. 이스라엘 라케페트 동굴에 있는 나투프 매장지 유적에서 발견되었다.

과정에 필요한 효소가 생산되는 일을 말한다). 다른 미시 잔여물도 속이 텅 비고 부풀어 오른 것처럼 보였는데, 이것이야말로 '분쇄로 인한 젤라틴화'를 암시하는 모습이었다(분쇄하면 맥아의 끈적끈적한 사슬이 깨지면서 발효 가능한 당糖이 방출된다). 스탠퍼드 대학교 연구진이 보기에 이 결과는 돌절구가 맥주 양조에 사용되었음을 보여주는 결정적인 증거였다. 이는 "지금까지 확인된 발효 음료 제조 실험 중 세계 최초"였다.[8]

하지만 라케페트 동굴에서 이 석기 시대 양조주는 "아마도 콩류와 기타 식물을 추가적인 성분으로 삼은" 일종의 수제 맥주였다. 그리고 이 물약은 나투프인의 잔치 동안 마신 것이라기보다는 신비의 일종이었던 것으로 보인다. 흥미롭게도 리우는 나투프인이 이 묘

202

지 맥주를 그들의 '죽은 자를 공경하는 매장 의례'에 의식적으로 결합시켰으며, 이는 "수립 채집민이 그 선조들과 맺은 정서적 연계"를 입증한다고 말했다.[9]

차른코브는 리우의 논문 인쇄본을 건네주었다. 내가 도착하기 전에 읽고 있었다고 했다. 그러면서 거기에서 중요하지만 생략된 자료를 덧붙였다. 그는 우선 발아와 분쇄가 반드시 발효의 증거가 되지는 않는다고 했다. 이에 관해서는 선사식물학자의 조타실 외부에 있는 고고화학자가 더 잘 파악하는 특정한 화학적 징후가 있다고 했다. 맥주 발효의 일차적인 암시는 옥살산칼슘calcium oxalate, 즉 일명 맥줏돌beerstone이라고 알려진 단단한 침전물이다. 현대 양조에서 이 잔여물은 골칫거리에 지나지 않으며, 오래된 탱크를 깨끗이 닦기만 해도 방지할 수 있다. 하지만 차른코브 같은 고고학 탐정에게 충분히 오래된 양조 장비에서 맥줏돌을 발견하는 일은 맥주야말로 세계에서 가장 오래된 생물공학임을 입증함으로써 마침내 사우어를 옹호하는 스모킹 건이 될 수도 있다. 라케페트 동굴처럼 심오하게 영적인 환경에서 옥살산칼슘이 발견된다면 한편으로 선사 시대 맥주와 엘레우시스의 정신 활성 키케온 사이에 미묘하지만 신비적인 연계를 수립할 수도 있다.

스미소니언 연구소에서 "세계 최초의 신전"이라 언급해 유명해진 어느 유적지에서 지금 벌어지고 있는 일이 바로 그것이다.[10] 그리고 차른코브는 전 세계 고고학자와 역사학자를 당혹스럽게 만든 거대한 수수께끼의 한가운데에 따귀를 날렸다. 터키 남동부의 괴베클리 테페Göbekli Tepe의 모든 특이점 중에서도 가장 이례적인 점은 그것이 무려 존재한다는 사실이다. 시리아와의 국경에 조용히 자리한 이 거대한 석제 성소는 한마디로 거기 있어서는 안 된다고 여겨지던 것이었다. 1994년 독일 고고학 연구소German Archaeological Institute의 고故 클라우스 슈미트Klaus Schmidt가 재발견한 이 신전은 마지막 빙하시대 말기의 것이 확실하다. 놀랍게도 지금으로부터 1만 2,000년 전이니 나투프인과 동시대인 셈이다. 하지만 이스라엘의 선사 시대 유적과 달리 괴베클리 테페에는 T자 모양의 기둥이 수십 개 세워져 있다. 이것이야말로 세계 최초의 거석巨石,megalithic 건축물이다.

기둥 가운데 일부는 무게가 50톤이나 나가고, 하늘로 6미터 이상 솟아 있다. 원형으로 배열되어 있어 '경내'境內를 이룬다고 할 만한데, 한가운데의 돌기둥 두 개를 그처럼 거대하고 독립적인 석회석 원들이 에워싸고 있다. 그런 경내는 현재까지 네 곳 발굴되었으며, 지구물리학 조사에 따르면 최소한 열여섯 곳이 더 땅속에 숨어 있는 것으로 확인되었다. 현재의 고고학 연구진은 그중 주가 되는 T자형 기둥을 가리켜 "확실히 인간과 비슷하다"며 T자가 어깨나 머리를 가리킨다고 묘사했다.[11] 양옆으로는 방추형의 두 팔이 얕은 부조로 돌을 에워싸고 있다. 끝이 가늘어지는 손가락이 달린 인간의 두 손은 앞에서 만나 장식용 허리띠 위에 고정되어 있다. 슈미트는 한때 이를 가리켜 "매우 강력한 존재들"이라 부르며, 그들이 선조나 신deity일 수 있다고 말했다. "신석기 시대 사람들의 마음속에 신god이 존재했다면, 그 T자 형태야말로 지금까지 알려진 신에 관한 기념물의 묘사 중 최초일 가능성이 압도적으로 높다."[12]

기원전 8000년 이후 언젠가 이 전체 부지는 선사 시대의 타임캡슐인 자갈과 석기와 뼈와 함께 도로 메워졌으며, 그런 이유로 이 유적과 복잡하게 조각된 기둥은 흠 없이 보전되었다. 또한 그런 이유로 괴베클리 테페는 농업 혁명의 선두에 섰으며 한때는 그처럼 엄청난 공학적 업적을 만들 역량이 없었다고 여겨진 수렵 채집민에 관한 오늘날 우리의 모든 가정에 도전을 제기한다. 괴베클리 테페를 정확한 맥락에 놓으려면 다음 몇 가지 사실을 기억해야 한다. 이 거석은 스톤헨지Stonehenge보다 최소한 6,000년쯤 앞선다. 이집트, 수메르, 인도, 크레타 같은 최초의 문자 문명보다 훨씬 앞선다. 이처럼 깊은 과거에서 석기 시대의 이런 정교한 물건을 발굴한 것은 우리 증조부모가 과거 남몰래 앱을 제작하고 암호 화폐를 거래했다는 사실을 오늘에야 발견한 일에 비견할 만하다.

이 세기의 발굴은 고고학계를 발칵 뒤집어놓았다. 한때는 농업이 도시보다 먼저였으며, 도시가 신전보다 먼저였다고 여겨졌다. 하느님은 맨 나중, 즉 우리의 옛 선조가 그토록 비실용적인 것을 숙고할 만한 시간을 보내고 나서야 등장했다고 여겨졌다. 하지만 슈미트가 발굴한 '언덕의 대성당'은 현실이 이와 정반대임을 입증했다.[13] 종교는 문명의 부산물이 아니었다. 오히려 문명의 엔진이었다. '농업의 요람'으로 알려진 메소포타미아 북부에 자리했다는 이유로 괴베클리 테페는 오늘날의 세계를 구동한 요소 그 자체인 농업과 도시화 모두의 촉매로 대두했다.[14] 기묘하게도 이 성소에는 영구적인 정착지 자체에 대한 흔적이 전무하다. 이곳은 순례의 목적지였다. 따라서 신전 건축가들이 뿌리내리려고 찾아온 것이 아니라면 애초에 왜 8만 9,000제곱미터의 거대한 유적을 건설하는 데 시간과 정력을 투입했을까? 그리고 왜 괴베클리 테페가 사용된 기원전 1만 년부터 9000년 사이의 1,600년이라는 세월 동안 계절 단위로 찾아왔을까?

라케페트 동굴과 마찬가지로 이는 사후의 삶과 관련 있었다. 슈미트는 괴베클리 테페가 훗날 사라진 사냥꾼 결사의 신성한 매장지, 즉 '죽음 숭배의 중심지'라 믿었다. 터키어로 '배불뚝이 언덕'이라는 뜻이며, 주위 지역보다 15미터쯤 높은 이 장소는 어쩌면 의식적으로 선택되었을 수도 있다. "이곳에서 죽은 자는 이상적인 풍경을 바라보게 된다." 슈미트는 한때 이렇게 말했다. "그들은 사냥꾼의 꿈을 바라본 것이다."[15] 인간 모습을 한 선조나 신들 외에도 이 경내의 기둥에는 갖가지 사실적인 이미지가 깊거나 얕게 부조되어 있다. 여우, 멧돼지, 들소, 뱀, 전갈, 하이에나 같은 조각은 물론 독수리, 인간의 머리, 참수된 시체의 모습도 있다. 이런 종류의 도상학은 여느 다른 곳에서도 신석기 시대의 풍장風葬이나 기타 엽기적인 매장 제의에 함께 나타난다.

괴베클리 테페에서 고고학 연구진은 '두개골 숭배'의 독특한 증거를 찾아냈다. 사망 직후 인간의 두개골을 "반복적으로 상당히 크게 잘라낸" 것이다. 그 두개골 가운데 하나는 왼쪽 정수리 뼈에 구멍이 하나 뚫려 있는데 "그 위치는 두개골을 끈에 연결했을 때 얼굴이 앞을 보면서 똑바로 매달려 있도록 신중하게 정한" 것이었다.[16] 미리 새겨놓은 홈 덕분에 두개골을 고정시키는 끈은 미끄러지지 않았을 것이며, 이는 연구진이 "선조 공경"이라 일컬은 일에 상징물로 사용되었다는 점을 암시한다. 그리고 라케페트 동굴의 묘지 맥주와 마찬가지로 이 '세계 최초의 신전'에도 세계 최초의 술집이 있었을지 모른다.

2012년 학술지 『고대』*Antiquity*에 게재된 논문 「신석기 시대 공동체의 대두에서 숭배와 잔치의 역할: 터키 남동부 괴베클리 테페에서 나온 새로운 증거」The role of cult and feasting in the emergence of Neolithic

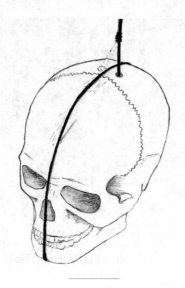

괴베클리 테페에서 의례 용도로 두개골을 전시했으리라 추정하는 방법을 재구성한 그림. 정수리 뼈에 뚫은 구멍에 끈을 집어넣은 다음, 뼈에 새긴 홈을 따라 세로로 두개골에 줄을 둘러 이 종교 고기물을 고정시킨다.

communities. New evidence from Göbekli Tepe, south-eastern Turkey에서 차른코브와 독일 고고학 연구소 연구진은 이 유적지 곳곳에 흩어져 있던 석회석 그릇 여섯 개에서 발견된 '흑회색 잔여물'에 대한 화학 분석 결과를 공개했다. 일부는 마치 통처럼 둥글고, 또 일부는 구유처럼 사각형에 가까웠다. 기원전 9000년대에 만들어졌으며 "특정한 방房에서는 고정되고 필수적인 부분"으로 여겨진 이 통과 구유는 액체 160리터를 담을 수 있었다. 괴베클리 테페의 모든 지층에서 이와 유사한 그릇 파편들이 발견되었는데, 이는 "강력한 숭배적 중요성"을 지닌 "대규모 잔치"에서 그 그릇들이 폭넓게 사용되었다는 점을 증언한다.[17]

고고학 연구진은 이 유적을 도로 메우는 데 사용된 "대단히 많은

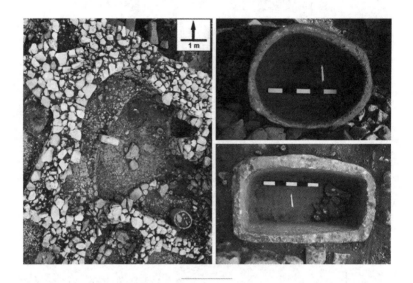

터키 괴베클리 테페 고고학 유적에서 발굴된 석회석 그릇 여섯 개 가운데 두 개의 모습. 어쩌면 이 통 모양의 그릇(오른쪽 위)과 구유 모양의 그릇(오른쪽 아래)에 한때 선사 시대 맥주 160리터를 담았을 수도 있다.

양의 동물 뼈"는 물론 식물을 가공하는 데 사용된 맷돌과 절구와 절 굿공이를 다량 확인했다. 헤이든의 '잔치 모델'을 반영해, 발굴자들 은 이 성소가 '변성 의식 상태'를 유도할 수 있는 의례적 무용까지 완비한 '집단 작업 행사'를 열었다고 상상했다. 물론 라케페트 동굴 의 물약에 버금가는 묘지 맥주도 있었는데, 어쩌면 선조들과의 '무 아적' 친교를 허락한 것인지도 몰랐다.[18] 그렇다면 괴베클리 테페는 술에 취하고 두개골을 숭배하는 장례 잔치의 장소였을까? 인류 최 초 의례적 음료의 핵심은 독일 고고학 연구소의 율리아 그레스키 Julia Gresky의 말마따나 "산 자와 죽은 자의 상호작용"을 용이하게 만 들려는 것이었을까?[19]

"저는 그게 결정적인 것까지는 아니라고 말하고 싶습니다." 차른코브가 내게 말했다. 이 발언은 그의 실험실 분석이 가망성은 있을지 몰라도 애매한 결과임을 뜻했다. 맥주 과학자는 괴베클리 테페에서 현장 연구진이 채취한 다양한 표본에 화학 시약을 한 방울 떨어뜨려 이른바 페이글 점적 시험Feigl spot test을 실시했다. 옥살산칼슘이 있을 경우 잔여물의 색깔이 변했다. 1차 시도에서는 표본 가운데 어느 것에서도 양성 반응이 나오지 않았다. 2차 시도에서는 맥줏돌을 암시하는 징후가 하나 나타났으며, 3차 시도에서는 또 다른 징후가 두 개 더 나타났다. "우리가 그곳에 다시 가려는 이유도 그래서입니다." 차른코브가 말했다. 다음번에 그는 석회석 통과 구유 안이 절대 오염되지 않도록 자기 손으로 잔여물을 직접 회수하고 싶어 했다. "이런 표본을 채취할 때는 절대 무균 환경이 필요합니다. 그런데 이건 무려 1만 년 전 거라고요! 그러니 그리 쉽지는 않을 겁니다. 하지만 우리는 이 실험을 반복해야 합니다."

그 와중에 라페케트 동굴과 괴베클리 테페의 초기 결과는 이른바 맥주 대 빵의 논쟁에 첨단 과학을 도입한 셈이 되었다. 화학 분석을 추가로 실시해 비옥한 초승달 지대에서 맥주가 발효되었다고 확증된다면 이는 결국 농업 혁명이 사실은 맥주 혁명이었다는 뜻이 될 것이었다. 그리고 문명 그 자체는 의례적 물약과 함께 시작되었다는 뜻이 될 것이었다. 그것이야말로 최초의 공동체 전체에 걸친, 죽은 자에 대한 축하에 어울리는 신비였다. 그 도취 효과는 선조들과 정신 변성 연계를 맺는 한편 산 사람들 사이에 단결심을 불러일으켰을 수 있다. 곡물에 대한 영적 헌신, 순례라는 공통의 개념, 사후의 삶에 관한 현저한 몰두와 아울러 아나톨리아부터 현대 터키에 이르는 이 선사 시대 전통은 에게해 바로 건너편에 있는 엘레우시스의 기초를 마련했을 가능성이 매우 크다. 이 이름 없는 종교가 실제로 고대 신비제에 대한 석기 시대의 영감이었다면 아주 멀리까지 여행할 필요까지는 없었던 셈이다.

이 모든 것은 라케페트 동굴과 괴베클리 테페의 묘지 맥주가 보리에 기반한 키케온의 석기 시대 선구先驅 일종이었을 매혹적인 가능성을 제기한다. 클라우스 슈미트가 재발견하기 이전, 괴베클리 테페와 그곳의 내세적 행사야말로 결국 발터 부르케르트가 엘레우시스 기반에 있는 "선사 시대의 약물 의례"를 언급했을 때 염두에 두고 있던 바일까? "일부 불멸성의 축제에서는 의식의 확장을 통해 어떤 환각성 '내세'를 보장한 것처럼" 보였다는 설명이 이를 가리킨 것일까? 그렇다면 우리에게는 두 가지 화급한 질문이 남는다. 문자가 전무했던 상황에서 그것은 어떻게 신석기 시대 아나톨리아에서 고대 그리스까지 수천 년 동안 살아남았을까? 더 중요한 의문은 이것이다. 그 약물은 어디 있을까?

워싱턴 대학교와 하버드 의과대학원 그리고 막스플랑크 인류사학 연구소Max Planck Institute for the Science of Human History가 꾸린 국제 연구진은 최근 내놓은 DNA 분석은 첫 번째 질문에 실제 답이 될 수도 있다. 석기 시대 터키 거주자들은 석기 시대 그리스 거주자들에게 그저 영향을 미친 것이 아니었다. 이들은 그리스인이 되었다. 두 민족 간의 생물학적 연관성을 보여주는 DNA 증거도 아나톨리아인이 서쪽에 있는 인접 이웃들에게 그토록 인기 있었던 이유를 시사한다. DNA 신호가 있었던 시대는 우연히도 비옥한 초승달 지대 최초 농부들의 후손이 해외에서 가업을 시작한 순간과 일치한다. 이들은 그리스를 넘어 유럽 전역으로 이동했다.

바로 이 대목에서 우리는 내가 아테네에서 아담벨레니 국장에게 언급했던 수수께끼의 원시 인도유럽어로 돌아가게 된다. 3장에서 살펴봤듯 하버드의 캘버트 왓킨스는 엘레우시스 의례와 베다 의례의 놀라운 유사성을 추적한 끝에 원시 인도유럽어의 출처까지 거슬러 올라갔는데, 이 모든 것은 그의 1978년 논문 「이제 우리 유명한 곡물들을 예찬하자」에서 설득력 있게 논증된 바 있다. 유럽으로 약물을 밀수한 장본인은 소마(왓킨스는 이 베다의 영약이 지닌 특성을 "환각성"이라고 명백히 기술했다)를 인도로 수출한 원시 인도유럽인이었다. 어떤 이유에서인지 서양 학자들은 고대 인도인이 약물을 섭취했을 가능성이 있다는 데 그리 분개하지 않았다. 우리의 인도유럽인 가족 중에서도 동쪽의 분파는 이국적이고 거리가 멀며 우리의 그리스 기초와는 무관해 보이기 때문이다. 하지만 더 깊이 파고 들어가보면 쟁점은 여전하다. 그 소마는 도대체 어디에서 왔을까? 왜 서양 문명의 독창적인 성사가 히말라야산맥까지 먼 길을 떠나야 했으며, 어찌어찌 엘레우시스로 오는 도중 길을 잃고 말았을까? 원시 인도유럽어 전통 가운데 절반이 동쪽 인도로 가고 나머지 절반은 서쪽 그리스로 갔다면 양쪽의 공통 출처는 전체 환각제 사건에 대한 답을 담고 있을 수도 있다.

모든 것이 본고장에 달려 있다.

대부분 언어학자는 원시 인도유럽어의 기원을 흑해와 카스피해 북부 선사 시대 초원 어딘가, 즉 오늘날의 우크라이나와 카자흐스탄 사이 러시아 남부가 끼어 있는 지역 어딘가로 두는 이론을 지지한다. 목자로 이루어진 그 유목민 부족은 기원전 4000년 이후 언젠가

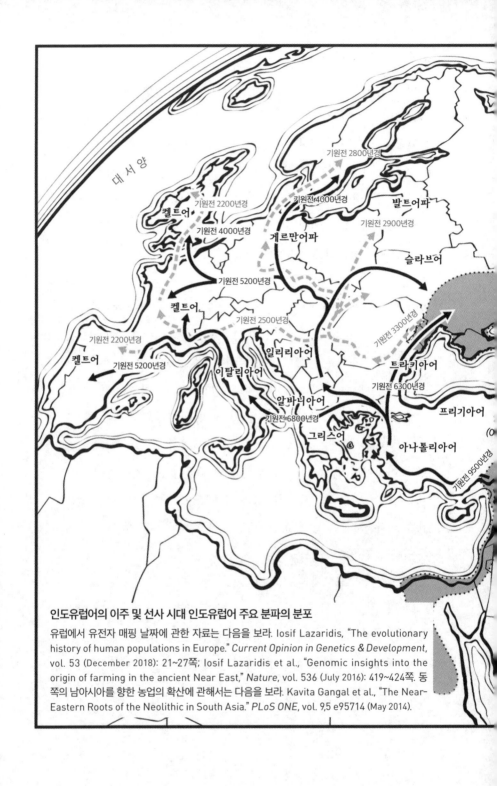

인도유럽어의 이주 및 선사 시대 인도유럽어 주요 분파의 분포

유럽에서 유전자 매핑 날짜에 관한 자료는 다음을 보라. Iosif Lazaridis, "The evolutionary history of human populations in Europe." *Current Opinion in Genetics & Development*, vol. 53 (December 2018): 21~27쪽; Iosif Lazaridis et al., "Genomic insights into the origin of farming in the ancient Near East," *Nature*, vol. 536 (July 2016): 419~424쪽. 동쪽의 남아시아를 향한 농업의 확산에 관해서는 다음을 보라. Kavita Gangal et al., "The Near-Eastern Roots of the Neolithic in South Asia." *PLoS ONE*, vol. 9,5 e95714 (May 2014).

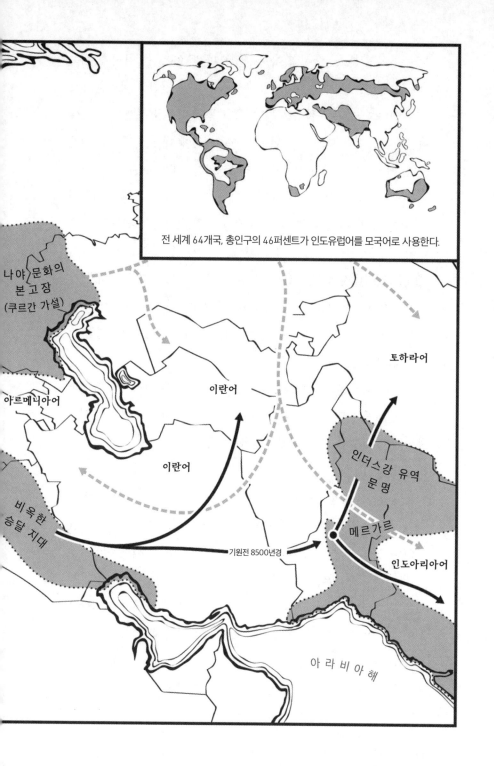

전 세계 64개국, 총인구의 46퍼센트가 인도유럽어를 모국어로 사용한다.

나야 문화의
본고장
(쿠르간 가설)

토하라어

아르메니아어

이란어

이란어

인더스강 유역
문명

비옥한
승달 지대

메르가르

기원전 8500년경

인도아리아어

아 라 비 아 해

이 추정상의 본고장에서 떨어져 나왔으며 동쪽으로는 아시아, 서쪽으로는 유럽을 가로지르는 이민자 행렬을 매우 천천히 내보낸 것으로 보인다.[20] 또 다른 학파는 지난 30년 동안 이곳과 경쟁 관계인 또 다른 본고장과의 훨씬 오래된 이산離散 시기에 대해 증거를 수집해 왔다. 케임브리지 대학교의 저명한 고고학자 콜린 렌프루Colin Renfrew는 1987년 처음 발표한 자신의 아나톨리아 가설 일부에서 최초의 인도유럽어가 아이슬란드부터 시베리아, 스리랑카에 달하는 넓은 영역에 걸쳐 기존 언어를 성공적으로 대체할 수 있었던 실제 메커니즘을 집어내려 했다.[21] 렌프루는 신석기 시대에 인류 역사상 가장 풍부한 어족이 서쪽으로 최초 확산하도록 촉발한 요인이 있어야 한다고 보았다. 즉 방아쇠가 있어야 했다. 스스로 명명했듯 이 영국 고고학자의 답은 "농업 전파"였다.

일찍이 기원전 7000년에 석기 시대 재배자들은 원시 인도유럽어의 유일하게 논리적인 본고장이자 괴베클리 테페를 둘러싼 농업의 요람에서 야생 식물과 재배 식물이 처음 만난 장소인 아나톨리아 외부에 자신들의 전문 지식을 공유하기 시작했을 것이다. 이 최초의 인도유럽인은 유럽 대륙을 난폭하게 침략하는 대신 공유할 만한 가치가 있는 지식을 가지고 비옥한 초승달 지대에서 확산되어 나갔을 것이다. 농업 기술은 더 매끄럽고 더 지속 가능한 문화 변용의 과정을 촉진했을 수 있다. 그 가설에 따르면 기술이 차용된 각각의 "새로운 환경적 적소適所" 어디에서나 인도유럽어의 모어가 뒤따랐을 것이다.[22] 이 멸종한 원π언어와 그 토착적 죽음 숭배는 그런 방식을 통해 대부분 언어학자가 기꺼이 용인할 만한 시기보다 훨씬 일찌감치 곡물 여신의 영역으로 짧은 비약을 이루었을지도 모른다.[23]

그리스는 기원전 6500년경 유럽 '최초의 농업 정착지'였다고 오랫동안 자랑해왔다. 하지만 그 시기 이후로는 그곳의 선사 시대 농부에 관해 알려진 바가 그리 많지 않다. 그러다 DNA 증거가 나오면서 충격적인 결과가 밝혀졌다. 2017년 저명한 학술지 『네이처』Nature에 게재된 「미노아인과 미케네인의 유전적 기원」Genetic origins of the Minoans and Mycenaens에서 다양한 전공의 과학자와 고고학자 서른네 명으로 이루어진 학제간 연구진은 청동기 시대 그리스 거주민의 최초 유전자 DNA 서열을 발표했다. 문해력을 지닌 최초의 유럽인이었던 최초 미노아인의 시대는 일반적으로 기원전 3000년대로 잡는다. 이들을 뒤따라 미케네인이 그리스 본토로 들어오기 전까지만 해도 크레타의 유서 깊은 거주민은 전반적으로 그리스인과 유럽인의 가장 오래된 선조로 여겨졌다. 알고 보니 그들도 실제로 매우 오래되기는 했다. 고대 미노아인과 미케네인의 표본 열아홉 점에서 확보한 DNA의 75퍼센트 이상은 아나톨리아에서 온 '최초의 신석기 시대 농부들'에 속했다. 이 농부들은 기원전 7000년대에 그리스에서 씨앗을 뿌리기 시작한 것이 분명한데, 그렇다면 전통적인 미노아인의 시대보다 4,000년 앞선 셈이다. 이 자료는 렌프루의 아나톨리아 가설과도 놀라우리만치 정확하게 맞아떨어진다.[24] 아나톨리아인은 첫 번째 정거장인 그리스에서 다시 서쪽으로 더 나아갔을 것이다. 그리고 기원전 4000년경에는 이들의 DNA가 유럽 전역에 자리하게 되었을 것이다.[25]

원시 인도유럽어의 본고장이 마침내 확인되었다면 아나톨리아에서 온 비밀은 그것이 무엇이든 제아무리 멀더라도 그리스의 키케온과 인도 소마의 출처일 가능성이 있다고 볼 수 있다. 얼핏 듣기에는 설득력 없어 보일 수도 있지만 아나톨리아의 묘지 맥주가 유럽 문명 배후에 놓인 비밀 영감일 수도 있다. 양조가 농업 혁명 자체의 이유였다면 그것은 유럽의 수렵 채집민을 오늘날의 도시민으로 영원히 대체할 운동을 일으켰을 수도 있다. 이 모든 일은 기원전 7000년대부터 4000년대 사이에 일어났다. 하지만 어째서일까? 농업 전반이라는 새로운 기술에 더해, 어쩌면 양조야말로 원시 인도유럽인이 신석기 시대 동안 유럽 대륙 전체를 매료시킨 구체적인 메커니즘이었는지도 모른다. 고대 그리스인에 관한 한 최신의 고고화학적 증거는 매우 명료하다. 죽음 숭배 물약은 진짜 현실이었다. 그리고 그 물약은 신비제가 엘레우시스에 상륙한 바로 그때 그리스에서 소비되었다.

나는 펜실베이니아 대학교 생체분자고고학 프로젝트 책임자인 패트릭 맥거번Patrick McGovern과 전화로 길고도 생산적인 이야기를 나누었다. 아마도 가장 유명한 고고화학자일 맥거번은 애초에 내게 뮌헨행 비행기를 타라고 권한 장본인이었다. 이 턱수염 기른 상냥한 과학자는 노력 끝에 이른바 "극한 음료의 인디애나 존스"와 "헌주獻酒의 나사로"라는 평판을 얻었음이 분명했다. 그는 지금까지의 옥살산칼슘 확인 사례 중 만장일치로 가장 오래된 것을 찾아낸 기록을 지녔다.[26] 1990년대 초, 서쪽 티그리스-유프라테스강 유역의 메소포타미아 도시 국가들과 연계된 역사적으로 중요한 교역소였던 이란의 고딘 테페Godin Tepe라는 신석기 시대 유적에서 널리 언급된 50리터짜리 항아리가 발굴되면서 이 사례가 발견되었다. 그 맥줏돌은 최대 기원전 3500년 물건이었다. 이에 상응하는 포도주 발효의 화학적 흔적은 타르타르산tartaric acid이었다. 2017년 맥거번은 그 화합물의 유라시아 최초 증거를 조지아에서 찾아냈는데, 무려 기원전 6000 년경의 것이었다.[27] 화학은 아직 우리를 괴베클리 테페로 다시 데려가주지 못했지만 괴베클리 테페 주변 지역에서는 맥거번의 말마따나 석기 시대 "실험의 온상"의 대략적인 좌표가 실제로 확증되었다.[28]

차른코브가 방금 전 내게 가르쳐준 것처럼 맥주는 확실히 스스로 발효할 수 있었다. 하지만 과일과 꿀에 흔히 수반되는 효모 사카로미케스 케레비시아이Saccharomyces cerevisiae*가 있으면 더 빠르고 더 수월했다. 이 방법이 발전하면서 라케페트 동굴과 괴베클리 테페의 묘지 맥주는 포도주나 꿀술mead과 섞이며 더 강하고 더 맛있는 음료가 되었을 가능성이 있다. 고고화학이 이제 입증한 바에 따르면, 아나톨리아에서 비밀이 옮겨 올 때마다 미노아인과 미케네인은 "분명한 예식적 그리고/또는 종교적 의미를 가진" 특별한 양조주를 하나씩 손에 넣었다. 석기 시대 맥주가 이 과정에서 어떤 포도주와 꿀술을 받아들이게 되었다 하더라도 그것은 결코 무덤을 뒤로하고 떠난 적 없었다.

1990년대 말의 두 가지 실험에서 맥거번의 실험실은 역사적인 시기, 즉 마침내 지금까지 작성된 그리스어의 가장 오래된 해독 증거인 선형 문자 B라는 형태로 글쓰기가 유럽에 들어온 이후 에게해 양쪽에 묘지 맥주가 있었음을 입증했다.[29] 우선 맥거번은 미케네의 무덤 원 A에서 이른바 '네스토르의 황금 잔'Golden Cup of Nestor과 함께 발견된 '도기 맥주잔'을 분석했다. 엘레우시스에서 사로니코스만灣

---

* [감수 주] cerevisia는 라틴어로 '맥주'를 의미한다. Saccharomyces cerevisiae는 효모종의 하나로 고대부터 포도주 양조, 베이킹, 맥주 양조에 사용되었다.

한때 미노아의 의례용 칵테일을 담았던 도기 맥주잔(왼쪽). 미케네의 무덤 원(circle) A에서 발굴한 네스토르의 황금 잔(오른쪽). 양쪽 모두 기원전 16세기 것이며, 미노아인과 미케네인의 종교 숭배에서 묘지 맥주와 기타 극한 음료가 유행했음을 증명한다.

건너편에 있는 펠로폰네소스Peloponnese 북동쪽의 이 고고학 유적은 하인리히 슐리만이 발굴한 기원전 16세기 유물로, 신비제의 시작과 동시대에 만들어졌다. 이 맥주잔이 발굴된 곳 가까이에는 성채가 하나 있는데, 이곳은 호메로스의 서사시에 나오는 전설의 인물 아가멤논의 궁전이라 여겨졌다. 이 맥주잔을 검사해보니 보리 맥주, 포도주, 꿀술로 이루어진 혼합주의 성분에 양성 반응이 나왔다. 그로부터 얼마 전 크레타에서 유사한 음료를 "숭배적 맥락"에서 "대단히 많이" 확인한 맥거번은 이것을 "미노아의 의례용 칵테일"이라 불렀다.[30]

다음으로 맥거번은 원시 인도유럽인의 명백한 아나톨리아 본고장, 프리기아의 고대 수도 고르디움Gordium에 있는 왕릉에서 발굴된 청동 그릇 160점 가운데 4분의 1을 2년에 걸쳐 검사했다. 솥과 주전자와 음료 대접은 기원전 8세기 고별 예식의 일부에 사용되었는데, 이는 미다스 왕의 아버지 고르디아스를 위한 예식이었을 가능성이 있다. 그릇 내부에 남아 있는 "극도로 노란" 잔여물은 의례용 물약 잔해였는데, 맥거번의 말처럼 이 물약에 의해 고인은 "그를 영원히 유지해줄 사후의 삶으로 왕답게 안내되"었다.[31]

본인의 말마따나 "아직 유아기에 있었던" 분야에서 그 종류로는 최초였던 이 분석에서, 맥거번은 액체 크로마토그래피 직렬 질량 분석기liquid chromatography tandem mass spectrometry, LC-MS/MS와 "낮은 분자 무게의 휘발성 화합물을 포착하는 열 탈착 장치를 이용하는" 기체 크로마토그래피gas chromatography, GC를 비롯한 일련의 첨단 도구로 표본 열여섯 개를 검사했다. 그 결과 옥살산칼슘(맥주)과 타르타르산(포도주)과 글루콘산칼륨potassium gluconate(꿀술)의 예상 가능한 혼합물을 확인했다. 즉 에게해 반대편에서 몇 세기 전 미케네인이 즐기던 '미노아의 의례용 칵테일'과 똑같았다. 2000년 9월 맥거번은 도그피시헤드 양조장Dogfish Head Brewery의 샘 칼라조네Sam Calagione와 협업한 끝에 묘지 맥주를 부활시켜 대량 소비할 수 있도록 만들었다. 지금도 마이더스터치Midas Touch라는 이름으로 구매할 수 있는 이들의 재창조물은 펜실베이니아 대학교가 필라델피아에 있는 산하 고고인류학 박물관에서 개최한 음주 아나톨리아식 장례 잔치 때 처음 선보였다. 그날 저녁 내내 키케온이 흘러넘쳐 내 고향에 고대의 숙취를 남겼다.

크레타와 미케네와 아나톨리아에서 나온 이런 고고화학적 발견이야말로 소마를 낳은 바로 그 원시 유럽인이 어떤 환각적인 음료를 서쪽 그리스로도 수출했다는 사실을 보여주는, 오랫동안 찾아 헤맨 증거일까? 아직까지 이런 표본에서 과도한 환각성 신호를 발견하지는 못했지만 맥거번 자신도 그리스 묘지 맥주의 정신 변성 위력에 관해서는 궁금해할 수밖에 없었다.

> 이 양조주의 약리학적 성질은 (무통성인지 정신 활성적인지는 불분명하지만 높은 알코올 성분 탓으로 돌릴 수 있는 수준을 분명히 능가하는데) 네스토르의 설명과 아울러 호메로스의 여러 작품(가령『오디세이아』권10 229~43행에서 키르케가 키케온과 파르마카를 이용해 오디세우스의 동료들을 돼지로 변모시킨 일 등)에 암시되어 있다. (…) 여기에서 핵심은 오늘날 화학적으로 확인된 혼합 발효 음료나 '미노아의 의례용 칵테일'이 그리스 영웅 시대의 키케온과 어떤 관계가 있을 수도 있다는 점이다.[32]

괴베클리 테페에서 시작해 크레타와 미케네를 거쳐 엘레우시스까지 일직선을 긋기는 불가능하다. 1만 년 동안의 미궁 같은 역사는 그리 쉽게 풀리지 않는다. 하지만 장례라는 맥락 안에서 맥주에 기반한 물약이 있었다는 화학적 확증은 석기 시대 아나톨리아에 있었던 '세계 최초의 신전'과 미노아인과 미케네인의 '의례용 칵테일'을 믿기 어렵게도 그로부터 8,000년 뒤인 미다스 왕까지 잠재적으로 연결 짓는 것이 사실이다. DNA 자료는 선사 시대 수천 년에 걸친 어떤 종류의 연속성을 실제로 수립하며, 렌프루의 아나톨리아 가설은 괴베클리 테페 죽음 숭배의 후손이 자신들의 식물학적 전문 지식과 비밀이라고 알려진 것을 신석기 시대 그리스에 있었던 유럽 최고最古의 여러 도시에 전파하면서 원시 인도유럽어까지 덩달아 전파했다는 사실을 설명할 강력한 후보이다.

하지만 내가 차른코브에게 물어보기 위해 뮌헨까지 날아온 이유인 백만 달러짜리 질문은 아직 논의되지도 않은 상태였다. 그 약물은 도대체 어디 있는 걸까?

알코올 함량 낮은 미적지근한 버드와이저가 진정으로 농업 혁명의 원인이었다는 것일까? 만약 최초의 농부들이 자기네 농작물을 먹는 대신 마셨다면 충분히 그럴 만한 이유가 있었을 것이다. 스탠퍼드 대학교 연구자들은 라케페트 동굴의 양조주에 '추가적인 성분'이 곁들여졌다고 밝혔다. 그렇다면 비옥한 초승달 지대 최초의 묘지 맥주 가운데 하나에는 환각성 비밀 성분이 주입되었을 가능성이 있을까? 아니면 그런 성분은 더 나중, 그러니까 엘레우시스 신비제의 창립자들과 아나톨리아의 원시 인도유럽인 선조들을 갈라놓는 수천 년 사이의 어느 시점에 개발되었을까?

나는 차른코브에게 『엘레우시스로 가는 길』을 보여주었다. 그가 이 책을 처음 보는 듯하기에 나는 환각제 가설을 최대한 열심히 설명하며 유적에서 보편적으로 증언된 환영을 강조했다. 마타네이라 여왕이 목마른 여신에게 원기 회복을 위한 음료를 권했을 때 곡물의 여신이 포도주를 거절한 일을 설명했다. 맥주와 포도주와 꿀술로 이루어진 '의례적 칵테일'이 미노아인과 미케네인 사이에서 유행했는데도 데메테르는 순수주의자였다. 『데메테르 찬가』에서 여신이 요구하는 음료의 성분(보리, 물, 박하)은 간단한 맥주 조리법처럼 보이기도 한다. 과학자들도 이에 동의한다.

"당신과 맥거번의 연구를 읽을수록 저는 알코올이야말로 종교적 성사라는 의미에서 이런 선사 시대 신비 전통을 계속 유지하기 위한 잠재적인 수단이 아닐까 하고 더 많이 생각하게 되었습니다." 내가 말했다. "따라서 괴베클리 테페에 맥주가 존재했든 하지 않았든 우리는 맥주 양조 전통이 매우 이른 시기에, 어쩌면 심지어 포도주보다 먼저 그리스에 들어섰다는 사실을 알고 있습니다. 그리고 그게 동쪽에서 왔다는 사실도 알고 있죠.[33] 와슨과 호프만과 러크의 가설은 보리에서 비롯하는 자연 발생 균류 맥각이 키케온에 그런 효력을 더했을 수 있다는 겁니다."

나는 '맥각'이라는 단어를 번역하는 데 애를 먹었다. 영어로도 희한한 단어였으므로. 결국 차른코브는 그 단어를 자신의 데스크톱 컴퓨터로 구글링한 다음 화면에 나온 첫 번째 이미지를 살펴보았다. "아, 그렇군요." 그는 이 감염병을 곧바로 알아보고 끙 소리를 냈다. "LSD네요."

"우와, 그걸 어떻게 아셨어요?"

"이건 푸르푸레움purpureum이에요." 차른코브는 '자줏빛의' 또는 '거무스름한'에 해당하는 라틴어를 인용해 대답했다. 바로 그것이 뿔이나 박차拍車 같은 모습으로 곡물에서 툭 튀어나온 맥각 균핵의 검어진 색깔이었다. 맥각의 현대식 학명인 클라비켑스 푸르푸레아 Claviceps purpurea도 거기에서 유래했다. "이건 우리에게 위험한 녀석입니다. 우리는 이 녀석이 있는지 정말 잘 살펴봐야 해요. 이 녀석이 검은색에, 밀도와 크기 모두 다르다는 사실이 우리로서는 천만다행이죠. 그래서 양조 과정에서 이 녀석을 곡물과 분리할 수 있거든요. 발아 과정을 시작할 때 이 녀석을 물에 담그면 물 위에 둥둥 뜹니다. 맥각은 굉장히 흔한 녀석이에요. 독일어로는 무터코른Muttercorn, 즉 '곡물의 어머니'라고 부릅니다."

차른코브는 세계의 맥주 수도인 이곳 독일에 맥각을 가리키는 말이 실제로 상당히 많다는 사실을 내게 상기시켰다. LSD의 아버지인 알베르트 호프만도 그중 몇 가지를 『엘레우시스로 가는 길』에서 소개했으며, 이는 이 기생균과 곡물의 오랜 관계를 증언한다. 예를 들어 로켄무터Rockenmutter, 아프터코른Afterkorn, 토드텐코른Todtenkorn, 톨코른Tollkorn 등이 그렇다. 이 스위스 화학자는 어린 시절부터 중유럽에서 살아남은 맥각에 관해 풍부한 전설을 접했다. 알고 보니 그의 맥각 가설도 그리 과도한 것까지는 아니었으니, 그의 모국어에만 해도 양조업자가 결코 무시할 수 없는 그 치명적인 균류를 가리키는 단어가 이미 여럿 있었기 때문이다. 호프만은 이렇게 쓴 적도 있다. "독일 민속에서는 곡물이 바람에 흔들리면 곡물의 어머니(악마)가 밭을 지나간다고 생각하고, 그 새끼가 바로 호밀늑대(맥각)라 생각한다." 호프만은 특히 톨코른, 즉 '미친 곡물'이라는 단어가 "맥각의 향정신성 효과"에 대한 "민중의 자각"을 예증한다고, 그리고 이것이 "유럽 전통에 깊이 뿌리내리고" 있다고 생각했다.[34]

"그러면 박사님이 절대 들어 있지 않기를 바라는 그 나쁜 물질이 고대의 맥주에 들어 있었을 가능성이 있다고 생각하십니까?" 나는 차른코브에게 물었다. "만약 엘레우시스에 있었던 사람들이나 그들의 선사 시대 선조들이 그 물질을 의도적으로 넣었다면… 그 유명한 환영을 유도하기 위해 그랬다면 어떻게 될까요?"

"이론상으로는 저도 그럴 수 있다고 믿습니다. 밭에서는 무균 상태를 유지하기가 불가능하기 때문이죠. 무터코른은 지금도 생겨납니다. 다만 오늘날에는 분리하기 쉬울 뿐이에요. 하지만 예전에는 이렇게 쉽지 않았을 겁니다. 무터코른에 더해 낟알 표면에 있는 미생물도 있어요. 그놈들은 곡물의 모든 속성에 영향을 끼칩니다. 이런 것들은 비타민, 억제제, 산, 효소를 만들어내니까요. 이집트에서 발견된 어떤 유해에는 항생제가 상당량 들어 있더랍니다. 이를 설명하는 한 가지 이론은 그 항생제가 맥주, 즉 여러 균류에 오염된 보리에서 왔다는 겁니다."

차른코브가 언급한 사례는 2010년 『미국 신체 인류학 저널』 American Journal of Physical Anthropology에 발표된 연구에 나오는데, 대중 매체에서는 이를 "고대의 양조 달인이 약품의 신비를 알아냈다"라느니 "맥주 두 잔 마시고 1,600년 뒤에 연락 주세요" 같은 흥미 위주의 표제를 달아 보도했다.[35] 350년에서 500년의 고대 누비아 뼈를 형광 현미경으로 검사해본 결과, 균류와 비슷한 박테리아이며 그리스어로 '뒤틀린 버섯'이라는 뜻인 '스트렙토미케스' Streptomyces에서 만들어지는 테트라사이클린tetracycline의 존재가 밝혀졌다. 1940년대 결핵 치료에 사용된 최초의 항생제인 스트렙토마이신streptomycin이 발명되기보다 훨씬 이전이었으므로 에머리 대학교 연구자 조지 아르멜라고스George Armelagos는 누비아인의 테트라사이클린 사용과 그들이 독특하게 제조한 맥주를 관련지었다. "스트렙토미케스는 박테리아의 황금빛 군체群體를 만들어내며, 이것이 맥주 통 위에 떠 있었다면 황금을 숭배했던 고대인에게는 상당히 인상적으로 보였을 것이다."[36] "항생제를 발효시키는 복잡한 기술이 고대에 널리 퍼져 있었으며 여러 세대 동안 전수되었을 것"이라 믿은 아르멜라고스는 이렇게 덧붙였다. "그들이 무슨 일을 하는지 스스로 잘 알고 있었다는 데는 의심할 여지가 없다."[37]

하지만 차른코브는 양조와 연관된 생물공학이 이집트보다 훨씬 오래전으로 거슬러 올라간다는 사실을 확신했다. "제가 인류의 가장 오래된 반려동물은 개가 아니라 효모 속의 젖산 박테리아라고 말하는 이유도 그래서입니다." 그가 내게 말했다. "더 이전 시대에 우리는 여러 가지를 우연히 길들였습니다. 하지만 아주아주 작은 유기체가 있다는 사실은 미처 몰랐죠. 겨우 150년 전에야 루이 파스퇴르가 그 사실을 우리에게 말해줬습니다. 그것은 효소 하나나 효소 무리가 아니었습니다. 둘러싼 세포벽이 있는 유기체였죠. 그리고 바로 그 유기체를 효모라고 불렀습니다."

우리는 오래전 갖가지 효모와 항생제를 개발하게 한 창의성으로 환각성 맥주도 만들었을 수 있다. 어쩌면 그것은 프로테스탄트 종교개혁 이전 여러 해 동안 가톨릭교회 후원하에 제조된 그루이트* 에일 gruit ale이라는 환각성 맥주와 전혀 다르지 않았는지도 모른다. 1516년 바로 이곳 바이엔슈테판 양조장에서 공표된 순수법은 맥주에 무엇을 넣으라는 내용이 아니라 빼라는 내용이었다.

16세기까지만 해도 지역 맥주는 식물과 약초와 향신료의 복잡한 혼합물이었다. "그 구성은 일반인에게 수수께끼였고, 어쨌거나 특권을 지닌 제조업자의 영업 비밀이었다."[38] 보리와 물과 홉이라는 세 가지 필수 성분으로 엄격하게 제한되기 전까지만 해도 그 시대의 맥주는 "몹시 취하게 하는" 제조법으로 만들어졌으며, "충분한 양을 소비할 경우 마취성, 최음성, 향정신성을 보였다." 어떤 사람들은 "환각성"이라는 단어를 사용했다.[39] 그루이트 거래는 큰돈을 의미했으며, 가톨릭교회는 그 과세 가능한 재원에 "교회의 독점"을 강제

---

* 맥주 첨가물 가운데 하나로 여러 약초를 섞어 만든다.

했다.[40] 그러니 1520년 가톨릭교회가 독일 신학자 마르틴 루터를 파문함으로써 종교 개혁을 더욱 부추기기 직전에 순수법이 생긴 것도 우연이 아니다. 본질적으로 바이에른이 굳이 면세 물품인 홉을 적극 권장한 일이야말로 바티칸 성직자와 이들의 약물 함유 맥주가 보인 현저한 탐욕과 방종에 대한 영적 저항이었다.[41] 결국 바이에른의 반란이 승리를 거둬 무고한 홉Humulus lupulus은 오늘날 전 세계 맥주 산업에 봉사하며 사회적으로 용인되는 유일한 첨가물이 되었다. 하지만 어쩌면 석기 시대까지 거슬러 올라가는 그전까지만 해도 맥주는 정말 제멋대로 만들어졌다.

"저도 무터코른을 직접 맛본 적은 없습니다." 과학자가 고백했다. "하지만 그게 매우, 정말 매우 위험하다는 사실은 알고 있습니다. 정말 미칠 수도 있죠. 중세에만 해도 그것 때문에 갖가지 문제가 있었습니다."

"맞습니다. '성 안토니오의 불'이라 불린 맥각 중독이 있었으니까요. 옛날 사람들이 이그니스 사케르ignis sacer, 즉 '거룩한 불'이라고 부른 그 중독은 발작과 환각을 일으켰습니다."

"하지만 그 사람들은 전문가였으니까요." 차른코브는 선사 시대 양조업자를 가리켜 말했다. "게다가 약품에 대해서도 알고 있으니 무터코른의 통제된 오염을 만들어낼 수 있었을 겁니다. 잔치와 약품을 위한 맥주가 있었다면 왜 이 특별한 유형의 음료는 없었을까요? 저는 이전에 그런 맥주가 있었을 거라고 전적으로 믿습니다."

그는 환각성 키케온의 맥각을 현대의 '코지'[麦麹]koji에 비견했다. 이것은 일본에서 간장과 알코올성 사케sake의 원료인 콩과 쌀을 발효시킬 때 사용하는 균류 아스페르길루스 오리자이(Aspergillus oryzae, 누룩곰팡이)를 일컬었다. 적절하게 감시하고 수확하기만 하면 균류와 항생제와 기타 미생물(인류의 '최초 반려동물')의 창의적 응용법은 무궁무진해 보였다. 곡물과 균류의 공생 관계는 지금으로부터 1만 3,000년 전 맥주 혁명이 분명히 시작할 때부터 이미 확립되어 있었다.

2000년 펜실베이니아 대학교에서 개최한 아나톨리아식 장례 잔치 이후 우리는 고대 그리스의 극한 음료와 신비제에는 물론 서양 문명 전반에도 영감을 제공했을 선사 시대 묘지 맥주의 범위에 대해 선례 없는 통찰을 얻었다. 우리는 그리스의 양조주가 고대 에게해 인근에서 유행했다는 점을 화학적 사실로 알고 있다. 라케페트 동굴과 괴베클리 테페를 최근에 분석해 그 영약이 석기 시대에 뿌리를 두고 있다고 뒷받침하는 강력한 자료가 있다. 그리고 나는 바이에른의 심장부인 이곳에서, 그것도 세계에서 가장 저명한 맥주 과학자인 훌륭한 권위자에게서 고대의 양조 명인들이 맥각을 첨가한 환각성 물약을 제조했을 가능성이 있다는 증언을 들었다. 그렇다고 해서 엘레우시스에 대한 결정적인 답변에 더 가까워진 것은 아니었다. 그리스 고고학 유적에 있는 칼리오페 파팡겔리의 그릇 중 어느 것도 검사할 수 없다면 우리는 키케온의 실제 내용물을 결코 알 수 없을 것이다.

하늘이 어두워지고, 내가 도착했을 때부터 오던 비가 여전히 내리는 가운데 차른코브는 친절하게도 나를 프라이징역까지 태워다 주었다. 나는 그의 조언대로 1328년 설립된 뮌헨에서 가장 오래된 독립 양조장 아우구스티너브로이Augustiner-Bräu로 곧장 갔고, 추천받은 대로 에델슈토프Edelstoff 라거를 마셨다. 한 시간쯤 뒤 나는 지독한 추위로 여전히 몸을 떨면서 사람이 북적이는 식당의 나무 스툴에 앉아 있었다. 뚱뚱한 독일식 맥주잔에 담긴 황금빛 헬레스 맥주를 마시는 동안 이름 하나가 계속해서 내 머릿속에 떠올랐다.

트립톨레모스.

곡물의 여신이 지중해를 문명화시키라며 직접 파견한 왕족 출신의 반신. 『데메테르 찬가』에 따르면 그는 온 인류에 농업 기술을 가르치기로 되어 있었다. 하지만 우리는 DNA와 물질적 증거를 토대로, 엘레우시스에 데메테르 신전이 건립되기 수천 년 전 유럽 전역에 이미 농업이 전파되었다는 사실을 안다. 사람들은 이미 땅 일구는 법을 알고 있었다. 그렇다면 그의 진짜 임무는 무엇이었을까?

신비제를 통제하고 성직자로서 보수를 받은 세습 사제 가문인 에우몰포스와 케릭스는 그것을 좋아하지 않았을지도 모르지만, 트립톨레모스는 러크의 말처럼 '선교 여행'을 위해 자신의 날아다니는 용 수레를 출발시켰다. 경제적 여력이 있는 순례자들이야 엘레우시스의 활동 기간인 2,000년 동안 언제든 그곳을 여행할 수 있었다. 하지만 형편이 허락하지 않는 사람들에게는 대안이 필요했다. 알렉산드로스 대왕의 정복 이후, 헬레니즘의 영향은 서쪽으로 오늘날의 스페인부터 동쪽으로 오늘날의 아프가니스탄까지 고대 세계 전역으로 뻗어 나갔다. 그리스어 구사자는 누구라도 신비제에 환영받았겠지만 어떤 이는 먼 거리 때문에 그곳에 갈 수조차 없었다. 그러니 어쩌면 트립톨레모스의 이동 수업에서 핵심은 곡물이 아니라 곡물에서 자라는 것이었을 수 있다. 차른코브의 말마따나 '통제된 오염'을 통해 맥각과 인류의 '최초 반려동물'을 조작함으로써 불멸을 약속하는 물약을 제조하는 방법이었을 수 있다. 양조가 진정으로 지구 상에서 가장 오래된 생물공학이며 그 과정에 잠재적으로 치명적인 환각제가 혼합된다면 그 기술을 전파하기 위해 상당히 숙련된 전문가가 나서야 했을 것이다.

키케온이 엘레우시스의 신성한 경내 바깥으로 나갔다면 의례적 음주에 대한 확실한 고고식물학적 증거가 고대 지중해의 방대한 그리스어 구사 세계 어딘가에는 살아남아 있어야 한다. 또 맥각이 활성 성분이었다는 와슨과 호프만과 러크의 주장이 옳았다면 그에 대한 증거도 있어야 마땅하다. 그 이하의 것으로는 서양 문명의 역사에서 가장 잘 지켜진 질문에 대한 치열한 논쟁을 결코 끝맺지 못할 것이다. 여러 세기 동안 키케온에 대한 지칠 줄 모르는 사냥에 나선 모든 전문가는 빈손으로 돌아왔다. 뒤져보지 않은 곳이 없을 정도였다. 하지만 하인리히 슐리만과 밀먼 패리 그리고 마이클 벤트리스가 저마다 명석하고 패러다임 변화적인 발견을 통해 남긴 유산이 있다면, 그것은 바로 전문가들이라고 해서 항상 올바른 장소를 바라보지는 않는다는 점이다.

항상 올바른 언어를 말하지는 않는다는 점이다.

제아무리 고대 그리스어를 뛰어나게 구사한다 하더라도 지중해 외딴 구석에 있는 고고학 유적에서 나타난 뭔가가 생소한 현대 언어로 설명되었다면 전문가들도 그것을 전혀 알아채지 못했을 수 있다. 대중은 두말할 나위도 없다. 때로는 증거가 알아봐줄 사람을 기다리며 20년 동안이나 그 자리에 놓여 있을 수도 있다.

7장
카탈루냐의 키케온

산트 페레 데 가이간츠Sant Pere de Galligants 베네딕도회 수도원에 도착한 나는 잠시 멈춰 사이프러스나무를 뚫고 들어와 직사각형 전면부의 밝은 석회석 각석에 반사되는 2월의 햇빛을 즐겼다. 커다란 장미창 아래 있는 교회의 주 출입구에는 홍예문틀archivolt 다섯 개가 중세의 어둠 속으로 겹쳐지며 후퇴하고 있었다. 홍예문틀과 나선 기둥이 접하는 몇십 센티미터 위에서는 석조 이무기상들이 서늘하고 습한 안쪽으로 들어오라며 내게 손짓하고 있었다. 바르셀로나에서 한 시간 반 거리 스페인 해안에 자리한 이곳 헤로나Girona의 이 로마네스크 건물은 1131년 지어지기 시작했다.[1] 카탈루냐 고고학 박물관의 이 지역 분관에서는 1857년 이 멋진 고적을 본거지로 선택했다. 나중에 알고 보니 〈왕좌의 게임〉Game of Thrones 한 장면을 이곳에서 촬영했다는데, 생각해보니 이치에 닿았다. 수도원 전체가 동화에서 나

230

온 것처럼 보였기 때문이다. 매우 오래된 비밀과 마주하러 찾아오기에는 완벽한 장소였다.

신비제의 존속 기간(기원전 1500년경부터 392년까지) 동안 지중해에 있었던 환각성 맥주의 확실한 증거를 추적하는 일은 극심하게 어려웠다. 하지만 여러 해 동안 수색하고 내가 사는 워싱턴 D. C.의 세계 최대 도서관에 방치된 모노그래프 한 편을 여러 달 동안 숙고한 끝에 마침내 그 주맥主脈에 근접하게 되었다.

독일에서 마르틴 차른코브를 만난 뒤 나는 엔리케타 폰스Enriqueta Pons 박사와 이메일을 계속 주고받았다. 그녀는 이 박물관의 전직 관장이자 이곳에서 북쪽으로 30분 떨어진 마스 카스테야르 데 폰토스Mas Castellar de Pontós라는 고고학 유적의 발굴 총책임자로 오랫동안 일해왔기 때문이다. 기원전 450년부터 400년 사이 그리스 식민지 개척자들은 오늘날 암푸리아스Empúries 해안에서 17킬로미터 거리의 우거진 고원에 자리한 엠포르다 평야Empordá Plain 위로 솟은 고대의 부지에 가장 오래된 구조물을 지었다. 고대 그리스인은 이곳을 엠포리온Emporion이라 불렀는데, 기원전 575년 오늘날의 터키 서부 해안 지역에 해당하는 이오니아Ionia에 있는 아나톨리아의 항구 도시 포카이아Phocaea의 개척자들이 건립했다. 장거리 무역 전문가로 "고대의 바이킹"이라는 별명을 가진 포카이아인은 기원전 600년경 먼저 오늘날 프랑스의 마르세이유에 해당하는 마살리아Massalia를 건설했다.[2] 엠포리온을 건설한 이후, 이들은 기원전 530년경 오늘날 이탈리아 남부의 벨리아Velia에 해당하는 엘레아Elea로 나아갈 예정이었다.

이 그리스 바이킹들은 이베리아 원주민 공동체와도 잘 지냈던 것

그리스의 식민지 엠포리온에서 발견된 기원전 3세기의 드라크마. 돌고래들에 에워싸인 페르세포네의 머리(왼쪽)와 무아적 비행의 상징인 페가수스(오른쪽). 이 상징들은 고대의 바이킹으로서 북아프리카 카르타고의 주요 무역 상대였던 아나톨리아 출신의 뱃사람 포카이아인들에게 신성한 의미를 지녔다.

으로 보이는데, 인디헤타족은 이 새로운 뱃사람 친구들이 동쪽에서 가져온 이국적인 물건을 좋아했기 때문이다. 포카이아인 입장에서는 이곳 지중해 서쪽의 끊임없이 성장하는 식민지 네트워크에서 중요한 발판을 또 하나 마련한 셈이었다.[3] 이들은 몹시 영적인 사람들이었다. 따라서 엠포리온에서 시작부터 종교가 등장한 것은 놀라운 일이 아니었다.

고대에 이 도시는 에페소스의 아르테미스에게 헌정된 미발굴 신전이 있는 곳으로 유명했다. 치유와 약물의 그리스 신 아스클레피오스의 숭배용 조상彫像은 그 고대 성소에 여전히 남아 있다. 암푸리아스 고고학 박물관에는 오로지 본국인 그리스에서 수입될 수밖에 없었을 펜텔리코스와 파로스산産 대리석이 자랑스레 전시되어 있다. 이 지역에서는 그리스 주화인 드라크마drachma도 여러 개 발굴되었다. 기원전 3세기에 만들어진 이 주화에는 페르세포네의 머리가 있다. 2008년에는 발굴 동안 도기 케르노스가 출토되었다. 이것은 키케온을 혼합하는 데 사용되었으며 지금은 엘레우시스 고고학 박물관에 전시되어 있는 용기의 식민지식 변종에 해당했다. 암푸리아스의 케르노스는 원형 받침대 위에 세 개의 잔이 놓인 형태이며, 제작 연대는 기원전 5세기로 거슬러 올라갔다. 큐레이터들은 스페인의 이 지역에서 그런 용기가 여럿 발견되는 일이야말로 데메테르와 페르세포네와 연관된 고대의 신비 숭배에 관한 흥미로운 증거라고 생각한다.[4]

어느 시점엔가 이 포카이아 종교의 요소들은 내륙으로 옮겨가 마스 카스테야르 데 폰토스에 도달했으며, 이곳에서 엘레우시스 신비제의 메아리가 강화되었다. 기원전 5세기의 원래 그리스 정착지를 뒤따라 기원전 4세기 초에는 원주민 이베리아인들도 요새화된 전초지를 덧붙이게 되었다. 이후 폰스의 말마따나 '헬레니즘 시대 농장'이 그리스의 막대한 영향하에 이 장소를 지배하게 되었으며, 기원전 250년부터 180년까지 번성했다가 결국 로마인에 의해 파괴되었을 것이다. 그리스 식민지 개척자, 이베리아 마을 주민, 헬레니즘 시대 농부들로 이어지는 세 단계의 정복은 1990년 착수한 폰스의 체계적인 발굴에서 명백히 드러났다.[5]

그녀는 30년 넘게 숲에 에워싸인 크고 개방된 들판 꼭대기에 자리한 "조밀하게 도시화한" 주택 단지 테두리에 있는 지하 곡물 사일로를 여럿 발굴했다. 2만 4,300제곱미터의 유적 대부분은 탐사되지 않은 채 남아 있지만 폰스가 조사한 바에 따르면 최대 2,500개의 사일로가 여전히 땅속에 있을 것이다. 그녀는 "이 정착지가 농업 잉여물의 집결, 분배, 무역의 장소로 기능했다"라 결론지었다.[6] 엠포리온에서의 분주한 수출 및 수입 업무라든지, 이곳에서 동쪽으로 2,400

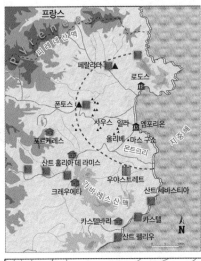

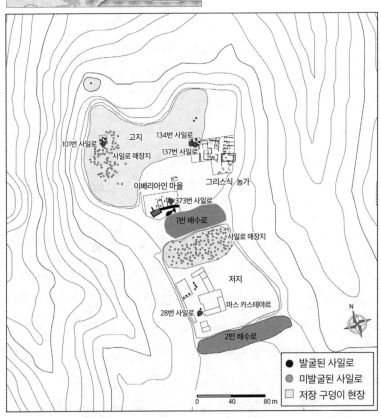

그리스가 카탈루냐에 미친 영향력을 보여주는 지도. 스페인 북동부의 엠포리온과 로도스부터 방사되는 형태이다(위). 마스 카스테야르 데 폰토스 고고학 발굴지의 평면도(아래).

킬로미터 떨어진 엘레우시스 고고학 유적에서 칼리오페 파팡겔리가 내게 보여준 거대한 곡물 사일로와 마찬가지로 마스 카스테야르데 폰토스는 곡물의 여신과 그 딸인 죽은 자의 여왕에게 꼭 어울리는 본거지였다.

사실 그리스 농장과 엘레우시스의 연계는 피하기 어려웠다. 발굴된 사일로 가운데 하나인 101번에서 폰스는 어떤 여신의 테라코타 머리를 발견했다.[7] 그 얼굴은 약간 오른쪽으로 기울었으며, 머리카락은 뒤로 묶어 공처럼 말았다. 여신상과 함께 운구엔타리움unguentarium, 즉 기름통이 발견되었는데 이 물건은 어디에서나 묘지와 연관되었다. 전나무, 떡갈나무, 유럽소나무까지 세 가지 나무가 쓰였다는 사실이 확인된 불구덩이 흔적도 발견되었다. 이 나무들은 고고학 유적에서 제법 멀리 떨어진 산맥에서 자랐다. 이 나무들과 뒤섞였던 올리브, 기장, 보리의 잔해도 확인되었다. 의례용 물품과 아울러 폰스는 고기물이 담긴 보물 상자도 발견했는데 모두 기원전 3세기 것으로, 그중에는 그리스-이탈리아식 암포라amphora도 아홉 점이나 있었다. 테라코타 여신상과 기름통은 지하 세계에 바치는 제물로서 사일로 안에 의도적으로 묻어놓은 것으로 보였기에 폰스는 그 머리를 데메테르나 때로 코레κόρη라 부르는 페르세포네의 것으로 보았다. 이 고고학자의 말에 따르면, 한때 곡물을 저장하기 위해 사용된 이 동굴 같은 사일로는 나중에 신성한 지하실로 전환되었다. 기묘하게도 그곳은 엘레우시스의 폐허를 굽어보는 그리스 정교회 아래에 바위를 파내 만든 은거지, 즉 신비제의 재연再演 때 하데스에게서 돌아온 페르세포네가 나타났다고 알려진 장소를 연상시켰다.

두 가지 연관된 발견은 엘레우시스와의 관계를 더욱 확증했다.

데메테르 또는 페르세포네의 테라코타 머리(왼쪽 위). 그리스-이탈리아식 암포라 아홉 점의 발굴 당시 현장 사진(왼쪽 아래). 그리스 여신의 모습을 한 도기 향로(티미아테리아)(오른쪽 위). 이는 모두 마스 카스테야르 데 폰토스 고고학 유적지에서 발굴되었으며, 기원전 3세기 유물이다.

또 다른 사일로인 28번에서는 1979년 도기 **티미아테리아**thymiateria, 즉 향로 다섯 점이 발굴되었다. 그중 한 점은 완벽하게 복원되어 어느 여신의 흉상이 나타났다. 기원전 3세기에 만들어진 이 고기물에는 그릇 양쪽에 달린 지느러미 사이에 여성의 얼굴이 있고, 그 위에는 향을 담을 수 있는 얕은 그릇이 붙어 있다.[8] 폰스는 이 여신을 데메테르라 보았으나 페르세포네일 가능성도 배제할 수는 없다. 이와 함께 헤로나 정북 방향에 있는 인근 유적 산트 훌리아 데 라미스Sant Julià de Ramis에서 **칼라토스**kalathos, 즉 그리스의 보관용 그릇이 발견되며 마스 카스테야르 데 폰토스와 신비제 간에 어떤 관계가 있음이 거의 확실시되었다. 기원전 225년에서 175년 사이에 만들어진 이 도기는 갈라지고 손상되었으나 표면에 도드라진 도상圖像 부조는 잘 보전되어 있다. 오른쪽 손잡이 아래를 보면 용기 옆구리에 여성의 머리가 있다. 이 역시 데메테르나 페르세포네로 여겨지는데, 그 왼쪽에 날아다니는 용 수레를 탄 인물이 있다는 점이 주된 이유이다.

이 인물은 앞서 내가 엘레우시스 고고학 박물관을 방문했을 때 본 바로 그 날개 달리고 뱀이 끄는 수레에 올라탄 트립톨레모스였다. 이탈리아 카푸아에서 출토된 대영 박물관 소장품 **스키포스** 속의 트립톨레모스와 아무런 차이가 없었다. 그는 이곳 스페인에서 뭘 하고 있는 걸까?

데메테르의 충성스러운 선교사인 그의 이미지는 당연히 그리스에서 흔했다. 반면 마그나 그라이키아Magna Graecia(대大그리스)라 알려진 이탈리아 남부의 그 지역에서 그리스 신비주의 숭배는 결코 드물지 않았다. 기원전 8세기 이후 이 종교는 고대 그리스 식민화의 주요 목표였으므로.[9] 하지만 스페인이라고? 그것은 전혀 다른 문제

신비제의 신성한 선교사 트립톨레모스가 날아다니는 뱀들이 끄는 날개 달린 수레에 올라탄 모습이 묘사된 도기 보관용 그릇(칼라토스). 이 모습을 엘레우시스에 있는 트립톨레모스 대리석 부조, 이탈리아의 카푸아에서 출토된 트립톨레모스의 적색 인물화 스키포스(166쪽)와 비교해 보라.

였다. 만약 칼리오페 파팡겔리가 이 이베리아의 트립톨레모스를 엘레우시스에 있는 그리스의 트립톨레모스 옆에 나란히 걸었다면 어느 누구도 그것이 멀리에서 온 물건이라는 사실을 믿지 못할 것이다. 도대체 이 그릇은 어쩌다 이 그리스어 구사 세계의 외딴 해안에 있게 되었을까? 이는 결국 엘레우시스에서 이토록 먼 곳에서도 신비제나 그 행사의 어떤 지역적 해석이 실제로 기념되었다는 뜻일까?

그것이야말로 대부분 고전학자는 물어보라는 훈련조차 받지 못한 질문이다. 마그나 그라이키아를 제외하면 고대 그리스의 변경 정착지는 전통적인 교과 과정에서 애처로울 정도로 등한시되고 있기 때문이다. 나 역시 지중해 인근에서 그리스로부터 영감을 얻은 묘지 맥주를 찾아보러 나서기 전까지는 엠포리온이나 마스 카스테야르 데 폰토스에 대해서는 전혀 들어본 적 없었다. 하긴 아테네의 황금 시대 동안 쓰인 압도적인 분량의 문헌을 읽는 데에도 한평생이 걸 릴 정도인데 왜 굳이 그리스 너머까지 들여다보겠는가? 당연히 교 육과 학술 분야는 황금시대에 집중한다. 하지만 그로 인해 큰 손실 을 감당해야 하는 것도 사실이다. 엘레우시스처럼 까다로운 비밀의 경우 경계 바깥쪽도 생각해야 하는 것은 물론 고대 세계의 모든 구 석구석을 뒤져봐야 하기 때문이다. 다행히도 신비제의 잠재 입문자 를 위한 풍부한 환경이 이탈리아 남부 이외에도 있을 가능성을 포 용하는 고전학자가 극소수나마 있다.

마스 카스테야르 데 폰토스에 관해 자세히 쓴 적은 없지만 캘 리포니아 대학교 샌디에이고 캠퍼스의 드니즈 데메트리우Denise Demetriou는 엠포리온을 가리켜 "중요한 경제 중심지"이자 "다민족 환경"으로서 "그 존재 자체가 원주민 인구와의 문화 간 상호작용을 자극했다"라고 서술한 바 있다.[10] 과거 그리스어 구사 지중해 전역 에 있었던 다른 무역 및 상업 활동의 주축들과 마찬가지로 카탈루 냐에서 종교적 영향의 '특이한 혼합'은 그저 자연스러웠다. 아테네 와 멀리 떨어진 그곳은 실험, 그리고 엘레우시스 관리들이 보호하려 그토록 애썼을 키케온의 환각성 조제법 폭로에 이상적인 본거지가 되었을 것이다. 데메트리우에 따르면 엠포리온 같은 세계시민의 수 도에서는 종교도 그리스 본토보다 "유연하게" 마련이었는데, 이는 결국 "숭배의 일상적인 배타성"이 항상 매우 강력하게 강제되지는 않았다는 뜻이다. 그녀는 델포이와 올림피아를 "공개 성소"의 사례

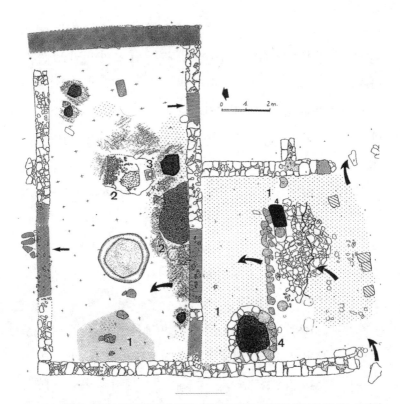

마스 카스테야르 데 폰토스에서 발굴된 가정 예배당(3번 방)과 인접한 방들의 세부도. 1. 가정 활동 구역. 곡물 가공 및 맥주 양조도 이곳에서 이루어졌다. 2. 의례 활동 구역. 3. 펜텔리코스산 대리석 제단의 위치. 4. 가정용 오븐.

로 지목했는데, 거기에서는 특별한 연고에 의해 미숙한 자들의 방문이 가능했기 때문이다.[11]

마스 카스테야르 데 폰토스가 공개 성소라면 엘레우시스 신비제는 그리스인과 지역민이 공통의 기반을 찾을 수 있는 가장 타당한 예식이었을 것이다. 고전학자 프랑수아 드 폴리냑François de Polignac에 따르면, 데메테르 숭배 같은 지하 세계 숭배는 그 여신의 "농업적이거나 장례적인 함의"까지 아울러 보편적인 성격을 지녔기 때문

마스 카스테야르 데 폰토스에서 발굴된 축소판 그릇 다섯 점.

이다. 아나톨리아의 선사 시대 두개골 숭배와 마찬가지로 신비제는 "더 원시적인 삶과 도시 건립 이전 시기로의 일시적인 귀환"을 약속해주었다. 데메테르와 페르세포네라는 모녀 2인조는 지역민들에게 "친숙한 얼굴"을 제공했는데, 지역민들은 이들을 다른 이름으로 알고 있을 수도 있었기 때문이다.[12] 하지만 향수를 느끼는 그리스인이나 호기심을 느끼는 카탈루냐인을 엘레우시스의 비밀에 입문시키려면 의례적 경험에 전용 성소가 필요 불가결했을 것이다.

그런데 알고 보니 엔리케타 폰스 박사가 발견한 것이 바로 그것이었다.

1997년 그녀는 그리스인 농장의 주거 지역에서 이미 탁월한 진전을 이루었다. 그곳에서는 큰길이 한가운데를 가로지르며 거주 구역을 둘로 나누었다. 그중 더 큰 구역 가운데 한 곳은 면적이 23제곱미터에 가까웠으며, 폰스의 묘사에 따르면 "농업 숭배"를 위한 "가정 예배당"이었다. 개인 주택에 자리한 이 방은 여성이 관리했으며, 가정 활동에 걸맞은 장비가 구비되어 있었다. 또 입문 의례의 장소로 사용되도록 고안되어 이곳에서는 데메테르와 페르세포네는 물론 세상을 떠난 선조들도 귀의자 앞에 나타났다. 고고학자는 이를 가리켜 인간이 신성과 접촉하거나 죽은 자가 산 자에게 말할 수 있는 "공유 공간"이라 불렀다. 그곳에서 발굴된 물건들을 이용해 지금은 사라진 신비주의 숭배에서 지하 세계와 의사소통하던 방법을 상당히 잘 재구성할 수 있었다.

그 방 한가운데에서 폰스는 커다란 직사각형 아궁이를 발견했다. 그녀는 이를 가리켜 그리스어로 에스카라^{ἐσχάρα}라 불렀다. 직경이 1.8미터 이상인 원형의 진흙 바른 구덩이 안에서는 암캐 세 마리의 불탄 뼈도 발견되었다. 펜텔리코스산產 대리석을 우아하게 조각하고 이오니아식 기둥머리까지 완비한 기둥을 재조립하자 높이 60센티미터의 제단이 되었다. 맨 위의 직사각형 공동空洞은 불길에 그을려 있었으며, 칼과 도끼를 사용한 자국이 발견되었다. 이는 "피의 희생"의 증거였다. 암석분류학 분석 결과, 이 값비싼 대리석은 암푸리아스에 있는 아스클레피오스 조상과 마찬가지로 아테네 외곽 펜텔리코스산山 채석장에서 가져온 것으로 밝혀졌다.[13] 흥미롭게도 이 예배당 안이며 인접한 여러 방 안에는 축소판 잔 열 점이 흩어져 있었다.[14] 맷돌 두 점과 각종 도기도 발굴되었는데, 이는 곡물의 분쇄와 요리뿐 아니라 매우 특별한 맥주를 양조하기 위한 것이기도 했다.

이 모든 것을 토대로 폰스는 "가정 예배당"을 개 희생제와 아울러 예식용 정화와 의례적 음주가 조합되는 성소로 해석했다. 고고학자들은 청동기 시대 이베리아의 다른 모든 곳에서 "부장품의 일부로 종종 개가 매장되었다"는 사실을 발견했다.[15] 고대 그리스에서 개는 사후의 삶과도 결부되어, 불멸의 여정에서 각각 "삶에서 죽음으로의 이행" "지하 세계에서 보내는 시간" "영靈으로서 삶으로 돌아감"

의 단계를 나타냈다.[16] 가장 유명한 지옥 사냥개는 헤카테가 소유한 머리 세 개 달린 개 케르베로스Cerberus이다.[17] 키르케의 어머니이자 마술의 수호 여신인 헤카테는 개와 관련된 별명이 여러 개로, '개 소비자'라는 뜻의 키노스파게스κυνοσφαγής, '개 지휘자'라는 뜻의 키네게티스κυνηγέτης, '개 애호자'라는 뜻의 필로킬락스φιλοσκύλαξ, '검은 암캐'라는 듯의 키온 멜라이나κύων μέλαινα 등이다. 이 여신을 기리는 개 희생제는 고대 그리스에서 흔했다.[18] 하지만 헤카테는 신비제와도 관계가 깊다. 『데메테르 찬가』에서 "불타는 횃불"을 치켜든 헤카테는 잃어버린 딸을 찾는 데메테르의 필사적인 수색을 유일하게 도운 유일한 여신이다. 이 여신만이 페르세포네와 함께 죽은 자의 땅을 지나올 수 있었다.[19]

이 모든 것의 의미를 파악하려 노력하며 폰스는 자신의 이 특이한 "가정 예배당"에 관한 엄격한 연구를 여러 해 동안 계속했다. 그녀의 모국어는 카탈루냐어였기에 무서울 정도로 자치적인 카탈루냐인들이 자부심을 지닌 원천인 그 언어로 발견 대부분을 처음 발표했다. 이 세계에 안토니 가우디와 살바도르 달리를 선사한 그 민족은 2017년 국민투표에서 스페인으로부터의 독립을 일방적으로 선언했고, 급기야 카탈루냐의 정치 지도자 열두 명이 수감되기에 이르렀다. 내가 그곳을 방문했을 당시에도 공개 재판이 진행 중이었으며, 스페인 전역에서 항의와 시위가 벌어지고 있었다.[20] 폰스도 이런 저항의 행위로 연구자로 지내는 동안 카탈루냐어로 글을 쓰겠다고 굳게 마음먹었으나 그러다 보니 공용어가 영어, 프랑스어, 독일어인 고전학, 역사학, 고고학 분야 국제 학계에서 그녀의 연구가 외면받는 심각한 위험에 처했다. 카탈루냐어는 로망스어 사용 순위에서도

스페인어, 포르투갈어, 프랑스어, 이탈리아어, 루마니아어 다음으로
여섯 번째에 그친다.

카탈루냐 벽지의 그리스인 식민지에 조금이나마 관심을 불러 모
으기 위한 노력으로, 폰스는 마침내 원칙을 굽혔다. 2010년에는 개
희생제에 관한 짧은 논문을 프랑스 학술지에 발표했고, 2016년에는
좀더 긴 논고를 영어로 작성해 뉴욕 주립대학교에서 편찬한 저술의
한 장章으로 수록했다. 그 논고에서 이 고고학자는 추가적인 지하
사일로 발굴 결과를 자세히 설명했다. 한 사례(137번 사일로)에서
는 "수많은 음료 그릇"이 발굴되었는데, 이는 "집단 향연으로 이루
어진 축하 행사"를 뜻했다.[21] 이는 앞 장에서 언급한 브라이언 헤이
든의 '잔치 모델'을 상기시켰다. 석기 시대 이후로 함께 술을 마시는
사람들은 함께 살았다. 하지만 여기에는 영적 측면도 있었다. 불에
그을린 보리와 동물 잔해가 나온 곳에서는 화려한 종 모양의 크라테
르krater, 즉 항아리도 나왔는데 여기에 코모스komos가 묘사되어 있었
기 때문이다. 이는 의례적인 야간 행진을 뜻하며, 그 명칭은 디오니
소스의 아들이자 술 시중꾼의 이름에서 따왔다. 고대 카탈루냐의 어
느 지하실보다는 아테네의 식당에 더 잘 어울렸을 법한 이 크라테르
는 술 취한 행진에서 무아경의 신이 주빈이었다는 사실을 보여준다.

지난 30년간 이루어진 폰스의 발굴을 되돌아보면 엘레우시스 신
비제와 마스 카스테야르 데 폰토스의 교차로는 압도적으로 많다.
2,500개의 곡물 사일로, 데메테르/페르세포네를 묘사한 테라코타
머리와 향로, 이들의 주요 선교사인 트립톨레모스를 묘사한 도기 그
릇, 디오니소스 항아리에 묘사된 술 취한 심포지엄, "가정 예배당"
과 지하 구덩이 안에서 발견된 지하 세계 제물과 개 희생제의 풍부

마스 카스테야르 데 폰토스의 137번 사일로에서 발굴된 기원전 5세기 말경의 종 모양 크라테르. 디오니소스에게 바치는 신비제 행렬인 코모스에서 행진하는 남성 네 명의 모습이 묘사되어 있다. 그중 몇 명은 마법 지팡이와 횃불을 들고 있다. 턱수염을 기른 남성(왼쪽에서 두 번째)은 담쟁이 화환을 쓰고 수금(竪琴)을 연주하고 있다.

한 증거가 하나같이 그 여신들의 조수인 헤카테와 밀접히 연결되어 있다는 사실까지. 엘레우시스의 등장인물 전체가 나와 있다. 그런데도 나는 2018년 11월 폰스에게 연락을 취할 때조차 이 모든 것에 대해 전혀 모르고 있었다. 내가 애초에 그녀에게 연락한 유일한 이유는 내가 카탈루냐어를 잘못 이해하지 않았다는 점을 확인하기 위해서였다. 그녀는 정말 환각성 맥주에 관한 고고식물학적 증거를 찾아냈을까? 그런데도 그런 사실을 알아야 마땅해 보이는 어느 누구도 그에 대해 전혀 들어보지 못했을까? 차른코브도 모르고 있었다. 프리츠 그라프를 비롯해 내가 몇 년 동안 자문을 구한 최고 수준의 고전학자들도 모르고 있었다. 심지어 러크도 몰랐다.

개 의례에 관한 연구와 달리 폰스가 보유한 잠재적인 폭탄은 영어나 프랑스어나 독일어 구사자들을 위한 주류 학술지 가운데 어디에도 게재된 적 없었다. 이곳 카탈루냐에 발을 딛기 여러 달 전, 나는 순전히 우연하게 그녀의 잘 알려지지 않은 발견을 알게 되었다. 고대 지중해에서 환각성 묘지 맥주에 관한 실제 자료를 찾는 느리고도 지루하며 종종 낙담스러운 사냥 가운데 말이다. 그 연구 자체만 해도 여러 해가 걸렸으며, 항상 막다른 길에 다다른 것 같았다. 하지만 나는 밀고 나갔다. 희망을 잃기 시작했을 무렵 희미한 패턴이 나타나기 시작했다. 그리고 어떤 불가해한 이유로 모든 단서는 계속해서 똑같은 방향을 가리키고 있었다.

바로 스페인이었다.

기원전 5세기에서 4세기에 형성된 슈투트가르트 남동쪽의 켈트족 정착지 에버딩엔호흐도르프Eberdingen-Hochdorf에서 몇 가지 흥미로운 점이 발견되었다. 호헨하임 대학교의 저명한 고고식물학자 한스페터 슈티카Hans-Peter Stika가 토양 표본에서 환영을 유도하는 사리풀Hyoscyamus niger의 씨앗과 발아시켜 껍질을 벗긴 보리 낱알을 확인했다. 이는 환각성 양조주를 뜻했는데, 특히 그 사리풀이 이후 종교 개혁 이전 시기에 독일의 그 지역에서 환각성 그루이트 에일에 사용되었기 때문이었다. 하지만 보리와 사리풀이라는 두 가지 성분의 조합과 소비를 반드시 입증할 수 있는 것은 아니었다. 2010년에 쓴 글에서 슈티카는 결국 사리풀이 함유된 맥주는 순전히 추측에 지나지 않는다고 생각하게 되었다.[22] 하지만 이는 충분히 타당한 추정이었다.

플리니우스에 따르면 사리풀은 헤카테의 애완동물 케르베로스에게서 유래했다. 케르베로스의 소변에서 그 식물이 처음 땅에 피어났다는 것이다. 이 그리스 박물학자는 그 식물을 헤르바 아폴리나리스 Herba Apollinaris, 즉 '아폴론의 약초'라 일컬으며, 델포이에 있는 피티아 여사제들이 그 예언의 환시를 일으키기 위해 사리풀 씨앗을 태워서 생기는 연기를 들이마셨다고 주장했다. 이 식물종을 가리키는 또 다른 고대의 용어 피토니온Pythonion 역시 그 관계를 굳힌다.[23] 따라서 델포이에서의 마법을 위한 환각성 후보로 앞서 논의한 보릿가루와 월계수에 사리풀이 더해지게 된다.

사리풀은 가짓과에 속하는데, 여기에는 우리에게 더 친숙한 토마토와 감자와 담배뿐 아니라 맨드레이크(Mandragora officinarum, 흰독말풀), 벨라도나Atropa belladonna와 까마중Solanum nigrum도 포함된다. 흔히 말하는 가짓과 식물들은 유럽에서 가장 독성이 강한 식물에 속한다. 가짓과 식물들은 고대 그리스의 헤카테와 피티아부터 연관되기 시작해 중세와 르네상스에 가서는 흔히 흑마법의 동의어가 되었기에 19세기에도 여전히 "마녀와 창녀로 손쉽게 의인화되었다."[24] 또한 이 식물들은 이 책 2부에서 다시 살펴볼 마녀의 비행飛行 연고에서 핵심 환각 성분으로 여겨졌다.

사리풀의 인도를 받아 나는 스페인에서 나온 흥미로운 보고를 세 가지 만났는데, 모두 2000년대 초에 나온 것이었으며 스페인어나 카탈루냐어로 간행된 것이었다. 첫 번째 보고는 프랑스와 스페인 사이에 있는 작은 나라 안도라의 프라츠Prats에 있는 의례용 구덩이에서 출토된 도기 항아리 여러 개에서 옥살산칼슘, 즉 맥줏돌의 고고화학적 증거가 발견되었다는 내용이었다. 아울러 연구자들은 "양치류 잎으로 싼" 종류를 알 수 없는 "버섯"과 독말풀 씨앗 여덟 개도 발견했다.[25] 그 자매뻘인 가짓과 식물들과 마찬가지로 흰독말풀에는 환영적인 동시에 잠재적으로 치명적인 아트로핀atropine, 스코폴라민scopolamine, 히오스시아민hyoscyamne 같은 트로판 알칼로이드tropane alkaloyds가 많이 함유되어 있다.[26] 흥미로운 발견이지만 정작 그 유적은 그리스인의 식민화보다 훨씬 앞서 기원전 1600년에 만들어졌다.[27]

두 번째 보고는 시계를 훨씬 뒤로 감아놓았다. 바르셀로나 남쪽 타라고나Tarragona 소재 칼바리 담포스타Calvari d'Amposta에서 원형 그대로 발견된 동굴 무덤에서 알칼로이드인 히오스시아민과 보리 맥주의 흔적이 나온 것이었다. 히오스시아민은 저 불길한 가짓과 식물들 가운데 어느 것에서도 유래했을 수 있었다. 기원전 2340년에 생긴 이 흔적은 "시신 안치 예식 동안 소비된 환각성 맥주"로 해석되었다.[28]

세 번째 보고는 가장 흥분되는 내용이었다. 마법의 히오스시아민이 앞선 사례와 유사하게 보리에 기반한 혼합물 일부로 또 검출되었는데, 출처는 스페인 중북부 바야돌리드 외곽 라스 루에다스 공동묘지Necrospolis of Las Ruedas의 호화로운 무덤이었다. 다른 잔해들과 달리 이 잔해는 로마 시대 이전 것으로, 기원전 2세기의 박세오족이라 알려진 켈트인의 것이었다.[29] 스페인의 그리스인 해안 식민지와 그곳에서 한참 내륙에 있는 핀티아Pintia 고고학 유적의 지역 부족이 어느 정도로 접촉했는지는 확인되지 않았다. 하지만 어떤 이유에선가 엘레우시스 케르노스의 이베리아 버전 가운데 다른 하나에는 특별한 양조주가 숨겨져 있었다.[30] 이것은 그 유적에서 발굴된 유일한 케르노스는 아니었지만 검사 결과 유일하게 환각성 묘지 맥주에 양성 반응을 보였다. 2008년 발굴된 암푸리아스의 케르노스와 마찬가지로 핀티아의 그릇들은 곧바로 신비제를 가리켰다.[31]

환각성 맥주의 고대 표본을 향한 여러 해 동안의 탐색이 결국 성과를 거둔 셈이었다. 그리스와의 연관성을 명백히 드러내는 라스 루에다스 공동묘지의 증거를 보고 나자 나는 스페인에 주목하게 되었다. 프라츠와 타라고나에서 나온 고고식물학과 고고화학 자료를 통해 고대 세계의 이 지역에서 2,000년 동안이나 극한 양조가 이루어졌다는 사실이 확증되니 관심이 치솟았다. 라스 루에다스 공동묘지 발굴자는 유기적 잔여물 분석에 대한 2003년 간행물에서 굳이 에두르지 않았다. 오히려 장례 잔치 동안 엘리트 계급 전사들이 "내세"로의 이세계 여행을 추진하려는 "분명한 의도"를 가지고 "향정신성" 맥주를 소비했다고 말했다.[32] 연구진은 환각성 케르노스가 사용된 특정 무덤을 이베리아의 충성 장소, 즉 "그들의 족장이나 장군의 신성한 보호"를 보장하는 신비주의 전통에 따라 병사들이 스스로 목숨을 끊는 기괴한 의례의 장소라고 해석했다.[33]

죽음 숭배와 환각성 묘지 맥주를 보유한 이 서쪽의 인도유럽인은 엘레우시스와 동시대에 살았다. 이 얼마나 놀라운 발상의 합류인가! 라스 루에다스 공동묘지에서의 신비에 대한 석기 시대의 선례를 알아보고 싶어진다. 그것을 추적하기 위해 라케페트 동굴이나 괴베클리 테페까지 거슬러 올라가지 않더라도 최소한 선사 시대 아나톨리아의 미확인 식물학 전문가들까지는 이어질 수 있다. 패트릭 맥거번이 미케네의 무덤 원 A에서 화학적으로 확증한 "미노아의 의례용

스페인 중북부 핀티아 고고학 유적의 라스 루에다스 공동묘지. 기원전 5세기에서 2세기까지의 무덤이 지금까지 300개가량 확인되었다. 2009년 발굴 당시에는 신성한 그릇 수십 점이 각각 출토된 무덤에 들어 있었다(아래). 최근 발굴된 케르노스(위)는 그리스의 잔과 비슷한데, 검사 결과 박세오족의 시신 장례 의례 동안 소비된 환각성 맥주에 양성 반응을 나타냈다.

칵테일"이나 이른바 정신 활성적 마이더스터치를 가지고 사망한 왕들을 "사후의 삶으로 왕답게 안내"하는 고르디움 프리기아의 무덤에서 부활시킨 물약에 영감을 주었던 사람들까지는 이어질 수 있는 것이다. 여하간 이 독특한 양조주를 물려받은 인도유럽인이 그리스인만은 아니었다. 박세오족과 같은 인도유럽인 켈트족 가운데 누구라도 똑같이 그 전통의 훌륭한 계승자가 되었을 것이다.[34]

흥미롭게도 최근의 DNA 연구는 카탈루냐인의 뿌리가 "아나톨리아 신석기 시대 선조의 도래", 즉 최대 기원전 5475년 이 반도에 정착한 동쪽 출신의 농부들로 구성된 "개척 식민화"까지 거슬러 올라갈 수 있다고 밝혔다.[35] 현대 스페인인의 유전적 특질 가운데 절반가량은 바로 이 석기 시대 농업가들에게서 유래했다.[36] 더욱 흥미로운 점은 이 아나톨리아의 신호가 고대 이베리아의 DNA에 나타난 장소에서 2006년 유럽 전체를 통틀어 맥주 소비에 관해 가장 오래된 고고식물학적·고고화학적 증거가 발견되었다는 점이다. 그곳은 바르셀로나에서 남서쪽으로 인접한 칸 사두르니Can Sadurní의 신석기 시대 동굴 무덤이었다. 기원전 3470년에 만들어진 그 유적에서 나온 돌망치와 모루에서는 발아한 곡식이, 항아리에서는 옥살산칼슘이 발견되었다.[37]

칸 사두르니의 맥주는 고대 이집트와 메소포타미아에서 발견된 최초의 맥주들 가운데 일부에 버금간다. 그와 비슷한 시기인 기원전 3200년경 문자가 발전했으며, 우리가 아는 역사가 시작되었다. 그렇다면 이베리아의 맥주는 그로부터 2,000년 전 서유럽에 기록된 DNA를 갖고 있었던 아나톨리아 농부들과 함께 전해졌을까? 만약 그렇다면 어째서 이들의 수제 양조주는 또다시 수천 년을 살아남지 못했을까? 콜린 렌프루Colin Renfrew의 아나톨리아 가설에 따르면 라스 루에다스 공동묘지의 박세오족 켈트인은 언어뿐 아니라 원시 인도유럽인이 선사 시대 본고장인 선사 시대 터키에서 완벽하게 갈고 닦은 생명공학과 독특한 종교까지 물려받았을 수 있다.[38]

어쩌면 엘레우시스 신비제가 시작된 이후 카탈루냐 해안을 찾아온 트립톨레모스는 그곳에 자신의 도움이 필요 없다는 사실을 알고 놀랐을지도 모른다. 그곳 주민들은 이미 맥주 양조 방법은 물론 고인과 함께 일시적으로나마 저세상까지 동행하도록 허락하는 마법 식물의 일종을 첨가하는 방법을 알고 있었기 때문이다. 마그나 그라이키아 외에 유럽 대륙에서 신비제의 열혈 관객이 있었던 곳을 꼽으라면 스페인 북동부를 들 수 있다. 모든 원료가 이미 그곳에 있었다. 오랫동안 헤어졌다 재회한 사촌들이 같은 선조에게서 물려받은 요리법을 교환하듯, 포카이아 출신으로 기원전 6세기 엠포리온에 상륙했으며 이후 여러 세기 동안 카탈루냐에 침투한 인도유럽인 그리스인 식민지 개척민들은 인도유럽인 이베리아인에게 매우 섬세한 기술 한 가지를 다시 소개했을지도 모른다. 그 기술은 바로 러크가 "비밀 중의 비밀"이라 불렀으며, 마르틴 차른코브가 건강한 곡물을 "미친 곡물"(톨코른)로 변모시켜 LSD 맥주를 만드는 휘발성 균류 기생체의 "통제된 오염"이라 말한 것이었다. 이는 그 지역의 모든 가짓과 식물 맥주가 반기는 추가 메뉴였다. 이 과정에서 재결합한 친척들은 아테네까지 여행할 여력이 없는 모든 지역민을 위해 '서쪽의 엘레우시스'를 건설한 것으로 보인다.

2000년대 초의 모든 관련 연구에서 젊은 고고식물학자 한 사람의 이름이 계속해서 튀어나왔다. 바로 바르셀로나 대학교 호르디 후안트레세라스Jordi Juan-Tresseras였다.³⁹ 나는 2018년 여름부터 그가 이 제껏 쓴 글들을 모조리 찾아 읽기 시작했으며, 그러다 2000년 동료 평가 스페인어 학술지 『콤플루툼』Complutum에 게재된 논문을 만나게 되었다.⁴⁰ 이것은 그와 다른 연구자들이 이베리아 전역에서 수행한 약물 관련 고고학 발견에 대한 요약이었다. 9쪽짜리 논문 한가운데 에는 외관상 그리 주목할 만하지 않은 발견에 관한 내용이 한 문단 들어 있었다. 즉 마스 카스테야르 데 폰토스에서 출토된 "맥각 균핵 의 잔해"가 폰스의 상징적인 "가정 예배당"과 관련된 고기물에 하 나도 아니고 두 점이나 들어 있더라는 내용이었다.

이 균류는 인간 턱뼈의 치아 몇 개에 파묻힌 상태로 발견되었다. 그리고 한때 "특별한 맥주"를 담았던 축소판 잔 가운데 하나에서 도 이와 똑같은 유기체의 미생물 증거가 추가로 확인되었다. 1997 년 이 두 유물이 발견된 구역의 "숭배적" 맥락을 고려한 결과, 후안 트레세라스는 그 작은 컵에 들어 있던 물약이 무엇이든 엘레우시 스 신비제 동안 이루어진 "키케온 소비"와 연관되었다고 보았다. 고 든 와슨에 따르면, 어쨌거나 맥각은 고대 그리스 제의에서 "근본적 인 역할"을 담당했기 때문이다. 게다가 알베르트 호프만 같은 과학 전문가도 수용성 에르긴ergine과 에르고노빈 같은 "영신제迎神劑* 알 칼로이드"entheogenic alkaloid와 유독성 알칼로이드를 손쉽게 분리할 수 있다고 설명했다. 후안트레세라스는 1980년 멕시코에서 발행된 『엘 레우시스로 가는 길』의 스페인어판을 참고문헌에 명시해두었는데, 번역본이 있다는 사실은 나도 전혀 몰랐다.

---

* '신을 불러내는 약'이라는 뜻이다.

지난 20년 동안 고대 이베리아에서 모습을 드러낸 환각성 묘지 맥주의 인도를 고려해보면 굳이 놀랄 것도 없었다. 하지만 맥각에 대한 과학적 확인은 굉장히 독특했으며, 사실이라 믿기 어려울 정도로 반가웠다. 그래서 나는 가뜩이나 파악하기 힘든 단서를 뒤좇아 카탈루냐 키케온에 대해 완전한 고고학적 배경을 제시한 유일무이한 간행물을 찾아냈다. 2002년 발행된 635쪽 분량의 방대한 전문 서적은 1990년부터 1998년까지 폰토스에서 이루어진 엔리케타 폰스의 집요한 연구를 완전히 기록했다. 오늘날까지도 이 모노그래프는 카탈루냐어로만 간행되어 있다. 나는 의회도서관에서 이 자료를 발견하고 이후 며칠 동안 인도유럽어 중 가장 독특한 언어 가운데 하나로 뛰어들었다.

펜텔리코스산 대리석 제단 옆에서 발견된 희생 제물 개들의 불에 그을린 유해 사이에서 폰스의 연구진은 20세에서 25세 사이 성인 남성의 오른쪽 아래턱뼈를 우연히 찾아냈다. 치아 네 개는 멀쩡했고 세 개는 유실되었다. 기원전 200년에서 175년 사이의 유해였다. 후안트레세라스는 그 치아의 치석 표본 두 개에 미세한 식물 잔해가 있는지 분석했다. 치석에서는 석영과 현무암 같은 광물뿐 아니라 규산질 식물석植物石, silica phytolith, 옥살산칼슘 결정, 녹말 알갱이, 미세 탄소 등이 발견되었으며, 모두 곡물 기반의 식이를 뜻했다.[41]

하지만 양쪽 표본에 카탈루냐어로 세골 바니우트sègol banyut라 부르는 맥각이 존재했다는 점이 고고식물학자에게는 더 흥미로웠다. 후안트레세라스가 "데메테르와 코레-페르세포네에게 헌정된 성소"라 일컬은 예식용 방에서 발견되었으나 장소와 어울리지 않는 이 턱뼈를 어떻게 설명할 것인가?[42] 여하간 사람이 맥각을 섭취했다는 것은 명백해 보였으므로 과학자들은 결국 가능한 두 가지 해석에 이르렀다. 즉 우연한 소비, 아니면 의도적 소비였다. 전자는 오염된 곡물을 수확해 일어났을 수 있는데, 실제로 중세 내내 맥각 중독이나 성 안토니오의 불이 빈번히 대유행했기 때문이다. 반면 후자는 당연히 "키케온 같은 영신제 음료와 연관된 의례"를 설명해준다.[43]

흥미롭게도 폰스가 곡물을 준비하고 맥주를 양조하는 데 사용되었으리라 믿었던 맷돌 두 개에서는 후안트레세라스도 맥각을 전혀 검출하지 못했다. 따라서 맥각은 우연히 발생하지 않은 것으로 보였다. 인간의 다른 잔해는 전혀 발굴되지 않은 '신성한 경내' 안에 그 턱뼈가 있었다는 점으로 의도적인 소비 가설이 설득력을 얻었다. 두개골이 나타날 때면 항상 매우 유서 깊은 종교의 작용과 연관이 있었다. 카탈루냐어 모노그래프의 빽빽한 본문에서 후안트레세라스는 영국 제도, 벨기에, 프랑스, 스페인에 있는 켈트족의 여러 거점에서 고고학적으로 기록된 다양한 죽음 숭배를 두 쪽 넘게 열거했다. 이런 곳에서는 시신의 풍장, 의례적 참수, 장식된 두개골 등이 모두 확인되었다.[44] 그는 "가정 예배당"에서 발견된 턱뼈가 "예외적인 사람"이자 "입문자"의 것이었을 가능성, 즉 그의 두개골이 숭배의 일원들에게 특별한 중요성을 지니고 있었을 가능성을 제시했다. 이와 함께 폰스는 그 턱뼈가 죽은 선조들과 접촉하게 만드는 의례에 사용되었다고 믿었다. 그 성소에서 무슨 일이 일어났든 그녀는 그리스인과 켈트인과 원주민인 이베리아인 영향의 혼합을 파악했다.[45]

먼 인도유럽인 사촌들의 모임 장소로서 마스 카스테야르 데 폰토스가 괴베클리 테페에서 발견된 것과 똑같은 두개골 숭배에 대한 증거가 될 수 있을까? 독일 고고학 연구소는 '세계 최초의 신전'

에서 출토된 두개골이 의례적 전시를 위해 의도적으로 손질되었다고 믿었다. 폰스의 카탈루냐 발굴보다 약 8,000년 내지 9,000년 앞선 이 선사 시대 두개골들은 원시적인 버전의 선조 숭배와 "산 자와 죽은 자의 상호작용"을 나타낸다고 여겨졌다.[46] 정확히 폰스가 이베리아에서 본 바로 그것을 말이다. 콜린 렌프루의 아나톨리아 가설과 같이 석기 시대 종교의 요소들은 사라진 원시 인도유럽어를 도구 삼아 수천 년의 세월 동안 진정으로 살아남아 유럽 대륙 반대편에서 불쑥 나타나게 되었을까? 또 묘지 맥주는 괴베클리 테페와 엘레우시스와 마스 카스테야르 데 폰토스처럼 다양한 고대 유적의 진짜 목적과 함께 가장 깊은 수수께끼를 마침내 해명해주는 파악하기 힘든 암호였을까?

이 모든 것은 축소판 잔과 그것에 담긴 '특별한 맥주'로 귀결되었다. 카탈루냐어로 발표된 내용은 무엇이든 기본적으로 무시하는 모든 전문 학자의 레이더에 감지되지 않은 채 후안트레세라스는 어쩌면 1978년에 나왔지만 비웃음만 받았던, 고대 그리스 키케온의 본래 내용물과 함께 서양 문명의 역사에서 가장 잘 간직된 비밀에 관한 가설을 입증할지도 모르는 고고식물학적 단서를 해부할 수 있었다. 선사 시대 양조업자들이 특별한 때를 위해 맥각 함유 맥주를 만들었을 수도 있다는 마르틴 차른코브의 직관은 굳건히 지지를 받는 듯했다. 학식에 의거한 추측이었으나 어디까지나 추측일 뿐이었다. 하지만 내가 마침내 그 턱뼈 근처에서 발굴된 작은 잔의 고대 내용물에 관한 후안트레세라스의 분석을 읽었을 때 모든 것이 바뀌었다. 의회도서관 주 열람실의 도금 돔에 설치된 '인간 이해력'을 상징하는 랜턴의 여성상은 자기 얼굴을 가린 무지의 베일을 걷어 올리는 모습으로 묘사되어 있다. 러크의 경력을 망가뜨린 가설에 대한 최초의 확고한 증거가 나를 직격하는 순간, 그녀가 나를 내려다보고 있음을 느낄 수 있었다.

박사 학위 연구의 막바지에 후안트레세라스는 유럽 안에서도 가장 훌륭한 장비를 갖춘 연구 개발 실험실 가운데 하나인 바르셀로나 대학교 소재 기관과 접촉했다. 지금은 과학 기술 센터Centros Científicos y Tecnológicos, CCiTUB로 불리는 이 기관은 네 캠퍼스에 나뉘어 있었으며 화학, 재료과학, 생명과학을 전문적으로 다루었다. 2018년이 기관은 마침 30주년을 기념하고 있었다. 광학 현미경과 스캐닝 전자 현미경을 모두 이용해 이 고고식물학자는 자신의 1997년 연구 결과를 시적인 카탈루냐어로 이렇게 밝혔다.

> 맥주의 한 유형과 연관된 잔여물이 상당량 검출되었다. 젤라틴화 녹말 잔해, 효소 공격의 징후를 보이는 녹말, 효모, 규조 세포막 등의 내용물은 그처럼 작은 그릇에 함께 들어 있기에는 다소 기묘했다. 이런 발견은 맥주 침전물로 된 제물, 아니면 사용되었거나 소비된 산물의 잔여물 중 하나로 해석할 수 있는데 (⋯) 여하간 특히 주목할 만한 요소는 맥각 균핵의 잔해였으며, 이 역시 인간 턱뼈 가운데 하나에서 확인되었고 (⋯) 이 자주색 버섯 역시 데메테르와 연관되었는데, 특히 그 색깔이 그 여신과 관계되었으며 이 균류가 데메테르와 페르세포네의 신화와 유사한 주기를 거치기 때문이다. 즉 곡물이 자라는 식물이 자낭포자ascospores에 감염되면 자주색 균핵이 무르익은 곡물의 이삭을 감싼다. 이 균핵은 땅에 떨어져 겨울을 보낸 뒤 첫 봄비가 내리면 열매를 맺으며,

그렇게 자란 자주색 버섯이 방출한 자낭포자가 바람을 매개 삼아 다시 이삭을 감염시킨다. 균핵에 감염된 이삭을 수확해 가공하면 곡물이 유독성 알칼로이드에 오염된다. 맥각의 정신 활성 알칼로이드는 기본적으로 리세르그산lysergic acid에서 유래하며, 환각 효과를 지닌다.[47]

나는 곧바로 엔리케타 폰스와 호르디 후안트레세라스에게 연락했다. 두 사람 모두 각자의 경력에서 이미 지나간 시절에 그저 스치듯 언급했던 20년 묵은 발견에 내가 관심을 보이자 놀랐다. 폰스는 자기가 1990년 시작한 바로 그곳인 마스 카스테야르 데 폰토스에서 여전히 발굴을 이끌고 있었다. 그녀는 베네딕도회 수도원 산트 페레 데 가이간츠를 방문하자는 제안을 반겼다. 나는 축소판 잔과 기타 고기물을 직접 봐야 했다. 하지만 이 잠재적인 스모킹 건과의 비밀 데이트에 걸맞은 사람은 이 세상에 한 사람뿐이었다. 나는 보스턴 대학교의 미치광이 늙은 교수에게 전화해 나와 함께 여행을 좀 다녀오자고 청했다.

나는 이무기돌 아래를 지나 땅딸막한 체구에 백발인 폰스, 그리고 헤로나 고고학 박물관의 현 관장 라몬 북소Ramon Buxó를 만났다. 그들과 스페인어로 대화를 나누었지만 대부분 음절 뒤에 카탈루냐어 억양이 들렸다. 몇 분 뒤 러크가 오랜 동료 마크 호프먼Mark Hoffman과 함께 입구로 다가왔다. 우리가 간신히 찾아낸 유일한 주차 구역이 중세 수도원을 에워싼 비좁은 거리에서 제법 멀어 동료가 83세의 연로한 고전학자를 모시고 왔다. 나는 어느 누구도 기대하지 않은 장소에서 40년 묵은 이론을 뒷받침하는 20년 묵은 증거를 발굴한 겸손한 발굴자에게 러크를 소개했다. 그러자 나이 든 학자와 폰스는 따뜻하게 포옹했다. 189센티미터의 러크는 그 고고학자보다 키가 훨씬 컸다.

우리 다섯 명은 로마네스크 양식 바실리카의 치솟은 회중석에서 나와 오른쪽에 있는 직사각형 회랑으로 향했다. 그러고 고고학 박물관이 자리한 성물실 2층으로 올라가 창문 없는 회의실에 자리를 잡았다. 감색 덮개가 깔린 수수한 탁자 위에 우리의 방문을 기다리는 여신이 놓여 있었다. 머리카락을 위로 빗어 올린 테라코타 머리와 향로였다. 둘 모두 지하 곡물 사일로에서 출토되었으며 데메테르/페르세포네로 확인된 것이었다. 그 옆에는 기껏해야 5센티미터 높이에 양옆으로 손잡이가 튀어나온 축소판 잔이 하나 놓여 있었다. 그리스인은 이를 **칸타로스**kantharos, 즉 디오니소스가 무아경을 유도하기 위해 가지고 다니는 의례용 컵이라 불렀다.

폰스는 그곳에서 북쪽으로 32킬로미터 떨어진 그리스인 농장에 관한 30년 분량의 자료를 탁자 위에 쌓아놓았다. 매 쪽에 신중하게 준비한 컬러 도판이 있었고, 그녀의 안내로 나와 러크와 마크는 그 유적지의 지형에 관해 상상할 수 있는 모든 측면(도해, 현장 조사, 공중 사진 등)을 살펴보았다. 그녀는 나중에 보라며 드론으로 찍은 영상이 저장된 USB를 내게 건네주기도 했다. 이 발굴자는 고지의 주거 구역 서쪽에 있는 지하 사일로 수백 개를 가리켜 보였다. 그리고 우리를 데리고 "가정 예배당"으로 가상 현실 여행을 떠나, 축소판 잔과 턱뼈가 발굴된 곳과 맥주의 비밀을 위해 곡물이 양조된 곳이 정확히 어디인지를 설명했다. 그녀는 친절하게도 내게 635쪽에

헤로나 고고학 박물관 관장 라몬 북소가 마스 카스테야 데 폰토스에서 출토된 축소판 그리스식 그릇(칸타로스)을 들어 칼 러크에게 살펴보라며 보여주고 있다. 1997년 호르디 후안트레세라스가 광학 현미경 및 스캐닝 전자 현미경으로 조사한 결과 이 용기는 맥각 함유 맥주의 흔적에 대해 양성 반응을 보였다.

달하는 모노그래프도 한 권 선물해, 나는 더 이상 그것을 보려고 의회도서관으로 달려가지 않아도 되었다. 러크가 지체 없이 따라오게 하기 위해 실시간으로 쉼 없이 통역하는 바람에 그로부터 30분이 지나기도 전에 내 머리는 터지기 직전에 이르렀다.

북소는 파란색 고무장갑 한 켤레를 착용하고 조심스럽게 그 작은 용기를 자기 손바닥에 올려놓았다. 그러고는 마치 자신의 포도주 저장고에서 가장 값비싼 빈티지 포도주를 보여주는 소믈리에마냥 러크에게 내밀어 살펴보도록 했다. 러크는 기원전 2세기 초 고향을 떠난 그리스인 마녀나 그 제자들이 양조한 환각성 묘지 맥주를 담았던 그 고대의 용기를 바라보았다. 그들은 엘레우시스 신비제의 입문자들이었을까? 아마 그랬을 것이다. 고귀한 그리스 혈통의 마법사,

치유사, 예언자였을까? 잠시 뒤 우리가 알아내게 되듯, 당연히 그랬을 것이다.

러크는 초연했다. 나는 바다 하나와 40년 세월을 건너와서야 바라보게 된 이 외로운 컵을 그가 어떻게 생각하는지 알고 싶었다. 하지만 그에게 생각할 시간을 몇 분쯤 허락하기로 마음먹었다.

우리는 천천히 걸어 박물관 안으로 들어갔다. 아테네 외곽에서 채석되어 배편으로 이곳까지 운반된 뒤 헤카테를 위한 개 희생 제물을 준비하는 데 사용된 펜텔리코스산 대리석 제단을 살펴보기에 적절한 곳이었기 때문이다. 그 왼쪽으로는 종교 관련 물품을 놓아둔 유리 전시대가 있었는데, 나는 거기에서 신비제를 뚜렷이 보여주는 고기물을 하나 발견했다. 바로 트립톨레모스였다. 그 고기물을 살펴보는 동안 나는 엠포리온이나 마스 카스테야르 데 폰토스 같은 상업 중심지가 고대 그리스의 벽지에서도 엘레우시스의 신비를 드물게나마 일별할 수 있다고 약속하는 공개 성소로서 기능했을 가능성이 크다는 드니즈 데메트리우 박사의 통찰을 상기했다. 데메테르의 선교사가 이곳에 왔다면 키케온도 그를 따라 함께 왔다는 것이 거의 확실하다.

프라츠, 타라고나, 라스 루에다스 공동묘지에서 나온 고고식물학 및 고고화학 자료에 따르면, 고대 이베리아인은 곡물의 여신이며 선조들과 친교를 나누는 방법으로 환각성 가짓과 식물들을 선호했던 것으로 보인다. 이것이 사실이라면 그리스인 농장에서 출토된 작은 그리스식 그릇에 들어 있는 맥각의 존재가 어디까지나 그리스인에게서 왔다고 여겨야 할까? 폰스와 후안트레세라스는 신비제 입문자가 죽음의 위협 때문에 2,000년 가까이 발설하지 못하고 금지당한 저 파악하기 힘든 성분의 확고한 증거를 우연히 만났을까? 엘레우시스 현지에서 출토된 여러 그릇에 대한 분석이 완전히 부재한 상태에서 역사의 가장 오래된 숨바꼭질은 그저 이렇게 종국에 다다랐을까?

나는 미치광이 늙은 교수를 돌아보았고, 그가 축소판 잔을 가지고 한동안 혼자만의 시간을 보내도록 그를 창문 없는 회의실로 안내했다. 우리 모두 지난 한 시간 동안 폰스에게 질문을 쏟아냈기 때문에 러크는 한참 전에 반응했어야 했다. 나는 내가 가진 『엘레우시스로 가는 길』을 그에게 건네고는 곧바로 질문을 던졌다. "좋습니다, 교수님. 이 모든 걸 어떻게 생각하십니까?"

우리가 그 습한 수도원에 발을 들여놓은 순간부터 러크의 머릿속에서는 톱니바퀴가 돌아가고 있었다. 그의 답변은 긴 문장 하나로 나왔다. 1978년, 당시까지만 해도 존경받던 교수인 그가 매사추세츠주 헐의 자택 서재에 앉아 훗날 역사를 다시 쓰게 될 중요한 원고에 대한 결론을 타자하던 그때처럼 말이다.

"음, 가장 중요한 부분은 이 물건이 발견된 장소라네." 러크는 잔을 내려다보면서 특유의 뉴잉글랜드 바리톤 목소리로 말했다. "그곳은 의례를 위한 신성한 장소였지. 이 그릇은 디오니소스 신 본인만 사용하던 컵 형태라네. 발견된 장소를 고려해보면 이 물건들은 장난감이 아니었던 걸세." 그는 가정 예배당 주위에 흩어져 있던 다른 잔들을 가리켜 말했다. "그건 음료용 그릇이었지. 그리고 이 그릇들의 크기가 작다는 점은 거기에 담아 마신 음료가 강력한 물약의 일종이었음을 뜻하고. 이 크기가 그런 사실을 명백히 말해주는 걸세. 찻숟갈 하나면 그만이니까. 이건 포도주와 전채 요리가 있는 만찬이 아니었다네. 맥각 잔여물이 발견되었다는 사실을 고려하면 집 안 사당에서 '곡물의 여신'이나 페르세포네에 관한 일종의 환영적 의식이 거행되고 있었다고 입증하는 걸로 보이는군."

"이 모든 점을 감안했을 때, 고전적인 신비제가 열리던 시기 고대 세계의 중요한 숭배 중심지에 살았던 그리스인 식민지 개척자 일부가 신을 찾으려고 약물을 사용했다는 사실을 어떻게 받아들여야 할까요?"

"거기에 대해서는 우리도 불편함을 느끼지 말아야 마땅하겠지." 러크가 답했다. "이제 우리의 유산을 인정할 때가 됐으니까."

이것이 다였다. 악의나 악감정 따위는 전혀 없었다. 다만 『엘레우시스로 가는 길』이 학계에서도 가장 오래된 분야에서 분노를 야기하기 1년 전 발터 부르케르트가 제기한 이론을 약간 조정했을 뿐이었다. 최근 몇 달 사이 프리츠 그라프와 칼리오페 파팡겔리가 약물 없는 엘레우시스를 이야기했던 것도 그 이론의 반향이었다. 1977년 부르케르트가 신비제의 기반에 놓인 "선사 시대의 약물 의례"에 관해 추측할 때 그는 위험을 무릅쓰지 않았다. 신석기 혁명이 실제로 맥주 혁명이라면 인류의 가장 오래된 생명공학은 그리스 신비제보다 1만 년 가까이 앞서 있었을 가능성이 있다. 정확히 언제인지는 우리도 모르지만 라케페트 동굴과 괴베클리 테페에서 나온 최초의 발견은 계속해서 그 시기를 마지막 빙하 시대에 가깝게 밀어내고 있다. 이는 부르케르트의 세대로서는 상상하기도 불가능한 옛날이다. 하지만 심지어 오늘날 고고식물학과 고고화학의 혜택이 없었던 상태에서도, 그 저명한 독일인은 여전히 진보한 식물학적 전문 지식을 그리스인의 옛 선조들에게 돌릴 의향이 있었다. 그 선조들이 누구로 밝혀지든, 그리고 그들의 창의적 요리법이 일반적인 양조를 환각성 사건으로 변모시킨 때가 언제였든 말이다.

이론상 농업의 전파는 자연계와 심오하게 관계되어야 한다. 하지만 인간 의식을 변성하는 식물군에 대한 친숙함은 우리 종의 지연된 역사에서 훨씬 더 이른 시기에 거의 확립되었다.[48] 이는 최소한 30만 년 전이며 계속해서 늘어나고 있다. "이조차도 반드시 놀랍다고 할 수는 없다." 고고학자 스콧 M. 피츠패트릭Scott M. Fitzpatrick이 말했다. "인류 역사의 99퍼센트 기간 동안 우리는 수렵 채집민이었으며, 그래서 다양한 종류의 식물을 접하고, 소비하고, 실험하게 되었으니 말이다."[49] 하지만 우리는 이 방면에서 최초까지는 아니었다.

이제 우리는 구석기 시대 약전藥典, pharmacopeia의 탁월함이 심지어 우리 종을 능가한다는 점을 사실로 알고 있다. 우리의 가장 가까운 멸종 친척인 네안데르탈인은 지금으로부터 43만 년 전부터 4만 년 전까지 살았다. 2012년 그들 다섯 명의 치아가 스페인 북서부 엘 시드론 동굴El Sidrón Cave에서 발굴되어 연속 기체 크로마토그래피 질량 분석sequential thermal desorption gas chromatography mass spectrometry, TD-GC-MS과 열분해법 기체 크로마토그래피 질량 분석pyrolysis gas chromatography mass spectrometry, Py-CG-MS 검사를 진행했다. 이 치아에서는 나무를 때서 생긴 연기 흡입과 요리 그리고 "네안데르탈인의 약용 식물 사용에 대한 최초 증거"에 관한 분자 자료가 나왔다. 서양톱풀과 캐모마일의 화학적 특징은 놀랍게도 지금으로부터 5만 년 전 것으로 확인되었다.[50]

이 새로운 치석 증거는 플레이스토세[기원전 258만 년 전부터

9700년 전까지의 기간]에 네안데르탈인이 영적인 동기까지는 아니더라도 의료적인 용도나 최소한 위생적인 용도에서 정신 활성 식물을 사용했을 것이라는 더 이전의 가정을 뒷받침하는 경향이 있다. (…) "현직 박물학자로서 (아울러 초창기 생태학자로서?) 네안데르탈인은 자기가 사는 환경을 모두 알고 이해했을 가능성이 극도로 높은데, 그들의 존재 자체가 거기에 달려 있었기 때문이다." (…) 그러므로 "다양한 식물과 겪은" 긍정적이고 부정적인 "경험들은 네안데르탈인의 생태학적 지식의 일부로 후세에 전해졌을 것이다."[51]

부르케르트에 따르면, 그 전문 지식은 네안데르탈인에게서 네안데르탈인에게로, 또 석기 시대 **호모 사피엔스**에게서 석기 시대 **호모 사피엔스**에게로 수만 년 동안 전수되었으며 어찌어찌하다 데메테르 신전에서 중단되고 말았다. 정확히 어떻게 해서인지 설명하지 않은 채, 이 독일 학자는 이 원시적인 제의가 엘레우시스에 도달했을 무렵 "어떤 환각성 '내세'를 보장했던 것으로 보이는" "불멸의 축제"에서 약물이 어찌어찌해서 사라졌다고 주장했다. "의식의 확장", 즉 현실로부터의 퇴폐적인 도주는 헬레니즘 시대 이전의 과거에서 나온 부끄러운 일화일 뿐이었다. 1978년 존 실버가 러크에게 했음직한 말 그대로였다. "그리스인이 그런 종류의 일을 했을 리 없다."

하지만 마스 카스테야르 데 폰토스의 환각 성분 맥주에 관한 확고한 증거는 그렇지 않다고 말한다. 부르케르트의 "무해한 물질" 가운데 하나로 대체되기는커녕 본래의 석기 시대 비밀은 일부 인도유럽인 전통에 남아 역사 시대까지 살아남았던 것으로 보인다. 동쪽 분파, 즉 환각성 소마를 보유한 이국적인 인도인 사이에서만 그랬던 것이 아니다. 또 서쪽 분파, 즉 라스 루에다스 공동묘지의 묘지 맥주를 보유한 피에 굶주린 박세오족 켈트인 사이에서만 그랬던 것도 아니다. 오히려 뚜렷한 계보를 가지고 '고대의 바이킹'이라며 포카이아로부터 찬양받은 진짜 그리스인 사이에서도 그랬다.

어떤 학자들은 이 주장을 일단 받아들인 다음 폰스의 그리스인 농장의 맥각 함유 맥주는 그리스와 아무 관계가 없다며 이의를 제기할 수도 있을 것이다. 프라츠, 타라고나, 라스 루에다스 공동묘지와 마찬가지로 이것은 켈트와 이베리아의 무절제함에 관한 또 하나의 사례일 뿐 서양 문명의 건축가들에게 상징적인 것까지는 아니라는 것이다. 그리스인과 엉뚱한 무리를 뒤섞었을 뿐이라는 것이다. 하지만 마스 카스테야르 드 폰토스가 차마 부정할 수 없을 만큼 그리스의 맥락에 잠겨 있었음을 보여주는 고고학적 발견에 앞서, 애초에 엠포리온을 건설한 식민지 개척민의 영적 정교함을 상기하는 것이 현명할 터이다.

그들은 일반적인 의미의 상인이나 무역업자와는 거리가 멀었다. 포카이아인은 무슨 이유에서인지 그들의 주화에 페르세포네를 새겨 넣었다. 이들은 여러 세기 동안 카탈루냐에서 이 여신의 지하 세계에 관해, 훨씬 더 중요하게는 그곳에 도달하는 방법에 관해 매우 그리스적인 발상의 씨앗을 뿌렸다. 하지만 스페인은 이들의 유일한 역외域外 사업 장소가 아니었다. 이 장 도입부에서 언급한 마살리아는 기원전 600년경 포카이아인의 최초 식민지로 깃발을 올렸다. 곧이어 기원전 575년경 엠포리온이 그 뒤를 따랐다. 아나톨리아 해안에 있던 이들의 고향이 페르시아인 침입자들에게 점령되기 직전, 헤로도토스는 포카이아인이 "신전에 있던 봉헌 제물을 모두" 꾸려 배를 타고 떠났다고 썼다.[52] 마지막 본부는 결국 마그나 그라이키아 심장부에 뿌리를 두게 되었던 것이다. 지금은 소멸한 이탈리아 벨리아의 정착지는 기원전 530년에 만들어졌다.

거기에서 포카이아인은 한 철학자를 낳을 것이었다. 그 철학자는 여느 철학자와 달랐다. 그는 마법사, 치유사, 예언자였다. 러크를 제외한 고전학자들 가운데 그나마 읽을 만한 가치가 있는 극소수 저작 중 하나를 남긴 피터 킹즐리Peter Kingsley에 따르면, 파르메니데스라는 이 그리스인 천재는 "포카이아에 대한 기억과 그곳을 떠나온 기억이 여전히 핏속에 생생하게 흐르는 채로 벨리아에서 포카이아인 부모에게 양육된 아이들의 첫 세대에 속했다."[53] 이 점이 왜 중요할까? 포카이아가 자리했던 오늘날 이오니아라 불리는 지역이 현대 세계에 차마 지워지지 않는 흔적을 남겼기 때문이다. 우주물리학자 칼 세이건Carl Sagan은 한때 이를 가리켜 기원전 600년부터 400년 사이 "지중해 동부의 여러 외딴 섬과 후미에서" 일어난 자연 법칙의 "영광스러운 자각"이라 묘사했다. 탈레스, 아낙시만드로스, 사모스의 테오도로스 같은 "과학의 최초 개척자"는 모두 상인의 자녀였다. "이오니아인의 영속되는 유산은 바로 이들이 개발한 도구와 기술이었으며, 이것이야말로 현대 기술의 기반으로 여전히 남아 있다." 세이건이 말했다.

하지만 이른바 소크라테스 이전 철학자들의 유산은 여기에서 멈추지 않았다. 지난 2,500년 동안 그리스인의 고유성에 기여한 개인 가운데 누구도 파르메니데스에 버금갈 수는 없을 것이다. 플라톤은 이 벨리아 출신의 마법사를 자신의 개인적 스승이라 주장했다. 킹즐리의 견해에 따르면 파르메니데스에 관해서라면 그 어떤 표현도 과장이 아니었다.

> 그를 이해하지 않고는 철학의 역사나 서양 지혜의 역사를 결코 파악할 수 없다. 그는 우리 문화의 중추 신경에 놓여 있다. 그와 접촉하면 우리는 간접적으로나마 나머지 모든 것에 접촉하게 된다. 그는 형이상학의 발상을 창조했다고 전한다. 그는 논리학을 발명했다고 전한다. 이는 우리 추론의 기반과 이후 서양에 생겨난 모든 개별 분야의 기초를 발명했다는 뜻이다. 그는 플라톤에게 막대한 영향을 미쳤다. 서양 철학의 전체 역사는 플라톤에 붙인 일련의 각주에 불과하다는 명언이 있다. 이 같은 맥락에서 플라톤의 철학 역시 완성된 형태만 놓고 보면 그에 대한 일련의 각주에 지나지 않는다고 말할 수 있을 것이다.[54]

파르메니데스가 없었다면 소크라테스, 플라톤, 아리스토텔레스도 없었을 것이다. 하지만 이오니아 출신 최초의 과학자이며 엠포리온의 건립자들과 마찬가지로, 이탈리아 남부에서 포카이아인 부모의 자녀로 태어난 이 사람은 아테네에서 온 것이 아니었다. 이는 단지 그리스가 서양 문명의 상상력을 부추기게 된 과정에 관한 이야기가 아니다. 러크가 이제는 "우리의 유산을 인정할 때가 됐으니까"라 말했을 때의 의미도 그것이었을 수 있다. 과학을 발명한 그들은 지하 세계로 들어가고 남신, 여신, 선조 같은 불멸자와 친교하는 기술도 발명했다. 스스로 불멸자가 되는 기술을 말이다.

고대의 거대 종교들은 모두 이오니아에서 수렴되었는데, 이곳에서는 포카이아인이 인류의 집합적 지혜의 수혜자였다. 이들은 아나톨리아와 시리아를 거쳐 페르시아만으로 이어지는 이른바 왕도王道의 끄트머리에 떡하니 앉아 있었다. 킹즐리는 이 "카라반의 경로"를 가리켜 "고대 동양과 서양 간 접촉의 핵심 지점"이라 불렀다.[55] 포카이아인은 역사의 문간에 있었다. 이들은 신석기 시대 농업가들과 유목적인 중앙아시아 샤먼들의 접목이었던 인도유럽인의 본고장으로 추정되는 모든 곳에서 발상을 흡수했다. 그들은 이집트, 바빌로니아, 페르시아의 수준 높은 문화와 정기적으로 접촉했다. 갖가지 발상이 가득한 시장 같던 이오니아에서 포카이아인은 사후의 삶을 사칭하는 데 필수적인 기술 한 가지를 완벽히 다듬은 것으로 보인다. 전설에 따르면 이들은 지브롤터 해협을 지나 세계의 나머지 지역으로 이 기술을 가져가려 했다. "포카이아 출신 식민지 개척민은 아프리카 서부 해안을 따라 배를 타고 내려갔고, 다시 프랑스와 영국으로, 스코틀랜드와 그 너머로 올라갔다." 킹즐리가 말했다. 하지만 우리가 아는 한 그 기술을 받아들일 만큼 운이 좋았던 곳은 지중해의 식민지 마살리아, 엠포리온, 벨리아 세 군데뿐이었다.

이 조사의 결론에서 우리는 벨리아인에게로 다시 돌아갈 것이다. 이미 기묘한 이야기의 또다시 기묘한 반전으로, 마그나 그라이키아의 포카이아인 공동체는 파르메니데스 사후로도 수백 년 동안 온전히 살아남았다. 최초의 그리스도교인들이 해안을 따라 더 위쪽에 있었던 로마에서 그들 나름대로 성만찬을 축하하기 시작했을 때, 벨리아인들은 가장 최근의 신비 종교 기반에 조용히 스며들었을 것이다. 거기에서는 우리가 죽기 전에 죽는 방법이라는 귀중한 비밀이 이른바 초기 그리스도교인이라고도 부르는 그리스도교인들의 첫 세대에 의해 실천되었지만, 나중에는 그 신앙에서 성장하던 관료제가 그리스의 유산을 부정하기로 작정함으로써 탄압받았다.

물론 러크는 그런 사실을 알고 있었다. 가톨릭 신자로 성장한 그는 자신의 경력 내내 그리스도교의 기원을 연구했으며, 2000년대 초부터 그 주제에 관해 글을 써왔다. 엠포리온에서 나온 증거는 단지 고대 그리스인만 결부시키는 것이 아니다. 이는 벨리아에 있는 포카이아인의 자매 도시도 결부시킨다. 또 우리가 앞으로 살펴볼 기록된 승계도에 의거해 로마도 결부시킨다. 특히 예수와 가톨릭교회의 숭배자들에게는 그들의 종교가 약물 첨가 성만찬을 거행하던 그리스어 구사 이탈리아인 신비주의자들의 산파 역할로 탄생했다는 개념이야말로 매우 받아들이기 힘든 주장일 것이다. 하지만 러크는 이 길을 이미 한 번 와본 적 있었다. 따라서 증거가 빛을 보기까지 시간이 조금 걸리더라도, 이 연로한 교수는 향후 새로운 세대의 고고학자들이 본래 성만찬의 진정한 본성을 과학적으로 확증할 수 있을 것이라 자신했다. 그 과정에서 이탈리아 남부와 고대 지중해의 기타 그리스어 구사 고립 지역들의 초기 그리스도교인들이 예수의 종교를 포용한 이유를 설명할 수 있을 것이었다. 이들은 그 종교를 낯설거나 독특한 뭔가가 아니라 2,000년 동안 그들의 그리스인 선조들을 엘레우시스로 유혹했던 신비제의 편리한 변종으로 받아들였다. 그 신비제로 말하자면 마스 카스테야르 데 폰토스에 있는 이들의 그리스인 사촌들에게도 영감을 주어 그들 나름의 가정 사당과 가정식 양조주를 만들게 했다. 예수와 최후의 만찬이 신비제를 식당으로 가져온 때보다 200년도 더 전에 이베리아의 그리스인들이 선수를 친 셈이다. 이들과 이들의 이탈리아 남부 동료 마녀들은 세계 최대의 종교가 로마 제국 전역의 부엌에서 손쉬운 개종자들을 찾아낼 길을 닦아놓았다.

1978년 보스턴 대학교의 외로운 고전학자는 이 완전히 '뒤틀린' 발상을 세계에 알리려 했다. 하지만 세계는 미처 준비되어 있지 않았다. 우리가 산트 페레 데 가이간츠 베네딕도회 수도원을 떠나기 전, 나는 러크에게 마지막 질문을 던졌다.

"이게 당신의 고통스러웠던 지난 40년 세월을 정당화해준다고 생각하십니까?"

그는 씩 웃었다. "음, 몇몇 사람을 불행하게 만들어줄 것만큼은 확실하겠지. 안 그런가?"

1부를 마치며

명색이 변호사라면 12년에 걸친 증거 추적을 마무리하며 전문가 증인을 신청하지 않을 리 없다. 이 책을 이미 집필하고 있을 무렵인 동시에 사회적 거리 두기의 전 세계적 실험이 진행되고 있던 2020년 5월 나는 결국 대부님께 연락드렸다. 그레고리 나지Gregory Nagy는 내가 지금껏 알고 지낸 사람들 가운데 가장 똑똑할 뿐 아니라 가장 친절하기까지 했다. 평소 같으면 나는 이곳 워싱턴 D. C.에 있는 고대 그리스 연구 분야의 세계 최고 기관에 들르고 말았을 것이다. 하지만 코로나 바이러스 때문에 우리는 한 번도 가본 적 없는 곳으로 접어들게 되었다. 따라서 매사추세츠 애버뉴를 따라 20분 동안 차를 몰고서 화이트헤이븐 스트리트에 있는 바티칸 대사관과 클린턴 부부의 신新조지풍 저택을 지나 하버드 대학교에서 가장 저명한 고전 그리스 문학 교수를 만나러 갈 수는 없었다. 2000년부터 나지는 그리스 연구 센터Center for Hellenic Studies 대표로 있었는데, 마침 그 기관은 1961년 멜론 가문이 하버드에 기부한 멋진 부지에 자리하고 있었다. 우리가 처음 만난 2015년 이래로 나지는 보스턴에서 학생들을 가르칠 때를 제외하면 그곳에 머무르며 매번 새로운 발견을 가지고 문을 두드리는 한때의 고전학자 지망생이 던지는 두서없는 질문에 답변해주었다.

내가 러크의 부조리한 가설을 21세기의 검증에 회부해보자는 발상을 들고서 접근했을 때 나지는 의외로 기꺼워했다. 나로서는 놀라운 일이었지만 알고 보니 이 전설적인 교수는 하버드 출신인 러크와 한때 실제로 절친한 사이였다. 심지어 나지의 부인이 러크 밑에서 공부하기도 했었다. 1970년대와 1980년대에만 해도 보스턴은 지금보다 작은 세계였다. 하지만 『엘레우시스로 가는 길』이 출간된 이후 두 고전학자는 갈라서게 되었고, 연락이 끊겼다. 이후 나지는 자기 분야의 최정상으로 솟구쳐 올랐다. 반면 러크는 원죄 때문에 무명 속으로 떠내려갔다. 이른바 '진짜 인도유럽인 연구자'로서 나지는 소마에 관한 와슨의 연구에 예전부터 공감하고 있었다. 그리고 처음부터 최소한 개념적으로는 고대 그리스인 사이에서 이와 유사한 신비가 거행되고 있었다는 사실을 그리 불편해하지도 않았다. 하지만 개방적인 나지도 나쁜 학술 연구에 대해서는 참고 넘어가지 못했다. 그래서 그는 이 조사를 돕기 위해 너그럽게도 그리스 연구 센터에 있는 6만 5,000권에 달하는 개인 장서에 내가 접근할 수 있도록 허락해주었다. 아울러 그는 이에 못지않게 외부인의 접근이 차단된 조지타운의 덤바턴 오크스Dumbarton Oaks 소재 하버드 대학교 미니 캠퍼스에서 책을 빌릴 수 있는 특권을 마련해주기까지 했다.

여러 해 동안 내 진전을 따라온 나지와의 통화는 오랜 시간에 걸쳐 성사되었다. 나는 2,200년 묵은 맥각 함유 맥주에 관한 고고식물학 자료를 비롯해 스페인의 최신 소식을 이미 그에게 모두 보냈다. 마스 카스테야르 데 폰토스에서 그리스인의 존재는 자명했다. 나로서는 다행스럽게도 엔리케타 폰스의 정교한 현장 작업 덕분에 나지도 전반적으로 설득력 있다고 판단한 엘레우시스 신비제의 흥미로운 반향으로서 그리스-이베리아적 신비제를 학제간 해독할 수 있었다. 하지만 이보다 어려운 질문은 과연 호르디 후안트레세라스가 과학을 제대로 사용했느냐 하는 점이었다. 이에 관해서는 나지 역시 또 다른 증인을 내세우는 쪽을 선호했다.

그래서 나는 필라델피아에 사는 패트릭 맥거번과 비대면으로 만났다. 내가 이 고고화학자의 견해를 필요로 했던 까닭은, 그가 재현한 '미노아의 의례용 칵테일'과 마이더스터치 덕분에 원래 키케온에 관한 이 추구 전체가 내 성년 시절을 완전히 낭비하지는 않은 것으로 보였기 때문이다. 그는 이미 구체적인 내용 가운데 상당 부분을 알고 있었다. 2019년 4월 내가 호르디의 분석에 관해 처음 언급하자 맥거번은 "자세한 고고식물학적 보고서"는 물론, 지금으로부터 20년도 더 전에 호르디가 맥각을 광학 현미경과 스캐닝 전자 현미경으로 살펴보며 촬영한 현미경 사진 원본도 함께 검토하고 싶다는 의향을 강하게 드러냈다. 맥거번이 내게 상기시킨 대로 고고화학의 영광으로 가는 길은 거짓 양성 반응과 잘못된 해석의 주검으로 가득하기 때문이었다.[1] 나는 조심스럽게 나아갈 필요가 있었다.

그렇게 논란이 된 사례 가운데 하나로 셰익스피어의 약물 습관에 관한 합의가 불발된 일을 보자. 영어로 글을 쓴 작가 중 가장 존경받는 이 사람의 정원에서 2015년 발굴된 파이프 파편에서 대마초의 화학적 특징이 보고되자 다음과 같은 헤드라인이 나왔다. "윌리엄 셰익스피어는 약물에 취해 희곡을 집필했을까?"[2] 기체 크로마토그래피 질량 분석에 의한 카나비노이드cannabinoid가 사실 2001년 이미 확인되었으며, 심지어 대마초를 '암시할' 뿐이었다는 점을 대부분 언론이 무시했다. 더 결정적인 결과는 니코틴, 코카인 그리고 다량 복용하면 환각성을 드러내는 육두구에서 나왔을 가능성이 높은 미리스트산myristic acid이었지만 대개 발표되지 않고 넘어갔다. 이는 17세기에 셰익스피어도 "최소한 한 가지 환각제에는 접근할 수 있었다"라는 견해를 뒷받침한다.[3] 하지만 그 에이번 시인의 시신을 발굴하지 않는 한 그가 실제로 약물 첨가 담배를 피웠는지 여부를 100퍼센트 입증할 수는 없다.

다음 한 해 동안 나는 마스 카스테야르 데 폰토스의 맥각 함유 맥주와 조금이라도 관련된 자료라면 종이 한 장 파일 하나까지 다 찾아내기 위해 기록 보관소와 컴퓨터를 샅샅이 뒤지라며 호르디를 집중적으로 괴롭혔다. 2000년대 중반 호르디는 고고화학계를 떠나 문화유산 관리 분야로 옮겨 갔기에, 완고한 미국인에게 모든 것을 내놓으라고 요구하려면 상당히 강제해야 했다. 하지만 호르디도 나름대로 노력해주었다. 즉 자신의 과학 기록이 보관된 해변의 자택을 어쩌다 한 번씩 방문할 때면 뭔가 가치 있는 것을 발견할 수 있으리라 희망을 품고 먼지 덮인 상자 더미에 뛰어들었다.

그 외중에 나는 호르디의 옛 스승이며 존경받는 고고학자인 호세프 마리아 푸욜라Josep Maria Fullola 박사와 원래 분석이 이루어졌던 바르셀로나 과학 기술 센터의 직원에게 연락을 취했다. 푸욜라는 호르디의 1997년 미발표 박사 논문 한 부를 내게 보내주었는데, 거기에서 이 젊은 고고화학자는 '입문자'의 턱뼈에서 채취한 두 표본의 세목細目을 기록해두었다. 신비제가 거행되었다고 추정되는 가정 예배당에서는 맥각의 존재가 분명히 기록되었다. 하지만 이것만으로는 충분하지 않았다. 2019년이 물러가고 2020년이 찾아오는 사이, 나는 맥거번이 원하는 '자세한 고고식물학적 보고서'를 연휴 동안 마지막으로 딱 한 번만 더 찾아봐달라고 호르디에게 애원했다.

그로부터 2주 뒤, 유레카! 파묻힌 공책 더미에서 20년 이상 묵힌 끝에 호르디는 턱뼈와 축소판 잔에 관해 그의 방법론, 기구, 결과를 훌륭하게 묘사한 내용이 포함된 완전한 분석을 내게 보내주었다. 다시 한 번 맥각의 존재는 분명히 기록되어 있었다. 셰익스피어의 파이프와 마찬가지로 그릇 자체뿐 아니라 인간 두개골에도 들어 있었다. 이 모든 것은 환각 성분 맥주의 일종이 마련되었을 뿐 아니라 소비되기도 했음을 뜻했다. 다만 그가 본 것을 우리도 볼 수 있게 함으로써 명중을 확인할 수 있는 맥각의 현미경 이미지는 호르디나 바르셀로나 대학교 모두 찾아내지 못했다. 다시 말하지만 어떻게 신비제를 신비 없이 끝낼 수 있겠는가?

비대면 통화에서 맥거번은 사진 원본이 없어 호르디의 맥각 확인에 불확실성의 요소가 더해졌다고 말했다. 다른 어디에선가 맥거번은 원칙상 식물학자나 화학자라면 항상 "늘 더 결정적인" 증거를 요구하게 마련이라고 쓴 적 있었다.[4] 하지만 그는 기술 진보에도 고고화학이 여전히 상당 부분 "걸음마 단계"에 머물러 있다는 사실 또한 인정했다. 오늘날까지도 표본과 자료를 잃어버리는 일이 아주 이례적이지는 않으며, 이는 펜실베이니아 대학교에서는 물론 유럽의 가장 신뢰도 높은 기관들에서도 마찬가지이다. 이와 함께 호르디의 진실성에 대해 맥거번이 아무런 이의를 제기하지 않는다는 사실을 듣고 보니 안심이 되었다. 이 스페인 고고화학자는 1990년대부터 2000년대 중반까지 왕성하게 활동했다. 학술 및 동료 검토 간행물 수십 종에 연구 결과를 기고했는데, 그중 몇 가지에서는 마스 카스테야르 데 폰토스에서 나온 묘지 맥주에 관해서도 스치듯 언급했다.[5] 호르디는 익히 알려진 인물이었다. 맥거번이 저서 『과거의 뚜껑을 따며』*Uncorking the Past*에 기록했듯 두 사람은 2004년 바르셀로나에서 개최된 제1회 선사 시대와 고대 맥주에 관한 국제 학술대회 International Congress on Beer in Prehistory and Antiquity에서 만나 몇 번인가 함께 술을 마신 적도 있었다.[6]

나쁜 학술 연구 외에도 그레고리 나지가 결코 참고 넘어가지 못하는 또 한 가지는 엉성한 말투였다. 이 하버드의 고전학자를 각별히 존중하는 뜻에서 나는 정확하면서도 공정하고 싶었다. 카탈루냐에서의 고고식물학적 발견이 2,000년 동안 엘레우시스를 찾아온 플라톤과 수백만 명의 입문자가 맥각 함유 맥주를 마셨다는 사실을 자동적으로 의미하지는 않았다. 하지만 지난 30년 동안 헌신적이고도 책임감 있는 고고학자인 엔리케타 폰스가 마스 카스테야르 데 폰토스와 그 주위에서 발굴한 모든 자료를 고려해보면 그리스 신비제의 낌새를 풍기는 지하 세계 숭배 활동이 내게는 실제로 보였다. 그리고 평판 좋은 호르디 후안트레세라스의 대담한 연구를 고려해보면 그의 자료를 의심할 이유가 전혀 없었다. 나는 그가 거짓말한다고 여기지 않았고, 그 정도 이력을 가진 누군가가 맥각을 다른 뭔가로 착각했으리라 생각하지 않았다. 그리스인 농장이 환각 성분 맥주를 정기적으로 마신다는 명시적인 목표를 지닌 서쪽의 엘레우시스로서 마법사, 치유사, 예언자에 의해 건설되었다고 우리는 완벽하게 자신하며 말할 수 있을까? 이는 우리가 『맥베스』*Macbeth*를 가리켜 환각적 환영 여행으로 집필되었다고 말하는 것과 매한가지일 것이다. 역사적 과학은 실제로 그렇게 작동하지 않는다. 하지만 셰익스피어의 집 뒤뜰에서 누군가가 약물에 도취되었던 것은 분명하다. 따라서 마스 카스테야르 데 폰토스가 엘레우시스에 있는 데메테르 신전으로 들어가는 일종의 뒷문이었다고 가정하는 일은 아주 정신 나간 주장이 아니다.

우리가 운이 좋다면 신비제는 언제라도 더 많은 단서를 흘리기로 작정할 수 있을 것이다. 이 책이 곧 인쇄될 시점에 호르디는 마지막으로 깜짝 놀랄 만한 소식을 전했다. 원래의 맥각 표본이 오늘날 가장 진보한 실험 장비로 신선하게 분석되기를 기다리며 바르셀로나 대학교에 보관되어 있을 가능성이 있다는 이야기였다. 여하간 지금까지 전염병에 가장 큰 타격을 받은 국가들 가운데 하나인 스페인에서의 상황이 정리되고 나면 사냥도 재개될 것이었다. 그리고 이야기도 계속될 것이었다.

그 와중에 러크는 폰스와 호르디가 스모킹 건을 찾았다고 확신했다. 고고학적 맥락과는 별개로 마스 카스테야르 데 폰토스에서 맥각 함유 맥주가 발견된 것은 유럽 극한 양조의 전반적인 패턴에 맞아떨어졌다. 스페인과 안도라의 다른 모든 곳에서 검출된 가짓과 식물 맥주에서 나온 증거에서 그런 패턴은 논란의 여지 없이 자명하게 확인되었다. 타라고나(기원전 2340년)와 프라츠(기원전 1600년)와 라스 루에다스 공동묘지(기원전 2세기)에서 나온 자료들은 고대의 맥주가 수천 년 동안 환각적인 알칼로이드와 조합되었음을 보여주었다. 혹시나 다른 사실로 입증되지 않는 한 내가 아는 바에 따르면, 마스 카스테야르 데 폰토스와 라스 루에다스 공동묘지에서 나온 묘지 맥주는 고전 고대에 환각성 맥주가 의례적으로 사용된 일에 관한 최초의 과학적 증거를 상징한다.[7]

대륙의 나머지 지역에서 나온 유사 자료들이 결여된 것 같기는 하지만 지난날의 맥주는 오늘날의 맥주와 매우 다르다는 점을 기억하는 것이 중요하다. 동쪽에 더 풍부했던 포도에서 나오는 발효 가능한 당糖이 없었기 때문에, 유럽 북부와 서부의 옛 양조자들은 꿀과 장과漿果와 기타 열매로 눈을 돌렸다. 이들은 더 취하게 만드는 음료를 만들기 위해 여러 다른 재료로 항상 실험했다. 그러니 가짓과 식물에 더해 다른 정신 변성 화합물은 왜 안 된단 말인가? 내게 보낸 개인적인 이메일에서 호헨하임 대학교 식물학 연구소Institute of Botany의 한스페터 슈티카는 "도기 그릇의 분석은 상당히 덜 성숙하다"라고 장담했다. 고고화학적 맥주의 잔해가 계속해서 발견되며 검증되고 있으니 "우리는 새로운 결과를 기대할 수도 있다"라고 그는 말했다. 여기에서 말하는 결과란 물론 환각성 결과였다.

맥주 문화는 유럽 대부분에 걸쳐 신석기 시대, 아나톨리아에서 인도유럽인의 비밀이 처음 도착한 석기 시대에 시작되어 그리스도교가 대두할 때까지 지속되었다. 사실 예수 탄생보다 두 세기 앞서 로마가 오늘날 스페인과 프랑스 같은 장소를 정복한 사건은 정치적인 만큼 문화적인 사건이었다. 그런 곳들에서는 로마인의 포도주가 유일하게 문명화된 '선호 음료'로 여겨졌다.[8] 그리고 강력한 도구로 간주되었다. 어쩌면 그 야만적인 서유럽인을 교육하는 최선의 방법은 그들의 유서 깊고 야만적인 맥주를 모두 제거하는 일이었을지도 모른다.

로마인은 포도주에 대한 취향을 그리스인에게서 물려받았다.[9] 그리고 그리스인은 그 취향을 기원전 마지막 2,000년 동안 지중해에서 활발한 포도주 무역을 수행하던 가나안인과 페니키아인에게서 받아들였다. 그 본고장인 비옥한 초승달 지대와 근동에서 출발해 우리가 추적한 라케페트 동굴과 괴베클리 테페 같은 장소에 이르기까지 포도주 제조는 맥주 제조를 뒤따랐을 수 있다. 하지만 이미 청동기 시대에 이르러 미케네인과 이들의 '미노아의 의례용 칵테일'과 더불어 포도주 음용은 늘어나고 있었다. 기원전 8세기에 그리스인이 이탈리아를 식민화하고 훗날 고전기 아테네인이 나름의 식민지를 두게 되면서, 포도주는 오늘날까지도 포도밭으로 유명한 지중해의 포도 친화적인 지역에서 그 선사 시대 경쟁자를 앞서게 되었다.[10] 아나톨리아와 그리스 그리고 이탈리아에서 맥주는 천천히 사라졌다. 포도주는 새로운 1,000년을 위한 새로운 비밀이 되었다. 그 서쪽에 있는 환각적 맥주와 마찬가지로 키케온조차 그 추세를 피하지는 못했다.

개혁가와 혁명가가 나타나 상황을 약간씩 휘저어놓지 않는다면 그 어떤 종교도 오래 지속될 수 없다. 만약 마스 카스테야르 데 폰토스 같은 공개 성소가 뭔가의 증거라면 비밀 제조법은 엘레우시스에 영원히 밀봉되어 있을 수 없었다. 에우몰포스 가문과 케릭스 가문이 엘레우시스에서 그들의 최초 제의에 대한 독점을 유지하고 싶어 한 것처럼 약물은 결국 외부로 새어 나갈 운명이었다. 두 계열의 세습 집전자들은 해외는 물론 본고장에서도 경쟁에 직면했다. 고대 그리스인 중에는 신비제로의 긴 입문을 감내하기 위해 2년 동안 자기 삶을 중단하고 싶어 하지 않는 사람들도 있었기 때문이다.

아테네 시내에 있는 디오니소스 극장에서 또 다른 신비를 기꺼이 이용할 수 있는데 왜 군이 석기 시대의 묘지 맥주를 맛보기 위해 값비싼 여행을 한단 말인가? 그곳뿐 아니라 포도주 신의 숭배자들이 모여 포도 물약을 마시는 아무 산이나 숲도 있었다. 어쩌면 그것이야말로 디오니소스가 엘레우시스의 절차 속으로 처음 몰래 들어온 과정이었을 수도 있다.[11] 스위스의 고전학자 프리츠 그라프가 나와 대화하며 확인해준 바에 따르면, 이전까지는 항상 선사 시대의 여신에게 속했던 성소들이 기원전 5세기에 갑자기 디오니소스의 외양을 취하게 되었다. 무아경의 신이 페르세포네에게서 태어난 거룩한 아이로 변한 이유가 단지 자신의 반체제적 추종자들이 데메테르 신전을 버리지 않고 유지하도록 만들기 위해서였다면 그것이야말로 영리한 행보였다. 하지만 이것만으로는 충분하지 않았다.

시간이 흐르면서 순례자들은 엘레우시스로 향하는 모든 길을 갈 필요가 없다고 깨달았다. 거꾸로 엘레우시스가 이들을 찾아올 수 있었다. 또한 수천 년 동안 신비제를 부추긴 것이 분명한 활성 성분은 이들이 선호하는 신비로 쉽게 분해될 수 있었다. 러크에 따르면, 이른바 '신비제의 모독'은 약물을 위한 매체로서 포도주가 맥주를 대체하게 된 운동의 명백한 증거이다. 기원전 414년에 일어난 일련의 사건에서 신비제 후원자 몇 사람이 그들의 만찬 손님들을 가장 거룩한 비밀에 입문시켰다가 적발되었다. 각각의 예식은 엘레우시스의 노골적인 모방으로, 여차하면 사형까지 가능한 신성 모독으로 간주되었다. 그 기록의 세부사항에 따르면 아테네 전역의 부유한 가정에서는 어떤 종류의 신비가 소비되었다. 그게 무엇이었든 그 혼합물에는 포도주가 필수적이었다.[12] 소크라테스의 제자 중 가장 유명한 알키비아데스도 이 스캔들에 연루되었다. 고대 그리스의 에드워드 스노든에 비견할 만한 그는 재산을 모두 몰수당하자 부득이하게 망명할 수밖에 없었다. 아테네로 돌아간다면 데메테르와 페르세포네의 큰 비밀을 폭로했다는 이유로 처형당할 위험까지 감수해야 했다. 그리스 국가는 이런 종류의 이단 행위를 강력히 제재했다. 하지만 일단 디오니소스와 그의 포도주에 관한 사랑이 작용하자 차마 멈출 수 없게 되었다.

어쨌거나 맥주가 오늘날 가톨릭이나 정교회나 프로테스탄트 교회 중 어디에서도 사용되지 않는 데에는 이유가 있다. 만약 예수가 수천 년 먼저 태어났더라면 세계의 그리스도교인들은 매주 일요일마다 그리스도교화한 키케온을 마셨을 것이다. 하지만 그럴 수는 없었다. 이 책 2부에서 분석하게 되겠지만 예수는 포도주의 1,000년 동안 갈릴래아라는 포도주 동네에 태어났기 때문이다. 그리고 이에 못지않게 영향력을 준 역사적 우연이 있었으니, 그로 인해 포도주는 그 시대 최고 음료가 되었다. 아나톨리아와 그리스와 이탈리아의 최초 그리스도교인들은 이미 그들의 곡물을 저버리고 포도로 갈아탔는데, 지금까지 우리가 발굴한 선사 시대 맥주와 마찬가지로 포도주가 매우 다른 물건인데도 그랬다.

엘레우시스의 약물 함유 맥주에 관해 러크가 이야기한 바가 맞다면 고대 그리스의 약물 함유 포도주에 관한 그의 학술 연구는 전적으로 새로운 의미를 지니게 된다. 그의 주장에 따르면, 그리스도교 성체성사 최초의 가장 권위 있는 거행에서 알키비아데스 같은 사람들이 바로 이 포도주를 사용했기 때문이다. 사람들은 엘레우시스에 대해 인내심을 발휘하지 못했는데도 진정한 종교적 경험을 가격 불문하고 구매하려 시장에 나와 있었다. 마스 카스테야 데 폰토스의 맥주 애호가들이 그들 나름의 수제 성찬 용품을 양조할 수 있었다면 포도주 애호가들은 어디에서나 그들 나름대로 신의 음료를 조합할 수 있었다. 러크에 따르면, 이들은 1세기 그리스어 구사 지중해의 동쪽 절반에 걸쳐 복음서 집필자들과 성 바오로의 대상 독자이기도 했다. 특히 이들은 그리스어 구사 영지주의자들에 의해 훈련되었는데, 이들의 거룩한 텍스트는 결코 신약성서에 포함되지 못했으며 이들의 구전 전통은 분명히 약리학적 비밀을 담고 있었다. 이들은 모두 그리스어를 사용해 새 종교를 만들었고, 그리스도교라는 그 종교에서는 자신들의 포도주는 보통 포도주가 아니라고 신자들에게 납득시키는 능력이 예나 지금이나 관건이었다. 이것이야말로 즉각적인 불멸성을 약속하며 영원의 문을 열어주는 하느님의 피였다.

어떻게 그런 일을 했을까? 그리스도교는 어떻게 해서 이미 마법 포도주가 가득했던 지중해 세계에서 성공했을까? 마법 가운데 일부를 차용해 가능했다고 러크는 믿었다. 본래의 성만찬이 실제로 환각성이었다는 증거가 있다면 확고한 증거도 저 바깥에 있어야 마땅했다. 어느 누구도 더 이상 굳이 살펴보려 들지 않았던 구세계의 다락방이나 지하실 어딘가에 숨어 있어야 했다.

나는 그것을 찾기 위해 파리와 로마로 떠났다.

혹은 그 시도 가운데 기록 보관소에서 길을 잃기 위해.

2부

환각성
포도주 혼합

Mixing
the Psychedelic
Wine

8장

불멸의 약물

나는 이리저리 뻗은 나폴레옹 광장에서 1,022제곱미터를 차지하는 번쩍이는 유리와 금속 피라미드 그늘 아래 있었다. 그리고 그림처럼 완벽한 파리의 금요일치고는 예상보다 훨씬 적은 방문객 사이를 헤치며 걷기 시작했다. 곧 지금이 2월 중순이며 최근 있었던 '노란 조끼' 시위가 2019년 이 관광지구에는 딱히 도움이 되지 않았다는 점을 기억해냈다. 연료 가격을 놓고 시작된 이 반정부 운동은 1960년대 이후 이 나라에서 가장 폭력적인 시위를 낳았으며, 프랑스 혁명과 비교되기까지 했다. 지금으로부터 겨우 몇 주 전 당국에서는 전국에 경비 인력 8만 9,000명을 배치했다.[1] 보기 드문 사전 조치가 이뤄지는 가운데 세계에서 가장 큰 이 미술관은 실제로 이 상징적인 출입구를 닫으라고 명령받았다. 하지만 오늘은 거리가 조용했다. 우리는 운이 좋았다. 알렉산드라 카르디아누Alexandra Kardianou 박사는 너그럽게도 나를 특별 손님으로 초대해 기원전 5세기에 만들어진 적색 인물화 꽃병 두 점을 살펴보게 해주었다. 여러 해 동안 나는 그 유물을 가까이에서 직접 볼 기회를 기다려왔다.

최초의 그리스어 구사 그리스도교인들이 신비제 입문자들에게서 환각성 비밀을 실제로 물려받았다면 그 관계는 어디에서부턴가 시작되어야 했다. 따라서 그 이교 연속 가설을 궁극적으로 검증하기 위해 우리는 기원전 마지막 몇 세기 동안의 고대 그리스인들과 서기 처음 몇 세기 동안의 초기 그리스도교인들을 연결하는 것이라면 무엇이든 찾아보고 있었다. 뚜렷한 연계는 바로 포도주였다. 그리스도교 성만찬의 기반이 실제로 예수의 시대에 고전 세계에 존재했던 정신 변성 음료였다면, 조사의 이 지점에서 우리의 첫 번째 임무는 본래의 고대 그리스 음료를 확인하는 일이었다. 우리는 최초의 그리스도교인들이 맥주와 관계없었다는 사실을 알았다. 하지만 마스 카스테야르 데 폰토스에서 맥각 함유 양조주가 발견된 일은 유럽 대륙에서 묘지 맥주가 믿기 어려울 정도로 장수했다고 보여주는 것이었다. 그것이 석기 시대부터 그리스도교의 탄생 때까지 존속했다면 약물 함유 음료의 전체 개념은 그저 러크가 상상한 허구가 아닐 것이며, 비밀 성분과 숨겨진 제조법의 긴 전통이 디오니소스의 팬들 사이에서 쉽게 거처를 발견했을 수도 있다. 데메테르와 페르세포네의 키케온에 환각성 알칼로이드가 첨가되어 있었다면 예수 직전의 여러 세기 동안 지중해 동쪽 절반에서 유통되던 모든 포도주에도 각종 식물, 약초, 균류가 함유되었을 수 있다.

하지만 우리는 이번만큼은 곡물과 매우 독특한 관계를 맺고 있는 맥각을 필수적으로 찾지 않았다. 대신 정신 활성적인 것이라면 무엇이든 찾아보고 있었다. 그 시대 그리스의 포도주는 오늘날 우리가 '포도주'라 부르는 것과는 거의 닮지 않았다는 간단한 사실 때문이었다. 곧 살펴보겠지만 러크는 서양 문명의 기본 성사로서 맥주를 대체한 물약의 신비로운 평판을 재점화하기 위해 『엘레우시스로 가는 길』에 고대 출처의 상세 목록을 열 쪽에 걸쳐 실었다. 고대 그리스인 사이에서 포도주는 보통 이례적으로 취하게 하는 것, 심각하게 정신 변성적인 것, 때때로 환각적인 것, 잠재적으로 치명적인 것으로 묘사되었다. 증류주가 나오기 이전 시대에 어떻게 그런 일이 가능했을까? 왜 그리스의 포도주는 그토록 강했을까? 포도주나 맥주의 알코올 함량이 용적의 15퍼센트에 도달하면 발효가 갑작스레 멈춘다는 사실은 익히 알려져 있다. 대부분 효모는 자연적 한계를 넘어 살아남지 못한다. 그저 죽어 없어져 취하게 만드는 에탄올의 추가 생산을 차단한다. 그래서 고대의 포도주에는 그 악명 높은 알딸딸함을 가미하기 위한 뭔가가 반드시 있어야 했다.

러크에 따르면 트림마로 알려진 영약, 즉 우리가 아크로폴리스에서 방문했던 디오니소스 극장에 모인 관객들을 위해 혼합된 특별한 포도주는 그리스인의 환각 물질 제조 요령 가운데 하나에 지나지 않았다. "그리스어는 광기와 만취를 구분하지 않는데, 디오니소스는 포도주뿐 아니라 모든 만취 유도제의 신이기도 하기 때문이다."[2] 그는 『엘레우시스로 가는 길』에 이렇게 썼다. 실제로 그리스인이 알코올에 그토록 집착했다면 그것을 가리키는 단어를 하나 발견하고도 남았을 것이다. 하지만 실제로는 그러지 않았다. 영어 단어의 60퍼센트를 그리스어와 라틴어에서 차용했지만 정작 '알코올'alcohol이라는 단어는 아랍어 알쿠울ﺍﻟﻜﺤﻮﻝ에서 유래했다. 이 단어의 어근 카할라kahala는 '활기를 불어넣다' 또는 '원기를 회복하다'라는 뜻이 될 수 있다. 하지만 마스 카스테야르 데 폰토스에서 묘지 맥주를 마시던 사람들과 마찬가지로 그리스인은 가벼운 취기 이상을 원했다. 앞서 언급한 것처럼 광녀들, 즉 디오니소스의 여성 추종자들의 목표는 "신성한 격앙" 또는 "신에게 사로잡힌 영감"의 상태였다. 무아경의 신의 "정신으로 가득해"지고 "신성한 힘을 얻은" 여사제들은 "자신을 그 신과 동일시하게 된"다.[3] 그것이 바로 상당히 독한 포도주이다.

디오니소스의 신성을 공유하기 위해, 그리하여 스스로 불멸자가 되기 위해 광녀들은 자신들의 포도 물약에 각종 환각성 첨가물을 혼합했을 가능성이 있다. 문헌 증거에 따르면 그들은 만일에 대비해 다양한 약물을 보유하고 있었음이 분명하다. 하지만 내 기억에 항상 남아 있던 것은 바로 러크 저작 특유의 읽기 힘든 각주 가운데 하나였다. 이 나이 많은 교수는 1978년에 내놓은 그 폭탄 같은 책에서 신성한 포도주의 의례적인 혼합을 묘사한 고대 도기에 관해 깨알 같은 글자로 잠시 언급하고 넘어갔다. 매년 1월 아테네에서는 레나이아Lenaia 축제라고 알려진 겨울 중반의 행사를 위해 트림마와 유사한 또 다른 영약이 마련되었다. 그런 모든 신비제와 마찬가지로 그 세부사항은 개략적일 뿐이지만 러크는 그리스 도기라는 더 잘 보전된 사례들에 감질나는 단서들이 기록되어 있다고 생각했다.

이 꽃병들은 그 신의 여성 추종자들이 무아적 혹은 미친 정신 상태에서 탁자에 놓인 크라테르krater, 즉 '혼합용 대접'에 포도주를 섞고 있으며, 탁자 뒤에는 그 신의 가면을 쓴 기둥이 서 있는 모습

G 409의 선화(線畵). 1912년 발행된 아우구스트 프리켄하우스의 『레나이아 축제 꽃병』에 수록되었다.

을 보여준다. 다양한 식물과 약초가 탁자 위에 놓여 있거나 탁자 너머에 끈으로 매달려 있다. 한 꽃병에는 실제로 한 여성이 어떤 약초의 잔가지를 크라테르에 첨가하는 모습이 나타나 있다.[4]

인터넷 이전 시대의 이 각주는 여기에서 끝난다. 아무런 도판도, 도해도, 하이퍼링크도 없다. 러크는 구체적인 쪽수를 명시하지 않고 그저 1912년 베를린에서 발행된 독일 학자 아우구스트 프리켄하우스August Frickenhaus의 저서 『레나이아 축제 꽃병』Lenäenvasen을 출처로 언급했다. 어느 시점엔가 하이델베르크 대학교에서는 그 전자책을 만들어 온라인에서 이용할 수 있게 했다.[5] 나는 지금으로부터 몇 년 전 어느 일요일 내내 프라켄하우스가 재현한 이미지를 모두 하나하나 살펴보며 러크가 이야기한 것을 뭐든 찾아내기를 바라던 일을 지금도 똑똑히 기억한다. 실망스럽게도 모든 도기는 흑백으로 재현되었다. 꽃병의 실제 사진이 일부 실려 있었으나 나머지는 그 저명한 독일인이 최선을 다해 레나이아 축제 장면을 손으로 재현해두었다.

그런데 프리켄하우스가 그린 도해 가운데 하나가 내 눈길을 강하게 사로잡았다. 세 여성의 옆모습이 보이고, 혼합용 탁자 위에 크라테르 두 개가 놓여 있었다. 여성 가운데 두 명은 선 채로 왼쪽에 있는 그릇을 유심히 바라보고 있다. 가운데 있는 여성은 크라테르의 입구 가장자리를 향해 손바닥을 위로 한 채 오른손을 뻗었고, 그 동료는 자루가 긴 국자로 그 내용물을 조심스레 젓는다. 아직 발효 중인 포도주 안에 어떤 미지의 성분을 넣은 것이다. 바로 오른쪽에 앉아 있는 세 번째 여성이 양손으로 뻣뻣하게 치켜들고 있는 것이 무엇이든 그 첨가물일 것이다. 그녀는 서로 다른 종 두 개를 들고 있다. 둘 중 어느 것도 쉽게 확인하기 어렵지만 두 가지 모두 러크의 묘사에 언급된 것처럼 "어떤 약초의 잔가지"에 들어맞을 수는 있다. 프리켄하우스는 이 신중하게 그린 선화 아래에 "루브르 G 409"라는 구절을 괄호로 묶었는데, 짐작하기에 21세기에는 아무것도 의미하지 않을지 모르는 100년 된 분류 기호일 듯했다. 몇 주에 걸쳐 인터넷에서 검색하고, 입수할 수 있었던 실물 서적과 학술지를 모조리 뒤졌는데도 G 409의 사진은 발견되지 않았다. 이 잠재적인 중요성을 지닌 뭔가에 관한 문헌에 기묘한 공백이 있었다.

그 고대 화가가 G 409에 묘사된 의례를 순전히 상상해서 그렸을 수도 있지만 만약 그것이 실제 포도주 혼합 예식의 더 섬세한 내용을 보전하고 있다면 어떻게 될까? 그리고 자리에 앉아 있던 광녀가 손에 든 두 가지 종의 식물이 본래 고대 그리스의 신비 용품인 거룩한 포도주에 약물을 첨가한 비밀 성분이라면 어떻게 될까? 막다른 길에 도달한 나는 프리켄하우스의 이미지를 내 랩톱에 넣어두고 그것이 언젠가 유용해질 것이라 믿었다.

알고 보니 오늘이 바로 그날이었다. 크리스마스 직전 나는 루브르의 고대 그리스-에트루리아-로마 분과 담당자 몇 명에게 프랑스어로 무작정 이메일을 보냈다. G 409의 사진을 첨부했으나 과연 그 꽃병이 다른 미술관으로 옮겨졌는지, 아니면 완전히 사라졌는지 나로서도 완전히 확신하지는 못한 상태였다. 게다가 프리켄하우스의 출처 표시는 어쨌거나 완전히 쓸모없는 것이 거의 확실해 보였다. 그런데 1월 7일 월요일 디오니소스가 소생했다. 그리스 태생의 카르디아누 박사는 내게 보낸 답장에서 G 409는 실제로 여전히 G 409라고 확인해주었다. 그 물건은 루브르의 1만 5,000점에 가까운 그리스 꽃병 중에서도 가장 눈에 잘 띄는 자리에 여전히 있다고도 일러주었다. 또한 그녀는 G 408로 분류된 한 점도 내가 관심 있어 할 만하다고 말했는데, 그것 역시 "또 다른 디오니소스 숭배 장면으로 장식되었기" 때문이라고 했다. 카르디아누가 첨부해준 G 408 파일을 열자 러크의 40년 묵은 각주의 나머지가 제자리에 완벽히 들어맞았다.[6] 그 꽃병 사진에는 두 여성이 포도주를 국자로 떠서 더 작은 음료 그릇에 옮겨 담고 있었다. 그 사이에는 "그 신의 가면을 쓴 기둥"이 있는데, 이 역시 러크의 묘사와 정확히 일치했다. 디오니소스의 턱수염 달린 형상의 머리에서는 잎사귀 달린 덩굴식물 싹이 기묘한 형태로 뻗어 나와 있었다. 또 하나의 커다란 단서이지만 첨부 파일 해상도가 너무 낮아 세부사항을 찾아낼 수는 없었다.

왜 지금껏 G 408이나 G 409의 쓸 만한 컬러 사진을 아무도 펴내지 않았을까? 그 이유는 나도 모르겠다. 하지만 저 광녀들이 이제 하려는 일을 자세히 살펴볼 수 있다면 그리스의 포도주가 그 정신 변성에 관한 평판을 얻게 된 과정을 설명하는 데에 마침내 도움이 될지도 몰랐다. 나는 카르디아누와 그 유물을 개인적으로 살펴볼 날짜를 잡았다. 그리고 곧바로 약초 전문가에게 연락했다.

G 408과 G 409를 해독하려면 어마어마한 경력을 보유한 사람이 필요할 것이었다. 충분히 찾아본 결과, 나는 이탈리아 로마에서 남동쪽으로 두 시간 거리의 이세르니아Isernia 지방 마테세산맥 기슭에 있는 예스러운 도시 콜레 크로체(Colle Croce, 십자가 언덕)의 밟아 다져진 오솔길 옆에 사는 프랜시스 티소Francis Tiso를 발견했다. 이 69세의 박식가는 고대 언어학자이자 비교 종교 역사학자로, 코넬 대학교와 컬럼비아 대학교를 거쳐 하버드 대학교에서 신학 석사 학위를 받았다. 또 면허까지 보유한 진짜 버섯 사냥꾼이며 열성 원예가에 동종 요법 약초학자이기도 했다. 그는 칸탈루포 넬 산니오Cantalupo nel Sannio의 밟아 다져진 오솔길을 따라 좀더 들어가면 나오는 산타 일데가르다Santa Ildegarda라는 민박을 운영하기도 했다. 그곳은 12세기 베네딕도회 여성 예언자이며 초기 페미니스트인 성 힐데가르트 폰 빙엔Saint Hildegard of Bingen의 신비주의적 유산에 봉헌된 장소였다. 그녀는 한때 유럽에서 약초 치료의 최고 권위자였다.

프랜시스가 손대지 않은 분야가 없는 듯했지만 그의 본업이야말로 가장 중요한 분야라 할 만했다. 묵상할 때나 식물과 대화할 때를 제외하면 이 연금술사는 평범한 포도주를 가져다 그 기원이 여전히 수수께끼에 둘러싸인 고대 의례의 일부분인 마법의 포도주로 변모시키는 일을 하며 돈을 벌었다.

나는 녹초가 된 내 친구가 박물관 마당을 가로질러 여행 가방을 끌고 오는 모습을 본 것 같았다. 깔끔하게 다듬은 회색 턱수염 아래에 사제복의 로만 칼라도 없으니 곧바로 알아볼 수 없을 정도였다.

"안녕하세요, 프랜시스 신부님! 만나서 반갑습니다."

이 로마 가톨릭 사제는 막 네팔에서 돌아오는 길이었다. 그곳에서 지난 3주 동안 본래 흑마술사였지만 헌신적인 불교도가 된 밀라레파의 제자가 집필한 중세 티베트의 필사본을 번역했다. 나는 이 여행자가 약간 지쳤으나 평소처럼 사기가 충만하다는 사실을 발견했다. 오후 2시 30분 카르디아누와의 약속에 앞서 잠시 시간을 보내기 위해 우리는 높이 22미터의 피라미드를 에워싼 분수대 가장자리를 장식하는 둥근 화강암 선반에 걸터앉았다. 다행히도 프랜시스 신부는 내 조사에 관해 이전부터 알고 있어 그리스와 독일과 스페인에서 있었던 가장 최근의 모험에 대한 정보를 업데이트해주기도 어렵지 않았다.

우리는 2015년 처음 접촉했다. 이 사제가 어떻게 반응할지 알 수 없었지만 나는 그가 이교 연속 가설을 충분히 진지하게 받아들인 나머지 '테라 사크라(terra sacra, 성지)'에 관한 내 첫 번째 기고문도 읽었다는 사실을 곧바로 알게 되었다.

안녕하세요, 브라이언.

토요일에 바티칸의 바오로 6세 알현실에서 교황님이 행차하시기를 기다리는 동안 저는 한 손에 펜을 들고 당신의 기고문을 읽어보았습니다. 저는 이세르니아 베나프로Isernia-Venafro 교구 소속이었고, 이날 우리는 특별 알현을 받았습니다. 그 기고문은 전반적으로 마음에 듭니다만, 몇 가지 소소한 (어쩌면 그리 소소하지는 않을 수도 있는 몇 가지도 포함해서!) 비판 거리가 있습니다. 하지만 지금은 너무 늦었고, 저는 내일 아침 장례식에 가야 합니다. 조만간 다시 연락드리겠습니다. 그 글은 제 랩톱 옆에 놓여 있는데, 이 콜레 크로체라는 상당히 이국적인 장소는 우주의 끝에 가까운 어딘가랍니다! 하지만 엘레우시스와 그 후계자들로부터는 그리 멀지 않을 수도 있습니다.

안녕히, 프랜시스

그는 처음부터 내게 매우 솔직하게 대했다. 나는 적임자를 찾았다고 깨달았다. 곧이어 어떤 성직자가 이런 이교도의 추구에 동참한다면 이른바 '세계에서 가장 논란이 되는 사제'야말로 제격이라고도 생각했다. 프랜시스 신부가 그런 별명을 얻게 된 까닭은 예수의 죽음과 사망이 실제로 유일무이한 사건까지는 아니라고 주장했기 때문이다. 이는 2,000년이나 묵은 교회의 교의에 모순되는 주장이었다. 이 대담한 사제는 2016년 저서 『무지개 몸과 부활』Rainbow Body and Resurrection에 티베트 불교의 이른바 '무지개 몸' 현상에 관해 수십 년에 걸쳐 탐구한 결과를 실었다. 그는 인도 아대륙과 히말라야산맥 곳곳을 돌아다니며 사후에 물리적 몸이 줄어들거나 사라졌으며, 심지어 종종 다채색 빛을 방사하도록 변모했다는 영적 스승들에 관한 증언을 추적했다.[7]

"더는 이 현상을 민담이라고 일축할 수 없습니다." 프랜시스 신부가 말했다.[8] 또한 그는 이른바 복음서의 '변모' 장면이라는 것의 유사 사례를 굳이 부정하는 것도 의미가 없다고 보았다. 복음서의 그 대목에 따르면 예수의 얼굴은 갑자기 "해처럼 빛났고" "그의 옷은 마치 번갯불처럼 밝아져" 하느님의 유일한 아들인 그의 진정한 정체를 확실히 굳혀주었다. 이 기적적인 빛의 몸은 더 나중에 가서 부활한 예수가 하늘로 승천하기 직전 취할 초인적 형태의 미리보기로 여겨졌다.[9] 하지만 프랜시스 신부가 인터뷰한 라마들은 제아무리 깨달은 사람이라 하더라도 어느 누구도 자신을 하느님의 아들이라 주장하지 않았다. 따라서 이들이 무지개의 폭발 속에서 공기 속으로 사라졌다면 이는 우리도 누구나 이와 똑같이 신성한 위업을 이룰 수 있다는 뜻이 된다.

프랜시스 신부 입장에서는 이것이야말로 신약성서를 읽는 완벽하게 상식적인 방법이었다. 즉 예수의 핵심 메시지는 그의 능력에 대한 것이라기보다는 오히려 우리의 능력에 대한 것이었다. 이 유별난 사제는 머나먼 구름 속에 떨어져 있는 외적 하느님을 바라보는 대신 진보적인 사고를 가진 그리스도교인들을 향해 자신, 즉 내면 깊은 곳에 감춰진 잠재력에 초점을 맞추라고 조언할 것이었다. 수행 중인 불교도에게는 이것이 산속에서 평생 명상하는 일을 뜻했다. 우리 나머지에게는 오히려 지름길이 있었다. 그것은 바로 최초의 그리스도교인들이 호메로스의 언어로 말하고 주머니 가득 마법 약초를 항상 갖고 다녔던 솜씨 좋은 여성들에게서 받아들였을 법한 방법이었다.

약초 이야기가 나왔으니 말인데 콜레 크로체의 프랜시스 신부 자택 뒤뜰에도 그것이 지천이었다.

　이 이단자의 이력서만 봐도 알 수 있었지만 철저히 조사하려면 그 실험실을 직접 봐야 했다. 그래서 몇 달 전 이탈리아 남부행 기차를 타고 그 우주의 끝 동네로 식물학 수업을 받으러 왔다. 로마 시대 이전 건축물의 녹음이 우거진 뒤뜰에는 무화과, 올리브, 헤이즐넛, 사과, 배 등의 나무가 웃자라 있었다. 아티초크, 야생란, 엉겅퀴 옆으로 프랜시스 신부는 돼지풀, 라벤더, 겉이 시커먼 틴틸라종 포도나무도 보여주었다. 다른 자리에는 면역력 강화제인 서양톱풀, 서양쐐기풀, 에키네시아, 감초, 생강이 있었다. 잘 보이지는 않았지만 비단 그물버섯 한 줌도 있었다.

　이 사제의 돌 오두막 부엌은 마법사와 마술사의 성능 시험장 같았다. 천장 길이를 따라 매어놓은 빨랫줄에는 스무여 개 남은 가지의 서로 다른 약초들을 크기별로 분류해 매달아 말리고 있었다. 절구와 절굿공이는 오븐 옆에 모두 깔끔하게 쌓아놓았다. 바깥의 땅에서 돋아난 것은 무엇이든 그 뿌리와 줄기와 잎과 꽃과 열매를 가져다 유리 점적기와 스프레이 병에 넣어두었다. 가장 최근의 수확물 더미에는 손으로 무엇이라 적어놓았다. 멧두릅, 캐모마일, 우엉, 향쑥, 머그워트 등이었다. 그 옆의 더미는 육두구, 올스파이스, 정향, 사이프러스, 보리지였다. 그곳에 놓인 책들을 보자 그 제목을 옮겨 적지 않을 수 없었다. 『그레이 학급 및 야외 식물학 교본』*Gray's School and field Book of Botany* 『식물 연금술 실용 독본』*The Practical Handbook of Plant Alchemy* 『실용 버섯 백과사전』*The Practical Mushroom Encyclopedia* 『삽화판 약초 해설서』*The Illustrated Herbal* 등이었다. 내가 좋아하는 책인 『약용 식물의 비밀과 미덕』*Segreti e virtù delle piante medicinali*도 있었다. 마법사 멀린

프랜시스 신부의 부엌. 2018년 5월 저자가 이탈리아 콜레 크로체를 직접 방문해 찍은 사진이다.

이라 해도 이보다 나은 실험실을 만들지는 못했을 것이다.

"요즘도 그리스어 잘 읽으시나요?" 나는 성직자에게 농담을 던졌다. 물론 그의 실력 범위에 관해서라면 아주 잘 알고 있었다. 나폴레옹 광장에 있는 햇볕에 달궈진 좌석에 앉아, 나는 앞서 아테네와 엘레우시스와 뮌헨과 헤로나에도 동행한 갈색 가죽 가방에 든 에우리피데스의 『디오니소스의 여신도들』 로브 판본을 꺼냈다. 내가 손으로 가리킨 274행에는 장님 예언자 테이레시아스가 회의적인 테베왕 펜테우스에게 그 도시의 여성들이 디오니소스 제의를 적절하게 축하할 수 있도록 허락해야 하는 이유를 설명하고 있었다. 아울러 예언자는 이 '새로운 신'이 후세를 위해 그리스를 지도 위에 표시해줄 것이라 단언했다. 그 이유를 에우리피데스의 합창대는 다음과 같이 설명했다. "디오니소스보다 위대한 신은 없도다."[10]

기원전 405년 처음 선보였을 때 이 희곡은 당시의 혁명적인 운동과 그 운동이 엘레우시스 신비제 같은 정부 주관 숭배에 제기한 노골적인 도전을 에우리피데스가 극화한 방법이었다. 맥주에 기반한 키케온과 더 인기 있으며 더 세련된 포도주 신비의 경쟁이 심화하면서 데메테르와 페르세포네의 시대는 저물고 있었다. 그리고 무아경의 신은 겨우 몇 년 전 자택에서 엘레우시스를 모방해 십중팔구 약물 첨가 포도주를 내놓아 여신을 모독한 알키비아데스 같은 아테네인을 점점 더 많이 불러 모으게 되었다. 하지만 도시 바깥에서 이 포도주 신의 진짜 추종자는 여성이었고, 이들이 도망친 산과 숲은 결국 그리스 전역에서 야외 디오니소스 교회를 형성하게 되었다.

프랜시스 신부는 신약성서보다 4세기 반이나 앞선 그 텍스트를 큰 소리로 읽기 시작했다. 그의 발음은 약간 교회식이었지만, 공연 당시 디오니소스 극장에서 술에 취한 박수를 이끌어냈을 법한 고전 그리스어의 운율을 제대로 포착하고 있었다.

죽어 없어질 인간에게는 두 가지가 중요하다네, 젊은이. 하나는 데메테르 여신으로 (이 여신은 '대지의 어머니'이지만 그 이름이야 자네가 좋을 대로 불러도 상관없다네) 죽어 없어질 인간에게 건조한 음식을 제공하지. 하지만 그다음에 온 세멜레의 아들[디오니소스]은 그 음식의 짝, 즉 포도송이에서 흘러나오는 음료를 발견해 죽어 없어질 인간에게 소개했다네. 그 음료 탓에 괴로움을 겪던 죽어 없어질 인간은 (자신을 포도나무의 즙으로 채우기만 하면) 고통으로부터 자유로워졌고, 그 음료 덕분에 하루의 괴로움을 잊고 잠들게 되었다네. 슬픔에 대한 다른 치료법은 없다네. 스스로 신인 그는 신에게 바치는 헌주에서 흩뿌려진다네.[11]

"사람들은 이 대목을 항상 틀리죠." 나는 프랜시스 신부에게 말했다. 방금 우리가 읽은 로브 판본에 수록된 그리스어 문장의 영어 번역문을 가리킨 것이었다. "슬픔에 대한 다른 '치료법'은 없다네." 나는 오른쪽 면의 영어 번역문을 읽었다. "보통은 '처방'이나 '약품'이나 '치료법'이라고 옮기죠. 하지만 결코 정확한 뜻을 옮기지는 않더군요. 여기에서 '치료법'에 해당하는 그리스어 원문이 뭔지 좀 보세요."

프랜시스 신부는 왼쪽 면의 그리스어 원문을 훑다가 내가 가리키는 것이 무엇인지 정확히 알아보았다. 그는 안경 너머로 살펴보더니 그 고대어 음절을 내뱉었다. "파르마콘pharmakon!"

에우리피데스가 파르마콘이라는 단어를 이 대목에 의도적으로 삽입한 것은 그리스의 풍부하고도 확립된 전통을 암시하는데, 아테네의 고전기 관객이라면 그 전통을 몰라보지 않았을 것이다. 지난 9월 아테네의 고유물 및 문화유산 종합 관리국에서 만난 폴릭세니 아담벨레니 국장도 그 전통을 알아봤는데, 그때 우리는 키르케가 오디세우스의 부하들을 돼지로 변모시키기 위해 음식에 아네미스게ἀνέμισγε, 즉 '섞었'다는 파르마카 리그라φάρμακα λύγρ', 즉 '사악한 약물'에 관해 읽었다. 키르케의 마법 키케온은 그리스 이카리아섬에서 생산되는 프람네이아 포도주였다.[12] 기원전 8세기 그리스 문자 문화의 시작부터 우리는 발전한 약리학에 관한 증거를 발견한다. 아담벨레니는 포도주와 약물의 강력한 조합에 대한 이해야말로 그리스인에게 "일반적인 지식"이라고 말했다. 즉 그녀의 동족에게는 '자연스러운' 것이었다. 그 지식은 호메로스와 함께 끝난 것이 아니었다.

하버드 출신 고전학자 루스 스코델Ruth Scodel은 1980년 발표한 잘 알려지지 않은 논문에서 후대 사상가이자 포도주를 묘사하는 데에 파르마콘이라는 단어를 사용한 플라톤, 플루타르코스, 논노스와 호메로스를 연결 짓는 1,000년의 전통을 언급했다. 그녀는 그리스 문헌 전체에 걸쳐 "포도주가 전통적으로 훌륭한 파르마콘으로 예찬되었다"라고 무미건조하게 인정하면서, 이를 가리켜 "판에 박힌 문구"라 불렀다.[13] 복합 영약으로서 포도주의 평판은 그리스의 암흑시대부터 로마 제국 멸망 때까지 줄곧 이어졌는데, 그것은 실제로도 그러했기 때문이다. 다시 말해 포도주는 스코델의 말마따나 "슬픔을 억제하는 약물"부터 위험하다 못해 때로는 치명적일 수도 있는 '약품', 옛날과 오늘날의 포도주 신을 떠올리게 만드는 도구에 이르기까지 다용도 물질이었다.[14]

고대의 점들을 연결해 그림을 만들어내는 게임이 있다면 프랜시스 신부야말로 같은 편에 두고 싶은 사람이었다. 에우리피데스의 그 구절을 들먹임으로써 내가 어느 방향으로 가려는지 감지하자 그는 장난꾸러기처럼 반짝이는 눈빛을 또다시 드러냈다. "자네도 알다시피… '우리'는 성체성사를 파르마콘 아타나시아스pharmakon atanasias라고 부른다네."* 그는 '불멸의 약물'이라는 뜻의 고대 그리스어를 말하며 환히 웃었다. 이 사제는 지난 5월 내가 이탈리아를 방문했을

---

* [감수 주] 파르마콘은 '약국', 아타나시아스는 '불사불멸'이라는 뜻이다. 성체성사를 '불사불멸의 명약'이나 '불멸의 영약'으로 표현한 사람은 안티오키아의 이냐시오 성인으로 추정한다. 그 설명이 본문 아래에 바로 이어진다.

때 그 이야기를 처음 꺼냈다. 솔직히 그때까지 그런 표현을 전혀 들어본 적 없었다. 그리스어 원문을 찾아내기 전까지만 해도 나는 이 똑똑한 가톨릭 신자가 그저 나를 놀리려 한 말이라 생각했다.

『디오니소스의 여신도들』을 다 읽고 나서 나는 워싱턴 D. C.에서 내 가죽 가방에 잔뜩 담아 온 여러 출력물 가운데 하나를 꺼내 프랜시스 신부에게 보여주려 했다. 나는 두께가 5센티미터나 되는 종이 더미를 뒤져 2세기 초 안티오키아의 성 이냐시오Saint Ignatius of Antioch**가 오늘날 터키 해안에 자리한 에페소 교회에 보낸 그리스어 편지를 찾아냈다. 그리스계 시리아인이었던 이냐시오는 그리스도교의 성체성사와 이교도의 과거를 구분하고 싶어 했지만, 그리스계 에페소인이 디오니소스를 떠날 준비가 아직 충분하지 않음을 깨닫자 거기에 맞춘 듯 의미심장한 발언을 던졌다. 거의 알려지지 않은 그의 편지에서 이냐시오는 성체성사를 "불멸의 약물"이라고 확실히 언급했다. 죽음에 대한 "치료제"antidotos로 영원한 삶을 만들어 낼 수 있다는 것이었다.***

이 단어들은 무작위적으로 선택되지 않았다. 이 작은 사례를 통해 우리는 예수와 그의 초기 추종자들이 살았던 지중해 동부의 매우 그리스화한 세계에 대해 엄청난 통찰을 얻는다. 새로운 세대의

** [감수 주] 한국 천주교회에서는 Ignatius를 일반적으로 이냐시오라 부르며, 이그나티우스는 이냐시오의 고전발음 표기 형태이다.

*** [감수 주] 미사 중 성체 분배가 끝나면 사제나 부제나 시종은 성작 위에서 성반을 깨끗이 닦고 성작도 그렇게 한다. 그동안 사제는 속으로 다음과 같이 기도한다. "주님, 저희가 모신 성체를 깨끗한 마음으로 받들게 하시고 현세의 이 선물이 '영원한 생명의 약'(remedium sempiternum)이 되게 하소서." 한국천주교주교회의, 『미사 통상문』, 한국천주교중앙협의회 2017, 102쪽.

고전학자들은 과거 그리스와 북아프리카와 근동에 걸쳐 있었던 그 종교적 발상의 용광로를 가리켜 "다양한 목소리를 가진" 그리스어 구사자들의 다양한 네트워크를 연결하는 "고대의 문화 인터넷"이라 부른다.[15] 포도주는 처음 발견되어 그리스인의 삶에서 의례적인 물품이었던 시절부터 유독하고도 기적적인 까닭에 사람을 죽일 수도 있고 축성할 수도 있는 잠재력을 지닌 원기 제공 **약물**로 인식되었다. 이 하나의 상호 연관된 근린에서는 아테네이든 알렉산드리아이든 안티오키아이든 디오니소스가 그 매매업자였다.

예수의 생애 이전에나, 도중에나, 이후에나 마찬가지였다.

그러므로 그리스의 포도주가 실제로 **파르마콘**이라면 이는 결국 그리스도교의 포도주도 실제로 **파르마콘**이었다는 뜻 아닐까? 아니면 이냐시오는 약간의 시적 허용을 했던 것뿐일까? 이교 연속 가설을 더 추구하기 전에 원래 성사용품을 만드는 방법을 살펴봐야 했다. 이제 그 40년 묵은 각주에 대한 사실을 확인할 시간이었다.

프랜시스 신부와 나는 거대한 피라미드 서쪽 전면에 있었다. 내게는 살아 있는 악몽과 마찬가지인 인파 통제용 차단봉 안쪽에 줄을 서는 대신, 우리는 나폴레옹 광장을 따라 더 남쪽으로 가서 몰리앙 별관으로 향했다. 돌 아치 일곱 개가 에워싸고 있는 평온한 주랑柱廊 현관 끝부분에서 각자 여권을 꺼내 들고 몰리앙의 보안 검색대로 들어가라고 카르디아누 박사가 일러주었기 때문이다. 보안 검색대를 지나자 '구역 외' 특별 출입증이 발급되었는데, 이것이야말로 우리가 이곳에 초대받았음을 보여주는 최초의 단서였다. 그 안에는 은발에 안경을 쓴 빈틈없어 보이는 여성 한 명이 가벼운 자주색 패딩에 날염

스카프를 걸치고 있었다.

카르디아누 박사는 포도주 혼합 장면의 추가 사례를 찾으려고 카탈로그를 1만 5,000점 가까이 뒤져보았으나 아무것도 얻지 못했다고 말했다. 걱정할 필요는 없었다. G 408과 G 409는 대중의 접근이 불허된 까닭에 잘 보존된 상태로 남아 있었기 때문이었다. 그녀는 방금 전 그 물건들을 수장고에서 꺼내 '보관실' 관찰용 탁자 위에 올려놓았다고 했다.

카르디아누는 사제가 가져온 짐을 자기 사무실에 놓아두고는 우리를 데리고 마네주[調馬] 전시실로 갔다. 그곳 출입구에는 실물보다 큰 알렉산드로스 대왕과 안티누스의 조상이 놓여 있었다. 그녀는 매우 빠른 걸음으로 요정 대모처럼 관광객의 숲을 헤치며 고대 대리석상으로 이루어진 미궁을 지나갔다. 나는 오른쪽에 놓인 포도덩굴 관을 쓴 바쿠스를 곁눈으로 보았다. 그 로마의 디오니소스는 잔을 들어 올리고 있었는데, 그 안의 내용물은 이미 오래전 사라진 채였다. 전시실을 벗어나 계단을 오르다 보니 마당에 군림하는 피라미드의 영화 같은 모습이 안뜰에서도 보였다. 하지만 그것을 살펴볼 만한 시간은 없었다.

우리는 다뤼 전시실에서 오른쪽으로 꺾어 쉰세 계단 쪽으로 향했다. 바로 그 계단 앞에는 미술사가 H. W. 잰슨H. W. Janson이 "헬레니즘 시대 조상彫像의 가장 위대한 걸작"이라 부른 것이 있었다.[16] 2.4미터 높이의 〈사모트라케의 날개 달린 승리의 여신〉Winged Victory of Samothrace은 타소스산 대리석과 파로스산 대리석을 가공한 것으로, 원래 에게해 북부 사모트라케에 있는 '위대한 신들의 성소'Sanctuary of the Great Gods를 장식하던 것이었다. 미켈란젤로의 〈다비드 상〉이

전까지는 다시 보이지 않는, 기원전 3세기의 장인 정신으로 만든 이 여신은 이제 막 어느 그리스 선박 뱃머리에 살짝 내려앉은 듯 튜닉의 접힌 부분이 여전히 산들바람에 휘날리고 있었다. 하지만 이곳에서 꾸물거릴 시간 역시 없었다.

우리는 관광객 사이를 누비며 〈사모트라케의 날개 달린 승리의 여신〉 왼쪽으로 한 층 더 올라갔고, 베르 전시실을 재빨리 지나 딱 멈추었다. 벨벳 차단선과 지쳐 보이는 경비원이 우리 앞을 막아선 것처럼 보였다. 하지만 카르디아누는 개의치 않고 그곳마저 지나갔고, 나와 사제도 박사를 따라갔다. 그녀가 눈높이의 어느 벽을 주먹으로 밀자 목제 비밀 격실이 나타났다. 큐레이터는 전화기를 집어 들었다. 그녀가 프랑스어로 뭐라고 조용히 말하자 우리는 659호실 앞에 서 있게 되었다.

거기에 달린 작은 명판을 보니 루브르에서 이 구역이 대중에게 개방되지 않는 이유를 알 수 있었다. "본 박물관의 '홍수 위험' 방지 캠페인에 의거, 평소 지하실에 보관되는 미술품을 보호하기 위해 이 전시실은 임시 폐쇄합니다." 우리의 짧은 마라톤도 이 내용으로 설명되는 듯했다. 카르디아누는 금테 둘러진 구멍에 열쇠를 집어넣더니 지금까지 내가 본 곳 가운데 가장 숨 막히는 창고 안으로 우리를 안내했다.

"여기가 '보관실'인가요?" 76미터 높이의 천장 아래에서 주위를 둘러보느라 내 목이 자동적으로 길게 늘어났다. 프랜시스 신부는 입이 양 귀에 걸려 있었다. 감각이 과부하된 채 이쪽 벽에서 저쪽 벽까지 가득한 유리 진열장을 대략 훑어보니 그 안에는 하나같이 그리스의 도기가 가득 들어 있었다. 포도주를 혼합하는 데 쓰는 종 모양과 두루마리 모양의 크라테르며, 그 음료를 운반하는 데 쓰는 암포라, 그 음료를 보관하는 데 쓰는 스탐노이stamnoi, 그 음료를 마시는 데 썼을 폭이 좁은 갖가지 킬릭스kylix도 있었다.

"우리에게 꼭 어울리는 일이군요. 이 안에 도대체 몇 점이나 있는 겁니까, 카르디아누 박사님?"

"이 보관실 안에만 1,000점이 있습니다."

"놀랍군요. 그렇다면 이 물건들은 이제껏 한 번도 전시된 적 없었나요?"

"아뇨, 여기도 사실 전시실입니다. 지금은 보관실로 쓰고 있을 뿐이죠." 그녀가 다시 한 말은 홍수 방지 정책을 암시했다. "그리고 보관실이 하나 더 있어요. 그녀는 이렇게 말하면서 몸짓으로 우리를 인도하며 모퉁이를 돌아 왼쪽으로 들어갔는데, 아마 그곳이 658호실 같았다. 조금 전 방문한 옆방 크기의 두 배쯤 되는 것 같았다. 프랑수아 미테랑 선착장과 센강을 굽어보는 커다란 창문 너머에서는 예상치 못한 이른 봄날의 얼룩진 햇볕이 들어오고 있었다. 방 둘레를 따라 늘어선 6미터 높이 장식 진열장에는 그릇이 1,000점 더 들어 있었다. 그리고 관찰용 탁자 위에는 카르디아누가 약속한 것처럼 G 408과 G 409가 놓여 있었다.

이 모든 상황이 사실이라 믿기 힘들 정도로 훌륭했다. 어쨌거나 지금은 2월이었다. 춥고, 비가 내리고, 우울해야 마땅했다. 모두 부루퉁해야 했다. 그리고 지금 우리는 어느 지하실에 틀어박혀 있어야 했다. 이는 예상을 완전히 벗어난 일이었다. 하지만 꽃병에 가까이 다가가자 내 심장은 철렁 내려앉았다. 한 세기나 묵은 독일어 모노그래프『레나이아 축제 꽃병』에 나온 선화가 문득 머리를 스쳐 지나갔다. 나는 G 409의 사진이 왜 거기 없었는지 줄곧 궁금해했다. 프리켄하우스, 이 망할 놈 같으니.

"도대체 어떻게 된 거죠?" 내가 물었다.

"19세기 말 일이었어요. 문제는, 그들이 뭔가를 상상했다는 거죠." 카르디아누가 입을 열면서 G 409의 커다란 삼각형 손상 부위를 손으로 가리켰다. 이 고대 도기의 그림이 그려진 표면에서 하필 그 부분이 2,500년 역사의 어느 시점에 떨어져 나간 것이다. 삼각형 부분의 한쪽 끄트머리는 하필이면 자리에 앉은 광녀의 오른손에서 두 가지 미확인 성분 중 두 번째를 정확히 가리키고 있었다. 이것이 도대체 무슨 뜻일까? 프리켄하우스가 그 여성의 오른손에 들려 있었다고 그린 식물이 무엇이든 한마디로 그가 날조했다는 뜻이었다. 큐레이터는 나를 위로하려 애썼다. "때로는 그냥 아름다운 이미지를 만들려고 재구성하기도 하니까요."

"하지만 우리에겐 저것 하나가 남아 있어요." 나는 스스로 위로하며 그림 속 여성의 왼손을 가리켰다. 다행히도 그 수수께끼의 식물은 온전했다.

"맞아요. 이걸 보면… **실제로 뭔가가 있더군요.**" 큐레이터는 러크가 1978년의 각주에서 언급한 "어떤 약초의 잔가지"가 완벽하게 보전된 모습을 손으로 가리켰다. "그리고 여기에는 말이죠." 카르디아누는 오른손의 사라진 물건을 다시 가리키며 말을 이었다. "제 생각에는 여기 꽃이 있었던 것 같아요. 여기에서 뭔가 보이기 때문이죠."

"거기에서 뭘 보신다는 거죠?"

"아, 제가 보기에는 붉은색 선 세 개가 이렇게 이어지거든요." 큐레이터는 중지를 이용해 세 개의 호弧를 따라갔다. 손상된 도기 속

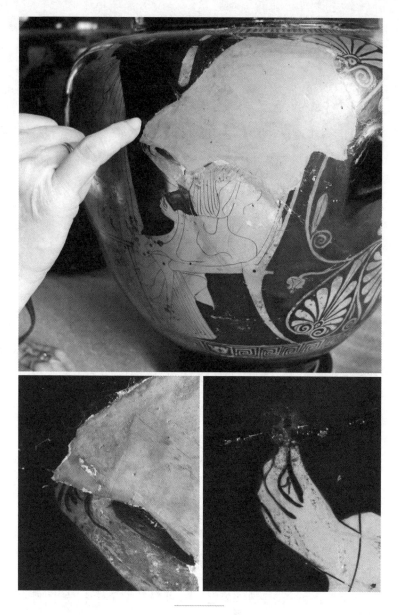

알렉산드라 카르디아누가 G 409의 앉아 있는 광녀의 세부 묘사를 손으로 가리키고 있다. 이 고대 도기에서 이 여사제의 오른손(위 사진과 아래 왼쪽 사진) 윗부분은 깨져 없어졌다. 하지만 왼손(아래 오른쪽 사진)에 들고 있는 식물이나 약초 혹은 균류는 멀쩡하게 남아 있다.

으로 물감이 사라지는 부분이었다. 몸을 기울여 그 꽃병에서 15센티미터쯤 떨어진 부분까지 다가가자 뭔가 희미한 흔적을 발견할 수 있었다.

"당신이 보시기엔 꽃 같다는 거죠?"

"꼭 그렇게 생각하는 건 아니에요." 카르디아누가 웃었다. "사실 저도 확신하진 못해요. 다만 작은 선이 세 개 보일 뿐이죠. 세 쥐스트 몽 앵테르프레타시옹(C'est juste mon interprétation, 그냥 제 해석일 뿐이에요). 저도 설명은 못 하겠어요."

이 말과 함께 그때부터 관찰용 탁자는 우리가 모두 차지하게 되었다. 큐레이터는 미전시 보관품의 사진을 절대 찍지 않는다는 조건하에 그 안을 얼마든지 돌아다니도록 허락해주었다. 그런 제한을 미리 예상했어야 마땅하지만 그래도 문제의 꽃병 두 점의 확대 사진을 찍는 일만큼은 카르디아누가 허락해줄 것이라 믿었다. 그녀는 옆문으로 사라졌는데, 그곳으로 돌아가면 원래 전시실이었던 곳이 또하나 나오고 쉴리관의 출입 금지 공간을 따라 동쪽으로 이어졌다. 우리의 행운에 도취한 채 프랜시스 신부와 나는 서로 넌지시 미소를 주고받았다. 사제는 안경을 고쳐 쓰더니 G 409 앞에 놓인 의자를 차지했다.

나는 한숨을 크게 내쉰 다음 무뚝뚝하게 한마디를 던지며 조사를 시작했다. "정말 믿을 수 없네요. 이렇게 수수께끼가 수수께끼로 남았다는 것 말이에요."

매사에 긍정적인 프랜시스 신부는 내 불평을 무시하고는 탁자에 고정식 램프와 함께 구비된 직사각형 확대경을 집어 들었다. 그는 램프를 이리저리 움직여 우리가 실제로 가진 증거의 남은 조각에 조준했다. 자리에 앉은 광녀의 왼손을 향해서 말이다. 사제는 30분 정도 평소와 다르게 생각에 잠겨 있었다. 프랑스 경찰 특유의 사이렌 소리가 근처를 지나가는 동안 나는 잠자코 기다렸다. 그러다 더는 기다릴 수 없게 되었다.

"어떻게 생각하시나요?" 나는 조급하게 사제를 재촉했다.

"곰보버섯이거나 다른 버섯의 일종 같은데."

"설마 그럴 리가요."

"여기, 이것 좀 보라고." 프랜시스 신부가 반박했다. "이건 크기부터도 버섯 정도라니까."

"저는 모르겠는데요⋯ 아니, 어쩌면 그럴 수도 있겠네요." 나는 확대경을 들여다보았다. "균류 일종 같은 모양이긴 하고, 버섯자루처럼 보이기도 하네요. 어쩌면 약초일 수도 있겠어요. 하지만 줄기가 얼마나 굵은지 보세요. 그건 좀 이상하지 않아요?"

참고로 말해두자면 프리켄하우스도 그것을 균류라고 생각한 것이 분명하다. 원래 선화를 살펴보면 광녀의 엄지와 검지 사이에 버섯자루가 뚜렷하게 툭 튀어나와 있는 모습을 볼 수 있다. 그 위에는 누가 봐도 버섯갓인 것이 덮여 있다. 그 장식은 독일인이 그 추종자의 오른손에 들린 것으로 묘사하려 한 물건과는 매우 다르다. 이에 관해 프랜시스 신부는 추가적인 통찰을 덧붙였다. "이 깨져 나간 부분에도 이것과 매우 유사한 그림이 그려져 있었을 거야. 저 아래 있는 버섯과 똑같은 것으로 말이야. 여기를 보면 일종의 유약과 안료가 구워져서 꽃병에 들어가 있는 게 보이거든."

"그러니까 거기에 뭔가 있었다는 건 분명하죠?" 나는 카르디아누가 찾아낸 붉은 선 세 개를 가리켜 보였다.

"그래. 이 여성이 여기 들고 있는 것." 사제는 이렇게 말하며 버섯을 가리켰다. "그리고 여기 들고 있는 것." 이번에는 더 위에 있는 사라진 식물인지 약초인지 균류인지를 가리켰다. "이 두 가지는 똑같은 방식으로 그려졌어. 예를 들어 액체를 젓는 데 사용하는 막대와는 아주 다른 방식으로 그려졌단 말이야. 다른 것들에서 이런 식으로 그려진 건 전혀 보이지 않는군."

또다시 15분 동안 유심히 관찰하고 토론했는데도 우리는 결국 출발점에서 더 나아가지 못하고 있었다. 왼손에는 버섯일 가능성이 높은 적색 얼룩이 남아 있었다. 오른손에는 뭐가 있었는지 누가 알겠는가? 어느 쪽이든 광녀가 손에 들고 있는 어떤 성분은 포도주를 만들기 위한 것이 확실하며, 그 식물들이 그려진 방식은 혼합 의례에서 그 성분들이 담당하는 독특한 역할을 강조해준다는 데에는 사제도 동의했다.

약초학자는 G 408로 넘어갔다. 그는 "신의 가면을 쓴 기둥"의 머리에 달린 잎사귀 더미에 매료되어 있었다. 이 나뭇가지는 하트 모양 잎사귀 수십 개의 무게로 굽어져 있었다. 그 잎사귀 가운데 어느 하나라도 이 무아경의 신 양옆으로 완벽하게 자리한 크라테르 가운데 하나에 떨어지거나 빠질 수 있어 보였다. 이 잎사귀가 무엇인지는 단언하기 어려웠다. 프랜시스 신부는 층층나무의 일종일 가능성이 있다고 보았다. 하지만 다른 종에 속할 가능성도 있었으며, 아마 이것이 핵심인 듯했다.

그리스 전역에서 이 포도주의 신은 '나무의 신'으로도 알려져 있었다. 특히 그는 소나무, 무화과나무, 도금양과 연관되었으며, 디오니소스의 영靈은 모든 식물과 약초와 균류에 깃들었다고 여겨졌

G 408의 잎이 무성한 나무에 매달린 디오니소스의 턱수염 난 가면. 그 주위에서 광녀들이 포도주를 국자로 퍼 담고 있다.

다. 독일 고전학자 발터 오토Walter Otto의 말에 따르면, 그의 "활동 범위"는 식물 전반뿐 아니라 "특정한 식물에 대단히 분명하게 집중하는 데에서 드러나는, 불가사의하게 야기된 삶의 요소"까지 포함했다.[17] 그렇다면 '무아경의 신'이 결국 '환각제의 신'이기도 했다는 뜻일까?

G 408과 G 409에 한하자면 그렇다고 단언하기는 곤란했다. 디오니소스의 신성한 물약에 첨가할 만한 가치가 있는 약물이 실제로 있다면 우리의 조사는 그것이 무엇인지 밝혀내지 못했다. 하지만 나는 프랜시스 신부의 버섯 이론에 흥미가 동했다. 그 이야기를 듣고 나니 러크가 다른 그리스 도기에서 확인한, 더 명백해 보이는 버섯

이 떠올랐기 때문이다. 이 고유물에 따르면 그리스의 포도주에서 어떤 일이 벌어지고 있었음은 분명했다. 그 광녀들이 우리 앞에서 혼합하는 것이 무엇이든 그것은 단순히 발효시킨 포도즙 이상이었을 것이다. 카르디아누의 컬렉션이 채우지 못한 간극은 고대 그리스 문헌으로 채울 수 있었다. 어디를 살펴봐야 하는지만 알고 있다면 말이다. 어쨌거나 고대 포도주 첨가물의 세계는 결코 버섯에서 끝나지 않았기 때문이다. 사제와 나는 겨우 꽃병 두 점으로 논파당하려 굳이 지구 반대편에서 파리까지 힘들게 온 것이 아니었다.[18]

나는 밖에 나가 피라미드 옆에 앉아서 프랜시스 신부와 내 추가적인 연구에 대해 논의할 계획이었지만 아쉽게도 시간이 충분하지 않았다. 루브르의 비밀 창고에 들어가볼 수 있는 일생일대의 기회가 조만간 끝날 상황이었으니, 나는 이곳이야말로 진짜 전문가와 함께 고전 텍스트를 뒤적이기에 최상의 교실이라고 생각하게 되었다. 이 사제를 곁에 두고 있는 한 그의 두뇌를 최대한 활용할 수 있을 것이었다. 나는 검토용 탁자에 놓아둔 가죽 가방으로 손을 뻗었다. 5센티미터 두께의 문서 더미 가운데 어딘가에는 그리스 포도주의 수수께끼에 대한 대답이 들어 있었다.

프랜시스 신부가 확대경을 뚫어져라 살펴보는 동안, 나는 러크가 한때 그리스 포도주에 독한 성분이 담겨 있다는 점을 동료들에게 상기시키려고 모아놓은 그리스 저자들의 상세 목록을 찾아냈다. 사실 이 교수는 『엘레우시스로 가는 길』에 그리스 원문을 한 번도 그대로 싣지 않았다. 오로지 각주에만 암호 같은 인용문을 묻어놓고 호기심 많은 미래의 독자가 고대 증언을 사냥하도록 떠넘겼다. 프랑스로 가는 비행기에 오르기 전 한 달 동안 나는 부엌 식탁에서 정확히 그 일을 하고 있었다. 그 과정에서 잉크 카트리지 두 개를 만족스럽게 끝장냈고, 1978년의 참고 문헌에 나오는 그리스어를 모조리 출력해 왔다.

"지금 우리가 보는 건 진정한 의례예요, 프랜시스 신부님." 나는 이렇게 말을 꺼내면서 꽃병을 가리켰다. "이거야말로 그리스인이 비이성적인 것과 접촉하는 방법이에요. 이거야말로 그들이 포도주 신과 연결되는 방법이에요. 하지만 우리가 아까 밖에서 읽은 『디오니소스의 여신도들』 내용처럼 그들의 '포도주'는 우리의 '포도주'가 아니에요. 그들의 포도주는 파르마콘이었죠. 고대 그리스의 포도주는 사실 온갖 종류의 물질과 의례적으로 혼합되어 있었어요. 치명적일 수도 있는 독소, 향신료, 향료, 마법의 식물, 약초, 균류, 뭐든 간에요."

"흐음." 사제는 나의 서론에 맞장구치듯 고개를 끄덕였다.

"바로 그것 때문에 고대의 포도주는 이례적으로 취하고, 잠재적으로 치명적일 수 있었던 거예요. 그리고 우리는 이에 대한 문헌 증거를 갖고 있어요." 나는 『학식 있는 사람들의 연회』 _Deipnosophistae_ 의 발췌문을 프랜시스 신부에게 건넸다. 3세기 나우크라티오스의 아테나이오스 Athenaeus of Naucratis 의 저술로, 고대에 발행된 요리서 가운데 현존하는 가장 오래된 작품으로 여겨진다. 나는 4세기에 알렉산드로스 대왕을 따라 페르시아를 여행한 인도 철학자 칼라노스의 놀라운 이야기를 요약했다. 이 현인이 사망하자 알렉산드로스는 세상을 떠난 이 동료를 기리기 위해 술 마시기 대회를 열기로 마음먹었다. 하지만 여기에는 함정이 있었다. 이때 포도주는 반드시 아크라토스 ἄκρατος, 즉 '순수한' 것이어야 했다. 다시 말해 물을 타지 말아야 했다. 아크라토스는 고대 그리스어에서 매우 일반적인 표현이었는데, 정작 다음에 일어날 재앙을 피하기 위해 이 '미희석 포도주'에 물을 타야 했던 이유를 질문하려고 멈춰 선 고전학자는 거의 없었다.

나는 아테나이오스의 보고서 원문을 큰 소리로 읽었다. "포도주를 마신 사람 가운데 서른다섯 명은 그 자리에서 오한을 느끼며 사망했고, 다른 여섯 명도 각자의 천막에서 잠시 버티다 그렇게 사망했다. 가장 많이 마셔서 상을 차지한 사람은 순수한 포도주를 네 주전자 마셨다." 하지만 그 사람 역시 나흘 동안 버티다가 결국 사망했다. 나는 사제를 바라보았다. "결국 포도주를 마시고 마흔두 명이나 죽었다는 건데, 어떻게 이런 일이 벌어질 수 있었을까요?"

프랜시스 신부는 순간적으로 당황한 듯 이맛살을 찡그렸다. 하지만 나는 상대방이 그 죽음의 원인을 폭음이라 생각하기를 바라지 않았다. 그래서 재빨리 『학식 있는 사람들의 연회』에서 완전히 다른 구절로 넘어갔고, 그리스어 사이로 내 친구를 인도한 끝에 개별 단어들에 멈춰 서서 그 문자적 의미를 해석해보았다. 사제는 기꺼이 나와 함께 그 구절을 낭독했다. "에라식세누스는 심각한 음주자였기 때문에, 순수한 포도주를 연이어 두 잔 마시자 명백히 가버리고 말았다." 여기에서 "가버리고"did away with에 해당하는 동사 오이코마이οἴχομαι는 누군가를 '망가지게' 또는 '죽게' 만들었다는 뜻이다.

나는 그 면을 손등으로 탁 때렸다. "도대체 어떻게 포도주 두 잔에 사람이 죽을 수 있다는 걸까요, 프랜시스 신부님? 그리스인이 화주를 증류하지는 않았잖아요, 그렇죠?"

"우리가 아는 한에는 그렇지." 사제도 내 말에 동의했다. 독한 알코올이 유럽에서 처음 문헌에 기록된 것은 12세기 일이었다.[19] 그

전까지만 해도 에탄올 성분을 향상시키는 방법은 십중팔구 메탄올에 노출될 위험을 지니고 있었다. "예를 들어 포도주를 만들고 남은 찌꺼기를 증류한 술인 그라파의 경우 바로 그런 문제가 있다네. 포도 넝쿨의 목질이 뒤에 남으면 그중 일부가 발효해 메탄올로 변하고 독성을 갖게 되거든. 하지만 여기에서는," 프랜시스 신부는 그리스어를 다시 내려다보았다. "그것에 대해 이야기하는 게 아니지. 그렇다면 그 포도주는 왜 그렇게 독했을까?"

"우리가 테오프라스토스로 넘어가보면 그 수수께끼도 풀리기 시작할 겁니다." 나는 종이를 넘겨 기원전 4세기 그리스 박물학자의 저서 발췌문으로 넘어갔다. '식물학의 아버지'는 저서인 『식물의 역사』Historia Plantarum에서 잠시 짬을 내 아코니톤ἀκόνιτον을 살펴본다. 독약의 여왕, 악마의 투구, 투구꽃 무리, 늑대의 독소 같은 다양한 별명을 지닌 바곳aconite은 보기 드물게 독성이 강하다. 테오프라스토스에 따르면 그리스인이 이 독소의 이용법을 알고 있었다는 데에는 의심할 여지가 없다. 포도주가 그 전달 수단으로 선호되었다는 점도 마찬가지이다. 식물학의 아버지에 따르면, 진정한 달인의 손으로는 복용 이후 최소 2개월부터 최대 2년 사이 언젠가 죽도록 이 약물 첨가 포도주를 혼합할 수 있었다. "그 시간이 길수록 죽음은 더 고통스러웠는데, 숨을 거둘 때쯤이면 체력이 다 소진되었기 때문이다."

어쩌면 바로 그것이 에라식세네스와 알렉산드로스의 경연에 참가한 마흔두 명을 쓰러뜨렸을지도 모른다. 하지만 직접 복용 때문이라기보다는 오히려 포도주의 정신 활성 능력을 향상시키려는 의도로 첨가된 뭔가를 과다하게 간접 복용한 결과였을 가능성이 더 커

보인다. 약물 함유 포도주가 고대 그리스에서 그토록 일반적인 관습이었다면 그 포도주를 정신 변성적이거나 환각성으로 만든 요소는 무엇이었을까? 도대체 무엇이기에 광녀들은 각자의 필멸성을 벗어던지고 죽음으로부터 벗어나 디오니소스와 하나 되었다고 확신하게 되었을까? G 408과 G 409에 그림을 그린 화가들은 거기에 나타난 그 신비로운 성분을 통해 무엇을 암시했을까? 그것이 환각성 버섯의 일종이라는 것은 충분히 그럴듯한 추측이지만 그리스 세계에는 다른 후보가 넘쳤다.

5센티미터 두께의 문서 더미 가운데 나는 자유롭게 이용 가능한 인터넷상 자료에서 신중히 선별한 출력물을 찾아냈다.[20] 디오스코리데스의 현존 저술을 수록한 1598년의 의학 필사본 내용에서 가져온 것이었다. 의사 겸 약제사였던 이 그리스인은 40년부터 90년까지 살았는데, 그 시기는 복음서가 집필된 시기와 맞아떨어진다. 다섯 권으로 구성된 저서 『의학의 재료에 관하여』*De Materia Medica*는 그리스어로 집필된 약초학 백과사전으로, 모든 현대 약전의 기반이 되었다.[21] 디오스코리데스가 없었다면 오늘날 약사나 약국도 없었을 것이다. 물론 의학의 아버지는 히포크라테스이지만 약물의 아버지 디오스코리데스는 시간이 흐를수록 점점 더 인기를 얻고 있다. 『의학의 재료에 관하여』는 무려 2,000년간 단 한 번도 멈추지 않고 유통되었으며, 고대 세계로 건너가는 중요한 가교를 제공했다.[22] 디오스코리데스는 "세대가 거듭되며 변화하는 사회와 문화에도" 유럽 전역의 식물학 지식에 일관성 있는 체계를 보장해 의학이 이론과 실천 면에서 크게 도약하도록 했다.[23]

테오프라스토스와 마찬가지로, 이 그리스의 천재는 G 408과 G

409에 나온 광녀들이 포도주에 약물 타기에 관해 한두 가지를 알고 있었으리라는 설득력 있는 증거를 남겨두었다. 디오스코리데스의 대작大作 권5는 '포도나무와 포도주'를 다루고 있다. 내가 선호하는 마법의 재료를 이야기하면 이 약물의 아버지께서 나만을 위한 포도주 기반 칵테일 제조법을 알려줄 것만 같다. 앱상트 포도주, 샐비어 포도주, 크리스마스로즈 포도주, 베토니 포도주 등등. 디오스코리데스의 저서 이 대목에는 모두 합쳐 56종의 구체적인 제조법이 나와 있는데, 그중에는 스페인 묘지 맥주의 고고식물학 및 고고화학적 잔해에서 검출된 식물인 여러 가짓과 식물과 혼합하는 포도주도 다수 있다.

나는 한쪽은 그리스어 원문, 한쪽은 라틴어 번역문으로 2단 조판된, 스테이플러로 철한 문서를 꺼내 프랜시스 신부에게 건넸다. 그는 디오니소스와 예수의 신비제를 모두 해결하는 열쇠를 담고 있을 가능성이 매우 높은 이 고대의 설명서를 유심히 들여다보았다. 자신의 전공 분야에 들어선 이 연금술사는 지금까지 작성된 모든 약 처방전의 기본 텍스트라 할 수 있는 내용을 한 장씩 넘겨보았는데, 그 모습만 보면 마치 이세르니아에 있는 자신의 **쿠치나**(cucina, 주방)에 손으로 적어놓은 메모를 가볍게 읽는 듯한 투였다. 그는 유향乳香과 몰약沒藥 포도주의 제조법을 보며 미소 지었는데, 이런 향료를 가미한 수지樹脂를 오늘날까지도 가톨릭 미사에서 사용하기 때문이었다. 얼마 되지 않아 사제는 환영을 유도하는 가짓과 식물 포도주에 관한 대목으로 들어섰다.

디오스코리데스는 하얀 사리풀 씨앗을 빻아 포도주에 섞으면 "부푼 성기"와 "부은 가슴"이 진정된다고 상세하게 묘사했다.[24] 하지만 부득이한 경우를 제외하고 검은 사리풀은 무슨 수를 써서라도 피해야 하는데, 이것이 "착란과 수면을 야기하기" 때문이었다. 맨드레이크 포도주에 대해서도 이와 유사하게 경고하는데, 이것도 적절하게만 투약하면 고통을 경감시키며 "아주 깊은 잠"을 유도했다. 하지만 분량을 잘못 조절할 경우 맨드레이크 양조주는 "포도주 잔 가득히" 딱 한 번만 마셔도 치명적이었다.[25] 더 흥미로운 것은 까마중과 혼합한 포도주였다. 디오스코리데스는 특히 이 재료를 환각성이라 설명하면서 그 뿌리를 달인 즙과 포도주를 섞으면 판타시아스 우 아이데이스 φαντασίας οὐ ἀηδεῖς, 즉 "그리 불쾌하지 않은 환영"이 초래된다고 말했다.[26]

이 가운데 어느 것도 오늘날 포도주라고 이해되기는 어렵다. 이런 약물 주입 물약을 가리키는 어휘가 우리에게는 전혀 없으므로 필립 메이어슨Philip Mayerson 같은 주류 역사학자는 사실상 약물을 가리키는 창의적인 완곡어를 발명해야 하는 처지가 되었다. 표준 참고 도서인 『문학, 예술, 음악의 고전 신화』Classical Mythology in Literature, Art and Music에서 메이어슨은 이렇게 말한다. "따라서 포도주는 종교적인 가치를 지녔다. 포도주나 이 신과 결부된 다른 성사용 음료를 마신 디오니소스의 숭배자는 자기 자신 속에 그 신을 갖게 된다."[27]

나는 프랜시스 신부가 디스코리데스와 그의 '성사용 음료'를 편안히 넘겨보도록 내버려둔 채 숨을 돌리며 보관실 안을 이리저리 돌아다녔다. 이 안에서라면 몇 주 동안 머물면서 크라테르와 암포라와 스탐노이와 킬릭스의 보물 상자를 조사할 수 있을 것 같았다. 정말 너무나도 많아서 한 차례 방문으로는 부족해 보였다. 프랜시스 신부는 몇 분 뒤 『의학의 재료에 관하여』를 다 읽고 나더니 머리에 반짝 떠오르는 것이 있다고 했다.

고대 이베리아인이 맥주에 약물을 섞었듯 그리스인이 이렇게 위험한 가짓과 식물을 포도주에 섞으려면 그들이 구할 수 있는 여러 식물과 약초와 균류를 대단히 잘 알아야 했을 것이다. 사제는 고개를 들더니 자기 서재에 적힌 오랜 격언을 내게 상기시켰다. "약리학의 진정한 비밀은 약량학藥量學이다." 결국 약품은 알맞은 양을 복용하는 것이 가장 중요하다는 뜻이었다. 용량을 엄격히 측정한다는 조건하에서 버섯이나 가짓과 식물을 함유한 포도주는 치유하는 데 매우 도움이 될 수 있었다. 이것이야말로 고전학자 루스 스코델의 말마따나 "슬픔을 억제하는 약물"일 것이다. 하지만 똑같은 성분을 더 많이 복용한다면 의료용 포도주는 금세 환각성 포도주로 변모한다. 그보다 더 복용한다면 알칼로이드가 너무 많이 들어가 치명적인 음료가 된다. 『의학의 재료에 관하여』는 그리스인이 포도주에 약물을 첨가했을 뿐 아니라 복용량에 대해서도 예리한 눈을 가졌음을 보여주는 확증이다. 약물 함유 포도주의 개념이 기원전 8세기 호메로스에 의해서도 기록된 바 있으므로 디오스코리데스가 한가운데를 차지하고 있는 그리스-로마 전통은 예수보다 여러 세기 앞섰을 뿐 아니라 예수 이후로도 여러 세기 이어져 5세기 로마 제국이 멸망할 때까지 지속되었다.

따라서 키케온을 대체하고 잠재적으로 그리스도교에 잠입했을 수도 있는 그리스의 환영 유도 비밀을 찾아 루브르에 왔다면 우리는 올바른 길을 찾아온 듯했다. 오래 기다려온 G 408과 G 409와의 대면 덕분에 나는 고대 그리스의 디오니소스 의례에서 포도주에 뭔가를 첨가했다고 확신하게 되었다. 비록 그 비밀 재료가 무엇인지는 우리도 꼬집어 말할 수 없었지만 이 꽃병에 그림을 그린 사람들이 그 시대의 포도주에 관해 지속적인 교훈을 남기고 싶어 했으리라는 데에는 프랜시스 신부도 동의했다. 하지만 그 교훈은 후세를 위해 그 제조법을 기록하려던 디오스코리데스가 최선을 다했는데도 이미 오래전 잊히고 말았다. 물론 그렇다고 해서 고대의 포도주에 모두 약물이 첨가되었다는 뜻은 아니다. 하지만 의료용이나 종교용 영약 또는 뭔가 좀더 지독한 것이 필요한 경우 이 생물공학이 동원되었음은 분명하다.

훗날 이 사제는 그때 자기가 읽은 '포도주 공식'이 환각성 포도주에 대한 그리스인의 전문 지식뿐 아니라 초기 그리스도교인 사이에서 환각성 포도주가 사용되었을 가능성에 대해서도 "극도로 설득력 있는 증거"라 여겼다고 말했다. 어쨌거나 디오스코리데스는 이탈리아 남부의 수도사들 사이에서 각별히 높이 평가되고 있었으며, 이미 여러 세기 동안 그의 필사본이 그들 사이에서 유통되었다. 이와 함께 그리스도교 자체만큼이나 오래된 약리학의 기록 전통도 유통되었다.

따라서 다음 질문은 과연 그리스의 파르마콘이 정말 초기 그리스도교의 '불멸의 약물'에 영향을 주었는지 여부이다. 디오니소스의 약물 함유 포도주는 결국 예수의 약물 함유 포도주가 되었을까? 그것이 사실이라면 어떻게 해서 그렇게 되었을까? 그야 당연히 복음서 속으로 들어감으로써 그렇게 되었다. 루브르에서 조사할 마법 포도주에 관한 묘사는 G 408과 G 409뿐 아니었다. 여기에서 모퉁이를 돌아가면 그리스 신비제와 그리스도교 신비제를 결정적으로 연계할 수도 있는 포도주 혼합 장면이 또 하나 있었다. 세계에서 가장 큰 미술관의 가장 큰 회화이니 더 많은 사람이 그것을 보고 눈치챌 것이라 생각하기 쉬울 것이다.

하지만 어떤 비밀은 평범한 광경 속에 숨기는 것이 최선일 때도 있다.

9장

천국의 포도밭

박물관 개관 직후 한 시간 반 뒤, 우리는 마네주 전시실 아래 로비에 있는 이중 경비 문 앞에 돌아와 있었다. 카르디아누 박사는 여전히 체셔 고양이처럼 웃고 있는 프랜시스 신부와 함께 밖으로 나갔다. 그는 달라이 라마가 창설한 기관인 '정신과 삶 연구소'Mind and Life Institute 모임에 참석하러 떠났다. 큐레이터는 내가 이날 오후 나머지 시간 동안 혼자 박물관에 남아 있을 수 있도록 허락해주었다. 그렇게 구역 외 배지를 여전히 셔츠 목깃에 꽂은 채 나는 곧장 주맥을 향해 나아갔다. 고대 세계에서는 약물을 첨가했다는 사실 때문에 포도주가 이례적으로 도취시키고, 심각하게 정신 변성적이며, 때때로 환각성이고, 잠재적으로 치명적일 가능성이 있었다. 하지만 그 포도주가 자신을 불멸로 만들어줄 것이라 믿었던 사람들에게 이것은 화학적 마술을 훨씬 뛰어넘는 뭔가였다. 이것은 기적이나 다름없었다.

그리스인은 자신들이 죽음을 속이도록 도와준 비밀에 관해 황당무계한 전설을 이야기한 바 있다.

펠로폰네소스 서쪽 엘리스Elis 지역에서는 매년 한밤중 정해진 시간에 디오니소스 사당에 있는 텅 빈 물통 세 개를 밀봉한다.[1] 그리스인 여행 작가 파우사니아스는 이렇게 설명한다. "아침이 되면 사제들은 밀봉한 것을 살펴보고 건물 안에 들어가보도록 허락받는데, 이들은 항아리에 포도주가 가득 차 있음을 발견하게 된다. 나는 그 축제 때에 맞춰 도착하지는 않았지만, 엘리스 시민 가운데 가장 존경받는 사람들은 물론 외국인까지 방금 내가 한 말이 사실이라고 맹세했다."[2] 본토에서 조금 떨어진 안드로스Andros섬에서도 매년 1월 5일 디오니소스의 에피파네이아ἐπιφάνεια, 즉 '출현'이 특별한 기적의 형태로 나타난다. 이 신의 신전 안에 있는 샘이 갑자기 포도주로 변모해 7일 동안 계속 흐른다는 것이다.[3] 박물학자 플리니우스에 따르면, 이 믿을 수 없는 사건은 1세기에도 여전히 발생하고 있었다. 그는 라틴어 텍스트를 작성하다 말고 이 특별한 축일의 이름을 그리스어로 작성한다. 바로 디오스 테오도시아Διὸς Θεοδοσία, 즉 '신의 선물의 날'이다. 다분히 의도적이었겠지만 오늘날 전 세계 기독교인이 1월 6일을 그들의 공현절Epiphany로 축하한다. 전설에 따르면 동방박사 세 명이 새로이 육화한 아기 예수에게 바칠 황금과 유황과 몰약을 가지고 베들레헴으로 찾아왔다는 날이다.

디오니소스의 출생 역시 비범한 편이었다. 엘레우시스에서 페르세포네의 거룩한 아이로서 현현한 이야기 외에도 그리스에는 이 무아경의 신이 세멜레라는 이름의 평범한 여성에게서 기묘하게 태어났다는 별도의 신화가 있다. 이 여성은 독수리 모습으로 나타난 제우스와 관계해 잉태했는데 훗날 이 신들의 왕이 진짜 형태를 드러내자 불타서 재로 변하고 말았으니, 일개 죽어 없어질 사람인 그녀로서는 신의 광휘를 견디지 못했던 까닭이다. 제우스는 디오니소스를 살리기 위해 자기 허벅지를 가르고 아직 태아였던 그를 집어넣어 실로 꿰매었으며, 나중에 아나톨리아에서 이 아들을 직접 낳았다. 그렇게 디오니소스는 아나톨리아에서 최초의 여성 추종자를 얻었다. 세멜레는 제우스와 관계를 맺었다고 주장했지만 자매들은 그 말을 믿지 않았다. 죽어 없어질 사람이 불멸자와 혼합될 수는 없었기 때문이다. 자매들은 세멜레가 모든 일을 꾸며냈다고 생각했고, 포도주의 신은 이에 참지 못하고 분노했다. 에우리피데스의 『디오니소스의 여신도들』의 전체 줄거리는 바로 이 이국적인 동쪽의 신 디오니소스가 어머니 세멜레의 명예를 지키기 위해 자신의 진짜 모국인 그리스로 돌아오는 과정을 추적한다.

이 희곡의 처음 두 행은 포도주의 신과 하늘에 계신 그의 아버지 간의 이례적인 유대를 강조한다. 디오니소스는 자신을 디오스 파이스Διὸς παῖς, 즉 '신의 아들'이라 부르며, 자신의 인간 어머니를 코레, 즉 '어린 소녀'라 부르는데, 이 단어는 '처녀'나 '동정녀'를 뜻하기도 한다. 그렇다. 죽어 없어질 사람과 불멸자가 실제로 혼합되기도 했다. 궁극적인 혼종으로서 이 무아경의 신은 인간인 동시에 신이라는 기적적인 결과물이었다. 『디오니소스의 여신도들』의 줄거리가 진행되면서 디오니소스의 이 두 가지 측면은 항상 긴장을 유발한다. 그는 새로운 1,000년을 위한 새로운 성사를 그리스인에게 소개하고자 하지만, 그렇다고 해서 제우스의 광휘 때문에 생겼던 불운이 반복되기를 원하지는 않았다. 따라서 자신의 신성을 한껏 드러내다 모두를 놀라 죽게 만들지 않기 위해 이 형상 변모자는 "자신의 신성한 형태를 죽어 없어질 사람으로 바꾸었다." 우스꽝스럽게도 머리를 길게 기른 마법사로 말이다. 머리카락이 "뺨까지 길게 흘러내리는" 모습을 한 그는 "유약하다"고 비웃음을 받는다. 남성과 여성의 경계를 흐리는 디오니소스 본인의 "관능적인 머리타래"와 마찬가지인 셈이다.⁴ 그러고 나서야 신분을 숨긴 신은 자기 마법 물약의 뚜껑을 열 수 있었고, 그리스 여성들을 자신의 신비제에 입문시키게 되었다.

루브르에서 가장 큰 회화는 디오니소스의 현현을 둘러싼 초자연적 현상에 대한 두드러진 해석이었다. 이 작품은 오늘 하루를 마감하기 전 나 혼자만의 여행에서 유일한 목적지였다. 나는 눈에 띄게 더 느린 걸음으로 다뤄 전시실을 지나온 길을 되짚어갔고, 다시 한 번 〈사모트라케의 날개 달린 승리의 여신〉 앞에서 숨을 헐떡였다. 그곳 계단은 장난이 아니었다. 거기에서 왼쪽으로 꺾어 비밀 창고로 가는 대신 나는 오른쪽으로 꺾어 '이탈리아 화가들' 전시 구역으로 향했다. 보티첼리의 색채가 절제된 작품들과 프라 안젤리코Fra Angelico의 〈십자가 처형〉Crucifixion을 지나자 상황은 끔찍이 그리스도적이고 끔찍이 빨라졌다. 이 드농관 한구석에서 시작된 성모들의 초신성은 루브르의 위풍당당한 대전시실 안까지 이어졌다. 이탈리아 르네상스 화가 가운데 작품 목록에 〈성모와 성자〉Madonna and Child가 없는 사람은 찾아보기 힘들 지경이었다. 나는 모자 2인조를 모두 지나 레오나르도 다 빈치의 〈동굴의 성모〉Virgin of the Rocks 쪽으로 향했고, 거기에서 오른쪽으로 꺾어 에타[國務] 전시실로 들어섰다.

이곳은 전시실보다는 비행기 격납고라고 해야 더 어울릴 듯했다. 이 널찍한 공간은 1878년 루브르의 일부로 편입되기 전까지만 해도 프랑스 황제 나폴레옹 3세 치하에서 입법부 회의가 열리던 곳이었다. 2005년 페루 출신 건축가 로렌조 피케라스Lorenzo Piqueras가 이 전시실을 개조했다. 이 360만 달러짜리 프로젝트를 통해 유리 격자 지붕이 설치되어 이 박물관의 최고 자랑 위로 자연광이 드리워지게 되었다.[5] 무수히 솟아오른 셀카봉들 때문에 내 눈에는 레오나르도의 뮤즈가 거의 보이지 않을 지경이었다. 북적이는 반원을 이루며 모인 관광객은 100명이 넘어 보였는데, 모두 〈라 조콘다〉La Gioconda의 뻔하디 뻔한 사진을 찍으려고 경쟁하고 있었다. 지금 내가 서 있는 곳에서 30미터쯤 떨어진 곳에 있는 얇은 포플러 패널에 그려진 작품, 즉 '온화하고 거만한 미소'를 짓는 '피렌체의 귀족 부인'을 다 빈치의 동포들은 '라 조콘다'라고 불렀다.[6] 나는 군중에 더 다가가지 않기로 했다. 굳이 그럴 필요도 없었다. 〈모나리자〉Mona Lisa를 보러 온 것이 아니었기 때문이다.

나는 서양 도상학의 역사에서 '가장 많은 저술과 노래의 대상이 된' 한 쌍의 시선이 그려내는 보이지 않는 호弧를 좇아 목을 돌렸다. 그렇게 베네치아의 화가 파올로 베로네세Paolo Veronese가 그린 16세기의 화폭으로 눈을 돌렸다. 다 빈치가 만든 작은 걸작의 그늘에 가려 있는 이 20제곱미터의 거작巨作이야말로 내가 이곳을 찾은 이유였다. 〈라 조콘다〉와 내 오른쪽에 있는 베로네세의 또 다른 작품 〈악덕을 향해 벼락을 던지는 제우스〉Jupiter Hurling Thunderbolts at the Vices를 제외하면 에타 전시실에 있는 미술 작품은 이것 하나뿐이었다. 하지만 어느 누구도 그런 사실을 염두에 둔 것 같지 않았다. 군중을 뒤로하고 보니 루브르의 711호 전시실을 찾은 사람 가운데 이 호화롭고도 어마어마한 잔치에 참여한 사람이 나 혼자뿐임을 금세 깨달았다.

나는 졸지에 포도주의 신을 혼자 관람하게 되었다는 사실의 부조리함에 그만 웃음을 터뜨렸다.

나는 그 술꾼을 어디에서나 알아볼 수 있었다.

그 신화의 이 버전에서 동정녀 어머니는 어찌어찌 자신의 신성한 임신을 견디고 살아남았다. 그녀는 성인 아들을 억지로 끌고 어느 결혼식에 참석했다. 어쨌거나 그는 이제 막 30세가 되었으며, 1월의 이 쌀쌀한 저녁에 다른 계획이 있었을 것이다. 게다가 무아경의 신은 몸을 낮추려 노력하고 있었다. 자신이 조만간 교양 있는 사람들에게 소개할 난폭한 환각성 신비제가 모두를 위한 것은 아니라는 점을 잘 알고 있었다. 영웅적인 인내를 발휘해 그는 자신의 신성한 도취제를 세계 앞에 선보이기에 꼭 알맞은 순간을 평생 기다려왔다. 오늘 밤은 그 순간이 아니었다. 하지만 그의 어머니도 자신의 평판을 걱정할 이유가 있었다. 하느님의 아들을 낳았다고 주장한 여성이라면 누구에게나 따라붙는 소문과 비웃음을 30년 동안 감내해왔기 때문이다. 그 세월 내내 평범한 인간으로 가장한 자신의 재능 있는 아들이 마침내 자신의 신성을 드러내기만 한다면. 그저 작은 기적 하나만 있다면.

때마침 포도주가 떨어지면서 잔치는 재난을 맞이하게 되었다. 혹시 그의 어머니가 이 모든 일을 계획한 걸까? 그녀가 상황을 알리자 포도주의 신은 완전히 덫에 걸렸다고 느꼈다. 지금 내 앞에 있는 장면에 영감을 제공한 옛이야기에 따르면, 무아경의 신은 화난 듯 자기 어머니에게 고대 그리스어로 이렇게 상기시켰다. "내 때가 아직 오지 않았습니다 οὔπω ἥκει ἡ ὥρα μου!"

하지만 동정녀는 굴하지 않았고, 불행한 급사들에게 이제부터 자기 아들의 지시를 따르기만 하라고 지시했다. 무아경의 신은 한쪽 옆에 거대한 석제 물 항아리 여섯 개가 있는 것을 보고, 내키지 않지만 이제는 자기가 빛날 때라고 결정했다. 그는 자신의 능력 보따리를 뒤지더니 그리스의 엘리스 지방과 안드로스섬에서 이루어지는 연례 '현현' 기적의 혼합물을 꺼냈다. 무아경의 신은 급사들을 한 번 바라보더니 항아리 쪽을 손짓하며 위대한 그리스어 동사를 사용했다. 게미사테Γεμίσατε, 즉 "테두리까지 가득 채우라"는 뜻이었다.

잔치를 계속하기 위해 수행원들은 청지기가 하는 대로 곧장 따라 하라고 지시받은 상태였다. 베로네세가 그린 청지기는 화폭 아래 왼쪽에 서서 에메랄드 색 망토와 터번을 두르고, 허리에 찬 단검 옆에 매단 자주색 자루를 통통한 손으로 어루만진다. 그는 그 믿을 수 없이 훌륭한 물약을 한 모금 맛보고 눈이 휘둥그레진 상태이다. 청지기로서는 도무지 아는 바 없는, 물이 포도주로 변했다는 불가사의한 사실 때문만은 아니었다. 이 저녁에야 개봉된 포도주의 품질을 믿을 수 없었을 뿐이다. 도대체 이 빈티지가 어디에서 왔는지 알지 못한 채 그는 신랑에게 대략 다음처럼 농담을 건넨다. "이보시오, 손님들이 이미 취하고 나서야 이렇게 좋은 술을 내놓는 사람이 세상에 어디 있단 말이오."

시간 속에 얼어붙은 이 장면은 베로네세가 포착한 고대의 순간이지만, 실제로는 16세기 베네치아를 배경으로 한 시대착오적인 그림이기도 하다. 하객들은 주위에서 벌어지고 있는 기적에 대해 알지 못한다. 화폭 하단 오른쪽에는 하인 한 명이 석제 물 항아리 가운데 하나에 들어 있는 마법 포도주를 황금빛 암포라에 따른다. 그 와중에

〈가나의 혼인 잔치〉(The Wedding at Cana). 파올로 베로네세의 1563년경 작품으로 현재 루브르에 소장되어 있다.

눈이 휘둥그레지고 당황한 청지기는 이 새로운 성사용품의 첫 잔을 맛보라며 신랑에게 전달한 직후였다. 뜻하지 않게 이 현현을 위해 모인 입문자들에게는 이후 세상이 결코 예전과 같지 않았다.

그리고 내 앞에 묘사된 거대한 탁자 한가운데에는 이 모든 사건을 지휘한 긴 머리 마법사가 앉아 있었다. 그러나 그는 디오니소스가 아니었다.

그는 지금까지 기록된 역사에서 가장 유명한 인간이었다.

바로 나자렛의 예수였다.

그의 턱수염 기른 얼굴은 빛나고 있다. 그의 머리 주위로는 빛줄기가 찬란한 고리를 이루며 뻗어 나오고 있다. 베로네세의 〈가나의 혼인 잔치〉 한복판에서 저 먼 곳을 응시하는 동안 예수의 살은 그의 불멸성을 상징하는 신성한 빛으로 변모하기 시작한다. 프랜시스 신부가 여기에 있었다면 예수와 그의 오른쪽에 앉아 있는 동정녀 마리아만 빛나는 후광을 가진 모습으로 그려졌다는 데에 주목했을 것이다. 붐비는 화폭 속의 대략 125명에 달하는 등장인물 중에서 그들만이 죽음을 이겼다고 말이다. 그들만이 지상에 있는 각자의 물리적 몸을 떠날 때 조화우주를 지나 그들을 운송해줄 무지개 몸을 활성화시켰다고 말이다. 사제가 내게 상기시킨 바에 따르면, 지금도 히말라야산맥 외딴 곳에서는 불교 승려들이 그 목표에 적극적으로 임하고 있다.

그리고 나는 평소처럼 그에게 상기시켜주었다. 그리스인들도 똑같이 했다고. 차이가 있다면 그들은 평생 동안의 명상을 우회하는 방법을 알아냈으며, 그 방법을 엘레우시스 신비제에 보전했을 뿐이라고 말이다. 키케로의 말마따나 그것이야말로 아테네가 만들어낸 "여러 예외적이고 신성한 것" 가운데에서도 최고였다. 그리고 프라이텍스타투스의 말처럼 우리 종의 미래에 중차대한 것이었다. 엘레우시스는 "온 인류를 하나로" 엮어주었다. 그것이 없다면 삶이란 "살 수 없게" 될 것이었다. 디오니소스는 결국 페르세포네의 거룩한 아이로서 데메테르 신전에 현현할 것이었다. 하지만 그의 광신도들에게는 이것으로 충분하지 않았다. 그들은 항상 그를 원했다. 그리하여 엘레우시스 신비제로의 긴 입문 행렬에 각자의 시간과 돈을 쓰고 싶어 하지 않는 사람들을 위해 그리스의 교외 전역에 비밀 네트워크가 생겨나기 시작했으며, 그곳에서 포도주 신과 그의 불멸의 물약은 갑자기 접근하기에 훨씬 용이해졌다.

영국 출신 고전학자이자 신학자로서 20세기 중반 고대 종교에 관한 최고 권위자였던 하버드 대학교 A. D. 노크A. D. Nock는 1952년 발표한 영향력 있는 논문 「헬레니즘 시대 신비제와 기독교 성사」 Hellenistic Mysteries and Christian Sacraments에서 이를 잘 요약했다. 노크는 무아경 신의 **진짜** 매력을 이해했다.

> 초기의 제도화에도 그의 숭배는 선택과 운동과 개인적 열광의 요소를 보유하거나 재포착할 수 있는 것이며 (…) 병자가 아스클레피오스에게 귀의하는 일과 달리 디오니소스는 예식의 형태를 이용함으로써 이교도의 개인적이고 자발적인 신앙을 위해 가장 강력한 초점 하나를 제공한다. 디오니소스의 입문은 엘레우시스와 사모트라케의 입문처럼 입문자에게 새로운 지위를 부여하는 데에 그치지 않았다. 이들은 마음 맞는 사람들로 이루어진 집단, 즉 똑같은 지위뿐 아니라 그때부터는 종종 유사한 바람까지 보유하는 집단에

입문자를 받아들였다. 그저 교회에만 받아들이고 마는 것이 아니라 똑같은 상징과 언어를 사용하는 회중에도 받아들였다.[7]

노크는 에우리피데스의 『디오니소스의 여신도들』을 디오니소스 신비제에 관한 우리의 주된 고전 출처로 인정했다. 거기에 나오는 풍부하고도 서사적인 어휘는 신으로 가득한 영적 탐색자들의 야간 '회중'으로의 독특한 접근법을 제공했다. 클레어먼트 신학교 데니스 맥도널드Dennis MacDonald는 2017년 펴낸 『디오니소스 복음서』 *The Dionysian Gospel*에서 『디오니소스의 여신도들』에 나오는 고대 그리스어와 「요한 복음서」에 나오는 고대 그리스어를 비교함으로써 이 복음서 저자가 디오니소스의 '상징'과 '언어'에 매우 친숙했다고 입증했다. 요한은 예수를 숙련된 하느님의 아들로 묘사하기 위해 당시 모든 그리스어 구사자에게 호소할 만한 의미심장한 표현을 모두 알고 있었다. 그리고 자신의 복음서 전체에 걸쳐 그런 표현을 줄곧 사용하며 예수를 디오니소스의 재래再來로 묘사했다.

　신성한 출생은 그런 사례들 가운데 하나에 지나지 않는다. 앞서 언급한 것처럼 『디오니소스의 여신도들』 첫 행에서 디오니소스는 자신을 '신의 아들'이라 지칭했으며, 이 구절은 이 희곡의 뒷부분에서도 반복된다. 하지만 그리스어로 그 뜻을 전달하는 방법은 여러 가지이다. 에우리피데스는 **고노스**γόνος라는 단어를 세 군데에서 사용했는데, 이는 문자적으로 '낳았다'는 뜻으로, 디오니소스가 동정녀 어머니 세멜레의 사후에 제우스의 허벅지에서 태어났다는 뜻을 인유한다.[8] 「요한 복음서」 첫 장에서 저자는 이와 유사하게 들리는 **게노스**γένος라는 단어를 한 번도 아니고 두 번이나 사용한다. 예수의

〈제우스와 세멜레〉(Zeus and Semele). 자크 블랑샤르(Jacques Blanchard)의 1632년경 회화로, 현재 댈러스 미술관(Dallas Museum of Art)에 소장되어 있다.

탄생을 이런 방식으로 묘사한 경우는 복음서 저자 중 그뿐이다. 요한이 모노게네스 테오스μονογενὴς Θεός라는 그리스어 구절을 포함시켰을 때, 그의 말뜻은 하느님의 '유일하게 낳은 자' 또는 '유일무이한 자녀'였다. 하지만 간혹 이렇게 명백하지 않은 대목이 있을 경우, 요한은 곧이어 예수가 하느님 아버지와 매우 가까운 까닭에 하느님의 "무릎"에 앉는다고 말했다. 이 대목에서 사용한 그리스어 콜폰κόλπον은 "가슴과 다리 사이의 부분으로, 특히 사람이 앉은 자세일 때"를 가리킨다고 하니, 이보다 더 명료할 수는 없을 정도이다.[9]

당시의 그리스어 구사자라면 요한의 묘사를 보자마자 디오니소스의 유일무이한 출생과 거의 즉각적으로 연결할 수 있었다. 다만 이 구절과 관련해 단 하나 불분명한 것은 바로 영어 번역인데, 거기에서는 사실상 '허벅지'를 가리키는 콜폰이라는 단어를 모조리 무시한 채 그저 예수를 '아버지와 가장 가까운 관계에' 놓아두었기 때문이다.[10] 고대 그리스어가 병기되지 않다 보니 디오니소스와의 명백한 관련성은 모두 사라지고 말았다. 그렇게 오늘날 우리에게 남은 것은 인간과 신의 짝짓기에 관한 기묘한 이야기뿐이다. 그리스도교 미술에서 가장 자주 묘사되는 장면 가운데 하나인 수태고지Annunciation는 새 한 마리와의 이례적인 관계 이후 하느님의 아들을 잉태한 순결한 젊은 여성에 관해 이야기한다. 제우스의 독수리 대신 하느님 아버지가 비둘기로 직접 현현하고, 성령이 황금색 빛줄기를 타고 와 동정녀 마리아를 잉태시켰다는 것이다.

『디오니소스 복음서』에서 데니스 맥도널드는 급기야 번역 과정에서 사라진 「요한 복음서」 속 핵심 '상징'과 '언어'를 모조리 검토하는 데까지 나아간다. 하지만 이 학자는 예수 이전 몇 세기 동안 무

〈수태고지〉(The Annunciation). 프라 안젤리코의 1426년경 회화로, 현재 스페인 마드리드 소재 프라도 미술관에 소장되어 있다.

아경의 신을 진정으로 정의했던 한 가지에 각별히 관심을 쏟는다. 바로 그의 성사용품이다. 포도주가 없다면 디오니소스도 없다. 마찬가지로 성만찬이 없다면 그리스도교도 없다. 새로운 교회의 명함이 될 그 물약은 바로 이곳에서, 그러니까 베로네세가 16세기 식으로 묘사한 가나의 혼인 잔치 때 물을 포도주로 바꾼 기적에서 시작되었다. 바로 이러한 방법으로 디오니소스는 그리스도교로 들어갔다. 바로 이러한 방법으로 고대 그리스의 파르마콘은 파르마콘 아타나시아스, 즉 '불멸의 약'으로 변모했다. 이 모든 것은 「요한 복음서」에 나오는 바로 이 장면에서 시작되었다. 바로 이곳 루브르에, 심지어 같은 전시실의 공기를 모두 빨아들이는 〈모나리자〉의 건너편에 있는 이 작품이야말로 이교 연속 가설의 발원지이다. 이는 그리스 신비제를 그리스도교의 기반 자체에 놓아둔다.

「요한 복음서」는 이 사건(예수의 공생의 시작인 첫 번째 기적)을 기록한 유일한 복음서이다. 「마태오 복음서」에서 예수는 나환자를 치료함으로써 경력을 시작한다.[11] 「마르코 복음서」와 「루카 복음서」에서는 구마驅魔로 시작한다.[12] 하지만 요한은 맨 처음부터 자신의 그리스어 구사 청중이 예수를 무아경의 신과 곧바로 결부시키기를 원했다. 맥도널드의 서술처럼 "물을 포도주로 변모시키는 일이야말로 디오니소스 특유의 기적이었기 때문이다."[13] 급기야 그는 독일의 학자 미하엘 라반Michael Labahn의 말을 인용하기까지 한다. "초자연적이고 기적적인 변모는 디오니소스의 패턴에 따른 예수의 현현을 나타내며 (…) 예수와 디오니소스의 병렬은 예수를 신으로 묘사한다." 당시의 그리스어 구사자라면 누구나 아버지 '무릎'에 앉은 '유일하게 낳은 자'인 하느님의 아들에 관한 이야기를 듣자마자 디오니소스를 떠올리지 않을 수 없었을 것이며, 마찬가지로 예수의 첫 번째 기적에 관한 이야기를 듣자마자 그리스의 엘리스 지역과 안드로스섬에서 나타나는 연례 기적을 떠올리지 않을 수 없었을 것이다. 현현에서 갑자기 포도주가 나타날 때마다 머릿속에 떠오르는 신은 하나뿐이었을 것이다.

우리가 짐작할 수 있는 한, 요한은 오해의 여지를 전혀 남기고 싶어 하지 않았다. 그는 커다란 석제 물 항아리를 가리키기 위해 후드리아ὑδρία라는 매우 구체적인 단어를 사용했다. 물질적 증거에 근거해 우리는 당시 이 무른 석회석 그릇을 생산하는 산업이 활발했다는 사실을 안다. 당시 예루살렘을 중심으로 제조가 성행했던 이 그

룻은 의례적 정화를 위해 사용되었다. **후드리아** 각각에는 76리터에서 114리터까지 담을 수 있었을 것이다. 안드로스섬 사람들이 매년 마시는 포도주의 강에 비할 바는 못 되더라도 이 정도 양이면 하룻밤 사이에 다 마셔 없애기에는 상당히 많다. 최대 681리터, 다시 말해 1,000병에 달하는 양이니 말이다.[14] 정말 '신의 선물의 날'인 셈이다! 가나의 혼인 잔치는 1월, 그중에서도 안드로스에서 현현 기적이 일어난 바로 그날과 디오니소스 축제의 계절을 시작하는 레나이아 의례와 거의 비슷한 시기에 벌어졌다고 전하니, 요한의 그리스어 구사자들은 대체 배후에 무슨 꿍꿍이가 있는지 궁금했을 것이다.[15] G 408과 G 409에 그려진 광녀들과 마찬가지로 최신의 포도주 신이 포도주를 조금 더 기적적으로 만들기 위해 뭔가를 첨가했을 수도 있을까? 그렇다면 그것은 어떤 종류의 포도주였을까?

그날 저녁 혼합물의 진정한 본성에 관해 질문을 제기한 사람은 내가 처음이 아니다. 미술사가 필립 펠Philip Fehl은 베로네세가 잔치 장면을 그리면서 이용한 「요한 복음서」 이외에 또 다른 자료를 확인했다. 바로 1535년 베네치아에서 발행된 피에트로 아레티노Pietro Aretino의 『그리스도의 인성』*Humanity of Christ*이다. 아레티노는 그리스도교의 마법적인 새 영약의 첫 표본에 대한 청지기의 물리적 반응을 극적으로 포착했다.

천국의 포도밭에서 따 모은 포도로 만든 포도주의 향기를 맡는 순간, 그는 양손을 식초에 담그고 기절했다가 막 깨어난 사람처럼 소생되었다. 그 포도주를 맛보는 순간, 그는 그 예리한 달콤함이 발끝까지 흘러가는 것을 느꼈다. 투명한 유리잔을 가득 채우다 보

면 누구라도 그 안이 증류한 루비로 들끓는다고 단언할 만했다.[16]

고대 그리스의 전통에서 '천국의 포도밭'은 엘리스와 안드로스에서 생산된 기적적인 포도주까지 거슬러 올라갈 수 있다. 그들은 매년 디오니소스의 성사용품을 생산하는 영예를 누렸다. 복음서 저자 요한이 자신의 전설을 기록하도록 영감을 준 가나의 포도주는 대체 어떠했기에 그리스도교의 기원 이야기 맨 첫 쪽부터 디오니소스를 등장시키게 했을까? 알고 보니 요한의 선택은 그리 독단적이지 않았다. 예수의 첫 무대였던 가나의 혼인 잔치는 디오니소스가 떠난 자리를 이어받기 위해 위치와 시기를 완벽하게 선정한 결과물이었다.

구글 지도에서 '가나'를 검색하면 결과물이 아주 많지는 않은데, 그중 성서의 도시를 나타내는 좌표를 찾아가보면 갈릴래아의 카프르 카나Kafr Kanna라는 그리스도교 순례 유적지가 나온다. 예수의 출생 이전 헬레니즘 시대 내내 오늘날 이스라엘 북부에 해당하는 이 지역 전체는 포도주의 "생산과 판매에서 중요한 상업 중심지"로 남아 있었다.[17] 그 포도주는 마리아의 아들이 등장하기 훨씬 전 무아경의 신이 이미 개종시킨 이 지역 광녀들에게 큰 도움을 주었다. 30년경 가나의 그 술 취한 현현에서 새로운 포도주 신은 무작위적인 군중에게 능력을 행한 것이 아니었다. 갈릴래아에서 일어난 예수의 오래 기다려온 등장은 연고지의 이점을 지니고 있었다.

그 지역 남동쪽에 자리한 고대 도시 스키토폴리스Schythopolis는 디오니소스의 전설상 출생지이다. 그 이유로 이 도시를 니사Nysa라고도 부르는데, 그러면 포도주 신의 이름의 도무지 알 수 없는 어원('신'Dio과 '니사 출신'Nysus의 조합)을 일관성 있게 설명할 수 있기 때문이다. 예수의 생애 동안 스키토폴리스/니사는 로마 제국의 동쪽 변경에 자리한 이른바 (그리스어로 '열 개의 도시'를 뜻하는) 데카폴리스Decapolis를 형성하는 도시 중심지 중에서도 가장 큰 곳이었다.[18] 무아경의 신은 이 도시의 수호신으로 남아 있었으며, 그곳의 조상彫像과 제단과 비문과 주화에 모두 모습을 드러냈다.[19] 오늘날 이 장소는 베트셰안Beit She'an이라 부르며, 요르단강 바로 서쪽에 자리한다. 예수의 고향 나자렛과는 엎어지면 코 닿을 정도인 대략 40분 거리에 있다.

예수와 마찬가지로 디오니소스도 이 지역을 돌아다니기 좋아했다. 아울러 나름대로 흔적도 남겼다. 나자렛에서 20분이면 갈 수 있는 그 지역의 그리스어 구사 수도인 세포리스Sepphoris(오늘날의 치포리Tzippori)에서는 참으로 적절한 명명이라 할 만한 이른바 〈갈릴래아의 모나리자〉Mona Lisa of Galilee를 찾아볼 수 있다.[20] 5제곱미터 면적의 화려한 모자이크에는 지금 내 뒤에 전시된 모나리자처럼 측면을 거는 듯 곁눈질하는 여성이 묘사되어 있다. 이른바 '디오니소스의 집'으로 알려진 2세기 로마 저택 연회장의 바닥을 장식하는 열한 점의 현존 장면 중 하나이다. 다른 모자이크들은 무아경의 신의 삶과 숭배에서 비롯된 삽화이다.[21] 그중 몇 가지는 의례적 만취를 다루는데, 그 가운데에는 디오니소스와 헤라클레스의 술 마시기 대회도 있고 메테μέθη, 즉 '술 취함'을 가리키는 그리스어도 등장한다.[22] 이 노골적으로 이교적인 이미지는 1987년 처음 모습을 드러냈는데, 듀크 대학교 에릭 마이어스Eric Meyers의 다음과 같은 설명은 고고학계의 중론에 해당한다. 예수의 고향 한복판에 있는 유대인 도시에서 그 유적이 깜짝 발견된 일에 "거의 모든 사람의 정신이 아득해졌다

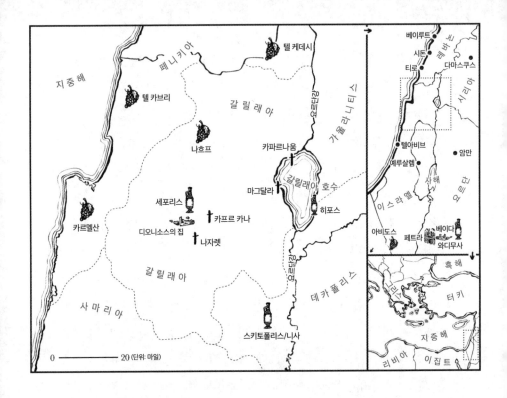

지중해
페니키아
텔 케데시
베이루트
시돈
레바논
티로
다마스쿠스
텔 카브리
갈릴래아
나흐프
카파르나움
마그달라
갈릴래아 호수
히포스
카르멜산
세포리스
디오니소스의 집
† 카프르 카나
† 나자렛
갈릴래아
사마리아
데카폴리스
스키토폴리스/니사
텔아비브
암만
예루살렘
이스라엘
사해
요르단
아비도스
페트라
베이다
와디무사
흑해
터키
지중해
리비아
이집트

0 ————— 20 (단위: 마일)

는 점은 분명하다"는 것이다.[23] 이교 세계와 유대교-그리스도교 세계는 원래 교차되어서는 안 된다고 여겨졌으며, 예수 이후의 갈릴래아에서는 특히 그러했다. 하지만 이 증거는 디오니소스와 예수가 엄연히 공존할 수 있었음을 역설한다.

그로부터 여러 해 뒤 사해 반대쪽(오늘날 요르단 정남쪽 지역)에서 흙을 파헤치던 또 다른 연구진 때문에 사람들은 다시 한 번 정신이 아득해질 예정이었다. 2005년 베이다Beidha에서 정교한 연회장의 잔해가 발굴된 것이다. 마침 그곳은 로마 제국 시대에 아라비아 반도까지 이어져 있었던 나바테아 왕국Nabataean Kingdom의 유명한 코즈모폴리턴 수도 페트라 고고학 유적에서 북쪽으로 겨우 3킬로미터 떨어져 있었다. 마당까지 완비된 그 열주 구조물은 말리코스 1세 치세에 만들어졌으며, 시기상 예수 탄생보다 겨우 30년 앞섰다. 1세기까지도 멀쩡하게 남아 있었던 이 사당에 드러난 그리스의 영향력은 압도적이었다. "건축물과 조상彫像은 나바테아인이 헬레니즘의 모티프를 얼마나 잘 받아들여 나바테아의 의례적 식사를 포함한 전통과 혼합했는지 예증하고 있었다."[24]

'디오니소스적 조화우주'의 현존으로 미루어, 암만 소재 미국 동양 연구 센터American Center of Oriental Research 소속 연구진은 이 성소가 "신과의 친교에서 정점에 이르는 변모 과정"에서 독특한 역할을 담당했다고 상상하게 되었다.[25] 자신들의 "롤 모델이자 추정상 선조"로 여겨지던 디오니소스와의 '초월적' 경험을 추구하던 나바테아 왕족에게는 '방대한 포도밭'을 굽어보는 베이다의 '시골 풍경'이야말로 이상적인 '숭배 중심지'였을 것이다. 인근 페트라 교회에서는 프리기아산 대리석에서 잘라낸 2세기 말의 **칸타로스**가 발견되었는데, 이것은 스페인 마스 카스테야르 데 폰토스에 있는 가정 예배당에서 엔리케타 폰스가 발굴한 것과 같은 종류의 그릇이었다. 예수와 동시대에 만들어진 베이다의 건물은 그리스도교 창시자의 뒷마당에서 '풍부하게 입증된' 디오니소스의 현존을 확증해주었다. 더 나이 많은 포도주 신은 나바테아인의 거점인 페트라에서 시작해 갈릴래아의 스키토폴리스와 세포리스 같은 헬레니즘화 지역에 걸친 레반트 Levant 남부 전역에서 목격되었다.

결국 무아경의 신은 자신의 성사용품에서 결코 아주 멀리 떨어져 있지 않았다. 오늘날의 시리아, 레바논, 이스라엘, 팔레스타인, 요르단에 해당하는 지역이 1세기 디오니소스의 본거지였다는 사실은 완벽하게 논리적일 수밖에 없는데, 그 신화의 여러 변종이 북아메리카나 근동에서 흔히 나타났기 때문이다.[26] 그럴 만한 이유가 있느냐고? 그 지역으로 말하자면 예수 탄생 이전 2,000년 동안 가나안과 페니키아의 뱃사람들이 지중해 포도주 무역을 시작했던 곳이다. 그곳에서 좀더 동쪽으로 눈을 돌려보면 '극한 음료의 인디애나 존스'라는 별명을 가진 펜실베이니아 대학교의 패트릭 맥거번이 포도 재배의 첫 번째 흔적을 검출한 곳이기도 하다. 터키 동부 토로스산맥과 이란 북서부 자그로스산맥 사이에 해당하는 이 지역의 몇 군데 유적에서는 재배품종의 포도씨가 출토되었다. 흥미롭게도, 성서의 전통에 따르면 터키 동부와 아르메니아가 만나는 이곳은 노아가 아라라트산에 최초의 포도밭을 조성하는 데 영감을 얻은 지역이기도 하다(참고로 아르메니아에서는 기원전 4000년경에 만들어진 세계 최초의 포도주 제조 시설이 아레니Areni에 있다고 자랑한다).[27]

하지만 맨 처음부터 이 포도 재배술의 요람은 일반적인 상품 이상의 뭔가를 지중해에 보급하고 있었다. 나는 베로네세의 커다란 화폭에 나온 모든 포도주를 유심히 살펴보았다. 황금빛 암포라에 쏟아지는 포도주, 신랑의 잔에서 반짝이는 포도주. 심지어 동정녀 마리아까지 텅 빈 한쪽 손을 식탁 위에 모은 채 처음 맛보려고 열망한다. 이 머리 긴 마법사는 도대체 이 사람들에게 무엇을 베풀려는 것일까?

포도주의 기적을 예수의 첫 번째 기적으로 내세움으로써 「요한 복음서」가 예수를 새로운 디오니소스로 확립하고 가나를 새로운 엘리스와 안드로스로 변모시키려 했다는 데에는 의심할 여지가 없다. 하지만 갈릴래아의 포도주 동네를 그 무대로 삼음으로써 요한은 사실상 전혀 새로운 것을 말한 것이 아니었다. 그는 디오니소스와 그의 비범한 성사용품에 이미 매우 친숙했던 지역에서 포도주의 역사를 상기시켰을 뿐이다. 나자렛 예수의 생애 이전과 도중과 이후에도 무아경의 신은 그 지역에서 충성스럽게 추종받고 있었다. 스키토폴리스와 세포리스와 페트라에 이르는 그 지역의 고고학적 발견은 그런 사실을 명백히 보여준다. 하지만 예수 이전이라면 포도주는 얼마나 오래전부터 그곳에 와 있었던 것일까? 그리고 그 포도주는 어떤 종류였을까?

요한의 청중이라면 가나의 혼인 잔치의 기적이 단지 잔치의 여흥거리가 아니었으며, 포도주는 단순히 잔치용 술이 아니었음을 알았을 것이다. 그것은 액체 **파르마콘**이었으며, 그 배경에는 풍부한 전통이 있었다. 약물 함유 포도주는 그저 우연히 1세기 갈릴래아까지 흘러들어온 것이 아니었다. 지중해 동부 주민들을 맥주 음용자에서 포도주 음용자로 변모시킨 비밀은 그리스인보다 2,000년 전, 그러니까 예수와 「요한 복음서」보다 훨씬 오래전에 그저 지나가다 잠깐 갈릴래아의 포도밭에 들른 것이 아니었다.

그 비밀은 그곳에서 시작되었다. 그리고 그곳에 머물러 있었다.

10장
성지의 영약

1세기 디오스코리데스의 포도주 공식은 그리스 세계의 환각제 전통에 관해 설득력 있는 증거였다. 하지만 선사 시대 유럽의 약물 첨가 포도주와 마찬가지로 물리적 증거를 파악하기 힘든 경우가 종종 있다. 지금 이 시간까지 그리스의 어떤 유적에서도 불멸의 약물에 관한 확고한 자료가 발견되지는 않았다. 약물 첨가 포도주의 유서 깊은 기원에 대해서라면 우리는 그 모든 것이 시작된 장소인 근동을 살펴보아야 한다. 먼 옛날, 다른 누구보다 일찌감치 성지를 점령한 가나안인과 페니키아인은 그들의 포도주에 정신 활성 물질을 의례적으로 혼합했다. 예수 이전 여러 세기 동안 그리스인이 그 지역을 통제할 때에도 그 오랜 전통은 여전히 살아 있었다. 갓 발굴된 그릇과 고고화학적 분석 덕분에 이제 우리는 고대 갈릴래아가 각별히 뛰어났던 분야가 있다면 디오스코리데스가 자부심을 느꼈을 법한 포도주 분야였다는 사실을 안다.

현재 대두하는 분과인 고고화학은 최근 수년 동안 고대 맥주의 역사뿐 아니라 고대 포도주의 역사도 다시 썼다. 스페인에서 나온 가짓과 식물 맥주나 라케페트 동굴과 괴베클리 테페에서 나온 선사 시대 묘지 맥주처럼 지난날의 포도주는 이전에 생각했던 것보다 훨씬 복잡하고 신비로운 음료로 대두했다. 이번에도 공연의 스타는 패트릭 맥거번이었다. 앞서 언급했듯 그는 2017년 유라시아의 포도 발효에 관해 가장 오래된 증거를 발견한 장본인이다. 그 증거는 기원전 6000년경 것으로 오늘날의 조지아에서 나왔다. 하지만 석기 시대 포도주와 그의 과학적 연애는 그로부터 20년 전에 시작되었다.

1996년 맥거번은 이란의 먼 서쪽(터키와 이라크와의 국경 근처)에 있는 하지 피루즈 테페Hajji Firuz Tepe 유적에서 나온 기원전 5400년에서 5000년경의 도기 그릇 두 점에 관한 분석에서 신석기 시대 포도주에 테레빈 나무나 송진이 "보존 및 의약용 약제로 첨가되어 있었다는" 점을 입증했다.[1] 이 오래된 형태의 포도주는 오늘날의 포도밭에서 나오는 세련되고도 적당히 정신 활성적인 제품이 아니었다. 맥거번에 따르면, 비옥한 초승달 지대인 이 지역에서 견고해진 포도주에 대한 열광은 차라리 과일과 곡물과 꿀과 풀 같은 첨가물의 "폭넓은 조합"을 활용해 포도즙에 첨가한 "혼합 발효 음료 또는 극한 음료 문화라고 말하는 쪽이 더 나을 수도 있다."[2] 여기에서 우리의 조사와 관련된 내용이 있다면 맥거번이 의례적 목적을 지닌 "특별한 양조주"라 부른 것으로, 이것에 "향기가 좋거나 정신 변성적인 약초를 곁들였을 수도 있다."[3] 이것이야말로 불멸의 별들을 향한 우리의 여행에서 삶과 죽음을 가르는 신비로운 장벽을 항해하기 위해 필요한 것이다.

2009년 5월 저명한『국립 과학 아카데미 회보』Proceedings of the National Academy of Sciences에 게재한 「고대 이집트의 약초 포도주」Ancient Egyptian Herbal Wines에서 맥거번은 아비도스Abydos에서 발굴된 원시 왕조 통치자 스코르피온 1세의 무덤에서 출토된 보물에 관한 분석을 상세히 설명한다. 1988년 독일 고고학 연구소의 카이로 지부가 발굴한 그곳의 연대는 기원전 3150년으로, 이후 3,000년 동안 이집트 왕국을 통치할 파라오 계보의 시작에 해당했다. 그곳에서는 "외국 유형"의 도기 항아리 700여 점이 완벽한 상태로 발견되었는데, 그 정도면 왕궁의 물약 4,500리터에 달하는 양이었다. 포도주와 포도 제품의 핵심 생체 지표인 타르타르산을 추출한 맥거번은 항아리 안에 들어 있는 "누르스름한 박편의 잔여물"에 어떤 약초 첨가물이 있는지 찾아보기로 했다. 고체상 미량 추출solid phase microextraction, SPME과 기체 크로마토그래피 질량 분석을 이용한 첨단 기술 분석 결과, 각종 식물과 약초 다수에서 자연 발생하는 일련의 복합 모노테르펜complex monoterpene이 있다는 사실이 밝혀졌다.[4] 다른 화학적 화합물로는 장뇌, 용뇌, 카르본carvone, 티몰thymol이 고대의 잔여물에서 추출되었다. 모두 서양톱풀 안에서 발견되었는데, 맥거번은 다른 문헌에서 이런 상황이 "정신 활성 식물과 관련된 의례를 고도로 암시한다"라고 서술했다.[5]

이런 생물 분자 지문을 이용함으로써 맥거번은 이 특별한 양조주 첨가물의 고대 지리상 출처를 지목할 수 있었다.

거의 모두 이집트에 도입되기 이전 레반트 남부에서 길들여졌거나 재배된 것들로 (…) 재배품종 포도가 나일강 삼각주로 이식된 기원전 3000년경부터 레반트 남부의 약초 일부가 이에 동반하거나 곧이어 이 나라의 정원과 농지로 들어왔다는 가설을 세워도 합당할 것이다. 이런 발전은 이집트의 약전을 상당히 확장시켰다.

700점의 항아리는 어땠을까. 맥거번이 35종의 화학 원소를 분석한 결과 그 항아리들은 "요르단 계곡, 웨스트뱅크 산악 지역, 트랜스요르단, 가자 지구에서 발견된 진흙과 똑같은 진흙으로 만들어졌"을 "가능성이 99퍼센트"였다.[6] 달리 말해 이 항아리들은 더 나중인 1세기에 이르러 디오니소스와 예수에게 속할 지역에서 유래했다는 것이다. 그렇다면 스코르피온 1세는 왜 자신의 임종 자리에 외국산 포도주를 그렇게 많이 쌓아두었을까? 맥거번은 "엘리트 모방" 또는 "과시적 소비" 때문이라 여겼다. "액체 상태의 금"을 수입하듯 레반트 남부에서 생산된 이 포도주에 기반한 영약은 "근동의 왕들 사이에서 조약 체결에 대한 선물"이나 단순히 "선의를 만들어내고 자신의 통치에 위신을 부여하기 위한" 목적에서 "정기적으로 교환되었다."[7] 아울러 맥거번은 "고대의 포도주와 기타 알코올음료가 외적으로나 내적으로 약초 혼합제를 용해하고 조절하는 데 탁월한 수단으로 알려져 있었다"라는 러크의 개념을 지지했다. 맥거번에 따르면, 현대에 이르러 합성 약품을 쉽게 이용할 수 있게 되기 전 "알코올음료는 보편적인 임시 처방약이었다."

신성한 도취제는 이집트의 파라오와 함께 지하 세계로 가도록 만들어졌기 때문에 발전된 종교 생물공학 기술로 그것을 사용했다는

이집트 아비도스의 스코르피온 1세 왕릉에서 발견된 기원전 3150년경의 포도주 항아리들. 그 안에 담았던 포도주에는 훗날 예수의 고향이 되는 레반트 남부에서 생산된 식물과 약초가 첨가되어 있었다.

점은 간과하기 어렵다. 마스 카스테야르 데 폰토스에서 나온 맥주나 스코르피온 1세와 그 이후의 이집트 왕들에게 신들을 목격하고 신들과 합일할 수 있도록 허락하는 환시적 상태를 부추겼을 법한 특별한 양조주와 마찬가지이다. 최초의 양조학자는 여사제들이었을 것이며 "포도를 둘러싼 전통에서는 이 과일을 여성 실체로 의인화했다"라고도 하지만, 오시리스야말로 최초의 남성 포도주 신으로서 디오니소스보다 앞섰을 가능성이 있다.[8]

고대 이집트의 대관식을 대단히 상세하게 묘사한 가장 오래된 현존 삽화본 파피루스 두루마리에 따르면, 포도주는 왕의 "영적 눈멂"을 치료하기 위한 "호루스의 눈"Eye of Horus으로 표현되었다.[9] 그런 다음에는 오시리스의 지상 대리인을 포도주 신 본인으로 변모시키기 위해 마련된 "비밀 제의"의 일부로 의례적 식사를 했다. 신을 마심으로써 신이 되는 "신비적 결합"이라는 지고한 행위에서 인간 왕은 죽음의 군주인 오시리스와 합일을 추구한다. 그의 영원한 잠을 준비하는 과정에서 왕족 입문자는 우주적 지하 세계로 여행해 그곳을 실제로 경험했으며, 그리하여 "죽음의 문턱 너머에 놓인 것에 관해 놀라운 지식"을 얻었다고 전한다.[10] 예수보다, 혹은 프랜시스 신부가 면담한 라마들보다 수천 년 전, 이집트의 파라오들은 별이 찬란한 사후의 삶을 그들이 가로지를 수 있도록 허락해주는 "빛나는 영靈"(이집트어로 아크akh)이라는 빛의 몸을 획득했다고 전한다.[11]

레반트 남부에서 처음 수입된 환각성 포도주가 정말 3,000년이나 된 종교적 사업을 위한 수단과 동기와 기회 수단을 제공했을까? 고고학자 겸 인류학자인 고故 앤드류 셰라트Andrew Sherratt 박사에 따르면, 카르나크 신전Temple of Karnak에서 일주일 동안 개최된 디오니소스 축제에서 "방대한 양의 포도주"가 소비되었다는 사실을 더 유심히 살펴볼 만한 가치가 있어 보인다. 그는 카르나크의 기둥에 묘사된 푸른 수련이 1922년 처음 개방된 투탕카멘의 무덤에서 나온 파라오의 황금 목 주위 화환에서도 발견된다는 사실에 주목했다.[12] 오시리스의 또 다른 육화인 푸른 수련은 이제 야생에서는 극도로 희귀하지만 한때 나일강의 얕은 강둑에 무성했다. 이것은 고대 이집트에서 가장 신성한 식물로 여겨졌다. 활성 성분인 아포모르핀apomorphine과 누시페린nuciferine을 함유해 정신 활성 가능성이 가득한 식물이기도 하다.[13]

영국의 채널 4에서 1998년 방영된 〈신성한 풀들〉Sacred Weeds 시리즈에 출연한 셰라트는 이집트학자, 민족식물학자, 약리학자 한 명씩으로 이루어진 동료들과 함께 용감한 자원자 두 명에게 포도주 적신 그 꽃의 혼합제를 마시게 했는데, 이는 고대 성사용품의 재현 중 텔레비전을 통해 방영된 최초 사례였다. 두 사람은 신나는 웃음 발작을 일으킨 다음 촬영지인 이스트서식스주의 저택 해머우드 파크의 비 내리는 정원 곳곳에서 떠들며 장난쳤다. 비록 오시리스의 환영은 전혀 기록되지 않았지만, 푸른 수련은 상대적으로 낮은 복용량에도 부정할 수 없는 정신 변성 효력을 지녔다고 입증되었다. 이 약물 복용 실험의 전체 영상은 유튜브(https://youtube.com/watch?v=Vx2AIBgnakI)에서 볼 수 있다.

우리가 그리스도교의 본고장에 가까워질수록 이야기는 더 흥미진진해졌다. 고대의 약물 첨가 포도주의 가장 훌륭한 증거 일부가 마침 오늘날의 갈릴래아에서 나왔기 때문이다. 훗날 가나의 혼인 잔치나 그리스도교의 설립 행사인 최후의 만찬에서 드러나게 되듯 그곳에서는 음주의 마법적 호소력이 알코올 내용물을 훨씬 넘어서까지 연장되었다.

예수의 고국은 고대부터 포도주 생산으로 예찬되었으며, 그 기원은 가나안인까지 거슬러 올라간다. 모호한 소문은 2013년 결국 확실한 증거를 만나게 되었는데, 나자렛에서 북쪽으로 한 시간쯤 가면 나오는 텔 카브리Tel Kabri 유적지가 전 세계의 헤드라인을 장식했기 때문이다. 기원전 1700년경에 만들어진 "세계에서 가장 오래된 포도주 저장고"에서 약초 포도주 항아리 마흔 개가 발굴되었다.[14] 브랜다이스 대학교 화학과에서는 항아리 각각에 들어 있던 유기적 잔여물을 철저히 검사했다. 기체 크로마토그래피 질량 분석 결과 전체에 걸쳐 놀라운 일관성이 드러났는데, 이는 결국 "보전과 기호성과 정신 활성 능력이라는 요소들의 균형을 맞춘 복합 음료 생산에 필요한 약전 실력과 식물학적 지형에 대한 정교한 이해"를 뜻했다.[15]

2014년 8월 오픈 소스 학술지 『플로스원』PLoS One에 게재된 동료 검토 논문에 따르면, 이 학제간 연구진은 포도주 안에서 다수의 유기 화합물을 확인했다. 매사추세츠 공과대학교 부설 고고학 및 인류학 자료 연구 센터의 앤드류 코Andrew Koh, 하이파 대학교 고고학 교수 아사프 야수르란다우Assaf Yasur-Landau, 조지 워싱턴 대학교 고전학, 인류학, 역사 교수 에릭 클라인Eric Cline은 갓 포착된 생체 지표와 고대의 유기적 출처를 연관 지으려는 시도의 난점을 지적했다. 맥거번과 마찬가지로 이들은 이 화합물 안에 다양한 식물과 약초의 농축물이 들어 있다고 인정했다. 그런데도 이들은 여전히 "고대 일용품의 자연적 분포"와 고대 갈릴래아 및 인근 지역의 "현존하는 문서 기록"에 근거해 정확하게 짝을 맞춰보고 있었다.

그리스어와 달리 고대 근동 언어 가운데 상당수(이집트어, 수메르어, 아카드어, 엘람어, 히타이트어, 히브리어, 아람어 등)는 아찔하리만치 많은 식물, 약초, 균류의 이름을 보전해왔다. 하지만 한 집계에 따르면, 먼지 쌓인 텍스트에서 언급된 종種 가운데 20퍼센트만이 "속屬으로 정확히 확인되었다."[16] 가령 델포이의 피티아 여사제들이 사용한 '월계수'의 종류를 놓고 지속적으로 논쟁하는 이유도 그래서인데, 이 고대 식물은 오늘날의 과학적 분류에서 '순종 월계수'Laurus nobilis라는 종이나 '월계수'Laurus 속과 정확히 대응하지 않을 수도 있기 때문이다. 하지만 디오스코리데스의 포도주 공식처럼 문자로 기록된 민족식물학적 증거는 퍼즐의 절반에 지나지 않는다. 이를 완성하려면 고대 그릇에서 나온 유기적 잔여물을 엄격히 수집해야 하며, 그런 다음에야 분석된 종 각각을 실제로 고대에 자랐던 지역을 표시한 원시 생태학 지도와 대조할 수 있기 때문이다. 이런 학제간 노력은 아주 최근까지만 해도 고고학의 관심 대상이 아니었지만 고대 텍스트, 화학적 자료, 서식지 지도가 조합되면서 고대의 포도주 제조 기술과 과학에 무척 필요했던 조명을 마침내 제공하게 되었다. 또한 텔 카브리 같은 장소에서 나온 결과는 그리스인이 약물 주입 정신 변성 포도주에 대한 취향을 물려받은 장소가 정확히 어딘지를 보여주었다.

텔 카브리 출토 유물에 대한 기체 크로마토그래피 질량 분석 결과, 타르타르산 말고도 신남산[계피산]cinnamic acid, 올레아놀산oleanolic acid, 시네올cineole, 카리오필렌caryophyllene, 메틸 4-하이드록시-3,5-다이메톡시벤조산methyl syringate이 포함되었다. 연구진에 따르면, 텔 카브리에서 왕실의 적포도주에 첨가되었을 가능성이 가장 높은 후보는 꿀, 소합향蘇合香, 테레빈 나무 수지, 사이프러스 뿌리, 시더유[삼나무 기름], 노간주나무 열매, 박하, 머틀, 계피였다. 이런 "사치스러운 고대 혼합제"의 여러 성분은 기원전 8세기에 아카드어로 작성된 메소포타미아 평판 모음집인 '마리 편지'Mari Letters에서도 포도주의 첨가제로 입증되었다. 이와 유사한 약초 첨가물의 증거는 기원전 15세기에 유포되기 시작했던 이집트 신전 향료 키피kyphi의 널리 발행된 제조법에서도 나타났다.

왕의 포도주 보관소에서는 푸른 수련 같은 것이 전혀 확인되지 않았으나 그곳에 인접한 연회장에서는 이 특별한 양조주의 종교적 성격이 드러났다.[17] 유니페루스Juniperus 속도 마찬가지인데, 일부 종은 그 정신 활성 능력으로 숭배받았다. 노간주나무 열매는 "항바이러스, 항생제, 항균류 성질"을 지닌 기름을 함유하는데, 전통적인 제의와 예식에서 보호 목적상 그 열매를 미신적으로 사용하는 이유도 그것일 수 있다.[18] 역사적으로 중앙아시아의 샤먼들은 "의례적, 마법적, 의료적 목적"에 노간주나무 열매를 사용해왔으며, 그렇게 이 열매가 "인류의 가장 오래된 훈증제 가운데 하나일 가능성"을 만들었다.[19] 예를 들어 파키스탄 북부 힌두쿠시의 훈자족은 노간주나무 열매가 그들 비타이오스(bitaiyos, 마법사, 치유사, 예언자)의 "초자연적인 힘"에 직접적으로 기여한다고 말한다.

> 이들은 노간주나무 가지를 불태운 연기를 들이마시고 염소의 따뜻한 피를 마신 뒤에야 자신의 능력을 드러낸다. 그다음 리드미컬한 북소리에 맞춰 춤추다 마침내 황홀경 상태에 들어선다. 미래에 관해 질문받으면 이들은 요정의 메시지를 노래의 형태로 전달한다.[20]

가나안인의 경우 텔 카브리에서 확인된 포도주 첨가제는 멀리까지 미쳤으나 덜 연구된 마르제아marzeah 의례에서 유용했을 가능성이 있다. 이 의례는 술에 취한 장례 잔치나 죽은 자를 위한 추모 연회로서 최대 일주일까지 지속될 수 있었다.[21] 마르제아는 전적으로 근동 사회의 상류층만을 위한 것이었다. 이는 일종의 조합 또는 음주 클럽으로서, 더 잘 알려진 고대 그리스의 포도주 연회 심포지엄에 비견되었다. 맥거번의 말마따나 "음악과 춤과 가나안 신화의 낭송이 유흥에 따랐고, 로마의 주신제에 버금가는 난교도 이뤄졌다."[22] 하지만 앞서 우리가 두개골 숭배와 묘지 맥주를 석기 시대 이스라엘과 터키부터 고대 그리스와 고전 시대 이베리아까지 1만 년에 걸쳐 추적한 것과 마찬가지로 마르제아의 주된 목적은 참가자들에게 사후의 삶을 소개함으로써 "죽음 이후 그들의 지복을 확보하게" 하는 것이었다.[23]

마르제아는 한편으로는 텔 카브리를 비롯한 근동과 고대 이집트의 더 오래된 음주 기념식, 다른 한편으로는 디오니소스와 예수 모두에게 속하는 더 나중의 신비제 사이의 가교로 작용했을 가능성이 있어 특히 매혹적이다. 이런 의례들의 공통점은 오직 한 가지 목적을 위해 특별한 물약을 섭취한다는 발상이다. 그 목적이란 일반적인 시간과 공간을 초월해 선조들이 여전히 살아 숨 쉬고 신들이 현실화되는 의식 상태에 도달하는 것이다. 설명할 어휘가 부족해 학자들은 이 장소를 종종 "지하 세계"라 부른다. 이후 여러 세기 동안 그리스 신비제와 그리스도교 신비제에 입문한 사람들과 마찬가지로 마르제아의 입문자들도 그들이 어딘가로 간다고 진정으로 믿었을 수 있다. 하지만 결국 우리는 그처럼 이세계적인 여행의 감각을 만들어낸 메커니즘과 잊지 못할 신비 경험의 결과로 전체 종교를 만들어낸 확신을 이해하려 노력할 뿐이다. 마스 카스테야르 데 폰토스에서 나온 자료는 석기 시대까지 한참 거슬러 올라갈 가능성이 있는 묘지 전통이 일반적인 맥주 덕분에 살아남지는 않았으리라는 점을 보여준다. 마르제아의 긴 역사 역시 일반적인 포도주 덕택이 아닌 것처럼 보이기는 마찬가지이다.

이 기묘한 가나안의 의례에 대한 단서는 오늘날의 시리아에 해당하는 우가리트Ugarit의 쐐기 문자 평판 가운데 하나에 묻혀 있으며,

그 내용은 텔 카브리의 왕족이 정신 활성 포도주를 부화시킨 지 몇 세기 뒤에 저술되었다. 죽은 자의 예식을 해독하려는 시도가 여러 번 실패로 돌아갔지만 가나안 종교 및 신비주의를 연구하는 선두적인 학자가 마침내 그 내용을 파악했을 가능성도 있다. 2015년 발표된 「마르제아와 우가리트의 마법 의례 체계」The Marzeah and the Ugaritic Magical Ritual System에서 그레고리오 델 올모 레테Gregorio del Olmo Lete는 당시 근동의 주요 신이었던 엘*에 관한 텍스트 『엘의 신성한 잔치』 The Divine Feast of El를 해체했다. 바르셀로나 대학교 명예 교수인 델 오모 레테에 따르면 마르제아를 직역하면 '하강'이며, 이는 지하 세계로의 여행을 암시한다. 이것은 누군가를 '쓰러뜨리는 도구' 혹은 무아경에 빠져 쓰러지거나 한마디로 몸져누워 죽는 일을 뜻할 수도 있다.[24]

델 올모 레테는 인도유럽인의 묘지 맥주를 병행 독해해 환각성 포도주에 관한 증거가 발전된 종교적 생물공학이며, 『엘의 신성한 잔치』는 "황홀경의 강경증 상태"를 유도하는 "도취 습관"을 위한 "편람"이나 "제조법"이라 간주한다.[25] "술에 취해 도달하는 변성 의식 상태"에서, 입문자는 "끔찍한 유령들"의 신비스러운 "이세계"로 "무시무시한 입장"을 허락받는다. 이때 실력 있는 탐색자라면 신과 같은 영靈들로부터 삶의 실존적 문제에 예언적 답변을 얻을 수 있다.[26] "요정들"에게서 이야기를 들을 수도 있다. 우가리트의 텍스트에 나온 지시에 따르면, 이런 임사 경험으로부터 깨어나기 위해서는 마비된 입문자의 이마부터 배꼽까지 미확인 야생 식물로 만든 연고

---

* [감수 주] '엘'(אל)은 일반 명사로 '신', 고유 명사로는 '이스라엘의 하느님'을 뜻한다.

를 바른다.

미국에서 판매되는 모든 피노 포도주 병마다 붙어 있는 '사용자 주의사항'을 보면 선천적 기형, 교통사고, 기계 관련 사고처럼 포도주를 마셨을 때 발생할 수 있는 일련의 위험이 열거되어 있다. 하지만 사망한 친척들이 문간에 나타날 수 있다고 쓰인 경우는 전혀 없다. 디오스코리데스가 기록한 포도주 공식과 마찬가지로 마르제아의 특별한 양조주는 우리가 '포도주'라 부르는 것과 조금도 닮은 구석이 없다. 맥거번이 말한 지중해 동부의 "극한 음료 문화"는 극한 음료에 따르는 극한 음주 의례를 만들었는데, 이 의례가 그들이 "약전 실력과 식물학적 지형에 대한 정교한 이해"를 발휘하도록 최적한 배경을 제공했을 수도 있다. 이 혼합물에 효력을 더했을 수도 있는 활성 성분은 여전히 절대적인 수수께끼로 남아 있다. 하지만 이집트 아비도스와 가나안 텔 카브리에서 나온 약초 혼합물에 관한 확실한 고고학적 자료를 고려해보면, 머지않아 매사추세츠 공과대학교의 앤드류 코 같은 사람이 마르제아의 암호를 해독하리라 추정해도 무방할 것이다.

42세인 코는 맥거번과 브리스틀 대학교 리처드 에버셰드Richard Evershed 등을 비롯한 기타 개척자들의 연구에서 혜택을 입은 더 젊은 세대에 속했다. 하지만 아직 무르익지 않은 고고화학이라는 분야에서 활동하는 대부분 동료와 달리, 코는 고전학에 추가적인 배경이 있었다. 덕분에 그는 고대 음료에 관한 탐구에서 독특한 학제간 시야를 갖게 되었다. 호메로스부터 디오스코리데스와 그 이후에 이르는 약물 함유 포도주의 전통이 친숙한 덕분에, 그는 마르제아가 기원전 1700년 가나안인이 살았던 갈릴래아와 1세기 고대 그리스 및 그리스도교인이 살았던 갈릴래아를 연결할 수도 있다는 가능성에 대해 오히려 개방적인 편이었다. 나는 파리를 방문하기 전에 신빙성을 점검하기 위해 보스턴에 있는 그의 사무실에 전화를 걸어 환각성 포도주에 대한 러크의 학술 연구가 가장 최근의 증거로도 뒷받침된다는 사실을 확인했다.

이때 앤드류 코는 갈릴래아 북부의 또 다른 유적지에서 나온 좀 더 사치스러운 액체에 관한 최근의 발견에 대해 말해주었다. 조만간 『미국 동양 연구 학교 회보』Bulletin of the American Schools of Oriental Research에 발표할 예정인 연구에서 레바논과의 국경 지대에 있는 텔 케데시Tel Kedesh의 헬레니즘 시대 행정 건물에서 발굴된 작은 그릇들의 유기 잔여물을 분석한 결과, 상징적인 페니키아 삼나무에서 나온 기름에 그보다 1,500년 전 텔 카브리의 가나안 포도주에서 발견된 (로도스의 똑같은 지역에서 수입된) 소합향이 첨가되었다는 사실이 밝혀졌다. 기원전 2세기의 것인 이 잔여물은 그 지역에서 그리스의 영향력이 절정에 이르렀던 시기까지도 향정신성 물질의 주입이 지속되었음을 보여주었다. 따라서 아직까지는 발견하지 못했지만, 앤드류 코가 과도하게 환각성인 포도주에 관해 확고한 증거를 확보할 가능성은 상당히 높아 보였다. 마르제아의 수수께끼에 대한 화학적 증거가 손닿는 범위 내에 들어온 셈이다.

"저는 당신 생각이 절대적으로 맞는다고 생각합니다." 앤드류 코는 전화에 대고 이렇게 말했다. "고대 포도주에 관해 이야기할 때, 우리는 다용도식으로 접근하는 경향이 있습니다. 하지만 예를 들어 오늘날의 맥주에 관해서 한번 생각해보세요. 맥주는 풋볼을 관람하면서 마시기 위해서만 있는 게 아닙니다. 알코올과 향의 특성이 제

각각인 아주 복잡한 맥주들도 있습니다. 고대의 포도주도 이와 다르지 않습니다. 역사적 기록을 유심히 살펴보면 편안한 분위기에 어울리는 포도주부터 신비제 같은 공식 행사에 어울리는 포도주까지 종류가 다양합니다. 하지만 삶의 나머지 면들과 마찬가지로 이는 그리 이분법적이지 않을 수도 있습니다. 청교도적 배경 탓인지 우리는 여하간 이렇게 둘로 나누고 싶어 하는 겁니다. 편안한 보통의 음주와 신성한 종교적 음주로 말이죠. 하지만 예전에는 그 경계선이 좀더 흐릿했고, 양쪽이 좀더 뒤섞였었다는 겁니다."

"텔 카브리나 텔 케데시에서 그랬던 것처럼요?" 내가 물었다. "그리고 어쩌면 최초의 그리스도교 공동체에서 그랬던 것처럼요? 우리가 아는 바에 따르면 그곳도 예수 시대에 갈릴래아에서 활발했던 마르제아나 디오니소스 신비제에서 영향을 받았을 수 있으니까요."

"맞습니다. 얼핏 보기에 카브리의 포도주 저장고는 고주망태가 되어 즐거운 시간을 보내는 부유한 엘리트 소유 같습니다. 하지만 좀더 자세히 살펴보면 그거야말로 너무 단순화된 답변이라는 생각이 들 겁니다. 그들이 포도주에 뭔가를 더했고, 그런 성분들이 단지 보존을 위한 것이 아니었기 때문이죠. 그 목적은 알코올에서 취기를 얻는 일이 아니었습니다. 당시 문헌을 살펴보면 이집트와 레반트에서도 마르제아와 유사한 축제들이 있었고, 거기에는 의례적 의미가 풍부했습니다. 그런 축제들은 문자 그대로 신과 기타 등등과의 친교였습니다. 따라서 저는 신비제나 숭배적 국면이 강화되기만 했던 헬레니즘 및 로마 시대와 카브리가 실제로 연결된다고 생각합니다. 제가 볼 때 고고학계에 있는 우리가 지금까지 한동안 잊고 있었던 사실이 있다면, 일단 적절한 성분을 추가하기만 하면 포도주야말로 향정신성 효과를 이용해 심오한 종교적 경험을 하기에 매우 완벽한 음료였다는 사실입니다. 그래서 저는 그런 종류의 포도주를 물약이라고 부릅니다. 그건 음료가 아니기 때문이죠. 그건 성사 용품입니다."

코는 환각성 포도주의 스모킹 건에 해당하는 증거가 그리스도교 탄생지 어딘가의 땅속에서 발굴되기를 끈기 있게 기다리고 있으리라 확신했다. 가나의 혼인 잔치와 최후의 만찬에 이르기까지 여러 세기 동안 『엘의 신성한 잔치』에 기록된 마르제아는 그 지역 전체에 걸쳐 주요 행사로 남아 있었으며, 고대 이스라엘과 유다와 바빌론을 엘의 '포도주 신 숭배' 속에서 단결시켰다. 더 이전에 살았던 이집트인과 가나안인과 페니키아인과 마찬가지로 이스라엘인과 그 이웃들은 애초부터 성지가 지도상에 표기되도록 만든 특별한 포도주와 죽은 자 숭배에 관심을 가졌다.

실제로 구약성서에는 이교도 의례가 두 번 언급되는데, 물론 양쪽 모두 비난조이다. 이는 비교적 원시적인 이 전통이 성서 시대까지도 생존했음을 확인해준다.[27] 포도주로 부추겨진 집회에 대한 유대교 고위 사제들의 반대에도 예루살렘 내부 및 주변의 고대 무덤에서는 순례용 휴대 병과 포도주 디캔터와 암포라가 발굴되었다.[28] 그로부터 더 남쪽에서는 죽음 숭배의 잔해가 더 많이 드러났다. 2009년 9월 페트라 소재 디오니소스 신전 인근 와디 무사Wadi Musa에 있던 사암 블록 하나가 우연히 뒤집어졌다. 그것에서 부분적으로만 판독되는 비문이 드러났고, 그 존재는 환각성 마르제아 의례가 예수의 생애 동안에도 여전히 멀쩡하게 살아남아 있었다고 확증했다. 그 텍스트는 유명했던 나바테아의 왕 아레타스 4세 필로파트리스

Aretas IV Philopatris 치세(기원전 9년부터 서기 40년까지) 것으로 "연대가 명료하게 확인되었다." 그의 딸 파사일리스는 갈릴래아의 악명 높은 통치자 헤롯 안티파스Herod Antipas 왕과 결혼했다. 헤롯은 파사일리스와 이혼한 뒤 얻은 두 번째 부인을 기쁘게 하기 위해 세례자 요한의 머리를 잘라 쟁반에 담은 일로 유명하다.[29]

마르제아가 끝나고 디오니소스의 연회가 시작된 곳이 정확히 어디인지는 사실 아무도 모른다.[30] 무아경의 신은 오시리스와 엘이 수천 년 동안 각자의 마법으로 씨앗을 뿌렸던 북아프리카와 레반트의 "고대의 문화 인터넷"에 천천히 뿌리내렸기 때문이다. 결국 포도주신의 일부는 서쪽인 그리스로 가서 디오니소스가 되었으며, 아시아인 광녀들과 함께 아나톨리아 순회를 마친 뒤인 기원전 5세기에 에우리피데스의 희곡을 통해 처음 선보였다. 아테네에서 디오니소스는 이집트와 근동의 상응물과 마찬가지로 죽음의 신이 될 예정이었으며, 매년 봄의 안테스테리아Anthesteria 축제 동안 유령 행렬을 이끌고 그 도시로 들어갈 예정이었다. 핼러윈과 유사한 이 축제가 열리는 시기로 말하자면, 한 해 중에서도 "열린 피토이(pithoi, 도기 항아리)의 포도주 냄새가 도시 전체에 퍼지고 지하 세계에 있던 영혼들이 그에 이끌려 모습을 드러내는" 때였다.[31] 하지만 포도주 신의 또 다른 부분은 그 모든 것이 시작된 바로 그 장소에 그대로 남아 있었으며, 이후 3,000년이 더 지나서야 예수가 나타나 죽음을 정복한 가장 최근의 무아경 신이 되었다. 이 나자렛 사람은 자신의 죽음과 부활 사이의 사흘 동안 벌어졌다고 여겨지는 '지옥의 정복'Harrowing of Hell이라는 일화를 통해 지하 세계에 대해 잘 알고 있었다. 그동안 "이미 죽은 자들에게도 복음이 선포되었던 것이다."[32]

그리스 아티카에서 출토된 기원전 470년의 백색 인물화[白繪] 그릇. 이와 유사한 용기는 그리스의 장례 일부로서 고대 무덤에 종종 비치되었다. 최근에 사망한 사람들을 사후의 삶으로 안내하는 영혼 인도자라는 신성한 역할을 담당하는 헤르메스 신이 마법 지팡이를 휘두르는 모습이 묘사되어 있다(왼쪽). 헤르메스의 오른쪽으로 땅에 반쯤 파묻힌 도기 항아리 피토스(phitos) 주둥이에는 죽은 자의 영혼이 포도주에서 나오는 모습이 묘사되어 있다(오른쪽). 영혼 가운데 일부는 천사 같은 날개를 달고 지하 세계를 향해 떠난다. 다른 일부는 더 악마 같은 모습을 하고 있으며, 자기가 나온 신성한 포도주 속으로 다시 비집고 들어가고 있다. 할로윈과 유사한 안테스테리아 축제는 결국 중단되고 말았다. 이와 더불어 죽음의 신 디오니소스를 기리는 약물 함유 영약 마시기도 중단되었다.

이것은 오시리스에서 시작해 엘과 디오니소스를 거쳐 예수에 도달하는 깔끔한 계보이다. 이들을 하나로 엮어주는 중요한 사실은 삶과 죽음의 경계를 흐리는 비범한 포도주, 즉 불멸의 물약이었다. 하지만 한편으로 디오니소스와 예수 사이, 다른 한편으로 이들의 신성한 선행자들 사이에는 중대한 차이가 있었다. 바로 정치적 의견 불일치였다. 이 포도주는 1퍼센트에 속하는 것일까, 아니면 99퍼센트에 속하는 것일까? 이 포도주는 파라오나 왕족이나 엘리트를 위한 것일까, 아니면 모두를 위한 것일까? 과연 누가 신들의 넥타르에 접근할 수 있어야 할까?

그리스도교 이전의 갈릴래아에서는 종교 혁명이 이미 진행 중이었다. 근동의 궁전과 저택에 있던 도취제가 밖으로 새어 나가기 시작했는데, 이는 이른바 '신비제의 모독'이라 일컬어진 신성한 제의의 충격적인 모방 사건 당시 키케온이 엘레우시스 밖으로 유출되어 아테네의 부유한 집들로 확산된 것과 똑같은 방식이었다. 바로 앞장에서 A. D. 노크가 통찰력 있게 지적했듯 영적으로 호기심이 많은 사람은 "이교도의 개인적이고 자발적인 신앙"의 일종에 이끌렸는데, 지역 신전이 그 지역의 이교도 및 유대인 거주민에게 제공해야 하는 갖가지 영혼을 짓밟는 지루함보다 차라리 "선택과 운동과 개인의 열광 요소를" 선호했기 때문이다. 예수의 시대, 무아경의 여성들이 주도하는 민주화 경향은 그로부터 4세기 전에 에우리피데스가 말한 것처럼 신성한 포도주를 **파울로테론**φαυλότερον, 즉 '단순한 민중'을 위한 성사용품으로 개조했다. 디오니소스는 "포도주의 고통 없는 즐거움을 부유한 사람과 비천한 사람 모두에게 똑같이 제공했던" 것이다.[33]

그러니 이집트의 파라오는 잊자. 텔 카브리와 페트라와 그 사이 모든 곳에 있는 왕족도 잊자. 포도밭을 소유했으며 자신들의 섬뜩하고도 종종 퇴폐적인 의례에 허비할 시간과 돈이 넘쳐났던 귀족들만을 위한 마르제아도 잊자.[34] 마르제아는 물론 그 '비의적' 함의를 모두 금지했던 유대인 고위 사제들도 잊자.[35] 그리고 더 나중에 복음서에서 예수를 가리켜 오이노포테스οἰνοπότης, 즉 '주정뱅이'라 부르며 흥을 깬 바리사이들도 잊자.[36] 사람들은 그 기적적인 포도주를 조금 맛보고 싶어 안달했다. 그리고「요한 복음서」속 예수가 자신의 신성함을 입증할 수 있는 방법은 디오니소스 '특유의 기적'을 수행하는 일뿐이었던 가나의 혼인 잔치에서 이미 술에 취한 손님들은 바로 그것을 갖게 되었다. 681리터 분량의 포도주를 말이다.

디오니소스의 사전에 있는 가장 오래된 능력을 먼 과거에 그 신비가 탄생한 장소이며, 그리스 문화에 대한 지역적 수용 덕분에 무아경의 신이 발판을 재수립한 장소인 근동으로 다시 가져옴으로써「요한 복음서」는 1세기의 상위 1퍼센트에 노골적으로 도전을 제기했다. 애초부터 그리스도교의 물약은 대중에 소비될 운명이었는데, 이는 갈릴래아 일부 지역을 포함한 그리스와 지중해 동부의 그리스어 구사 구심점들에서 여러 세기 동안 마법을 발휘해왔던 디오니소스의 물약과도 마찬가지였다. 앞선 의례적 음료와 달리 가나의 포도주는 고대 세계 전역을 여행할 것이었으며, 사후의 삶에 변변찮은 희망을 가진 변변찮은 사람들 손에 들어갈 예정이었다. 그리고 그리스에서 더 서쪽에 자리한 로마 제국의 변변찮은 지역으로도 나아갈 것이었는데, 그곳에서는 머지않아 예수에 의해 대체될 예정인 포도주 신이 부흥을 필사적으로 원하고 있었다. 이 모든 것이 로마의 정치인들 덕분이었다.

에타 전시실을 나오면서 나는 〈모나리자〉의 시건방진 미소를 마지막으로 다시 한 번 돌아보았다. 밤새 달빛에 덮여 있을 때면 다 빈치의 걸작은 이곳에 붙박인 채 완전하고도 전적인 허구를 응시하고 있었다. 이것은 결코 베로네세의 잘못이 아니었다. 〈가나의 혼인 잔치〉는 「요한 복음서」에 관한 공정한 해석이었지만 그 장면은 결코 일어나지 않은 것이 거의 확실하다. 어째서 고대 갈릴래아에서 있었던 이 소란한 일화는 요한 외에 다른 누구에게도 기록되지 않았을까? 또 어째서 엘리스와 안드로스에서 벌어졌던 디오니소스의 현현을 부끄러움 없이 표절했을까? 데니스 맥도널드 같은 학자들은 요한이 예수의 신성을 강조하기 위해 예수를 무아경의 신과 똑같은 틀에 끼워 맞췄기 때문이라고 결론지었다. 이 주장은 충분히 정당하다. 독창성 면에서 요한은 영점이다. 하지만 레반트 남부에서 포도주 없는 신은 바퀴 없는 자동차와도 같았으니 어쩌면 요한으로서도 30년경 일어난 그 특별한 현현에 '극한 음료'를 포함시키는 일 외에는 선택의 여지가 없었을지도 모른다. 그런데도 의문은 여전히 남아 있다. 예수와 디오니소스의 진짜 관계는 무엇일까? 그리고 이때의 진짜 메시지는 무엇일까?

A. D. 노크의 표현처럼 비밀 '상징'과 '언어'를 인식할 수 있었던 그리스어 구사자들이 보기에 요한에게는 놀랄 만한 점이 여럿 있었다. 가나는 서막에 지나지 않았다. 그로부터 3년 뒤, 인류 역사의 방향을 영원히 바꿔놓는 한편 우리 종의 가상 트위터 피드에서 예수를 무려 24억 2000만 명의 팔로워를 거느린 최고수로 만들 예정인

진짜 만찬의 미리보기였다. 그리스도교는 오늘날 지구 상에서 가장 큰 종교이다. 역사상 가장 큰 종교이기도 하다. 그 모든 것은 바로 '최후의 만찬'에서 시작되었는데, 이는 친구들 사이의 좀더 친밀한 행사였다. 여기에서 포도주는 피로 변했고, 예수는 전형적인 디오니소스 신비의 제2부를 소개했다. 바로 생살이었다.

이 사건에 대한 요한의 시적 취급에서 빵과 포도주, 즉 살과 피의 신성한 조합은 고대 전체를 통틀어 가장 진보한 생물공학을 상징한다. 이는 더 나중에 가서 성 이냐시오가 파르마콘 아타나시아스, 다시 말해 즉각적인 신성과 영원한 삶을 보장해주는 '불멸의 약물'이라 부르게 될 것이었다. 그리스인의 입장에서 이 마법적인 과정은 아포테오시스apotheosis, 즉 '신격화'라 알려져 있었다. 신을 먹고 마시는 자는 누구나 신이 되는 것이었다. 한때 신비는 이집트 파라오와 근동 엘리트의 독점 재산이었으나 에우리피데스 이후로는 지중해의 산과 숲 위로 뚝뚝 떨어졌다. 하지만 문명은 흥하고 망하게 마련이라 신비제도 십자 포화 속에 갇힐 때가 있었다. 로마 제국이 그 선행자들, 특히 마그나 그라이키아라 알려진 이탈리아 남부 그리스어 구사 지역에서 물려받은 포도주 신에게 몰두하자, 이전까지만 해도 여성들만 참여할 수 있었던 방탕한 축제에 남성들도 참여하기 시작하면서 도덕적 공포가 전역을 휩쓸게 되었다.[37] 로마 원로원은 기원전 186년 완전한 형태의 주신제를 금지했으며, 이로써 무아경의 신에게는 불확실한 미래가 만들어지고 말았다.

기원전 20년경 보수 성향 역사가 리비우스는 이 스캔들에 관해 극적 개작을 저술하며 그 사건을 "로마의 숭배에 그리스의 요소가 갑작스레 너무 많이 침투한 데에 대한 반발"로 그려냈다.[38] 로마 원로원의 격노를 자아낸 결정적 원인은 이탈리아의 마녀 파쿨라 아니아Paculla Annia, 즉 마그나 그라이키아의 중심부이자 나폴리와 폼페이가 모두 자리한 캄파냐 출신의 논란 많은 바쿠스 고위 여사제였다.[39] 기원전 186년 디오니소스 신비제를 대규모 단속하기 직전 몇 년 동안 파쿨라 아니아는 20세 이상 남성의 입문을 철저히 거부했다.[40] "이 숭배는 여성을 남성의 통제하에 둔 것이 아니라 오히려 젊고 감수성 예민한 남성을 여성의 통제하에 두었다."[41] 유니버시티 칼리지 런던 고전학자 피아크라 맥 고라인Fiachra Mac Góráin 박사가 말했다. 로마처럼 완고하게 가부장적인 사회에서는 이것이야말로 전쟁 행위였다. 따라서 당국도 마법 포도주의 홍수를 억제해 보통 물줄기 정도로 줄였다.

예수 시대에 이르러, 세계는 신성한 광기를 다시 한 번 주입받을 준비가 되어 있었다. 독실한 사람들은 마침내 하느님의 아들이 고향 갈릴래아로 돌아왔다고 환호했을 수도 있다. 원한다면 그를 예수라 불러도 무방하다. 하지만 「요한 복음서」에서 하느님의 "외아들" 또는 "유일무이한 자녀"로서 그가 아버지의 "무릎"에 앉는다고 설명하자 청중은 그 말뜻을 이해했다. 어쨌거나 예수가 성장할 장소가 나자렛 말고 또 어디 있겠는가? 그곳은 스키토폴리스의 디오니소스 지역에서 겨우 몇 분 거리였다. 그리고 길을 따라 조금 더 가면 세포리스의 〈갈릴래아의 모나리자〉도 있었다. 예수가 고향이라 부를 만한 모든 장소 중에서도 약물이 만연한 고대 세계의 나파 밸리*가 그저 우연히 그런 장소가 된 것이었다. 여기에서 포도주

---

* 미국 캘리포니아주의 유명한 와인 생산지.

는 오래 지속된 **마르제아**와 디오니소스 신비제 양쪽에서 영감을 얻어 죽은 자를 숭배하기 위한 성사용품이었다. 그리고 이곳에서 나자렛 출신 마법사와 그의 최초 추종자들은 3,000년 동안 레반트 남부 지역에 주입해온 정신 변성 물질을 끝없이 공급할 수 있었다. 그 약물은 이후 2,000년 동안 가장 많이 참고되고 가장 오래갈 필사본인 『의학의 재료에 관하여』 속에 머지않아 백과사전적으로 기록될 예정이었다.

예수 사후 10년이 채 지나기 전, 오늘날 터키와 시리아의 국경 인근인 소아시아의 실리시아Cilicia에서 디오스코리데스가 태어났다. 그는 인근 타르수스에서 공부했으며, 그곳은 마침 바오로의 출생지이기도 했다(따라서 성 바오로는 과거에만 해도 타르수스의 사울로 Saul of Tarsus라는 이름으로 통했다). 네로 치하에서 로마군을 따라 널리 여행하는 동안 약물의 아버지가 기록한 식물과 약초와 균류는 "에게해와 레반트의 그리스어 구사 세계에 압도적으로 집중되어 있었다."[42] 그곳은 실험적인 포도주 혼합의 진원지였는데, 수많은 이교도 인구가 그곳의 고대 환금 작물에서 정신 활성 효력을 모조리 짜냈기 때문이다. 그리고 새로운 디오니소스가 마지막 한 가지 임무를 수행하기 위해 기적적으로 그곳에 돌아왔다.

로마 제국의 동쪽 변경에서는 느끼지 못했다 하더라도 그리스도교인 지망자는 디오니소스 신비제가 이탈리아에서 실존적 위기에 직면했다는 사실을 알았는데, 그곳에서는 기원전 186년 로마 원로원의 피투성이 전역 동안 무아경의 신 추종자가 최대 6,000명이나 한 번에 처형되었기 때문이다.[43] 다음번 도덕적 공황에 대한 예언은 전혀 없었다. 세계에서 가장 강력하며 온통 남성 위주였던 제국

이 입문자에게 불멸을 약속한 여성 주도 종교를 진압했다. 이 이름 없는 종교는 비밀 물약 몇 온스만으로 이집트와 근동의 영적 배타성은 물론 엘레우시스 그리스 가문의 독점까지 깨뜨렸다. 그리고 더 커다란 정치적 이유 때문에 로마인은 한때 에우리피데스가 "여성을 겨냥한 부도덕한 술수"라 일컬은 이 위험한 종교가 문자 그대로 사라지기를 바랐다.[44] 하지만 디오니소스 신비제는 그냥 사라질 수 없었다. 모두 신성을 맛볼 자격이 있었다. 따라서 마법 포도주를 계속 살려놓기 위한 유일한 방법은 로마 제국이 통제할 수 있는 수준보다 많은 파쿨라 아니아로 고대 세계를 채우는 일이었을 것이다. 하지만 야외는 그리스 죽음 숭배의 새 개종자를 얻기에 가장 안전하거나 가장 편안한 장소가 아니었다.

그래서 무아경의 신은 실내로 들어오게 되었다.

그리고 그리스도교는 답을 갖고 있었다. 지중해 동부 해안, 동정녀에게서 태어난 최신 '하느님의 아들'이 각광받게 된 1세기에는 모든 것을 얻을 수 있었다. 「요한 복음서」를 보면 '가나의 혼인 잔치'가 갈릴래아의 거리에 '불멸의 약물'을 풀어놓았을 수도 있었다. 하지만 그리스도교의 성만찬이 사람들의 집으로 가게 된 계기는 바로 '최후의 만찬'이었다. 디오니소스 본인도 결코 이루지 못한 일이었다.

대중적인 축제, 신비제 모독 사건 동안 엘레우시스를 신성 모독한 극소수 아테네인을 제외하면 디오니소스의 교회는 계속해서 대중과 멀어져 그리스 교외의 야외에만 남아 있었다. 따라서 요한의 청중은 이 새로운 디오니소스가 오래된 디오니소스를 대체했다고 보았다. 또한 「요한 복음서」에 대한 이들의 해석은 오늘날의 해석과 매우 달랐을 것이다. 그들이 바라본 예수는 새로운 종교를 시작하기 위해 찾아온 예수가 아니었다. 오히려 웅장한 앙코르 공연을 펼침으로써 위기에 처한 신비제를 구제하러 온 예수였다. 다시 말해 대중을 위한 마법 포도주의 비결을 공개하러 온 예수였고, 자신이 그리스에서 시작했던 포퓰리즘 운동을 마무리하러 온 예수였다.

그의 이름이 디오니소스였던 시절 시작한 운동을 말이다.

그리스도교가 출현한 세계를 이해하지 않고서는 그리스도교의 뿌리를 이해하기도 불가능하다. 시작되고 초기 300년가량 그리스도교는 불법 숭배였다. 디오니소스 숭배와 매한가지였다. 가난한 민중, 특히 여성에게 호소함으로써 예수는 디오니소스 신비제가 떠난 자리를 간단히 얻었다. 정치적으로 그는 디오니소스가 했던 것과 똑같은 위협을 로마 당국에 취했다. 당시 황제와 전통적인 로마 신들에 대한 대중 숭배에서 관심과 충성을 돌리게 만드는 일은 무엇이든 위험하다고 여겨졌다. 정부 당국은 젊고 적격인 남성을 군 복무와 멀어지게 하거나 가뜩이나 바쁜 어머니들을 가족에 대한 의무로부터 떨어뜨려놓는 일에 격분했다. 두 집단 가운데 어느 쪽도 원래부터 '약물의 신'에 취한 상태로 야외에 속해 있지는 않았기 때문이다. 이들은 예수가 디오니소스 '특유의 기적'을 드러냈던 혼인 잔치에 원래부터 속해 있지도 않았다. 요한은 가나 이후 예수가 행한 일련의 마법 행위에 대한 유대교 대사제들의 반응을 기록하며 전반적으로 당혹감을 상당히 노골적으로 드러냈다. "그가 계속하도록 놓아둔다면 모두 그를 믿게 될 것이며, 로마인이 달려와 우리의 집과 나라를 모두 빼앗아 갈 것이다."[45]

하지만 정치와 합법성은 걱정 일부분에 지나지 않았다. 사회 질서 전체가 위험에 처해 있었기 때문이다. 예수와 디오니소스는 쌍둥이라 해도 무방할 정도였다. 양쪽 모두 계급에 무관하게 모든 사람이 신들의 넥타르를 마실 자격을 지녔다는 혁명적 원리를 대변했다. 그리스인과 이탈리아 남부인이 여러 세기 동안 1퍼센트와 99퍼센트 사이에서 불편한 균형 잡기를 해냈던 반면, 불멸의 물약을 향한 예수의 공개 초대인 성만찬은 갈릴래아의 부유한 이교도뿐 아니라 예루살렘의 영향력 있는 유대인 가문까지 경악시켰을 것이다. 수천 년 동안 그래왔듯 마법 포도주는 그들만의 특권이라 여겼기 때문이다. 구원은 평민들의 손 안에 없었다. 고전기 아테네에서의 성공 이후 디오니소스는 근동에서 최초의 독점 파괴자가 되었다. 몇 세기 뒤 예수는 추가로 자극하기 위해 과거 종교들에 만족하지 못한 모든 사람에게 더 편리한 해결책을 들고 나타났다. 그것은 마스카스테야르 데 폰토스의 가정 양조업자들이 이미 발견했던 해결책이었다. 몇몇 친구를 초대해 집에서 성사용품을 요리하면 그만이었다.

결국 디오니소스와 예수는 모두 현상을 유지하는 데 서툴렀다. 기원전 186년 로마 원로원의 주신제 단속이 유럽 역사 최초의 대규모 종교 탄압이었던 이유도 그것이다.[66] 그리스도교가 그 전철을 밟게 된 이유도 마찬가지이다. 통치 계급이 보기에 그리스 신비제와 그리스도교 신비제 사이의 연속성은 너무나도 명백했다. 양쪽 모두 강화 포도주 형태로 신 자체를 섭취함으로써 죽음의 군주에게 직접 다가가는 방법을 제공했기에 그 핵심부터 야만적이었다. 디오니소스 숭배자들과 그리스도교인들은 이국적인 신비와 함께 똑같이 용납할 수 없는 이야기를 했다. 로마 종교에 대한 주도적인 역사가

메리 비어드Mary Beard, 존 노스John North, 사이먼 프라이스Simon Price에 따르면 "이 사건은 그리스도교가 여성에게 발휘하는 호소력 때문에 더욱 악화되었다. 외국과 여성이라는 고정관념의 조합은 일찍이 고전기 그리스인도 통제 불능인 동쪽 여성들에게 사용했을 정도로 항상 위력이 각별히 강했다."[47]

이것이야말로 이교 연속 가설의 정치적이고 영적인 배경이었다. 그리고 이것은 무시될 수 없었다. 디오니소스의 과격한 숭배에 이끌렸던 사람들이 예수의 숭배에 이끌린 사람들이었기 때문이다. 그들은 오늘날의 '영적이지만 종교적이지는 않은 사람'들, 즉 초월을 사냥하러 나선 탐색자들과 크게 다르지 않았다. 진짜 의미의 진짜 경험에서 디오니소스적 경험의 열쇠는 **파르마콘**이었다. 이것은 파쿨라 아니아 같은 마녀와 그 추종자 들을 미치게 만들었다. 이것은 그들을 착란하게 했다. 환영을 야기했다. 또 고유의 엘레우시스 신비제가 모독당하는 것을 원치 않았던 아테네의 종교적 보수주의자들뿐 아니라 로마 당국까지 격분시켰다. 특히 로마 당국은 훗날 그리스도교인을 식인 범죄자라 비난하고 사자에게 던지기도 했다.

불멸의 약물은 기원전 마지막 몇 세기의 고대 그리스인과 서기 처음 몇 세기의 초기 그리스도교인을 하나로 엮어주는 요소이다. 다음 장에서 자세히 살펴보겠지만 그리스도교의 성만찬이 실제로 똑같은 **파르마콘**이라는 사실을 「요한 복음서」가 잠재적 가담자들에게 더 많이 확신시킬수록 디오니소스 신비가 여전히 고대 지중해를 지배하던 세계에서 이 신출내기 신앙이 성공할 가능성도 늘어났다. 그 세계에서는 신성한 잔에 담긴 것을 한 번 마실 때마다 광녀들이 범죄자로 낙인찍힐 위험을 감수해야 했다. 물론 초기 그리스도교인 역시 이와 유사한 위험을 감수했다. 하지만 일부 사람들에게는 종교적 자유의 대가가 항상 그만한 가치를 지닌 것은 아니었다.

그리스 신비제와 그리스도교 신비제가 로마 제국의 표적이 된 과정은 역사 기록에 잘 남아 있다. 하지만 정작 일반적인 포도주 비밀이 이런 혁명적 운동에 대한 가혹한 탄압에 과연 어느 정도까지 동기를 제공했는가 하는 문제만큼은 현대 학자들도 대부분 무시하고 있다. 그리고 디오니소스와 예수 모두의 커다란 비밀, 즉 불멸의 열쇠를 푸는 비밀이 사실은 약물 함유 포도주인지 여부 역시 무시하고 있다.

긴 하루를 마치고, 루브르도 잠시 뒤 문을 닫을 예정이었다. 오늘 본 모든 것으로 내 정신을 감싸려면 그저 몇 분의 평화와 침묵이 필요했다. 나는 관광객을 피해 어디로 가면 되는지 정확히 알고 있었다. 〈사모트라케의 날개 달린 승리의 여신〉을 향해 최단 경로로 나아가, 웅장한 계단을 내려가서 쉴리관 아래층에 있는 그리스 컬렉션으로 향했다. 양팔이 없는 〈밀로의 비너스〉를 바라보는 군중을 지나쳐 나의 오아시스인 카리아티드 전시실로 들어갔다. 의도했든 그러지 않았든 루브르는 무아경의 신을 향해 믿기 어려울 정도로 대단한 경의를 구축했다.

348호에서 볼 수 있는 대리석상은 대부분 그리스의 원본에 근거한 로마 시대의 복제품이었다. "사치스러운 머리타래"가 목과 어깨까지 흘러내린 2세기의 이탈리아산 디오니소스 두상도 마찬가지이다. 예수가 1세기 갈릴래아에서 짐 모리슨 같은 외모를 가진 유일한 유대인이었던 이유가 궁금하다면 이것을 보면 된다.[48] 전시실 건너편에는 나르니아에서 막 나온 듯한 삼림의 신 판Pan이 포도송이를

기원전 500년경의 그리스 조상(彫像)에 근거해 2세기에 제작한 디오니소스 대리석 두상. 현재 루브르 박물관 카리아티드 전시실에 소장되어 있다. 이 무아경 신의 여성스럽게 흘러내리는 머리카락에서 예수의 초기 초상화가 얻은 영감이 지금까지 이어지고 있다. 아우렐리우스 가문의 지하 묘지에 있는 3세기 작품 〈착한 목자〉(453쪽 참고)나 16세기 작품인 베로네세의 〈가나의 혼인 잔치〉에 묘사된 예수의 머리(331쪽 참고)와 비교해보라.

들고 있다. 님프들로 이루어진 합창단을 이끌고 그리스의 언덕을 지난 뒤 포도주 신의 여자 친구들은 항상 낮잠을 잤다. 지나가는 목자 때문에 놀라면 판은 무시무시한 비명을 지르며 깨어났는데, 바로 여기에서 '공황'panic이라는 단어가 유래했다. 이 염소 인간은 잠식해오는 그리스도교에 대항하는 문맹 농부들의 마지막 도피처였다. 그 결과 사탄에 대한 대중적 이미지는 바로 이 뿔 달리고 호색한 신에게서 유래했을 가능성이 크다. 이 신은 '촌스러운 자'로 통했다(라틴어로는 파가누스paganus라 했는데, 여기에서 '이교도'pagan라는 단어가 유래했다).[49]

나는 보르게세 꽃병Borghese Vase 주위를 맴돌았다. 168센티미터 높이인 이 작품은 대리석에 새겨진 주신제 참가자들의 믿기 힘든 행진을 보여준다. 멍하고 혼란한 사람 하나가 막 의식을 잃은 상태이다. 그가 황홀경에 빠져 축 늘어지자 손에 티르소스thyrsos를 들고 덥수룩한 꼬리를 가진 사티로스satyr 하나가 그를 부축한다. 러크에 따르면 티르소스란 포도주 신의 식물 첨가제를 운반하는 데 사용되는 길고 속이 텅 빈 지휘봉을 말한다.[50] 주례자의 손에서는 그를 실신시킨 칸타로스가 막 미끄러져 떨어졌다. 나는 그 안에 무엇이 들어 있었는지 궁금했다. 이 박물관의 설명문에는 이 작품이 "디오니소스 행진에서 전형적인 황홀경을 보여주는 인물들을 묘사한 뛰어난 장인 정신으로 널리 예찬되었다"라고 나와 있었다. 영문 명판에는 디오니소스가 "포도주와 취흥의 신"이라 설명되었다. 프랑스어 명판에는 그가 "포도주와 도취의 신"이라 설명되었다. 언어의 장벽은 결코 사라지지 않는다.

하지만 그 의미는 명확했다. 디오니소스 신비제 배후에는 결코 일반적이지 않은 포도주가 있었다. 그리고 보르게세 꽃병은 이 종교의 입문자를 사로잡는 광기의 가장 뛰어난 재현 가운데 하나였다. 이 광기는 우리가 아는 포도주에서 나온 것이 아니라 오히려 여러 약물을 첨가한 주입 물약에서 나온 것이었다. G 408과 G 409가 전달하려 했던 내용, 그리고 더 나중에 디오스코리데스가 자신의 포도주 공식을 가지고 기록한 내용은 이제 엄연히 과학적인 사실이다. 근동에서 나온 가장 최근의 고고화학적 자료는 그리스도교의 탄생보다 최소한 3,000년 이전부터 그 정신 활성 성질을 높이기 위해 약초와 수지와 기타 식물 첨가제가 포도주에 혼합되었음을 보여준다.

기원전 40년경 작품인 보르게세 꽃병은 1566년 로마에서 발굴되었으며, 현재 카리아티드 전시실의 주요 전시품이다. 한 귀의자가 디오니소스의 거룩한 포도주의 특징인 일종의 황홀경, 무아경, 광기에 빠져 완전히 의식을 잃은 상태이다. 이 성사를 적절하게 준비하고 소비할 경우, 신과의 신성한 친교가 이와 유사하게 보일 것이라 상상해볼 수 있다.

이토록 오래 지켜진 전통이 굳이 예수에 와서 갑자기 멈추어야 할 이유가 있었겠는가?

카리아티드 전시실 안을 돌아다니는 동안 나는 벤치를 보았다. 그 벤치는 평범한 벤치가 아니었다. 개인적인 휴식 장소로 외딴 후미에 아늑하게 자리했다. 나는 그곳에 털썩 앉아 눈을 감고 디오니소스의 성소로 꾸준히 날숨을 보냈다. 그리고 눈을 뜨고 십자가 처형 장면을 바라보았다. 불쌍한 사람 하나가 소나무에 매달려 있었고, 이제 곧 죽임을 당할 것 같았다. 그 사람은 나자렛 출신의 포도주 신이 아니었다.

그는 디오니소스의 또 다른 가까운 동반자인 실레노스 마르시아스였다. 〈마르시아스의 고문〉 또는 〈매달린 마르시아스〉라고도 불리는 2.4미터 높이의 〈고문당하는 마르시아스〉Marsyas supplicié는 본래 기원전 200년경 조각되었다. 이 작품은 아폴론 신에게 피리 연주 대결을 신청했다가 결국 패배한 오만한 사티로스의 전설을 재현한 것이다. 그는 산 채로 가죽이 벗겨지는 형벌을 받았다. 플라톤에 따르면 마르시아스의 털이 북실북실한 가죽은 나중에 포도주 담는 부대로 제작되었다고 한다.[51] 필로스트라토스는 여기에서 한 걸음 더 나아가, 이 사티로스가 연주를 잘못한 데에 책임을 물어 스스로 사형을 선고했다고 말한다. 마르시아스는 우리의 액상 구원인 디오니소스의 물약을 담는 용기로 다시 태어나기 위해 오히려 "살육을 고대했다는" 것이다.[52] 그가 죽음으로써 우리가 살 수 있다는 것인데, 이처럼 인류의 선을 위해 나무에 매달린 자기희생은 예수가 십자가에 달려 죽기 여러 세기 전에 일어났다.[53] 벌거벗은 마르시아스에게 국부 가리개를 입히고 교회에 매달아놓는다면 독실한 신자들이 그것이 예수가 아니라는 사실을 깨닫기까지 얼마나 걸릴지 궁금하다.

모두가 볼 수 있도록 이곳에 있는 이 같은 조상彫像은 이교 연속 가설을 명확히 보여준다. 하지만 이를 어디까지 받아들일 수 있을까? 「요한 복음서」는 분명히 무아경의 신을 그리스도교로 끌어들였다. 그렇다면 성性과 약물과 로큰롤도 그리스도교에 진정으로 가담할 수 있을까?

프랜시스 신부는 열린 마음의 소유자이지만 나는 어떻게 해야 이 길을 내려가기 시작할 수 있을까? 2,500년 묵은 그리스의 도기를 바라보는 것이야 별문제가 아니었다. 하지만 저 사제가 평생을 바친

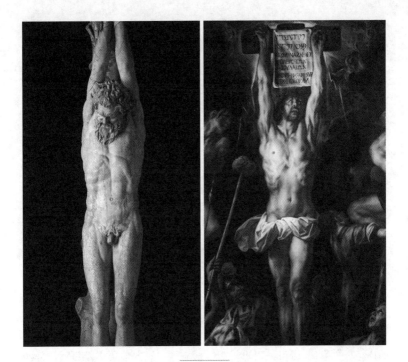

〈매달린 마르시아스〉(왼쪽). 기원전 4세기 헬레니즘 시대 대리석 조각이었던 원래 모음에 근거한 작품으로, 현재 루브르 박물관 카리아티드 전시실에 소장되어 있다. 야콥 요르단스(Jacob Jordaens, 1593~1678)의 회화 〈십자가 처형〉(오른쪽). 현재 세인트 앤드류스 대성당에 소장되어 있다.

종교가 실제로는 그리스 것을 훔쳐왔으며 『디오니소스의 여신도들』 내용을 가져왔다고 주장하는 일은 완전히 다른 문제였다. 그런 일들은 차라리 술이라도 한잔하면서 논의하는 것이 최선이었다.

11장
영원의 넥타르를 마시고

어제와 똑같이 놀라우리만큼 따뜻한 날, 파리의 멋진 토요일 하늘에 해가 저물고 있었다. 나는 시테섬에 있는 에어비앤비에서 아래층으로 내려와 아르콜교를 건너 4구의 거미줄 같은 거리로 들어섰다. 루브르에서 보낸 마지막 순간, 즉 마르시아스의 반대쪽에 앉아 〈도마뱀을 죽이는 아폴론〉Apollo the Lizard Slayer이라는 대리석상을 바라보고 있을 때 머릿속에 떠오른 주점으로 향하는 중이었다. 활기차게 걸은 끝에 북적이는 술집에 도착하니 한가운데에 작은 테이블이 딱 하나 남아 있었다. 금속제 파충류가 벽돌 벽을 가로질러 화장실 벽타일 모자이크 속으로 변신해 들어가는 모습이 내가 리저드 라운지 Lizard Lounge*에 도착했다고 확인해주었다. 딸그랑거리는 유리잔과 취

---

* 1944년 개업한 파리의 유명한 식당이다.

한 프랑스어 대화의 소음 속에서 나는 다음번 회담을 위해 미리 준비한 자료 더미를 뒤적였다.

몇 분 뒤 내 로마 가톨릭 친구가 합류했다. 여전히 로만칼라를 달지 않은 채였다.

우선 할 일이 있었다. 우리는 블루치즈와 버섯을 넣은 햄버거 하나, 그리고 무척 필요했던 스코티시 브라운 에일 두 잔을 시켰다. 프랜시스 신부는 그날 있었던 '정신과 삶' 모임에 대해 이야기해주었다. 나는 카리아티드 전시실에서 직접 찍은 사진 몇 장을 보여주었다. 음식이 나왔을 즈음, 나는 온화한 태도의 이 성직자에게 내 조사가 그의 조사 못지않게 이단적이라는 사실을 납득시키려 최선을 다하고 있었다. 내 앞에 앉은 르네상스맨은 차콜 스웨터 바깥으로 자주색 셔츠 목깃이 툭 튀어나온 차림으로 이미 반응하고 있었다. 하지만 나로서는 그가 한심해서 웃는지 동의해서 웃는 것인지 알 수 없었다.

오늘 만찬의 주제는 아포테오시스였다. 어떻게 이 단어는 신이 된다는 뜻이 되었을까? 우리처럼 더 열등한 죽어 없어질 사람도 수십 년 동안 치열하게 명상하면 형형색색의 무지개를 만들어낼 수 있다는 데에 프랜시스 신부가 별 이의 없다면 간단히 신성한 물약을 마시고 지름길로 가서는 안 될 이유도 없지 않을까? 결국 우리 두 사람 모두 엘레우시스의 비밀 약속에 관해 이야기하고 있는 것 아닐까? 물리적 육체의 한계를 극복하고 죽음을 속인다는 약속에 관해 말이다. 이것이야말로 "스스로 신 자체와 동일시하게 될" 때까지 디오니소스의 광녀들이 추구하던 그 "격렬한 황홀의 순간"이었다. 아울러 그리스도교의 본래적이고 잘 알려지지 않은 진리는 예수를 숭배하는 것과는 무관하고 오히려 예수가 되는 것과 유관하다고 말했던 프랜시스와 러크는 모두 똑같이 크나큰 이단 행위를 범하고 있는 것 아닐까? 결국 우리는 모두 만들어지고 있는 신 아닐까?

어쩌면 오늘날에는 아포테오시스의 개념도 특별히 이단적으로 보이지 않을지도 모른다. 하지만 수백 년 전만 해도 조반니 피코 델라 미란돌라Giovanni Pico della Mirandola 같은 사람은 이것 때문에 상당히 곤란을 겪었다. 혜성처럼 나타난 이 이탈리아인은 불과 21세였던 1484년 로렌조 데 메디치Lorenzo de' Medici를 만났고, 그의 초청으로 조만간 르네상스의 기세를 최고조로 올릴 예정이었던 피렌체 학술원에 들어갔다. 이미 그리스어, 라틴어, 히브리어, 아랍어를 공부하던 이 새로운 피렌체인은 이른바 르네상스 선언문이라 평가받을 『인간 존엄에 관한 연설』Oratio de hominis dignitate을 저술하게 되었다. 그는 이른바 '신의 선물의 날'인 1487년 공현절에 로마에서 또 다른 저술 『900개의 논제』900 Theses와 함께 『인간 존엄에 관한 연설』을 최초 공개하고 싶어 했다. 하지만 교황 인노첸시오 8세는 그 일을 딱히 좋다고 느끼지 못했다. 결국 교황은 그 구경거리를 중단시키고 "이교도 철학의 오류를 반복했을 뿐"이라는 이유로 피코 델라 미란돌라의 논제를 모두 단죄했다.

다시 말해 이 행성에 사는 모든 남성, 여성, 어린이의 무한한 선과 잠재력을 찬양한 이 젊은이의 단순하지만 혁명적인 행동을 모두 단죄했다. 아드 폰테스, 즉 '원천으로 돌아간다'는 원리하에 이 인문주의자는 서양 문명 건설자들의 지혜를 원어로 막 뽑아내기 시작하고 있었다. 이런 일을 할 때에는 한 가지 성가신 질문이 불가피하게 떠오르게 마련이다. 그리스인이 구원을 얻기 위해 예수를 필요로 하지 않았다면 왜 우리는 그를 필요로 할까? 피코 델라 미란돌라는 이 질문에 대한 답을 찾는 과정에서 "모세와 그리스도의 신비" 너머로 나아가 엘레우시스까지 신新이교적으로 승인했다.

> 그런 신비에 [입장을] 허락받고 싶지 않은 사람이 있겠습니까? 인간의 모든 걱정을 뒤로하고, 부의 재산을 경멸하고, 육체의 재산을 개의치 않고, 그리하여 아직 지상의 거주자인 채로 신들의 식탁에 손님이 되어 영원의 넥타르를 마시고, 아직 죽어 없어질 사람인 상태에서 불멸의 선물을 받기를 열망하지 않는 사람이 과연 있겠습니까?

바티칸의 간섭은 "교회가 인쇄본을 보편적으로 금지한 역사상 최초의 사례"였다.[1] 그리고 피코 델라 미란돌라는 머지않아 교황의 명령으로 체포되었다. 로렌조가 뒤에서 손쓴 뒤에야 이 젊은 이단자는 석방되고 피렌체로 돌아와 영향력 있는 메디치 가문에 보호 구금되었다. 따라서 내가 이 내용을 이단적이라고 말한 것도 농담은 아닌 셈이다. 물론 오늘날에야 자기가 하느님이라고 주장하는 사람이 감옥에 가는 일은 없겠지만, 그런 사람을 위해서는 정신병원 문이 항상 열려 있다. 그뿐 아니라 가톨릭에서는 교황만이 유일하게 무류無謬한 인간이라는 사실이 매우 잘 확립되어 있다. 그런데 교황은 그런 사실을 결코 염두에 두지 않는다. 즉 성 베드로의 후계자에 지나지 않는 이 대제사장은 결코 스스로 그리스도에 버금간다 여기지 않으며, 비교 상대가 하느님이라면 두말할 나위 없다.

이 대화에는 지뢰가 가득했다. 게다가 상대로 말하자면 로마에 있는 교황청립 그레고리오 대학교에서 한때 교편을 잡았던 사람이다 보니 아무래도 함께 있기가 특별히 불편했다. 하지만 이교 연속 가설을 최종적으로 검증해보려면 프랜시스 신부가 필요했다. 만약 약물 함유 포도주가 불멸로 가는 그리스인의 길이었다면 약물 함유 성만찬은 훗날 존스홉킨스와 뉴욕 대학교의 실로시빈 실험 참가자들이 보고했던 종류의 경험을 최초의 그리스도교인들에게 제공했던 것일까? 그 본래 성만찬이 다이너 베이저와 역사상 수많은 유대교, 그리스도교, 이슬람 신비주의자의 말처럼 "자기 비움"과 "장벽의 녹아내림"을 불러올 수 있었다면 이 모든 것은 이치에 닿는다. 하지만 그리스인으로부터 물려받은 진정한 환각제 신비가 없는 상태에서 위약 성만찬 따위가 어떻게 선조들의 확고한 종교와 이교 신앙을 모두 포기하도록 납득시킬 수 있었을까? 한때 지중해의 등한시되던 지역에서 "문맹 날품팔이꾼 20여 명"의 잘 알려지지 않은 숭배였던 그리스도교는 어떻게 네 세기 만에 로마의 공식 종교가 되고, 이 과정에서 제국의 절반인 3000만 명에 가까운 사람을 개종시키게 되었을까?[2] 그리스도교가 성공한 비밀은 무엇일까?

웨이터가 식탁 위에 접시를 늘어놓자 사제가 우리와 같이하시라며 성령을 초청했다. 식사라면 당연히 축복 기도가 함께하게 마련이었다. 그가 읊은 기도는 내가 필라델피아 소재 마터니티 오브 더 블레스드 버진 메리(복되신 성모 마리아) 교회 부설 학교 식당에서 친구들과 함께 중얼거렸던 그 기도였다. 프랜시스 신부는 우리 등 뒤로 겨우 몇 센티미터 떨어진 곳에 있는 손님들 시선을 지나치게 끌지 않으면서 신중하게 기도했으며, 내 귀에는 가톨릭 신자 수백 명이 함께 암송하는 소리가 들리는 듯했다. "우리를 축복해주소서. 오,

주여. 그리고 당신의 관대함을 통해 우리가 받은 당신의 이 선물도 축복해주소서. 우리 주 그리스도를 통해 기도합니다."

"아멘!" 내가 말했다. 프랜시스 신부가 첫 점수를 따낸 셈이었다. 지금까지의 내 조사에서는 도움이 되었지만, 예수를 기껏해야 약물 매매 고대 달인의 긴 계보에 속한 또 한 명의 치유사로만 여기는 러크의 환각성 가설이 지닌 전체적인 함의를 지금 이 술집에 함께 앉아 있는 이 성직자가 어쩌면 인정하지 않을 수도 있다고 문득 생각했다.

러크는 2000년 펴낸 『아폴론의 사과: 성만찬에 관한 이교도와 그리스도교의 수수께끼』*The Apples of Apollo: Pagan and Christian Mysteries of the Eucharist*에 수록된 「약물꾼 예수」Jesus, the Drug Man라는 장에서 거의 100쪽에 걸쳐 이 주제를 다루었다. 그 장의 제목은 '예수'Jesus라는 이름을 버젓이 번역한 것인데, 그리스인은 알파벳 '제이'(j)를 한 번도 들어본 적 없어 그를 이에수스Iesous라 불렀다. 이에수스는 이에수에Iesoue에서 유래했는데, 이는 모세 사후에 이스라엘 민족의 지도자가 된 여호수아Joshua를 가리키는 그리스식 이름이었다.[3] 하지만 러크에 따르면, 예수의 그리스식 이름의 진짜 기원은 '약물' 또는 '독약'의 어근인 이오스ios였고, 그리스어로 '의사'를 뜻하는 이아트로스ιατρός도 어근이 같다. 그래서 러크는 예수를 '약물꾼'이라 지칭한 것이다. 어느 쪽이든 1세기의 그리스어 구사자가 이에수스라는 이름을 듣고서 일찍이 켄타우로스인 케이론으로부터 약물과 주문과 사랑의 묘약 만드는 기술을 배운 그리스 의학의 신 아스클레피오스의 딸이자 치유의 여신 이에소Ieso 또는 이아소Iaso를 떠올리지 않기는 어려웠을 것이다.[4] 복음서 저자들은 이 연상 작용을 서슴없이 가져다 썼다. 그들은 각자 예수의 치유 기적을 묘사할 때 이아오마이^{ιάομαι}라는 동사를 사용했다. 이 단어의 문자적 번역은 "약물을 이용해 치유하다"이다.[5] 「마태오 복음서」 9장 12절, 「마르코 복음서」 2장 17절, 「루카 복음서」 4장 23절에서는 어쨌거나 예수가 실제로 스스로 이아트로스라고 분명히 지칭하는데, 이를 '약물꾼' 대신 보편적으로 '의사'라 표현했던 것이다.

하지만 나로서는 이 모든 문제에 곧바로 뛰어들 방법이 없었다. 오늘 밤 우리에게 필요한 것은 「요한 복음서」뿐이었으므로. 맥주를 두 잔째 마시면서, 잠깐 성서를 공부하는 데 이보다 나은 장소가 있을까 하고 생각했다. 나는 가죽 가방을 뒤져 플라스틱 케이스에 들어 있는 책 두 권을 꺼내 우리의 신성 모독적인 책상 위에 올려놓았다. 하나는 어제 우리가 나폴레옹 광장에서 읽었던 로브 판본 양장 에우리피데스였고, 다른 하나는 내가 대학 시절부터 간직한 1829년 판본 그리스어 성서로, 내가 처음이자 마지막으로 구입한 성서였다. 오늘 저녁 우리의 거룩한 책 두 권이었다. 더 늙은 디오니소스가 더 젊은 디오니소스를 만난 것이었다.

"그리스어는 읽으면 읽을수록 기묘해지더군요." 내가 말을 꺼냈다. 프랜시스 신부는 미처 알아채지 못했지만, 나는 A. D. 노크가 지적한 것처럼 이미 신비제에 입문했거나 최소한 신비제에 친숙했을 법한 당시 그리스어 구사자를 겨냥해 요한이 사용한 '상징'과 '언어'의 비밀 체계를 가리켜 한 말이었다. "왜냐하면 그 단어들은 정말 중요하니까요."

"거기에 상당히 많이 나오지." 사제도 동의했다.

"『디오니소스의 여신도들』을 「요한 복음서」와 나란히 놓고 읽어

보면 좀 우습기도 합니다. 똑같은 장면이 나오고, 때로는 똑같은 단어도 등장하니까요. 마태오, 마르코, 루카라는 세 공관 복음서 어디에서도 나오지 않은 그리스어 어휘가 나오는 거예요."

나는 이 개인 교사를 이끌어 더 나은 사례 두 가지를 살펴보았다. 가나의 포도주 681리터나 하느님의 아들이 그 아버지의 '무릎'에 앉는다는 일이 그러했다. 「요한 복음서」 19장 5절에서 로마 총독 폰티우스 필라투스(본시오 빌라도)Pontius Pilatus가 예수를 '유대인의 왕'이라 공개 조롱하면서 씌웠다는 '가시 면류관'akanthinon stephanon과 '자주색 망토'porphuroun himation도 그러했다. 『디오니소스의 여신도들』에서는 자연의 과실로 엮은 뾰족한 왕관이야말로 무아경의 신과 그 제자들을 확인하는 결정적인 방법이었다.[6] 그리스 미술에서 디오니소스는 그런 왕관을 쓰고, 자신의 등록 상표인 자주색 망토를 두른 모습으로 종종 나타난다.[7] 『디오니소스 복음서』에서 데니스 맥도널드는 필라투스가 예수에게 모든 사람이 볼 수 있는 특징적인 색깔의 옷을 입혀 이처럼 과도하게 전시한 것은 이 포도주의 신 두 명이 모두 "똑같은 천에서 유래했음"을(결국 양쪽 모두 '같은 부류'라는 뜻으로 저자가 말장난한 것이다) 알기 위해 그리스어 구사자들에게 주는 또 하나의 의식적인 단서라고 주장했다.

맥도널드의 연구에서 논의할 만한 사례가 열두어 개쯤 더 있지만 나는 여기에서 잠시 이야기를 멈춘 다음, 이런 유사성 가운데 어떤 것도 특별히 새롭지는 않다고 시인했다. 사실 초기 교부들 역시 디오니소스와 예수 사이의 이런 당혹스러운 유사성을 매우 잘 알고 있었으니 말이다.

"음, 그들은 그리스어를 알았으니까!" 프랜시스 신부가 말했다.

"물론 그들은 에우리피데스를 읽을 수 있었지. 그들이 자기네 언어를 이해하지 못했으리라고 생각하는 게 말이나 되겠나?"

따라서 여기에서 문제는 이런 유사성이 실제로 존재하느냐 존재하지 않느냐 여부가 아니라 그것을 어떻게 해석하느냐이다. 고대 신학자들의 입장에서는 그것을 어떻게 해명하고 넘어가느냐이다. 2세기 순교자 유스티누스는 자신이 내놓은 옹호론에서 그리스인들을 속여 예수가 아니라 디오니소스가 진짜 메시아라고 믿게 만든 사탄을 비난했다. 디오니소스가 동정녀에게서 태어났고, 포도나무를 발견했으며, 나중에는 예수와 마찬가지로 "자신의 신비제에 포도주를 도입했다"라고 전해지지만 이 '악마'는 스키토폴리스 출신의 신을 이용해 "족장 야곱이 선언하고 모세가 기록했던 예언"을 흐렸다는 점이 명백하다고 했다.[8] 하지만 유스티누스는 정작 디오니소스나 포도주 신의 어떤 형태도 성서의 예언보다 2,000년이나 앞선다는 사실을 편리하게도 그냥 지나쳤다.[9] 하지만 여기에서 또다시, 그리스어를 모르는 사람들은 이 모든 논쟁을 알 수 없게 되고 말았다. 「요한 복음서」에 나오는 여러 비밀 '상징'과 '언어'와도 마찬가지이다.

그중에서도 최상의 사례는 「요한 복음서」 6장 53~56절에 나오는 성만찬에 관한 기묘한 서술이다. 이것이야말로 「요한 복음서」 전체를 통틀어 가장 노골적이고 의도적으로 디오니소스를 언급한 내용이다. 영어로 읽어보면, 카파르나움 회당에서 예수가 매혹적으로 말한 바는 다음과 같다.

매우 진실하게 너희에게 말하노니, 너희가 사람 아들의 살을 먹고 그의 피를 마시지 않는 한 너희 안에는 아무런 생명이 없다. 내 살을 먹고 내 피를 마시는 사람은 누구든 영원한 생명을 얻을 것이요, 내가 마지막 날에 그들을 끌어올릴 것이다. 내 살은 참된 음식이고 내 피는 참된 음료이기 때문이다. 내 살을 먹고 내 피를 마시는 사람은 누구든 내 안에 머물 것이고, 나는 그들 안에 머물 것이다.

하지만 원문은 또 다른 문제이다. 당대 그리스어 구사자 가운데 이 구절을 듣고 디오니소스를 생각하지 않을 사람은 없었다. 그 그리스어 몇 줄 안에서 요한의 청중은 그리스도교 신비제의 열쇠를 발견했을 것이다. 그것은 이들이 디오니소스 신비제를 통해 이미 알고 있던 열쇠였다. 요한이 "영원한 생명"을 약속하는 "참된 음식"과 "참된 음료"라 부른 것을 통한 아포테오시스였다. 예수는 포퓰리즘 운동에서 어떤 일을 하라며 온 인류를 초청하는데, 그것은 여러 세기 뒤 피코 델라 미란돌라가 교황 지시로 체포되는 빌미를 제공한 일이기도 하다. 즉 "신들의 식탁에" 합석해 "영원의 넥타르"에 취함으로써 "불멸의 선물을" 받는 일이었다. 우리와 하느님 사이에는 마법의 포도주 한 잔이 놓여 있을 뿐이었다. 요한의 언어는 평등하게도 명료해 우리에게 군이 그것을 혼합할 사제가 필요하지 않았다.

알고 보니 이 세상에 예수보다 이단적인 자는 없었다.

하지만 요한의 성만찬이 지닌 맥락을 제대로 이해하려면 성사 자체의 기원을 검토하는 일이 중요하다. 성서가 역사적 사건에 관한 가장 정확한 기록은 아니라는 점은 신약성서 학자들도 인정하지만 그들에게는 진정성을 평가하기 위한 일반적인 기준 두 가지가 있다. 하나는 출처 연대이고, 다른 하나는 그 중복성이다. 마태오와 마르코와 루카와 요한의 복음서는 모두 65년부터 100년 사이에 저술된 것이고, 그 안에는 저마다 성만찬에 관한 설명이 제시되어 있다. 최후의 만찬에 관한 가장 오래된 문헌 증거는 바오로의 「코린토 신자들에게 보낸 서간」인데, 예수 사후 20년 뒤인 53년경 작성된 것으로 보인다. 이것이야말로 그 비범한 의례가 벌어졌다고 전해지는 예루살렘의 다윗 왕 묘지에 있는 위쪽 방에 우리가 다가갈 수 있는 한도이다. 이때에는 만찬도 포함되었다고 한다. 「코린토 신자들에게 보낸 첫째 서간」 11장 25절에서 바오로는 예수가 자신이 떠난 뒤에도 "나를 기념하여" 자신의 몸을 가지고 잔치를 계속하라고 친구들에게 지시했다고 인용한다.

바로 여기에서 미사가 유래했다. 2,000년 된 식인의 격발이 바로 이날, 수십억 명에 달하는 신앙심 깊은 신자들을 위해 모든 대륙의 교회에서 하루에도 여러 번 거행되도록 다시 제정되었다. 한때는 로마 제국 치하에서 인간 희생제라는 불법 행위로 인식되었던 의례가 이제 성만찬이 되었다. 프란치스코 교황의 말마따나 "교회의 박동하는 심장"이 되었다.[10] 그는 미사가 "최후의 만찬에서 예수가 행한 바에 대한 기념"이라는 단순한 상징에 그치는 것이 아니라 하느님이 인류에게 준 "선물 중에서도 가장 큰 것"으로서 구원에 "필수적"이라고 말했다.[11] 앞 장에서 논의한 고대 근동의 진보한 종교적 생물공학과 마찬가지로 교황은 2015년 성 베드로 광장에서 설교하며 예수의 성만찬 기념식이 지닌 "정확한 목적"을 명확히 확인해주었다. 즉 "우리가 그와 하나 된다는" 것이었다.[12]

신을 먹음으로써 신이 되는 것이었다. 신을 마심으로써 신이 되는 것이었다.

이집트인, 가나안인, 페니키아인과 나바테아인보다 훨씬 먼저 이 관습은 인간의 심혼에 깊이 뿌리내렸다. 예수는 분명히 어딘가에서 그 발상을 얻었을 것이다. 하지만 그가 자라난 유대인 배경에서는 아니었다. 거기에서는 살과 피를 먹는 일이 "인간 희생제의 복귀와 마찬가지이며, 그것은 유대교가 극도로 증오하던 행위였기 때문이다. 실제로 히브리 성서의 상당 부분은 인간 희생제에 반대하는 캠페인으로 구성되어 있다."[13]

따라서 19세기 말 이에 관해 추측이 흘러나오기 시작했다. 이교 연속 가설을 고려해보았던 최초의 이단자 가운데 한 명은 제임스 조지 프레이저James George Frazer 경이었다. 『황금 가지』The Golden Bough(1890)의 초판본은 당시 독실한 대중을 경악시켰다. 프레이저의 연구 일부는 그리스도교의 중심 믿음을 어두운 이교적 과거에서 물려받은 독창적이지 못한 유산으로 규정했기 때문이다. 그는 이후로도 이 이론을 더 발전시켜 우리에게 친숙한 성만찬보다 한참 앞선, 문자 그대로 '신을 먹는다'는 뜻인 신식神食,theophagy이라는 원시적 제의를 탁월하게 분석했다.

죽은 자에게 각별히 뛰어났던 용기나 지혜나 기타 특성을 얻기 위해 그의 살과 피를 먹는 경우는 흔했으며 (⋯) 이제는 야만인 자신이 신성하다고 여기는 동물이나 사람의 살을 섭취하려 열망해야 하는 이유를 이해하기 쉽다. 신의 몸을 먹음으로써 그는 신의 속성과 능력을 공유한다. 그 신이 옥수수의 신이라면, 옥수수는 그 신의 적절한 몸이다. 그 신이 포도나무의 신이라면, 포도즙은 그 신의 피이다. 따라서 빵을 먹고 포도주를 마심으로써 숭배

자는 자기 신의 진짜 몸과 피를 섭취하게 된다.[14]

프레이저의 결론에 따르면 "그리스도교 축제와 이교도 축제의 일치는 너무 흡사하고 너무 많아 우연일 수 없다." 그 이후 교회 당국은 세속 학자들을 상대로 종종 열띤 논쟁을 벌였고, 나중에는 마틴 루서 킹 2세 박사까지 참여하게 되었다. 이 침례교 목사이자 미래의 민권 운동 지도자는 1950년 발표한 논문 「신비 종교가 그리스도교에 끼친 영향」에서 중도적인 입장을 취하고자 노력했다.[15] 킹 박사가 보기에 그리스도교가 "의례적인 측면과 교의적인 측면 모두에서 신비 종교의 영향을 크게 받았다"라는 사실을 부정하는 일은 무의미했다. 하지만 그는 "의도적 모방"이라는 표현 대신 "당시의 전반적인 유행"과 "더 오래된 종교들과의 접촉으로 조건 지워져" 예수의 종교를 역사적 맥락에 놓은 "자연스럽고도 무의식적인 과정"이라는 표현을 선호했다.

1세기 지중해 동부의 "전반적인 유행"은 약물 함유 포도주와 기타 도취제를 이용한 아포테오시스였으며, 이는 마르제아에서든 디오니소스 신비제에서든 마찬가지였다. 물론 성만찬 역시 이런 전통에서 영감을 찾았을 것이다. 하지만 디오니소스가 예수에게 배턴을 넘겨주기 위해서는 모호성의 여지가 전혀 없었을 것이다. 따라서 킹 박사에게는 송구하지만 실제로 요한은 에우리피데스의 언어를 의도적으로 모방함으로써 그리스도교 역사상 가장 큰 구인 광고를 하려 한 듯하다. 아울러 자신의 복음서 전체에서 가장 중요한 핵심을 드러내려 한 것으로 보인다. 그 핵심은 디오니소스의 신비와 예수의 성사는 하나이며 똑같다는 점이었다. 양쪽 모두는 차마 기억할 수 없는 시절부터 옛날 사람들을 신들로 변모시킨, 이른바 신식이라는 원시적 제의에 푹 빠져 있었기 때문이다.

「요한 복음서」 6장 53~56절에서 그리스도교 신비제의 열쇠를 선언하면서, 예수는 자신의 살과 피라는 "참된 음식"과 "참된 음료"는 다름 아닌 디오니소스의 살과 피임을 매우 명료하게 밝힌다. 우선 요한이 '살'과 '피'라는 뜻으로 사용한 그리스어 사르스σάρξ와 하이마 αἷμα가 그로부터 500년 전 에우리피데스가 『디오니소스의 여신도들』에서 사용한 단어와 일치하며, 나아가 예수가 그 "살"을 어떻게 하라며 추종자들에게 요청했기 때문이다.* 이 대목에서 복음서 저자는 트로곤τρώγων이라는 단어를 두 번이나 사용한다. 그런데 「요한 복음서」의 영어 번역문 대부분처럼 트로곤을 단순히 '먹다'라고 번역하면 눈에 띄게 하려고 명백히 의도된 신식이라는 노골적인 행위를 아무리 좋게 표현해도 무시하는 격이 되며, 최악의 경우 억압하는 격이 된다. 이 역시 여러 세기 동안 고집스레 그 자리에 고정되어 있는 또 하나의 언어적 장벽인 셈이다.

나는 요한의 성만찬 대목의 그리스어 원문을 프랜시스 신부에게 큰 소리로 읽어주다 트로곤에 다다랐다. 주머니에 손을 넣어 아이폰 잠금을 풀고 고대 그리스어 사전 앱을 열었다. 그렇다. 이럴 때 쓰라고 만든 앱도 있다. 나는 트로곤을 입력하고 나서 휴대전화 화면을 친구에게 보여주었다.

"깨물다; 씹다." 사제는 내 휴대전화에 나온 그리스어와 영어의

---

* [감수 주] 요한은 '몸'이라는 표현 대신 '살'(sarx)이라는 용어를 사용하는데, 이 용어는 전적으로 강생을 묘사하기 위하여 사용한 것이다. 편집주간 F. 로싸노, G. 라바시, A. 지를란다, 『새로운 성경신학사전 2』, 바오로딸 2011, 1273쪽 인용.

빽빽한 혼합물을 훑어보며 이렇게 확인해주었다.

　오직 요한의 성만찬에서만 트로곤이라는 단어가 나온다. 실제로 신약성서 전체를 통틀어 동사 트로곤이 나온 또 하나의 사례는 「마태오 복음서」 24장 38절에서 "노아의 시대" 홍수 이전 인구의 이교적 잔치를 언급할 때이다. 그렇다면 왜 예수는 이토록 노골적이고 야만적인 언어까지 사용해 가면서 사람들에게 자신의 살을 깨물고, 씹으라고 요청했을까? 『디오니소스 복음서』에서 데니스 맥도널드는 요한의 그리스어가 오히려 "디오니소스의 숭배 이미저리", "특히 신의 살과 피를 먹는 일과 입문자가 그 활동을 통해 얻는 불멸성"을 분명히 겨냥한다고 믿는다.[16] 당시의 어떤 그리스어 구사자가 이것 말고 다른 결론을 내릴 수 있었을까?

　당연히 무아경의 신은 포도주 속에 살고 있었지만 그의 신성한 피를 섭취하는 방법은 여러 가지였다. 러크가 『엘레우시스로 가는 길』에서 명료히 밝혔듯 "디오니소스는 포도주뿐 아니라 모든 만취 유도제의 신이기도 하기 때문이다." 형태를 바꾸는 이 무아경의 신은 환각성 식물의 삶뿐 아니라 여러 동물의 모습으로 나타날 수도 있었다. 그중 특히 선호되는 동물은 염소였다. 실제로 디오니소스가 연극의 신으로서 탄생시킨 '비극'tragedy의 어원인 그리스어 트라고스τράγος는 아테네의 연극 경연 동안 의례적으로 희생되는 '염소'를 뜻했다. 따라서 『디오니소스의 여신도들』에서 디오니소스 신비제의 대사제가 "죽은 염소가 흘린 피를 추구하는" 것으로 묘사되는 일은 그리 놀랍지 않다. 그는 염소 시체에서 흘러나오는 액체를 곧바로 빨아 마시고, 피투성이에 익히지도 않은 고기를 깨물고 씹는다. 에우리피데스는 이를 가리켜 오모파곤 카린ὠμοφάγον χάριν, 즉 '감사할 만한 생살의 식사'라 부른다. 여기에서 카린은 동사 에우카리스테오 εὐχαριστέω, 즉 '감사할 만하다'라는 동사와 어근이 같다. 이 단어는 신약성서에 15회 등장한다. 그리고 바로 여기에서 영어 단어 '성만찬'이 유래했다.

하지만 도대체 염소에 무슨 환각성이 있단 말인가? 학자 앨런 파이퍼Alan Piper는 정신 활성 식물, 약초, 균류를 섭취한다고 알려진 동물에게서 나온 살과 피와 기타 체액의 정신 변성 효과를 탐구해 『영신제와 문화의 발전: 무아경 경험의 인류학과 신경생물학』*Entheogens and the Development of Culture: The Anthropologyand Neurobiology of Ecstatic Experience*에 철저하고도 근거가 탄탄한 논고를 실었다.[17] 파이퍼는 특히 염소와 이 동물의 마가목 열매 사랑을 강조했는데, 어쩌면 앞 장에서 언급한 힌두쿠시의 훈자족이 '따뜻한 염소의 피'를 마시는 이유도 이로 설명될 수 있을지 모른다. 디오니소스의 식사에 관해 파이퍼는 그 의례가 환각성과 독성을 함께 지닌 알칼로이드 섭취를 원활하게 만들었을지도 모른다고 본다. 다시 말해 그런 알칼로이드는 희생 동물을 통해 간접적으로 섭취하는 쪽이 나을 수 있는데, 이때 "그 정신 활성 잠재력을 보전하거나 극대화하기 위해 생살을 섭취하는 것이 필수적"이다.[18]

어느 쪽이든 염소가 그리스도교에 어울리지 않는 데에는 몇 가지 이유가 있었다. 너무 난폭하고, 너무 촌스러웠다. 따라서 루브르의 카리아티드 전시실에 있는 파우누스와 사티로스, 또는 판과 마르시아스 같은 각종 염소 인간 대신 「요한 복음서」에서는 사랑스러운 대안을 선택하게 되었다. 그 첫 장부터 예수는 암노스 투 테우ὁ Ἀμνὸς τοῦ Θεοῦ, 즉 "하느님의 어린 양"이라 불린다. 가나의 혼인 잔치와 마찬가지로 이것이야말로 이후 여러 세기 동안 그리스도교 미술에서 반향을 일으킬 요한의 또 한 가지 발명품이었다. 예를 들어 헨트 제단화-Ghent Altarpiece를 보면 아직 살아 있는 어린 양의 가슴에서 흘러내린 거룩한 피가 성작(성만찬 잔) 속으로 바로 떨어진다. 오늘날까지도 그 미사용 잔에 예수의 피가 담기는데, 이는 한때 디오니소스의 피로서 염소에게서 흘러나왔던 피가 에우리피데스에게는 생살(오모파곤 카린)의 감사제가 된 것과 마찬가지이다.

우리가 어린 양을 깨물고 씹든, 염소를 깨물고 씹든 그 결과는 똑같아야 한다. 즉 불멸이다. 하지만 이 모든 것은 무슨 의미일까?

초기 그리스도교 세계 전체를 통틀어 정신 활성 염소의 대규모 학살에 관한 물리적 증거는 없다. 그 엽기적인 식사는 원래 유래지였던 산간 오지에나 남아 있었던 것으로 보인다. 따라서 「요한 복음서」 6장 53~56절에서 예수가 자신의 살과 피는 "참된 음식"이며 "참된 음료"라고 말했을 때, 그는 단지 빵과 포도주를 의미했을 수도 있다. 요한도 그저 그리스어 구사자들이 디오니소스의 피를 떠올리도록 의도했을 수 있다. 예수가 사도들에게 그것을 마시라고 요청했을 때 그는 이 발상을 유포시킨 역사상 최초의 인물도 아니었다. 플루타르코스의 기록에 따르면 이집트인은 "신들에 대항해 싸운" 사람들의 피가 바로 포도주라고 믿었기 때문이다. 심지어 구약성서에서도 포도주는 "포도의 피"로 일컬어진다. 하지만 디오니소스의 팬들은 그 이미지를 완전히 새로운 층위로 가져갔다. 고대 그리스의 음악가 겸 시인인 밀레토스의 티모테오스(기원전 446~357?)는 거룩한 포도주를 하이마 바키우αἷμα Βακχίου, 즉 "디오니소스의 피"라고 노골적으로 지칭했다. 이것을 마시는 행위는 결국 불멸을 마시는 행

18세기 헨드릭 빌렘 슈바이카르트(Hendrik Willem Schweickhard) 화파의 작품 〈아기 디오니소스〉(The Infant Bacchus)(위). 1432년에 휴베르트와 얀 반 아이크 형제(Hubert and Jan van Eyck)가 완성한 헨트 제단화, 일명 〈신비한 어린 양에 대한 경배〉(Adoration of the Mystic Lamb)(아래). 현재 벨기에 헨트 소재 성 바프 대성당(St. Bavo Cathedral) 소장. 디오니소스의 염소 피와 관련되던 포도주 통과 포도송이는 세월이 흐르면서 신비한 어린 양에게서 쏟아져 나오는 그리스도교 성사의 포도주/피로 변모되었다.

위였다. 위대한 발터 부르케르트는 예수의 마법 포도주에 대한 이 고대의 선례를 결코 놓치지 않은 것이 분명하다. 이 고전학자가 공개적으로 인정한 바에 따르면 이 무아경의 신의 "피는 성사적 포도주 마시기로 표현되었다." 즉 최후의 만찬보다 한참 전, 디오니소스의 "포도주를 마시는 자는 그 신 자체를 마시는 셈이 되었다."[19]

요한의 청중이 보기에 예수의 피를 마시는 일에 관한 그 섬뜩한 언어는 동물 희생제에 대한 요청이 아니었다. 그것은 단지 그리스도교에서 예술의 경지에 도달한 성만찬 식사가 고대 디오니소스의 선례에 근거했다고 그리스어 구사 입문자들에게 알리는 신호였다. 아울러 성만찬 식사에는 그리스의 포도주 파르마콘만큼 많은 정신 확장 비법이 들어 있다고 알리는 신호이기도 했다. 여기에서 말하는 파르마콘은 나폴레옹 광장에서 프랜시스 신부가 『디오니소스의 여신도들』에서 찾아 낭송했던 그 파르마콘이었다. 결국 이 예수는 앞서 「요한 복음서」에서 가나의 포도주 기적을 수행했으며, 나중에 「요한 복음서」에서 자신을 "참된 포도나무"라 부를 그 예수였다. 가나안인의 시대부터 줄곧 강화 포도주가 화학적 현실이었던 갈릴래아의 포도밭에 둘러싸여 성장한 그 예수였다. "참된 음료"는 결코 일반적인 음료가 아니었다. 이것은 도구였다. 최초의 그리스도교인에게 그들이 죽기 전에 죽는 방법을 가르쳐줄 수도 있는 불멸의 약물이었다.

「요한 복음서」에는 죽음과 재탄생이라는 개념에 대한 언급이 가득하다. 「요한 복음서」 15장 13절에서 예수는 이렇게 말한다. "친구를 향한 사랑을 드러내는 가장 위대한 방법은 그들을 위해 죽는 것이다." 「요한 복음서」 3장 3절에서 예수는 이렇게 덧붙인다. "내가 너희에게 분명히 말하노니, 너희가 하느님의 왕국을 보려면 반드시 다시 태어나야 한다." 그리고 신비적 경험에 뒤따르는 천상의 선견도 여러 차례 강조한다. 「요한 복음서」 9장 39절에서는 이렇게 말한다. "나는 보지 못하는 자들이 보게 하려고 여기 왔다." 「요한 복음서」 1장 51절에서는 이렇게 말한다. "내가 분명히 너희에게 말하노니, 너희는 하늘이 열리고 하느님의 천사들이 오르내리는 모습을 보게 될 것이다." 디오니소스가 추종자들에게 끼친 이 기묘하고도 환각적인 효과는 『디오니소스의 여신도들』에서 똑같이 나타난다. "이제 너희는 마땅히 보아야 할 것을 본다." 펜테우스 왕이 포도주 신의 새로운 종교로 개종하고 나서 그 신은 이렇게 말한다.

그리고 약물 함유 포도주의 긴 전통을 가진 디오니소스 신비제와 마찬가지로 「요한 복음서」에서 이 새로운 시각은 우연히 나타난 것이 아니었다. 하늘 왕국으로의 접근은 단순히 맹목적 믿음이나 오늘날 여러 그리스도교 종파에서 고백하듯 예수를 자신의 개인적 주인이나 구세주로 받아들이는 행동에 근거하지 않았다. 「요한 복음서」 6장 53~56절에 나오는 예수의 그리스어는 그보다 노골적일 수 없는데, 여기에서 그는 그리스도교 신비제의 핵심을 밝히고 있다. 우리는 사실상 뭔가를 할 필요가 있다는 것이다. 우리는 "참된 음료"를 반드시 맛보아야 한다는 것이다. 역사가 필립 메이어슨의 말에 따르면 그런 "하느님과의 친교, 즉 모든 신비주의의 목표"는 포도나무 열매를 통해 가장 잘 달성된다. "일단 신성함이 주례자에게 들어오면 신과 신자, 신과 인간은 하나가 된다."[20]

결국 요한은 그리스 신비제가 성만찬 없이는 무의미해지듯 성만찬 없는 그리스도교 신비제도 무의미해질 것이라고 말한다. 디오니소스에 관해 읽거나 그 신을 향해 기도함으로써 그 신과 하나가 되지는 않는다. 그 신을 마심으로써 하나가 된다. 심지어 디오니소스 신비제의 가장 주류적인 해석에 의해서도 디오니소스의 포도주는 아포테오시스를 산출하는 파르마콘이다.

디오니소스의 음료가 그 모든 일을 했다면 「요한 복음서」에 나오는 "참된 음료" 역시 그와 똑같은 일을 해야 한다. 「요한 복음서」 6장 53~56절은 그리스의 파르마콘이 그리스도교의 파르마콘 아타나시아스가 되는 과정을 보여준다. 예수가 새로운 디오니소스라면 그의 신비는 디오니소스의 신비와 똑같은 효과를 가져야만 한다. 그의 포도주는 갈릴래아와 그리스의 거룩한 포도주와 마찬가지로 이례적으로 도취적이어야 하고, 심각하게 정신 변성적이어야 하며, 때때로 환각성이어야 하고, 잠재적으로 치명적이어야 한다. 그리고 그의 "참된 음료" 한 모금은 우리를 데려가야 한다. 보르게세 꽃병에 묘사된 입문자가 무아경에 빠져 쓰러지자 염소 인간이 부축하고 가듯 말이다.

어느 일요일이든 그런 모습으로 교회를 떠나는 사람이 몇이나 될까?

이것이야말로 디오니소스와 예수의 진짜 관계이다. 저자 요한이 자신의 복음서 전체에 걸쳐 길게 삽입한 디오니소스 이미저리(가나의 포도주 681리터, 하느님의 아들이 그 아버지의 '무릎'에 앉는 일, 가시 면류관과 자주색 망토, 하느님의 어린 양, 참된 포도나무, 예수의 살을 깨물기와 씹기) 배후에 있는 진짜 의미이다. 이 모든 것은 자기들만의 아주 적절한 성만찬이 있었으며, 로마 제국 치하에서 이 성만찬이 사라지는 모습을 보고 싶어 하지 않았던 그리스어 구사

이교도들에게 실제로 호소력을 발휘하는 피투성이 성만찬으로 이어진다. 그리고 그렇게 하는 유일한 방법은 입문자들이 실제로 이해하는 비밀 '상징'과 '언어'를 사용하는 일이었다.

이 모든 것이 내게는 이치에 닿아 보였다. 하지만 이 사제도 그리스어를 나와 같은 방식으로 읽을지는 알 수 없었다.

21세기 프랑스어를 구사하는 주신제 참가자들에게 에워싸인 채 나는 프랜시스 신부에게 열렬한 질문들을 풀어놓았다. 왜 요한의 성만찬은 공관 복음서와 그토록 많이 다를까? 왜 생살과 피로 이루어진 성만찬의 식사를 깨물고 또 씹는다는 섬뜩한 어휘를 『디오니소스의 여신도들』에서 곧바로 가져왔을까? 왜 "참된 음료"였을까?

사제는 예수와 디오니소스의 모든 유사성과 「요한 복음서」 6장 53~56절에 나오는 기묘한 언어를 유심히 보았다. 밥 말리의 노래 '버펄로 병사'Buffalo Soldier가 리저드 라운지 스피커에서 쿵쿵 울려 퍼지고 프랑스어 수다가 크레셴도로 고조되는 동안 사제는 내 눈을 똑바로 바라보며 이렇게 경고했다. "하지만 이건 예수가 결코 존재하지 않았다거나… 예수가 곧 디오니소스라는 뜻까지는 아니라네. 이건 요한이 보여주려고 선택한 예수의 버전을 뜻할 뿐이야. 심미주의자로서 말이지."

프랜시스 신부는 「요한 복음서」가 1세기 말 즈음에야 마지막으로 완성된 복음서일 가능성이 있다고 상기시켰다. 그리고 요한이 에페소에 살던 초기 신자들의 특정한 공동체, 즉 아나톨리아 서쪽 해안에 살던 그리스계 에페소인들을 겨냥해 글을 썼다고 일러주었다(그리스계 시리아인 이냐시오는 머지않아 **파르마콘 아타나시아스**에 관한 편지를 그 그리스계 에페소인들에게 보낼 예정이었다).²¹ "에페소에 관해서 한번 생각해보게나." 사제가 요구했다. "그곳은 소아시아에서 가장 큰 도시 가운데 하나였다네. 그리고 바로 그곳에 이 작은 그리스도교 공동체가 있었지. 그러니 그들의 신비적 경험이라고 해야 거대한 이교도 공동체에 완전히 에워싸이고 집어삼켜진 소수 집단의 신비적 경험이었을 뿐이야, 그렇지?"

그런 환경을 고려해보면 「요한 복음서」 6장 53~56절에서 예수가 한 말들은 실제로 예수 입에서 나온 말이 아니었다. 요한이 한 말도 아니었다. "그 말들은 전례 중 그리스도와 접신했던 무아경의 개인들이 설교한 거라네." 프랜시스 신부는 식탁 위에 놓인 낡은 성서의 그리스어를 손으로 가리키며 계속 이야기했다. "요한의 최후의 만찬 장면은 시적詩的 신학이라 공관 복음서상 최후의 만찬 대목과는 전혀 일치하지 않는다네. 그 내용은 모두 무아적이고 예언적인 발언으로 이루어진 훨씬 더 나중의 전통에서 나왔기 때문이지. 요한 공동체 추종자들은 그들의 시대에 그리스도의 목소리와 접신하고 있었던 걸세. 그리스도는 30년 갈릴래아에 현존했던 것처럼 성만찬에서도 현존했으니까. 90년에 그는 여전히 부활한 상태였다네. 그는 여전히 거기 있었던 걸세."

이교 연속 가설에 관해 이야기가 나오자 프랜시스 신부는 기꺼이 긍정했고, 나는 그런 사실을 알게 되어 기뻤다. 그는 디오니소스 신비제와 그리스도교 신비제의 유사성을 부정하지 않았다. 그리고 그리스어에 유창한 까닭에 「요한 복음서」에 의도적으로 삽입된 것으로 보이는 비밀 '상징'과 '언어'를 무시하지도 못했다. 하지만 우리 두 사람에게 더 다급한 문제는 요한이 도대체 무슨 이유로 이토록 매우 디오니소스적인 예수를 에페소의 그리스인 신비주의자들에게 제시해야 했느냐는 점이었다. 이에 대한 명백한 답변은 그들 수준에 맞춰 의사소통하기 위해서였다는 점, 즉 그리스어 구사자들이 디오니소스 신비제에서 좋아한 모든 면을 그리스도교에서 찾아낼 수 있다고 납득시키기 위해서였다는 점이리라.

하지만 초기 그리스도교인은 무엇 때문에 예수가 그들의 의례적 식사를 공유하기 위해 죽은 자 사이에서 돌아왔다고 믿었을까? 그것은 실제로 환각성 성만찬이었을까? 예수에게 빙의되어 에우리피데스의 언어로 예언하는 초기 그리스도교인들에 관해 프랜시스 신부의 견해를 듣고 보니, 문득 델포이의 아폴론 여사제들이나 디오니소스에게 사로잡힌 광녀 무리가 떠올랐다. 여기에 마르제아까지 덧붙이고 나면 그리스도가 나타나기 전 아나톨리아에서 수천 년 동안 존재했던 두개골 숭배와 묘지 맥주처럼 뭔가 섬뜩하게 들렸다. 여기에서 핵심은 지하 세계로 들어가 이미 세상을 떠난 선조들이며 평소에는 눈에 보이지 않는 신들과 접촉한다는 점이다. 나로서는 에페소에서 겨우 두 시간 거리인 이오니아의 고향을 떠나 프랑스 마살리아에 그리스인 정착지를 건설했으며, 나중에는 스페인 엠포리온과 이탈리아 벨리아로 이주한 포카이아인을 생각하지 않을 수 없었다. 요한이 그리스어 구사 신비주의자를 찾고 있었다면 이오니아가 그에 알맞은 장소였다.

에페소인은 자신들의 그리스 신비제가 살아남은 모습을 보고 싶어 하는 청중이었다. 그들은 생살과 피를 깨물고 또 씹는 일에 관한 '상징'과 '언어'를 모두 이해할 만한 사람들이었으므로, 요한이 정말 말하려 했던 한 가지에 청중으로서 꼭 어울렸다. 그 한 가지란 디오니소스의 신비와 그리스도교의 신비가 하나이고 똑같다는 것이었다. 「요한 복음서」 6장 53~56절에서 일어난 믿기 어려울 정도의 혁신을 인식할 수 있는 사람들이 있다면 바로 에페소인이었다. 모든 전통에 아랑곳하지 않고 디오니소스의 야외 교회가 길들여졌다. 이 야외 교회가 지중해 동부의 거친 산과 숲에서 여러 세기를 보낸 뒤에, 요한은 마법 포도주에 안전한 피난처를 제공하고 사람들의 집 안으로 들였다. 한때 고전 시대 아테네에서는 처형까지 받을 수 있는 모독 행위로 여겨졌던 일이 로마 제국에서는 그리스 신비제를 지속시키는 새롭고 어쩌면 유일한 방법이 되었다. 하지만 그 놀라운 책임은 한 가지 매우 특별한 성별에 주어졌다.

산 자와 죽은 자를 접촉하게 만들어주고 단지 죽어 없어질 인간을 여신으로 변모시키는 원시적 친교 제의의 주된 수혜자는 바로 여성이었다. 브라운 대학교 종교학 교수 로스 크래머Ross Kraemer는 1979년 발표한 논문 「무아경과 빙의: 여성이 디오니소스 숭배에 느낀 매력」Ecstasy and Possession: the Attraction of Women to the Cult of Dionysus에서 고대 세계의 남성과 여성을 갈라놓은 "숭배 입문의 층위들"에 관한 증거를 모두 제시했다. 이런 디오니소스 의례가 현실 세계에 실제로 존재했음(단지 에우리피데스나 요한의 상상에 불과하지 않았음)을 입증해주는 다양한 텍스트, 비문, 무덤의 경구를 검토한 끝에 크래머는 남성이 "더 작은 활동들"에만 참여할 수 있었으며, "빙의와 희생제 실천의 남성 입문"은 금지되어 있었다고 결론지었다.[22] 물론 때때로 대사제에게는 예외였지만 말이다. 크래머는 이들에게 "남성 집전자와 디오니소스의 동일시에 관한 분명한 암시"가 있었다고, 즉 그는 생살과 피(오모파곤 카린)로 이루어진 여성의 성만찬에 합

류함으로써 "어떤 때는 의례 도중 신 자체와 동일시되었다"라고 언급했다.[23]

요한이 자신의 복음서에 각별히 길게 설명하며 예증하려 노력했듯 하느님의 어린 양으로서 예수가 디오니소스의 대안이라면 최후의 만찬 식탁에 전통적으로 모인 열두 명은 무엇일까? 그들은 대체로 여성을 위해 만들어진 피투성이 성만찬 의례의 탄생을 목격했을까?

프랜시스 신부가 에페소의 인구 분포를 내게 상기시켰다. 초창기에 그곳에서 여성은 특별한 영예를 부여받았다는 것이었다. 세계 7대 불가사의 가운데 하나인 에페소의 아르테미스 신전은 고대에 큰 명성을 떨쳤다. 원래 장소는 아마존족에게 헌정된 곳이었는데, 전설에 따르면 이 사나운 여성 전사들의 부족이 바로 이 오래된 도시의 건립자였으며 아주 오래전 그곳에서 의례를 거행했다고 한다.[24] 「요한 복음서」가 전파되기 전만 해도 여성은 에페소 사회에서 두드러진 역할을 담당해 신성한 기관에서 유력한 지위를 차지했는데, 대표적인 것이 로마 제국의 신격화 황제 숭배에서 여대사제 역할을 맡은 여성 열다섯 명이었다. 이들은 그 지역을 통틀어 규모가 가장 큰 여성 종교 지도자 집단이었다.[25] 그러니 여성이 환대받는다고 느끼고 광녀들이 가게를 차리기에 이보다 나은 장소가 있었을까?[26] 플루타르코스는 클레오파트라의 연인 마르쿠스 안토니우스Mark Anthony의 전기에서 에페소를 가리켜 "담쟁이와 티르소스 지휘봉과 하프와 파이프와 플루트가 가득한" 장소라고 묘사했다. 바로 이곳에서 "바쿠스의 광란에 빠진" 여성들이 로마의 장군을 명예 디오니소스로 여겨 환영한 적 있다는 것이다.[27] 따라서 신비제는 에페소에 명백히 현존했다. 하지만 이들의 가장 깊은 신비로의 입문은 모든 사람을 위한 것이 아니었다.

「요한 복음서」 6장 53~56절의 불안한 언어를 다시 한 번 훑어보는 동안 그 모든 것이 딸각하고 맞아떨어졌다. 마침내.

요한은 여성을 겨냥해 복음서를 썼을까?

"요한이 에페소에서 약물에 취한 여성 환영자들의 집단을 향해 이야기하는 거라면 마침내 이 복음서를 이해할 수 있을 것 같습니다." 나는 사제에게 말했다. 프랜시스 신부는 킥킥 웃었다. 그가 한심해서 웃는지 동의해서 웃는 것인지 이번에도 알 수 없었다. 내 친구는 에페소를 지배했던 이교도 신비주의자들과 그 오래된 도시에서 여성이 각별히 환영받게 된 이유인 아르테미스와 디오니소스의 숭배에 관한 통찰을 전하며 내가 「요한 복음서」에 나오는 비밀 '상징'과 '언어'에 대해 갖고 있었던 가장 큰 문제에 부지불식중에 답해주었다. 이것이야말로 이교 연속 가설의 난제였다. 초창기 그리스어 구사 그리스도교인들이 실제로 디오니소스 신비제 입문자들에게서 환각성 비밀을 물려받았다면 그런 일이 이뤄지는 방법은 단 하나였다. 여성이었다.

더 정확히 말해 진지한 약리학적 전문 지식을 가진 여성만이 그런 일을 이룰 수 있었다.

그들이 아니라면 누가 성만찬을 조리하겠는가?

우리가 아는 한 그 절차는 보통 여성이 관장했다. 엘레우시스에서 러크는 비밀 중의 비밀인 맥각 함유 맥주 제조법을 추적한 끝에 데메테르와 페르세포네의 세습 여사제까지 거슬러 올라갔다. 마스 카스테야르 데 폰토스 가정 예배당의 묘지 맥주 양조에 관해서도 엔리케타 폰스는 여성을 지목했다. 세계에서 가장 저명한 맥주 과학자 마르틴 차른코브가 뮌헨 근교 사무실에서 내게 상기시켜 준 대로 여성들은 고대 이집트와 수메르에서도 그 일을 담당했는데, 그 전공은 라케페트 동굴과 괴베클리 테페의 석기 시대 죽음 숭배까지 거슬러 올라갈 수 있었다.[28] 그러다 프로테스탄트 종교 개혁 이후 양조의 산업화가 이루어지면서 남성이 그 분야를 차지하게 되었다.

포도주의 경우도 마찬가지였다. G 408과 G 409의 광녀들은 빙산의 일각에 지나지 않았다. 캘버트 왓킨스는 인도유럽인의 모든 성사 용품(소마, 키케온, 디오니소스 포도주)의 제조를 추적한 끝에 "여성에 의한, 여성을 위한" 깊은 선사 속의 "전례 행위"까지 거슬러 올라갔다. 패트릭 맥거번은 고고학적 증거에 근거해 자신이 고대 그리스와 터키에서 발견한 "미노아의 의례용 칵테일", 마이더스터치, 포도주와 꿀술을 여성이 준비했을 가능성이 크다는 데에 동의했다. 그는 여성 음료 제조자의 "긴 전통"이 후기 구석기 시대까지 충분히 거슬러 올라갈 수 있다고 보았다. 오늘날 여러 원주민 사회에서도 "매장, 사망, 통과 의례에 사용되는 알코올음료에 들어가는 과일, 꿀, 약초 채집을 일반적으로 주도하는" 사람은 여전히 여성이니 말이다.[29] 그렇다면 초기 그리스도교에서만 상황이 달랐을 이유가 없지 않을까?

게다가 내가 가톨릭 학교를 13년간 다니면서 배운 바에 따르면, 바티칸이 약물보다 수상쩍게 생각하는 것은 이 세상에 단 하나였다. 여성이었다. 약물과 여성 모두 인간을 하느님으로 변모시킨 이교 의례에서 필수적이었다는 사실이야말로 사제와 함께 논의하기에 가장 이단적인 주제였다. 이제 그와 헤어질 시간이었다.

나는 도마뱀이 득실거리는 화장실에 들어가 이런 퍼즐 가운데 몇 가지를 꿰어 맞추었다. 프랜시스 신부는 『디오니소스의 여신도들』 과 신약성서와 벗하도록 뒤에 남겨두었다. 차가운 물로 얼굴을 씻으며 나는 창녀를 떠올렸다. 수녀들이 항상 창녀에 대해 뒤섞인 감정을 느낀 데 반해 요한은 왜 굳이 마리아 막달레나를 자신의 디오니소스 복음서 결말에 스타로 등장시켰을까? 마태오와 마르코와 루카의 복음서에서는 마리아 막달레나를 위시한 여러 여성이 예수의 죽음과 매장으로부터 사흘 뒤 그 불가능한 부활을 목격한 최초의 사람이라고 나온다. 하지만 「요한 복음서」에서는 부활한 예수가 홀로 있는 마리아 막달레나 앞에 모습을 드러낸다.

카렌 조 토르제센Karen Jo Torjesen이 저서 『여성이 사제였을 때』*When Women Were Priests*에서 분명히 밝혔듯 "그녀는 부활을 처음 목격한 사람일 뿐 아니라 예수가 죽은 자 가운데에서 부활했다는 메시지를 운반하도록 직접 위임받은 사람이기도 했다." 선견자 여성에게 위탁된 정보라는 설명은 결국 에페소와 다른 모든 곳에 있는 선견자 여성들을 겨냥한 표현이었을 것이다. 요한은 자기 청중이 누구인지 알았고, 복음서가 바로 거기에서 끝나기를 분명히 원했다. 하지만 후에 필경사가 덧붙인 최종 장에서 예수는 최초의 교황 베드로와 다른 남성 제자들 앞에 따로 나타났다. 그리고 인간의 역사 나머지 기간 동안 "내 양을 먹이라"라고 지시했다. 이는 매우 명백한 지령이었다. 따라서 마리아 막달레나가 현장에 나타난 최초의 사람이었는데도 남성이 초기 교회를 이끌게 되었다. 이후 2,000년 동안 바뀐 것은 별로 없었다.

하지만 나는 지금까지도 요한의 상충되는 결말을 결코 이해할 수 없었다. 고대에만 해도 여성은 보편적으로 디오니소스 신앙의 지도자였다. 에우리피데스는 디오니소스 신비제를 가리켜 "여성을 겨냥한 부도덕한 술수"라 묘사했다. 그리고 이탈리아의 마녀 파쿨라 아니아는 로마 제국의 신비제 금지를 불러온 장본인으로 비난받았다. 1세기 로마 제국의 종교 단속으로 잃을 것이 가장 많았던 쪽은 바로 여성이었다. 그렇다면 왜 「요한 복음서」는 굳이 그들을 겨냥해 말했을까? 그리고 왜 마리아 막달레나 같은 여성은 새로운 운동을 이끌라는 임무를 부여받았을까? 「요한 복음서」가 저자의 의도대로 끝났더라면 이는 결국 마리아 막달레나가 베드로 대신 최초의 교황이 되도록 운명 지워졌다는 이야기일까? 또 여성은 처음부터 예수 이전의 수천 년 동안 정신 변성 맥주를 양조하고 정신 활성 포도주를 혼합하던 방식 그대로 성만찬을 축성하게 되어 있었다는 이야기일까? 그리스도교의 가부장적 역사 전체는 「요한 복음서」를 오독한 결과일까?

가톨릭 사제이며 한때 영어권에서 「요한 복음서」의 최고 권위자였던 고故 레이먼드 E. 브라운Raymond E. Brown은 이 복음서가 실제로 여성을 예수의 후계자로 삼았다고 독해하는 일을 인정했다. 남성을 배제한 것까지는 아니더라도 여성 역시 그들에 버금가는 "1급 제자"였다는 점은 분명하다는 것이다.[30] 1975년 발표한 그의 획기적인 연구 「네 번째 복음서에서 여성의 역할」Roles of Women in the Fourth Gospel은 비교적 나중인 9세기에 나온 전기에서 마리아 막달레나가 "사도들 중의 사도"로 여겨지게 된 과정을 설명한다. 필경사들이 애써 폄하하려 했지만 「요한 복음서」에서 예수의 부활을 목격한 최초의 사람이 여성이었음은 차마 무시될 수 없었다. 잠깐이었지만 마리아 막달레나는 곧 교회였다. 그 외에는 아무도 없었다. 이는 결국 그녀와 같은 여성이 그리스도교의 사업에서 절대적으로 필수였다는 뜻밖에 될 수 없다. 이오니아의 에페소와 기타 모든 지역의 여성 신비주의자라면 이 핵심을 놓치지 않았을 것이다.

「요한 복음서」가 검열당한 곳에서는 다른 것들도 한마디로 사라졌다. 엘레우시스 폐허를 둘러보던 가운데 내가 언급했던 나그함마디에서의 발견보다 50년 전인 1896년, 이집트에서는 또 다른 비밀 서적이 빛을 보게 되었다. 모든 영지주의 문헌과 마찬가지로 「마리아 막달레나 복음서」는 신약성서에 결코 포함되지 못했다. 그 내용이 교부들의 어젠다에 맞지 않았기 때문이다. 이 귀중한 텍스트에서 예수는 외부의 하느님으로서 우상화되기 위해서가 아니라 우리 안에 살아 있는 신성한 불꽃을 밝혀주기 위해 온 자로 묘사된다. 그리고 프린스턴의 학자 일레인 페결스의 말처럼 그는 우리 자신의 "하느님을 아는 태생적인 역량"을 해방시키기 위해 왔다. 즉 그 신성을 지금 이곳에서 실제로 경험하게 하기 위해 왔다.[31]

그 자신에 관한 복음서에서 마리아 막달레나는 예수가 다른 누구보다 "사랑한" 제자로 묘사되며, 예수는 자신의 남성 추종자들에게는 의도적으로 알리지 않았던 숨겨진 가르침과 기술을 그녀와 공유했다. 생생한 환각 속에서 예수에게서 개인적으로 지시받은 사람은 바로 마리아 막달레나였다. 비록 미발굴되었지만 인간 의식의 정상적인 일부분으로서 그런 환영들을 어떻게 경험할 수 있는지 베드로에게 설명한 사람도 그녀였다. 이집트나 티베트의 『죽은 자의 책』 Book of the Dead에 수록된 내용과 마찬가지로, 마리아는 죽음과 죽어가는 과정에 대한 특별한 정보를 밝히는 데로 나아간다. 그녀는 불멸의 지킴이였다. 페걸스가 보기에 결론은 명백했다. "환영과 계시가 없었다면 그리스도교 운동은 시작되지도 못했을 것이다."[32]

하지만 요한의 완벽한 디오니소스적 결말과 「마리아 막달레나 복음서」 전체에 대한 억압에도 여성은 자신들의 필수적인 역할을 이해했다. 초기 그리스도교의 역사를 정직하게 살펴보기만 해도 의심할 여지는 거의 없다시피 하다. 예를 들어 성 바오로의 유럽 최초 개종자인 리디아Lydia라는 여성은 필리피Phillippi의 성공적인 여성 사업가로서 그리스의 방대한 사회관계망에 영향력을 발휘하고 있었다. 중요한 사실은 그녀가 "집안의 가장"으로 여겨졌다는 점이다. 당시에도 드물기는 했으나 가정의 영역에서 리디아가 담당한 "행정적이고, 재정적이며, 규율적인 책임"이 보통 여성에게는 허락되지 않았던 공적 위신으로 변모되었던 것이다. 그녀는 바오로를 자기 집에 머물게 할 여력이 있었고, 자기 집을 그리스도교인들이 쉼터로 사용할 최초의 가정 교회 가운데 하나로 만들 여력도 있었다. 이런 조치는 성공적이었다고 밝혀졌다. 「필리피 신자들에게 보낸 서간」을 통해 우리는 필리피 교회 운영이 훗날 에우오디아와 신티케라는 여성들에게 인계되었다는 사실을 알고 있다.[33] 그리스도교를 위해 노력한 여성은 이들뿐이 아니었다.

"그리스도교가 전파된 곳이라면 어디에서나 여성이 가정 교회의 지도자가 되었다."[34] 학자 토르제센이 말했다. 오늘날 익숙한 화려한 예배용 건물로 이 종교가 업그레이드되기 전, 이런 가정 교회들은 4세기 대성당이 건립되기 이전까지 초기 그리스도교인들이 모이는 주된 두 장소 중 하나였다.[35] 이탈리아부터 그리스와 북아프리카에까지 자리한 카타콤의 가족 무덤과 함께 가정 교회는 "사적 교제"

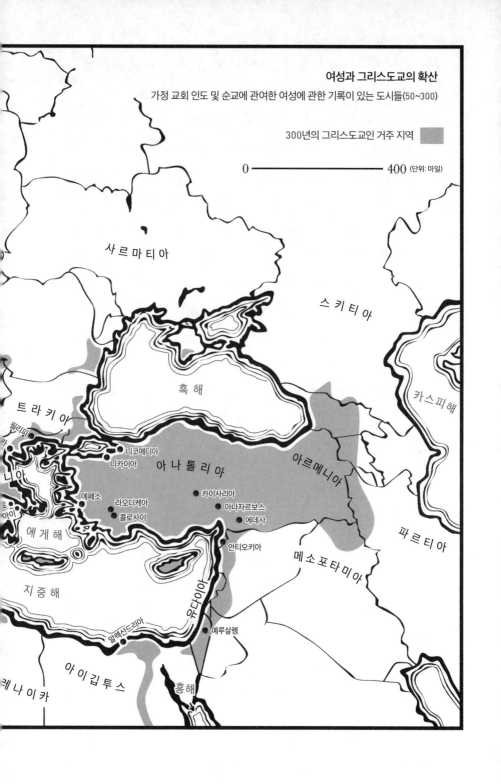

여성과 그리스도교의 확산

가정 교회 인도 및 순교에 관여한 여성에 관한 기록이 있는 도시들(50~300)

300년의 그리스도교인 거주 지역

0 —————————— 400 (단위: 마일)

사르마티아

스키티아

흑해

카스피해

트라키아

필리피

니코메디아

니카이아

아나톨리아

아르메니아

에페소

라오디케아

카이사리아

아나자르보스

콜로사이

에데사

에게해

유다이아

안티오키아

메소포타미아

파르티아

지중해

알렉산드리아

예루살렘

아이깁투스

케나이카

홍해

로 기능했다. 이곳에서는 "잔치 음식의 중심성"이 가정에 대한 여성의 확고한 권위와 완벽하게 어울렸으며, 거기에는 성만찬 의례에 필수적인 모든 성분을 "받고, 저장하고, 분배하는" 일도 포함되었다.[36] 신약성서에는 그런 여성 유명인의 사례가 가득하다.[37]

에페소에서는 프리스킬라가 바로 그런 사람이었는데, 바오로의 서간 세 편과 「사도행전」에서 실제로 언급된 바 있다. 부유한 천막 제조업자인 그녀는 아르테미스와 디오니소스의 무아경 영역에서뿐 아니라 나중에는 로마에서도 가정 교회를 설립했다.[38] 바로 그곳에서 우리는 인상적인 여성 지도력을 풍부하게 발견한다. 프리스칼라 외에 바오로는 다른 몇 사람의 이름을 거론한다. 마리아, 트리패나, 트리포사, 페르시스는 모두 "공역자"라 불린다. 다른 세 사람(율리아라는 여성, 루포스의 어머니, 네레우스의 누이)도 "그 공동체에서 높은 명성을" 누렸다.[39] 하지만 "사도들 중에서도 으뜸"라 칭찬받은 사람은 바로 유니아였다.[40] 그녀는 훗날 종교의 세계적 수도에 영구히 뿌리내리기 위해 당시 로마를 찾아온 그리스어 구사 유대인 무리에 속했던 사람으로 여겨진다.[41]

1세기 중반 바오로의 첫 번째 여행 이후, 유니아 같은 여성들은 자신들의 새로운 신비와 함께 훗날 「요한 복음서」 6장 53~56절에서 노골적으로 드러날 아포테오시스의 약속을 포용하고 육성했다. 이전 여러 세기 동안 생살과 피에 마법 포도주까지 곁들인 광녀들의 의례적 식사는 고대 지중해의 산과 숲에서 그리 빈번하지 않게, 한 추산에 따르면 대략 2년에 한 번 정도 거행되었다. 그 식사가 더 빈번해지고 더 체계화되면서부터 일이 꼬이기 시작했다.

기원전 186년 로마 원로원이 가혹하게 단속한 이후, 그들의 주변적 종교는 이탈리아에서 진짜 실존적 재난에 직면했다.[42] 억압은 항상 다시 일어날 수 있었고 1세기 동안에는 특히 그러했는데, 지중해 전역에 걸쳐 확장된 제국은 종교적 숭배를 공개적으로 과시하며 로마의 정체성을 고취하는 데 과하게 몰두하고 있었기 때문이다. 따라서 디오니소스처럼 이국적인 신을 섬기며 비밀 모임과 마법적 신비를 특징으로 하는 체제 전복적 숭배는 로마에 대해 전면적인 반란을 시작할 수도 있는 막후의 음모가 아니냐고 끊임없이 의심받았다.[43] 국가가 운영하는 엘레우시스 신비제의 경우, 상대적으로 질서 있고 오랜 문화유산을 지녀 황제가 기꺼이 관용하기도 했다. 반면 비어드와 노스와 프라이스 같은 역사가들에 따르면 무아경의 신에 대한 여성들의 꺼지지 않는 헌신은 "지식에 대한 부적절한 욕망"과 "의례적 식인"이 곁들여지는 까닭에 앞선 경우와는 완전히 다른 문제였다. 이쪽은 "인간성의 규범을 근본적으로 파기"했기 때문이다.[44]

마녀는 사실상 안심할 수 없었다. 하지만 희망은 감돌고 있었다. 디오니소스가 자신의 신비를 엘레우시스에서 구출해 미사로 가져온 것과 똑같은 방식으로 예수는 근동의 궁전과 저택에서 가져온 성만찬 포도주의 비법을 공개했다. 이제 불멸은 공식적으로 모두에게 공개되어 있었다. 무아경의 신과 그 마녀들이 강제로 복종당했던 지중해의 시골 은신처뿐 아니라 제국 전역에 자리한 부유한 가정의 편안함과 비밀주의 안에서도 그러했다. 따라서 A. D. 노크의 말마따나 영적으로 호기심 많은 사람들은 "이교도의 개인적이고 자발적인 신앙"의 새로운 현장에 관해 소문을 듣고 관심이 생겼을 것이다. 이제 언제 어디에서나 가정화된 의례용 식사를 올릴 수 있다는 소식에는 더 관심이 생겼을 것이다. 「요한 복음서」를 들은 뒤 이 새로운 신비제가 신을 마심으로써 신과 하나가 된다는 점에서 디오니소스 신비제와 목표가 동일하다고 깨닫고 그들은 완전히 사로잡혔을 것이다.

하지만 검증되지 않은 종교가 성공할 기회를 조금이라도 가지려면 디오니소스 전통에 매우 잘 기록된 진정한 신비적 경험의 일종이 성만찬에도 반드시 포함되어야 했다. 오늘날 미사에서 사용하는 얄팍한 제병과 싸구려 포도주와 달리 그런 경험을 반드시 전달해야 했다. 프란치스코 교황이 성만찬의 "정확한 목적"은 예수와 "하나 되는" 것이라 말했을 때 나는 그의 말뜻을 확신하지 못했다. 다른 여러 가톨릭 신자와 마찬가지로, 나는 '거룩한 친교'를 평생 셀 수 없이 경험했으나 고대 그리스의 미술과 문학에 보고된 것과 같은 무아경은 털끝만큼도 느껴본 적 없었다. 그리고 「요한 복음서」 6장 56절에서 내게 다음과 같이 약속한 아포테오시스를 맛본 적도 전혀 없었다. "내 살을 먹고 내 피를 마시는 자는 누구든 내 안에 머물 것이고, 나는 그들 안에 머물 것이다." 요한의 청중에게는 이렇게 말한 신이 스키토폴리스 출신인지 거기에서 30분쯤 가야 하는 나자렛 출신인지는 그리 중요하지 않았다. 더 나중인 1487년 피코 델라 미란돌라가 목숨을 걸고 모든 그리스도교 국가에 광고했듯 신비적인 게임의 목표는 '불멸의 선물'이었기 때문이다. 연회의 유일한 핵심이 '영원의 넥타르'를 마시고 '취하는' 일인데 누가 식탁 상석에 앉은 신에 신경이나 쓰겠는가?

게다가 마실 넥타르는 차고 넘쳤다. 리디아와 그녀의 후계자들이 그리스에 있는 호화로운 가정 교회들에 포도주를 비축하려 도모하던 때, 우연히도 디오스코리데스가 자신의 역작을 간행했다. 아나톨리아의 프리스킬라도 마찬가지였다. 어쩌면 바오로가 로마에서 (이 도시 여성들에 관한 기록은 지중해에 있는 다른 어떤 교회의 유사 기록보다 많다) 만났던 유니아와 여러 여성 역시 '약물의 아버지'가 각별히 유용하다는 사실을 발견했을 것이다. 그들은 다양한 환각성 식물과 약초와 균류를 첨가한 러크의 환각성 영약 가운데 하나를 만드는 단계적 설명을 쉽게 이용할 수 있었다. 아마존 프라임의 배송 시스템과도 유사하게, 하느님의 나자렛 출신 아들은 불멸의 약물을 주문해 집까지 곧장 배달받아보는 일을 완벽하게 일상적으로 만들었다. 여성과 그들의 부엌은 로마 제국이라는 적대적인 환경에서 신비제가 살아남을 기회를 조금이라도 얻는 데 보험 증권이 필요했던 위험한 성사의 마지막 피난처였을 것이다.

초기 그리스도교가 4세기 콘스탄티누스의 축복을 받기 전까지 가정 교회와 카타콤에서 살아남던 시기, 예수보다 300년 이후 디오니소스의 마녀들은 새로운 종교를 운영하던 여성들에게 자신들의 신비를 물려주었을 가능성이 매우 크다. 몇 세대 동안은 디오니소스의 마녀들과 예수의 마녀들을 구분하기가 무척 어려웠을 것이다. 왜 그들은 포도주와 신을 모두 숭배할 수 없단 말인가? 그리스 신비제에서 환각성 맥주와 포도주를 준비하던 여성들은 결국 지중해 전역에서 본래 성만찬을 준비했던 여성들일 수 있다. 당시에는 이교도와 그리스도교인의 경계가 아직 존재하지 않았기 때문이다. 훗날 로마의 모든 남성이 공식 교회 지도부의 모든 지위에서 여성을 배제하기로 작정하고 나서야 비로소 경계가 생겨났다. 기원전 186년에 벌어졌던 주신제 단속이 사제와 주교에게 준 교훈이 있다면 여성과 그들의 비밀이야말로 법과 질서에 대해 가장 큰 위협이라는 사실이었다.

억제는 실행할 수도 있는 일이 아니었다. 필수적이었다.

양떼 없이 그리스도교가 어떻게 성장할 수 있단 말인가? 평범한 빵과 포도주를 초자연적인 살과 피로 변모시킬 수 있는 배타적이고 신성한 권리를 남성 성직자만이 가진 상황에 성만찬에 참석하기 위해 새로운 교회와 예배당을 찾는 사람이 아무도 없다면 그 신앙에는 미래가 있을 수 없었다. 제대로 된 재료를 가진 사람이 가정에서 각자 나름대로 성만찬을 혼합할 수 있었다면, 그리하여 자기 방식대로 예수를 만날 수 있었다면 그리스도교는 부와 권력을 강화함으로써 로마 제국을 대신해 여러 세기 동안 유럽의 중심적인 지배 세력을 결코 유지하지 못했을 것이다. 한 가부장적 제도가 또 다른 가부장적 제도를 계승한 것이었다.

여성과 이들의 성만찬은 계속되어야 했다. 어쩌면 이는 「요한 복음서」를 변조하고 「마리아 막달레나 복음서」를 없애는 일로 시작되었을 수 있다. 하지만 여성과 약물에 대항하는 캠페인은 이후 매우 오랜 시간 동안 지속될 예정이었다. 이 조사의 끝부분에서 살펴볼 것처럼 그런 전쟁은 지금도 여전히 지속되고 있기 때문이다.

내가 술집 한복판에 앉은 프랜시스 신부에게 돌아왔을 때, 그는 이단자 시험에서 높은 점수를 얻고 있었다. 그는 『디오니소스의 여신도들』을 뒤적이고 있었다.

"에우리피데스를 잘못 이해할 수는 없을 겁니다." 나는 사제에게 경례를 보냈다. 예수의 기발한 마케팅 계획에 관해, 그리고 그리스도교 신앙의 가장 이르고도 가장 진정했던 시절 자신들의 고급 그릇으로 디오니소스를 환영한 여성 신비주의자에 관해 화장실에서 얻은 에피파니를 그와 나누고 싶었지만 그날 저녁의 성서 공부로 상당히 지친 상태였다. 그리고 솔직히 그의 선행자들이 성만찬의 본래 제작자들을 의도적으로 억압했다는 발상에 대해 프랜시스 신부가 어떻게 반응할지 확신할 수 없었다. "우리 한잔 더 해야죠!"

"차라리 식후 브랜디가 어떨까?" 프랜시스 신부가 제안했다.

우리는 리저드 라운지 지하의 어두운 바로 내려가 (그곳 이름은 마침 적절하게도 "지하 세계"였다) 3차 증류까지 거친 제임슨 블랙 배럴스 위스키를 두 잔 주문했다. 우리는 멕시코에서 영감을 얻은 현란한 색채의 '죽은 자의 날' 두개골로 뒤덮인 무시무시한 벽 옆에 있는 멋진 구석 자리에 앉았다. 뱀과 눈알과 분홍색 꽃을 흩뿌리는 천둥번개 아래에서 나는 그리스도교의 십자가를 찾아냈다. "오래된 유럽 도시 지하 술집에서는 온갖 기묘한 걸 볼 수 있네요. 월요일의 모험을 위한 완벽한 애피타이저가 아닐 수 없어요."

"살루티Saluti!" 프랜시스 신부가 맞다는 듯 고개를 끄덕이며 건배를 외쳤다. 그는 내가 그리스도교에서 가장 깊은 비밀의 보관인들을 상대로 지난 9개월 동안 계획한 여행 일정을 말한다는 사실을 알고 있었다. 그리스어를 구사하는 예수 광팬 여성들이 혼합한 환각성 비밀이 실제로 있었다면 그 증거를 파내기 위해 가야 할 장소는 논리적으로 단 한 곳이었다. 바오로가 "사도들 중에서도 으뜸"이라 했던 유니아와 마찬가지로, 이 사제와 나는 내가 가톨릭 학교에서는 들어보지도 못한 뭔가를 직접 보기 위해 '영원의 도시'로 가는 중이었다. 그 뭔가로 말하자면, 내가 라틴어와 이탈리아어에 능숙하지 않은 한 로마의 중추 세력 밖으로 벗어나는 법이 결코 없을 만한 것이었다. 바티칸 관료주의의 몇몇 분과를 항해하고 이들의 신뢰를 얻어내는 일이야말로 내가 변호사 시험 이후 겪은 일 가운데에서도 가장 재미없는 일이었다. 하지만 초기 그리스도교의 화학적으로 풍부한 성만찬이 오늘날의 물 탄 위약으로 대체되었으며 바티칸도 이 일에 조금이나마 관여했다면 나는 상당히 훌륭하게 변론할 수 있을 것이었다. 이제 프랜시스 신부가 로만칼라를 달고 나를 적군의 후방으로 몰래 데려가줄 차례였다.

다음 이틀치 전략 계획을 마치고, 사제가 우버를 타고 떠나는 모습을 지켜본 다음 나는 술기운을 떨치려 4구를 천천히 걸었다. 아르콜교를 지나 센강을 건넜고, 내가 묵고 있는 에어비앤비 건물에 다다랐으며, 4층까지 걸어 올라가 아늑한 침실에 들어섰다.

한밤의 시원한 공기 속에서 남쪽을 응시하다 열린 창턱에 기대 노트르담의 91미터 높이 첨탑을 마지막으로 바라보았다. 그로부터 2개월이 채 지나기도 전에 그 첨탑은 사라질 것이었고, 화마에 가차 없이 유린당하는 모습이 실시간으로 전 세계를 돌며 수많은 스마트폰에서 포착될 예정이었다. 중세 지붕의 참나무 목조가 불길의 연료 노릇을 하는 바람에 그 대성당의 차마 가치를 따질 수 없는 보물 가운데 일부가 파괴될 위험에 놓였다. 우선 13세기에 만들어진 고딕 스테인드글라스 3종이 있었다. 세계에서 가장 유명한 악기 가운데 하나일 법한, 무려 8,000개 이상의 파이프로 이루어진 대大오르간도 있었다. 2차 세계대전의 종식을 알린 것으로 유명한 노트르담의 가장 오래된 종 '뒤영벌'도 있었다.[45] 다행히 소방관들이 간발의 차이로 구출한 그보다 작은 종교 유물 중에는 23센티미터 길이의 '진품 십자가'와 8센티미터 길이 못이 있었는데, 양쪽 모두 예수의 실제 십자가 처형에서 나온 유물로 여겨져 유리 장식장 속에 들어 있었다. 하지만 이것은 우선순위가 아니었다.

그 사건 이후 며칠 동안 뉴스 보도를 읽다 보니 어떤 사람의 이름이 계속해서 나타났다. 아프가니스탄에서 복무하고 파리 소방본부 소속 성직자로 일하던 장마르크 푸르니에Jean-Marc Fournier 신부였다. 4월 15일 출동한 그는 현장에 도착하자마자 에마뉘엘 마크롱 대통령과 파리 대주교를 제쳐두고 대성당에서 가장 대체 불가능한 유산 두 가지를 구출하러 나섰다.[46] 첫 번째는 예수가 수난과 죽음 당시에 썼다고 여겨지는 가시 면류관이었다. 하느님의 아들이 베들레헴에서 태어나기 여러 세기 전 무아경의 신이 썼던 뾰족한 스테파노스stephanos였다. 콘스탄티노플의 보두앵 황제에게서 그 왕관을 구입한 프랑스 십자군 왕 루이 9세는 1239년 8월 상스Sens라는 도시에서 그 유물을 맞이했다. 이후 이 유물은 노트르담에 보관되었다. 푸르니에 신부는 왕관이 든 금고의 암호를 물었고, 결국 그 유물을 무사히 가지고 나왔다.

하지만 불길이 북쪽 종탑을 핥고 첨탑이 이미 사라졌으며 "배가 침몰하기 직전인" 상황에 "불타오르는 서까래 무더기"와 "녹아 떨어지는 납 방울" 사이에 마지막 구조 대상이 남아 있었다. 이 사제는 성물 관리인에게 진지하게 말했다 "이제 예수님을 이 불타는 대성당에서 모시고 나올 때로군요."[47] 푸르니에 신부는 성 조르주의 제대에 있는 감실龕室에 다가가 '지존하신 성체'를 구했다. 나중에 그는 이렇게 설명했다. "'가시 왕관'이 절대적으로 독특하며 비범한 유물이라는 점은 모두 이해합니다만 이 '축성된 성체'는 곧 우리의 주님이시며, 그분의 육체와 영혼과 신성과 인간성을 진정으로 표현하는 것으로 (…) 아시다시피 우리가 사랑하는 누군가가 불길 속에서 스러지는 모습을 지켜보기는 어렵게 마련이며 (…) 그런 이유로 저는 다른 무엇보다 우리 주 예수 그리스도의 진정한 현존을 지키기로 작정했습니다."[48]

그런데 푸르니에 신부는 그 축성된 성체를 손에 들고 목숨을 건지려 뛰어나오는 대신 생각조차 할 수 없는 행동을 했다. 그는 잠시 멈춰 서서 기도했다. "저는 이 성당 안에, 그것도 천장에서 떨어지는 불타는 파편 한가운데 홀로 서 있었습니다. 부디 불길과 맞서 싸워 당신의 어머니께 헌정된 이 건물을 보전해주시라고 예수님께 간청했습니다."[49] 하느님의 아들은 그 기도를 들은 것이 분명하다. 쌍둥이 종탑은 무사했고, 대성당도 골조만큼은 멀쩡했기 때문이다.

푸르니에 신부는 그저 비유를 위해 자기 목숨을 걸고 모닥불로 뛰어들지 않았다. 유럽 최고의 부자이며 LVMH 모에 에네시(LVMH Moët Hennesy, 루이뷔통) 소유주 베르나르 아르노Bernard Arnault는 미처 깨닫지 못했을 수도 있지만 (모두 합쳐 80억 달러 비용에 15년의 시간이 투입될) 노트르담 재건축을 위해 그가 즉각적으로 기부하겠다고 약속한 2억 2500만 달러는 일개 상징을 보관하는 데 사용되지는 않을 예정이었다.[50] 교황의 말마따나 "교회의 박동하는 심장"이자 구원에 "필수적인" 한 가지는 바로 파르마콘 아타나시아스이기 때문이다. 하지만 대개 평범하기 짝이 없는 오늘날의 빵과 포도주가 푸르니에 신부 같은 13억 가톨릭 신자 가운데 일부에게 이런 위력을 발휘하려면 본래 '불멸의 약물'은 단적으로 반드시 뭔가를 의미해야 했다. 즉 1세기 디오니소스 신비제에 대한 그리스도교의 브랜드 쇄신이 이루어지기 전 여러 세기 동안 그리스어 구사 신비주의자들에게 그 신비제가 뭔가를 의미했던 것과 똑같은 방식으로 말이다.

디오니소스의 생살과 피를 섭취하고 그의 환영적 포도주를 맛보았을 때 입문자들은 심오한 경험을 한 것이 분명하다. 그들이 가족과 국가와 로마 사회 전반에 대한 모든 의무를 잊도록, 딱 한 잔만 마시면 불멸을 맞이할 수 있는 야외로 중독자처럼 도주하도록 만든 것만으로 충분했다. 무아경의 신을 마시고 스스로 신성하게 되었다고 말했을 때 그들은 진심이었다. 그리고 똑같은 잔을 맛보았을 때 새로운 입문자들도 개종하게 되었다. 디오니소스 신비제의 성만찬은 순수한 마법이었기 때문이다.

그리스도교 신비제의 성만찬이 그 정도로 마법적이지 않은 한 요한으로서도 그리스도교를 회의적인 이교 세계에 판매할 수 있으리라 기대할 수 없었다. 그의 전체 복음서는 디오니소스의 신비와 예수의 신비가 하나이며 똑같다는 한 가지 사실을 입증하기 위해 제작된 것으로 보인다. 그리고 이 모든 것은 독특하게도 여성을 겨냥하고 있는 듯하다. 비밀 '상징'과 '언어'를 이해할 만한 여성, 새로운 실내 성만찬을 운영할 만한 약리학적 전문 지식을 지닌 여성을 말이다. 예수 이전에만 해도 신을 마심으로써 신이 되는 원시적 의례는 대개 야외에서 살아남았다. 「요한 복음서」의 등장과 함께 아포테오시스도 집으로 들어왔다. 그리고 유행하게 되었다.

그것이야말로 종교가 탄생하는 방식이기 때문이다. 그리고 그것이야말로 종교가 번성하는 방식이기 때문이다.

물론 관료제가 도래하기 전까지는 말이다.

하지만 유서 깊고도 발전한 기술은 그저 증발하지 않는다. 그러도록 마녀들이 결코 허락하지 않을 테니까.

12장

이 모든 것은
단순히 소풍이 아니다

"비아 루이지 루차티 2B, 페르 파보레."(Via Luigi Luzzatti 2B, per favore, 루이지 루차티 거리 2번지로 부탁합니다) 나는 택시 기사에게 이렇게 말했다.

우리는 트라스테베레 지역을 지나 몇 블록 달려, 사방으로 철로를 뻗친 테르미니역에서 멀지 않은 만초니 거리에 있는 세련된 피아트 전시장 뒤에 있는 우리의 목적지로 향했다. 화창한 파리의 주말 이후 맞이하는 흐린 월요일 아침이었지만 가리발디교를 통해 테베레강을 건너자, 왜 로마가 한때 "시詩를 압축해 만들어낸 도시"로 묘사되었는지 명확해졌다.

머리부터 발끝까지 부활한 자니 캐시처럼 차려 입은 프랜시스 신부는 의식의 흐름에 따라, 지난 34년 동안 자신이 이 사연 많은 거리들에서 겪은 일들을 이야기하고 있었다. "아치엔다 테실레 로마나Azienda Tessile Romana." 그는 율리우스 카이사르가 암살당한 토레 아르젠티나Torre Argentina 인근 상점 전면에 적힌 글자를 큰 소리로 읽었다. "정말 끝내주는 옷가게였지. 사제복이 필요할 때마다 저기로 갔다네. 그리고 저기서 저쪽으로 계속 가다 보면," 사제는 북쪽의 판테온 방향을 가리켰다. "ASEQ 서점이 나오지, 물론." 세디아리 거리에 있는 그 전문 서점은 내가 지난번 로마에 왔을 때 프랜시스 신부가 추천해준 곳으로, 비의秘義 문헌에 관해서는 최고의 컬렉션을 보유하고 있었다. 작년에 나는 그곳에서 정남쪽의 나폴리와 폼페이와 마그나 그라이키아 나머지 지역에 잔존하는 그리스 신비주의 숭배에 관해 서점 주인 루카와 두 시간 동안 대화를 나누기도 했다. 장화 모양인 이탈리아 영토에서 발가락과 발뒤꿈치 부분에 해당하는 칼라브리아Calabria와 풀리아Apulia 지방의 여러 고립 지역에서는 오늘날에도 그리스어 구사자로 이루어진 소수 민족 그리코가 어딘가 낯설지만 의심할 여지 없는 그리스어 방언으로 이야기하는 소리를 들을 수 있었다. 이들의 언어와 혈통은 기원전 8세기 이 반도 최초 그리스인 식민지 개척민까지 거슬러 올라갈 수 있다.[1]

"내가 가끔 한 번씩 보고 싶은 장소 또 한 곳은 바로 여기에 있다네. 발부스 납골당이지." 보테게 오스쿠레 거리를 지날 때 내 동승자가 말했다. "이곳이 자네의 방문지 목록에 없는 걸 보고 놀랐다네. 나 같으면 저 아래에 뭐가 있는지 기꺼이 살펴봤을 거야." 그는 이렇게 덧붙이며 로마 국립 박물관에서 다소 간과된 분관 가운데 하나인 그 납골당을 가리켰다. 나로서는 한 해의 상당 부분을 내어 간신히 조합한 여행 일정이었으니 잘못을 찾아내는 일은 프랜시스 신부에게 맡기고 넘어가기로 했다. 우리는 미켈란젤로가 고안한 열두 꼭지 달린 별이 있는 언덕 꼭대기의 캄피돌리오 광장에 이어 베네치아 광장을 돌고 포로 로마노를 지나 그의 또 다른 애호 장소로 향했다.

"그러면 성 코스마와 성 다미아노 성당이 나오는데, 거기에는 원래의 청동 문이 여전히 달려 있다네." 사제가 가리킨 성당은 본래 발레리우스 로물루스Valerius Romulus에게 헌정된 곳이었다. 막센티우스 황제의 아들인 그는 309년 사망하자 아포테오시스를 거쳐 신이 되어 디부스 로물루스Divus Romulus, 즉 '로물루스 신'이라는 이름을 얻었다. 훗날 이 장소는 앞서 말한 시리아의 쌍둥이 형제이자 약학의 수호성인을 기념하는 곳으로 그리스도교화되었다. 그 정도면 경의 표시로 제법 알맞았는데, 포로 로마노에서도 이 지역은 마르쿠스 아우렐리우스의 시의이자 디오스코리데스의 후계자라 해도 무방한 갈레노스 같은 사람들을 끌어 모은 곳으로 알려진 까닭이었다. 갈레노스가 내놓은 방대한 그리스어 저작물은(그중에는 전 11권인 『단순한 약물의 혼합과 효능에 관하여』On the Mixtures and Powers of Simple Drugs 도 있다) 여전히 영어로 번역되지 않은 상태이다.

이처럼 약물에 관해서라면 고전학자들의 맹점이 지속된다. 전문가들마저 이 논제에 신경 쓰지 않는다면 나머지 우리에게는 어떤 희망이 있겠는가? 그리고 신비제에 대한 잠재적인 열쇠가 모든 세속 및 종교 역사가에게 그토록 오랫동안 무시당해왔다면 이교 연속 가설을 입증하거나 반증함으로써 그리스도교의 진정한 기원에 다가가려는 시도에 어떤 희망이 있겠는가? 기원전 마지막 몇 세기 동안의 고대 그리스인과 서기 처음 몇 세기 동안의 초기 그리스도교인 사이에 잃어버린 고리가 실제로 있다면 그것은 내가 지난 사흘 내내 프랜시스 신부와 논의한 약물 첨가 포도주였다. 올더스 헉슬리가 1954년 『지각의 문』에서 대략적으로만 서술하고, 러크가 1978년부터 줄곧 부흥시키려 시도해온 그 약물 함유 약의 전통이다.

지난 12년 동안 환각성 성만찬의 가능성을 조사하면 할수록 그 내용은 오히려 덜 정신 나간 소리로 들렸다. 그리고 파리에서 내가 보낸 시간은 판돈을 올려주었을 뿐이다. G 408과 G 409부터 디오스코리데스의 포도주 공식, 루브르 카리아티드 전시실의 디오니소스 성소, A. D. 노크의 「요한 복음서」 속 비밀 '상징'과 '언어'에 이르기까지 말이다. 여기에 매사추세츠 공과대학교 앤드류 코의 고고화학까지 조합해보면 이 모든 것은 오시리스와 엘과 함께 근동에서 시작되어 훗날 디오니소스와 함께 고대 그리스로 건너갔다가 예수와 함께 1세기 갈릴래아로 되돌아간 5,000년 묵은 사업으로서의 정신 확장 포도주가 있다는 기본 전제를 뒷받침한다.

하지만 스모킹 건은 여전히 파악하기 어려운 상태로 남아 있다. 패트릭 맥거번이 그리스 신비제의 발생지에서 고대 환각성 신비에 관해 반박할 여지 없는 증거를 발견한 일이 그에 근접하지만 스모킹 건은 아직 빛을 보지 못했다. 맥거번의 제안에 따라 나는 그의 동료인 테살로니키 아리스토텔레스 대학교의 술타나 발라모티Soultana Valamoti 박사와도 이야기를 나누어보았다. 고대 식물 이용의 고고학적 현실에 관한 그리스의 전문가인 그녀의 확언에 따르면, 마르제아와 유사한 조건("치유사"가 자신들의 "포도즙 발효에 관한 지식"을 이용해 "영과 선조 그리고 신과 의사소통하는")하에서 "정신 변성 상태"를 창조하는 자리에 포도주가 있었음을 보여주는 선사 시대의 식물학적 발견 다수가 그 나라 북부에서 나왔다.[2] 하지만 포도,

아편, 사리풀, 까마중 같은 잔여물이 널리 퍼져 있었다는 사실을 발견했는데도 발라모티 역시 의례적 장소 한 곳에서 그런 환영적 식물을 모두 찾아내지는 못한 상태였다. 갈릴래아에서도 상황은 마찬가지였는데 앤드류 코도 일부 매우 가망성 있는 실마리에서 명백한 환각성 약물을 발굴하지는 못했다. 다시 말해 디오니소스 신비제와 그리스도교 신비제의 환각성 비밀을 뱉어낼 만한 가능성이 가장 분명한 두 장소인 그리스와 갈릴래아 양쪽에서 결과가 나오지 못했다.

기시감이 약간 느껴졌고, 환각성 성만찬을 추적하며 묘지 맥주의 확고한 증거를 뒤쫓던 일이 상당 부분 떠올랐다. 엘레우시스에서 출토된 도기 중 검사할 수 있는 것이 없어 나는 그리스 식민지로 갈 수밖에 없었고, 그곳에서 스페인의 가짓과 식물 맥주의 긴 역사를 마주했으며, 결국 마스 카스테야르 데 폰토스에서 맥각 물약을 만났다. 마찬가지로 최근 내가 조사한 모든 내용은 이탈리아의 그리스 식민지를 가리켰기에 이런 사실이 아주 놀랍지도 않았다. 디오니소스 숭배와 예수 숭배가 고대 그리스와 갈릴래아 서쪽 어딘가에서 만날 예정이었다면 그 장소는 이탈리아 남부였기 때문이다. 그곳에서 벨리아의 포카이아 식민지 후손은 해안을 따라 더 위쪽에 있는 로마나 그 사이의 어느 장소에서 최초의 그리스도교인과 만났을 수 있다.

우리가 시간을 거슬러 예수보다 몇 세기 전 마그나 그라이키아의 이 해안 지역에 온다면 고대 그리스에 잘못 온 것이 아닌가 하고 착각해도 무리가 아닐 것이다. 언어, 신전, 도시 국가까지 모든 것이 그리스식이기 때문이다. 데메테르, 페르세포네, 디오니소스에게 헌정되었으며 "그리스도교보다 시대적으로 앞서기도 했고 동시대이기도 했던" 이 지역의 풍부한 신비제 숭배도 마찬가지였다.[3] 예수 성사의 씨앗이 뿌려진 장소는 갈릴래아와 예루살렘이었지만 정작 뿌리내린 장소는 이곳이었다. 이곳은 한때 로마 제국의 수도였으며, 지구 역사상 가장 오래된 현존 제도인 로마 가톨릭교회의 고향이었다.

지중해의 이 지역에서 환각성 포도주의 증거를 찾아낸다면 그리스인과 그리스도교인이 죽음과 재탄생이라는 똑같은 고대의 길에서 마침내 만나게 될 것이다. 그리고 이교 연속이라는 발상을 단순한 가설에서 역사적이고 과학적인 사실로 바꿔놓을 것이다. 하지만 애초에 나를 이탈리아로 부른 폼페이의 확고한 식물학적 자료를 공개하기 전에, 33년경 예수 사망 때부터 이 불법 숭배가 갑자기 로마 제국의 국교가 된 4세기 테오도시우스 황제 치하까지 그리스도교가 실제로 어떤 모습이었는지 재구성하는 것이 시기상 적절할 듯하다.

초기 그리스도교의 세 세기는 신앙의 핵심이었다. 버림받고 잊힌 전통에서 마그나 그라이키아와 로마는 디오니소스 신비제와 그리스도교 신비제가 서로 부딪히고 폭발하며 비밀 모임과 마법 신비라는 혼종 의례를 낳은 장소이다. 디오니소스와 바쿠스가 '알코올의 신'으로서 두려움의 대상이 아니었던 장소인데, 이 '알코올'이라는 단어가 나중에야 아랍어에서 차용된 것이니만큼 그리스인이나 그리스어 구사 로마인에게는 아무런 의미가 없었을 것이다. 그는 '약물의 신'이었다. 여기에서 말하는 '약물'이란 에우리피데스가 기원전 405년 파르마콘이라 불렀던 포도주에 첨가되는 온갖 종류의 식물과 약초와 균류를 가리켰다. 그리고 이곳에서 새로이 등장한 예수 또는 이에수스는 가나의 혼인 잔치에서 비롯한 낙천적인 포도주 신으로서 두려움의 대상이 아니었다. 러크에 따르면 예수는 **이아트로스**, 즉 '약물꾼'이었다. 이 갈릴래아 출신 치유사의 살과 피는 **파르마콘 아타나시아스**, 즉 '불멸의 약물'이 되었다.

더 늙은 디오니소스와 더 젊은 디오니소스가 똑같은 시기에 똑같은 장소에 있었음을 보여주는 증거는 우리 발밑에 있다. 원래 그리스 버전 그리스도교는 매우 오랫동안 숨어 있었다. 복귀를 기다리며 숨죽이고 있었다. 바로 그곳에서 모든 마법이 일어났기 때문이다.

4세기 그리스도교가 합법화되고 대중 교회와 유서 깊은 성당이 생기기 이전, 초기 그리스도교인이 자신들의 비밀 성만찬을 거행하려 모일 수 있었던 장소는 두 곳뿐이었다. 한 곳은 내가 이제부터 프랜시스 신부와 함께 살펴보러 갈 카타콤이었고, 다른 한 곳은 문을 닫고 커튼을 친 가정 교회였다. 이 두 장소에서의 성만찬이 오늘날 미사와 얼마나 다른지 살펴보려면 지중해 각지의 부유한 가정에서 이뤄졌던 의례적 만찬을 간단히 살펴볼 필요가 있다.

그리스도교의 초창기 가정 교회에서 나온 고고학적 증거는 그리 많이 남아 있지 않다. 하지만 신약성서에서 나온 기록 증거에 따르면, 그 식사에는 내가 첫 번째 '거룩한 친교' 이후 지금까지 줄곧 마신 것과 같은 포도주가 곁들여지지 않았다. 옛날에는 그리스도교의 남성 사제보다 선행했던 여성 마녀들이 치명적인 혼합제를 제공한다고 알려져 있었다. 그것은 고대 그리스인이 문제없이 **파르마콘**이라 불렀을 법하며, 디오스코리데스가 『의학의 재료에 관하여』에 나오는 자신의 포도주 공식에 기꺼이 포함시켰을 종류였다. 성 바오로가 쓴 고대 그리스어만 놓고 보면 지난날의 성만찬이 오늘날의 성만찬과 매우 달랐다는 데는 의심할 여지가 없다.

땅 위에서 본래 성만찬은 더 커다란 식사의 일부로 소비되었다. 그 식사란 그리스에서 영감을 얻은 이교도의 연회인 아가페^{ἀγάπη}, 즉 '사랑의 잔치'라는 것으로 여기에서는 "종종 과도한 환락적 음주가 벌어졌다."[4] 2세기 초 파르마콘 아타나시아스라는 용어를 고안했던 이냐시오는 그리스도교의 성만찬과 이교도의 아가페를 같은 것으로 본 듯하다. 이는 갓 싹튼 그 종교의 불법적인 디오니소스적 성격을 보호하기 위한 은밀한 술책의 일종이었다. 한 역사가에 따르면, 로마에 있는 "어떤 집에 그리스도교인들이 모였을 때 그들이 아가페를 위해 모였는지, 아니면 성만찬을 위해 모였는지를 이교도인 이웃이 구분했을 가능성은 없어 보인다."[5] 그런 눈속임 덕분에 로마 당국의 단속을 피할 수 있었다 하더라도 바오로와 다른 그리스도교 교부들은 신성한 도취와 세속적 도취를 혼동하는 일을 그리 좋아하지 않았다. 예수를 먹고 마셔서 예수가 되는 일이야말로 그저 술에 취하는 일과는 매우 달랐기 때문이다.

따라서 처음부터 바오로는 이 통제 불능한 '사랑의 축제'와 경쟁해야 했다. 「코린토 신자들에게 보낸 첫째 서간」 10장 21절에서 그는 엘레우시스에서 자동차로 한 시간이 걸리지 않는 코린토에 건립된 그리스인 공동체를 질책한다. "여러분은 주님의 잔과 마귀의 잔을 모두 마실 수 없습니다. 여러분은 주님의 식탁과 마귀의 식탁에 모두 참석할 수 없습니다." 몇 절 뒤에서 바오로는 성만찬을 적절하게 거행하기 위한 기본 원칙을 내놓는다. 앞선 장에서 이야기했듯 이는 이 전례를 최초로 묘사한 기록으로, 53년경 작성되었다. 여기에는 매우 독특한 그리스어가 하나 포함되어 있는데, 나는 다른 무엇보다 이를 근거로 러크가 정말 뭔가를 발견했다고 확신하게 되었다. 지금으로부터 10년 전쯤 그가 「코린토 신자들에게 보낸 첫째 서간」 11장 30절을 번역한 내용을 읽었을 때, 나는 완전히 반해 이후 그 구절을 신약성서 전체에서 가장 매혹적이라 여기게 되었다. 그 구절 덕분에 나는 저 이례적으로 도취적이고, 심각하게 정신 변성적이며, 때때로 환각성이고, 잠재적으로 치명적인 영약 가운데 하나가 초기 그리스도교로 스며들었다는 점을 사실상 의심하지 않게 되었다.

1세기 중엽 코린토에서는 잘되는 일이 없었다. 바오로는 자신들의 엄숙한 그리스도교 예식을 정신 변성적인 디오니소스 잔치로 바꾸도록 내버려두었다는 이유로 여성이 많은 그 교회를 질책했다. 이미 그들 버전의 성만찬을 '마귀의 잔'이라 단죄한 바오로는 「코린토 신자들에게 보낸 첫째 서간」 11장 21절에서 그리스 가정 교회의 친교 식사가 오히려 아가페와 비슷해 보인다는 이유로 불평했다. 모든 것이 무료이며, 어떤 사람들은 과도하게 몰두하는 반면 다른 사람들은 '배고픈' 상태로 남고, '술에 취하는' 예상 가능한 일과가 지나치게 흔하다는 이유에서였다. 일단 그리스어를 해독하고 보면 바오로가 「코린토 신자들에게 보낸 첫째 서간」 11장 30절에서 내놓은 '그것 봐! 내 말이 맞지!'의 순간도 더 이해된다.

영어에서는 이 구절을 보통 이렇게 번역한다. "여러분 가운데 다수가 그토록 약하고 아픈 이유, 여러분 가운데 상당수가 잠든 이유도 그래서입니다." 하지만 러크는 그리스어 **코이몬타이**οιμῶνται를 "잠든"이라고 번역하는 대신 신약성서 다른 모든 곳에서 번역되던 방식 그대로 옮겼다. "여러분 가운데 상당수가 죽어가는 이유도 그래서입니다." 그는 나아가 이렇게 설명한다.

회중이 파벌로 나뉘어 대립했고, 자기에게 세례를 준 사람에게 개인적 충성을 맹세했다. 바오로는 가정에서는 일반적인 식사를 하라고 이들을 질책했다. 그리고 예수가 시작한 성만찬은 빵과 잔의 식탁 친교였다고 상기시켰다. 아무렇게나 참여한 사람은 누구나 주님의 몸과 피에 반하는 죄를 지을 것이었다. 이는 분명히 일반적인 식사가 아니었는데, 그중 상당수는 신비를 부정확하게 받아들인 까닭에 몸이 아프게 되었고, 어떤 사람은 심지어 죽고 말았다. 마치 그것이 독약이라도 될 수 있다는 듯 말이다.[6]

내가 다닌 초등학교야 그럴 수 있다 하더라도 어떻게 세인트 조스 예비학교의 예수회 사제들이 동사 코이몬타이를 간과할 수 있었을까? 그리고 어떻게 성서에서 유독 이 한 행만 지구 상 곳곳의 주일 미사, 교회 예배, TV 설교 등의 주제가 되지 않았을까? 왜 지금으로부터 2,000년 전 코린토인 가운데 히카노이hikanoi, 즉 '상당수'가 초기 미사 도중 파리처럼 쓰러져 죽었을까?

나는 1829년판 그리스어 신약성서를 펼쳐 러크가 말한 「코린토 신자들에게 보낸 첫째 서간」 11장 30절에서 코이몬타이를 찾아보았다. 하지만 그의 번역은 반드시 사라져야 했다. 어떻게 사람들이 성만찬을 하다 죽을 수 있을까? 나는 지금으로부터 10년 전 대학원에서 세미나를 할 때 사용했던 퍼시어스 디지털 도서관에서 헨리 조지 리델Henry George Liddel과 로버트 스코트Robert Scott와 헨리 스튜어트 존스Henry Stuart Jones가 편찬한 온라인 그리스어-영어 사전, 약칭 '리델-스코트-존스'를 확인해보았다. 페이지 절반쯤 내려가니 이렇게 나와 있었다. "죽음의 잠", "죽다". 해당 항목에서 이 사전은 바로 「요한 복음서」에서 용례를 가져와 인용하고 있었는데, 여기에서는 똑같은 동사인 코이마오κοιμάω가 이 정확한 의미로 사용되고 있었다.[7]

이를 파고들수록 나는 동사 코이몬타이에 뒤늦게나마 주목한 사람은 러크 혼자만이 아니었음을 깨달았다. 엑세터Exeter의 수석 사제와 글로스터 주교를 역임한 19세기 영국의 신학자 찰스 존 엘리코트Charles John Ellicott는 지금까지도 성직자와 학생이 참고 도서로 사용하는 신약성서에 대한 포괄적인 주석서를 1878년 편찬했다. 물론 그는 그리스어를 알았기에 문법적 뉘앙스에 주의를 기울여 코이몬타이 같은 기묘한 사례에 대해 해설했다. 러크와 마찬가지로 엘리코트는 "그리고 일부는 죽었다"를 적절한 번역으로 선호했다. 하지만 진짜 걸작은 「코린토 신자들에게 보낸 첫째 서간」 11장 30절에 관한 그의 설명 가운데 나머지 부분이다. "때로는 그 술에 취한 난교에서 죽는 일까지 발생하는데, 이는 자연적인 원인이나 하느님의 직접 방문 때문이었다."[8] 나는 '아버지 하느님'이 구름 속에 있다 지상에 내려와 술 취한 그리스인에게 죽음의 손길을 전달하기 위해 포도주잔을 툭 친다는 발상이 마음에 들었다. 평소 같으면 완벽하게 훌륭했을 술잔치에서 얼마나 예기치 못한 절정인가.

엘리코트가 창의적이기는 했지만 바오로의 단어 선택을 해독하는 더 현실적인 방법도 있다. 코이몬타이의 평이한 뜻은 더 이상 명백할 수 없을 지경이다. 코린토인들은 자신들의 전례에 극한 음료를 통합했던 것으로 보인다. 하지만 환각성 포도주와 독성 포도주의 경계는 극소하기 때문에 투여량을 조절하는 과정에서 치명적인 실수가 생길 수 있었다. 혹시 효력을 더한 성만찬 제작자들이 계량을 잘못했을 수 있을까? 참가자들이 영약을 너무 많이 주입했을까? 아니면 코린토인들은 단지 죽은 것처럼 **보였을** 뿐이었는지도 모른다. 다시 말해 예수와 이미 떠난 그리스도교 성인들의 공동체에 더 가까이 다가가게 해주는 임사 체험 상태에서 흥청거렸을 뿐이었는지도 모른다. 바오로의 말을 사실이라 믿는다면, 또 코린토에 실제로 치명적인 물약이 있었다면 누가 그것을 혼합했을까? 그리고 왜 혼합했을까?

이에 대한 답변은 다시 한 번 여성을 지목한다.

지중해 전역의 다른 가정 교회와 마찬가지로 코린토의 취약한 그리스도교인 소수자들을 이끄는 카리스마적인 예언자들은 "성령의 중재자로서 기능하면서" 이른바 "경배 연회"cultic banquet 때 형제자매에게 하느님의 메시지를 계시하는 일에서 전문성을 드러냈다.[9] 동쪽 엘레우시스에서는 데메테르, 북쪽 델포이에서는 아폴론, 인근 산과 숲에서는 디오니소스와 이미 여러 세기에 걸쳐 친교를 나누었던 여사제들을 본받아 코린토에서도 무아경에 빠진 여성들이 전권을 장악했다.[10] 『여성이 사제였을 때』에서 카렌 조 토르제센은 그리스의 도시에 있는 전형적인 가정 교회를 다음과 같이 묘사했다.

우선 한 사람이 일어나 기도, 칭찬, 계시나 지혜의 말을 한다. 그녀의 예언이 끝나기 전에 또 한 명이 일어나 격려나 희망 또는 후계의 말을 한다. 이 목소리에 뒤섞여 무아적인 축복, 감사, 찬양의 외침이 나온다. 이 새로운 그리스도교인들에게는 성령의 현존이 [구약의] 예언의 실현을 극적으로 표현한다.[11]

자신들의 혈관을 지나는 신성으로부터 영감을 얻은 이 여성들은 "그들의 시대에 그리스도의 목소리를 중개했다." 이는 그로부터 거의 반세기 뒤 에페소에서 예언자들이 했던 일이라고 프랜시스 신부가 말한 그대로였다. 성만찬의 축성에 예수가 '현존했다'면 그런 빙의 감각은 다른 어딘가에서 와야 했을 것이다. 그렇지 않은가? 마스카스테야르 데 폰토스의 그리스식 숭배와 마찬가지로 코린토의 마녀도 데메테르의 맥각 물약을 시도했지만 그 대신 치명적인 변종을 낳고 말았는지 모른다. 어쩌면 그들은 이번 조사의 1부에서 논의했던 보릿가루, 월계수 잎, 그을린 사리풀 씨앗(헤르바 아폴리나리스 또는 피토니온)을 실마리 삼아 피티아가 아폴론과 접촉하도록 만들어 준 뭔가로 이루어진 정신 활성 칵테일을 다시 만들려 했을지 모른다. 아니면 그저 레나이아 축제와 기타 디오니소스 축제의 주입된 약물을 가져다 성만찬의 식사를 멋지게 보완했는지도 모른다.

하지만 초기 그리스도교의 이 흐릿한 시기에 이르러 우리는 답변보다 훨씬 많은 질문을 품게 된다. 최후의 만찬 도중 일어난 일이 정확히 무엇이든 매우 명료했다면 그리스도교 신앙은 이후 2,000년 동안 3만 3,000개의 서로 다른 종파로 산산조각 나지 않았을 것이다.[12] 복음서 저자들과 바오로의 상대적인 합의에도 예루살렘에서 물질적 증거가 더 많이 나타나지 않는 한 최후의 만찬이 신약성서에 기록된 대로 실제로 벌어졌는지, 아니면 아예 없었는지를 둘러싼 논쟁은 솔직히 끝나지 않을 것이다.[13] 어느 누구도 성배를 발견한 적은 없었다. 어쩌면 앞으로도 그럴 것이다. 우리의 조사와 훨씬 관련 있는 내용은, 코린토와 다른 모든 곳에 있던 초기 그리스도교인 군중이 그날 저녁 일어났다고 자신들이 믿는 바를 어떻게 해서 굳이 해석하고 재현하기로 결정했느냐는 점이다. 세월이 흐르면서 이제는 「요한 복음서」 혹은 영지주의자의 거룩한 텍스트나 구술 전통에 등장하는 성만찬이 그 해석에 영향을 주었는지 여부가 특히 중요해졌다.

1950년 마틴 루서 킹 2세 박사가 내놓은 "자연스럽고도 무의식적인 과정"에 대한 고찰이 그리스 신비제와 그리스도교 신비제의 유사성을 설명해줄지도 모르지만 요한은 하느님에 관해 직접적이고 신비적인 경험을 하는 경향이 있었던 에페소의 여성들을 향해 상당히 의도적으로 이야기했던 것으로 보인다. 이들과 똑같은 여성들은 그 전에는 코린토에 있었고, 그 후에는 로마에 있었다.[14] 요한은 에우리피데스의 언어를 의도적으로 모방함으로써 염소의 생살(오모파곤 카린)을 사용하는 이교 성만찬이 변해 '하느님의 어린 양'이 되었다며 자신의 표적 청중을 안심시켰다. 그리고 예수의 피로 이루어진 '참된 음료'는 가정 교회라는 안전한 장소에서 디오니소스의 불법시되는 전통을 지속할 것이라고 안심시켰다. 가정 교회에서 초기 그리스도교인은 난생처음 진정으로 보는 방법을 배우게 될 예정이었다. 다시 말해 「요한 복음서」 첫 장에서 예수 본인이 약속한 천사들의 환영을 보게 될 것이었다.

땅 위의 성만찬이 그리스의 아가페와 혼동되었다면 땅 아래의 무덤은 그리스도교 성사의 진정한 용광로로 입증되었다. 성 바오로의 고대 그리스어에 의존하는 대신 우리는 아직 그 안에 남아 있는 물질적 증거를 눈으로 볼 수 있었다. 바티칸에서도 그 증거에 대해 "초기 그리스도교 시대의 가장 중요한 자산"이라 평가했다.[15] 여기에서는 다시 한 번 본래 성만찬이 고대 그리스의 풍취를 여전히 간직한 것으로 나타났다.

프랜시스 신부와 나는 콜로세움을 지나 더 동쪽으로 달려 에스킬리노 지역에 있는 루이지 루차티 거리에 멈춰 섰다. 이곳 로마에서는 아가페에 상응하는 지하의 행사를 레프리게리움refrigerium이라 불렀다.

레프리게리움*이라는 라틴어는 문자 그대로 '식힌다'라는 뜻이며, '냉장고'를 뜻하는 영어 단어 refrigerator도 여기에서 유래했다. 하지만 이 라틴어는 훗날 "사망자의 영혼이 사후의 삶에서 원기를 회복하기를, 그리고 죽은 자의 세계에서 평화로운 존재를 영위하기를 바라는 기념 전례"를 가리키게 되었다.[16] 160년부터 220년까지 살았던 교부 테르툴리아누스는 사망한 선조들이 예수의 지구 귀환 여행 때 신앙심 깊은 자들의 부활을 기다리는 동안 누리는 '지복의 상태'를 묘사하기 위해 이 용어를 차용했다. 초기 그리스도교는 죽음과 세상의 종말에 벌어지는 최후의 심판 사이 망자에게 무슨 일이 일어날지에 대해서는 명료히 하지 않았으나 로마의 죽은 자 숭배에서 매우 귀중한 교훈을 하나 얻었다. 영혼은 목말라한다는 것이었다.[17]

죽은 자가 어디에 있든 무슨 일을 하든 항상적인 원기를 회복시

---

* [감수 주] 이 단어는 고통 등의 경감이나 완화, 위안, 추도식을 의미하기도 한다. 한 예로 라틴어로 '청량음료'는 potio refrigeratoria라고 한다.

커주어야만 산 자에게 엄습하는 일을 막을 수 있었다. 따라서 그리스도교인은 묘지 매장 당일과 친척들의 기일에 레프리게리움 식사를 거행하기 시작했다. 죽은 자는 각자의 무덤에 누운 상태로 그 잔치에 참석한다고 여겨졌다.[18] 예일 대학교 역사학 명예 교수인 램지 맥멀런Ramsay MacMullen은 이 도취된 모임을 "긴장 풀기"라는 표현으로 설명했다. 그는 로마의 "그리스도교인 사이에서 유행"했던 "전통적 믿음과 전례"를 다음처럼 생생하게 재창조했다.

> 죽은 자를 회고하는 그토록 사랑스러운 시간은 참석자들의 분위기와 그들의 포도주가 이어지는 한 계속되며, 심지어 '밤샘'이나 철야가 되기도 한다. 죽은 자들 자신도 참여한다. 그들은 내세에서 자신들의 평온한 존재를 위해 그런 추억을 필요로 한다. 그들은 당장 그곳에 있는 음식을 대접받으며 특히 포도주를 건배받는다. 즉 포도주를 그들의 묘석 위에 쏟아붓거나 그들이 목마르고도 행복한 상태로 누워 있는 곳의 머리 부분까지 이어지는 대롱에 흘려 넣는 것이다. 이때는 파티의 분위기가 필수적이다. 과식과 과음은 나쁜 행동이 아니냐며 누군가가 해명을 요구하면 참석자들은 오히려 분개한다. 이들이 사랑스러운 생각, 존경, 육체적 쾌락에 대한 회고를 선조들에게 바치는 이유는 선조들의 호의야말로 일개 인간의 호의보다 훨씬 효과적임이 분명하기 때문이다. 이 모든 것은 단순히 소풍이 아니다. 이것은 종교이다.[19]

치명적인 포도주를 사용한 코린토의 술 취한 아가페와 마찬가지로 이 밤샘 레프리게리아는 워낙 걷잡을 수 없이 커져 결국 교회도 단호하게 조치하지 않을 수 없었다. 로마의 카타콤에는 레프리게리아가 베드로와 바오로처럼 예수와 가장 가까웠던 제자들을 기념하기 위해 신성한 장소에서 개최되었음을 암시하는 낙서가 가득하다. 세상을 떠난 성인과 순교자를 디오니소스적 연회의 구실로 사용하는 것은 특히 북아프리카에서 문제가 되었다. 성 아우구스티누스(354~430)는 "묘지에서의 술 취한 폭동"과 "사교적 난교"에 반대해 악담을 퍼부었다. 앞서 언급했듯 그는 "이교도와 이방인의 모든 미신을 말살하는 일이야말로 하느님께서 원하시고, 하느님께서 명령하시고, 하느님께서 선포하신 바"라고 카르타고의 그리스도교 공동체에 단언했다. 그의 교구인 히포Hippo에서는 4세기 말에 이르러 그런 행위가 일상적 관습이 되고 말았기 때문이다(히포는 오늘날의 항구 도시 아나바Annaba인데, 최근 몇 년 사이 이탈리아의 사르데냐 섬까지 가려는 알제리 출신 불법 이민자들이 모여들어 보트에 올라타는 출발지가 되었다).[20]

여기에서 아우구스티누스가 '술 취한 폭동'이라는 뜻으로 사용한 라틴어 단어 **코미사티오**comissatio를 루이스-쇼트 라틴어 사전Lewis and Short Latin dictionary에서는 "주신제의 흥청거림, 그리고 이후의 횃불과 음악을 곁들인 야간 행진"으로 정의한다.* 여기에서 말하는 야간 행진이란 마스 카스테야르 데 폰토스에서 출토된 종 모양 **크라테르**와 카리아티드 전시실에 진열된 보르게세 꽃병에서 우리가 이미 살펴본 것이다. 아우구스티누스와 다른 사람들이 금지하려 최대한 노력

---

* [감수 주] 여기에서 '흥청망청 먹고 마시는 사람' '떠들썩한 술친구'를 comissator라고 부른다.

했는데도 이교도의 죽은 자 숭배는 매우 오랫동안 남아 있었다. 지중해 곳곳의 공동묘지는 보통 도시 성벽 밖에 있었다. 레프리게리아 행사 때문에 공동묘지는 계속 그곳에 있을 수밖에 없었다. 그러다 10세기가 되어서야 그리스도교 교회가 부속 묘지를 거느리고 도시 한가운데로 옮겨 옴으로써 마침내 시골의 죽음 숭배를 근절하게 되었다. 중세 내내 교회와 그 부속 묘지는 "민중의 신성한 장소"로 남아 있었다. 이곳에서 그들의 놀이, 춤, 흥청거림, "술판"은 전심전력으로 계속되었다.[21]

기묘하게도 이 모든 것은 사람 "상당수"가 죽어갔거나 죽는 것처럼 보였던 코린토에서의 과도한 사건들을 떠올리게 한다. "무척 크고 위험한 위기"인 도취를 건전하게 종식시키라고 요구하는 과정에서 아우구스티누스는 「코린토 신자들에게 보낸 첫째 서간」에서 바오로가 "술에 취하는" 그리스인의 일과를 질책하는 대목을 인용했다. 혹시나 이로 인해 아가페와 레프리게리움이 모두 예수 사후의 처음 몇 세기 동안 천천히 형태를 갖춰가던 원시 성만찬 전통 가운데 하나로 묶이지 않았다 하더라도 1907년의 『가톨릭 백과사전』을 보면 모든 의심이 사라진다. 여기에서는 성만찬을 이렇게 설명하기 때문이다.

그 기원에서는 의도상 분명히 장례와 연관되었는데, 이는 우리에게 전해 내려오는 가장 오래된 증언들에 의해 사실로 입증되었다. 우리 주님께서도 성만찬을 제정하며 다음과 같이 말씀하셨다. "너희는 가급적 자주 이 빵을 먹고 이 잔을 마심으로써 주님의 죽으심을 드러내도록 하라." 이보다 명료할 수는 없을 지경이다. 우리 주님께서는 당신의 시대에 일반적으로 사용하던 수단인 장례 연회를 선택함으로써 떠나간 당신의 기억에 충성한 채 남아 있는 자들을 하나로 엮으셨다.

이런 사실은 대부분 가톨릭 신자조차 잊기 쉽다. 하지만 미사는 본질상 '참된 음식'과 '참된 음료'의 마법을 통해 산 자와 죽은 자가 한자리에 모이는 강령회이다. 예수가 스스로 성만찬에 모습을 드러낸다는 사실은 이야기의 절반에 지나지 않는다. 미국천주교주교회의에 따르면, **중재 기도**Intercessions라 하는 전례 일부분에서는 세상을 떠난 이에게 사후의 삶에서 "원기 회복의 장소"를 허락해주십사 하고 하느님께 특별히 간청한다. 이는 "성체성사는 하늘과 땅에 있는 전체 교회와의 친교 속에서 거행된다는 것, 그리고 성체 봉헌이 교회와 그 모든 구성원, 즉 그리스도의 살과 피로 값을 치른 구속과 구원에 참여하라고 부름받은 산 자와 죽은 자를 위해 이루어진다는 것을 나타낸다."[22] 여기에서 또다시, 우리는 석기 시대 두개골 숭배와 묘지 맥주 그리고 과거 근동에서 맥주 문화와 새로운 포도주 문화 사이에 가교를 형성했던 마르제아의 기묘한 생존을 감지할 수 있다. 그 마르제아는 1세기 갈릴래아나 페트라에서 디오니소스 연회를 개최했을 가능성이 있는 사람들에 의해서도 거행될 수 있었다.

하지만 이런 고풍스러운 전통들이 훗날의 미사로 변모되기 이전, 그 방향으로 건너게 해준 마지막 가교가 하나 있었다. 바로 로마의 레프리게리움이었다. 거기에서는 저세상과 접촉하기 위해 포도주가 절대적으로 필요했다. 이 대목에서 우리는 지금까지 줄곧 던져온 질문으로 되돌아간다. 그 포도주는 어떤 종류였을까? 밤샘하는 사람들을 여러 세기 동안 살아 있게 만든 것은 무엇이었을까? 그리고 왜 죽은 자의 숭배는 그리스도교의 정통성에 굴복하기를 거부했을까?

잠시 뒤 나는 그 이유를 알게 될 예정이었다.

사제가 택시비를 계산하는 동안 나는 수수한 단철 문과 그 옆에 놓인 벽돌 기둥에 있는 회색 돌에 새겨진 글자 "2B"를 처음으로 바라보았다. 그 글자는 내 두뇌에도 새겨져 있을 것 같았다. 여러 달 동안 나는 교황청 고고학 위원회Pontificia Commissione di Archaeologia Sacra 와 이메일을 주고받았는데, 그 부서에서 독자적이고도 절대적인 결정권을 가지고 아우렐리우스 가문의 지하 묘지Hypogeum of the Aurelii라는 공간에 대해 모든 접근을 통제했기 때문이었다.

길모퉁이 너머 피아트 대리점이 1919년 지하 주차장을 확장하는 과정에서 발견된 이 유적은 220년 내지 250년에 만들어진 것으로 추정되며, 3세기 전반의 가장 중요한 장례 관련 기념물 가운데 하나로 여겨진다. 바오로의 서간에서 칭찬받은 유니아와 다른 여러 여성의 후계자들이 이곳 로마의 여러 가정 교회에서 바쁘게 활동하는 동안 여러 카타콤은 예수 사후 처음 몇 세기 동안 그에 버금가는 중요한 역할을 담당했다. 제피리노 교황 재임 시절(199~217) 카타콤은 이교도의 공동묘지를 누르고 이 새로운 종교의 매장지로 선호되는 장소가 되었으며, 머지않아 이탈리아와 그리스와 북아메리카의 그리스도교화한 모든 지역으로 확산되었다.[23] 지금까지 발굴된 카타콤이 로마에서만 40여 개에 달하며, 습하고 어두운 터널을 따라 지하로 수백 킬로미터 이어져 있다. 이 어둠의 도시에는 무수히 많은 고대 무덤이 들어 있다.[24]

그중 대중에게 공개된 카타콤은 일곱 개뿐이다.[25] 지금 내 앞에 있는 곳을 비롯한 나머지 유적에서 사후 삶으로의 이행에 관한 초기 그리스도교인의 이해를 살펴보려면 바티칸으로부터 특별히 허가받아야 한다. 자격 증명서, 인내심, 유적 내부로 안내해줄 교황청 직원의 봉사료 160유로만 가지고 있다면 누구든 지금까지 기록된 것 가운데 최초인 그리스도교 미술 일부를 직접 바라보는 보상을 얻을 것이다. 이는 부드러운 석회석인 투파tufa 암석에서 튀어나온 지표 밑의 프레스코화로 이루어진 진정한 타임캡슐이다. "이교도 이미저리에서 그리스도교 이미저리로의 이행을 예증"하는 "놀라운 주제의 공존"이다.[26]

11년에 걸친 그곳의 복원을 총괄한 바티칸의 고고학자 바버라 마체이Barbara Mazzei에 따르면, 그 지하 묘지는 특히 "카타콤 미술에서 가장 논쟁적인 작품 가운데 하나"를 자랑했다.[27] 2011년 처음 고화질 사진으로 공개된 이 지하 굴은 313년 콘스탄티누스에게 인정받음으로써 세계에서 가장 큰 종교가 되기 이전의 비밀주의적 예수 경배에서 실제로 무슨 일이 있었는지 보여주는 열쇠를 갖고 있었다.

"아우렐리우스 공동묘지 때문에 오신 분들이신가요?" 검정색 피코트와 청바지 차림에 명품 이탈리아제 안경을 낀 날씬한 젊은 여성이 물었다.

"시(Si, 네)."

"본조르노, 피아체레. 소노 조바나(Boungiorno, piacere. Sono Giovanna, 안녕하세요. 반갑습니다. 저는 조바나입니다)." 그녀가 자기를 소개했다.

나는 프랜시스 신부를 바티칸 고고학자에게 소개했다. 그녀는 내가 이 격리된 지하실을 안내하러 나오리라고 예상한 위압적인 관리의 모습과는 전혀 닮지 않았다. 조바나는 2B의 단철 정문을 열더니, 레몬 나무를 지나 핵 잠수함에 달려 있을 법한 중금속 뚜껑 문 쪽으로 우리를 데려갔다. 그러고는 중세식 곁쇠를 꺼내 한동안 자물쇠에 끼우고 달그락거렸다. 나는 얼마 전 알렉산드라 카르디아누 박사의 보관실에서 줄곧 유지하던 표정과 똑같이 체셔 고양이 미소를 지은 프랜시스 신부의 사진을 찍었다. 몇 주 전 교황청 고고학 위원회에서 보낸 안내문에 의거해 이것이 앞으로 두 시간 동안 내가 찍을 마지막 사진이 될 예정이었다. 내가 규칙 어기는 모습을 조바나가 발견한다면 우리의 방문은 "즉시 중단"될 것이었다.

문이 딸깍하고 열리자 불길한 구멍이 모습을 드러냈다. 우리는 그 지하 세계로 출발했다. 첫 번째 방은 지상 높이에 있는 반지하 묘지였고, 저 앞 계단 아래 있는 지하 방 두 군데보다 계단 한 줄을 더 올라가야 나왔다. 우리 왼쪽으로는 이 기념물의 바위를 처음부터 깎아 들어가 만든 무덤 서른두 기 가운데 첫 번째 무덤이 있었다. 이 지하 묘지를 만들고 모자이크 비문에 이름이 기록된 아우렐리우스 가문 사람 세 명과 거기에 안치된 사람들이 어떤 관련이 있는지는 알려지지 않았다. 세 명 가운데 오네시무스와 파피리우스라는 사람은 남성이었고, 프리마라는 사람은 여성이었다.

우리가 이들에 관해 아는 바는 거의 없지만 '아우렐리우스'는 노예였다가 자유를 얻은 사람에게 전형적으로 붙는 경칭이었다. 로마의 사회 체제에서 노예는 고도로 숙련되었으며 고도로 교육받을 수 있었다. 한 예로 혜택받은 아이들을 온갖 지식(애초에 그리스인 가정교사의 수요가 높았던 이유였던 지식)에 입문시키기 위해 제국의 세련된 지역에서 붙잡아 온 파이다고구스paedagogus가 그러했다.[28] 한편으로는 그리스어 구사 지중해를 지배하고 다른 한편으로는 그 문화적 우위에 굴복했다는 점이야말로 로마 제국의 커다란 아이러니 가운데 하나였다.[29] 서정 시인 호라티우스(기원전 65~8)는 라틴인과 그리스인을 하나로 엮어주는 운명에 관해 이렇게 썼다. "포로인 그리스가 그 야만인 승자를 정복하고 촌스러운 라티움Latium으로 예술을 가져왔도다."(여기에서 '라티움'이란 로마가 건국된 장소인 이탈리아 서부 지역, 오늘날의 라치오Lazio를 말한다.)[30]

따라서 아우렐리우스 가문의 그리스 기원은 지하로 더 들어간 이곳 동굴 벽을 장식하는 그림들, 즉 지금까지 제작된 것 중에서도 최초의 그리스도교 상징 가운데 일부인 그림들의 수수께끼를 해명하기 위한 유혹적인 단서이다. 그런데 지금은 그 그림들의 저화질 사진 몇 장을 온라인에서 볼 수 있을 뿐이다. 그리고 지금까지 내가 얻을 수 있었던 세부 내용은 바티칸에서 구입하지 않을 수 없었던 방대한 모노그래프 한 편뿐이었다. 나는 아우렐리우스 가문에서 의뢰한 여러 프레스코화 가운데 특히 세 가지를 프랜시스 신부와 함께 분석하고 논의하기 위해 이곳을 찾았다.

첫 번째는 이교 레프리게리움과 그리스도교 성체성사의 공존을 보여주는 것이었다. 두 가지 유령 식사가 한 장면에 들어 있었다.

두 번째는 앞서 말한 양쪽 모두를 부추긴 그리스의 신비를 밝혀주는 것이었다.

세 번째는 그 모두를 설명하면서 이 지하 묘지 내부에서 일어난 전례 활동의 궁극적 원천을 드러내는 것이었다. 「요한 복음서」와 매우 영지주의적인 예수의 이해에서 비롯한 비밀 '상징'과 '언어'는 로마의 그리스어 구사 그리스도교인 사이에서 계속해서 반향을 일으켰다.

그리고 디오니소스의 입문자 가운데 한 주요 집단에도 계속해서 영향을 미쳤다. 그 집단은 바로 여성이었다.

13장
성배

"혹시 여기에서 연회 장면도 찾아내셨습니까?" 나는 바티칸 안내인 조바나에게 물었다.

우리는 이제 지하 방 두 개 가운데 하나에 완전히 들어와 있었다. 예상보다 넓었고, 밀실 공포가 덜했다. 걸음을 옮기며 바닥의 흙과 자갈을 밟을 때를 제외하면 아무 소리도 나지 않아 오히려 귀에 거슬릴 정도였다. 로마 거리 아래로 몇십 센티미터를 내려오자, 이 곰팡내 나는 땅속 구멍은 기묘하게도 우리를 반갑게 맞이하는 듯했다. 죽은 자와의 정신 아득한 "긴장 풀기"를 위해서는 좋은 장소였다. 지금 내 앞에 있는 벽 위 높은 곳에 프레스코화를 그린 사람의 생각도 마찬가지였으리라.

"그렇습니다. 이건 스티바디움stibadium, 즉 식탁용 둥근 안락의자입니다." 조바나가 답했다. "이건 그 위에 둘러앉은 사람들입니다.

아우렐리우스 가문 지하 묘지의 첫 번째 지하 방에 있는 장례 연회 프레스코화. 죽은 자를 위한 이 신성한 식사는 로마의 레프리게리움이나 그리스도교 성체성사로 서로 다르게 해석될 수 있다. 어쩌면 양쪽 모두로도 해석될 수 있다.

전경에는 유리잔과 그릇을 든 하인들이 있습니다. 배경에는 젊은 여성이 한 명 있습니다. 로마 전통으로 볼 때 이 광경은 3세기에 매우 일반적이었죠. 사람들은 이 여성을 아우렐리아 프리마라고 여깁니다." 바티칸의 고고학자는 그림 맨 위에 있는 여성 형체를 손짓으로 가리켰다. "천상의 연회에 막 도착한 거죠."

식탁 주위 여러 인물의 색깔과 뉘앙스는 선명하게 잘 보전되어 있었다. 나는 하얀 튜닉 차림에 맨발로 다과를 손에 든 채 만찬 장소로 다가오는 하인 세 명을 쉽게 알아보았다. 가운데 있는 한 명은 잔 하나를 오른손에 치켜들고 있었다. 손님들이 무엇을 바라보고 있는지는 알 수 없었지만 모두 그 기묘한 움직임에 눈길이 사로잡힌 듯했다.

"어떤 예식을 하듯 들어 올렸군요." 나는 황금빛 잔을 가리키며 말했다. "제 말은, 이게 어떤 기능적인 자세로 보이지는 않는다는 겁니다. 보통 포도주를 따를 때는 이렇게 하지 않잖아요, 그렇죠?"

"그렇지." 프랜시스 신부도 동의했다. "이 사람은 손가락을 툭 튀어나오게 한 상태로 잔을 보여주고 있고, 다른 손 손가락도 펼쳐져 있군. 내 생각에 이건 의도적으로 의례적 몸짓을 취한 것 같은데."

"혹시 그걸 '축성'하려고 뻗은 건 아닐까요?" 내가 물었다. 가톨릭 사제가 평범한 빵과 포도주를 예수의 살과 피로 변모시키는 마법적 과정을 가리킨 말이었다. 오늘 미사 도중 프랜시스 신부가 여기에 나오는 하인처럼 성만찬의 잔을 높이 들어 올리자 즉시 포도주가 생명을 부여하는 피로 성변화되었다. 이를 '지존하신 성체'의 '거양'擧揚이라 한다.[1]

"내 생각에 이건 '지칭'인 것 같네." 내 친구가 조심스레 말했다. "그러니까 이 사람은 이렇게 말하고 있는 거지. '이게 바로 그것입니다.'"

"그렇겠죠. 하지만 이건 여전히 전례적 행동이라는 거예요. '투토 에스틴'τοῦτό ἐστιν이 들어 있는 복음서와 마찬가지로요." 나는 "이것은"이라는 뜻의 그리스어를 들먹였다. 마태오와 마르코와 루가와 바오로의 글에서 예수는 최후의 만찬에서 사상 최초의 성만찬을 축성할 때 똑같은 공식을 사용했다. "이것은 내 몸이요… 이것은 내 피이니."[2] 그 언어와 이 팔을 들어 올리는 행위의 근본적인 의미는 고대에나 현대에나 모두 똑같다. 즉 이것은 포도즙이 아니다. 이 액체

속에는 신이 현존한다. 그러니 일단 그것을 마시면 신이 우리 안에 현존한다. 따라서 조심스럽게 나아가라는 뜻이다.

"그래, 자네 말이 맞네." 프랜시스 신부도 내가 프레스코화를 해독한 내용을 감지하고 시인했다. "그렇다면 여기 있는 사람은 모두 몇 명일까?" 사제는 식탁 주위에 반원형으로 늘어선 손님들을 세어보더니 마지막 숫자에 다다르자 큰 소리로 웃음을 터트렸다. "음, 딱 열두 명 있는 것 같은데."

밀라노에 있는 다빈치 걸작의 고풍스러운 모범이라도 되는 듯 이 프레스코화는 '최후의 만찬'의 신성함을 환기시켰다. 아마도 그 주제에 관해 그리스도교인 손으로 그린 작품 중 현존하는 가장 오래된 사례일 것이다. 하지만 모든 사람이 이 작품을 그런 방식으로 바라보는 것은 아니었다.

"혹시 바티칸에서는 이 그림을 어떻게 보나요, 조바나?" 내가 물었다.

"장례 잔치 장면이죠. 사망자를 위해 가족이 잔치를 베풀고 있는 거예요. 그러니까 사망자와 함께 말이에요, 아마도요." 그녀는 표현을 바로잡았다. 우리가 잠시 뒤 인접한 다른 프레스코화에서 살펴볼 이보다 과도하게 이교적인 모티프 일부를 감안해 교회에서는 이 식사를 성만찬이라 부르기를 주저했다. 하지만 우리는 앞서 30분 동안 그 방에 있는 더 나은 그리스도교의 상징 일부를 분석했다. 다시 말해 우리 등 뒤로 펼쳐진 맞은편 벽의 목자와 염소 떼가 나오는 목가적인 풍경화가 요한이 묘사한 '착한 목자' 예수의 모습일 가능성도 있다. 그런데 왜 그가 어린 양 떼 대신 염소 떼를 돌보고 있는지는 명료하지 않다. 그 사람이 누구든 그는 분명히 머리카락이 긴 예

아우렐리우스 가문 지하 묘지의 첫 번째 지하 방에 있는 '착한 목자' 프레스코화. 「요한 복음서」 10장 11절에서 예수는 자신을 "양떼를 위해 자기 목숨을 내려놓는" "착한 목자"라 부른다. 하지만 여기에 나온 염소 떼의 모습을 감안할 때 이 이미지리는 복음서에서 나온 것이 아니다. 정말 예수를 묘사할 의도로 이 장면이 그려졌다면 곧바로 디오니소스의 염소 떼와 그를 연결하게 된다.

아우렐리우스 가문 지하 묘지의 첫 번째 방에 있는 턱수염 기른 남성의 초상 프레스코화. 누구인지 알려지지 않은 이 사람이 성 바오로일 가능성도 있지만 이 이미지는 3세기의 이교도 철학자 플로티노스를 연상시킨다. 이 초상화는 후대의 성 바오로 도상학에 영감을 주었다.

수의 모습을 흔들어놓고 있다. 그리고 우리는 턱수염 기른 남성의 초상화를 보았는데, 프랜시스 신부와 다른 사람들은 그를 성 바오로라고 주장했다. 또 거대한 도시의 문으로 이어지는 장미꽃 만발한 길도 살펴보았는데, 아마도 성지 주일Palm Sunday*에 예루살렘으로 들어가는 예수인 듯했다.

"저도 그리스도교적 해석이 완전히 정신 나갔다고는 생각하지 않습니다." 나는 잠시 말을 멈추었다가 이의를 제기했다. 신성한 만찬 앞에 열두 명이 모여 앉아 있고, 바티칸의 독점적 권한 아래 있는 무덤 속에서 성사용 포도주를 마시기 시작했다면 그것 말고 또 무엇

---

* [감수 주] 한국 천주교회에서 사용하는 정식 명칭은 '주님 수난 성지 주일'이다.

을 생각해야 하겠는가?

"하지만 이 경우 나는 이게 최후의 만찬이라고 말하지는 않을 거라네." 프랜시스 신부가 끼어들었다. 그는 예수와 사도들이 아니라 오히려 그들의 유산을 묘사했을 뿐이라 여겼다. "이게 어떤 집단이든 그것과 유사한 연회를 거행하고 있는 건 분명해." 그가 말을 이어나갔다. "성배를 곁들인 의례적 연회 말일세." 사제는 예수의 피가 담겨 있다고 여기는 빛나는 잔으로 다시 내 관심을 돌려놓았다.

조바나는 로마의 레프리게리움과 그리스도교 성만찬이 그토록 쉽게 상호 교환될 수 있다는 사실을 받아들이지 못했다. 그것이 정말 최초의 미사였다면 죽은 여성이 걸어서 돌아다닌단 말인가? 조바나는 아우렐리아 프리마가 배경에 있다가 연회로 내려오는 것이라는 자신의 고찰을 반복해 설명했고, 식탁에 둘러앉은 열두 명이 그녀의 살아 있는 친척들이라 여기는 이유를 밝혔다. 나는 여성의 섬세한 형체를 다시 살펴보았다. 그녀의 드레스는 붉은색이었고, 검은 윤곽선이 회백색 벽토 속으로 사라지고 있었다. 그녀는 이 잔치의 열세 번째 손님이자 유일한 여성이었다.

"그러니까 이걸 레프리게리움의 일종으로 해석하기 때문이겠죠?" 프랜시스 신부가 물었다.

"맞아요." 조바나가 대답했다.

"왜 레프리게리움일까요?" 내가 질문을 던졌다. 도대체 이 장면과 성만찬 장면이 어떻게 다르다는 것인지 궁금했다.

"왜냐하면 이건 로마식 장례 의례이니까요. 사람들은 음식을 가지고 무덤에 오죠. 그래서 파렌탈리아parentalia를 위한 연회를 개최해요." 파렌탈리아는 로마에서 열리는 선조들을 위한 9일간의 축하 행사로, 그 기간에는 살아 있는 죽은 자의 술 취한 밤이 각별히 권장되었다. 예일 대학교 램지 맥멀렌이 말했듯 이 행사는 "참석자들의 분위기와 그들의 포도주가 이어지는 한 계속"되었다.

"초자연적 식사죠." 내가 덧붙였다. 우리는 의미의 해석을 두고 갈팡질팡했고, 3세기에만 해도 거의 없었던 경계선을 긋고 있었다. 그리스와 로마, 그리스도교와 이교, 신성과 세속의 경계선을 말이다. 이 잃어버린 전통의 최고 권위자인 세속학자 맥멀렌은 레프리게리움과 성만찬 사이의 이교 연속을 아무런 어려움 없이 확언했다. 그는 그리스도교 맥락에서의 이 가족 모임이 "상상적인 것이 아니라"고 지적하면서, 158년 순교한 로마의 첫 부제副祭 일곱 명 가운데 하나를 기리기 위해 지어진 성 라우렌시오 교황 성당에서 나온 출토품의 "생생한 증언"을 인용했다. 그곳의 몇몇 영묘靈廟에서는 "요리 및 식사용 그릇 조각들"이 나왔는데, 맥멀렌은 이를 "그리스도교 레프리게리움"의 접대에서 유래했다고 보았다. 이 유서 깊은 도시 전역에 남아 있는 비문도 추가적인 증거를 제공했는데, 거기에는 그리스도교인 사망자에 대한 약속이나 채무의 형태를 취한 "선조 숭배"가 기록되어 있었다. "달마티우스는 친교 소풍, 즉 레프리게리움을 서약했다." "토미우스 코엘리우스는 베드로와 바오로를 위한 친교 소풍을 개최했다."[3]

저세상과의 의사소통로를 수립하는 일은 상호 유익했다. 한편으로 죽은 자가 최후의 심판을 기다리는 동안 필요로 하는 영양분을 받을 수 있었기 때문이다. 즉 그들은 림보에서 실종되지 않을 것이었다. 다른 한편으로는 산 자가 그 창조주에게 좀더 가까이 갈 수 있었기 때문인데, "회중 가운데 순교한 영웅은 하느님의 보좌에서 청원자로서 특별한 영향력을 갖고 있다고 흔히 믿었던 까닭이다."[4]

우리가 있는 곳에서 서쪽으로 자동차 15분 거리인 성 베드로 대성당에서도 상황은 똑같았다. 세계에서 가장 큰 그리스도교 대성당, 교황좌이자 전 세계 가톨릭 신자의 신경 중추 아래에서 성 베드로에게 헌정된 2세기의 사당 아이디쿨라aedicula*가 발견되었다. 그 주위에서는 가축의 뼈 무더기가 흙 속에 파묻힌 채 발견되었다. 그곳과 인접한 묘석에는 죽은 자에게 포도주를 공급할 수 있는 헌주용 대롱이 설치되어 있었다. 맥멀렌은 다음과 같이 단언한다. "이 뼈들은 종교적 소풍의 결과로만 남을 수 있었을 것이다. 대롱은 분명히 추모용 친교라는 목적에 사용되었을 것이다."[5] "죽은 자들 사이에 건설된 성당"은 4세기 콘스탄티누스의 최초 건설 이후로도 여러 해 동안 계속해서 "긴장 풀기"를 주최했을 것이며, 그곳에서는 "숭배의 포도주가 자유롭게 흘렀고, 성인의 축제에만 국한되지도 않았다."[6] 안 될 이유가 있겠는가? 맥멀렌의 말마따나 "바다 아래 수백 명이 매장된" 상태에서 "일부 가족은 한 해 동안 매일매일 추모하러 찾아오기도 했다."[7] 성만찬 자체가 "친교 파티"의 일부분으로 성 베드로 대성당에서 거행되어야 한다는 것은 놀랍지도 않아야 마땅하다. 그 시대의 어떤 성직자는 경악하며 이렇게 말했다. 순교자의 "무덤이 그리스도의 제단으로 간주되었다."[8] 우리의 죽은 친척, 거룩한 성인, 어쩌면 주님 자신도 직접 등장하리라 약속하는 도취된 밤샘 사건을 한번 상상해보라. 이 모든 것은 가톨릭 미사의 기반을 마련한 성만찬식 장례용 식사에 의해 가능해졌다.

---

* [감수 주] '작은 방' '자그마한 신전'이라는 의미로, 성인들의 유해나 유물을 모신 소성당을 뜻한다.

그리스도교보다 선행했던 순수하게 이교적인 의례는 모두 선조 숭배에 관한 내용이기도 했다. 로마인은 자신들의 죽은 친척을 '신'이라는 뜻의 라틴어 디dii 또는 디비divi라 불렀고, 때로는 **임모르탈레스**immortales를 붙여 호칭했는데, 이는 그리스어 구사자가 그들을 테오이θεοί, 즉 '신'이라 부른 것과 매한가지였다.[9] 사망자는 더 이상 물리적 육체에 제한받지 않았다. 그들은 이미 시간과 공간 너머의 우주적 정보에 접근했기 때문이다. 그들에게는 답이 있었다. 여기에서 나는 다시 한 번 라케페트 동굴과 괴베클리 테페에서의 석기 시대 죽음 숭배를 생각하지 않을 수 없었다. 가나안인 시대부터 훗날 예수의 철천지원수가 된 갈릴래아의 헤롯 안티파스의 장인이었던 나바테아 왕 아레타스 4세 필로파트리스 때까지 고대 근동에서 수천 년간 살아남았던 정신 변성 마르제아 역시 떠올랐다.

그레고리오 델 올모 레테는 우가리트어 쐐기 문자를 해석하는 과정에서 그 오래 지속된 의례를 곧 지하 세계로의 여행으로 해석했다. 그 전체 경험의 열쇠는 죽음과 유사한 황홀경을 유도하기 위한 어떤 "지침서" 또는 "제조법"의 규정에 따라 의식적으로 제조된 환영적 포도주의 섭취였다. "술 취함을 통해 도달하는 변성 의식 상태"에서 산 자와 죽은 자는 공존할 수 있다. 음주자의 영혼이 일시적으로 물리적 육체에서 분리되며, 그들은 사실상 생명이 없는 상태가 되어 저세상의 불멸자들과 자유롭게 의사소통할 수 있다. 그 불멸자의 이름이 오시리스이든, 엘이든, 디오니소스이든, 예수이든 이것이야말로 '죽음의 신'과 접촉하기 위한 가장 좋은 방법 아니겠는가?

그렇다면 아우렐리아 프리마의 유령은 어떤 생명공학의 일종 덕분에 지하 묘지에서의 이 원시 성만찬 식사에 동참할 수 있었을까? 반쯤 베일을 쓰고 있는 그녀의 머리부터 프랜시스 신부가 언급한 성배까지는 일직선을 그어볼 수 있다. 실제로 그 황금빛 잔은 이 프레스코화 전체를 하나로 엮어준다. 그것은 반드시 뭔가를 의미해야 한다. 여기에서 무슨 일이나 의례가 벌어지고 있든 그 일을 벌어지게 만드는 것은 바로 포도주이다. 이것이 순수하게 이교적인 레프리게리움이라면 저 열두 명의 친척은 죽은 아우렐리아 프리마를 지하 세계에서 소환하고 있다. 이것이 그리스도교의 성만찬이라면 자신들이 마치 최후의 만찬에 참석한 열두 사도처럼 그려지기를 원했던 저 열두 명의 로마인은 죽은 그리스도교인을 하늘나라에서 소환해 내세에서 자신들의 중재자로 삼으려는 중이다. 램지 맥멀렌에 따르면 이교 의례와 그리스도교 전례는 공존하고 중첩될 수 있다. 그리스도교인도 실제로 레프리게리움을 거행했다. 그리고 그 마법에는 포도주가 필수였다.

이 투파 암석의 곰팡내 나는 깊은 곳에서 로마 가톨릭 사제와 그 조수가 무슨 꿍꿍이인지 바티칸의 고고학자가 궁금해하기 시작한 가운데, 지금 나는 '불멸의 약물'의 최초 예술적 묘사를 바라보고 있는 것일까? 그렇다면 저 잔 속에는 무엇이 들어 있을까? 이 질문에 대한 답은 오늘 내가 보러 온, 우리 오른쪽으로 겨우 60센티미터 떨어진 곳에 있는 두 번째 프레스코화에 들어 있다고 생각했다.

지금 내 앞에서 마치 벽화처럼 벽 대부분을 덮고 있는 이 장면은 11년 동안 힘겹게 복원을 거쳐 2011년 처음 공개되었다. 바티칸도 시인했듯 이 그림은 로마의 모든 카타콤에서 가장 논란의 여지가 있는 장면 중 하나가 되었다. 그 전까지만 해도 아우렐리우스 가문이 이 프레스코화를 의도한 것이었는지는 단언하기 힘들었다. 이 그림은 두 부분으로 나뉘는데, 우선 아래쪽 구역에는 벌거벗은 남성 세 명이 나온다. 이들은 무방비 상태로 보인다. 이들 오른쪽으로는 턱수염 기른 한 남성이 베틀 옆에 서 있는 한 여성을 향해 오른손을 당당히 들어 올리고 손가락을 벌린다. 그 남성은 맨발이고, 앉아 있고, 튜닉을 입고 있다. 그 여성은 서 있고 발목만 드러나는 치렁치렁한 예복을 입었다. 위쪽 구역에는 가축들이 보인다. 양떼와 소떼는 물론 당나귀와 말과 낙타까지 있다. 그 배경에는 기울어진 지붕과 닫집이 설치된 소박한 건물 앞에 한 여성이 서 있다. 그녀 옆에는 열린 관棺 또는 관가棺架에 누워 있는 두 남성의 모습이 보인다.

바티칸이 직접 내놓은 설명에 따르면 이 이미저리의 뒤범벅을 해독하는 열쇠는 베틀에 있다. 교황청 고고학 위원회는 이 프레스코화의 복원이 마무리된 직후인 2011년, 훌륭한 도판 79점까지 완벽하게 갖추어 펴낸 아름다운 모노그래프에서 모든 내용을 상세히 설명했다. 거기에서 알렉시아 라티니Alexia Latini 박사는 이 한 가지 혼성 장면에 한 장 전체를 바쳤다. 이는 이탈리아의 공립 연구 기관인 로마 제3대학 소속으로서 평소에는 교황청과 무관한 이 고전 시대 고고학자가 저술한 유일한 장이었다. 바티칸에 직접 한 부를 주문하고서 몇 주 동안 그저 손놓고 있을 수 없어 지난 11월 의회도서관 주열람실에서 그 내용을 처음 읽었을 때 나는 실수였다고 생각했다. 그것도 심각한 실수라고 말이다. 라티니가 수수께끼를 해결하는 과정에서 일종의 폭탄을 터트린 격이었기 때문에 나는 이탈리아어를 잘못 이해했나 싶어 세 번이나 읽어보았다.

아우렐리우스 가문 지하 묘지의 첫 번째 지하 방에 있는 호메로스풍 프레스코화.

그 장 제목은 콰드로 오메리코Quadro Omerico, 즉 '호메로스풍 그림'이었다. 그리스어와 라틴어에 유창한 학자가 보기에는 그 베틀이 확실한 증거였다. 천 짜는 일에 관해서라면 신화 속 여성 가운데 곧바로 떠오르는 사람은 한 명뿐이었다. 현존 필사본들에 나오는 베틀 가운데 지금 내 앞에 있는 것과 똑같은 것도 하나뿐이었다. 그것은 바티칸 비밀 문서고 바로 옆에 자리한 교황의 개인 도서관인 바티칸 도서관에 평온하게 놓여 있다. 하지만 디지털 바티칸 도서관 웹사이트를 방문해 "Vat. Lat. 3225"라고 입력하면 400년부터 430년 사이에 제작되었는데도 놀랍도록 잘 보전된 코덱스 『베르길리우스 바티카누스』Vergilius Vanticanus의 컬러 사본을 볼 수 있다.

여기에는 예수가 탄생하기 20년 전 시인 베르길리우스가 호메로스의 『일리아스』와 『오디세이아』를 각색해 라틴어로 저술한 서사시 『아이네이스』The Aeneid에서 선별한 삽화들이 들어 있다. 주인공 아이네이아스는 오디세우스와 마찬가지로 지중해 곳곳을 돌아다니는 환상적인 여행 내내 끊임없이 시련과 고난을 겪는다. 결말부에 로마의 기초를 세운 장본인이 되기 전 아이네이아스는 키르케이에 잠깐 멈춰 섰다. 이곳은 한때 섬이었지만 지금은 로마에서 남쪽으로 두 시간쯤 걸리는 산 펠리체 치르체오San Felice Circeo곶으로, 치르체오산과 카포 치르체오 등대가 티레니아해를 굽어보고 있다. 그리스인은 이곳을 아이아이아라 불렀을 것이다.* 그 이름이 암시하듯 로마인은 이곳이 고대의 가장 유명한 마녀 키르케의 집이 있던 곳이라 믿었다.

라티니 덕분에 나는 『베르길리우스 바티카누스』의 58번 폴리오 Folio 58에 관심을 집중하게 되었는데, 그곳에는 이곳 지하 묘지의 벽에 그려진 것과 대단히 유사하게 거대 베틀을 어루만지는 키르케가 묘사되어 있었다. 라티니는 양쪽 모두 "커다란 동시에 거대한 기둥과 튼튼한 다리와 가로대 두 개를 장착했다"라고 지적했다.[10] 하지만 바버라 마체이 박사가 복원한 덕분에 이 프레스코화의 위쪽 구역에서는 더 믿기 힘든 사실이 밝혀졌다.

1919년 발견된 이후, 앞서 여러 세기 동안 결정화한 탄산칼슘이 물감 위에 두껍게 쌓인 탓에 시골풍 농가에 있는 여성을 명료하게 해독할 수는 없었다. 그러나 레이저 제거 기술로 암석을 청소한 마체이는 농장 주위 지역이 "특별한 끈기와 농도를 지닌 황토 색깔의 층에 가려져 있는 듯하다"는 사실을 깨달았다.[11] 이는 유독성 황화

---

* [감수 주] 몬테 치르체오 정상에서는 절경을 바라볼 수 있다. 관광객이 주로 방문하는 곳은 아니지만 기회가 된다면 한번 가보길 권한다. 잠시 인터넷에서 검색해보아도 좋을 것이다.

수은 광석mercury-sulfide ore, HgS인 진사辰砂로, 과거에는 붉은색 물감으로 사용되었다. 이 광석을 노출시켜 방사放射가 일어나면 프레스코화도 망가질 것이었기에 마체이는 작업에 사용하는 미세 장비의 구경을 특별히 조정해야 했다. 수년간 신중히 작업한 끝에 그녀는 복원에 성공했다. "레이저로 제거한 덕분에 우리는 오디세우스와 마녀 여신 키르케의 이야기를 확실히 알아볼 수 있게 되었고 (…) 예언자 욥Job의 삶에서 있었던 한 가지 일화에 관해 대안적인 가설을 배제하게 되었다."

이 뚜렷한 물감은 또 하나의 확실한 증거였다. 라티니가 바티칸 모노그래프에서 담당한 장에서는 한 걸음 더 나아가 이 핏빛 진사가 『오디세이아』 권10의 마녀 장면, 즉 그리스의 영웅이 키르케의 연회장에서 피어오르는 "격렬한 연기"를 "무성한 관목과 나무 사이에서" 발견하는 장면을 가리키기 위해 의도적으로 사용되었음이 분명하다고 설명한다. 라티니가 보기에는 아래쪽에 있는 베틀과 마찬가지로 위쪽에 있는 "무성한 식물"folto della vegetazione 역시 의심할 여지 없이 호메로스풍의 단서였다. 이렇게 결정적인 상징들뿐 아니라 떼 지어 있는 온갖 동물 역시 "잔인한 여신" 키르케를 가리킨다. 베르길리우스에 따르면 그녀는 "효력이 있는 약초"potentibus herbis를 이용해 포로들에게서 "그들 인간의 형태를" 빼앗았다.

하지만 전통에 따르면 그것은 키르케가 지금 내 앞에 있는 프레스코화에 묘사된 자신의 정원에서 아무것이나 따온 오래된 "약초"가 아니었다. 믿기 어렵게도 라티니는 내가 아테네에서 고유물 및 문화유산 종합 관리국의 폴릭세니 아담벨레니 국장과 함께 읽었던 『오디세이아』의 행을 언급했다. 이 이탈리아 학자는 탁월한 여마법

400년경 로마에서 제작되었으며, 현재 바티칸 도서관에 소장된 『베르길리우스 바티카누스』 58번째 펼침면의 세부(위). 여기에 나오는 키르케의 베틀은 아우렐리우스 가문 지하 묘지에 있는 호메로스풍 프레스코화에 나오는 베틀(아래)과 매우 유사하다. 아우렐리우스 가문이나 로마에 살던 다른 초기 그리스도교인에게 고대 그리스의 마녀와 그녀의 약물은 그리스어 구사자에게만 알려진 비밀 교의의 방식으로 숨은 의미가 가득해 보였을 수도 있다.

사의 행동을 다음과 같이 영어로 설명했다.

> 자신의 거주지에 상륙한 불운한 자(오디세우스의 동료)들에게 키케온을 주었다. 이것은 포도주에 기반한 혼합물로서 염소 젖 치즈와 보릿가루와 꿀을 섞어 만드는데, 여기에 그녀는 망각을 일으킬 수 있는 비범한 파르마카[포르텐토시 파르마카portentosi phármaka]를 더했다. 이어서 그녀는 라브도스rhábdos, 즉 마법 지휘봉의 도움을 받아 그들을 돼지로 변모시킨 다음 그들을 축사에 가두었다.[12]

나는 이 대목을 세 번이나 읽고 나서야 비로소 이해할 수 있었다. 도대체 어떻게 마녀 키르케와 그녀의 마법 약물 함유 포도주가 바티칸의 배타적인 통제를 받는 초기 그리스도교 무덤 안으로 스며들 수 있었을까? 그것도 바로 옆에 초기 그리스도교 성만찬을 이용해 아우렐리아 프리마를 죽은 자 가운데에서 다시 불러온 이교도 레프리게리움이 있는데도? 총 2만 7,803행에 달하는 호메로스의『일리아스』와『오디세이아』그리고 총 9,896행 분량의『아이네이스』가운데 이 유일무이한 장면을 아우렐리우스 가문이 그들의 지하 교회에 포함시킨 이유는 무엇일까? 그 왼쪽에 있는 성배처럼 호메로스풍 프레스코화는 반드시 뭔가를 의미해야 했다.

이는 베틀 왼쪽에 있는 벌거벗은 남성 세 명도 분명히 설명해준다. 라티니는 방금 전까지 돼지였다가 인간으로 되돌아온 그들의 "막 완료된 변신"metamorfosi appena compiuta을 엿보았다. 그렇다면 키르케 옆의 턱수염 기른 남성은 분명히 자기 친구들을 풀어주라고 명령하는 오디세우스일 것이다. 이 영웅은 이렇게 승리를 거둔 뒤 다시 한 번 볼일을 보러 떠난다. "하데스와 저 무서운 페르세포네의 집에" 있는 "죽은 자들의 무리"에게 상의하려고, 즉 에우리피데스의 『디오니소스의 여신도들』에도 등장했던 바로 그 장님 예언자 "테바이의 테이레시아스의 예언을 듣기 위해" 가는 것이었다.[13] 지하 세계에서 영혼들을 끌어모으기 위해 오디세우스는 키르케에게 배운 대로 몇 가지 헌주를 바친다. 젖과 꿀 그리고 "달콤한 포도주", 거기에 "하얀 보리"를 흩뿌린 물을 섞은 음료였다. 이는 이 마녀의 마지막 제조법이었다.

이 일화는 3세기 로마까지 분명히 잔존하던 고대 문헌 중에서도 각별히 기억에 남으며, 여기에서 라티니는 호메로스 서사시의 특징을 "베스트셀러"라고 짚어낸다. 즉 베르길리우스의 『아이네이스』에 버금갔다는 것이다.[14] 당시 교양 있는 그리스어 구사자에게 호메로스는 단순한 시인을 훨씬 능가하는 존재였다. 그는 "영혼의 운명과 실재의 구조에 관해 계시된 지식을 지닌 신성한 현자였다."[15] 하버드와 예일을 졸업한 고전학자 로버트 램버턴Robert Lamberton은 『신학자 호메로스』Homer the Theologian에서 2세기와 3세기 로마 제국에서 철학적 발전이 이루어져 호메로스의 서사가 종교적 알레고리로 재조명되는 과정을 서술한다. 램버턴에 따르면, 그 전통은 단지 종이에 새겨진 "고정되고 불변하는" 가르침이 아니라 오히려 "신비적이고 특권적인 '관상'觀想 또는 바라봄의 양식"이다.[16]

그는 이를 플라톤에게서 영향받은 신新피타고라스주의neo-Pythagoreanism의 "기묘한 영역"이라 부른다. 이는 플로티노스(205~270?) 같은 수수께끼의 사상가로 가장 잘 대표되는데, 그는 이집트에서 태어나 마그나 그라이키아의 이탈리아 캄파냐 지역에서 사망했다. 플로티노스의 혈통이 로마인지 그리스인지, 아니면 그리스화한 이집트인지는 알 수 없지만 그 점은 중요하지 않다. 그것이야말로 당시의 지적 용광로에 관한 또 한 가지 사례일 뿐이다. 바티칸의 모노그래프에 붙이는 서론에서 그리스도교 카타콤 감독관 파브리치오 비스콘티Fabrizio Bisconti는 실제로 플로티노스를 멋지게 지지한다. 그러니까 프랜시스 신부와 다른 사람들이 성 바오로라 여기는, 지금 내 뒤에 있는 벽에 그려진 턱수염 난 인물이? 음, 비스콘티는 아우렐리우스 가문이 당시 한창 유행했으며 향후 바오로의 모든 도상학에 중대한 영향을 끼친 플로티노스의 대리석 초상에서 그것을 빌려온 것이 분명하다고 말한다.[17]

생애 마지막 17년 동안 플로티노스는 『에네아데스』The Enneades라는 6부 구성의 방대한 그리스어 논고를 저술했는데, 새로운 청중을 겨냥해 그리스의 천재 피타고라스를 재포장한 내용이었다. 그중 한 대목에서 플로티노스는 『오디세이아』 전체를 영적 해방을 위한 우화라 인정하고, 특히 오디세우스가 키르케의 섬에서 탈출하는 대목에 사용된 그리스어에 "숨겨진 의미"가 가득하다고 서술하면서, 우리가 삶(과 사후의 삶)에서 겪는 여정을 호메로스의 주인공이 겪는 여정에 비견했다. 하지만 진짜 모험은 내면에 놓여 있다. 우리는 내면으로 초점을 돌려야 한다. "우리는 바라보지 말아야 한다. 대신 눈을 감고 우리의 시각 능력을 또 다른 능력과 맞바꾸어야 한다. 우리는 이 능력을 깨워야 한다. 모든 사람이 지녔지만 극소수의 사람만 사용하는 능력을 말이다."[18]

램버턴이 추적한 바에 따르면 이 시각적 기술의 유래는 "피타고라스 본인의 일시적인 죽음과 부활에 관한 전설"이다.[19] 그 사건은 사모스섬의 한 동굴에서 일어났는데, 거기에서 이 현자는 모든 사람이 고등학교에서 배우게 마련인 $a^2+b^2=c^2$이라는 유명한 수학 정리를 발견했다고 한다. 하지만 역시 이 현자와 관련되었으나 모든 사람이 배우지는 못하게 마련인 사실도 있었으니, 그것은 바로 포카이아와 에페소의 신비주의자들로부터 그리 멀지 않은 이오니아에서 돌파구를 낳았음이 확실한 변성 의식 상태였다. 더 나중인 기원전 495년 이탈리아의 장화 모양 영토에서 발바닥에 해당하는 곳에 자리한 메타폰툼Metapontum에서 사망하기 직전, 피타고라스는 철학자이자 마법사인 자신이 마그나 그라이키아 전역을 누비며 만난 수많은 아내, 어머니, 누이, 딸로 이루어진 무리인 이른바 '피타고라스의 여성들'Pythagorean Women에게 이 죽음과 부활의 과정을 공유할 예정이었다.[20] 그렇다면 피타고라스는 이들에게 정확히 무엇을 가르쳤을까?

2015년에 동료 검토 학제간 학술지인 『시간과 정신』*Time and Mind*에 발표한 논문 「에우리피데스의 동굴」The Cave of Euripides에서 러크는 피타고라스의 기묘한 실천을 엘레우시스에서 만灣 하나를 건너면 나오는 살라미스Salamis섬의 동굴에서 있었던 에우리피데스의 은둔에 비견했다. 2세기 로마의 골동학자 아울루스 겔리우스Aulus Gellius는 그 극작가가 『디오니소스의 여신도들』 같은 작품을 구상했으리라 여겨지는 장소를 방문한 적 있었는데, 이는 그 장소가 당시의 세련된 로마인들 사이에서 "영웅 숭배의 숭배적 성소"로서 문학적 순례의 장소로 매력적이었다는 점을 확증한다.[21]

이 주제에 관한 40년간의 학술 연구에 걸맞게, 러크는 피타고라스와 에우리피데스 모두 각자의 방에서 신성한 약물이라는 "디오니소스적 경로"를 통해 "신격화된 무아경 상태"에 들어섰을 것이라 주장했다. 그는 에우리피데스의 "동굴 안에서 신비적 제의가 거행되었"고, 특히 "그 비극 작가와 그의 배우들이 디오니소스와 친교를 나누는 지하의 광란에 관여했을 것이며, 이때 이 신은 여성 귀의자들의 엘리트 집단이 참석한 성만찬 전례에서 그들의 비극 지도자에게 자신의 신성한 인격을 불어넣었을" 것이라 추측했다.[22] 마무리 발언에서 러크는 오늘 우리의 지하 묘지 방문을 예견한다.

> 로마 제국의 불쌍한 초기 그리스도교인들은 성만찬을 거행하기 위해 카타콤에서 습관적으로 만났다. 탄압을 피하기 위해서는 아니었는데, 한편으로는 그런 일이 남의 눈을 끌지 않을 수 없었기 때문이고, 다른 한편으로는 지상의 개인 주택에서 만날 때보다 덜 수상히 여겨질 수도 없었기 때문이다. 카타콤 벽에 있는 그림은 사망자가 체화하여 연회에 참석하도록 유도하기 위해 그곳에서 음주 파티가 거행되었음을 암시하며 (⋯) 돌아온 영혼들 사이에서 이루어지는 이런 지하의 연회적 음주는 에우리피데스의 동굴에서 거행되었던 종류의 제의까지 거슬러 올라가는 전통을 지속한다.[23]

매력적인 이론이지만 나는 이것을 어떻게 이해해야 할지 결코 알 수 없었다. 그리고 램버턴의 '비밀 교의'가 기원전 5세기 피타고라스부터 서기 3세기 플로티노스까지 마그나 그라이키아에서 구전 전통으로 살아남았는지 여부도 결코 알 수 없었다. 심지어 지금까지도 그런지는 더더욱 알 수 없었다. 그렇다면 이 호메로스풍 프레스코화는 죽음과 재탄생에 관한 지하 의례가 예수 전후 수세기 동안 이탈리아 남부에서 성행했을 뿐 아니라 아우렐리우스 가문 사람 같은 그리스어 구사자를 통해 초기 그리스도교에까지 들어갔다는 증거일까? 그리고 그 과정에서 약물이 필수적이었음을 암시하는 것일까? 호메로스의 작품에서 고를 만한 장면이 수없이 많았던 상황에서, 이 습한 방 안에 키르케의 **파르마카**가 현존한다는 사실은 우연일 수 없다.

나는 아담벨레니 국장과의 만남과 캘버트 왓킨스의 연구를 돌이켜보았다. 특히 내가 산스크리트어를 배우던 시절 '독보적인 인물'이었던 캘버트 왓킨스는 인도유럽어 열두 가지를 살펴본 끝에 『리그베다』의 소마 의례와 "여성에 의한, 여성을 위한 엘레우시스 신비제의 의례적 친교 행위"가 하나이며 똑같다고, 다시 말해 "그런 우연적인 유사성이 매우 뚜렷해 믿기지 않을 정도"라고 궁극적으로 결론지었다. 호메로스가 키르케의 키케온과 돼지에 관해 쓴 그 대목에서 왓킨스는 "종교적 의례를 묘사하는" 거룩한 언어를 추출할 수 있었다. 그는 이를 수천 년 전, 어쩌면 석기 시대 동안 유럽을 정복했던 묘지 맥주를 만든 원시 인도유럽인까지 거슬러 올라갈 수도 있는 "전례 행위"라 불렀다. 왓킨스는 키르케가 만든 지하 세계 최종 레시피(꿀 섞은 젖, 포도주, 보리 섞은 물)가 "죽은 자를 소환하기 위한 의례"로서 페르시아의 영향을 받았다고 지적했다.[24] 그는 이런 인도유럽인의 모든 영약의 배후에 환각성 약물이 있었다고 믿었다.

소마의 경우 식물이나 균류의 즙을 사용한 신비이며, 왓킨스는 그 특징을 "환각제의 출처"라고 명시했다.[25] 그리스의 경우는 그도 확실히 말할 수 없었다. 하지만 고든 와슨과 마찬가지로, 그는 아마니타 무스카리아 버섯이 훌륭한 후보라고 보았다. 마스 카스테야르 데 폰토스에서 나온 확고한 자료에서는 또 다른 버섯인 맥각이 엘레우시스의 맥주 기반 키케온에 첨가되었다고 암시한다. 데메테르와 페르세포네의 맥주를 대체한 디오니소스 포도주의 경우, 왓킨스는 "이것은 결코 평범한 포도주가 아니다"라고 말한다.[26] 이탈리아에서 곧바로 찾아낸 그것에 대한 확고한 자료는 이번 조사 더 나중에 나타날 것이다. 예수의 시대에 이르러, 곡물과 포도나무라는 서로 별개였던 그리스의 신비가 '지존하신 성체', 즉 '불멸의 약'으로 결합되었다. 그 전에 있었던 소마, 키케온, 디오니소스 포도주와 마찬가지로 성만찬은 특히 코린토에서 여성이 운영하는 가정 교회의 아가페 식사, 그리고 (특히 이곳 로마와 아우구스티누스의 도시 히포의) 초기 그리스도교 묘지 레프리게리아에서 지중해 각지의 여성에게 호소력을 발휘했다.

하지만 약물 유도 의례가 가장 효과를 발휘한 곳은 이 지하 묘지와 아주 똑같은 지하 방일 텐데, 거기에서는 피타고라스와 에우리피데스의 전설적인 동굴 기술이 플로티노스의 '비밀 교의'를 시험에 회부할 수 있었다. 거기에서는 "모든 사람이 지녔지만 극소수만 사용하는" "직관 능력"이 각성될 수 있었다. 성배를 크게 한 모금 마심으로써 사후의 삶으로 가는 문을 강제로 열 수도 있었다. 죽은 아우렐리아 프리마가 그 문을 지나 나타날 수도 있었다. 연례 안테스테리아 축제 동안 아테네를 지나는 유령 행렬 맨 앞에 선 디오니소스가 나타날 수도 있었다. 어쩌면 예수 본인이 '지옥 정복'을 막 끝내고서 몇몇 성인과 순교자를 동행하고 나타날 수도 있었다. 내 왼쪽에 있는 연회 장면에서 무슨 일이 벌어졌든 이는 소풍이 아니었다.

램지 맥멀렌이 우리에게 상기시켰듯 "이는 종교였다."

물론 마녀와 돼지에 관한 황당무계한 동화처럼 보이는 종교이기
는 하다. 하지만 볼 수 있는 눈을 가진 플로티노스 같은 사람들에게
여기에 있는 키르케는 하늘나라로 접근할 수 있게 하는 파르마카의
암호화된 이미지이다. 이 지하 의례를 부추긴 포도주가 환각성이라
면, 다시 말해 캘버트 왓킨스가 여기에 묘사된 매우 호메로스풍인
단락을 분석하며 결론지은 대로라면 이는 그저 아무 종교가 아니다.
이는 이름 없는 종교이다.

최근에 복원된 이 프레스코화는 죽은 자 숭배와 밤샘 '친교 파티'
가 그리스도교 정통론에 굴복하기를 거부한 방식을 최종적으로 설
명해주는지도 모른다. 삶을 바꾸는 사후의 삶에 관한 환영이 그리스
도교 초창기 코린토의 가정 교회부터 로마의 이 카타콤까지 작용했
다면 최신 신비 종교는 지중해 전역의 그리스어 구사 이교도 인구
중 기꺼운 개종자의 무리를 발견했을 뿐 아니라 이후 수천 년 동안
시골 그리스도교인을 계속해서 각자의 시골 교회 묘지에 붙박이게
했을 것이다. 어쨌거나 그것은 엘레우시스에서 분명히 행한 지복직
관이었기 때문이다. 그것은 2,000년 동안 매년 데메테르 신전에 가
장 뛰어난 자들을 데려왔는데, 이는 한 가지 기본 원칙에 의거하고
있었다. 백문이 불여일견이라는 것이었다.

아우렐리우스 가문은 자신들을 마그나 그라이키아의 피타고라
스나 플로티노스 같은 사람들과 연결해주는 신비주의 그리스 전통
에 관한 깊은 지식을 예증하기 위해 호메로스풍 프레스코화를 사용
했을까? 그리고 이들은 「요한 복음서」와 영지주의 전반에서 힌트를

얻어 이탈리아 이 지역의 독특한 '비밀 교의'를 로마의 최신 신비 종교 성만찬과 통합하려 했을까? 그것이 「요한 복음서」 6장 53~56절에 나오는 "참된 음료"의 핵심이었을까? 갈릴래아 사람들은 분명 그것을 이해하지 못했을 것이다. 예수가 카파르나움에 있는 회당에서 그리스도교 신비제의 열쇠를 밝힌 이후, 그의 유대인 추종자 다수는 자신의 피를 마시라는 그 수수께끼의 지시를 듣고 혐오감을 느끼며 떠나기 때문이다. 그들은 식인을 참고 견딜 수 없었다. 그들은 이를 스클레로스Σκληρός, 즉 '가혹하다'고 말했다.[27] 이 기묘한 장면의 희한한 결말로 요한은 자신의 성만찬에 숨겨진 의미가 있다고 분명히 말하고 있다. 이는 한 번 듣고 쉽게 이해될 내용이 아니었다. 디오니소스의 비밀 '상징'과 '언어'에 숙달한 사람만이 이해할 수 있을 것이었다. 그들만이 그리스적이고 영지주의적인 예수를 인식할 수 있을 것이었다.

"사도들 중의 사도"인 마리아 막달레나 같은 여성은 예수 부활의 최초 목격자로서 그리스도교를 대중에게 전파하리라고 여겨졌다. 그녀의 복음서는 남성에게는 금지된 환영적 정보를 바로 그들이 떠맡게 되었으며 바로 그들이 불멸의 간수자들이라고 사방에 있는 여성들에게 단언했다. "사도들 중에서도 으뜸"으로서 로마에서 교회를 현실로 만든 유니아처럼 말이다.

또는 아우렐리아 프리마처럼 말이다.

성배와 호메로스풍 프레스코화를 모두 살펴본 뒤 우리는 벽돌과 회반죽으로 만든 계단 일곱 개를 올라가 지하 묘지의 중앙 층계참에 도착했고, 거기에서 다시 일곱 계단을 내려가 두 번째 방으로 들어섰다. 이제 오늘 내가 이곳에 온 이유 가운데 세 번째이자 마지막인 프레스코화를 살펴볼 차례였다. 지하실로 들어가자마자 사제와 나는 동시에 감탄을 내뱉었다. "우와!"

맨 처음 들어갔던 방보다 더 동굴 같은 그 비좁은 방의 거의 모든 표면에 상상력을 자극하는 갖가지 이미지가 뒤덮여 있었다. 공작새, 날아가는 숫염소, 큐피드, 마신魔神, 화관을 쓴 기형체가 있었다. 붉은색과 초록색의 배색은 어제 막 그린 것처럼 보이기도 했다. 나는 세 개의 아르코솔리아arcosolia, 즉 무덤으로 사용하기 위해 무른 석회석을 깎아 만든 벽감壁龕을 바라보았다. 각각 열두 명의 사람 형체가 어깨를 나란히 하고 서 있었다. 물론 로마에도 디이 콘센테스Dii Consentes, 즉 '열두 명의 주신'이 있어 이곳 근처 판테온에서 기념식을 거행했는데, 이는 그리스 올림포스의 열두 신에 맞춘 것이었다. 하지만 3세기 옷차림인 열두 명의 사람 형체를 보고 바로 옆방에 있었던 연회 장면이나 그 장면이 본보기로 삼았던 '최후의 만찬'을 떠올리지 않기란 어려웠다.

하지만 내가 이곳에 온 진짜 이유는 천장이었다. 완벽한 원 속에 완벽한 원이 또 하나 그려져 있고, 그 사이에는 60센티미터 길이의 깨지기 쉬운 벽토가 있었다. 직사각형 바퀴살 네 개가 안쪽 원과 바깥쪽 원을 이어 그리스식 십자가나 정교회의 이콘icon에서 예수의 머리 뒤에 보이는 것과 같은 십자형 후광 효과가 장면 전체에 나타났다. 네 개의 바퀴살 각각에는 공작새 깃털이 하나씩 그려져 있었다. 바퀴살과 바퀴살 사이, 그러니까 바깥쪽 원을 형성하는 네 개의 쐐기 형태 공간 각각에 또 한 가지 이미지, 즉 튜닉과 팔리움pallium을 걸친 남성의 이미지가 네 번 반복되고 있었다. 팔리움은 전통적으로

아우렐리우스 가문 지하 묘지 두 번째 방의 천장 프레스코화. 그리스식 십자가 한가운데에는 여성 입문자가 하얀 베일을 쓰고 있다. 그녀는 디오니소스의 신비제로의 입문을 환영받고 있을 까, 아니면 예수의 신비제로의 입문을 환영받고 있을까?

그리스 철학자들이 입었으나 지금은 교황 제의에서 일반적으로 등장하는 긴 직사각형 망토를 말한다. 이 남성은 오른손에 두루마리를 하나 들고 있다. 허리에는 길고 가느다란 물체를 일종의 케이스에 넣어 차고 있는데, 십중팔구 검을 연상시킨다. 하지만 더 자세히 살펴보면 지휘봉에 가깝다.

정말 터무니없이 눈에 띄게 턱수염을 기른 이 남성은 거대한 식물 일종 혹은 세 개의 꽃자루로 나뉜 균류의 배열 위에 서 있다. 그것들은 모두 잎을 돋운 것처럼 보여, 프랜시스 신부는 납작한 원반형 꼭대기가 **움벨리페르**(umbellifer, 미나리과 식물)일 가능성이 있다고 확인해주었다. 하지만 내 머릿속에는 『이상한 나라의 앨리스』 *Alice's Adventures in Wonderland*에서 버섯 위에 앉아 물 담배를 피우던 쐐기벌레의 모습만 떠올랐다. 나는 목이 더 이상 견디지 못할 때까지 그 환각성 식물의 유사품을 바라보았다.

천장 정중앙, 즉 방 전체의 중심부에는 베일 쓴 여성 양옆에 남성 둘이 서 있었다. 그녀는 머리부터 발끝까지 하얀 예복을 갖추고 있다. 그녀의 얼굴만 보인다. 두 남성은 그 주위를 에워싼 균류에 올라탄 남성들과 비슷하게 차려 입고 정교한 샌들까지 신고 있다. 오른쪽에 있는 남성은 주위를 에워싼 남성 네 명이 각자 들고 있는 것과 똑같은 지휘봉을 들고 있다. 그는 지휘봉을 여성의 머리에서 살짝 떨어진 곳에 갖다 대고 있다. 천장에 있는 다섯 명 외에도 이와 정확히 같은 자세로 지휘봉을 든 남성이 벽에 두 명 더 그려져 있다. 그들 역시 지하 묘지의 다른 모든 곳에서 모습이 드러나 있지만 나는 이전에만 해도 그들을 알아채지 못했다. 바로 옆방에 있는 키르케의 베틀과 마찬가지로 이 지휘봉은 이 장면, 어쩌면 이 지하 묘지 전체

아우렐리우스 가문 지하 묘지 두 번째 방의 천장 프레스코화 세부. 마법 지휘봉을 가지고 거대한 식물 또는 균류 위에 신비롭게 서 있는 여러 마법사 가운데 하나이다.

의 의미를 푸는 열쇠이다.

암호를 푸는 일이라면 극도로 잘 알려지지 않은 독일어 모노그래프 한 편에 맡기도록 하자. 존경받는 고전기 고고학자 니콜라우스 히멜만Nikolaus Himmelmann이 1975년 펴낸 『비알레 만초니 소재 아우렐리우스 가문의 지하 묘지: 도상학적 고찰』*Das Hypogäum der Aurelier am Viale Manzoni: Ikonographische Beobachtungen*은 이 의문에 답을 제공한다.[28] 이 독일 저자에 따르면 그 지휘봉의 목적은 모호하지 않다. "대중적이고 종교와 관련된 '철학'의 마법 실천에 관한 보고로 가득한" "당시의 문헌 기록"에서 이와 관련된 내용을 수집할 수 있다.

[남성 인물이] 손에 든 마법 지휘봉은 아우렐리우스 가문의 무덤에서 가르친 비합리적 '철학'에 빛을 비추는 것이다. 불가해할 정

도로 많은 마법사의 경우, 내가 아는 한 고대 철학자들의 도상학
에서는 확실한 유사 사례가 전혀 없다. 모세, 에스겔, 그리스도, 바
오로에게서는 마법 지휘봉이 나타나지만 만초니 거리 소재 무덤
에 있는 인물들을 그리스도교인이라고 해석하기에는 충분하지
않으며 (…) 이는 대개 디오니소스와 엘레우시스의 맥락에서 알
려진 입문 의례를 나타내는 것으로 보인다.[29]

앞서 살펴본 방에 있는 호메로스풍 프레스코화와 마찬가지로 이 지
하 묘지에서 가장 잘 보전된 천장에 그려진 이 원형화圖形畵,medallion
는 우리를 다시 그리스 신비제로 곧장 데려간다. 혹은 피타고라스,
에우리피데스, 플로티노스가 실천했던 '비합리적 철학'과 신비제를
이곳 로마의 심장부로 데려온다. 그들이 좋아하든 그렇지 않든 바티
칸의 영역 안으로 말이다. 엘레우시스와의 연관에 대해 히멜만은 그
제의의 "가장 오래된 버전"에서 입문자가 운반했다고 전해지는 "축
복의 나뭇가지"Segenszweige를 인용한다.[30] 하지만 디오니소스의 영향
은 실제로 가장 설득력 있다.

　이 독일 학자는 독자를 우리의 남쪽, 그러니까 폼페이의 주요 출
입구 가운데 한 곳 밖에 있는 일명 '신비제 저택'으로 이끈다. 이
3,700제곱미터 너비의 구역은 79년에 있었던 베수비오산의 분노에
서 어찌어찌 살아남았다. 5미터 깊이의 화산재가 보호막 노릇을 해
준 덕분에 그곳 식당의 벽화는 1909년 대단히 선명한 상태로 발굴
되었다. 기원전 1세기에 만들어진 그 벽화는 포도주 신의 그리스-
로마식 숭배 입문에 관해 현존하는 묘사 중에서도 널리 최고로 여
겨진다. 월계수 관을 쓴 여성 입문자, 파이프를 부는 사티로스, 새끼

염소 모습을 한 님프, 마법 물약을 담은 그릇, 바쿠스와 같은 디오니소스적 상징이 모두 이 비밀 의례 연속화 속에 들어 있다. 하지만 히멜만이 지금 우리 머리 위에 있는 이 그림을 떠올리게 된 이유는 주홍색 배경에 있는 프레스코화들 가운데 유독 하나 때문이었다.

'신비제 저택'에 있는 여섯 번째 장면에는 네 여성이 등장한다. 반쯤 벌거벗은 입문자가 밝은 자주색 예복을 입고 바닥에 무릎을 꿇은 채 유모로 보이는 더 나이 많은 여성의 무릎을 끌어안고 있다.[31] 두 사람 오른쪽으로는 완전히 벌거벗은 광녀 한 명이 심벌즈를 머리 위로 들어 올려 치고 있으며, 또 다른 여성은 입문자에게 입문의 완료를 상징하는 **티르소스**를 건네주려 하고 있다. 러크에 따르면 이 광녀는 그 막대기 끝에 자신들의 약물을 은닉하곤 했는데, 이것에서 마법 지휘봉에 관한 우리의 개념이 유래했을 것이다.[32]

이 장면 바로 왼쪽은 날개 달린 여성 하나가 입문자를 회초리로 때린 직후 장면이며, 회초리가 그녀 등 뒤로 휘어진 모습으로 보아 다시 한 차례 때리려는 듯하다. 하지만 지금 내 위에 있는 히멜만의 '마법사'가 손에 들고 있는 지휘봉과 마찬가지로 문자 그대로의 채찍질은 디오니소스 입문의 진짜 비밀은 아니다. 이 긴 가축 몰이용 장대는 그리스어로 **켄트로스**kentros라 부르는 것으로, 비유적으로 입문자를 "회초리로 때려" 무아경에 빠트린다.[33] 하버드 출신의 올가 레바니우크Olga Levaniouk가 표현한 대로 이 가축 몰이용 장대는 이 제의의 진정한 특징인 광기의 "갑작스러움과 예측 불허성", 다시 말해 "시각적이고 청각적이며 정서적인 암호를 통해 바라본 광적 경험"을 더 잘 상징한다.[34]

나는 아이폰을 꺼내 이 순간을 위해 특별히 만들어놓은 사진첩을 열었다. 그리고 두 그림을 번갈아 보며 비교했다. 하나는 폼페이의 그 장면, 즉 여성 입문자의 머리 위로 티르소스를 가까이 갖다 댄 장면이었고 다른 하나는 루브르에 소장된 보르게세 꽃병의 부조, 즉 아찔해하고 당혹스러워하는 주신제 참가자가 무아경 상태에서 축 늘어지자 손에 티르소스를 든 사티로스가 부축하는 모습이었다. 양쪽 모두 몸짓의 각도가 이 천장에 있는 입문자의 몸짓과 똑같았다.

"그렇군. 그 각도는 계속해서 반복되는 것 같아." 프랜시스 신부도 그 도구가 입문자의 머리 위에서 대각선으로 나타나는 방식을 가리키며 동의했다. 히멜만이 그토록 자신 있게 이 프레스코화를 디오니소스 신비제에 결부시킨 것도 놀랄 일은 아니었다. 첫 번째 방 벽에 그려진 디오니소스의 가면과 그 무아경 신의 의례용 그릇인 칸타로스는 분명히 무난했다. 나는 지하 묘지로 내려오자마자 '착한 목자'와 그의 염소 떼 바로 옆에서도 그것들을 발견했다.

"바티칸이 이 모든 자료를 보전한다는 사실이 약간은 놀랍군요." 나는 조바나에게 말했다. "이 방을 맨 나중에 소개하려고 아껴두신 이유를 알겠습니다."

"그래요. 그 비르가virga*는 상당히 흥미로우니까요." 그녀는 '마법 지휘봉'을 가리키는 라틴어를 써서 대답했다. 그러면서 우리가 지금 분석한 두 방을 비롯해 지하 묘지에 있는 모든 미술 작품은 하나의 통합된 주제로서 함께 읽도록 의도되었을 가능성이 있다고 덧붙였다. 바티칸의 고고학자에게 그렇다고 솔직히 말할 수는 없었지만 나 역시 그녀의 의견에 완전히 동의했다. 다만 그 방향은 약간 달랐는

---

* [감수 주] 연한 가지, 회초리를 뜻한다.

보르게세 꽃병의 세부(왼쪽). 아우렐리우스 가문 지하 묘지의 천장 프레스코화(가운데). 이탈리아 폼페이 소재 신비제 저택 벽화에 묘사된 입문식(오른쪽). 보르게세 꽃병과 신비제 저택에 묘사된 디오니소스 입문식은 아우렐리우스 가문 지하 묘지에 묘사된 것보다 최소한 두 세기 반 더 앞선다.

데, 지난 두 시간 동안 파악한 주제에 관해 두 단어만 떠올랐기 때문이다.

여성과 약물.

이 두 가지는 2,000년 동안 교회 입장에서 가장 큰 골칫거리였다. 그리하여 내가 지금 지하 묘지에서 목격한 것처럼 양쪽 모두 신앙의 기원에서 몰상식하게 지워지고 말았다.

첫 번째 프레스코화는 로마의 레프리게리움과 그리스도교 성만찬이 어떻게 나란히 살아갈 수 있었는지 보여주는데, 각각은 지하 세계에 들어가는 것을 목표로 한 음주 강령회였다. 이런 원시 미사보다 수천 년 앞선 죽음 숭배에서는 약물 첨가 맥주와 혼합 포도주가 깊은 땅속에서 '죽음의 신'과 선조를 소환했을 것이다. 성배가 '불멸의 약물'이 될 예정이었다면 두 번째 프레스코화는 흥미를 약간 더

해준다. 키르케와 그녀의 약물에 관한 바티칸의 확언은 인근 마그나 그라이키아 출신의 피타고라스와 플로티노스 같은 선각자들과 아우렐리우스 가문을 연결해주는 호메로스에서 나온 '비밀 교의'를 함축한다. 『오디세이아』에서 나온 한 장면은 또한 캘버트 왓킨스가 환각성 키케온과 약물 함유 디오니소스 포도주와 연계시킨 '전례 행위'를 함축한다. 세 번째 프레스코화에서 암시하는 것처럼 항상 여성이 준비했던 신비이다. 아우렐리아 프리마가 디오니소스 신비제에 입문함으로써 이 연속화 전체는 초기 그리스도교에서 여성이 특권적 지위를 누렸다는 사실에 대한 의심을 모두 지운다. 그렇다면 정신 변성 성만찬을 제조하는 그들의 능력 덕분에 새로운 신앙의 가정 교회와 카타콤에서 무아경이 계속 살아 있었던 것일까? 그것도 디오니소스와 예수의 팬들 모두 각자 등 뒤를 조심해야 했던, 로마 제국에서 매우 위험한 시기에 그럴 수 있었던 것일까?

짐을 챙겨 밖으로 나오려 준비하는 동안 프랜시스 신부는 이 상황의 정치학에 관해 결론적인 생각을 이야기했다. "아우렐리우스 가문이 스스로 규정한 엘리트 지위를 기록하려 했다는 데는 사실상 의심할 여지가 없네. 하지만 우리는 당시의 탄압을 반드시 기억해야 해. 그리스도교인으로서 그들은 다른 믿음의 베일하에서 더 용인될 수 있는 상징들을 이용해서 자신들의 믿음을 묘사하려고 노력했을 걸세. 자기네가 그리스도교인이라고 그저 노골적으로 말할 수는 없었을 테니까. 아는 사람들 눈에는 이 이미지들이 그리스도교적인 것으로 해석될 수 있을 거야. 예를 들어 착한 목자며 성 바오로 등등이 그렇지. 레프리게리움의 연회는 물론 '최후의 만찬'에 관한 신약성서의 서사를 떠올리게 해. 하지만 그리스도교인이 아닌 사람들 눈에는 이 이미지들이 그저 레프리게리움처럼 보일 걸세. 전체 계획 면에서 보면 그리스도교가 합법적인 종교는 아니었던 사회에서 용인될 만하게 의도적으로 고안된 외적 표현이야. 하지만 이곳에 온 그들의 그리스도교인 친구들조차도 여전히 이 전통의 영속을 인정할 수밖에 없었을 테지." 그는 천장을 가리키며 말했다. "그러니까 디오니소스적 세계관 말일세. 자네도 보다시피 이건 문화 간 만남의 큰 역설이니까."

들고 보니 타당한 듯했다. 내가 다닌 가톨릭 학교에서는 경악했겠지만 바티칸은 한 걸음 더 나아가 성배, 호메로스풍 프레스코화, 아우렐리아 프리마의 무아적 입문 같은 장면을 가리켜 "그리스도교의 기원에 관해 가장 명시적이고 구체적인 증거"라 말했다. 이것은 교황청 고고학 위원회 대표인 몬시뇰 조바니 카루Monsignor Giovanni Carrú가 직접 이야기한 문장이다. 2011년 바티칸 모노그래프 서문에서 그는 세련된 이탈리아어 산문으로 이렇게 설명했다.

> 최초의 교회들이 사라지고, 이후의 건설로 인해 망각되어 5세기에 이미 내버려진 카타콤은 초기 그리스도교 시대의 가장 현저한 유산이 되었으므로 (…) 우리는 이교의 사고와 그리스도교의 사고가 합류해 일종의 혼합주의를 만들어낸 경계의 기념물을 마주하고 있으며 (…) 따라서 죽은 자의 기념물은 우리에게 하느님 백성의 공동체에 관해 말해준다. 아우렐리우스 가문 지하 묘지와 함께 '그리스도교화'의 비유는 아직 최종 해결책을 발견하지 못한 채 발전하고 있는 문화적 과정의 독특함을 모두 드러낸다.[35]

하지만 아우렐리우스 가문의 혼합주의적이고 독특한 낙인을 지닌 초기 그리스도교를 그 독점적 관할하에 둠으로써 바티칸은 예수 이후의 이 새로운 신비 종교에 사람들이 모여드는 **진짜** 이유를 고려할 필요가 생겼다. 어쩌면 가장 먼저이고 가장 진정한 그리스도교인들은 이 지하 묘지에서 일어났던 것과 같은 종류의 사적인 신비 경험을 교회의 관료제가 짓밟을 상황에서 '최종 해결책'이 무엇이든 그것을 고대하지는 않았을 것이다. 그런 신비 경험에서는 여성과 약물이 구동력이었던 것으로 보인다. 어쩌면 초기 그리스도교는 있는 그대로 좋았을지도 모른다. 교회 특유의 성사에 대한 예수의 원래 선견까지는 아니더라도 최소한 요한의 선견 정도라도 말이다. 아니면 영지주의자의 선견 정도라도 말이다. 핵심까지 모두 그리스적인 그들의 비밀 예식과 선견적 기술은 분명 여기 있는 증거에 나타난 종류의 입문에 확실히 들어맞았다.

아우렐리우스 가문이 그들의 성만찬 연회에 참여하는 아우렐리아 프리마를 그렸을 때, 나는 그들의 약물을 빨아들인 정신 속에서만이라도 그 일이 실제로 벌어졌다고 믿고 싶었다. 도취된 아가페와 레프리게리아가 실제로 그만큼 오래 생존하려면 그리스도교 입문자들이 하느님의 아들을 섭취해 그와 하나가 되었다고 믿게 할 뭔가가 있어야 했다.

지하 묘지를 한번 보고 나면 결코 기억에서 지울 수 없다. 이것이 그리스도교의 진짜 기원이라면 그리스 신비제에 매료된 초기 그리스도교인은 아우렐리우스 가문만이 아니라는 사실을 확신하기 위해 땅속에 숨어 있는 "가장 명시적이고 구체적인 증거"를 더 많이 봐야 했다. 내가 방금 조사한 프레스코화들은 성 바오로가 코린토의 가정 교회를 향해 잘못 관리한다며 비난했던 치명적인 포도주에 상당히 생기를 더했다. 땅 위와 땅 아래에서 모두 지난날의 성만찬은 오늘날의 성만찬과 매우 달랐던 듯하다. 가장 간단한 설명은 프랜시스 신부가 방금 한 말처럼 예수 이후 처음 300년 동안 그리스도교인들이 "문화 간 만남"과 맞닥뜨렸다는 것이다. 마그나 그라이키아의 환영적인 '비밀 교의'와 디오니소스 신비제에 끌렸던 마녀들은 특히 「요한 복음서」와 영지주의 전통에 포착된 대로 본래 성만찬과 즉각적인 불멸성이라는 약속의 발상에 이끌렸던 그 마녀들이었다. 그런 군중 입장에서는 로마인 사망자와의 밤샘 레프리게리아에서 추가로 영감을 끌어옴으로써 디오니소스의 포도주와 예수의 포도주를 상호 교환할 수 있었다.

4세기 교부들이 이교와 그리스도교 사이에 명확하게 구분선을 긋기 전까지만 해도 아우렐리우스 가문 지하 묘지에서 벌어진 일은 그 일이 무엇이든 이례적인 것과는 거리가 멀었다. 오래전 사라진 초기 그리스도교인들에게는 그것이 규범이었다. 그리고 그 증거는 교황의 발 바로 아래 놓여 있다.

인문주의자라면 아드 폰테스!라고 촉구했을 것이다. 의심이 들 때는 그 원천으로 가야 하는 법이므로.

14장

영지주의 성만찬

우버는 '영원의 도시'를 가로질러 서쪽으로 달려 콜로세움을 지나고 테베레강에 가까워졌다. 프랜시스 신부와 나는 우리의 두 번째 약속 장소로 향하는 중이었다. 아벤티노 언덕에 있는 장미 정원을 지나자 사제는 자기가 생각하기에 내 관심을 끌 만한 그라카 거리 Via della Graca, 즉 '그리스 거리'의 또 다른 기념물에 관해 이야기했다. 오늘날 산타 마리아 인 코스메딘 성당 그리스 예법 교회에는 '진실의 입'Bocca della Verità 돌구멍에 손을 집어넣은 진부한 사진을 찍으려 관광객이 줄을 선다. 이 고풍스러운 돌 가면은 오드리 헵번과 그레고리 펙이 나오는 1953년 영화 〈로마의 휴일〉Roman Holiday로 유명해졌다. 원래 이곳에는 6세기부터 중세 그리스어 구사 본당이 있었다. 콘스탄티누스 때부터 로마의 이 지역에 모여든 그리스인은 구역 전체를 리파 그라이카ripa Graeca, 즉 '그리스인의 강변'으로 변모시켰다.

하지만 서양 문명을 건설한 그 언어는 당연히 그보다 훨씬 일찍부터 이곳에 있었을 것이다. 기원전 8세기 마그나 그라이키아에 뿌리내린 이후 그리스인과 그들의 숭배는 예수가 탄생하기 여러 세기 전 북쪽에 있는 로마로 향했다. 서기 150년, 즉 제국의 수도에 사는 그리스어 구사자들 사이에서 「요한 복음서」가 유포되기 시작하던 무렵 신비주의자들은 여전히 이곳에 있었고, 사방의 반대 속에서도 자신들의 신비제를 계속 살려두고자 갈망했다. 로마 원로원이 무아경의 신에게 행한 정치적 탄압은 쟁점의 일부일 뿐이었다. 그 즈음 그리스도교 자체에도 이미 균열이 생기기 시작하고 있었다. 한편에는 아우렐리우스 가문과 영지주의자 같은 사람들이 있었는데, 이들은 그리스도교의 가장 큰 비밀에 입문하는 일이란 요한이 약속한 것처럼 죽음의 신의 '참된 음식'과 '참된 음료'를 먹는 사람 누구에게나 해당한다고 생각했다. 다른 한편에는 교부 같은 사람들도 있었는데, 이들은 1퍼센트 중에서도 극소수만이 성만찬을 다루도록 하느님으로부터 특별히 부름받았다고 생각했으며, 수천 년 동안 이집트 파라오와 근동 왕족과 예루살렘 고위 사제 들 사이에 존재하던 엘리트주의 전통을 영속시켰다.

한때 그들 버전 그리스도교의 생존을 위해 여성과 약물이 경쟁했던 뒤얽힌 역사의 흔적들은 고전학자 헬렌 F. 노스Helen F. North가 언젠가 "로마가 아직까지도 문명 세계의 중심인 이유"라 묘사한 바 있는 한 건물에 아주 잘 보전되어 있다.[1]

그 건물은 바로 성 베드로 대성당이다.

프랜시스 신부와 나는 지구 상에서 가장 큰 교회 건물 아래 자리한 '죽은 자의 도시'의 문지기를 만날 예정이었다. 그리스도교 국가들의 기초는 문자 그대로 죽음 숭배 위에 건설된 셈이었다. 깊은 선사 시대에 농업 혁명을 점화시켰을 가능성이 매우 큰 묘지 맥주에 버금가는 묘지 포도주까지 완비되어 있었다. '불멸의 약물'은 예수의 숭배를 세계를 식민화한 종교로 바꿔놓을 그리스도교 혁명의 점화 불꽃이었을까? 마침내 나는 그 증거를 직접 보러 왔다. 디오니소스와 예수의 연속성은 땅속 깊이 감춰져 있었다. 가톨릭의 가장 높은 제단 아래에는 그리스 신비주의자와 그리스 관료 사이의 긴박했던 상황이 모두 봉인되어 있었고, 그리스어가 교회의 신성한 언어였던 잃어버린 시간을 환기시키고 있었다.

테베레강 동쪽 강변을 따라 달리며 소나무와 사이프러스가 우리의 길을 인도할 때, 프랜시스 신부는 최초의 교황들이 사실 모두 그리스어 구사자였다는 사실을 내게 상기시켰다. 그중에는 실제로 그리스에서 사망한 클레멘스 1세(88~99?), 남쪽 칼라브리아의 그리스 가문 출신 텔레스포로(126~137?), 그리스어로 '정복되지 않은'이라는 뜻의 이름을 가진 아니체토(155~160?) 등이 있었다. 하긴 신약성서의 그리스어를 읽을 수 없는 교황이라면 무슨 소용이 있겠는가? 「마르코 복음서」가 미스테리아, 즉 "오직 입문자에게만 털어놓으며 그들을 통해 일반 죽어 없어질 인간에게 전달되어서는 안 되는 종교적 비밀"이라고 평이하게 언급한 예수의 숨은 가르침을 풀어낼 수 없는 교황이라면 무슨 소용이 있겠는가?[2] 하지만 가장 중요한 것은 디오니소스적 예수의 진정한 후계자라 주장하는 모든 신비주의자에 대항해 교황과 함께 대두하는 교회의 정통론이 자신을 옹호할 수 있어야 했다는 점이다. 「요한 복음서」의 '상징'과 '언어'를 관통해 **진짜** 성만찬을 소유하게 되었든 예수의 영지주의 버전에 노출되었든 신비주의자들은 하늘 왕국을 열 수 있는 파르마콘을 원했다.

　신앙의 처음 몇 세기 동안 로마에는 '참된 음료'에 관한 지식을 공언하는 그리스도교인이 여럿 있었다. 러크는 『아폴론의 사과: 성만찬에 관한 이교도와 그리스도교의 수수께끼』에 수록된 「약물꾼 예수」라는 장에서 그중 몇 명을 언급했다. 유명한 사례 중에서도 맨 처음은 1세기의 사마리아 출신 주술사 시몬 마구스Simon Magus로, 오늘날 이스라엘에 해당하는 지역에서 로마까지 찾아온 인물이었다. 그는 주류 교회에 대항하는 "경쟁 종파"를 수립했고, "그를 신으로 간주하는 시몬주의자들의 종교적 추종을 얻어 모든 이단의 창건자"가 되었다.[3] 그의 공범은 대안代案 마리아 막달레나인 헬레나로, 티로Tyre에 있는 유곽에서 시몬 마구스가 직접 선발한 매춘부였다. 그녀는 자신이 트로이 헬레네의 환생이라 주장했다. 교회사가 에우세비오스(263~339)는 시몬 마구스가 "마법"을 이용해 "로마 주민 다수"의 마음을 사로잡은 과정을 설명했다. 순교자 유스티누스Justin Martyr는 지금 내 왼쪽으로 흐르는 테베레강의 한 섬에 그를 기리는 조상彫像이 건립되었고, 다음과 같은 비문이 새겨졌다고 주장했다. "거룩한 신 시몬에게 바침"SIMONI DEO SANCTO.[4]

　에우세비오스에 따르면, 이 가짜 "그리스도교 철학" 추종자들은 자신들의 "비밀 제의"에서 평범한 빵과 포도주 대신 특별한 "향"香과 "헌주"를 사용했다. 그 결과 이들은 가능한 한 가장 디오니소스적인 방식으로 탐보테세스타이θαμβωθήσεσθαι, 즉 '경탄에 빠지게' 되었고, 전적인 엑스타세오스ἐκστάσεως와 마니아스μανίας, 즉 '무아경'과 '광란'을 느꼈다.[5] 교부 이레네오는 시몬주의자들의 신비가 기껏해야 필트라$φίλτρα$와 아고기마$άγώγιμα$, 즉 '사랑의 부적'과 '사랑의 묘약'에 지나지 않는다고 말했다.[6] 2세기의 그리스어 위경「베드로 행전」The Acts of Peter에서는 그 매혹적인 지도자의 죽음을 극화했다. 어느 날 시몬 마구스가 포로 로마노에서 공중 부양하고 있을 때, 성 베드로가 그 큰 이단자를 공중에서 저지해달라고 전능하신 하느님께 기도를 드렸다. 그러자 시몬 마구스는 지체 없이 땅으로 떨어졌고, 오늘날 산타 프란체스카 로마나 성당Church of Santa Francesca Romana 자리에서 다리가 부러졌다.

이렇게 영지주의가 시작되었다. 이는 2세기와 3세기 로마에서 각별히 인기를 얻으며 성장했다. 앞서 언급했듯 프린스턴의 학자 일레인 페걸스는 영지주의자의 주 목표였던 그리스어 **그노시스**, 즉 '지식'의 금지된 성격에 관해 방대한 저술을 남겼다. "자아에 관한 지식은 곧 하느님에 관한 지식이다. 자아와 신성은 똑같다." 페걸스는 그리스에서 교육받고 140년경 '영원의 도시'에 자기 학교를 설립한 "영적 스승" 발렌티누스(100~166?)를 초기 영지주의자 중에서도 가장 유명하고 영향력 있었던 인물로 보았다.[7] 시몬 마구스와 마찬가지로 발렌티누스는 로마인을 그리스도교의 **진정한** 버전 쪽으로 인도하려 했다. 그는 성 바오로의 직계 제자인 테우다스를 통해 "하느님의 비밀 교의로" 입문했다고 주장했다.[8] 페걸스는 그 입장을 이렇게 설명했다. "바오로 본인이 이 비밀 지혜를 가르쳤고, 그(발렌티누스)는 모든 사람에게 말한 것도 아니고, 공개적으로 말한 것도 아니며, 자기가 영적으로 성숙하다고 여겨 선별한 극소수에게만 말했다."[9]

그러니「요한 복음서」가 로마에서 영지주의자들이 가장 선호하는 복음서가 된 일도 놀랍지는 않다. 특히 발렌티누스주의자 사이에서 그러했는데 그들은 요한의 그리스어 저술에 대해 가장 오래되었다고 입증된 주석을 썼으며, 그 일에 간신히 착수한 교부들보다 앞섰다.[10] 그들의 의례 관습에 관한 기록은 「요한 복음서」 6장 53~56절이 "특히 신의 살과 피를 먹는 일과 입문자가 그 활동을 통해 얻는 불멸성을" 나타내는 "디오니소스의 숭배 이미저리"로서 그 복음서 저자에 의해 고안되었다는 데니스 맥도널드의 통찰에 어마어마하게 무게를 더한다. 요한의 단어 선택(에우리피데스 작품에 나온 오모파곤 카린, 즉 생살과 피의 디오니소스 성만찬과 똑같은 예수의 살을 깨물기와 씹기)에 완벽히 걸맞도록 외관상 예수에서 시작해 바오로와 테우다스를 거쳐 발렌티누스에게 전달된 '비밀 교의' 일부는 마법적인 약물 함유 성만찬이었다.

발렌티누스의 제자 마르쿠스는 160년부터 180년 사이에 활동하면서 고대 지중해에 파르마콘을 풀어놓았다. 러크의 지적에 따르면 "모든 이단 종파가 약초학과 주술에 대해 평판을 얻기는 했지만 마르쿠스 본인은 약물에 대한 전문 지식으로 확실히 악명이 높았다. 그리하여 이레네오가 그의 약리학적 악행을 비난했던 것이다."[11] 시몬 마구스와 유사하게 마르쿠스는 '사랑의 묘약'을 이용해 이레네오의 부제들 가운데 한 명의 아내를 유혹해 마르쿠스주의자로 만들었다. 정확한 이유는 알 수 없지만 이레네오와 또 다른 교부 히폴리토스(170~235?)는 이 비밀 성사 용품을 실제로 만드는 과정을 길게 기록해놓았다. 이와 함께 여성이 자녀를 위해 끼니를 준비하는 대신 약물 함유 포도주를 넉넉히 만드느라 바쁜 모습도 기록했다.

마르쿠스의 미사에서는 여성을 초청해 거룩한 포도주를 그들 나름대로 엄숙하게 축성했다. 이단자에게서 더 작은 잔을 건네받은 각 여성은 "성찬 기도"를 올리며 무엇인지 알 수 없는 **파르마콘**을 첨가한 자주색 영약을 축복했다. 마르쿠스주의자의 행사를 설명하며 히폴리토스는 '약물'을 가리키는 그리스어를 최소 7회 이상 사용했다![12] 곧이어 여성들이 각자의 잔을 다시 마르쿠스에게 건네주면 그는 그 내용물을 더 커다란 잔에 부었다. 그러면 그 잔에는 실제로 첨가한 양보다 많은 포도주가 기적적으로 넘치는 듯했는데, 이것이야말로 디오니소스와 예수 모두에게 어울리는 전형적인 현현의 눈속임이었다. 곧이어 마르쿠스는 여신 카리스Χάρις, 즉 '우미'優美, Grace의 이름을 부르며 기원하는데, 에우리피데스도 예수 탄생 400년 전 성만찬을 포착하기 위해 **오모파곤 카린**이라는 표현을 사용하며 이 그리스어를 언급한 바 있다. 신비제의 언어에서 마르쿠스는 카리스를 "모든 지식과 언어를 초월한 이"라 부르곤 했다.[13] 일단 "어리석은 여성들"이 중앙의 잔을 들어 마시고 취하며 광녀들처럼 "회초리로 맞아 광란"과 "무아경"에 들어서면, 곧이어 그들은 예언하기 시작했다.[14]

코린토에서 온 치명적인 포도의 반향이었다. 또한 아우렐리아 프리마의 성배가 불러온 반향이었다.

한때 시몬주의자, 발렌티누스주의자, 마르쿠스주의자의 이단적 성만찬은 교회에 진정한 위협을 제기했다. 하지만 그리스 신비제 자체와 마찬가지로 강건한 형태의 영지주의는 4세기도 다 살아내지 못할 예정이었다. 어디까지나 "영적 성숙"만을 의도했던 지하 입문 의례에 근거한 운동이다 보니 콘스탄티누스 종교의 확장하는 관료주의("사람들에게 동일시와 단결을 제공해 공통의 동맹으로 만드는 사회적·정치적 구조")를 사실상 따라잡을 수 없었기 때문이다.[15] 페걸스가 보기에 영지주의자는 이런 은밀한 실천 때문에 "대중 종교가 되기에 적합하지 못했다."[16] 「요한 복음서」에 나오는 성만찬은 99퍼센트를 위한 것으로 의도되었지만, 그리스어 구사 그리스도교 신비주의자들은 그보다 여러 세기 앞서 디오니소스의 자매들이 겪었던 것과 똑같은 문제에 직면했다. 즉 이런 내용으로 주류가 되기는 어려웠다.

약물 함유 포도주가 그리스 신비제와 영지주의 신비제 배후의 진짜 비밀이었다면 그 비밀을 안전하고 확실하게 생산할 수 있는 실력이 충분한 여성을 찾아내는 일은 분명히 매우 어려웠을 것이다. 바티칸이 얄팍한 제병과 포도즙을 사용하는 일도 당연하다. 교부들은 자신들의 이점을 감지하고 경쟁자를 제거하기 위해 힘닿는 한 모든 일을 했다. 페걸스에 따르면, 2세기 "탄압의 혼란 속에서도 이레네오와 다른 교부들이 주조하기 시작했던 정경正經과 신조와 교계의 틀"은 그리스도교를 4세기 이후 서양 문명의 기본 신앙으로 만든 요인이었다.[17]

392년 엘레우시스가 종언을 고하면서, 여성이 운영하는 가정 교회와 지하 레프리게리아의 성만찬도 사라졌다. 로마의 통치와 법률을 완벽히 모방하며 여성은 사제직에서 체계적으로 배제되었다. 주교는 점점 더 군주와 비슷해졌고, 새로운 지상의 대성당 상석에 놓인 자신의 보좌에 앉았다. 특별한 약리학적 전문 지식이라고는 전무한 매우 일반적인 사람이 매우 평범한 빵과 포도주를 축성하는 일을 목도하기 위해 교구민은 충성스러운 신민 같은 모습으로 신자석에 줄지어 앉았다. 그리스 철학의 오독과 부끄러운 성서적 추론의 혼합 속에서, 성 아우구스티누스와 다른 사람들은 여성이 신체의 격정과 욕구 때문에 종교적 삶에서 멀어지게 된다고 주장했다. 생리주기와 자녀 출산과 모유 수유의 사슬로부터 자유로운 남성만이 남성이라는 종種을 자신의 비합리적 육체성에서 해방시키고 영적 천국과 연결시키는 영혼의 합리적인 국면을 적절하게 조종하고 얻을 수 있다는 것이었다.

"여성을 성별과 등치시켰다는 것은 결국 여성이 남성에게 종속되고, 하느님으로부터 소외된다는 뜻이었다."[18] 카렌 조 토르제센은 『여성이 사제였을 때』에서 이렇게 말한다. 이후 1,600년 동안 아무것도 바뀌지 않았다. 1976년 신앙교리성성은 "하느님의 계획에 의거해" 여성이 사제직에서 금지되었다는 무류적인 교리를 재확인했다.[19] "말씀의 육화는 남성에 의거해 일어났다." 이때 제창된 공식 선언을 1994년 교황 요한 바오로 2세도, 2016년 프란치스코 교황도 승인했다.[20] 예수는 남성이었고, 그의 사도들도 남성이었다. 여성에게는 성체성사를 맡길 수 없었다. 이것으로 이야기는 끝이었다.

1976년의 선언은 여성의 사제직 허용이 "처음 몇 세기 동안 몇몇 이단 종파, 특히 영지주의 종파에서" 이루어진 바 있다고 구체적으로 언급했다.[21] 하지만 그런 "혁신"은 교부들에게 재빨리 단죄되었다고 바티칸은 지적했다. 나그함마디 문서Nag Hammadi text, 「마리아 막달레나 복음서」, 기타 영지주의 저술을 전략적으로 금지한 상태에서 확정된 신약성서의 최종판이 4세기와 5세기 동안 서쪽의 가톨릭과 동쪽의 정교회 공의회에서 채택되면서 영지주의자에 대한 모든 기억은 러크가 말했듯 "로마 교회의 역사에서 도려내졌다."

하지만 단서는 여전히 저 바깥에 있었다. 그리고 우리는 거기에 가까워지고 있었다.

우리가 탄 우버는 비토리오 에마누엘레 2세교를 건너 희토류 자석처럼 나를 다시 한 번 유혹한 웅장한 구역으로 들어섰다. 우리가 보르고 산토 스피리토 거리를 천천히 지나는 동안, 그리고 성 베드로 광장의 도리스식 열주 284개 가운데 첫 번째 기둥이 시야에 들어오는 순간, 나는 그 간질이는 기분을 느꼈다. 세계에서 가장 작은 이 나라에 들어설 때마다 등골을 따라 복잡한 감정이 흘러내렸다. 그 감정은 경외심, 향수, 두려움이었다. 바티칸의 직원들이 과거 이곳에서 두 팔 벌리며 나를 제아무리 따뜻하고 호의적으로 환영해주어도 창자가 꼬이는 느낌은 어쩔 수 없었다. 내 안의 가톨릭 소년은 단 한 번만 실수하면 파문당할 위기에 놓여 있었다.

나는 정말 2,000년 가운데 대부분 기간 동안 위약을 제공하며 나를 키워주었다는 이유로 교회를 비난하고 있는 것일까? "내가 분명히 너희에게 말하노니, 너희는 하늘이 열리고 하느님의 천사들이 오르내리는 모습을 보게 될 것이다"라고 「요한 복음서」 1장에서 약속한 천국의 환영을 억압했다는 이유로?

성 베드로 대성당 꼭대기에 놓인 미켈란젤로의 돔을 한동안 못 보았다가 다시 보게 되는 순간, 나는 항상 첫눈에 소름이 돋았다. 르네상스 건축의 가장 유명한 사례인 이곳은 런던 세인트 폴 대성당, 파리 앵발리드 그리고 내가 사는 워싱턴 D. C. 미국 의회당의 모델이기도 하다. 하지만 이 상징적인 구조물이 어째서 지금 그 자리에 있는지 아는 사람은 극소수이다.

원래 건축은 콘스탄티누스 치하인 4세기에 성 베드로의 전설상 무덤을 표시하기 위해 시작되었다. 이 사도는 64년경 그곳 인근의 치르쿠스 네로 원형경기장에서 거꾸로 매달려 십자가 처형을 당했다. 그 시신은 기존의 로마 공동묘지에 매장되었다고 전해지는데, 그 위에 현재의 대성당이 건립되어 오늘날까지 이어진다. 콘스탄티누스는 이 기념 교회를 세울 자리를 평평하게 다지기 위해 성 베드로의 무덤만 온전히 놓아둔 채 옛 무덤 여러 기를 흙으로 덮었다. 그리고 르네상스에 이르러 이 오래된 성지를 수리할 필요가 생겼다. 미켈란젤로는 72세 때인 1547년 브라만테와 라파엘로에게서 그 일을 넘겨받았고, 이들의 대성당 설계를 폐기하면서도 돔 지붕의 전반적인 위치는 그대로 유지해 성 베드로의 유해라 알려진 것 위에 자리하게 했다. 이 거장 사후에는 베르니니가 초대 교황의 지하 무덤과 미켈란젤로의 돔 지붕 아래 있는 공간이 정확히 만나는 자리를 기념하게 되었다. 베르니니는 대성당의 조각이 새겨진 청동 닫집에 소용돌이를 표시했는데, 이를 발다키노Baldachin라 한다.

성찬의 전례 동안 교황만이 빵과 포도주를 성변화시킬 자격을 가지는 높은 제단 바로 위에, 베르니니는 귀중한 성유물聖遺物을 보관하기 위한 발코니를 만들었다. 성유물은 베드로의 형제인 성 안드레아의 머리, 노트르담에 있는 조각과 마찬가지로 예수의 십자가 처형 당시의 것이라 전해지는 진품 십자가의 파편 등이었다. 당시 이 모든 것은 교황 우르바노 8세의 계획 일부였다. "베드로 무덤의 중앙화된 장소 안에 안치된 이 성유물은 교황과 그리스도와 초기 순교자들 사이의 직접적인 관계를 암시하며, 그리하여 교회 안에서 그의 지위를 강화하는 동시에 하늘과 땅의 매개자로서의 지위를 강화한다."[22] 수직선 하나를 그어 먼 과거와 현재뿐 아니라 미래까지 이어 붙이는 셈이다. 미사라는 '장례 연회'의 일부분으로서 성체가 축성될 때는 언제나 독실한 신자들이 '최후의 만찬'을 기념하고, 세계의 종말을 고대하게 된다. "그리스도께서 영광 중에 다시 오셔서 산자와 죽은 자를 심판하실" 때를 고대하는 것이다. 『가톨릭교회 교리서』Catechism of the Catholic Church에 따르면 "그것이야말로 다른 무엇보다 성찬례에서 그리스도교인들이 그리스도의 다시 오심을 재촉하기 위해 그분께 이렇게 말하는 이유입니다. '우리 주여, 오시옵소서!'"[23]*

성 베드로 대성당은 과거와 현재와 미래가 합류하는 곳이다.

또한 죽음의 주인으로서 예수가 산 자와 죽은 자를 모두 초청해 성체를 먹는 누구에게나 즉각적인 불멸성을 제공하는 성찬례에 참여하게 만드는 곳이다.

이는 가톨릭의 가장 거룩한 장소에서 거행되며, 세계에서 가장 오래 지속되어온 강령회이다.

따라서 그 아래 무엇이 있든 세계에서 가장 높은 미켈란젤로의 136.6미터 리브 돔에 많은 것이 달려 있다. 하지만 1940년대 이전까지는 어떤 교황도 군이 적절하게 조사해보지 않았는데, 성 베드로의 마지막 휴식처를 감히 교란하는 사람은 누구든 파멸을 맞이할 것이라는 "비밀 및 계시 문서에 의해 검증된" 1,000년 묵은 저주 때문이었다.[24] 그런데 교황 비오 12세는 가톨릭교회 건립자와 최대한 가까운 곳에 묻히고 싶다는 마음이 워낙 큰 나머지 그 모든 미신을 물리

---

* [감수 주] 원문 내용은 다음과 같다. 가톨릭교회 교리서 1403항: "최후의 만찬 때에 주님께서는 제자들의 시선을 하느님 나라에서 이루어질 파스카의 완성으로 향하게 하신다. (…) 교회는 성찬례를 거행할 때마다 이 약속을 기억하며 "오실 분"(묵시 1, 4)께 눈길을 돌린다. 교회는 "마라나타!"(1코린 16, 22), "오십시오, 주 예수님!"(묵시 22, 20) 하고 그분께서 오시기를 청하는 기도를 드린다.

칠 수 있었던 모양이다. 10년에 걸쳐 교황청 발굴단이 지하 구조물을 마침내 파헤쳤는데, 이것이 바로 오늘날 '바티칸 지하 묘지'Vatican Necropolis*, 일명 '죽은 자의 도시'라 알려진 곳이다. 결국 영묘 스물두 기가 발굴되었는데, 그 안에는 무덤이 1,000기 이상 있었으며 대부분 2세기와 3세기 것이었다.

최초의 그리스도교인은 로마인에게서 힌트를 얻어 성 베드로 대성당을 찾았고, 그의 2세기 아이디쿨라, 즉 '사당' 주위에서는 도취성 레프리게리아가 펼쳐졌다. 예일 대학교의 학자 램지 맥멀렌은 동물 뼈와 포도주 대롱이라는 형태로 바로 이곳에 남아 있는 '종교적 소풍'과 '친교 파티'의 증거를 인용했다. 1940년대에 바티칸이 발견한 것 중에는 돌로 된 다리가 달린 커다란 트래버틴석 평판도 하나 있었다. 이것은 제단이었다. 초기 그리스도교인들이 베드로와 죽은 선조들을 무덤에서 불러내기 위해 밤새며 마신 음료에 대한 단서는 M 영묘Mausoleum M라 불리는 이웃 기념물에서 나타났다. 이 영묘는 '율리아누스 가문의 무덤'이었는데, 원래 2세기에서 3세기로 넘어갈 무렵 율리아누스 가문을 위해 만들어진 것이었다.

프랜시스 신부와 나는 이것을 확인해야 했다. 따라서 나는 바티칸에서 펴낸 지하 묘지 관련 책을 저술한 고고학자 피에트로 찬데르Pietro Zander에게 이메일을 보냈다. 그는 성 베드로 대성당의 보존과 운영을 담당하는 교황청 부속 기관인 성 베드로 대성전 관리처** 에서 이 지하 묘지 및 그와 연관된 고전 고대에 관한 모든 조사를 계

---

* [감수 주] Necropolis는 '죽은 자의 도시'라는 뜻의 그리스어에서 유래한 단어로 '묘지'를 의미한다.

** [감수 주] 한국천주교주교회의 『천주교 용어집』에 따랐다.

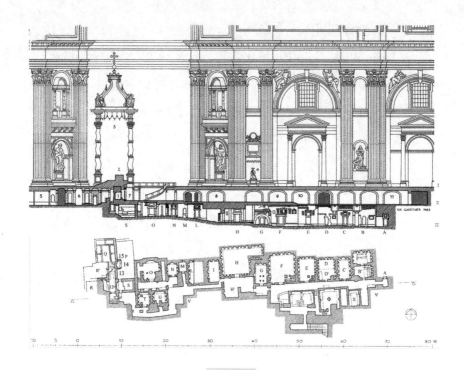

성 베드로 대성당 단면도. 바티칸 지하 묘지 안 다양한 지하 구조물의 상대적인 위치를 알아볼 수 있다.

속해서 주도해왔다.[25] 관리처는 발굴부를 통해 몇 년 동안 지하 묘지 특별 관광을 조직해왔다. 하지만 나는 M 영묘를 구경하는 데에만 관심이 있었는데, 찬데르가 나머지 지하 무덤 미술 부장품의 이교적 기원을 인정하면서도 "그리스도교적"이라고 명시적으로 평가한 무덤 한 기가 바로 그곳이었기 때문이다. 찬데르는 오늘 우리와 함께 할 수 없었지만 대신 자기 동료인 카를로 콜론나Carlo Colonna를 만나도록 친절히 주선해주었다.

프랜시스 신부와 내가 스위스 근위대의 검문을 받기 위해 성 베드로 광장 옆에 있는 페트리아노 문을 향해 나아가는 동안, 나는 다음 장에서 우리가 방문하게 될 바티칸 비밀 문서고에서 발급받은 사진이 부착된 출입증을 목에 걸었다. 이것이야말로 천하무적 배지라고 스스로 안심시켰다. 붉은색 소매, 우스운 베레모, 뚜렷한 파란색과 노란색의 어릿광대 옷을 입은 르네상스식 옷차림의 군인들을 물리칠 뭔가가 필요했기 때문이다. 왼손에는 출입증을, 오른손에는 찬데르에게 받은 이메일 사본을 들자 교황의 군대로부터 이중 경례를 받을 수 있었다.* 우리는 왼쪽에 있는 바오로 6세 알현실을 지나갔는데, 지금으로부터 4년 전 그곳에서 프랜시스 신부는 이 정신 나간 모험을 위한 내 제안서를 처음 읽어주었다. 잠시 걸은 끝에, 우리는 오른쪽에 있는 팔각형 발굴부에 시간 맞춰 도착했다.

깔끔한 이탈리아식 정장과 넥타이 차림의 카를로는 친절하게도 우리의 약속을 앞두고 인쇄한 컬러 사진이 든 봉투를 하나 들고 준비하고 있었다. 우리는 M 영묘 내부에 늘어선 3세기 초의 모자이크들을 촬영한 가로 8.6인치 세로 11인치 사진의 복제판을 함께 뒤적여보았다. 프랜시스 신부는 천장을 찍은 사진을 보며 각별히 감탄했는데, 그조차도 그 세부 모습을 자세히 살펴보는 일은 처음인 듯했다. 카를로는 사진 촬영 불가라는 엄격한 방침을 강조했고, 자기 사무실 바로 옆에 있는 Z 무덤을 통해 '죽은 자의 도시'로 들어가는 주출입구 쪽으로 우리를 안내했다.

---

* [감수 주] 스위스 근위병은 저자와 동행한 프랜시스 신부에게 경례한 것이다. 스위스 근위병에게 사제는 장교에 해당하기 때문이다. 또한 통상 대사관이나 특별 경로로 요청하면 다음 문단 내용처럼 바티칸 대성당과 박물관을 친절하게 안내받을 수 있다.

다가가니 자동으로 열리는 유리문을 지나자 기자 고원 같은 곳에 있어야 더 어울릴 듯한 안치실이 나왔다. 그곳에 멈춰 서서 자세히 살펴보고 싶은 마음을 간신히 억눌렀다. 벽에는 매의 머리가 달린 호루스가 그려져 있었는데, 긴 마법 지휘봉과 고리 달린 T자형 십자가 앙크ankh를 들고 있는 이 신은 불멸을 상징했다.[26] 토트Thoth의 이미지도 있었는데, 이는 이집트에서 마법과 지혜의 신인 까닭에 종종 그리스의 헤르메스와 융합된다. 토트-헤르메스는 개코원숭이가 앉은 듯한 자세로 오른쪽을 바라보는 옆모습으로 그려져 있었다. 한때 이 지하실의 주민이 들어 있었던 대리석 석관에는 보기 드문 구경거리가 있었다. 부조로 새겨진 디오니소스가 '술에 취하고 반쯤 벌거벗은' 상태로 한가운데 서 있고, 양옆으로 세로 홈이 새겨진 기둥이 있었다. 그의 오른쪽에서 우리 쪽으로 등을 돌리고 서 있는 광녀와 마찬가지로, 무아경의 신은 끄트머리에 솔방울이 달린 자신의 마법 지휘봉을 들고 있었다.

지하 묘지의 습한 협소 공간으로 들어서자 앞서 아우렐리우스 가문 지하 묘지에서 이미 접했던 친숙한 냄새가 풍겼다. 우리는 H 영묘를 지나 왼쪽으로 꺾어 좁은 복도로 접어들었는데, 폭이 기껏해야 우리 어깨보다 조금 더 넓은 정도라 폐소공포증 환자는 이곳을 피하는 쪽이 좋을 것 같았다. 우리는 단체 관광객을 조심스럽게 피해 갔는데, 그들 중 몇 명은 프랜시스 신부의 로만칼라를 알아보고 의무적으로 고개를 끄덕였다. 30분이 채 되기 전 우리는 M 영묘의 좁은 입구 앞에 멈춰 섰다. 카를로는 평소 이 좁은 우리 같은 방을 엿보지 못하도록 막아주는 이중 자물쇠를 풀었다. 나는 프랜시스 신부가 땅에서 60~90센티미터 위에 있는 현창舷窓 안으로 기어 들어가

바티칸 지하 묘지에 있는 일명 '이집트인의 무덤'(Z 무덤)의 대리석 석관 세부 모습. 티르소스, 즉 마법 지휘봉을 들고 있는 광녀(왼쪽). 술에 취하고 담쟁이 관을 쓴 상태에서 왼손에 이와 비슷한 마법 지휘봉을 들고, 오른손에 포도주 주전자를 든 디오니소스(가운데). 아기 디오니소스를 팔로 안고 어르는 염소 인간 사티로스(오른쪽).

는 모습을 지켜보았다. 카를로는 그 곡예에 굳이 참여하지 않고 편안하게 밖에서 기다리기로 했다.

　사제와 나는 일단 지하실 안으로 들어간 다음에야 똑바로 설 수 있었으나 천장은 우리 머리에서 아주 멀지 않았다. 방 전체는 기껏해야 3.25제곱미터 정도로 보였다. 목소리가 곧바로 곰팡내 나는 바위에 부딪혀 울리는 가운데, 우리는 1940년대 최초 발굴 당시 바티칸이 자신 있게 그리스도교적이라 해석했던 모자이크 세 개를 살펴보았다. 첫 번째는 북쪽 벽에 있는 어부였고, 두 번째는 서쪽 벽에 있는 목자였으며, 세 번째는 동쪽 벽에 있는 배를 탄 두 남성과 일종의 바다 괴물에게 삼켜지는 또 다른 남성이었다. 첫 번째는 「마태오 복음서」 4장 19절에 대한 타당한 독해로 보였다. 거기에서 예수는 베드로와 안드레아에게 "사람을 낚는 어부"가 되라고 지시한다. '착한 목자' 모티프 역시 아우렐리우스 가문의 지하 묘지에 있는 것보다 훨씬 저열하지만 복음서의 설명에 맞아떨어진다. 세 번째 모자이크도 구약성서의 예언자 요나가 놀라서 양팔을 치켜들고 고래 배 속으로 들어가는 장면을 묘사한 것일 가능성이 컸다. 하지만 천장을 바라보고 나는 우뚝 멈출 수밖에 없었다.

각석 수백 개, 즉 초소형 타일들이 모여 위풍당당한 마차꾼의 이미지를 만들고 있었는데, 그 일부는 뒷다리로 일어선 말 두 마리에 가려져 있었다. 마차꾼은 하얀 튜닉과 부푼 망토 차림이었다. 그의 머리 주위에 그려진 후광에서는 일곱 개의 빛줄기가 뻗어 나왔는데, 이는 로마의 신 솔 인빅투스Sol Invictus, 즉 '불굴의 태양신'을 뜻했다. 하지만 일부 학자들은 이것이 예수라는 설득력 있는 논증을 내놓았다. 고대의 화가는 나자렛 출신의 마법사를 "정의의 태양" 또는 "새로운 빛"으로 묘사하고 싶어 했을 수 있다는 것이다.[27] 자신의 아포테오시스를 나타내기 위해 솔 인빅투스의 외양을 차용하곤 했던 신격화한 황제들과 마찬가지로 그 마차꾼은 섬세하게 조립된 구球를 왼손에 들고 있는데, 이는 예수의 "전 세계적"이고 "영원한 지배", 즉 "부활한 하느님에 대한 그리스도교인의 믿음"의 지고성을 수월하게 보여주는 상징일 수 있다.[28] 알렉산드리아의 클레멘스Clement of Alexandria조차 『그리스인을 향한 권고』Exhortation to the Greeks에서 예수를 가리켜 어둠과 죽음을 없애기 위해 "우주 위에 올라타고" 있는 "의로움의 태양"이라 말했다. 구약성서와 신약성서에서 나왔을 가능성

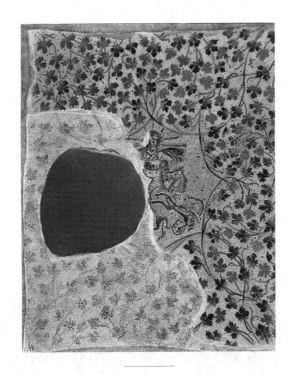

바티칸 지하 묘지에 있는 일명 '율리아누스 가문의 무덤'(M 영묘) 천장 모자이크화. 포도 덩굴에 에워싸여 한가운데 있는 인물은 로마의 신 솔 인빅투스 또는 크리스토-솔레(Cristo-Sole, 그리스도 태양)으로 다양하게 해석되었다.

있는 장면들로 에워싸인 M 영묘는 지금까지 발견된 것 중 세계에서 가장 오래된 그리스도교 모자이크를 보유한 세계에서 가장 오래된 그리스도교 지하실일 수 있다.

　어느 쪽이든 나는 그 포도 덩굴들이 왜 거기에 있는지 알고 싶었다.

　천장 모자이크화의 배경을 풍부하고 놀랍게 만드는 황금빛 각석들 사이를 지그재그로 지나는 초록색 덩굴손은 상상할 수 있는 모든 방향으로 구불구불하게 나아갔다. 그 덩굴 각각에는 밝은 색깔의 포도 잎사귀가 수십 개씩 돋아나 있었다. 천장에 있는 각석 가운데 40퍼센트는 현재 사라지고 없었지만 돌 표면에 바랜 상태로 남아 있는 덩굴과 잎사귀의 흔적은 여전했다. 말을 부리는 예수의 주위뿐 아니라 벽에도 있었다. 그 모습을 볼수록 더 깊이 깨달은 점은 천장의 포도 덩굴이 삼면 벽으로도 타고 내려가 어부와 목자와 선원을 모두 삼켰다는 사실이었다. 성 베드로의 무덤으로 여겨지는 곳에서 겨우 몇십 센티미터 떨어졌으며 저 위 가톨릭의 가장 높은 제단과 발다키노 위로 햇빛을 끌어들이는 미켈란젤로의 돔 아래 이 좁은 방에서… 우리는 지하의 포도밭에 갇혀 있었다.

그리스어에는 이 모든 식물을 가리키는 단어가 있었다. 나는 갈색 가죽 가방으로 손을 뻗어 1829년판 신약성서와 로브판 에우리피데스의 『디오니소스의 여신도들』을 꺼냈다. 두 권 모두 파리의 리저드 라운지에서 다행히 살아남은 책이었다.

"신부님, 당신의 거룩한 책을 읽어주시지 않겠어요? 저도 제 거룩한 책을 읽어드릴 테니까요." 나는 이렇게 제안하며 이미 펼쳐두었던 「요한 복음서」 15장 도입부의 그리스어 원문을 건넸다. 프랜시스 신부는 카타콤의 흐릿한 인공조명 속에서 눈을 가늘게 떴고, 입구에서 기다리는 카를로는 다음에 무슨 이야기가 나오는지 호기심이 이는 듯 바스댔다.

"에고 에이미 헤 암펠로스 헤 알레티네 Ego eimi he ampelos he alethine." 사제가 문장을 읽기 시작하자 고대 그리스어가 반향실反響室 안에 메아리쳤다. "나는 참된 포도나무요." 여기에서 "포도나무"를 가리키는 그리스어 단어는 암펠로스ἄμπελος이다. 가나의 포도주 681리터, 아버지의 '무릎'에 앉은 하느님의 아들, 가시 면류관과 자주색 망토, 하느님의 어린 양, 예수의 살을 깨무는 일과 씹는 일 등과 마찬가지로 참된 포도나무는 요한 복음서만의 독특한 디오니소스적 상징 가운데 또 하나였다. 전체 문장은 다음과 같다.

> 나는 참된 포도나무요, 내 아버지는 정원사이시다. 그분은 내 안에 있는 모든 가지에서 열매 맺지 못하는 것을 잘라내는 한편 열매 맺는 가지는 모두 다듬어 열매가 훨씬 많이 열리게 하신다. (…) 내가 너희 안에 남아 있는 것처럼, 너희도 내 안에 남아 있으라. 그 어떤 가지도 스스로 열매를 맺지는 못한다. 가지는 반드시 포도나무에 남아 있어야 한다. 너희도 내 안에 남아 있지 못한다면 열매를 맺을 수 없다.

바티칸의 '죽은 자의 도시' 전문가인 찬데르가 보기에 여기 있는 식물들은 M 영묘에 관한 전통적인 그리스도교적 해석을 더욱 뒷받침할 뿐이다. 어부를 "포도나무의 부드러운 어린 가지가 두드러지게 에워싼"significativamente incorniciata da flessuori tralci di vite 것은 「요한 복음서」의 위 구절에 대한 "뚜렷한 언급"evidente richiamo이라는 것이다.[29] 하지만 다른 사람들은 여기에서 이교 연속을 인식할 수 있다. 즉 아우렐리우스 가문 지하 묘지에 있는 그림보다 수십 년 앞선 모티프로서 디오니소스 신비제와 그리스도교 신비제의 혼종으로 아우렐리아 프리마가 입문한 일에 대해 훌륭한 선례를 수립하는 것이다. 도시 저편의 호메로스풍 프레스코화에 있는 마녀 키르케가 환각성 그리스 신비에 대한 증거라면 이 포도나무 역시 똑같은 것에 대한 암시일까? 그것도 무려 가톨릭 세계의 진원지에서?

미술사가 존 벡위스John Beckwith는 M 영묘를 분석하며 "디오니소스의 울창한 포도나무가 그리스도의 참된 포도나무가 되었다"라고 말했다.[30] 물론이다. 하지만 왜일까? 이 모든 것은 무슨 의미일까? 저명한 A. D. 노크가 가정했고, 성서학자 데니스 맥도널드가 체계적으로 확인한 「요한 복음서」 속 비밀 '상징'과 '언어'의 목적은 그리스도교 자체보다 훨씬 오래된 도취적인 성사 음료와 예수를 연결하는 일이었다. 그리스인에게, 그리고 자기 선조들과 포도주 신과 친교를 나누기 위해 '죽은 자의 도시'에서 하룻밤 동안 야영했던 모든 그리스어 구사 로마인에게 포도나무는 그저 무아경의 신을 상징하는 것이 아니었다. 포도나무가 곧 무아경의 신이었다. 빠르게는 기원전 6세기경부터 지중해 전역의 그리스 도기에는 명확한 증언이 나타난다. "신과 대조적으로, 그의 추종자나 예배자는 포도나무 가지를 들고 다니는 모습으로 그려지지 않았다. 따라서 포도송이가 달린 포도나무 가지는 디오니소스 숭배나 예배의 일반적인 상징이 아니었다. 그것은 오히려 포도나무 자체의 구체적인 상징이었으며, 오직 그 신에게만 어울리는 것이었다."[31]

내가 『디오니소스의 여신도들』에서 펼친 대목은 지난 금요일 루브르의 나폴레옹 광장에서 사제와 함께 읽은 부분이었다. 나는 종이 냄새를 맡으며 에우리피데스를 떠올렸다. 그는 기원전 450년 자기 걸작이 디오니소스 극장에서 공연되는 것도 지켜보지 못하고 사망했다. 만약 호메로스가 고대 그리스에서 아우렐리우스 가문 지하 묘지까지 먼 여행을 할 수 있다면 에우리피데스라고 해서 여기에 나타나지 못할 이유는 없지 않을까? 어쩌면 이 음침한 동굴로 내려온 초기 그리스도교인 가운데 하나가 그 희곡의 사본을 하나 갖고 있었을지도 모른다. 바로 그 작품에서 요한은 '참된 포도나무'를 가리키는 자신의 언어를 가져왔고, 모자이크 화가는 이 타임캡슐 안의 모든 공간에 구불구불하게 자라난 초록색 덩굴손을 차용한 것이다. 그러니 이 작품을 읽는 것이 적절해 보였다. 나는 애초에 이곳 성 베드로 대성당으로 성만찬을 가져온 그리스어를 큰 소리로 읽었다.

> 바로 그 음료 덕분에 괴로움을 겪던 죽어 없어질 인간은
> 자신을 포도나무[암펠루]의 즙으로 채우면 고통으로부터 자유로워졌고,
> 그 음료 덕분에 하루의 괴로움을 잊고 잠들게 되었다네.
> 슬픔에 대한 다른 약[파르마콘]은 없다네.
> 스스로 신인 그[디오니소스]는 신에게 바치는 헌주에서 흩뿌려진다네.

바로 여기에 최대한 분명히 나와 있다. 「요한 복음서」 15장 1절에 나오는 암펠로스, 즉 포도나무가 그로부터 몇 세기 전에는 파르마콘으로 묘사된 것이다. 고대 로마인이 이곳에 와 자신의 성만찬을 이용해 죽은 자를 애도할 때 그는 어떤 포도주를 선택했을까? 내가 이곳에 오는 길에 본 마법 지휘봉을 든 디오니소스의 불멸의 피였을까, 아니면 예수의 불멸의 피였을까? 초기 그리스도교라는 이 독특한 시기 동안 그 두 가지 사이에 어떤 진정한 차이가 있기는 했을까? 로마의 레프리게리움이야말로 그 두 가지를 결합시키는 데 완벽한 의례가 아니었을까? 밤샘 행사야말로 그리스의 파르마콘을 그리스도교의 파르마콘 아타나시아스와 한데 엮어주는 접착제가 아니었

을까? 그 모든 일은 바로 여기에서, 즉 콘스탄티누스가 성 베드로의 성지 위에 자신의 대성당을 건설함으로써 '죽은 자의 도시'와 그들의 약물 첨가 포도주의 유산을 영영 묻어버리기 전에 일어난 것 아니었을까?

만약 M 영묘가 바티칸의 주장대로 정말 그리스도교적이라면 '참된 포도나무'라는 결정적인 상징은 영지주의자가 선호하는 저술인 「요한 복음서」에 독특하게 헌신하는 공동체를 나타내는 셈이다. 그 공동체는 마르쿠스를 그의 영적 스승이자 그 시대의 가장 유명한 영지주의자 발렌티누스와 엮어주는 '비밀 교의'를 물려받았을 가능성이 매우 크다. 그것은 발렌티누스를 테우다스와 바오로를 거쳐 예수 본인에게까지 거슬러 올라가 연결해주는 약물 함유 포도주의 전통이다. 사후의 삶을 엿보기 위해 이 지하실에 모인 사람들이 누구든 그들은 교부 이레네오와 히폴리토스가 아주 잘 기록해놓은 영지주의 성만찬을 이용했을 가능성이 매우 크다. 여기에서 머리 위로 몇십 센티미터 위에서는 프란치스코 교황이 물 탄 포도즙을 "교회의 박동하는 심장"이라며 축복했고, 약물 함유 성만찬이라는 발상은 오늘날 '이단'이라 불린다. 무려 1,800년 동안 그러했다. 하지만 바티칸의 세력이 막대하게 커지기 이전, 지금은 잊힌 어떤 순간에만 해도 이 아래에서 그것은 '그리스도교'라 불렸다. 그리고 그보다 앞선 수천 년 동안 그것은 이름 없는 종교였다.

산 자와 죽은 자가 2,000년 이상 아무런 방해도 받지 않고 서로 손잡았던 이 조용한 벙커에서, 나는 영들이 포도나무 주위에 모여드는 것을 느낄 수 있었다. 그들은 눈에 보이지 않는 기둥을 타고 미켈란젤로의 돔을 향해 뛰어올랐다. 이것이 우리 종種 역사의 최초 몇 장에서 종교의 기원이 아니라면 무엇이 그것인지 확신할 수 없었다. 로마인은 레프리게리움의 발명인이 아니었는데, 이는 가나안인과 페니키아인과 나바테아인이 마르제아의 발명인이 아니었던 것과 매한가지이다. 또 신석기 시대의 모든 인도유럽어 구사자가 두개골 숭배를 발명해 훗날 마스 카스테야르 데 폰토스의 가정 예배당에 물려주지 않은 것과 매한가지였다. 그들은 모두 공통의 전통을 물려받았을 뿐이고, 그 전통은 최소한 라케페트 동굴과 괴베클리 테페만큼 오래되었으며, 어쩌면 그보다 훨씬 오래되었을 수도 있다.

그 전통은 우리의 DNA에 각인되어 우리로 하여금 망자를 그리워하고 급기야 노골적인 방법으로 그들이 돌아오기를 원하게 만들었다. 하지만 오늘날의 유순한 종교들과 달리 고대인의 정신은 죽음의 신비를 탐사하지 않은 채 내버려두기를 거부했다. 그들은 죽기 전에 죽기의 기술과 과학에 노력을 집중했고, 그들 자신과 선조를 위해 내세를 순간적으로 일별했다. 아우렐리아 프리마는 성배의 성만찬 연회에 등장하는 것으로 충분했다. 성 베드로도 지금 내가 있는 곳에서 서쪽으로 멀지 않은 성지에서 초기 그리스도교인과 잔치를 즐기는 것만으로 충분했다.

디오니소스와 예수가 그 경험을 모든 사람이 이용할 수 있도록 만들려 했지만 그 전통은 오래가지 않았다. 저 위에서는 그리스 관료들이 성공을 거두었다. 그리스 신비주의자는 자신들이 속한 '죽은 자의 도시'에 남아 있었다. 세계에서 가장 큰 종교의 원래 여사제들이 당한 것처럼 세계에서 가장 작은 나라는 그런 사람들이 전혀 존재한 적 없었던 척할 수 있었다.

성 베드로 대성당 방문에 이어, 나는 이미 여러 해 동안 매혹된 다른 카타콤 두 군데를 더 조사하러 갔다. 이 빡빡한 로마 여행 전까지만 해도 내게는 그것들을 직접 볼 기회가 전혀 없었다. 하지만 일단 직접 보고 나자 그리스에서 영감을 얻은 영지주의 브랜드 그리스도교에 관해 내가 이제껏 수집한 지하의 단서들이 하나로 합쳐져 일관성 있는 이야기가 되었다. 이보다 앞선 시몬주의자, 발렌티누스주의자, 마르쿠스주의자처럼 여성은 미사와 레프리게리움의 경계선을 계속해서 흐리는 지하 교회의 일개 구성원이 아니었다. 그들은 오히려 책임을 맡고 있었다. 4세기의 정점까지 죽은 자를 소환하기 위해 성만찬이 필요할 때마다 한 성별만이 그 일을 해낼 수 있었다.

우선 로마를 벗어나 북쪽으로 이어지는 살라리아 거리Via Salaria, 즉 '소금 길'에 있는 프리스킬라의 카타콤에 혼자 다녀왔다. 고생 끝에 알아낸 바에 따르면 이곳은 사전 예약이 불가능했다. 그러니 개장 시간 동안 찾아가면 바티칸을 대신해 이 장소를 운영하는 베네딕도회 수녀들이 기꺼이 안내해줄 것이다. 그리고 나처럼 목에 건 채로 깜박하고 빼지 않은 비밀 문서고 출입증을 갖고 있으면 특히 그러할 것이다. 이레네 수녀의 얼굴을 보니 나를 프란치스코 교황이 직접 파견한 사람이라도 된다고 생각하는 듯했다.

로마 원로원 의원의 아내 이름을 딴 이 카타콤은 오래된 채석장을 파서 지어졌는데, 그 규모는 아우렐리우스 가문 지하 묘지와 바티칸 지하 묘지를 졸지에 어린아이 장난으로 만들 정도이다. 통로와 방으로 이루어진 미궁은 오늘날 빌라 아다 사보이아라는 제법 규모 있는 공원 아래로 13킬로미터 가까이 뻗어 있다.[32] 이곳은 한때 '카타콤의 여왕'이라는 별칭으로 알려져 있었는데, 오랜 세월 동안 이곳에 묻힌 교황과 순교자의 수가 워낙 많기 때문이다. 무덤 4만 기 가운데 탐사할 만한 것이 분명 무수했지만 내 유일한 표적은 구약성서와 신약성서의 몇 장면을 보여주는 정사각형의 3세기 유적 카펠라 그레카Capella Greca, 즉 '그리스식 경당'이었다. 그중에는 이사악의 희생, 사자와 함께 있는 다니엘, 라자로를 부활시킨 예수를 묘사한 프레스코화도 있었다. 한때 사계절을 상징하며 천장의 네 귀퉁이를 장식했던 두상들도 있었다. 하지만 지금은 그런 이교도 이미지 가운데 단 하나만 남아 있는데, 그의 디오니소스를 닮은 머리에는 초록색 식물이 왕관처럼 얹혀 있다. 방 전체를 두르는 긴 돌 벤치는 키에사 치미테리알레chiesa cimiteriale, 즉 이곳 '묘지 교회'에서 거행되는 장례 연회 식사에 사용되었을 것이다.[33]

예수회원이며 미술사가인 조지프 윌퍼트Joseph Wilpert가 무덤이 없다는 이유로 이곳을 예식실이라 부른 까닭도 그것이었다. 이 '그리스식 경당'이 사람을 묻는 데 사용되지 않았다면 성만찬을 소비하는 데 사용된 것이 분명했다. 1894년 윌퍼트가 보기에는 그것이야말로 유일하게 논리적인 결론이었다. 마침 그는 지하 교회의 중앙 아치에 그려진 〈프락티오 파니스〉Fractio Panis, 즉 '빵 나눔'*이라는 논란의 여지가 있는 프레스코화를 가리고 있던 두꺼운 종유석 더께를 화학적으로 제거한 직후이기도 했으므로.

그 프레스코화에는 전형적인 반원형 스티바디움, 즉 안락의자에 일곱 사람이 둘러앉아 있었다. 이들 오른쪽으로는 고리버들 바구니 네 개가 놓여 있고, 왼쪽으로는 세 개가 놓여 있다. 이는 예수의

---

* [감수 주] '성찬 예식'의 다른 표현이다.

유명한 '오병이어' 기적을 연상시키는데, 그때 저 나자렛 사람은 겨우 빵 다섯 덩어리와 자잘한 물고기 두 마리를 굶주린 갈릴래아인 5,000명에게 나눠주었다. 맨 왼쪽 인물은 다른 사람들만큼 편안한 자세가 아닌데, 앞으로 몸을 굽힌 모습이 성사용 빵을 나누거나 그 근처의 잔을 축성하고 있는 것으로 보인다. 나머지 여섯 명은 식탁 위에 놓인 접시 두 개를 향해 팔을 뻗어 공동 집전을 상징한다. 맨 왼쪽 사람은 틀림없이 이 전례의 집전자인 듯하며, 그/그녀의 성별이 매우 중요한 이유도 그래서이다. 윌퍼트는 분명히 턱수염을 목격했다. 하지만 기묘하게도 이 인물의 얼굴은 현재 얼룩져 있어, 급기야 어떤 사람들은 그 예수회원이나 다른 어떤 바티칸 사람이 의도적으로 그 이미지를 손상시켰다고 믿게 되었다.

학자 도로시 어빈Dorothy Irvin은 음모론을 받아들이지 않은 상태에서 이 장면을 대안적으로 해석했다. 1980년 『듀크 신학 대학 리뷰』 *Duke Divinity School Review*에 발표한 「초대 교회의 여성 사역: 고고학적 증거」*The Ministry of Women in the Early Church: The Archeological Evidence*에서 그녀는 흰색 옷을 입은 일곱 명의 유령 같은 인물들을 미세 분석하고는 이 집단 전체가 "의심할 여지 없이 여성적"이라 결론지었다. "한 사람은 베일을 썼으며, 모든 사람은 위로 빗어 올린 머리카락, 가느다란 목과 경사진 어깨, 귀걸이의 흔적이라는 특징을 지녔다."[34] 윌퍼트의 '남성' 사제와 관련해 어빈은 "뻗은 팔 아래 있는 가슴의 그림자"를 지적한다. 아울러 그는 그 인물이 착용한 치마 길이를 유심히 살핀다. 당시 남성의 튜닉은 종아리 밑으로 내려오는 법이 결코 없었다. 반대로 여성의 치마는 땅에서 2.5센티미터 위까지 내려왔을 것이다. 어빈은 치마가 집전자의 종아리를 완전히 덮었으며 "발목 주

프리스킬라의 카타콤 그리스식 경당에 있는 〈프락티오 파니스〉, '빵 나눔' 프레스코화.

위에서 접힌 채" 뭉쳐 있다고 지적했다.[35]

　다른 사진들에서도 인도자의 치마를 분명히 알아볼 수 있다. 하지만 더 최근 사진에서는 마치 사라진 것처럼 보여 수수께끼를 더할 뿐이다. '그리스식 경당'을 방문하는 동안 나는 쇠창살 때문에 그림을 가까이에서 관찰할 수 없었다. 어느 쪽이든 바티칸은 어빈의 학술 연구를 여전히 납득하지 못하고 있다. 교황청 고고학 위원회에서 2016년 펴낸 안내서를 보면, 라파엘라 줄리아니Raffaella Giuliani는 윌퍼트의 원래 해석을 반복하며 "영예로운 자리"posto d'onore인 식탁의 상석에 앉은 사람은 의심할 여지 없이 "튜닉과 팔리움을 걸친 턱수염 기른 남성"un uomo barbato indossante tunica e pallio이라 말했다.[36] 즉 그 사람은 다른 남성 다섯 명이 참석한 전례용 식사의 "집전 주교"vescovo celebrante였을 것이라고 했다. 성차별 하지 않기 위해서인지 줄리아니는 오른쪽에서 세 번째에 있는 인물을 베일을 쓴 여성이라 보았다.

윌퍼트의 "암시적인 성만찬 독해"suggestiva lettura eucaristica에서는 훗날 교회도 한발 물러나게 되었는데, 추가 연구 과정에서 이 연회를 이교의 레프리게리움 전통과 연결시키는 것이 현재 유행하는 독해라 인식한 까닭이었다.[37] 바티칸도 신앙이 발전하는 과정에서 이 정도로 중차대한 시기에 이교와 초기 그리스도교 실천의 경계는 비교적 느슨한 편이었다고 깨닫게 되었다. 고리버들 바구니뿐 아니라 식탁 위에 차려진 상징적 식사도 쉽게 무시할 수 없다. 잔이 하나 있고, 옆 접시에는 빵이 다섯 덩어리 놓여 있으며, 그 옆의 또 다른 접시에는 물고기가 두 마리 놓여 있다. 이런 배열 탓에 교회는 불가피하게 포도주와 빵이 모두 '성체성사'를 가리키며, 오병이어와 가나의 혼인 잔치와 최후의 만찬처럼 이와 관련된 특정한 복음서의 구절을 가리킨다고 여기게 되었다. 실제로 제단에는 "그리스도교와 성체성사의 매우 뛰어난 상징이" 가득했다.[38]

이는 흥미로운 양보였다. 하지만 어빈이 보기에 충분히 멀리 나아간 것은 아니었다. 아우렐리우스 가문의 지하 묘지에 있는 성배 프레스코화나 M 영묘에 있는 모자이크와 마찬가지로, 여기에서 중요한 것은 본래 성만찬이었다. 〈프락티오 파니스〉의 적절한 독해는 레프리게리움이라는 순수한 이교적 배경에서 일반적으로 소비되는 음식과 음료의 부재를 반드시 설명할 것이었다. 바티칸조차 크고도 텅 빈 식탁이 이 연회에 어떤 "전례적 성격"carattere liturgico을 부여한다고 시인했다.[39] 만일 여성 일곱 명이 단지 소풍을 즐기는 것이 아니라면 그들은 분명히 어떤 이유로 인해 로마 거리 아래 깊은 이 땅

속에서 거행되는 격앙된 전례에 참여하고 있을 것이다.

이 경당 벽에 새겨진 그리스어 헌사는 이 정사각형 방 이름의 기원이 되었다. 거기에는 네스토리아나라는 여성의 죽음이 기록되어 있다.[40] 호메로스의 『오디세이아』에 나오는 미케네 그리스의 펠로폰네소스 왕 네스토르와 마찬가지로 그 이름은 그리스의 숭배자를 가리킨다. 성체성사의 전통이 실제로 고대 지중해의 그리스화 지역이나 정남쪽에 있는 마그나 그라이키아에서 수입된 것이라면 여기에 묘사된 포도주는 결코 일반적인 포도주가 아닐 것이다. 그것은 아우렐리아 프리마를 마그나 그라이키아의 피타고라스와 플로티노스 같은 사람들과 연결해주는 그리스 '비밀 교의'의 일부일 가능성이 크다. 아니면 영지주의자를 예수는 물론 본래의 약물 함유 성만찬과 연결해주는 그리스도교 '비밀 교의'의 일부일 것이다. 양쪽에서는 이런 동굴 같은 카타콤에서 가장 뛰어난 표현을 발견한 특정한 시각적 기술이 공통적으로 나타난다. 이곳에서는 여성이 결정적인 역할을 담당했던 것으로 보인다.

〈프락티오 파니스〉가 등장했을 가능성이 큰 3세기 중엽 '그리스식 경당'은 그리스와 그리스도교라는 두 전통이 디오니소스 추종자와 예수 추종자를 모두 끌어들일 수 있는 신비주의 숭배의 일종으로 융합하기에 이상적인 장소였을 것이다. 어빈은 이렇게 주장한다.

이 특정한 장면이 크나큰 가치를 지닌 이유는 성만찬이나 성만찬의 한 유형을 지극히 초기에 증언했기 때문이다. 이 카타콤 종교 예술 작품은 공동체의 아가페를 우리에게 보여주지 않는 대신 또 다른 용례인 성만찬의 철야를 보여준다. 이것이 카타콤에 묘사된 까닭은 그곳이야말로 한 그리스도교인의 죽음을 기념해 이 철야가 거행된 장소이기 때문이다. 거기에는 매장 장소에서 밤을 보내는 일과 사망자를 추모하는 성만찬 거행이 포함되었던 것으로 보인다. 이는 완전한 식사가 아니라 성만찬에 지나지 않았으며, 바로 그런 이유로 식탁 위에 다른 음식이 전혀 없다.

만약 여성 일곱 명이 정말 여기 묘사되어 있다면 앞서 내가 파리에서 프랜시스 신부와 저녁을 먹으며 언급했던 고전학자 로스 크래머의 결론과 완벽하게 맞아떨어진다. 그녀는 디오니소스 신비제의 물질적 증거를 검토한 결과, 그리스 전통에서는 "그 빙의와 희생의 실천에 대한 입문"에서 일반적으로 남성을 배제했다는 사실을 발견했다. 「요한 복음서」에 나오는 '상징'과 '언어' 모두, 그리고 「마리아 막달레나 복음서」의 명백한 의미에 대한 면밀한 독해 역시 이 같은 사실을 암시한다. 가톨릭 사제인 고故 레이먼드 E. 브라운도 존경받는 연구에서 "사도들 중의 사도"로서 마리아 막달레나의 지속적인 평판에 주목한 바 있다. 그리스어 구사자라면 누구나 예수 부활의 최초 증인을 신성한 인물로 바라볼 수 있었다. 그리스어 구사 영지주의자가 보기에 합당한 성만찬을 바로 그들이 준비했다는 점을 이 세상 모든 증거가 정당화한다.

이 '그리스식 경당'뿐 아니라 로마 전역에서 그러했다.

두 번째 모험에서는 프랜시스 신부도 나와 동행해 성 마르켈리누스와 성 페트루스의 카타콤Catacombs of Saints Marcellinus and Peter을 찾았다. 로마에서 남쪽으로 마그나 그라이키아를 향해 뻗은 카실리나 거리의 포르타 마조레Porta Maggiore 외곽에 자리한 이 무덤은 전형적인 로마 여행 일정과는 거리가 멀었다. 프리스킬라의 카타콤과 마찬가지로 이곳은 그저 지하의 어둠 속으로 몇십 센티미터 완만하게 내려가서는 접근할 수 없었다. 지표면에서 한참 아래쪽에 지그재그로 종횡무진 아찔하게 펼쳐진 매장실에 생기를 불어넣는 5,574제곱미터의 땅속 회랑과 터널을 동굴 탐험하듯 지나가야 했다.[41]

우리가 조사에서 특히 관심을 가진 대상은 이곳의 프레스코화 여덟 점이었다. 3세기 말부터 4세기 초에 제작된 연회 장면 그림에서는 여성들이 매우 분명하게 성만찬 잔을 장악하고 있다.[42] 고고학 발굴로 멘사이mensae, 즉 작은 식탁 서른세 점이 발견되었고, "유리와 도기 그릇 파편"도 갖춰져 이곳의 어둠 속에서 실제로 거행된 장례 식사를 확증했다.[43] 2005년 발표한 「가족 장례 연회에서의 여성 지도자들」Women Leaders in Family Funerary Banquets에서 학자 재닛 털로크Janet Tulloch는 이렇게 말한다. "여기에 표현된 행동은 초기 그리스도교 공동체의 어느 시점에 용인된 관습이었을 가능성이 큰데, 이런 행동의 표현은 대개 실제 관습보다 뒤늦기 때문이다."[44] "존경받는 여성"이 포도주를 과도하게 마시는 일에 대한 로마의 편견에도 그 세기 초 콘스탄티누스가 그리스도교를 후원한 까닭에, 이런 카타콤에서 볼 수 있는 "시각적 관습"은 계속 독려되었을 것이다. 이는 "그리스도교인에게는 현실에서 이미 친숙한 관습"이자 "초기 교회 형성 과정에서 여성의 지위와 도덕에 대한 지표"였다.[45]

잔치 장면 여덟 점 가운데 일곱 점에는 약간 기묘하게도 그리스어 아가페와 이레네('사랑'과 '평화')가 로마자로 적혀 있다. 한 가지 주된 사례는 카타콤에서도 가장 먼 곳에 있는 78호실이다. 우리가 아우렐리우스 가문 지하 묘지에서 본 것과 같은 종류의 아치형 벽

성 마르켈리누스와 성 페트루스의 카타콤 78호실에 있는 장례 연회 프레스코화(위). 여사제 위에 로마자로 적힌 아가페와 미스케(Misce)는 각각 '사랑을 위하여!'와 '섞어요!'라는 뜻이다. 같은 카타콤 76호실에 있는 또 다른 장례 연회 장면(아래). 로마자로 적힌 미스케 미(Misce mi)와 이레네는 각각 '나를 위해 섞어요!'와 '평화를 위하여!'라는 뜻이다.

감에 그려졌는데, 그 색깔이 이례적으로 잘 보전되어 있다. 맨발에 베일을 반쯤 쓴 여성 한 명이 붉은색과 노란색으로 얼룩진 긴 예복을 걸치고 서 있다. 예복은 중세 수도사 같은 방식으로 허리에서 높게 끈으로 조였다. 그녀는 오른손에 의례적으로 잔을 들었는데, 엄지와 두 손가락으로 섬세하게 붙잡고 있다. 안락의자 주위에는 남성 네 명이 앉아서 이를 지켜보고 그중 몇 명은 한가운데 놓인 연회용 식탁을 손으로 가리키는데, 그 위에 물고기가 한 마리가 놓인 듯하다.

45호실에서는 반응이 훨씬 더 두드러지는데, 이 프레스코화는 앞선 장면과 매우 유사하지만 시간의 영향으로 약간 더 손상되었다. 성인 네 명과 아이 두 명으로 이루어진 무리 앞에서 자주색 예복을 입은 여성 집전자가 오른손으로 잔을 들어올린다. 이들은 그 몸짓에 깜짝 놀라는데, 특히 여성 바로 옆에 있는 남성은 눈이 휘둥그레진 표정이 거의 경악한 상태이다. 나는 문득 성배 프레스코화에서 죽은 자 가운데에서 돌아온 아우렐리아 프리마를 환영하고 잔을 들어 올린 모습에 최면에 빠진 열두 사람을 떠올렸다. 털로크가 보기에 그 연회의 과장된 표정과 몸짓은 "장례 연회에서 절정의 순간"에 해당하는 "이 특정한 음주 제의의 중요성"을 강조하는 것이었다.[46]

집전자로서 아가페라는 단어를 말한 사람은 여성이었다. 털로크는 라틴어 비문의 나머지를 손님들의 후렴 일종으로 해독하면서 이 식사의 '전례적 성격'을 다시 한 번 상기시켰다. 따라서 78호실 안에서 여성은 "사랑을 위하여!"와 비슷한 어떤 말을 외쳤다. 그리고 남성들은 이렇게 응답했다. "미스케!"(Misce!, 섞어요!) 45호실에 적힌 라틴어도 이와 마찬가지로 명료하다. "미스케 노비스!"(Misce nobis!, 우리를 위해 섞어요!) 그곳에서 북쪽으로 겨우 20분 거리에 있는 그리스식 경당의 섬세한 축성과 달리, 이곳의 라틴어는 프리스킬라의 카타콤에 있는 '묘지 교회'의 그리스어 구사자들이 시각적으로 의사소통하려 한 내용이 무엇이었는지 완벽히 밝혀준다. 이 여성은 포도주를 들어 올리고 지칭하거나 선보이는 역할뿐 아니라 섞는 역할도 맡았다. 우리가 루브르에 있는 G 408과 G 409를 분석하며 언급한 혼합 의례와 마찬가지로, 이는 오늘날 우리가 아는 미사를 탄생시킨 이 초기 그리스도교의 식사에서 마시는 음료가 결코 평범한 포도주가 아니었다는 매우 실제적인 가능성을 제기한다.

실제로 3세기 로마에서 그리스어 구사 여성은 약초에 관한 지식이라는 보물 상자에 접근할 수 있었을 것이다. 그런 보물 상자로는 '약물의 아버지' 디오스코리데스뿐 아니라 그 후계자들의 지식도 있었다. 그리스어로 저술한 약리학자 갈레노스는 3세기 초 사망하기 전까지 여러 황제를 섬겼으며, 로마라는 도시의 "탁월한 약물 공급"을 예찬했는데, 앞서 언급했듯 그의 저서 가운데 상당수는 아직 영어로 번역되지 않았다.[47] 그리스도교 성만찬은 그 영감을 제공한 그리스 성만찬 못지않게 갈레노스의 백과사전적 저술에서도 확실히 영향받았을 것이다.

그리고 그 증거는 바로 이곳 벽에 적혀 있어 바티칸 카타콤으로 들어오는 사람이라면 누구나 볼 수 있다. 39호실에서는 마지막 로마자 구절이 프레스코화의 왼쪽에 기록되어 있다. 벽에 멋지게 적힌 그 구절은 다 칼다!, 즉 '그 따뜻한 걸 주세요!'로 해독할 수 있다. 라틴어 칼다는 기묘한 단어이다. 카타콤 외에 같은 시기의 꽃병에도 나타난다. 털로크는 칼다를 "포도주와 물을 섞은 뜨거운 음료"로 번역했다.[48] 로돌포 란치아니Rodolfo Lanciani가 1893년 펴낸 『이교도와 그리스도교의 로마』Pagan and Christian Rome에서는 자세한 내용을 조금 더 볼 수 있다.

> 칼다라는 단어의 의미는 분명하지 않다. 다만 고대인이 우리의 차 [茶]에 상응하는 뭔가를 가졌다는 데에는 (…) 의심할 여지가 없 다. 하지만 칼다는 단순한 추출물 이상이었던 것으로 보인다. 분 명 이것은 뜨거운 물, 포도주, 약물의 혼합물, 말하자면 일종의 펀 치로 대개 겨울에 마셨다.

여기에서 친숙한 주제 또 하나가 모든 것을 완전하게 마무리한다. 바로 여성과 약물이다. 이와 함께 나의 로마 카타콤 관광도 마무리 되었다.

예수 사망 직후인 33년부터 테오도시우스가 그리스도교를 로마 제 국의 공식 국교로 만든 380년까지의 중대한 시기 동안 초창기 그리 스도교인들의 비밀 모임과 마법 성사를 부활시키는 것이 목표였다 면 그 임무는 완료된 셈이었다.

로마 국가와 교부가 가까이에서 주시하는 상황에 그리스도교가 세 세기 넘도록 가정 교회와 카타콤에 머물러 있었다는 점은 놀랍 지 않다. 정치 및 종교 당국의 간섭 없이 어느 가정이나 묘지에서든 편안하고 개인적으로 마법 포도주를 만들 수 있는 환경 속에서 본 래의 성만찬은 번성했을 것이다. 하지만 내가 루브르 방문 이후 답 하려 노력해온 질문 하나는 과연 우리가 마스 카스테야르 데 폰토

성 마르켈리누스와 성 페트루스의 카타콤 45호실에 있는 장례 연회 프레스코화(위). 왼쪽에 있는 여사제의 머리 위에 로마자로 적힌 아가페와 미스케 노비스는 각각 '사랑을 위하여!'와 '우리를 위해 섞어요!'라는 뜻이다. 오른쪽에서 두 번째 인물 위에 적힌 라틴어는 포르게 칼다(Porge calda), 즉 '그 따뜻한 걸 주세요!'라는 뜻이다. 같은 카타콤 39호실에 있는 마지막 장례식 연회 장면(아래). 왼쪽의 로마자는 이레네와 다 칼다, 각각 '평화를 위하여!'와 '그 따뜻한 걸 주세요!'라는 뜻이다.

스까지 거슬러 올라가 확인한 그 환각성 그리스 신비의 전통이 정말 예수 사후 몇 세기 동안 기독교에 들어갔는지 여부였다. 만약 그것이 사실이라면 어떻게 그렇게 되었을까? 그것이 사실이라면 환각제라는 의외의 요소가 깃든 이교 연속 가설에는 어떤 도움이 될까?

저 멀리 그리스에서 치명적인 물약을 내놓는다는 이유로 코린토의 가정 교회를 성 바오로가 비난했을 때, 그 공격은 고대 지중해의 모든 그리스 환영자가 출몰 장소로 선호했을 마그나 그라이키아와 로마까지 이어지는 일련의 단서를 촉발했다. 가정 교회에서 나온 고고학적 증거가 그리 많지 않은 상태에서 우리는 환각성 성만찬이 나타날 법한 다른 유일한 장소를 돌아보게 되었다. 바티칸은 이곳을 가리켜 그리스도교의 진정한 기원에 대한 "가장 명시적이고 구체적인 증거"라 설명했다. 바로 지하 납골당이었다.

성 베드로 대성당 아래에 있는 '죽은 자의 도시'에서 우리는 세계에서 가장 오래된 그리스도교 모자이크화를 보았다. 2세기 말부터 3세기 초까지 Z 무덤에 있는 무아경의 신의 석관과 M 영묘에 있는 '참된 포도나무'는 「요한 복음서」가 불멸을 약속하는 '참된 음료'에서 끝나는 그 모든 비밀 '상징'과 '언어'를 이용해 전달하려 했듯 가톨릭교회의 기초가 문자 그대로 디오니소스 위에 건설되었다는 놀라운 증거이다. 콘스탄티누스가 매립하기 이전의 바티칸 지하 묘지에서 어떤 종류의 물약이 소비되었는지 과연 누가 알겠는가. 하지만 이것이 「요한 복음서」를 다른 무엇보다 소중히 여겼던 영지주의자들의 마법 성만찬과 비슷하다면 산 자와 죽은 자 사이에서 벌어지는 밤샘 잔치는 오늘날 미사보다 훨씬 환각성인 행사였을 것이다. 그곳에서 디오니소스의 피와 예수의 피는 하나이며 똑같았을 것이다.

　도시 건너 저편에 있는 3세기 중반의 아우렐리우스 가문 지하 묘지에서는 환각성 마녀 키르케가 호메로스풍 프레스코화에서 튀어나왔다. 이것이야말로 그리스 신비제의 입문자에게 말을 걸었을 법한 석기 시대 전통의 잃어버린 상징이었다. 그 입문자들은 아우렐리아 프리마가 자신의 아포테오시스를 마지막 방에서 완료한 다음 '최후의 만찬'의 가장 오래된 재현일 법한 레프리게리움 가운데 죽은 자 사이에서 돌아오는 모습을 엿보았을지도 모른다. 이전 여러 세기 동안 이탈리아에서 그리스, 에페소에서 갈릴래아에 달하는 장소에서 디오니소스의 마녀 무리에 입문했던 다른 여성들과 마찬가지로 아우렐리아 프리마는 '비밀 중의 비밀'의 보관인으로서 자신의 역할을 받아들였다. 하지만 그녀는 발전의 길을 가로막고 있었다. 사제들이 그리스도교를 장악하려면 마녀들을 제거해야 했다.

　「요한 복음서」와 「마리아 막달레나 복음서」가 원래 의도한 대로 마리아 막달레나를 "사도들 중의 사도"로 숭배했던 마녀들을. "사도들 중에서도 으뜸"이었던 유니아를 따라 '영원의 도시'로 왔을 마녀들을. 아우렐리아 프리마 이후 여러 세대가 지나도록 프리스킬라의 카타콤 깊은 곳 '그리스식 경당'의 '묘지 교회'에서 선조들을 위한 자신들의 특별한 성만찬을 여전히 축성하고 있었던 마녀들을. 성 마르켈리누스와 성 페트루스의 카타콤에서 산 자와 죽은 자 관객을 위해 약물 함유 포도주를 혼합하며 고대 그리스어로 '평화'와 '사랑'의 기도를 외쳤던 마녀들을.

　그렇다면 이는 초기 그리스도교에서 간과된 이야기이다. 거의 300년 동안 이는 불법 신비주의 경배였으며, 그리스어 구사 이탈리아의 여성들은 저승으로의 접근을 제공한다고 일컬어진 지하 세계에서 장례 연회를 주도했다. 하지만 바티칸이 1972년 선포한 것처럼 "하느님의 계획에 의거해" 마녀와 그들의 성만찬은 결코 '죽은 자의 도시'를 빠져나오지 못했다. 성체성사는 남성의 일이었다. 그리고 지금도 여전히 그렇다. 석기 시대의 인간을 동굴에서 도시로 끌어올렸을 묘지 맥주와 마찬가지로 그리스도교를 건설한 묘지 포도주는 과거의 것이었다.

그것은 아마도 파묻혔을 것이다.

하지만 온갖 역경에도 기적적으로 보전되었다.

세계에서 가장 위험한 화산의 그늘 아래에 말이다.

15장
신비제 해안 고속도로

결국 어디에선가는 나타나리라 짐작했다. 하지만 마음 한편으로는 그렇다고 믿기 힘들었다. 내가 환각성 키케온 사냥에서 배운 게 있다면 그리스 신비제에 대한 나의 좁은 정의를 확장하는 방법이었다. 엘레우시스 신비제를 상상할 때마다 나는 항상 엘레우시스 고고학 유적을 생각했다. 그 외에는 아무것도 없었다. 그러다 지중해라는 "고대의 문화 인터넷"에서는 일이 그렇게 작용하지 않는다는 사실을 깨달았다. 그리스에 있는 칼리오페 파팡겔리의 박물관과 창고 속 그릇들을 검사할 수 없다고 해서 버젓한 표본을 탐색하는 일이 끝났다는 뜻은 아니었다.

나는 본래의 성만찬이 사실은 환각성이었음을 입증하는 유일한 방법이 있다고 줄곧 믿어왔다. 하지만 디오니소스나 예수의 신비제에서 사용된 고대의 환각성 포도주에 대한 확고한 과학적 자료를 찾아내는 일은 완전히 실패했다. 설령 그런 물약이 그리스도교의 탄생에 함께했다 하더라도 정작 그것은 있으리라 예상한 곳에 없었다. 고고화학자 가운데 어느 누구도 그리스나 아나톨리아나 갈릴래아에서 그것을 찾아내지 못했다. 매사추세츠 공과대학교의 앤드류 코가 2014년 텔 카브리에서 나온 정신 활성 혼합제에 관해 발표하고, 2019년 텔 케데시에 관한 미발표 소식을 공유한 것이 흥미로운 실마리였다는 점은 분명하다. 하지만 양쪽 모두 그리스도교의 성장보다 앞선 사례였다.

내 사냥의 주요 좌표는 서기 처음 몇 세기 동안 디오니소스와 예수가 중첩된 모든 유적이었다. 나는 코린토 같은 장소에 특별히 초점을 맞추었는데, 본래 가정 교회에서 치명적인 성만찬을 담았던 그리스도교인의 그릇이 출토될 수도 있기 때문이다. 요한의 최초 청중이 있었던 에페소도 마찬가지였는데, '일곱 수면자의 동굴'Grotto of the Seven Sleepers이라고 알려진 유명 공동묘지에서 이교와 그리스도교의 병瓶이 모두 발견되었기 때문이다.[1] 오늘날 이스라엘의 스키토폴리스도 관심 지역으로, 그곳 북부 공동묘지에서는 그리스도교 유물과 함께 디오니소스의 소형 조상彫像이 출토된 바 있다.[2] 하지만 아직까지는 아무것도 드러나지 않았다.

나는 당장 환각성 그리스도교 포도주를 찾으려 나선 사람이 없다는 사실을 상기해야 했다. 그것은 정식 연구 분야도 아니었다. 사실이 논제에 관해 나와 이야기 나눈 학자들 중 그것을 탐색할 가치를 한 번이라도 고려해본 사람은 고전학과 화학을 모두 공부한 앤드류 코뿐이었다. 따라서 여러 해 동안 스모킹 건을 찾으려 학술지를 뒤져본 뒤 나는 실제로 한동안 포기한 채 기원전 그리스 신비에만 집중했다. 다시 말해 키케온과 디오니소스의 포도주에만 몰두했다. 기원후는 뒤로 미뤄놓았다. 그러다 스페인 마스 카스테야르 데 폰토스에서 나온 자료를 보고서 그리스의 신과 여신이 서쪽으로 간 길을 따라가보고 싶어졌다. 나는 간헐적으로 이들을 따라 내가 오랫동안 무시해온 확실한 지역으로 갔다.

마그나 그라이키아였다.

고대 지중해에서 여러 세기 동안 숨어 있던 장소들, 즉 고고학자들이 찾아와 아무도 손대지 않은 그릇들을 뒤져주기를 그저 기다리고 있던 모든 장소 중 이탈리아 남부가 우승을 거두어도 나는 그리 놀라지 않을 것이다. 그곳에서 나는 마침내 지금까지 본 것 가운데 가장 믿을 만한 환각성 포도주 관련 자료를 찾아낼 수 있었다. 황당무계하리만치 복잡한 음료의 잔해는 역사 중에서도 완벽한 순간인 1세기 것이 확실했다. 그곳은 고풍스러운 과거에 그리스 신들이 상륙한 장소였다. 또한 그리스 신비주의의 개념을 정의해 오늘날 우리가 아는 서양 문명을 탄생시킨 한 민족을 낳은 장소이기도 했다.

그 민족은 바로 포카이아인이었다.

아나톨리아에서 데메테르와 페르세포네 숭배를 가져와 스페인에 그리스 식민지 엠포리온을 건설한 포카이아인 말이다. 그 식민지에서는 술 취한 포도주 파티 장면을 묘사한 디오니소스 꽃병을 수입했으며, 그것을 그대로 남겨둔 덕분에 훗날 마스 카스테야르 데 폰토스의 수많은 곡물 사일로 가운데 하나에서 엔리케타 폰스에게 발굴될 수 있었다. 그곳에서는 지하 세계의 문을 열어주는 맥각 가득한 묘지 맥주를 고전기 이베리아인에게 소개한 것처럼 보이기도 했다. 그 식민지에서는 석기 시대에 뿌리를 둔 두개골 숭배를 통해 자신들의 인도유럽인 사촌들과 재연결되었다. 역사가 이처럼 깔끔하고 작은 꾸러미에 포장되는 경우는 드물다. 하지만 가끔 한 번씩 무아경의 신이 선물을 들고 찾아온다.

헤로나를 방문해 논의했듯, '고대의 바이킹'이었던 포카이아인은 오늘날 터키 서부 해안에 자리한 이오니아에서 돛을 올린 이후 지속 가능한 식민지를 세 군데 건설했다. 바로 마살리아(기원전 600년경), 엠포리온(기원전 575년경), 벨리아(기원전 530년경)였다. 로마에서 남쪽으로 네 시간쯤 떨어진 마그나 그라이키아에 자리한 벨리아와 그곳의 그리스인 신비주의자들은 항상 내 마음 뒤편에 있었다. 하지만 무슨 이유에서인지 그들이 그리스도교에도 관여했을 수 있다고는 한 번도 생각해보지 않았다. 하지만 돌이켜보면 불멸의 마법을 가지고 로마를 휩쓰는 데 그 달인들보다 나은 후보자는 없었다.

앞서 언급한 것처럼 고전학자 피터 킹즐리는 플라톤의 스승으로 기원전 515년 벨리아에서 태어난 파르메니데스 이후 이탈리아를 유혹한 비의적 전통에 관한 한 세계 최고 전문가이다. 바로 그 파르메니데스의 친척들이 동쪽에 있는 포카이아인의 본고장에서 자신들의 숭배 관습을 가져와 마그나 그라이키아에 소개했다. 포카이아의 그리스어 구사 공동체는 세계에서 가장 오래되고 가장 수준 높은 문화들로부터 영적 영향력을 받은 수혜자였다. 인도유럽인의 본고장인 아나톨리아와 중앙아시아부터 이집트, 바빌로니아, 페르시아와 인도의 문화까지 그들에게 영향을 미쳤다. 이 용광로는 기원전 600년부터 400년까지 모든 현대 기술의 기초를 놓은 서양 문명 최초의 과학자들을 낳았으며, 죽기 전에 죽기라는 유서 깊은 기술을 완성한 마법사와 치유사와 예언자의 비밀 전통도 만들어냈다.

진정한 철학은 책과 아무 관계가 없다. 서양 사상과 과도하게 연관된 합리성과 논리의 시작점은 플라톤의 대화를 가득 채운 재치 있는 즉답과 교양 있는 논증이 결코 아니었다. 그 모든 정신적 훈련의 배후에는 시대를 초월하는 가르침이 있었는데, 소크라테스는 플라톤의 『파이돈』*Phaedo*에서 이를 잠시 언급한다. "옳은 방식으로 철학에 종사하는 사람은 죽어가는 것과 죽는 것을 배울 뿐이라네."[3]

그리고 벨리아는 이 모든 것의 원천이었다. 지하 세계에 초점을 맞추는 훈련의 진원지로서 이곳에서의 핵심은 "맥박이 워낙 미약해 거의 느낄 수 없을 정도로 외관상 죽음의 상태, 즉 생기가 지연된 상태에 들어가는 것이었다."[4] 존스홉킨스와 뉴욕 대학교 실로시빈 실험 참가자들의 증언은 물론 근동의 마르제아 의례와도 섬뜩하게 닮은 언어로 킹즐리는 파르메니데스와 그 제자들의 지고한 목표를 가리켜 "공간과 시간이 아무 의미 없는" 곳이며, "현재가 우리에게 현재이듯 과거와 미래조차 현재인" "감각 너머의 세계"에서 경험하는 "강경증적" 황홀경 상태라 묘사한다.[5] 대부분 고전학자가 그저 무시해 간과된 전통을 킹즐리는 각자 신앙의 내핵을 감히 탐사해보려 한 모든 유대교, 그리스도교, 무슬림 신비주의자의 놀이터라 요약했다. "우리가 죽어서 지하 세계로 내려가는 것과 우리가 살아 있는 상태에서 준비되고 아는 채로 그곳에 가 그 경험에서 배우는 것은 전혀 다르다."[6]

포카이아인에게 죽기 전에 죽기는 조화우주의 진정한 배후 구조와 접촉하는 유일한 방법이었다. 킹즐리는 다음처럼 설명한다.

깨어나기는 의식意識의 한 형태이며, 꿈꾸기는 다른 한 형태이다.

그런데 우리는 1,000년 동안 살아가면서도 그것을 결코 발견하지 못했으며, 이론화하거나 추측하면서도 결코 가까이 다가가지는 못했다. 그것은 의식 자체이다. 그것은 모든 것을 하나로 묶어주며, 변하지 않는다. 일단 우리가 이 의식을 경험하면 우리는 잠들어 있지도 않고 깨어 있지도 않은 것이 무엇인지, 살아 있지도 않고 죽어 있지도 않은 것이 무엇인지, 그리고 단지 이 감각 세계에서뿐 아니라 또 다른 실재에서도 편안한 것이 무엇인지 알게 된다.[7]

킹즐리에 따르면 이 특별한 의식 상태를 달성하는 데에는 굳이 약물이 필요하지 않다. 그저 동굴에 들어가 "전적인 정적 속에서 먹을 것도 전혀 없이 며칠 동안 보금자리에 있는 동물처럼" 누워 있으면 된다.[8] 고대 그리스 역사가 스트라본(기원전 63~서기 29)은 하데스와 페르세포네에게 헌정된 포카이아와 에페소 남쪽 카리아Caria 지역의 유명한 동굴 카로니움Charonium에서 벌어지는 이른바 '부화'라는 기술에 대해 이렇게 정의했다. 엘레우시스의 폐허 한가운데에 있는 바위 은신처와 마찬가지로 이곳은 지하 세계의 입구로 여겨졌다. 아나톨리아 전역에 걸쳐 아폴론 신전은 종종 그런 동굴 위에 건설되었으며, 용감한 입문자가 죽은 자의 세계로 접근할 수 있도록 했다. 하지만 그리스의 부화에서 가장 유명한 신은 아스클레피오스가 될 예정이었는데, 마스 카스테야르 데 폰토스의 그리스인 농장에서 그리 멀지 않은 암푸리아스 고고학 박물관에 그의 조상彫像이 서 있는 이유도 그래서일 것이다.[9]

킹즐리는 마그나 그라이키아가 고대 부화 관습의 또 다른 명백한 고향이라 믿었다. 심지어 파르메니테스가 북쪽으로는 나폴리부터 폼페이까지, 남쪽으로는 벨리아까지 이어지는 이탈리아 지역인 캄파냐에 오기 전 피타고라스 역시 페르세포네에 몰두하고 있었다. 그가 이탈리아 남부에 있는 자신의 거처를 문자 그대로 신전으로 건축하고, "들어가서 꽤 오랜 시간 동안 꼼짝 않고 머무르는 특별한 지하실"까지 완비한 이유도 그래서였을 것이다.[10] 이는 마스 카스테야르 데 폰토스 고고학 유적 전체에 걸쳐 지하 사일로 2,500개를 흩뿌려놓은 여신과 포카이아의 연애였을까? 또 이것이 성 베드로 대성당 아래 있는 '죽은 자의 도시'에서 최초로 성만찬이 거행된 디오니소스의 지하 포도밭으로 최초의 그리스도교인을 보냈을까? 아니면 그리스어 구사 마녀들이 그 밤을 지배했던 로마 주위의 수많은 카타콤으로 보냈을까?

만약 그렇다면 초기 그리스도교인들은 동면하는 곰처럼 그저 땅에 쓰러졌을까, 아니면 마법의 물약이 때때로 부화의 졸도를 윤활하게 만들었을까? 벨리아인에게는 어두운 동굴 속에서 며칠 동안 누워 있는 일이 숨쉬기처럼 자연스러웠을 것이다. 하지만 그곳에서 북쪽에 있는 로마인은 등을 약간 떠밀어줘야 했을 수 있다. 어쩌면 폰토스에 환각성 맥주를 가져왔던 포카이아인이 그러기에 딱 알맞은 포도주를 가지고 로마로 내려갔을지도 모른다. 서양 문명의 비밀 건축가들에 관한 이 고대의 퍼즐에 어떤 진실의 알갱이가 있다면, 그것은 이탈리아 서부 티레니아해를 따라 벨리아부터 로마까지 이어지는 350킬로미터의 멋진 해안선 어딘가에 놓여 있어야 했다.

이로써 그 길을 '신비제 해안 고속도로'라 명명한다.

벨리아에 있는 각자의 집에서 모집된 페르세포네 여사제들은 실

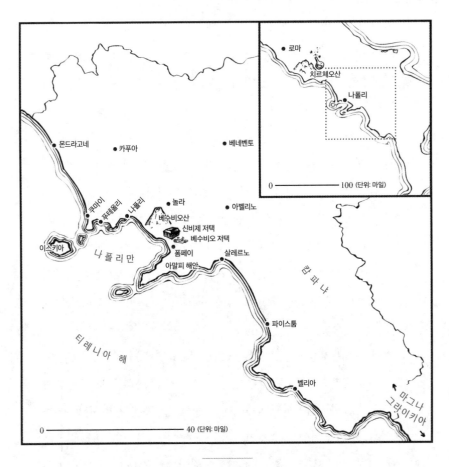

신비제 해안 고속도로(이탈리아 캄파냐 지역)

제로 수백 년 동안 파르메니데스의 자취를 좇아 북쪽으로 가는 경로를 따랐을 것이다. 예수보다 500년 전, 이 여성들은 그리스의 표준에 맞춰 로마에 건설된 데메테르와 페르세포네 신전에서 그들의 신성한 임무를 완수하기 위해 여러 세대에 걸쳐 순례했다. 이 사제들과 마찬가지로 그리스의 신과 여신 들도 캄파냐로 찾아왔다. 1919년 초판 발행된 『캄파냐의 숭배』*The Cults of Campania*에서 고전학자로이 멀 피터슨Roy Merle Peterson은 로마의 아폴론 숭배와 신성한 영감을 얻은 '시빌라의 신탁'Sibylline Oracles을 추적한 끝에, 나폴리 서쪽의 쿠마이Cumae를 거쳐 마그나 그라이키아의 그리스인 공동체까지 찾아갔다.[11] 이후 피터슨은 데메테르와 페르세포네와 디오니소스 숭배가 로마에 도입된 시기를 기원전 493년으로 보았는데, 그때 마침 로마의 기근을 구제하기 위해 캄파냐산 곡물이 필요했기 때문이다.[12] 일단 쿠마이의 영향력이 쇠퇴하자 나폴리와 벨리아의 여성 결사는 '영원의 도시'에 대해 종교적 통제권을 장악했다. 기원전 340년 초기 로마의 청동 주화에는 신 여섯 명이 찍혔는데, 그들은 남쪽부터 숭배가 도입된 그리스의 신들이거나 오늘날 로마의 신성자들과 동일시되는 그리스 신성자들이었다."[13]

이 신비주의적인 헬레니즘의 풍경 속으로 논란 많은 바쿠스의 고위 여사제 파쿨라 아니아가 들어왔다. 리비우스는 그녀를 가리켜 기원전 186년 디오니소스 신비제 금지의 주된 이유라 꼬리표를 붙인 바 있다. 그녀는 여성으로만 구성된 술잔치에 20세 이상의 남성을 받아들이지 않았으며, 그러다 보니 젊은 병사들을 군대에서 빼앗아가게 되어 로마 원로원을 격분하게 만들었다. 물론 프레스턴이 재빨리 지적했듯 "포도주 신에 대한 신비적 귀의를 특징으로 하는" 그 숭배는 "완전히 중단된 것이 아니었다."[14] 실제로 피터슨의 설명에 따르면, 그리스도교 시대 여명기에 이르러 캄파냐에서는 "이교의 세계가 절정에 다다라" "노변 및 가정 사당이 수많았고" 그 지역에는 "신이 워낙 많아 사람보다 신을 찾는 일이 더 쉬울 정도였다."[15]

2세기와 3세기에 이르러 마그나 그라이키아에서는 갈릴래아에서 온 포도주 신에게 귀의하는 새로운 신비주의 숭배가 오래된 신비주의 숭배를 대체하기 시작했다. 그것은 캄파냐 서쪽에 있는 도시 나폴리와 푸테올리를 중심으로 했는데, 이곳은 "초기부터 고위 개종자들, 특히 여성들이 없지 않았던" 쿠마이의 고고학 유적과 가까웠다.[16] 프랜시스 신부가 내게 상기시킨 것처럼 로마 교회의 가장 오래된 층層은 의심할 여지 없이 그리스적이었다. 그것이야말로 교황과 교부 같은 그리스어 구사 관료들과 영지주의자 같은 그리스어 구사 신비주의자들의 한 가지 공통점이었다. 물론 「요한 복음서」의 해석이나 영지주의 텍스트의 가치, 교회의 궁극적인 방향에 대한 의견은 극도로 달랐지만 그래도 그들은 모두 그리스어를 알았다. 251년에 이르러 코르넬리오 교황이 성 베드로좌에 적법한 후계자로서 자신의 지위를 확인하기 위해 주교 60명의 대의원회의를 소집했을 때 주교 대부분은 남쪽에서 왔다. 4세기에 콘스탄티누스는 로마 바깥에 대성당을 겨우 두 채 지었는데, 하나는 나폴리에 있었고 다른 하나는 거기에서 북쪽인 카푸아에 있었다. 카푸아는 트립톨레모스가 데메테르, 페르세포네, 디오니소스와 함께 등장하는 대영 박물관의 스키포스가 만들어진 도시였다.

베드로와 바오로는 물론 16세기 마르틴 루터가 등장하기 전까지 그리스도교 국가들을 지배할 교황들조차 세상 모든 장소 중 굳이 로마를 개업지로 선택했다. 그 수도에서 시작해 신비제 해안 고속도로를 따라 바로 이곳에서 그리스도교는 가정 교회와 카타콤으로 나아갔고, 급기야 300년이 지난 오늘날 세계 곳곳에서 24억 2000만 그리스도교인을 맞이하는 수많은 건물을 건립하게 되었다.

서양 문명의 영적 역사는 원시 인도유럽인, 그리고 수천 년 뒤 포카이아인과 함께 아나톨리아에서 시작되었다. 이 역사는 마그나 그라이키아에서 끝났는데, 그곳에서는 벨리아인 여사제들이 로마와 캄파냐를 오갔다. 마그나 그라이키아에서는 예수 사망 이후 수십 년 동안 최신의 신비 숭배를 담당하는 여성들과 비밀 지식이 공유되었다. 또한 그리스도교의 동굴 의례를 인도하려 지하로 들어간 여러 그리스어 구사 마녀를 위해 '약물의 아버지' 디오스코리데스와 로마의 선구적 약리학자 갈레노스가 보전했던 제조법에 충실한 세련된 환각성 성만찬이 유래했다. 아우렐리우스 가문 지하 묘지의 아우렐리아 프리마 혹은 프리스킬라의 카타콤이나 성 마르켈리누스와 성 페트루스 카타콤의 포도주 자매들과 마찬가지이다.

벨리아를 출발해 로마까지 가는 여정의 지도상에는 캄파냐의 여사제들을 위한 이상적인 휴게소 몇 곳이 나타난다. 그중 하나는 벨리아에서 북쪽으로 50킬로미터도 떨어지지 않은 파이스툼Paestum일 텐데, 그곳에는 위풍당당한 그리스 신전이 세 개나 있다. 그중 가장 오래된 신전은 헤라에게 헌정된 기원전 550년 것으로, 워낙 잘 보전되어 초창기 고고학자들은 이 신전이 로마 시대에 만들어졌다고 오해했을 정도였다. 마녀들이 지친 몸을 쉴 수 있었던 또 다른 장소는 폼페이였을 것이다. 그리스 신비주의자들은 화산을 좋아했다. 피터 킹즐리에 따르면 그들은 "화산의 불을 어둠 속 깊은 곳의 불빛이라 보았다." 다시 말해 "정화하고, 변모시키고, 불멸화한다"라고 여겼다. 79년 벌어진 베수비오산 분화는 고대 주민들에게는 그저 재난이었지만 현대 발굴자들에게는 과거를 비할 데 없이 통찰하게 하는 기회였다. 5미터 깊이 화산재 밑에 '신비제 저택'이 원래 상태 그대로 보전되어, 독일 학자 니콜라우스 히멜만은 폼페이의 디오니소스 프레스코화와 아우렐리아 프리마가 그리스 신비제에 입문한 아우렐리우스 가문 지하 묘지 세 번째 방의 디오니소스 프레스코화가 유사성을 지녔다는 점을 알아볼 수 있었다.

지구 상에서 가장 인구가 밀집된 화산 지대에서 일어난 폭발에서 나온 화산재는 다른 한 가지 비밀을 단단히 붙들어두었다. 바로 러크가 말했던 이례적으로 도취시키고, 심각하게 정신 변성적이며, 때때로 환각성이고, 잠재적으로 치명적인 포도주 가운데 하나의 명백한 식물학적 증거였다.

2018년 가을, 나는 엔리케타 폰스와 마스 카스테야르 데 폰토스의 맥각 발견에 관해 매일같이 연락을 주고받으며 비로소 점들을 연결하기 시작했다. 포카이아인이 정말 서양 문명의 비밀 건축가이며 약물이 거기에 연관되었다면 그들이 일련의 단서를 남겨놓은 장소는 엠포리온뿐이 아닐 것이다. 그 '고대의 바이킹'이 데메테르와 페르세포네의 지하 세계 숭배를 서쪽으로 한참 떨어진 이베리아에 이식할 수 있었다면 그들의 고향에서 더 가까운 마그나 그라이키아에도 그럴 수 있지 않았을까? 그들이 아니라면 벨리아 건립 이후 여러 세기 동안 이탈리아를 고향이라 불렀던 다른 그리스의 달인들 가운데 누구라도 그럴 수 있지 않았을까? 한 예로 파르메니데스의 스타 제자로 시칠리아의 그리스 도시 아크라가스Akragas에 살았던 엠페도클레스(기원전 495~435)는 "죽음의 치료제"로서 파르마카의 마법적 사용에 관해 수수께끼의 단편을 남겼다. 엠페도클레스처럼 숙련된 샤먼에게는 이 알 수 없는 약물에 대한 친숙함이 곧 "자기 마음대로 지하 세계로 내려갔다 돌아올 수 있는 능력을 지닌 사람"을 나타냈다.[17] 예수 탄생 이전, 도중, 이후 시기에 있었던 데메테르, 페르세포네, 디오니소스와의 신비 경험을 탐색하고 있다면 마그나 그라이키아보다 나은 장소를 찾기는 어려울 것이다.

워싱턴 D. C.에서 나는 한때 구독했다가 결국 읽지 않는 바람에 돈만 상당히 날린 지루하기 짝이 없는 온라인 고고식물학 학술지를 파헤치기 시작했다. 그러다 며칠 뒤 그 자료의 우주에서 한 가지 잘 알려지지 않은 연구가 나타났다. 환각성 영약은 그리스도교 여명기부터 신성한 그리스 영토 안, 정확히 그것이 있으리라 예상된 곳에 있었다. 이번에는 굳이 내 집 지하실을 나와 의회도서관으로 달려갈 필요가 없었다. 모든 내용이 인터넷상에 게시되어 있었기 때문이다. 게다가 기묘하게도 모두 영어로 작성되어 있었다. 어쩌다 이런 자료를 이렇게 오랫동안 놓치고 있었을까?

1996년, 이탈리아의 저명한 고고학자 마리사 데 스파뇰리스Marisa de' Spagnolis는 폼페이 외곽 스카파티Scafati에서 가로 30미터 세로 30미터의 농가 베수비오 저택Villa Vesuvio을 발굴했다. 사르노강 옆에 있는 유적을 덮고 있던 속돌pumice과 화산 파편인 라필리lapilli의 두꺼운 층 덕분에 그곳은 79년의 것이 확실한 상태로 "완벽하게 봉인되었"다. 그 지역의 다른 수수한 주택들과 마찬가지로 그곳에는 타작마당, 라틴어로 토르쿨라리움torcularium이라 부르는 포도주 압착기, 라틴어로 켈라 비나리아cella vinaria라 하는 지하실이 있었다.[18] 돌리아dolia라는 커다란 그릇도 일곱 점 발굴되었다. 각 그릇 안에서는 "두꺼운 유기적 잔여물"이 발견되었다. 특히 그중 한 그릇 속의 "노랗고 거품이 있는 더께"는 식물과 동물 잔해의 매혹적인 층을 포함하고 있었다.

2000년 동료 검토 학술지 『식물사와 고고식물학』Vegetation History and Archaeobotany에 게재된 논문 「증거 속의 약물 준비? 이탈리아 폼페이 교외에서 출토된 이례적인 식물 및 유골 혼합물」Drug Preparation in

Evidence? An unusual plant and bone assemblage from Pompeian countryside, Italy에서 고고식물학자 마리아 차랄디Maria Ciaraldi는 분석 결과 그 표본에서 식물, 약초, 나무가 50종 이상 발견되었다고 밝혔다. 거시 잔해는 워낙 상태가 좋아 화학자들 손이 필요하지도 않았다. 식물학 연구진은 씨앗이나 과실을 토대로 그 종을 모두 쉽게 확인할 수 있었으며 그 중에는 버드나무, 너도밤나무, 복숭아, 호두도 포함되어 있었다. 놀랍게도 식물학적 표본 가운데 58퍼센트가 의료적 성질을 지닌 분류군에 속했다. 오래전부터 마법이며 마술과 연관되었던 캄프리와 마편초도 있었다.

하지만 정말 놀라운 점은 아편, 대마초 그리고 가짓과 식물 가운데 두 가지인 하얀 사리풀과 까마중의 분명한 혼합이었다. 가짓과 식물이 함유된 것은 "그리 불쾌하지 않은 환영"을 초래하는 까마중의 환각 성질을 예찬했던 디오스코리데스의 책 내용을 그대로 가져온 결과일 수도 있었다. 다량 복용했을 경우 정신 변성을 심하게 일으키는 아편과 대마초는 모두 마무리 장식에 해당했을 뿐이다. 하지만 이 기묘한 혼합을 마녀의 영역으로 한 걸음 더 끌고 나가는 요소는 도마뱀, 개구리, 두꺼비의 유골 잔해였다. 작물화한 포도 덩굴손과 열매는 물론 씨앗도 다량 발견된 것으로 미루어 식물과 파충류와 양서류를 조합해 포도주에 담갔던 모양이다.

스페인의 그리스인 농장에서 그리스 신비제가 거행되었던 마스 카스테야르 데 폰토스 내부 및 주변 발굴품(데메테르/페르세포네의 테라코타 두상, 트립톨레모스 도기, 디오니소스 꽃병 등)이 상당히 잘 기록된 바와 달리 빌라 베수비오의 발견은 좀더 난해하다. 다시 말해 이 향정신성 혼합물을 더 일반적으로 설명할 맥락이 충분하지 않다. 차랄디 본인은 이 물약이 고대의 의료용 혼합제인 미트리다티움mithridatium이나 테리아크Theriac 중 하나를 상징할 수 있다고 믿었는데, 당시 문헌에 이 만병통치용 복합 약물 제조법이 무수히 기록되었기 때문이다.

미트리다티움은 종종 아편과 도마뱀으로 만들어졌다.[19] 테리아크는 보통 캄파나에서 생산되어 높은 평가를 받은 팔레르노산 포도주와 혼합되었다.[20] 양쪽에서 파충류가 필수 성분이기는 했으나 테리아크를 만들 때는 결코 뱀과 도마뱀을 조합하지 않았다. "우리 혼합물에서 도마뱀만 발견된 이유도 그래서일 것이다." 차랄디가 말했다.[21] 실제로 그릇 안에서는 도마뱀 유골 파편이 적어도 60개 이상 발견되었고, 이는 이 포도주가 매우 이례적이었다는 점을 나타낸다. 이와 함께 베수비오 저택에 있는 작은 솥에서 고고학자들은 "약물 장만"과 관련해 강력한 증거를 보게 되었다.

교외 의료 활동 장소는 그리스 세계에서 잘 알려져 있었으며, 로마 세계로도 성공적으로 수출되었는데 (…) 폼페이 교외에서 '약제소'가 발견된 점은 농업 생산과 직결되지 않은 고도로 전문화된 활동이 도시에만 국한되어 있지 않았다는 사실을 암시한다. 식물의 의료적 성격에 대한 깊은 지식과 연관된 업무는 여전히 자연 환경과 더 가깝게 살아가는 사람들 손에 남아 있었을 수도 있다.[22]

베수비오 저택이 그곳에서 충분히 걸어갈 수 있는 거리에 있는 폼페이 서쪽의 신비제 저택에서 사용되었을 수도 있는 디오니소스 비밀을 생산하기 위한 실험실이었다고 상상해본다면 지나치게 낭만적일까? 좀 덜 낭만적으로 물어보자면, '무아경의 신'에게 가장 최근에 귀의한 사람들을 가정 제조 성만찬을 이용해 오래된 마그나 그라이키아 전통으로 입문시키기 위해 정기적으로 마그나 그라이키아를 떠나 로마의 가정 교회와 카타콤에 다녀오던 벨리아의 여사제들과 다른 그리스 신비주의자들의 공급원이 그 수수한 농가였을까? 그리고 그 비밀은 그들의 초기 그리스도교 자매들을 엠페도클레스가 자신의 **파르마카**를 이용해 탐사했던 그 죽은 자의 세계로 보내주겠다고 보장했을까?

앞서 마스 카스테야르 데 폰토스의 맥각 함유 맥주에 대해 그러했듯 이번에도 나는 전문가인 증인에게 전화를 걸었다. 전 세계적인 전염병 유행이 지속되던 2020년 5월 나는 필라델피아에서 격리 중이던 패트릭 맥거번과 유럽의 주도적인 고고식물학자 몇 명에게 연락을 취했다. 하지만 독일 호헨하임 대학교의 한스페터 슈티카, 그리스 테살로니키 아리스토텔레스 대학교의 술타나 발라모티, 이탈리아 모데나 레조에밀리아 대학Università degli Studi di Modena e Reggio Emilia의 아순타 플로렌차노Assunta Florenzano에게서는 다시 한 번 섬뜩한 답변만 들었다. 그들 중 누구도 베수비오 저택이나 이 이례적인 포도주에 대해 전혀 들어본 적 없다고 했다.

독일의 슈티카는 그런 씨앗만으로 "백발백중" 환각성 포도주를 만들 수는 없다고 주의를 주었다. 또한 마리나 차랄디의 논문 제목에 삽입된 물음표야말로 미지의 사실을 타당하게 반영한 부호라고 지적했다. 나는 도마뱀과 씨앗 열일곱 개(아편 씨앗 두 개, 대마초 씨앗 아홉 개, 사리풀 씨앗 네 개, 까마중 씨앗 두 개)만 놓고 보아도 이런 조합이 우연은 아니지 않겠느냐고 그에게 반박했다. "고고학자로서 저는 항상 신중을 기합니다. 하지만 이 식물들이 의료용/환각성 성질 때문에 사용되지는 않았다고 말해도 큰 무리는 없으리라 봅니다." 미국의 맥거번은 일종의 중도를 취하며, 맥베스가 목격한 마녀의 조제약을 연상시키는 그 발견은 분명히 "흥미롭다"라고 말했다. 하지만 그는 그 신빙성이 "마리나 차랄디의 고고식물학적 전문 지식에 상당 부분 달려 있다"라고 정확히 지적했다. 문제는 차랄디가 그 이후 이 분야에서 종적을 감추었다는 점이다. 최선을 다했으나 나는 그녀를 찾아내지 못했다.

그래서 나는 1996년 발굴 책임자였던 마리사 데 스파뇰리스에게 연락했다. 스페인의 엔리케타 폰스와 마찬가지로 데 스파뇰리스는 현장을 직접 뛰어다닌 사람이었다. 1973년부터 이 분야에서 활동했으며, 폼페이에서는 꼬박 10년을 머물렀던 데 스파뇰리스는 차랄디의 분석을 절대적으로 지지했다. 아울러 그녀는 로마에서 격리하는 가운데 이메일로 이렇게 덧붙였다. "제가 보기에 베수비오 저택은 약물을 생산하기 위해 특별히 설계된 작은 농장이었습니다." 이 고고학자는 곧이어 지금까지 한 번도 발표한 적 없는 세부 내용 몇 가지를 친절하게 공유해주었다. 그 지역의 다른 농장들과 달리 베수비오 저택은 "매우 한정적인 포도주 생산"만 가능하도록 장비를 갖추고 있었다. 마스 카스테야르 데 폰토스의 가정 양조처럼 이는 대량 소비용이 아니라 가정에 맞춤한 포도주였던 것으로 보인다. 마당에 있는 유기 물질 더미는 선별된 식물과 약초를 기르는 정원이 있었음을 암시한다. 발굴을 계속하면서 데 스파뇰리스는 V자 형태의 '대마초용 침전 탱크'도 발굴해 자신의 입장을 지지받았다. 마지막으로 그녀는 벽토 밑에 감춰져 있던 낙서 하나를 해독했는데, 그 내용은 이 장소에 낭만을 약간 더했다. 라틴어로 스키토: 아마 에트 아우데 밀리아Scito: ama et aude millia, 즉 "이것을 알라: 사랑하고 용기 내 무수히 해보아라." 혹시 우리가 다루고 있는 것이 사랑의 묘약일까?

흥미로운 토론 가운데 한 가지는 확실해졌다. 엘레우시스의 맥각 함유 맥주에 관해 러크가 정확히 예견했듯 이제는 그리스도교 초창기에 환각성 포도주가 실제로 존재했음을 나타내는 확고한 자료가 있었다. 그것도 디오니소스 신비제와 예수 신비제가 서로 접촉하게 된 장소에 말이다. 또 초기 그리스도교가 그것을 가장 필요로 했던 나폴리, 푸테올리, 카푸아처럼 갓 돋아난 신앙의 중심지에 말이다. 차랄디는 논문에서 베수비오 저택의 이 기묘한 양조주가 미트리다티움이나 테리아크 사례까지는 아니더라도, 디오스코리데스가 기록한 "방향 또는 약초 포도주" 가운데 하나이거나 1세기 로마의 미식가 아피키우스가 자세히 기록한 "깜짝 등장 향신료 첨가 포도주" 가운데 하나일 가능성을 무시할 수 없다고 밝혔다.[23] 물론 그것이 도마뱀에 관해 전부 설명해주지는 않는다고 그녀도 공개적으로 시인했는데, 이는 모두 합쳐져 더 마법적인 성질을 그 물약에 더해주는 것이기 때문이다.

내가 머지않아 발견한 바에 따르면, 도마뱀은 바티칸의 여러 층짜리 문서고 주위를 계속해서 기어 다닐 예정이었다. 하지만 우리 너무 앞서가지는 말자.

한때는 순전히 디오스코리데스, 갈레노스, 아피키우스 같은 그리스-로마 저자들의 문헌 기록에만 의존한 근거 있는 추측에 불과했던 것이 이제 선사식물학적 사실이 되었다. 고대 이탈리아인은 정신을 변모시키는 성분을 이용해 포도주를 제조했다. 베수비오산 덕분에 폼페이 근교에서 살아남은 한 가지 사례는 유일한 것이 아니다. 다른 사례들도 저 밖 어딘가에 있을 것이다. 그리고 앤드류 코처럼 더 열린 사고방식을 가진 고고학자들이 계속해서 증거를 찾아 땅을 파고 있는 만큼 향후 더 많은 사례가 나타날 것이다.

본래 그리스도교 성만찬이 실제로 환각성이었다면 퍼즐 조각 가운데 상당수는 마침내 서로 맞아떨어진다. 베수비오 저택에서 나온 유물은 우리가 앞선 장에서 그려보았던 초기 그리스도교의 이야기에 세부 내용을 더 많이 더해준다. 세계에서 가장 큰 종교의 진짜 기원과 관련한 '누가, 무엇을, 언제, 어디서, 왜'의 요소를 말이다.

누가? 여성이. 구체적으로는 약리학적 전문 지식을 보유한 그리스어 구사 여성이며, 이들은 「요한 복음서」와 영지주의 텍스트에 모두 등장하는 마리아 막달레나에 관한 묘사를 이용해 최신 신비주의 숭배에서 각자 담당한 주도적인 역할을 정당화했을 수 있다. 예수 이전 여러 세대의 여성이 석기 시대 아나톨리아의 동부와 서부로 확산되었던 인도유럽인의 의례에서 묘지 맥주를 양조했으며 묘지 포도주를 혼합했다. 이는 "여성에 의한, 여성을 위한 (…) 의례적 친교 행위"였다. 예수 이후 수많은 여성이 신앙을 규정했던 가정 교회와 카타콤을 지배하면서, 황야에서 벗어난 은신처를 필요로 했던 과거의 그리스식 신비를 위한 피난처를 제공했다. 페르세포네의 마녀들은 포카이아인 비밀 숭배의 주된 선교사로서 그리스도교의 마녀들에게 영향을 주는 일이나 간혹 직접 기독교의 마녀가 되는 일에도 장려책을 갖고 있었다. 마그나 그라이키아 전역에 있었던 그들의 자매 디오니소스의 마녀들 역시 한배에 탄 운명이었다.

이들은 죽어서 사흘 동안 동굴에 누워 있다 재탄생한 마법사 예수에게서 동쪽에서 온 형제를 발견했을 수 있다. 「요한 복음서」에서 이들은 죽음을 정복하기 위해 포도주 신을 마시는 누구에게나 똑같은 경험을 보장하는 '참된 음료'를 즉각적으로 인식했을 것이다. 결국 요한은 포카이아에서 북쪽으로 약간 떨어진 에페소의 여성을 겨냥해 글을 썼던 것으로 보인다. 누군가가 그의 '상징'과 '언어'를 이해할 수 있다면 그것은 그리스어 구사 여성이었다. 포카이아의 이오니아인 선조로부터 물려받은 마법을 보전하고, 보호하고, 방어하는 일이 그들의 임무였기 때문이다. 그리고 누군가가 예수를 새로운 무아경의 신으로 확인할 수 있다면 그것은 여러 세대 동안 이탈리아 남부에서 디오니소스 숭배를 계속 살아 있게 한 광녀들이었다. 그들에게는 영지주의야말로 새로운 신비 종교로의 매끄러운 이행일 것이었다.

무엇을? 약물 함유 포도주를. '약물의 아버지'는 자신의 정교한 포도주 공식에 그 모든 식물, 허브, 균류를 자세히 기록하며 복용법에 대해 심오한 지식을 드러냈다. 그토록 유독하고 치명적인 종들이 결과에 영향을 미치는 가운데 디오스코리데스의 백과사전은 효력 있는 식물을 신중하게 계량해 사용했을 때 "그리 불쾌하지 않은 환영"을 초래할 수 있다는 긴 전통의 증거이다. 텔 카브리와 텔 케데시에서의 고고화학적 발견은 그리스도교 이전에 있었던 약물 첨가 물약에 관한 현실 사례들이다. 베수비오 저택에서의 선사식물학적 발견은 예수 시대의 약물 함유 포도주에 관한 확고한 자료이다. 또한 교부 히폴리토스가 비난한 바처럼 마르쿠스와 여성 발렌티누스주의자들이 복용했던 어떤 **파르마콘**에 관한 확고한 자료이다. 그리고 지상의 미사보다 앞섰으며 나중에는 경쟁을 벌였던 그리스도교의 레프리게리아에서 고대 그리스의 지하 세계 여행을 부추긴 **파르마콘**에 관한 확고한 자료일 수도 있다.

언제? 예수 사망 직후 300년 동안에. 콘스탄티누스 치하에서 합법화되기 전까지만 해도 그리스도교는 불법 신비 종교로서 적대적이고 불친절한 세계에서 생존하기 위해 분투했다. 그 비밀 모임과 마법 신비는 기원전 186년 로마 원로원에 의해 체계적으로 탄압된 디오니소스 신비제만큼 의심 대상이 되었다. 가족과 국가에 대한 모든 충성을 망각하게 만드는 무아경의 신에 관한 발상은 국가 건설이 한창이었던 로마 제국에서 환영받지 못했다. 이와 유사하게 99퍼센트에 해당하는 가난한 민중과 여성도 이용할 수 있는 환영적 포도주를 만든다는 발상은 수천 년 동안 종교적 무아경에 대한 독점을 만끽하던 종교 기성세력의 1퍼센트에게 거슬릴 수밖에 없었다. 그 본성상 디오니소스와 예수는 모두 절대적인 혁명가였다. 그들 포도주의 실재하고 현존하는 위험을 무시한다는 것은 결국 '신의 아들들'이 태어난 세계를 오해한다는 뜻이었다. 또한 이들의 불멸의 물약이 지닌 급진적인 성격을 오해한다는 뜻이었다. 사람들은 현 상태에 위협적인 비밀에만 정신이 나갔다. 그리스인과 로마인이 지칭할 단어조차 찾아내지 못한 '알코올'에 대해서는 누구도 걱정하지 않았다.

어디서? 마그나 그라이키아와 로마에서. 이탈리아 남부는 예수 탄생 이전과 이후 여러 세기 동안 그리스 신비주의의 발원지였다. 이곳은 그리스 본토보다 그리스적이라 해도 무방할 정도였다. 따라서 그리스어로 '새로운 도시'라는 뜻의 '나폴리'라 이름 붙었다. 피타고라스와 파르메니데스만 놓고 보아도 마그나 그라이키아는 고대 세계에서 가장 위대한 예언자와 가장 위대한 철학자를 배출했다고 자랑할 만했다. 또 서양 문명의 역사에서 가장 위대한 마법사였던 엠페도클레스도 있었다. 바로 이곳에서 적어도 3세기 플로티노스가 캄파냐에서 사망하기 전까지 동굴 기술의 '비밀 교의'가 번영했다. 바로 이곳에서 페르세포네의 여사제들은 '신비제 해안 고속도로'를 따라 벨리아와 로마를 오가며 '죽은 자의 여왕'을 위해 죽음과 재탄생을 실천했다. 바로 이곳에서 '죽음의 주인' 디오니소스가 자신의 포도밭으로 가장 풍부한 토양을 발견했으니, 쿠마이 지역 본부에서 퍼져 나온 광녀들은 기원전 6세기부터 서기 5세기까지 1,000년 동안 인근을 휩쓸었다.[24]

그리스도교의 신비적 성숙이 모두 캄파냐(나폴리, 푸테올리, 쿠마이)에서 일어났다는 점은 놀랍지도 않다. 그들이 로마의 지하 납골당에서 그들 나름의 '죽음의 주인'을 소환하지 않았을 때, 그리스도교의 장례 연회가 나폴리 지하의 카타콤, 즉 이른바 '죽은 자의 계곡'을 가득 채웠다. 그들은 결코 멈추지 않았다. 오늘날까지 폰타넬레 공동묘지Fontanelle Cemetery에서 거행되는 물신적 두개골 숭배를 불법화하려는 바티칸의 노력에도 나폴리인은 거대한 납골당에 전시된 '이름 없이 죽은 자' 4만 명의 머리에 지속해서 경배하고 있다. 이 세상에 죽음 숭배의 이상적인 본부가 있다면 바로 캄파냐일 것이다.

마그나 그라이키아와 로마의 영적 역사를 무시한다는 것은 그리스도교인의 첫 세대를 배출했으며 그 신앙을 오늘날과 같은 모습으로 만든 환경을 무시한다는 뜻이다. 간단히 말해, 초기 그리스도교의 이야기는 곧 성만찬에 대해 개인적인 접근을 요구했던 이탈리아 남부의 그리스어 구사 신비주의자들의 이야기이다. 그들이 예수에게 이끌린 요인은 사제들이 아니었다. 교부들도 아니었다. 성서나 대성당도 확실히 아니었는데, 왜냐하면 둘 중 어느 것도 존재하지 않았기 때문이다. 그들은 오히려 교의와 교리와 다른 어떤 제도에서도 자유로운 상태에서 하느님을 만나는 경험에 이끌렸다. 그것은 분명히 오늘날 사람도 인식할 수 있는 뭔가이다.

왜? 종교가 청중을 얻을 수 있는 유일한 이유, 즉 사후의 삶에 대한 약속 때문이었다. 불멸 때문이었다. 이 세상에는 그것에 대해 이야기하거나 읽은 사람이 있었다. 그것을 위해 실제로 죽은 진정한 철학자들도 있었다. 벨리아를 자신들의 새로운 본고장으로 만든 포카이아인에 관한 피터 킹즐리의 가장 위대한 통찰을 다시 이야기해 보면 이렇다. "우리가 죽어서 지하 세계로 내려가는 것과 우리가 살아 있는 상태에서 준비되고 아는 채로 그곳에 가 그 경험에서 배우는 것은 전혀 다르다." 마스 카스테야르 데 폰토스에서 벌어진 어떤 일이 그리스도교가 이탈리아를 식민화하는 동안 캄파냐를 사로잡은 그 일이었다면, 포카이아인과 다른 고대 그리스 신비주의자의 죽음 숭배는 고대 그리스에서 가장 잘 지켜진 비밀에 대한 답이 되는 데에서 그치지 않는다. 이는 그리스도교에서 가장 잘 지켜진 비밀에 대한 답이 될 수도 있다.

모든 사람이 죽기 전에 죽기 위해 환각성 약물을 필요로 하지는 않았다. 며칠 동안 동굴에 누워 있어도 그런 일을 확실히 해낼 수 있었다. 하지만 모든 사람에게 그런 실천을 위한 시간이나 만용이 있지는 않았다. 그렇기 때문에 신비가 필요했다. 신비는 원래부터 그런 이유로 있었는데, 결국 관료제가 그것을 공허한 의례와 위약으로 대체했다. 그렇다면 초창기 그리스도교는 계몽을 위한 화학적 지름길을 제공함으로써 삶을 바꿔놓는 신비적 경험을 최대한 많은 사람에게 전달한다는 해묵은 문제를 해결했을까?

그렇다면 우리의 이단적인 통찰에는 마지막 질문 하나만 남는다.

마그나 그라이키아 출신의 그리스어 구사 마녀들과 그들의 약물 함유 포도주가 처음 300년 동안 세계에서 가장 큰 종교의 성공에 그토록 중차대했다면 그들의 불멸의 약물에는 도대체 무슨 일이 일어났던 것일까? 교부들이 여성을 사제직에서 배제했을 수 있다. 그리고 약물 함유 영지주의 '거룩한 친교'를 금지했을 수 있다. 하지만 그렇다고 해서 석기 시대 이후 살아남은 이름 없는 종교를 중단시키지는 못했을 것이다.

불운하게도 혁명을 침묵시키는 방법은 하나뿐이었다.

머지않아 화형식이 거행되기 시작했다.

교회가 항상 뛰어났던 한 가지 분야가 있다면 그것은 바로 마녀 사냥이었다.

16장

무한의 복음서와
두꺼비 성만찬

성 베드로 대성당의 '죽은 자의 도시'와 로마 카타콤을 확인하고 나자, 이번 주 바티칸에서는 한 가지 임무만 남았다. 바로 환각성 성만찬의 궁극적인 운명에 관해 알아내는 일이었다. 포카이아인 여사제들과 영지주의 마녀들이 환영적 약물을 주입해 그리스도교가 시동을 걸도록 도왔다면 초기 그리스도교의 신비주의 시기가 종식되었을 때에는 무슨 일이 벌어졌을까? 약물 첨가 포도주라는 고대 그리스 전통은 누가 물려받았을까?

맨 처음, 즉 성 바오로가 「코린토 신자들에게 보낸 서간」에서 치명적인 물약에 대해 불만을 드러냈을 때부터 거기에는 항상 올바른 성만찬과 잘못된 성만찬이 있었다. 그리고 교회는 항상 약물 없는 쪽에 섰다. 러크는 영지주의자가 대부분 사라진 4세기 이후, 바티칸과 그 공표된 적들 사이에서 벌어진 난타전을 개괄했다. 그는 "억압의 시기"에 뒤이어 "갱신된 이단들, 의심할 여지 없는 고전적 제의의 신新이교도적 연속"이라는 부흥이 뒤따랐고, 이는 중세와 르네상스 동안의 "마술 숭배"로 이어졌다고 지적했다. 오랫동안 고전학자와 신학자에게 무시당한 러크는 그리스도교의 역사에서 약물이 핵심적이었다는 점을 동료들에게 납득시키려 했다. 그리고 완전히 실패했다. 서양 문명의 건전한 건설자들이 LSD 함유 맥주를 마셨다는 이야기를 듣고 싶어 하지 않았던 사람들이라면 십중팔구 독실한 그리스도교인이 환각성 맥주를 먹고 약에 취했다는 이야기 역시 듣고 싶어 하지 않을 것이었기 때문이다.

솔직히 말하자면 지금으로부터 12년 전 나 역시 그런 발상이 상당히 부조리하다고 생각했다. 비밀 환각성 성만찬이 이단들의 연쇄에 의해 암흑시대 내내, 즉 이단 심문소의 대대적인 마녀사냥 이전까지 계속 살아 있었다는 것인가? 한밤의 유튜브 주제로는 훌륭해 보였다. 하지만 진지한 학술 연구의 주제로는 그렇지 않았다. 그 사실을 어떻게 확인하기 시작해야 한단 말인가? 로마 제국 멸망부터 이단 심문소 사이의 수천 년 동안 분명한 과학적 증거가 믿기 힘들 정도로 드문 것도 놀랍지는 않았다. 고대의 도취제를 찾아 나선 고고화학자가 소수라면 중세의 약물을 연구하는 학자는 더 적을 것이었다. 따라서 러크의 대담한 주장을 뒷받침할 만한 마스 카스테야르 데 폰토스나 베수비오 저택 같은 증거는 결코 나타나지 않으리라는 사실을 알았다. 다만 내가 세계에서 가장 흥미로운 사서와 함께 바티칸 박물관 내부를 돌아다니게 되리라는 사실은 미처 알지 못했다.

몇 주 동안의 여행을 마치고 프랜시스 신부는 내가 알아서 살아남도록 적군 후방 지역에 남겨둔 채 이세르니아로 돌아갔다. 나는 작년부터 그 지역에 있는 몇 사람과 빠르게 친해졌다. 그래서 홀로 점심을 먹을 위험이 전혀 없었다. 사서와 나는 보르지오 피오를 따라 동쪽으로 몇 블록 떨어진 바바레세 프란츠 식당에서 오후를 시작했다. 우리는 카르보나라 파스타와 포도주 0.5리터를 소화시키기 위해 바티카노 거리의 위압적인 벽돌 성벽을 따라 바티칸 시국 북동쪽 모퉁이까지 걸어갔다. 2019년 2월의 맑은 초봄 토요일에는 사람이 드물어 박물관 검사대를 뚫고 지나가기도 어렵지 않았다. 우리는 가방을 보관소에 넣어 두고, 에스컬레이터를 타고 '미술품 전시실 마당'Cortile della Pinacoteca으로 가 성 베드로 대성당 돔의 숨 막히는 광경을 구경했다.

사서는 우리 왼쪽에 있는 어느 건물의 뒤쪽 동을 손으로 가리켰다. '세계에서 가장 근사한 역사적 컬렉션' 중 하나로 불리는 그곳에는 3만 5,000권이 꽂힌 85.3킬로미터 길이 서가라는 관통할 수 없는 건초 더미가 있었다. 그 먼지 쌓인 기록 가운데 일부는 8세기까지 거슬러 올라갔다. 시스티나 경당 바로 옆에 자리하며, 대중의 방문이 금지된 이 신비로운 보관소는 남다른 명성을 지녔다. 가톨릭과 비非가톨릭 모두에게 이곳은 완전히 수수께끼였다. 음모론자들에게 이곳은 지구 상의 가장 은밀한 음모와 가장 어두운 계획이 머무는 장소였다. 내 친구이자 전문 기록 보관원인 잔프랑코 아르만도Gianfranco Armando에게 이곳은 그저 사무실이었다.

그곳은 바로 바티칸 비밀 문서고였다.

날씨가 좋아 햇볕을 좀더 쬐고 싶어서 우리는 동쪽 솔방울 마당Cortile della Pigna으로 들어갔다. 평온한 파티오 북쪽 끝에 있는 높은 벽감 한가운데 우뚝 선 대리석 대좌 위에 올라앉은 커다란 솔방울 조상彫像에 어울리는 이름이었다. 가죽 재킷에 회색 스카프와 격자무늬 레인해트 차림인(이탈리아인은 비가 오지 않을 때에도 액세서리 걸치기를 좋아한다) 잔프랑코는 예전에 한번 비밀 문서고 벙커에 갇힌 적이 있다고 말했다. 우리 바로 밑 바티칸의 85.3킬로미터 길이 비밀 분류 자료들 가운데 일부가 2층짜리 지하 금고실에 보관되어 있었다. 내화성 강화 콘크리트 구조물은 기온과 습기가 조절되었고, 항상 보안 감독되었다.[1] 비상 조명 시스템도 설치되어 있었지만 그 운명적인 날에는 하필 고장 나 있었던 모양이다.

"조명도, 이동통신 수단도 없이 혼자 그곳에 남아 있는 게 좋은 경험은 아니었죠. 정말요." 잔프랑코가 말했다. 냉정을 유지한 채 고정·회전 서가 시스템을 지나 자기가 왔던 길을 거슬러 결국 탈출하는 데 성공했지만, 그는 자기를 실수로 이곳 지하 세계에 남겨둔 정신없는 동료를 완전히 용서한 것 같지 않았다. 이야말로 이 '영원의 도시' 지하 방들 속으로 떠난 또 하나의 임사 여행이었다. 하지만 이는 흔히 있는 일이었다. 일단 비밀 문서고 안으로 발을 들여놓으면 그때부터는 무엇을 기대해야 할지 결코 알 수 없었다.

나는 오래전부터 그곳을 직접 구경하고 싶었지만 어디부터 시작해야 할지 전혀 몰랐다. 바티칸 웹사이트에 따르면, 교황의 서류함에 접근하려는 사람은 우선 자신이 보고 싶은 책들의 정확한 '분류 기호'를 확인해야 했다. 이것이야말로 반쯤 불가능한 과제였던 것이, 온라인 컬렉션 색인이라는 것은 이탈리아어로만 이루어진 길고 무의미한 목차 모음에 가까웠기 때문이다. 그리고 주제어로 검색하는 일은 전혀 불가능했다. 그저 오래된 문서들의 방대하고 일반적인 범주만 있었고, 그나마도 여러 세기 전 교황 이름이나 다양한 국제

대표단의 위치, 무작위적 수도회 목록처럼 비교적 도움 되지 않는 표제별로 분류되어 있었다. 그러니 약물에 관해 찾고 있는 사람이라면 각별히 운이 나쁠 수밖에 없었다.

따라서 예수로부터 한참 뒤까지 수백 년에 걸쳐 환각성 성만찬을 실천한 이단자들의 숨은 전통이 있다는 러크의 주장이 사실인지 확인하려면 좀더 창의적인 접근법이 필요했다. 내가 정말 뒤쫓는 것은 이 가정된 네트워크와 대결했던 바티칸의 문헌 증거, 그곳에서 직접 기록한 문헌 증거였다. 다시 말해 과거에 약물을 사용했다는 점을 암시하는 기록이었다. 나는 바티칸이 추적해 진압했음이 분명한 개별 이단자를 한 사람 찾아내야 했다. 그는 애초부터 교회의 관심을 사로잡았을 만큼 각별히 유명하고 두드러진 인물이어야 했다. 아울러 바티칸이 그 스캔들의 기록을 여전히 보관했을 만큼 역사적으로 충분히 중요한 인물이어야 했다. 쉬운 과제는 아니었다. 하지만 내 머릿속에서는 분명한 인물 한 명이 계속 춤추었다. 그는 내가 브라운 대학교 시절부터 줄곧 공부해온 비의학의 마법사이다. 자신의 죄 때문에 구경거리로 죽어가면서도 당당했던 천재이다.

바로 조르다노 브루노Giordano Bruno이다.

이 도미니크회 수사는 1548년 놀라Nola에서 태어났는데, 이곳은 당시 마그나 그라이키아에 있는 나폴리 왕국이었다. 그는 로마 이단 심문소에 의해 7년간 투옥되었다가 1600년 피오리 광장 기둥에 묶여 화형당했다.[2] 그가 무슨 죄를 지었느냐고? 다른 이단 행위의 긴 목록 중에는 우주의 끝없는 창공에 다수의 태양을 공전하는 다수의 행성이 있다고 주장하는 "무한의 복음" 선포가 있었다.[3] 그런 행성들에는 다른 유형의 인간이 살고 있어 하느님이 가장 아끼는 우리

종을 몰아낼 수도 있었다. 자기 시대를 400년이나 앞섰던 이 자유사상의 순교자는 1995년 NASA의 케플러 우주 망원경이 최초로 발견한 외행성의 존재를 어찌어찌 예견했다.[4]

물론 커다란 질문을 제기함으로써 바티칸을 도발한 천재는 브루노 혼자가 아니었다. 그가 처형되고 수십 년 뒤에는 갈릴레오 갈릴레이가 태양계의 중심은 지구가 아니라 태양이라고 "거룩하고 신성한 경전과 반대되는 거짓을" 주장했다는 이유로 가택 연금 판결을 받았다.[5] 하지만 역사상 가장 유명한 이단자일 법한 그 '과학적 방법의 아버지'에 관해 흥미로운 사실은, 그가 가장 위험하다고 간주된 인물은 아니었다는 점이다. 갈릴레오는 브루노보다 훨씬 쉽게 위기를 벗어났으며, 이후 바티칸에서 연금 상태로 11년을 더 보내다 77세로 사망했다. 그들은 52세에 사망한 남쪽 출신 마법사처럼 그를 불태우지는 않았다. 나는 그 이유를 알고 싶었다.

한 가지 이유는 신성 모독적 우주론이었다.

다른 한 가지 이유는 신성 모독적 성만찬이었다.

"고전 고대의 기념물"을 복원함으로써 "그리스도교의 처음 몇 세기로 돌아가고자" 시도하는 가운데 브루노는 명석한 학자 프랜시스 예이츠Frances Yates의 말마따나 이집트에 기원을 두었다고 가정되는 그리스 철학에 근거한 "마법의 순금 시대"였던 역사의 잃어버린 기간을 열망했다.[6] 마그나 그라이키아에서 온 그리스어 구사 선조들과 마찬가지로 이 '르네상스의 마법사'는 앞서 피타고라스, 파르메니데스, 엠페도클레스, 플로티노스를 매료시켰던 '비밀 교의'에 몰두했다. 파쿨라 아니아에게 본때를 보여주기 위해 로마 원로원이 탄압했던 디오니소스의 광녀들과 페르세포네의 포카이아인 여사제들은 두말할 나위 없었다. 그들은 캄파냐 출신이었다. 그리고 약물에 매우 친숙했던 것으로 보인다. 브루노처럼 말이다.

1585년 런던에서 발행된 『영웅적 열광자들』*De gli eroici furori*에서 브루노는 예이츠의 말처럼 "그 작품 전체의 축적"인 한 '흥미로운 일화'에서 무리를 범하고 말았다. 그것은 과거 2,000년 동안 엘레우시스로 순례자를 끌어모았던 지복직관, 즉 삶의 의미를 밝히는 '지고하며 최종적인 계몽'을 눈먼 사람 아홉 명이 찾아 떠난다는 우화였다. 이들은 브루노가 인격 형성기를 보낸 캄파냐의 목가적 교외를 떠나 치르체오산으로 향하는 신비제 해안 고속도로를 따라 사흘간 북쪽으로 순례를 떠났다. 그 산은 알렉시아 라티니가 아우렐리우스 가문 지하 묘지에 있는 호메로스풍 프레스코화를 최종적으로 해독하는 데 도움을 준 『베르길리우스 바티카누스』 필사본에서 키르케가 자신의 베틀을 다루었던 장소였다.

아홉 사람 가운데 한 명은 키르케를 향해 그녀의 피안테piante와 인칸티incanti와 베네프키venefcii, 즉 '식물'과 '주문'과 '약물'로 자신들 질환의 '치료제'를 조제해달라고 외친다.[7] 여기에서 브루노가 '약물'이라는 뜻으로 쓴 단어는 라틴어 베네피쿰veneficum에서 비롯했는데, 루이스와 쇼트의 사전에서는 이를 '마법 물약의 장만'으로 정의했다. 눈먼 사람들은 메디카미medicami, 즉 '마법 약초'를 달라고 간청했지만 키르케는 요지부동이었다. 마침내 그녀는 그들에게 리쿠오르liquor, 즉 '영약'을 건네주었는데, 그 안에는 라 비르투 디비나la virtù divina, 곧 '신과 같은 미덕'이 들어 있었다. 꽃병 안에 봉인된 그 마법 물약은 두 개의 별처럼 빛나는 물체에 대한 환영을 보장했다. 또다시 10년 동안 여행한 끝에 그들이 입문을 마치자, 그들은 꽃병을 열어 그들의 눈멂을 되돌리고 하늘 위 태양들의 약속된 모습을 볼 수 있었다. "하느님의 가장 빼어난 작품"을 목격하고 느낀 무아경을 묘사하는 과정에서, 브루노는 위험하게도 그리스 신비제에 대한 자신의 사랑을 드러낼 뻔했다. "한동안 그들이 분명히 본 바에 취해 '광란한 주신제 참가자를 매우 많이'tanti furiosi debaccanti 본 것만 같았다."

여기에서 다시 한 번 친숙한 주제가 등장한다. 여성과 약물이다.

브루노는 운명에 유혹당해 바티칸의 철천지원수를 소환하고 말았다.

아우렐리우스 가문 지하 묘지가 '비밀 교의'의 증거라면 『영웅적 열광자들』도 마찬가지일 것이다. 키르케와 그녀의 약물을 언급했을 때 브루노가 **진짜** 전통에 관해 이야기했을 가능성도 있을까? 신비제 해안 고속도로 덕분에 고대 캄파냐에서 르네상스 로마로 들어온 전통에 관해 말이다. 그 모든 것은 오늘날 독자에게서는 완전히 사라진 고전 어휘의 일부분이다. 고전학자 핸슨과 히스의 말마따나 21세기에 "사실상 인정받지 못하는 지식 체계"이다. 하지만 이단 심문관들은 이처럼 그리 미묘하지 않은 서술의 행간을 분명히 읽을 수 있었다. 그들은 브루노의 작품이 교회 전반, 특히 성만찬에 대해 지니는 함의를 이해했다.

이 이단자의 재판 기록이나 그런 기록의 부재만 봐도 알 수 있다.

바티칸은 브루노의 신선한 신新이교주의 브랜드가 지상에서 사라지기를 원하는 데에서 그치지 않았다. 그의 구류, 고문, 죽음에 관한 모든 정보도 사라지기를 바랐다. 지난 400년의 어느 시점엔가 브루노의 심문에 관한 원래 기록이 사라지고 그가 고발당한 여러 이단 행위에 대한 59쪽짜리 요약문만 남았기 때문이다. 1817년에는 그조차 사라져 수십 년간 행방을 알 수 없다가 1880년대에 어느 보조 기록 보관원이 바티칸 국무부의 비밀 서류함 중 하나에서 16세기의 필사본을 우연히 찾아냈다. 이에 교황 레오 13세는 그 기록을 대중의 눈에서 곧바로 차단하라고 명령했다. 학자 마리아 루이사 암브로시니Maria Luisa Ambrosini가 언젠가 한 말처럼 "천재를 불태우는 일이 홍보에는 좋지 않다는 사실을 교회도 깨달았던 것이다."**[8]**

당시 담당 추기경은 브루노의 재판 기록을 기밀로 분류해 안전한 곳에 넣어두는 대신, 레오 13세의 전임자인 비오 9세의 개인 기록물 사이에 잘못 놓아두었다. 그 기록은 1940년까지 그대로 놓여 있었고, 당시 바티칸 비밀 문서고 장관이었던 안젤로 메르카티Angelo Mercati가 15년 동안 힘겹게 추적한 끝에 자신이 몰두할 대상을 찾아내는 데 성공했다! 무슨 이유에서인지 메르카티는 이 커다란 이단을 보전하고 싶어 해 필사본 원본을 적절하게 목록화했다. 2차 세계대전 중 이 문서는 바티칸 비밀 문서고에 조용히 숨어 있었다. 그야말로 건초 더미 속의 바늘이었다. 이 컬렉션은 상당히 인상적인 동시에 최근 한 논평가의 말마따나 "접근하기 워낙 어려워 가장 쓸모없는 것 가운데 하나"이기도 했다.

85.3킬로미터에 달하는 문서 가운데 스캔되어 온라인으로 볼 수 있는 것은 고작 몇 밀리미터 정도이다. 컴퓨터 텍스트로 변환되어 검색 가능한 면은 그보다 적다. 따라서 그 외에 뭔가를 살펴보려 한다면 특별 접근 허가를 신청하고 로마까지 먼 길을 찾아가 한 쪽씩 직접 넘겨보는 수밖에 없다.

정확히 내가 실제로 한 일이었다.

하지만 그 안으로 들어가는 일도 쉽지는 않았다.

내 유일한 인도자는 안젤로 메르카티뿐이었다. 이 전직 장관은 1942년 선동적인 저서를 한 권 펴냈는데, 거기에 브루노의 필사본 원본을 이탈리아어로 번역해 수록했으며 각주와 해설까지 덧붙였다. 2018년 창의적으로 약간 구글링한 끝에 브루노의 기록에 대한 구체적인 인용문을 찾아냈고, 이를 통해 나 같은 어중이떠중이 미국인이 당신네 뒷방에 들어가보겠다고 신청할 때 비밀 문서고에서 요구하는 '분류 기호'를 알아낼 수 있었다. 브루노의 기록은 적절하게도 이른바 '아르마디'Armadi 서류의 '기타'miscellaneous 부문으로 분류되어 있었다. 즉 Misc., Arm. X, 205였다.

이로써 나는 공식 신청 절차를 위한 준비를 마쳤다. 절차는 옛날 코미디의 정석과 비슷했다. 우선 "역사 연구 분야에서 자격 있는 인물"의 추천서가 필요했다. 그래서 러크에게 보스턴 대학교 마크가 들어간 편지지에 추천서를 써달라고 부탁하면서, 바티칸에 있는 사람 가운데 굳이 창의적으로 구글링할 사람이 부디 없기를 바랐다. 러크는 친절하게도 내 부탁을 들어주었다. 신청서의 '연구 주제' 항목에는 조르다노 브루노라고 쓰면서 "이단자"라는 말을 확실히 집어넣었다. 몇 주 뒤인 2018년 5월 나와 프랜시스 신부는 바티칸 비밀 문서고의 주 열람실에 있는 아테나 여신상의 그늘 아래 있었다. 루브르와 카타콤 방문 일정은 맨 마지막 며칠로 예정되어 있었으므로 이는 우리가 함께한 최초의 모험이었다.

그리스 지혜의 여신과 우리에게서 1초도 눈을 떼지 않는 문서 보관원 여섯 남성의 주의 깊은 시선 아래, 사제와 나는 가톨릭교회가 체포한 사람 중 가장 유명한 마법사를 고발하는 기소장의 누렇게 변색된 면을 자외선 조명으로 스캔했다. 우리는 감자 자루마냥 책상에 털썩 떨어진 18센티미터 두께의 책을 직접 만져보는 행운까지 누렸다. 처음에는 구식 CD-ROM에 저장된 재판 기록의 디지털 사본에 대한 접근만 허락받았다. 물리적 필사본을 보기 위해 나는 한 쪽짜리 특별 신청서를 작성해야 했다. 그러면 불과 몇 분 안에 비밀 문서고를 담당하는 현직 장관 세르지오 파가노Sergio Pagano 각하께서 직접 살펴보았다. 그렇다. 역설적이게도 그의 성姓은 이탈리아어로 '이교도'라는 뜻이었다.

다시 한 번 옛날 코미디 같은 상황이 벌어졌다. 즉 기록 보관원 한 명이 장관과 나 사이를 분주히 오가며 의사소통을 도왔고, 우리 두 사람이 서로 얼굴을 맞대는 일은 결코 없었다. 중간 연락책은 신경이 곤두선 채 혼란스러워하며 장관 사무실에 세 번이나 다녀와야 했다. 내 최초의 요청에 대해 장관은 프랜시스 신부와 내가 살펴보고 싶어 하는 곳이 구체적으로 어떤 '폴리오', 즉 페이지인지 알고 싶어 했다. 나는 이미 전자 양식에 브루노의 "무한의 복음"과 성만찬을 언급한 폴리오를 보고 싶다고 기입했다. 하지만 뜻하지 않게, 정말 아무런 이유도 없이 기록 보관원은 갈릴레오의 1633년 재판 기록 번역문을 들고 돌아왔다. 나는 인상을 찡그리고 양손을 펼치는 만국 공용어를 구사했다. '지금 장난하는 거야?'

그 순간 바티칸의 선임 기록 보관원 잔프랑코 아르만도가 고맙게도 대신 중재에 나서 우리는 마침내 손에 넣기 힘든 문제의 필사본을 볼 수 있었다. 내 생각에는 매번 미국인 두 명이 조르다노 브루노를 찾아 이 비밀 문서고로 찾아올 때마다 사람들의 관심을 끄는 모양이었다. 게다가 이번에는 그중 한 명이 서품받은 사제이다 보니, 바티칸 비밀 문서고와 바로 옆 교황의 개인 도서관인 바티칸 도서관 사이에 있는 우거진 정원 '도서관 마당'Cortile della Biblioteca에 있는 지하실 비슷한 카페에서 나지막하게 대화가 벌어질 수밖에 없었다.

그곳에서 유난히 진한 에스프레소를 마시면서 나는 잔프랑코를 내 조사에 참여시켰다. 놀랍게도 이 교황청 사서는 눈 하나 깜박하지 않았다. 이탈리아 북부 피에몬테 지역 출신의 이 키가 큰 남성은 바티칸의 환각성 성만찬 탄압에 대한 문헌 증거 탐색을 곧바로 받아들였다. "어떤 조사든 진지하게만 이뤄진다면 주목할 만한 가치가 있으니까요." 그는 훗날 내게 이렇게 써 보냈다. 하지만 나는 엉뚱한 곳을 파헤치고 있었다.

프랜시스 신부와 같은 이발소에 다니나 하고 생각하게 만든 반백의 턱수염에 매부리코 위의 투명한 안경 너머로 잔프랑코는 내게 신앙교리성성 문서고에 가면 좀더 운이 좋을 거라고 말해주었다. 이것이야말로 흥미로운 아이러니였는데, 역사가 카를로 긴즈부르그Carlo Ginzburg의 말처럼 이른바 '탄압의 기록 보관소'인 그곳은 성 베드로 광장 반대편인 신앙교리성성 청사에 있었기 때문이다. 그 궁전에는 한때 바티칸 지하 감옥이 있었고, 브루노는 그곳에 7년 동안 구금되어 있었다. 거기에서 나는 로마와 전 세계 감찰 심의회Supreme Sacred Congregation of the Roman and Universal Inquisition*의 모든 기록을 찾아볼 수 있을 것이었다. 이곳은 흔히 '성성'聖省, Holy Office이라는 이름으로 더 널리 알려져 있다. 이 문서고의 내용물은 1998년에 와서야 요한 바오로 2세의 지시에 따라 세속 연구자들에게 개방되었다. 이곳이야말로 이번 조사의 마지막 장을 위한 최후의 통과 불가능한 건초 더미였다.

그나저나 브루노의 필사본에 관해서는 잔프랑코 말이 맞았다. 프랜시스 신부와 나는 16세기 재판 기록에 나와 있는 라틴어와 이탈리아어의 고풍스러운 혼합물을 훑으며 약물에 관해 명시적인 언급이 있는지 찾아보았지만 결국 아무것도 발견하지 못했다. 그건 그렇고 '르네상스 마법사'의 "무한의 복음"을 이단 심문관들이 어떻게 서술했는지 직접 보게 되니 정말 믿을 수 없었다. "수많은 세계, 수많은 태양 (…) 심지어 사람들까지"plures mundos, plures soles … ac etiam homines 그 안에 있었다는 것이다. 성만찬에 관한 대목에서 한 정보원은 '지존하신 성사聖事'를 조롱한 브루노의 말을 인용했는데, 그는 이를 "수간, 신성 모독, 우상 숭배"bestialita, bestemie et idolatria의 일종이라 일컬었다고 했다.[9] 오늘날과 마찬가지로, 16세기 버전의 성만찬은 초기 그리스도교의 가정 교회와 카타콤에 영감을 준 뭔가 그보다 훨씬 오래전에 있었던 그리스 신비제와 사실상 경쟁할 수 없었다. 그리고 브루노는 그 사실을 알고 있었다.

종교 개혁 이후, 즉 브루노의 생애 동안 가톨릭과 프로테스탄트는 오늘날까지도 가톨릭의 입장으로 남아 있는 성변화의 교의를 놓고 적극적으로 싸웠다. 이 교의는 성만찬의 빵과 포도주가 미사 중에 문자 그대로 예수의 살과 피로 근본적으로 변모함으로써 눈에 보이지 않고 측량 불가능한 성질을 보유한다고, 비록 미숙련자의 눈

---

* [감수 주] 정식 명칭은 Congregatio Sacrae Romanae et Universalis Inquisitionis이다. 인노첸시오 3세(1198~1216)는 신앙과 도덕을 순수하고 온전하게 보전하기 위해 이단을 감찰하고 처벌하도록 로마와 전 세계 감찰 심의회를 설치했다. 그리고 1988년 특별법 제48-55조에 의해 신앙교리성으로 개칭되었다. 정진석, 『교회의 최고 권위 교회법 해설 3 증보판 (제330-367조)』, 한국천주교중앙협의회 2003, 316~317쪽 참조.

에는 변하지 않은 것처럼 보인다 하더라도 실제로는 그러하다고 설명한다.[10] 2019년 7월 여론조사에 따르면, 가톨릭 신자라 말한 응답자 가운데 69퍼센트는 이 교회의 핵심 가르침을 한 글자도 믿지 않았다.[11] 대신 이들은 성만찬의 빵과 포도주를 예수의 살과 피의 상징일 뿐 그 이상은 전혀 아니라고 보았다. 작가 플래너리 오코너Flannery O'connor가 1955년에 신랄하게 지적한 그대로이다. "음, 그게 만약 상징이면, 지옥으로 꺼지라고 해."[12]

브루노는 이 의견에 적극 동의했을 것이다.[13] 현직 신비주의자로서 그는 기본으로 돌아가고 싶어 했다. 즉 캄파냐에 살았던 자신의 그리스어 구사 선조들이 매우 잘 알았던 듯한 '불멸의 약물'로 돌아가고 싶어 했다. 그리고 자신의 고향 놀라에서 23킬로밖에 떨어지지 않은 베수비오 저택에서 발견된 환각성 도마뱀 물약의 일종으로 돌아가고 싶어 했다. 그의 성만찬은 단지 상징에 불과한 것이 아니었다. 위약도 아니었다. 그것은 고대의 가장 악명 높은 그리스 마녀 키르케의 '식물'과 '주문'과 '약물'을 첨가한 '신과 같은 미덕'을 지닌 '영약'이었다. 브루노는 그 방법을 이용해 현대 우주학자들도 설명하기 어려워하는 무궁무진하고 찬란한 우주에 대한 기묘한 지식을 네 세기나 앞서 정확히 예언하게 되었을까? 타고난 성인聖人과 선견자는 항상 우주적 각성의 경험을 보고하게 마련이다. 평생 명상에 전념하는 사람들도 마찬가지인데, 프랜시스 신부가 히말라야 산맥에서 연구했던 티베트의 불교 승려도 그러했다. 그저 죽어 없어질 인간인 나머지 우리 모두에게 브루노는 궁극적으로 자신의 죽음에 기여한 어떤 단서를 남겼다. 그것은 바로 계몽으로 가는 매혹적인 지름길, 즉 우리를 에워싼 숭고한 조화우주의 경이에 대한 우리의 눈멂을 치료하는 가장 빠른 길인 그의 성만찬에 관한 단서였다. 이는 우리가 지금까지 검토한 모든 신비주의 전통을 통합해주는 한 가지로 우리를 곧장 다시 데려간다.

바로 지복직관이다.

에우크라테스 봉헌 부조에서 볼 수 있듯 이는 엘레우시스에서 온 눈먼 순례자가 자기 시력을 회복하게 해준 페르세포네에게 감사의 인사를 무수히 남기게 만든 하느님의 즉각적인 모습이다. 『디오니소스의 여신도들』에서 디오니소스가 가장 최근의 입문자에게 다음과 같이 말할 때의 기묘하고도 환각적인 효과이다. "이제 너희는 마땅히 **보아야** 할 것을 보는 것이다." 「요한 복음서」 9장 39절에서 예수도 곧장 이렇게 말한다. "나는 보지 못하는 이들이 보게 하려고 여기 왔다." 그리고 「요한 복음서」 1장 51절에서는 이렇게 말한다. "내가 분명히 너희에게 말하노니, 너희는 하늘이 열리고 하느님의 천사들이 오르내리는 모습을 보게 될 것이다." 이것이 그리스도교 영지주의자들의 진정한 시력을 회복시키는 **그노시스**, 즉 직관적 지식이다. 「토마스 복음서」에는 이렇게 나온다. "너희 눈앞에 있는 것을 알아보면 숨어 있는 것도 너희에게 드러날 것이다." 이 '비밀 교의'는 피타고라스부터 파르메니데스와 엠페도클레스를 거쳐 여섯 세기 뒤의 플로티노스에게 전수되어, 아우렐리우스 가문 지하 묘지 벽에 그려진 얼굴에 이렇게 쓰였다. "우리는 바라보지 말아야 한다. 대신 실제로 눈을 감고 우리의 시각 능력을 또 다른 능력과 맞바꾸어야 한다. 우리는 이 능력을 깨워야 한다. 모든 사람이 갖고 있지만 극소수의 사람만 사용하는 능력을 말이다."

이는 환각제의 개념 자체를 현대 세계로 가져온 지복직관이었다.

고든 와슨이 멕시코 시에라 마자테카에서 마리아 사비나와 겪은 놀라운 경험을 보고하기 전까지만 해도 실로시빈 버섯에 관해 들어본 사람은 아무도 없었다. 1957년 그는 그 균류의 이미지가 "이제껏 내가 육안으로 본 그 어떤 것보다 현실적으로 보였다"라고 썼다. 키르케의 약물 영향 아래 "그들이 매우 분명히 본 것에 취한" 브루노의 눈먼 사람 아홉 명과 섬뜩하리만치 유사한 언어로 와슨은 이렇게 덧붙였다. "당시 분명히 보고 있으면서도 일반적인 시각이 불완전한 광경만 전달한다고 느꼈다." 믿기 어렵게도 브루노와 와슨은 모두 이런 경험을 그리스 신비제에 비견했다.

하지만 더 놀라운 점은 거듭 다시 찾아보게 되는 내 개인적 메모 속의 한 가지 현상, 즉 나로서도 설명을 제공하기가 완전히 불가능한 현상이다. 5장에서 언급한 임사 체험에 대한 과학적 연구를 모두 살펴보면 저세상으로의 접근은 어찌어찌 기적적으로 눈먼 사람에게 시력을 제공하며, 심지어 날 때부터 눈먼 사람에게도 마찬가지이다. 시력을 지닌 사람들이 보는 것과 똑같은 것을 바라볼 때 그들은 "정상적이거나 어쩌면 더 뛰어난 예리함을" 발휘하며 바라본다고 확인되었다. 이것은 내가 환각 문헌에서 추적한 눈먼 사람의 '집단 환각'과 크게 다르지 않다. 임사 경험과 환각성 경험 양쪽에서 이미 사망한 지인과 만나는 일은 이례적이지 않으며, 로마의 카타콤에서 거행된 그리스도교 장례 연회의 위력에 대해 중요한 단서를 제공한다. 하지만 눈먼 사람이 참여할 수 있었다면 지복직관은 의식의 확장일 뿐 안구眼球와는 아무 관계 없었던 것으로 보인다. 또는 지력과도 관계없었던 것으로 보인다. 플로티노스는 "모든 사람이 갖고 있지만 극소수의 사람만 사용하는 능력"인 비범한 "시각 능력"이 "계

산으로 획득할"수 없고, "정리定理로 구축할" 수도 없다고 경고했
다.[14] 파르메니데스가 오래전 벨리아에서 플라톤에게 가르치려 했듯
참된 종교는 논리나 이성이나 반성적 사고와 아무 관계가 없다.

지복직관을 얻으려면 반드시 그것을 위해 죽어야 한다.

자아가 반드시 파괴되어야 한다. 최소한 잠시라도 말이다. 그 기
간이 몇 분, 몇 시간, 며칠이든 그리 오래 걸리지 않는다. 하지만 우
리가 삶에 관해 알고 있다고 생각한 모든 것, 정말 모든 것이 반드시
소멸되어야 한다. 나는 이해하지 못하겠지만 신비주의자들은 줄곧
이렇게 말해왔다.* 그것을 우회할 방법은 전혀 없다. 이것이 그리스
아토스산의 성 바오로 수도원에 적힌 유일무이한 조언 한마디이다.
"당신이 죽기 전에 죽는다면 당신은 죽어도 죽지 않을 것이다." 브
루노가 자기 목숨을 희생하면서까지 후세를 위해 기록한 중요한 각
주는 오늘날 그리스도교에서 선전되지 않는다. "위약 타도. 약물
환영."

브루노가 캄파냐 출신의 그리스인 선조들과 비슷하다면, 그에게
는 내가 낡아빠진 필사본을 자외선 조명으로 비춰보며 읽었던 몇
안 되지만 설득력 있는 문장의 물 탄 성만찬을 향해 코웃음칠 만
한 권리가 있다. 그동안 그를 처형한 그 기관의 직원이 완전히 당황
한 채 나와 프랜시스 신부를 지켜보고 있었다. 2000년 교황 요한 바
오로 2세는 브루노 같은 이들에게 폭력을 사용한 데에 대해 포괄적

---

* [감수 주] 기원전 6세기 철학자 피타고라스의 영향을 받은 플라톤의 사상은 스토아철학
사상에 깊은 영향을 주었는데, 피타고라스의 사상 역시 이집트와 페르시아를 통해 전해진 인
도사상으로부터 영향을 받았던 것으로 추정된다. F. D'Agostino, *Filosofia del diritto* (Torino:
G. Giappichelli, 2000), 65쪽 참조. 한동일, 『법으로 읽는 유럽사』, 글항아리 2018, 64쪽 인용.

인 사과문을 발표했다.[15] 하지만 바티칸이 그 혁명가를 향해 네 세기 동안 보인 악의는 머지않아 안젤로 소다노Angelo Sodano 추기경에 의해 명백히 밝혀졌는데, 그는 마그나 그라이키아 출신의 이단자를 단죄했던 이단 심문관들이 "자유에 기여한" 동시에 "공동선을 조장했다"면서 궁극적으로 옹호했다.[16] 브루노와 그의 성만찬이 여전히 현존하는 위협을 상징한다는 사실과 이 악감정에 어떤 관련이 있을 수도 있을까? 이것이 바티칸에 절대적으로 남아도는 모든 교의, 교리, 관료제에 영향을 가하는 위협이기 때문일까?

브루노의 원래 재판 기록이 편리하게 어딘가로 사라지지 않았다면 우리는 좀더 많이 알 수 있었을 것이다. 다만 그렇다면 비밀 문서고는 비밀 문서고가 아니었을 것이다. 바티칸이 이 세계에서 가장 오래된 현존 기관으로서 배운 것이 하나 있다면 그들의 흔적을 지우는 일이었다. 한 언론인의 말마따나 그 "주교 공장"에서는 문서로 흔적을 남겨놓는 일이 좋지 않다는 사실을 알고 있었다. 최근 1,000년 동안 교회는 "관료제와 사회적 이동성과 정보 네트워크의 혼합물"로 묘사되었는데, 거기에서는 "모든 것을 기록해두지는 않았다."[17] 바티칸의 깊은 기록의 역사에서 정보 보유 정책은 항상 뚜렷한 중세 방식을 견지하고 있었다. 결국 나는 여기에서 그 분야의 세계 챔피언과 상대하는 셈이었다.

내가 작년부터 교황청 사서와 연락을 유지하려 노력한 이유도 그래서였다. 교황의 문서고를 향해하는 방법을 아는 사람이 있다면 바로 피에몬테 출신의 내 새로운 친구였기 때문이다. 캄캄한 비밀 문서고의 2층짜리 금고실에서 나오는 길을 알았다면 그는 내가 본래 성만찬을 찾아내도록 도와줄 수도 있을 것이었다.

잔프랑코와 나는 '솔방울 마당'을 벗어나 동쪽으로 좀더 걸어갔다. 우리는 직각으로 꺾은 다음 스물네 계단을 올라 피오 클레멘티노 컬렉션의 야외 팔각형 정원에 들어섰다. 이곳은 바티칸 박물관에서 친숙한 얼굴 몇몇을 살펴보는 데 최상의 장소였다. 오른쪽으로 뮤즈 전시실로 가는 대기실이 있었는데, 거기에는 왼손에 포도송이를 들고 머리에 담쟁이 왕관을 쓴 바쿠스가 분명하게 보였다. 그는 자기 오른손에 들린 잔 바닥을 유심히 바라보고 있었다. 도대체 바티칸이 자신의 **파르마콘**을 어떻게 했는지 궁금해하는 듯했다.

나도 마찬가지였다.

지난 몇 달 동안 나는 브루노가 『영웅적 열광자들』에서 베네피치 veneficii*, 즉 '약물'이라는 단어를 사용한 점에 몰두해왔다. 그가 캄파냐에서 유래한 진짜 전통에 관해 이야기하는 것이라면 나는 모든 세부사항을 수립할 필요가 있었다. 따라서 나는 맨 처음으로 돌아가, 직접 발견해 출발점으로 삼았던 한 가지 명백한 자료인 베수비오 저택의 환각성 도마뱀 물약을 사용했다. 아편, 대마초, 흰 사리풀, 까마중을 첨가한 도마뱀 포도주는 혼란스럽지만 대단한 실마리였다. 그리고 이는 머지않아 보답으로 돌아왔다.

르네상스에 이르러 브루노가 그리스어 **파르마콘**을 지칭하려 사용했던 라틴어 용어는 특히 마녀, 여마법사, 여주술사 같은 종류에 연관되었다. 이런 베네피카 venefica는 향정신성 물질에 대해 금지된 지식을 가졌다는 이유로 이단 심문소의 표적이었다. 1548년 브루노가 태어난 직후에는 교황의 측근들조차 약물에 관해 이야기하고 있었

---

* [감수 주] 라틴어로 '독약 제조' '중독' '마법 약'을 뜻한다.

다. 약리학자 겸 식물학자로 훈련받은 안드레스 라구나Andrés Laguna
는 교황 율리우스 3세의 주치의였다. 그는 1세기 이후 살아남은 디
오스코리데스의 『의학의 재료에 관하여』 그리스어 원문 코텍스를
여러 해 동안 연구했다. 고대의 이 대작을 번역해 1554년 베네치아
에 있는 한 출판사에서 라틴어와 이탈리아어로 출간했으며, 그리하
여 '약물의 아버지'는 유럽 전역에서 친숙한 이름이 되었다. 라구나
의 『의학의 재료에 관하여』는 이탈리아에서 큰 호응을 얻어 17쇄나
발행되었는데, 그 주된 이유는 텍스트에 달린 그의 해설과 일화 때
문이었다. 그 내용을 보면 브루노가 일생 동안 겪은 약물에 관한 르
네상스의 경험을 들여다보는 예외적인 기회를 얻을 수 있다. 여기에
서 중요한 것은, 키르케와 약물에 관한 브루노의 황당무계한 이야기
가 매우 위험하고도 명백히 매우 현실적인 혼합제에 근거한다는 점
이다. 그 혼합제란 바로 마녀의 연고이다.

　마녀들이 숲속에서 열리는 악마 집회에 갈 때 그들 몸과 빗자루
에 바른다고 전해지는 악명 높은 고약에 관한 논의에서, 라구나는
교회의 수색 및 압류 작전 가운데 하나에서 밝혀진 성분을 다음과
같이 확인했다.

> 앞서 말한 마녀들의 거주지에서는 어떤 녹색 연고가 절반쯤 든
> 항아리가 하나 발견되었는데 그들이 하얀 포플러로 만들어 몸에
> 바르는 것이었다. 그 묵직하고 불쾌한 냄새는 그것이 독당근, 까
> 마중, 사리풀, 맨드레이크처럼 온도가 높아지면 냉랭하고 최면성
> 인 약초들로 이루어졌다고 입증해주었다.[18]

까마중과 사리풀 사이에는 베수비오 저택에서 나온 고고식물학적 발견과 지복직관을 만들어낸 베네피치, 즉 '약물'에 관한 브루노의 언급을 연결해줄 수도 있는 매혹적인 단서가 있었다. 하지만 그 가운데 어떤 것이 하늘을 날아가는 빗자루와 관련 있을까?

음, 마녀는 물론 어디로도 날아간 적 없었다. 고대 이베리아의 가짓과 식물 맥주를 검토하며 논의했듯 까마중과 사리풀을 포함한 이 식물의 과채는 착란, 격렬한 환각, 비현실적 유체 이탈 경험 등을 야기한다고 널리 알려져 있다.[19] 초기 주석가들조차 마녀들이 "자기네 집을 떠나지 않는다"는, 오히려 "악마가 그들에게 들어와 감각을 박탈하면 그들은 죽어서 싸늘해진 것처럼 쓰러진다"는 사실을 알고 있었다.[20] 그것은 불면증을 치유하기 위해 마녀의 연고를 조제한 어느 기니피그 가운데 하나에게 일어난 일이었다. 라구나는 서른여섯 시간을 꼬박 채운 뒤에야 의식을 되찾은 그 여성의 반응을 다음과 같이 기록했다. "당신들은 왜 그렇게 좋지 않은 때에 나를 깨운 겁니까? 나는 세상의 온갖 즐거움에 에워싸여 있었는데."[21]

확실히 이것은 지복직관에 관한 이야기 같다.

실제로 마녀의 마법 영약 가운데 하나를 시음하는 사람이 있다면 아마도 한스 발둥Hans Baldung이 1544년의 목판화 〈마법에 걸린 말구종〉The Bewitched Groom에서 흥미롭게 포착한 것과 똑같은 환각성 여행을 만끽할 수 있을 것이다. 여기에서 마구간 하인은 창문에 보이는 마녀가 방금 만들어낸 어떤 주문에 압도당한 나머지 자신의 업무 도중 "죽어서 싸늘해진 것처럼" 쓰러져 있다.[22] 미술사가 월터 스트로스Walter Strauss는 그 남성이 손에 들고 있다 떨어뜨린 두 갈래 막대기가 대접이나 솥을 들어 불 위에 놓는 데 사용되는 도구였다고 믿는다. 마녀들은 "입으로 마시거나, 연고처럼 피부에 바르거나, 향료처럼 코로 들이마시는 물약의 혼합, 가열, 보관"을 위해 대접이나 솥 같은 그릇을 일반적으로 사용하기 때문이다.[23] 여기에서 또다시 그 모티프는 기묘하게도 근동의 마르제아를 연상시키는데, 학자 그레고리오 델 올모 레테는 이를 가리켜 포도주로 유도된 "황홀경의 강경증 상태"라 묘사했다. 피터 킹즐리가 "공간과 시간이 아무 의미도 없는" "감각 너머의 세계"로의 "강경증적" 여행이라 묘사한 포카이아인의 부화 관습을 연상시키기도 했다.

따라서 브루노가 16세기에 정말 약리학적 전통에 관여하고 있었다면 그것은 어떻게 금세 캄파냐에서 르네상스 로마까지 전해졌을까? 어떻게 급기야 교황 주치의의 레이더에 포착되었을까? 파고들수록 러크의 말처럼 영지주의자와 마녀를 연결하는 이단 비밀 연쇄에 관한 정황 증거가 쌓이기 시작했다.

베수비오 저택에서 나온 환각성 도마뱀 물약이 성사의 증거라면, 그것은 아마도 영지주의의 영광기 동안 시몬주의자와 발렌티누스주의자와 마르쿠스주의자의 이단적 성만찬에 사용되기 위해 폼페이에 있는 약제소에서 제조되어 로마의 가정 교회며 카타콤까지 신비제 해안 고속도로를 따라 밀수되었을 것이다. 예수 이후 처음 300년 동안 아우렐리아 프리마 같은 이들은 그런 성만찬을 아우렐리우스 가문 지하 묘지로, 프리스킬라 카타콤의 그리스식 경당으로, 혹은 성 마르켈리누스와 성 페트루스 카타콤의 혼합실로 몰래 들여왔을까? 어쩌면 '죽은 자의 도시'에서 레프리게리아를 연중 매일 개최할 수 있었던 성 베드로 대성당 바로 밑까지 몰래 들여왔을까? 환각성 물질 원료는 분명히 이용 가능했다. 4세기 이후 그 이국적인

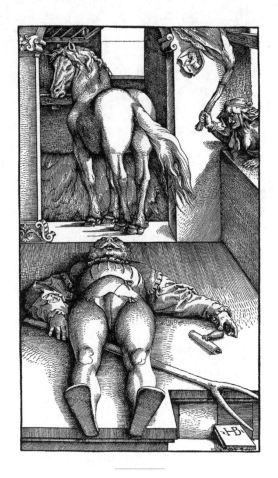

독일 화가 한스 발둥이 1544년경 제작한 목판화 〈마법에 걸린 말구종〉. 마녀에 의해 황홀경에 빠진 한가운데의 인물은 "죽어서 싸늘해진 것"과 같은 상태이다. 다시 말해 일시적인 정신 변성 마비 상태에 빠져 있다.

포도주의 수수께끼 브랜드에는 무슨 일이 벌어졌던 걸까?

어느 면으로 보나 그것은 신비제 해안 고속도로를 따라 존재했던 익명 이단자들의 수중으로 사라졌고, 오늘날에는 그들 역시 역사 속으로 사라졌다.[24] 이후 몇 세기 동안 이탈리아에서 대안적 성만찬의 탐색자들은 로마의 카타콤에서 탈출해 나폴리의 카타콤이며 시골 교회의 모든 공동묘지로 옮겨 온 죽음 숭배에서 위안을 얻었을 것이다. 바로 그곳에서 레프리게리아는 계속해서 거행되다가 눈에서 벗어나면 마음에서도 벗어나듯 10세기에 공동묘지가 도시 한가운데로 옮겨진 이후부터 그리스도교의 포도주 파티가 뒤따르게 되었다.[25] 예일 대학교의 학자 램지 맥멀렌에 따르면, 그 어떤 이교 의례도 묘지 성만찬만큼 지속력을 지니지는 못했는데, 그것은 "죽은 자의 영원한 불꽃이나 영靈을 인간들 속 불멸자에게 제공했다." 거기에서 영지주의자 외톨이는 "밤새도록 잔치하고, 술 마시고, 노래하고, 춤추고, 깨어 있는" 훌륭한 동반자를 발견하고, "유쾌하고 방탕하기까지 한 영혼의 정체성"을 발견할 것이었다.[26]

그들은 마그나 그라이키아에서 결코 사라진 적 없는 '부화'에서 피난처를 찾았을 수도 있다. 지중해 건너편에서는 아스클레피오스의 신성한 동굴과 신전 여러 곳이 마르티리아martyria, 즉 그리스도교의 성인과 순교자에게 상담하기 위한 순례지로 용도 변경되었다. 하지만 맥멀렌의 단언에 따르면, 특히 캄파냐 나폴리에서는 "성지에서 하룻밤 자며 신의 환영을 얻는 오래된 관습"이 유지되었으며, "거기에서는 탄원자가 자신의 꿈에 관해 물으면 사제들이 그 내용을 해석해주는 일이 일반적이었고, 때때로 몇 주나 몇 달 동안 그곳에 머무르고 나야만 비로소 구제받는 경우도 있었다."[27] 믿기 힘들 수도 있지만 환영적인 그리스 전통 가운데 일부는 **실제로** 캄파냐에서 여러 세기 동안 살아남았는데, 그곳은 파르메니데스와 벨리아에서 그를 계승한 여사제들이 그 전통을 시작한 장소이기도 했다. 하지만 여성과 약물이 정말 중세 이탈리아 전역에 있었던 모든 그리스도교화 레프리게리아와 부화 의례가 누린 놀라운 장수의 열쇠일까?

영지주의자가 몸을 낮추는 데 실패한 곳에서는 마녀들이 각자의 일을 제대로 수행했다. 그중 일부는 '살레르노의 여성들'Women of Salerno에 가입함으로써 바티칸의 의심을 피할 수 있는 진지한 자격증을 얻어냈다. 이들은 장차 신비제 해안 고속도로를 따라 폼페이 남부, 아말피 해안 정동쪽 소렌티네 반도에 있는 살레르노 의과대학에 큰 영향력을 발휘할 예정이었다. 10세기 언젠가 그리스어 텍스트의 인도 아래 라틴어와 히브리어와 아랍어의 지혜도 한몫 거들어 설립된 이곳은 그 분야에서 가장 저명한 기관이었다. 이곳은 특히 "약물 치료법에 대한 방대한 컬렉션"으로 존경받았다.[28] 이곳은 "유럽에서 유일하게 여성에게도 문호를 개방한 의과대학"이었으며, 여성들은 그곳 교수진으로도 활동하며 과학적 업적의 역사에서 중요한 역할을 담당했다.[29] 구세계 전체를 통틀어 식물학 전문 지식을 보유한 여성이 이른바 "문명화한 세계의 모든 부분에서 그때 이후 성행했던 전문적인 의료 체계"로 서술된 서양 의학을 재정의한 장소가 바로 신비제 해안 고속도로 상에 있었다.

하지만 모든 마녀가 의과대학에 간 것은 아니었다. 그중 다수는 여전히 옛 방식을 고수했다. 민속 의학의 굳어진 전통은 이탈리아에서 여러 세대 동안 살아남았으며, 특히 자신을 돌보는 방법을 배운 시골 거주민 사이에서 그러했다. 증거가 암시하는 바에 따르면, 가정식 성만찬은 확고한 자립성과 자주성의 오래 지속된 전통 일부였다. 지중해 전역에 걸친 신앙의 초창기부터 그리스어 구사 그리스도교인들 사이에서 유포된 것으로 보이는 그 만찬에는 코린토의 가정 교회에서 사용되던 치명적인 물약도 포함되어 있었다.

성지에 있는 무슬림이 바티칸을 해외에서 바쁘게 만드는 동안 유럽의 십자군 역시 그에 못지않게 정신이 산만했다. 프랑스에 있는 그리스도교 이단 카타르파에 대항해 교회가 이른바 알비 십자군 운동Albigensian Crusade을 벌이던 1209년의 어느 하루 동안 무차별 학살당한 남녀노소 2만 명도 마찬가지였다.[30] 그 와중에 신비제 해안 고속도로 바로 아래쪽에서는 훨씬 큰 위협이 끓어오르고 있었다. 1420년대에 이르러 '마녀의 사바트'라 불리는 야간 교회 예배가 이탈리아 반도 각지에서 발생했기 때문이다. 알프스부터 시칠리아까지 이어진 이 악마적인 '회합'의 핵심에는 '외부에서 온 숙녀들'donas de fuera이라 불린 이세계적 존재들과의 접촉이 있었는데, 이들에게는 인간의 손발 대신 고양이 발톱이나 말발굽이 달려 있었다. 젊거나 늙은 이탈리아 여성들이 숫염소에 올라타고 이런 "신비로운 여성 존재들"과 하늘을 날아 "외딴 성이나 풀밭에서 열리는 잔치"에 갔다고 전한다.[31] 사바트는 주로 지역적인 사건이었다. 하지만 그 나름의 본부도 있어서, 마술의 세계에서 가장 거룩한 그 순례 장소에는 이탈리아뿐 아니라 유럽 대륙 전역에서 여성들이 몰려들었다. 그리 놀랍지 않겠지만 그곳은 바로 캄파냐 한가운데 있었다.

마녀들은 베네벤토Benevento라는 마을의 전설적인 호두나무를 찾아왔다. 거기에서 이들은 그리스 여신 아르테미스에게 헌정된 나뭇가지 아래에서 유희를 즐겼다. 이들은 마치 여느 스트레가Strega(이 대중적인 약초 술의 이름은 '마녀'를 뜻하는 이탈리아어에서 유래 했으며, 1860년부터 베네벤토에서 증류되었다) 술병에 묘사된 디 오니소스의 사티로스 떼처럼 서로서로 팔짱을 끼었다. 그리고 이들 은 '가모장'家母長 '교사' '현명한 시빌라' '요정 여왕' 같은 여러 이름 을 가진 여신에게 경의를 표하곤 했다.[32] 그중에는 브루노 본인도 베 네벤토에서 남서쪽으로 겨우 한 시간 거리인 자신의 고향 놀라에서 분명히 들어보았음직한 명칭도 하나 있었다.

바로 '그리스의 귀부인'이었다.

모든 사바트와 마찬가지로 베네벤토에서의 의례도 대안代案 하느 님을 기리는 대안 성만찬을 곁들이는 대안 미사였다. 그 시기의 라 틴어 논고 『카타르파의 오류』Errors of the Cathars에는 사바트 동안 마녀 들이 "성체성사를 비방하고, 마찬가지로 그것을 더럽히기 위한" 명 시적인 목적을 위해 그들 나름대로의 "포도주"를 혼합했다고 쓰여 있다.[33] 이로써 모든 것이 변화하고 말았다. 1420년대까지만 해도 마녀들은 기껏해야 이탈리아의 숲을 순진하게 벌거벗고 뛰어다니 는 무해한 민속 치유사라는 오합지졸 무리였다. 물론 이교도이기는 했지만 무슬림과 카타르파 같은 더 큰 먹잇감이 있었던 바티칸 입 장에서는 충분히 무시할 만했다. 그러다 성체성사가 관여되면서 마 녀는 단순한 골칫거리에서 중대한 배교자로 승진했고, 갑자기 이단 자를 가리키는 총칭이 된 '카타르파'라는 이름을 얻게 되었다. 그때 부터 마녀는 최우선 순위를 차지했고, 마녀사냥의 모든 불과 분노를 받을 만한 가치를 진정으로 지니게 되어, 결국 가장 보수적으로 계 산해도 9만 건의 기소와 4만 5,000건의 처형이 이루어졌다.[34]

"그들은 훌륭한 가톨릭 신자처럼 가장했지만 실제로는 인류와 그리스도교 교회의 모든 적 가운데에서도 가장 위험한 적을 상징했다."[35] 역사가 카렌 졸리Karen Jolly는 사바트에 참석한 여러 여성에 관해 이렇게 썼다. 이쯤 되면 그 이유도 매우 친숙할 수밖에 없었다. 디오니소스의 신비제나 예수의 신비제에서 살펴보았듯 정치 및 종교 당국은 오늘날 우리가 아는 포도주에 대해서는 걱정하지 않았다. 그들은 알코올이나 심지어 약물에 대해서도 걱정하지 않았는데, 그것이 대개 합법적이었기 때문이다. 대신 그 약물이 사람들에게 행하는 일이 문제가 되었다. 기원전 186년 로마 원로원이 파쿨라 아니아와 그녀의 광녀들을 단속한 까닭은 그들의 신비가 훌륭한 시민을 정신 나가게 만들었기 때문이다. 숲에서 벌어지는 사바트의 고대 버전을 위해 젊은이들이 만사를 내팽개치고 아내와 어머니가 가정을 뒤로하게 만들었기 때문이다. 2세기부터 4세기까지 교회의 성장하는 관료제가 영지주의를 탄압한 이유도 적어도 부분적으로는 이와 똑같았다. 발렌티누스주의자의 약물 함유 포도주를 맛본 여성들은 교부들의 공허한 전례나 위약 성체성사에 결코 정착하지 못했기 때문이다. 그들은 금단의 과일을 맛보았던 것이다.

가정식 성만찬을 보유한 마녀들도 마찬가지였다. 2015년 출판된 『마녀의 연고: 환각성 마법의 비밀 역사』The Witches' Ointment: The Secret History of Psychedelic Magic에서 토머스 해트시스Thomas Hatsis는 이제껏 간과된 사소한 내용들 중에서 놀라운 물건을 건져 올렸다. 1387년 이탈리아 북부 알프스산맥의 작은 도시 피네롤로Pinerolo에서 한 이단자를 고문했고, 그로 인해 빌리아 라 카스타냐라는 사람에 관해 충격적인 정보가 밝혀졌다. 이 신성 모독적 마녀는 가장 이례적인 성만

마르탱 르 프랑(Martin Le Franc)이 1451년 저술한 채식(彩飾) 필사본 『숙녀들의 옹호자』
(Champion of the Ladies)에 나오는 빗자루에 올라탄 마녀 두 명. 문제의 마녀들은 '발도
파'(Waldensian)라 불렸는데, 이는 본래 프랑스와 이탈리아 북부에 있었던 그리스도교 이단 무
리를 가리키는 말이었다. 빌리아 라 카스타냐(Bilia la Castagna)도 그 일원이었다. 15세기 그녀
의 두꺼비 성만찬 유산은 단순한 민속 마법에서 악마적 마술이자 이단으로 변모되어 이단 심문
소의 탄압을 받게 되었다.

찬을 담은 유리병을 가지고 여행을 다녔는데, 그것은 "커다란 두꺼
비의 배설물과 불태운 머리카락의 재를 공현절 전날 늦은 밤에 모
닥불 주위에서 섞어 만든 기묘한 물약"이었다.[36] 디오니소스와 예수
가 각자의 기적적인 포도주를 가지고 처음 등장한 날도 공현절이었
다. 해트시스는 특정 독 두꺼비의 분비물에 LSD와 구조적으로 유사
한 부포테닌bufotenine, 5-HO-DMT 같은 정신 활성 성분이 들어 있을 수
있다고 지적했다. 때로 '죽은 자의 포도주'라 불리는 남아메리카의

환각성 조제약 아야와스카에 사용된 디메틸트립타민N,N-DMT의 화학적 사촌 5-MeO-DMT라는 성분도 있다. "용량을 책임감 있게 투여"할 경우 두꺼비 성만찬을 마신 사람은 누구나 "그 종파의 모든 비밀을 이해했고, 정통파의 가르침에 영원히 의문을 제기했다"라고 전한다.[37]

마녀의 연고, 이단의 "포도주", 두꺼비 성만찬까지 나온 이상 바티칸이 사바트를 금지할 만한 이유는 차고 넘쳤다. 그 사탄의 미사가 모두 기껏해야 마녀들 머릿속에서 벌어지는 데 불과했어도 말이다. 시칠리아 팔레르모에 살던 한 어부의 아내는 베네벤토로 순례를 한 번 다녀온 인물로서 훗날 이단 심문소의 공격으로 궁지에 몰리게 되었다. "그녀가 보기에 이 모든 것은 꿈에서 벌어진 것 같았는데, 깨어보니 항상 휴식을 취하러 갈 때처럼 벌거벗은 채 침대에 누워 있었기 때문이다."[38] 물리적으로 이 여성들은 어느 곳에도 가지 않았을 수 있다. 하지만 영적으로 이들은 모든 곳에 갔다. 오즈를 찾아왔던 회오리바람과 마찬가지로 그들은 모든 것을 보았다. 이에 교회와 그 성만찬은 완전히 쓸모없어지고 말았다.

그리하여 15세기에 또 하나의 황당무계한 성사가 풀려나면서 역사는 다시 한 번 반복될 참이었다. 다만 이번에는 중세 시대를 어찌어찌 살아남았던 것조차 극단적인 편견 속에서 박멸될 예정이었다. 이로써 석기 시대 이후 줄곧 죽기를 거부해왔던 이름 없는 종교는 영원히 침묵하고 말았다.

떠도는 프란체스코회 수사 시에나의 베르나르디노Bernardino of Siena는 1426년 5월부터 6월까지 바로 이곳 성 베드로 대성당에서 '영원의 도시' 전역을 향해 연속으로 114회 설교했으며, 이 과정에서 마

한스 발둥이 1510년경 제작한 목판화 〈마녀들〉(The Witches). 그의 다른 작품인 〈마법에 걸린 말구종〉(573쪽 참고)과 마찬가지로 여기에도 두 갈래 막대기 또는 마법 지팡이가 다시 한 번 등장한다. 날아가는 염소에 올라탄 공중의 마녀도 똑같은 물건을 들고 있다. 이 그림에는 지팡이 끝에 끓어오르는 솥이 매달려 있는데, 이는 마녀의 연고나 기타 환각성 향료와 물약을 조리하는 데 사용된 것이 분명하다. 김이 나는 또 다른 솥이 전면, 즉 그림 한가운데 나타나 있다. 그 주위에는 벌거벗은 노파 셋이 앉아 있고, 지팡이가 세 개가 더 보인다. 솟아오르는 연기 구름과 함께 솥에서 튀어 오르는 것이 무엇이든 그것은 마녀들의 무아경 비행의 비결이다.

녀와 약물에 관한 소문과 풍문을 졸지에 바티칸의 정책 성명서로 변모시켰다.[39] 베르나르디노가 이탈리아의 토양에 뿌리내린 "마법과 마녀와 주문"에 관해 군중에게 처음 경고했을 때 로마인들은 그가 미쳤다고 생각했다. 하지만 곧이어 그는 마술을 보유한 이 추악한 이단자들을 고발하는 데 실패하는 사람은 누구든 고발하겠다고 위협했다. 머지않아 베르나르디노의 말처럼 "개의 얼굴을 한 노파"la vecchia rincagnata 여러 명이 고발당해 목숨이 왔다 갔다 하게 되었다.[40] 이후 300년 동안 지속된 마녀사냥은 이렇게 갑자기 시작되었다.[41] 그리고 맨 처음부터 주된 우려 요소가 약물이었다는 증거가 분명했다.

베르나르디노는 교황과 논의한 뒤 범죄 혐의가 가장 심각한 자들에게만 그해 여름 정의의 심판을 내리기로 결정했으며, 그렇게 여성과 그들의 신성 모독적 약전에 대항하는 전쟁에서 피니첼라라는 딱한 베네피카가 첫 번째 희생자가 되었다. 그녀는 마녀의 마법 연고를 이용해 스스로 고양이로 변했고, 한밤중 다른 사람들의 집에 몰래 들어가 그녀가 죽였다고 고발된 어린이 예순다섯 명에게서 "신선한 피를 빨았다"라고 보고되었다.[42] 그 고약의 활성 성분은 더 나중에 교황의 주치의 안드레스 라구나가 확인한 마법 식물이었을 수 있다. 그중에는 환각성 맨드레이크도 포함되어 있는데, 디오스코리테스는 키르케가 신화에서 사용했다는 이유로 그것을 키르케이움Circeium이라 불렀다.[43] 이 같은 관계로 키르케와 약물에 관한 브루노의 허무맹랑한 이야기가 그토록 이단적이라 간주되었다.

피니첼라는 미켈란젤로가 설계한 언덕 위 광장 캄피돌리오에서 교수형을 당한 뒤 화형에 처해졌다. 이는 "로마인 모두 구경하러 갔던" 섬뜩한 행사였다.[44] 피니첼라와 함께 또 한 명의 이름 없는 마녀가 본보기로 함께 화형에 처해졌다. 차이가 있다면 그녀는 관례적인 사전 교수형을 당하지 않았다는 점이다. 결국 그녀는 감히 이단적 성만찬을 맛보고 '그리스의 귀부인'과 뛰어다니는 모든 여성에게 두려움을 심어주려는 의도로 실시된 공개 젠더사이드에서 산 채로 불타 죽었다. 이 문제에 대한 이탈리아의 선구적 학자 카를로 긴즈부르그는 다음과 같이 고찰했다. "시에나의 성 베르나르디노의 설교 덕분에 그때까지만 해도 주변적이라고 간주되었던 종파가 그리스도교 심장부에 있는 로마에서 발견되었다."[45]

하지만 이 '종파'가 영지주의자 시대부터 마녀 시대까지 그곳에 줄곧 있었을 수 있을까? 환각성 성만찬이 그 종파의 가장 깊은 비밀이었을 수 있을까?

그리고 그 종파가 조르다노 브루노를 그 구성원 가운데 하나로 여겼을 수 있을까?

세 시간 동안 점심 휴식을 보내고 바티칸 박물관을 여유롭고 당당하게 누빈 뒤 교황청 사서는 자기 사무실로 돌아가야 했다. 이제 성 베드로 광장 반대쪽에 있는, 그리고 브루노가 섬뜩한 죽음을 당하기 전 7년 동안 구금되었던 신앙교리성성 청사에서 바티칸에서의 마지막 약속을 위해 준비할 때였다.

그와 헤어지기 전 나는 위에서 설명한 조사 내용과 러크의 기본 이론을 잔프랑코에게 요약하려 했다. 즉 환각제가 서양 문명을 건립한 계몽으로 가는 지름길인데, 처음에는 엘레우시스 신비제에서 그러했고, 나중에는 디오니소스 신비제에서 그러했다. 또한 초기 그리스도교는 이 전통을 고대 그리스인에게서 물려받아 중세와 르네상스의 마녀에게 물려주었다. 바티칸은 그리스도교인에게서 지복직관을 빼앗기 위해 본래 환각성 성만찬을 반복적으로 억압했는데 처음에는 유럽에서 그러했고, 나중에는 가톨릭이 아프리카와 아시아와 라틴아메리카를 식민화하면서 세계 전역에서 그러했다. 이것이야말로 진정 전 지구적인 음모론이었다.

피에몬테 출신 문서 보관인이 비밀 문서고에서 15년간 일하면서 이런 종류의 이야기를 한 번도 들어보지 못했을 리 없었다. 잔프랑코는 내게 CIA, 모사드, 프리메이슨의 하수인인 모양이라고 다양하게 빈정거리고는 결국 이탈리아어로 이렇게 대답했다. "크레도 케 시아 우나 스투피다지네 파체스카Credo che sia una stupidaggine pazzesca." 그 말은 대략 이런 뜻이었다. "그거야말로 미치도록 어리석은 이야기인 것 같습니다만."

지금으로부터 12년 전 나는 정확히 그렇게 생각했다.

물론 그 모든 것이 아찔한 우연의 일치일지도 모른다. 역사상 가장 위대했던 르네상스의 마법사가 태어난 지역이 하필이면 유럽의 모든 마녀를 그 마법의 거점인 베네벤토로 불러 모은 바로 그 지역이라는 점이 말이다. 또 그가 지복직관을 얻기 위해 오랫동안 순례한 끝에 그리스 마녀 키르케에게서 얻었을지 모르는 베네피치, 즉 '약물'에 관해 썼을 때 그것은 꿈만 같은 상태로 '세상의 온갖 즐거움' 속에서 '그리스의 귀부인'과 함께 영靈의 상태로 여행하기 위해 환영적 약물을 사용했던 베네피카, 즉 마녀와 아무 관련 없었을 수도 있다. 그 약물은 바티칸이 그들의 성체성사를 이단적으로 모방했다고 인식한 것으로, 특히 브루노와 모든 마녀를 신성 모독으로 단죄한 이유였다. 하지만 그 약물은 의심할 여지 없이 전통적인 그리스 도교 성체성사보다 매우 탁월했기 때문에 마법사와 그의 누이들은 가정식 성만찬에 의해서만 얻을 수 있는 '지고하며 최종적인 계몽'을 자기 목숨과 기꺼이 맞바꾸었다.

또한 다음과 같은 사실들 역시 우연의 일치일 수 있었다. 놀라 출신의 그 남성과 베네벤토 출신의 그 여성들이 모두 먼 과거에 파르메니데스와 그 모든 그리스어 구사 선조가 정착했던 캄파냐 지방 출신이라는 점 말이다. 캄파냐는 고대의 다른 어느 지역보다 입문자를 많이 배출한 고장이었을 것이다. 그리고 피터 킹즐리의 견해에 따르면, 이른바 죽기 전에 죽는 방법에 관한 포카이아인의 비밀을 이탈리아에 파종한다는 유일한 목적을 위해 선택된 곳이었다. 이것은 르네상스의 주석가들이 훗날 "죽어서 싸늘해진 것"처럼 쓰러진 마녀들에게서 기인한 것이라고 여기게 된 "강경증적" 죽음과 유사한 황홀경에 들어가는 기술이었다. 즉 그리스어 구사 그리스도교인들이 가정 교회와 납골당에서 그들 나름의 성만찬을 혼합하기 시작하기 전까지 여러 세기 동안 '비밀 교의'로서 살아남은 기술이었다.

입문자들은 한때 교부들에 의해 로마에서 쫓겨나 나폴리와 그 주위 캄파냐에 있는 지하 무덤과 부화 신전으로 도피했고, 램지 맥멀렌의 말처럼 "하룻밤 자며 신의 환영을" 이후 여러 세기 동안 얻을 수 있었다. 그리고 모든 영지주의자와 그로부터 1,000년 뒤 그들을 뒤따른 마녀들 사이에는 자신들의 "약물 치료법에 대한 방대한 컬렉션"을 이용해 서양 의학의 개념을 재정의한 여성 집단이 지중해 전체를 통틀어 살레르노 의과대학 한 곳에 있었다. 여성이 실제로 약리학을 공부하고 실천할 수 있는 유럽에서 유일한 장소가 그곳이었기 때문이다.

마지막으로 다음 같은 일도 우연의 일치였을지 모른다. 79년 캄파냐에 있는 베수비오 저택에서 발견된 환각성 도마뱀 물약에 들어 있던 약물이 알고 보니 조르다노 브루노가 겨우 여섯 살이었던 1554년 교황 휘하의 약물 전문가가 거론했던 바로 그 약물이었다는 사실 말이다.

그렇다. 그처럼 우연이 일치하는 일은 충분히 가능하다.

하지만 나는 우연의 일치를 찾아 여기까지 온 것이 아니었다. 나는 증거를 찾아 여기에 왔다.

여성과 약물에 대항하는 바티칸의 전쟁이 실제였다는 증거를 말이다.

이전까지 결코 이 나라에서 도망친 적 없었던 증거를 말이다. 최근의 역사에 와서야 나처럼 기웃거리는 사람도 그 증거를 이용할 수 있게 되었기 때문이다. 교황청 연표에 따르면 그것도 아주 최근의 역사에서 말이다. 바티칸의 문서고 가운데 맨 마지막으로 그 비밀을 털어놓고 그 죄를 자백할 곳에서 나는 유행에 결코 뒤지지 않은 도마뱀을 발견하게 될 예정이었다.

17장
우리의 눈이 뜨였습니다

오늘 아침 세계의 눈은 교황에게 쏠려 있었다. 2019년 2월 21일 목요일, 카메라 기자들은 이미 자리를 잡고 있었다. 성 베드로 광장에서 내 오른쪽으로 국제 언론사의 일원들이 옷깃에 쌓인 먼지를 털고 오디오 상태를 확인하고 있었다. 오늘은 바티칸이 고대해온 '미성년자 보호' 정상회의 첫째 날이었다. 200명 가까운 대표단이 지구 전역에서 로마로 찾아와 오늘날 교회가 직면한 가장 큰 스캔들을 논의했다. 바로 성적 학대였다. 성직자의 비행에 대한 주장이 사법기관으로 넘어가는 경우는 드물었기에 나이 어린 여러 희생자는 교구 관계자들과 민사 합의에 들어가게 마련이었다. 한 집계에 따르면 그 비용만 해도 1950년부터 지금까지 26억 달러에 가까웠다.[1] 5월, 캘리포니아주 검찰총장 재비어 베세라Xavier Becerra는 이 전 세계적 현상에 대해 역사상 가장 대규모 수사를 시작해 "최고위층의 은폐와 침묵 음모"를 살필 예정이었다.[2] 최근 여론 조사에서는 미국 가톨릭 신자 가운데 37퍼센트가 이 재난을 이유로 그 신앙을 버릴 것을 고려했다고 한다.[3]

바티칸의 미래가 여기에 달려 있었다. 하지만 이번이 처음은 아니었다.

나는 신앙교리성성 청사인 4층짜리 노란색 벽돌 궁전 앞에 서 있었다. 과거 이곳에서 또 다른 음모론을 조사하며 일주일을 보낸 적 있다. 프랜시스 신부와 카타콤을 탐험하지 않을 때면 나는 신앙교리성성 문서고의 조용한 열람실을 즐기며 오래전 죽은 마녀들에 대한 16세기와 17세기의 재판 기록을 훑어보았다. 르네상스 필사본에 적힌 만만찮은 토스카나 방언에서 해독할 수 있는 단서라면 매일매일 무엇이든 수집했다. 인내심만 충분하다면 세부사항이 떠올랐다. 그리고 그 어마어마한 작전의 작은 조각들이 제자리에 맞춰졌다.

그리스도교에 관한 러크의 학술 연구가 유효하다는 점을 밝히기 위해 나는 바티칸의 이 성벽 너머에 감춰져 있을지도 모르는 증거를 예전부터 보고 싶었다. 고대 그리스의 약물 유산을 명백히 선도해 중세를 지나오게 만든 이단자들의 비밀 연쇄에 관한 러크의 대담한 이론에 합리적인 의심을 제거해줄 수 있는 뭔가가 교회 자체의 필적으로 바로 여기에 있을지도 몰랐다. 비밀 문서고에 조르다노 브루노의 기록이 부족한 상태에서 이 먼지 쌓인 전문서는 "인류와 그리스도교 교회의 모든 적 가운데에서도 가장 위험한 적을 상징했다"는 여성들에 대항한 바티칸의 필사적인 전투에 관해 진짜 이야기를 해주고 있을지도 몰랐다. 그리고 그들을 모두 한 방에 사라지게 만든 이단 심문소에 관해서도 이야기해주고 있을지 몰랐다.

'이단 심문소'는 함축하는 바가 많은 용어이므로 언급할 만한 가치가 있다. 그 기관과 관련해 이곳 로마에 있는 유일한 문서는 로마 이단 심문소에 속한 것인데, 사실 그 기관은 1517년 마르틴 루터의 프로테스탄트 종교 개혁이 일어난 이후에야 본격적으로 시작되었다. 이는 약 650년의 기간 동안 바티칸이 이의 제기자를 진압하기 위해 동원한 여러 노력 가운데 하나에 지나지 않았다. 그 이전인 1184년에도 중세 이단 심문소가 있었고, 1478년부터 1834년까지 스페인 이단 심문소가 있었으며, 1536년부터 1821년까지는 포르투갈 이단 심문소가 있었다. 교황이 직접 선택한 대재판관이 유럽은 물론 인도와 신세계의 가톨릭 식민지에서도 수천 명을 죽음에 몰아넣었으며, 하느님에 대한 로마의 정의에 따르기를 거부한 여러 유대인, 무슬림, 인도인, 아메리카 인디언과 아프리카 노예도 마찬가지였다.[4] 그에 더해 고문이나 영양실조로 감옥에서 죽은 사람도 수십만 명이었을 것이다.[5] 이단 심문소는 각 단계마다 선호하는 표적이 있었던 것으로 보인다. 하지만 시간이 흐르면서 교회나 국가 법원이 모두 합동 공격할 가치가 있다고 동의한 특별히 다급한 위협이 하나 있었다. 마녀였다.

이 전 세계적인 노력의 결과, 마녀사냥에 대한 문서 기록은 스페인과 포르투갈과 라틴아메리카의 여러 문서고로 흩어지게 되었다. 로마 이단 심문소는 실제로 이곳 이탈리아에 역사적 기록을 간직하고 있었지만 증거 대부분은 로마 외부에 보관되어 있었으며, 지역 법원이 그 나름의 서류를 보관했다. 그중 우디네Udine, 피렌체, 나폴리 같은 곳의 문서고에 보관된 서류는 상태가 좋았다.[6] 반대로 마녀의 수도인 베네벤토 대교구 같은 곳 문서고에 보관된 서류는 의도적으로 손상되었다. 이탈리아 통일 당시 만연했던 반성직주의 정서를 더 이상 부추기지 않기 위해 그 모든 문서는 1860년대에 신비롭게 사라졌다.[7] 마리아 루이사 암브로시니가 조르다노 브루노의 재판 기록 원본이 소실된 일에 관해 말했듯 "천재를 불태우는 일이 홍보에는 좋지 않다는 사실"을 바티칸이 깨닫고 무고한 이탈리아 할머니 수천 명을 탄압한 일을 해명하기 위해 교황의 마케팅 부서가 노력하는 모습을 한번 상상해보시라.

따라서 내가 바티칸 내부에 있는 이단 심문소의 기록을 보고 싶어 한다면 기회는 단 한 번 있었다. 내 절친한 친구이자 탁월한 기록 보관인인 잔프랑코 아르만도가 지난해 비밀 문서고 옆의 납골당 같은 카페에서 내게 조언한 것처럼 나는 신앙교리성성 문서고에 초점을 맞출 필요가 있었다. 2018년 여름 나는 이 세상에 아는 사람이 거의 없는 기록부를 하나 찾아냈다. 미시간 대학교 소속 연구진이 1998년 옥스퍼드 대학교 출판부에서 발행한 『바티칸 문서고: 교황청의 역사적 문서에 관한 목록과 안내서』*Vatican Archives: An Inventory and Guide to Historical Documents of the Holy See*였다. 이는 바티칸의 전체 컬렉션에 대한 유일무이한 영어 목록이 분명해 보였다. 이 자료를 더 일찍 알았더라면 좋았겠지만 잔프랑코에게 들은 말마따나 고위층은 이 특별한 책을 호기심 많은 미국인들에게 굳이 광고하는 습관까지는 없었다. 이 책을 출판할 당시 이른바 '탄압의 문서고'는 세속 학자들에게 개방된 지 얼마 되지 않은 상태였으며, 따라서 그 내용물은 그곳에 수록될 수 없었다. 이후 미시간 대학교 연구진은 마침내 '성성', 즉 신앙교리성성 청사에 있는 한때 브루노의 지하 감옥에도 들어갈 수 있도록 허락받았다. 2003년 그들은 로마 이단 심문소가 벌인 모든 더러운 짓거리에 특별히 집중해 작은 소책자를 간행했다.[8] 빙고!

나는 몇 주 동안 그들이 금서목록성성Sacred Congregation of the Index 을 설명한 내용을 검토했다. 금서목록성성은 가톨릭교회가 조사해 서 금지한 모든 문헌의 목록인 금서 목록을 통제하는 부서였다. 금 서 목록에는 마르틴 루터와 장 칼뱅John Calvin 같은 명백한 프로테 스탄트 사상가들의 책뿐 아니라 기묘하게도 오토 브룬펠스(Otto Brunfels, 1488~1534)와 콘라트 게스너(Konrad Gesner, 1516~ 1565) 같은 식물학자들의 저술도 있었다.[9]* 왜 바티칸이 식물과 약 초를 두려워했을까? 나는 궁금했다. 하지만 이단적 성만찬에 대한 조사를 지속하는 가운데 실제적인 실마리는 전혀 나타나지 않았다. 바티칸은 일을 쉽게 만드는 법이 결코 없었다.

나는 곧 성성에 있는 파편화한 컬렉션의 이야기가 비밀 문서고에 있는 브루노의 기록만큼 다채롭다는 사실을 깨달았다. 1559년 내 내 이단 심문관들이 쌓아놓은 자료 대부분은 폭동을 일으킨 군중이 지금 내 앞에 있는 이 궁전에 불을 지르면서 잿더미로 변했다. 머지 않아 브루노를 구류하고 고문하게 될 장소에서, 바티칸이 그들의 신 자를 계속해서 억제하기 위해 지속적으로 투쟁한 일의 섬뜩한 세부

---

* [감수 주] 통상 라틴어에서 목차를 가리키는 단어로 일반에게 가장 잘 알려진 단어는 '인 덱스'(index)이다. 하지만 이 단어는 '목차' '목록' '지침'이라는 뜻 이외에도 '밀고자' '중세 의 금서 목록'이라는 부정적인 뜻이 있다. 로마법에서 인덱스는 형사 절차를 통한 정식 고소 인이 아니면서 타인의 범죄 사실을 고지하는 사람을 말한다. 공범한 자가 범죄 사실을 고지 해 다른 공범을 색출하는 데 도움이 된 경우에는 처벌되지 않기도 했다. 반면 중세를 거치며 인덱스는 로마 가톨릭교회의 금서 목록을 의미했다. 인쇄술이 발달하면서 파리 대학교를 비 롯한 여러 대학교에서 금서 목록이 발간되었는데, 1559년 교황 바오로 4세가 교황청의 권위 로 첫 금서 목록을 간행했다. 그리고 교황 비오 5세가 1571년 교황청 부서 가운데 '금서 목록 과 교정 심의회'(Congregatio de eformando indice et corrigendis libris)를 설립했고, 이 부서는 1917년까지 존속했다.

사항을 모두 밝혀줄 수도 있었던 문서가 사라졌다. 마녀사냥이 계속되면서 이보다 많은 자료가 증발할 예정이었다. 1810년 나폴레옹은 그 기록물 전체를 파리로 이전하도록 명령했다. 1815년 그중 일부가 반환되었지만 "그 자료를 회수하는 책임을 맡은 교황청 대리인이 그 모두를 로마까지 운반하는 비용이 너무 비싸다는 설득력 없는 이유를 들며 그중 상당수를 불태우거나 폐지로 팔아" 차마 계산할 수도 없는 손실이 발생했다.[10] 4세기와 5세기에 연기가 되어 사라진 그리스-로마의 고전 문헌과 귀중한 미술 작품 99퍼센트와 마찬가지로 교회의 죄악 대부분은 흔적도 없이 사라졌다. 하지만 모두 사라진 것은 아니었다.

나폴레옹 하수인의 손아귀를 피해 보기 드물게 살아남은 기록도 하나 있었다. 바로 『인퀴시티오 세넨시스』 Inquisitio Senensis였다. 이것은 토스카나의 도시 시에나 Siena에서 작성된 이단 심문소 기록물의 보기 드문 컬렉션으로, "놀랍고도 예외적으로 완전한" 상태라 서술된 바 있다.[11] 이 자료 전체는 1911년 토스카나를 떠나 성성으로 이송되었으며, 그리하여 오늘날 교황청에 소장된 자료 중에서도 유일한 지역 기록물이 되었다. 만약 바티칸 어딘가에 마녀와 약물에 관한 증거가 있다면 16세기부터 18세기까지 망라한 바로 이 255권의 자료 속에 있어야 했다.

하지만 어디부터 시작해야 할까? 여러 달 동안 나는 저작권이 만료된 2차 자료를 모두 훑으며 '탄압의 문서고'를 진지하게 다룬 내용이 있는지 찾아보았다. 그러다 마침내 르네상스 마녀와 그들의 약초 전문 지식에 관심을 가진 이탈리아 학자 오스카르 디 심플리치오 Oscar di Simplicio를 발견했다. 그는 성성의 도개교 같은 9미터 높이 출입문이 처음 열렸을 때, 지금까지 줄곧 바티칸이 기밀로 유지했던 내용을 보고 싶어 안달하며 그곳으로 들어간 최초의 연구자 가운데 한 명이었다. 그는 곧바로 『인퀴시티오 세넨시스』로 달려갔고, 결국 2000년 『이단 심문소의 마술 약품』*Inquiizione Stregoneria Medicina*이라는 놀라운 책을 발간했으며 아직까지 번역본은 없다. 이 실마리는 다 따라갈 시간조차 없을 정도로 방대했다. 그렇게 내게는 마지막 장애물 하나만 남았다.

바티칸을 설득해 나를 들여보내도록 하는 일이었다.

교황 요한 바오로 2세가 문서고의 빗장을 열기 전, 역사가 고故 앤 제이콥슨 슈트Anne Jacobson Schutte는 "학술적 자격 증명서와 종교적 협력 관계조차 연줄만큼 강하지 못했던" 은밀한 작전을 보고한 바 있다.[12] 요제프 라칭어Joseph Ratzinger 추기경은 교황이 되기 전인 1981년부터 2005년까지 신앙교리성성의 장관이었다. 그의 감독 아래 "이단 심문소 자료를 살펴볼 수 있는 특별 허가를 얻은 극소수는 이례적인 영향력을 지닌 자료를 얻을 수 있었다."[13] 외부자는 누구든 신속히 퇴짜를 맞았다. 바티칸 상황이 이러했기에 나는 그 정책이 역전되었으리라고 완전히 확신하지 못했다. 그래서 휴대전화를 집어 들어 친구 잔프랑코에게 긴 메시지를 보냈다.

내가 비밀 문서고를 처음 찾아간 날부터 우리는 왓츠앱을 통해 정기적으로 연락을 취해왔다. 내가 추적한 최신 단서들을 논의할 때를 제외하면 그는 이탈리아 인근에서 진행한 강연과 워크숍의 최신 소식을 알려주었다. 크리스마스 직전 일주일 동안 그는 매일같이 내게 대大안티폰Great Antiphon이라 불리는 라틴어 찬송가의 유튜브 클립을 보내주었다. 피에몬테산맥에 있는 그의 고향 산 미켈레 디 체르바스카San Michele di Cervasca에 있는 눈 덮인 시골집 사진도 받아보았다. 나는 겨울철 휴가지인 우루과이의 푼타 델 에스테Punta del Este에서 찍은 아내와 딸의 사진으로 답장을 보냈다. 비록 러크의 학술 연구에 동의하지는 않았지만 잔프랑코 역시 그 내용이 재미있다는 데에는 적극 동의했다.

　나는 그의 교황청 사서 동료이자 신앙교리성성 문서고 운영자인 다니엘 폰치아니Daniel Ponziani 박사 앞으로 소개장을 하나 써달라고 부탁했다. 잔프랑코는 이 부탁을 친절히 들어주었다. 하지만 나는 여전히 "교계 또는 학술 권위자"의 추천서가 필요했다. 그래서 이전과 마찬가지로 러크가 문서고 책임자인 몬시뇰 알레한드로 치프레스Monsignor Alejandro Cifres 앞으로 보내는 공식 청원서를 보스턴 대학교 마크가 들어간 편지지에 작성해주었다. 거기에는 다음처럼 흔해 빠진 문장이 쓰여 있었다. "저희가 알기로 시에나 성성에서 간행한 255권 가운데 일부에 토스카나 지역의 역사에 관한 정보가 풍부하기 때문입니다." 그로부터 한 달 전쯤 몬시뇰과 폰치아니 모두에게 보낸 요청서에서 나는 『인퀴시티오 세넨시스』의 기록 전체에 관심이 있다고 알렸다. 운 좋게도 굳이 더 자세히 설명할 필요는 없었다. 거기에 조지타운 대학교에서(나는 이곳이 예수회 산하 기관이라는 점을 강조했다) 받은 법학전문대학원 학위증의 PDF 사본과 이전에 비밀 문서고와 바티칸 도서관에서 발급받은 출입증도 첨부했다. 하루 뒤 그곳 열람실의 삐걱거리는 의자 열두 개 가운데 하나가 이 질문 많은 착한 가톨릭 소년 앞으로 예약되었다.

누렇게 바랜 두꺼운 책 두 권이 나란히 쌓인 채 책상 위에 털썩 떨어졌다. 나는 송아지 가죽 장정에 르네상스의 구두끈처럼 보이는 것으로 묶인 필사본을 일주일 내내 들여다보고 있었다. 그 두께는 지금 내 앞에 있는 데스크톱 컴퓨터 모니터 높이에 육박했다. 나는 형광등 불빛 아래 길고도 단단한 책상 끝에 앉아 있었는데, 이는 창문도 없는 살라 디 스투디오(Sala di Studio, 연구실)에서 나의 기본 자세였다. 다른 연구자 다섯 명도 각자의 여러 세기 묵은 압도적인 자료 더미에 최면이라도 걸린 듯 나와 함께 열람실에 앉아 있었다. 그곳에는 절대적인 침묵이 깔려 있었다. 지금 나처럼 잠시 짬을 내 분별없이 주위를 둘러보거나 응시하면 우리가 결국 이곳에 들어올 수 있었다는 사실을 차마 믿을 수 없다는 공통의 느낌이 들었다. 프란치스코 교황이 언제라도 갑자기 예고 없이 이 안으로 들어와 잠시 실례한다고 말하며 전체 열람에 종지부를 찍을 것만 같았다.

바깥세상에서야 바티칸 최악의 범죄가 비밀 문서고에 봉인되어 있다고 믿는 것도 이해할 만하다. 하지만 지금 내가 앉아 있는 곳에 앉는 특권을 누렸던 사람이라면 누구나 지금 나와 똑같이 불가피한 결론에 도달했을 것이다. 진짜 흑역사는 바로 이곳에 있었다. 하지만 역설적이게도 누구 하나 신경 쓰지 않는 듯했다. 정작 신앙교리성성에는 프랜시스 신부와 나의 일거수일투족을 지켜보는 폐쇄 회로 보안 카메라와 참견쟁이 기록 보관원이 전무했기 때문이다. 재판 기록 원본에 기름진 손가락을 대고 싶을 때마다 비밀 문서고 장관인 세르지오 파가노 주교에게 코미디처럼 오고갈 필요도 없었다. 한 번에 최대 두 권까지만 신청해서 열람할 수 있다는 제한하에 원하는 내용을 무엇이든 언제까지나 아무런 감독 없이 숙독할 수 있었다. 선임 기록 보관원 폰치아니는 살라 디 스투디오와 문서고 나머지 구역을 차단하는 닫힌 문 저편에 있는 탁 트인 2층짜리 사무실을 사용하고 있었다. 웃는 모습이 너그럽고 위풍당당한 대머리 이탈리아인은 지금 내가 여기에서 하는 일에 대해 전혀 걱정하지 않았다. 심지어 편의를 크게 봐주기까지 했다.

이번 주 초 폰치아니는 이 궁전 담 안에서만 접근 가능한 컴퓨터화 데이터베이스에 대해 간략히 설명해주었다. 옆에 앉아 있던 그가 떠나자 나는 곧바로 '역사적 기록물 설명 소프트웨어'Software for Historical Archives Description의 약자인 '샤데스 에클레시아'SHADES ECCLESIA의 하위 폴더 '아르키붐 인퀴시티오 세네시스'Archivum Inquisitio Senesis로 들어갔다. 앞서 비밀 문서고에서 사용하지 못해 안타까워했던 검색 엔진을 이제 사용하고 있다. 내가 그 바티칸 구글에 맨 먼저 입력한 단어는 '스트레고네리아'stregoneria, '마술'이었다. 곧바로 120건이 검색되었고, 거기에는 1569년부터 1753년까지 토스카나에서 로마 이단 심문소에 의해 재판에 회부된 여러 여성에 관한 아름다운 요약문도 곁들여져 있었다.

지금 내 책상 위에 놓인 권당 15센티미터에서 18센티미터 안팎의 필사본 뭉치 255권을 샅샅이 뒤져 이 모든 이단자가 제기된 기소 내용을 전부 수집하고 전재하는 업무를 담당한 사람은 누구였을까? 하지만 더 중요한 의문은 이런 것이었다. 그들은 왜 이렇게 했을까? 왜 이런 기록이 존재할까? 바티칸은 이런 기록을 오래전에 내던졌어도 그만이었을 것이다.

나는 세계 전역에서 최소한 4만 5,000명의 마녀를 처형하고, 그보다 많은 사람을 고문하고 투옥하고 유배 보냈던 방대한 전역戰域 증거의 단편들을 하나하나 클릭했다. 불과 몇 분 만에 어떤 패턴이 만들어졌다. 교회의 좀더 음험한 전술 가운데 하나도 드러났다. 교회는 그리스도교 국가들에서 그저 민속 치유사를 제거하려는 것이 아니었다. 오히려 여러 세기 동안 그늘에서 살아남았던 지식 체계를 지우려 했다. 그것은 바로 러크가 '비밀 중의 비밀'이라 불렀던 것, 다시 말해 약리학적 전문 지식의 전통이었으며, 어쩌면 내가 10년 넘게 사실을 확인하려 시도하고 있는 이단적 성만찬의 일종일 수도 있었다. 매사추세츠주 출신의 그 고전학자에 따르면, 그 비밀은 "입에서 입을 통해 약초학자에게서 견습생에게 전수되었다." 하지만 더 정확히 말하자면 그 비밀은 종종 더 나이 많은 여성이 더 어린 여성에게 맡기곤 했다. 그것이 베수비오 저택에서 나온 환각성 도마뱀 물약의 50종 넘는 성분처럼 매우 복잡한 제조법과 처방이 진정으로 살아남을 수 있는 유일한 방법이었기 때문이다. 따라서 어머니와 딸들을 싸잡아 체포하는 일이야말로 여러 세대에 걸친 골칫거리를 박멸하는 유일한 방법이었다.

영적 경쟁의 희생자들은 지금까지도 줄곧 무명으로 남아 있다.

안젤리카 디 게라르도Angelica di Gherardo와 그녀의 딸 안테라Antera가 그런 경우인데, 이들의 재판과 심문은 1583년부터 1588년까지 5년 동안 호되게 이어졌다. 마르가리타 스트라치오니Margarita Straccioni와 그녀의 딸 마달레나Maddalena 역시 같은 기간을 거쳤다. 또 다른 여성 안젤라 만치넬리Angela Mancinelli는 자신의 딸 하나도 아닌 둘, 리비아 디 로사토Livia di Rosato와 메카 디 피에트로Meca di Pietro와 함께 유죄 판결을 받았다. 그리고 안젤라 디 체사레Angela di Cesare와 그녀의 딸 카밀라Camilla가 있다. 내 스크린에 나온 한 쪽짜리 요약문에 따르면, 이들은 모두 1595년부터 1596년까지 "투옥되고 고문당했"carcerate e torturate다고 한다. 그 시기는 조르다노 브루노가 테베레 강 건너편 피오리 광장에서 화형당한 때보다 겨우 몇 년 전이다.

압축된 재판 기록을 한 쪽씩 넘겨보고 있자니 만행의 목록이 계속되었다. 로마 이단 심문소를 비롯해 중세, 스페인, 포르투갈 이단 심문소에서 얼마나 많은 어머니와 딸이 유럽, 인도, 신세계 전역에서 붙들렸을지 한번 상상해보시라. 그 희생자들의 이름은 천신만고 끝에 살아남아 이곳 바티칸의 편리한 데이터베이스 안까지 들어오지도 못했다. 문제는 사망자 숫자만이 아니었다.『하느님의 재판관: 이단심문소와 현대 세계의 형성』God's Jury: The Inquisition and the Making of the Modern World에서 언론인 컬렌 머피Cullen Murphy는 숫자를 지나치게 과장하는 일을 "무의미하며 혐오스럽다"라 말한다.[14] 그는 이를 가리켜 루돌프 헤스Rudolf Hess의 일화에 견주었다. 아우슈비츠 수용소장을 역임했던 그 나치 간부는 2차 세계대전 이후 자신의 고백을 담은 책을 한 부 건네받자, 그 희생자를 "300만 명"이라 적어놓은 부분을 쓱쓱 지우고는 "200만 명"이라 정정했다. 결국 복음의 사랑을 전파하는 일을 보편적 의무로 삼는 전 세계적인 기구인 하나이고 거룩하고 보편되며 사도로부터 이어오는 교회가 유혈 낭자한 광포함을 드러냈던 것이다. 컬렌은 수많은 희생자에 대해서가 아니라, 오히려 "수십만 명이나 되는 사람들에게 일종의 대가를 징수했으며" 전체적으로 수백만 명에게 영향을 끼쳤던 이단 심문소의 "깊은 심리적 각인"에 초점을 맞추었다. 그 전투로 인해 "아무리 사소하다 해도 각각의 사례에 의해 주입된 두려움과 부끄러움이 바깥쪽으로 점점 파문을 일으켜 사회 넓은 범위에 영향을 미쳤다."[15]

바로 그것이 이름 없는 종교를 죽여 없애는 방법이었다.

그 주 초에 나는 이단자들의 비밀 연쇄에 관한 러크의 이론 가운데 일부가 절대적으로 정확하다는 사실을 곧 깨달았다. 바티칸은 여성에 대해 심오한 심리적 전쟁을 수행했다. 당연히 마녀사냥은 국가 법원으로도 확산되었으며, 독일어권 중유럽, 영국, 스코틀랜드 같은 프로테스탄트 사법 관할 구역에서 특히 격렬했다.[16] 당연히 브루노 같은 마법사도 상당수 표적이 되었다. 하지만 그 시발점이었던 가톨릭교회는 애초부터 여성을 노리고 있었다. 시에나의 베르나르디노가 1426년 이곳 로마에서 고양이 노파 피니첼라를 화형시킨 이후 150년 동안 그의 추종자들은 고향인 토스카나로 돌아와서도 여전히 마녀를 추적했고, 그 유행을 근절하려 했다. 시에나에서 나온 이단 심문소의 서류는 그런 사실을 명백히 드러냈다. 따라서 가톨릭교회가 어머니와 딸 들에게 했던 것과 똑같은 만행을 저지르며 투옥하고 고문했던 아버지와 아들 들에 관한 서류를 제공하지 못하는 한 유독 여성을 겨냥한 사악한 전략에 대한 증거는 이곳 '탄압의 문서고'에 모든 사람이 볼 수 있도록 놓여 있었다.

그렇다면 러크의 학술 연구에서 다른 부분은 어떨까? 여성은 정말 영지주의자들에게서 전해 내려오는 DIY 방식 성만찬의 후계자라는 이유로 이단 심문소의 표적이 되었을까? 숫염소 비행의 근원을 베네벤토의 마술 수도로 간주하려 하는 가운데 시에나의 신앙교리성성은 교황의 주치의 안드레스 라구나가 1554년에 기록한 마녀의 연고에 들어 있는 약물만 박멸하려 했을까? 그것은 그 전 세기에 기록된 것처럼 사바트 '포도주'에 첨가되었던 종류의 약물이었을까? 아니면 그보다 한 세기 전 빌리아 라 카스타냐처럼 두꺼비 성만찬을 가능하게 한 환각제였을까?

내 책상 위에는 두꺼운 책 두 권이 놓여 있었다. 그 안에는 이에 대한 답변이 최소한 일부라도 들어 있을 것이었다.

내가 여기까지 올 수 있었던 것은 전적으로 오스카르 디 심플리치오 덕분이었다. 그가 이곳에서 몇 달 동안이나 시에나 재판 기록의 권35(약자로 P35)를 구부정한 자세로 들여다보다 556쪽에서 우뚝 멈춰 섰을지는 아무도 모를 일이었다. 나는 그 두꺼운 필사본을 다시 한 번 열어젖혔고, 이번 주에만 벌써 100번째 이단 심문관의 필적을 읽었다. 그것은 1640년의 포도주 제조 공식이었는데, 카솔레Casole라는 토스카냐의 작은 도시에 살던 어느 마법사가 조리한 것이었다. 한 증인에 따르면, 그 무명의 마법 의사는 언젠가 저주를 받은 늙은 과부에게 특별한 "백포도주"를 처방해주었다. 주문을 제거하기 위해 그 남성은 포도주에 "베토니, 루타, 말린 장미, 담쟁이"bettonica, la ruta, rose secche et ellera를 혼합하라고 명령했다. 베토니는 "가장 사랑받는 마법 약초"라 서술된 바 있었기에 나는 그것이 토스카나의 근교 주위에 자라나는 것을 보고 놀라지도 않았다. 하지만 이 필사본에 나온 세부사항을 보고 정말 깜짝 놀라기는 했다.

나는 특히 담쟁이에 관한 언급을 보고 경악했다. 포도나무를 제외하면 이것이야말로 가장 탁월한 디오니소스의 식물이었다. 왜 굳이 누가 그것을 포도주에 섞어야 한단 말인가? 1세기에 디오스코리데스는 담쟁이 음료를 더 많이 복용할 경우 타라수시 텐 디아노이안ταράσσουσι τήν διάνοιαν, 즉 "의식을 변성시킨다"라고 구체적으로 말했다.[17] 그리스 박물학자 플리니우스는 이 식물의 변종을 스무 개나 확인하고는 담쟁이가 "정신을 혼란시킨다"라고 했다.[18] 플루타르코스도 담쟁이가 "영적 고양"의 소질이 있는 사람에게서 "그 감각을 몰아낼" 수 있어 "포도주 없이도 술에 취한" 상태로 이끈다고 말했다.[19] 그 환각성 능력을 흡수하기 위해 광녀들은 분명히 "곧바로 담쟁이로 달려가 갈갈이 찢은 다음 손에 쥐고 깨물었다."[20] 이 토스카나의 담쟁이가 디오스코리데스, 플리니우스, 플루타르코스가 언급한 고대의 담쟁이와 관련 있는지 알아내기는 불가능하지만 매우 기묘한 단서인 것은 분명하다.

역시나 기묘한 것은 그 필사본에 달린 주석인데, 그 내용에 따르면 이 마법 의사는 자신의 기술을 가족 전통의 일부로 물려받았고, 그 전통은 카솔레에서 약간 서쪽에 있는 볼테라Volterra에 살던 악명 높은 한 친척까지 거슬러 올라갔다. 그 친척의 이름은 루크레티아였다. 정확히 내가 찾던 토스카나 마녀의 일종이었다. 그리고 정확히 조르다노 브루노가 이탈리아 전역을 누빈 여러 차례의 여행에서 우연히 만났을 법한 마녀의 일종이었다. 이단 심문소는 1590년에 그녀를 따라잡았는데, 브루노의 처형으로부터 10년 전 일이었다. 이단자의 비밀 연쇄에 관한 러크의 의구심을 그저 뒷받침하는 듯한 여러 이유로 시에나의 교황 대리인들은 시간과 노력을 상당히 들여 루크레티아를 체포했다. 내가 세어본 바로는 적어도 고발인 서른아홉 명에게서 증언을 들었다. 이 과정에서 그들은 르네상스의 약리학에 관해 매혹적인 기록을 남겼다.

나는 P35를 다시 조심스레 덮은 다음, 내 동료 연구자가 있는 오른쪽으로 밀어놓았다. 그리고 이번에는 906쪽짜리 P2를 펼쳤다. 그 필적 대부분은 황당할 정도였다. 왼손잡이 위장병 전문의가 적어놓은 메모가 차라리 이해하기 쉬울 정도였다. 하지만 나는 오스카르 디 심플리치오가 옮겨 적은 내용을 길잡이로 삼고 있었다. 운 좋게도 내가 찾는 정보는 마침 그나마 좀더 읽기 쉬운 쪽에 나와 있었다.

하지만 그 즉시 나는 디 심플리치오가 미처 간행하지 않은 뭔가를 알아보게 되었다. 21쪽 뒷면[*]에 성분 주입 "백포도주"를 만드는 또 다른 공식이 나와 있었던 것이다. 이 제조법에서는 물약을 "올리브 나무에서 자란 담쟁이"hellera d'ulivo와 섞으라고 했다. 나는 더 나중에 바티칸에 특별히 요청해 그 구절의 PDF 사본을 받은 다음 프랜시스 신부에게 보내 재확인을 부탁했다. 그 역시 16세기 이탈리아어에 대한 내 독해에 전적으로 동의했다. 하지만 우리 둘 다 그 내용을 설명할 수는 없었다. 왜 루크레티아는 담쟁이라는 날것의 광기를 강화 포도주에 섞었을까?

누렇게 바랜 종이를 넘겨 47쪽에 다다르자 상황은 더 흥미로워졌는데, 거기에는 루크레티아가 "성 치리아코의 약초와 다른 여러 약초"erba di Santo Ciriaco et di molte erbe를 포함해 향상된 "향료"incenso를 혼합했다는 한 고발자의 말이 나와 있었다. 이번에도 프랜시스 신부와 나는 그 약초가 무엇인지 알 수 없었다. 하지만 포도 재배의 수호성인인 순교자 성 치리아코St. Cyriacus the Martyr를 말하는 것이라면 이식물성 약품은 신비적인 특성을 갖게 되는데, 치리아코는 지하 세계와 악마에 대해 정통한 지식으로 '지옥의 공포'라 불린 인물이기 때문이다. 하지만 그보다 몇 행 앞에서 내 시선을 끈 것은 루크레티아가 나중에 자기만의 마녀 성분을 첨가해 완성한 그 향료의 기반 물질을 확보한 방법이었다. 목격자에 따르면 루크레티아는 누군가를

---

[*] 과거 서양의 필사본은 오늘날의 개념과 달리 종이 한 장을 한 쪽으로 보고 앞면과 뒷면으로 구분했다. 예를 들어 오늘날의 인쇄본에서 1, 2, 3, 4쪽이 필사본에서는 1쪽 앞면, 1쪽 뒷면, 2쪽 앞면, 2쪽 뒷면으로 표기된다.

시켜 교회에 있던 원래 향료 꾸러미를 훔치게 했다. 그런 일이 벌어진 것은 이때가 처음이 아니었다.

그런데 P2 필사본 31쪽에서는 또 하나 주목할 만한 세부사항이 튀어나왔다. 검은 잉크를 이용해 소박한 필적으로 쓰인 문장에서 이단 심문관은 루크레티아가 한번은 또 다른 여성을 시켜 볼테라에 있는 지역 사제에게서 "축성된 성체"ostia sancrata을 훔치게 했다고 서술했다. 이 마녀의 평판은 그녀를 앞섰다. 이 필사본에서는 루크레티아가 은밀한 중개자를 이용하지 않을 수 없는 입장이었다는 점을 분명히 했는데, 사제라면 이 약초학자에게 직접 성체를 제공하지 않았을 것이기 때문이다. 이어 루크레티아는 성체를 손질해 자신의 치유 마법이나 사랑의 묘약 또는 다른 이단적 성사 등에 사용했다고 여겨졌다. 이런 일은 당시에 드물지 않았다.

1320년 윌리엄 추기경이라는 인물은 프랑스의 이단 심문소에 보낸 편지에서 "교회의 성체성사 또는 축성된 성체와 기타 성사를 남용해 그것이나 그와 비슷한 것을 그들의 주술에 사용하는" 어둠의 기술을 실천하는 자들을 체포하라고 교황청 이름으로 완전히 허가했다.[21] 『종교와 마법의 쇠퇴』Religion and the Decline of Magic에서 역사가 키스 토머스Keith Thomas는 르네상스에 이르러 성체가 "초자연적 잠재력을 가진 대상"이 되었다고 지적했다. 즉 그것은 눈먼 사람을 치료하는 일부터 정원에서 해충을 몰아내는 일에 이르기까지 모든 일을 해낼 수 있다고 여겨졌다. 사제들도 흑마법사와 싸우는 백마법사를 자처했다. 흑마법사는 실제 예수의 살과 피를 훔쳐 각자의 사악한 목적에 전용하기 위해 교회에서 줄을 선다고 여겨졌다. 16세기의 한 주석가에 따르면, 성체는 루크레티아 같은 마녀뿐 아니라 "주술사, 부적사, 주문사, 해몽가, 점쟁이, 강신술사, 소환사, 십자가 도굴꾼, 악마 사육사, 기적 치료사, 개 거머리들, 포주"의 손에도 들어갔다.[22]

디오니소스의 담쟁이 포도주와 마법 약초 사이에 오스카르 디 심플리치오가 이단 심문소의 손아귀를 피해 자신의 지식을 한두 세대 뒤 미래의 후계자에게 물려준, 이단적 마녀의 '민속 약전'이 이 귀중한 필사본에서 드러났다. 훔친 성체에 관한 세부사항이 믿기 힘들 정도로 구체적이라 루크레티아는 브루노와 마찬가지로 교회의 가장 거룩한 물질을 신성 모독한 자가 되었다. 그리하여 두 사람은 모두 사바트를 위해 맞춤형 '포도주'를 혼합하거나 '성체성사를 비방하고 더럽힌다'는 명시적인 목적을 위해 두꺼비 성만찬을 휘저어 만든 마녀/마법사라는 똑같은 입장에 서게 되었다. 하지만 어떤 마녀도 특유의 연고가 없다면 완벽하지 못하게 마련이었다. 그래서 루크레티아 이야기의 마지막 국면 한 가지에 대해서는 폰치아니에게 확인해보고 싶었다.

비밀 문서고의 기록 보관원들이라면 얼른 달려들어 나를 붙들어 세우고도 남았을 테지만, 나는 가죽으로 장정된 P2를 집어 들고 열람실 밖에 있는 폰치아니의 사무실로 향했다. 한구석의 나무 판벽 높은 곳에 매달린 죽어가는 예수의 십자가상이 맨 먼저 눈에 띄었다. 바로 밑에는 초록색 펠트가 깔린 커다란 책상이 있었는데, 나처럼 성가신 연구자들을 위한 자리인 것 같았다. 나는 예수가 잘 볼 수 있는 장소에 그 두꺼운 책을 내려놓고 47쪽을 펼쳤다. 이단 심문관들은 그 쪽에 루크레티아의 '고약'에서 매우 이례적인 성분 한 가지를 기록해놓았다. 당연히 그녀는 이탈리아 전역의 현명한 여성들 사이에서 유행하던 마녀의 연고를 밀매하고 있었다. 해안 도시 피옴비노Piombino에 사는 '올림피아'와 '아르테미시아' 같은 그리스식 이름을 가진 토스카나인들이 육체적이고 영적인 질환을 경감시키는 방법을 얻으려 루크레티아를 찾아왔다. 특히 이름부터 '디오니소스'의 여성형인 '디오니시아'라는 여성은 처음부터 기적을 바라고 마녀에게 접근했다. 루크레티아가 곧바로 내놓은 처방은 냄비를 불에 올린 다음, 구체적으로 거론하지 않은 에르베erbe, 즉 '약초'를 이것저것 넣고 거기에 **루체르톨레**lucertole도 함께 넣으라는 것이었다.

"도토레 폰치아니(Dottore Ponziani, 폰치아니 박사님)?" 나는 다른 용건으로 자리를 비웠다가 자기 사무실로 돌아오는 기록 보관원을 불렀다. 그러면서 400년 된 종이에 적힌 희미해진 잉크를 손으로 가리켰다. "죄송합니다만 이 단어 해석하는 일을 좀 도와주시겠습니까?"

"루체르톨레… 루체르톨레." 그가 중얼거렸다. "이건 파충류 일종입니다." 그가 이탈리아어로 이렇게 말하며 자신의 데스크톱 컴퓨터로 다가갔다. 그러더니 그 동물을 검색하고는 자기가 미처 영어로 번역하지 못한 그 명칭 대신 그 이미지를 내게 보여주었다.

"도마뱀!" 내가 소리를 질렀다. "맞습니다. 저도 저것일 거라 생각했어요. 그렇다면 혹시 이 마녀가 도마뱀 연고를 제조한 이유가 무엇일지 짐작되십니까?"

"분명 일종의 묘약이었겠죠." 폰치아니는 서슴없이 대답했다.

순간 내 머릿속에는 베수비오 저택에서 나온 환각성 도마뱀 물약이 스쳐 지나갔다. 루크레티아의 연고에 들어 있는 이름 모를 "약초들"은 1554년 안드레스 라구나가 마녀 연고의 비밀 성분이라며 독당근과 맨드레이크와 함께 언급한 까마중과 사리풀이었을 것이다.[23] 아니면 고대 폼페이에서 유래해 르네상스 시대 토스카나에서도 여전히 인기 있었던 아편과 대마초였을 것이다.

도마뱀 자체에 대해서라면 고전학자 A. D. 노크에게 아이디어가 몇 가지 있었다. 하버드 대학교의 20세기 최고 종교사가인 그는 디오니소스의 추종자들을 하나로 엮어주는 비밀 '상징'과 '언어'를 가정한 바 있다. 한번은 도마뱀 마법에 관해 그리 유명하지 않은 논문을 쓰기도 했는데, 나는 그 논문을 워싱턴 D. C.에 있는 하버드 대학교 부설 그리스 연구 센터에서 종이책으로만 간신히 찾아볼 수 있었다. 그의 지적에 따르면, 고대 그리스의 몇몇 저자는 도마뱀과 시력의 연계에 관해 언급한 바 있었다. 그 파충류는 "떠오르는 태양을 바라보며 눈 뜨는" 방법으로 시력을 회복할 수 있기에 도마뱀은 인간의 시력을 회복시킨다고 여겨졌다.[24] 아울러 이른바『그리스 마법 파피루스』*Greek Magical Papyri*에는 흥미를 돋우는 조리법도 있다. 주술사가 "신이 나타나게 하고" 싶으면 그저 도마뱀 한 마리를 기름에 빠트리면 되었다.[25] 루크레티아가 했던 말 그대로이다.

폰치아니는 우리를 둘러싸고 바닥부터 천장까지 이어지는 책장들 가운데 하나에서 얇은 문고본을 한 권 꺼냈는데, 대부분 P2와 똑같은 황갈색 송아지 가죽으로 장정된 그 옆의 책들보다 훨씬 최근의 책이었다. 그것은 애초에 내가 이곳으로 찾아오게 된 이유인 오스카르 디 심플리치오의 연구서였다. 나는 그 책이 금서 목록에 올라 있으리라 짐작했었다. 하지만 이 예상치 못한 상황을 마주하자 지금 하는 조사에 대해 이 기록 보관원에게 털어놓기로 작정했다. 물약과 향료와 고약에 대한 내 모든 관심을 고려해 폰치아니는 내가 고향에 있는 서재에 추가하면 좋을 법한 이탈리아 서적 몇 권의 제목을 적어주기까지 했다. 그가 왜 이 내용을 공유하는지는 나도 알 수 없었다. 하지만 그 역시 잔프랑코와 마찬가지로 훌륭한 수수께끼를 진정으로 즐기는 듯했다.

과연 그들의 상사들도 동의할지에 대해서는 나도 확신할 수 없었다. 그러다 또다시, 어쩌면 이곳에 있는 모든 사람이 그날의 진짜 스캔들에 훨씬 몰두하는 것 같기도 했다. 바로 이 순간, 자칫 교회가 파열하지 않도록 만드는 최후의 노력으로서 교황이 '미성년자 보호' 대표단과 함께 논의하고 있는 문제에 대해 말이다. 특히 모든 검사가 대기하고 모든 카메라가 돌아가는 상황에서 말이다. 21세기에 죄를 숨긴다는 것은 어려운 일이었다. 이전에는 그러기가 훨씬 더 쉬웠다.

지금으로부터 수백 년 전이었다면 바티칸이 환각성 성체를 억압하기 위해 전 세계적인 음모를 주도했다 한들 그 이야기를 들어볼 사람이 몇 명이나 되었겠는가?

신선한 공기 속으로 돌아온 나는 도리스식 기둥을 지나 성 베드로 광장으로 들어선 다음 테베레강이 있는 동쪽으로 향했다. 고향으로 가는 비행기에 오르기 전에 만나볼 친구가 한 명 남아 있었다. 거의 20년 전 로마에 오기 시작했을 때부터 나는 이곳을 떠나기 전이면 항상 그를 잠깐 만났다. 하지만 이번에는 지금까지 카타콤과 문서고에 너무 오래 사로잡혀 있었다. 그를 다시 만나게 되어 반가웠다.

비토리오 에마누엘레 2세교를 건너면서 나는 신앙교리성성 문서고에서 배운 모든 것을 생각했다. 시에나 이단 심문소에서 남긴 255

권을 한 쪽씩 모두 읽으려면 5년이 조금 덜 걸리겠지만 나는 계획하는 데에만 몇 달이 걸렸던 이 일주일 동안의 여정에 매우 만족한 상태였다. 최소한 루크레티아의 재판에서는 바티칸이 약리학에 얼마나 신경 썼는지 잘 드러나 있었기 때문이다. 바티칸은 여성이 의사의 역할을 맡지 못하게 하려고 필사적으로 싸웠다. 남성 성직자들이 자신을 질병과 죽음에 맞서는 방어의 최일선이라 드러내고자 하는 세계에서 루크레티아는 환영받지 못했다. 자연 치료법으로서 식물과 약초의 이용이 확산되어 성공적인 것으로 입증된다면 만병 특효약이라 간주되던 성체의 백마법에 대해 모든 사람이 의문을 제기하기 시작할 것이었다. 그리고 이와 더불어 '지존하신 성체'가 의존하는 마법적 하느님에 대해서도 의문을 제기하기 시작할 것이었다.

르네상스 동안 '불멸의 약물'인 예수의 살과 피를 제외한 모든 약물은 곧바로 의심의 대상이 되었다. 그토록 많은 증인이 '담쟁이' '향료' '고약' '여러 약초'를 이용한 루크레티아의 일에 관해 서술하라고 요구받은 이유도 그래서였다. 이단 심문관의 광기에는 한 가지 순서가 있었다. 그녀의 약전을 기록에 남김으로써 바티칸은 루크레티아가 악마와 협동하고 있었다는 저주받을 증거를 획득했는데, 이것이야말로 초자연적이라 간주되던 그녀의 능력을 설명할 수 있는 유일한 방법이었기 때문이다.[26] 하지만 교회가 사람들에게 다른 사실을 납득시키려 노력하면 할수록 루크레티아 같은 여성들의 명성도 충분히 인정받았던 것으로 보이며, 이에 대한 증언이 1593년 엘리자베스 시대의 런던에서도 나왔을 정도이다. "그녀가 1년 동안 베푼 선행이야말로 이 성직자들이 평생 동안 할 수 있는 일보다 많았다!"[27]

하지만 루크레티아의 경우에는 다른 뭔가가 함께 있었다. '축성된 성체'를 전용하려는 그녀의 은밀한 계획에 대한 세부사항은 결코 우연이 아니었다. 이는 훨씬 높은 주술과 훨씬 깊은 이단을 가리켰다. 디오니소스의 담쟁이 포도주를 섞고, 향료에 나름의 마법 약초를 첨가하고, 도마뱀 연고를 제조하는 방법을 알았던 저명한 마녀의 손에서 예수의 살과 피는 무기가 되었다. 이로써 루크레티아는 1300년대의 두꺼비 성만찬이나 1400년대의 사바트 '포도주', 1554년 안드레스 라구나가 언급한 마녀의 연고 같은 위험한 대안을 제공함으로써 성만찬을 특별히 모독한 이단자들의 긴 대열에 들어서게 되었다. 그리고 이로써 루크레티아는 영지주의자 이후 줄곧 가정식 성만찬을 밀매해온 신비주의자들의 더 긴 대열에 들어서게 되었다.

이 모든 것이 마녀가 "인류와 그리스도교 교회의 모든 적 가운데에서도 가장 위험한 적을 상징"해 대부분 현대 역사가에게 연구되지 않은 이유의 최소 부분일 수 있을까? 바티칸의 제도적 완전성 앞에서 참된 지복직관을 제공하는 성체보다 위협적인 것이 또 있겠는가? 루크레티아와 그녀의 자매들이 성체를 스스로 적절하게 '축성할' 수 있다면 사제가 왜 필요하겠는가? 그들이 원래 항상 그래야 했던 것처럼 하느님과 직결되는 파이프라인을 만들 수 있다면 교회가 왜 있겠는가? 성체를 보호하는 것보다 가치 있는 일이 실제로 있었겠는가?

시에나의 이단 심문관들이 안드레스 라구나만큼은 디오스코리데스에 정통하기를 기대했으나 그들은 그렇지 않았다. 또 그들이 토스카나에서 표적으로 삼았던 약물을 자세히 거론하리라 기대했으나 그들은 그러지 못했다. 그들의 위약 성체가 단 한 번도 환영적 약물과 경쟁할 수 없었다는 사실을 바티칸이 그저 시인하기를 바란다면 너무 많은 것을 요구하는 것일까? 경쟁자를 억압하기 위해 무슨 일이든 하겠다는 사실을 바티칸이 그저 시인하기를 바란다면?

그렇지는 않을 것이다.

나는 피오리 광장으로 들어서 온갖 크기와 색깔의 꽃들을 판매하는 하얀 천막들을 돌아 유명한 식당 놀라노 비스트로의 야외 테이블 한 곳에 앉았다. 나는 그 지역의 수제 맥주 한 잔과 적포도주 한 잔을 시켰는데, 이 둘은 서양 문명의 역사에서 가장 매혹적인 음료였다. 그중 하나는 지금으로부터 1만 2,000년 전 농업 혁명을 촉발했을 가능성이 매우 높았다. 다른 하나는 세계에서 가장 큰 종교가 지구를 식민화함으로써 예수를 신세계로 데려오는 데 도움을 주었다. 불운하게도 지구의 그 부분에는 이미 성만찬이 있었다. 실제로 여러 개나 있었다. 그리고 구세계의 이단적 성만찬과 달리 신세계의 성만찬은 사라지지 않았다.

나는 갈색 가죽 가방 안에서 종이 뭉치를 꺼내 여러 해 동안 작성해온 필기 내용을 살펴보았다. 서적 수백 권, 학술 논문 수천 편, 끝없는 인터넷 검색을 모두 증류해 종이 한 장에 몇 가지 요점으로 정리해놓았다. 그리고 맨 위에 다음 한 문장을 손으로 적어두었다. "가톨릭교회는 약물과의 전쟁을 시작했다."

이단 심문소가 루크레티아와 조르다노 브루노를 억제한 지 20년 뒤인 1629년 에르난도 루이스 데 알라르콘Hernando Ruiz de Alarcón이라는 이름의 지방 사제는 긴 성명서를 작성해 멕시코 대주교에게 보냈다. 원주민인 아스텍인 사이에서의 선교 업무를 안내하려 한 것이었다. 『오늘날 이곳 신新스페인의 토착 인디언 사이에 살아 있는 이교도의 미신에 관한 논고』*Treatise on the Heathen Superstitions: That Today Live Among the Indians Native to This New Spain*에서 루이스 데 알라르콘은 콜럼버스 이전의 이교 의례를 모두 분석했는데, 이 의례들은 바티칸이 신세계에서 신선한 영혼을 수확하기 위해 반드시 제거해야 하는 대상이었다. 첫 쪽부터 그 야만인들의 불경한 관습 가운데 가장 크게 혐오받은 것은 **올롤리우키**ololiuhqui, 페요테, 담배를 함유한 신성한 음료였다. 그 성분 가운데 우리에게도 친숙한 것은 마지막 두 개뿐이지만, 사실 **올롤리우키**는 당시 아스텍인이 가장 흔히 사용한 환각성 약물이었다. 1960년대에 다름 아닌 알베르트 호프만이 동정同定한 바에 따르면 그 식물은 나팔꽃의 일종이었으며, 맥각에도 포함된 LSD 유사 알칼로이드인 에르긴을 함유하고 있었다.

루이스 데 알라르콘은 그 믿을 수 없는 성질 가운데 일부를 기록했다. "그것을 마시면 그들은 자기가 알고 싶은 모든 것, 심지어 인간의 이해를 뛰어넘는 것들에 대해서도 그것을 신탁처럼 참고합니다."[28] 아스텍 마녀들은 "주술"의 일부로 기적 치료를 행하는 데에도 **올롤리우키**나 페요테를 사용했다.[29] "그들은 자신들이 가장 신성하다고 여깁니다." 그 성직자가 말했다. 이교도들은 이 환각성 신비가 모두 "고대의 우상 숭배와 악마 숭배"의 일부라는 사실을 몰랐다.[30] 구세계의 이단 심문관들은 이 쟁점을 빙빙 돌려 이야기한 반면, 루이스 데 알라르콘은 그 지역민들이 로마 가톨릭교회의 눈에 띄지 않도록 숨기는 법을 터득했던 약물을 압수하기 위해 면밀하고 세부적으로 지시했다. 친척 집에 "믿을 만한 경비병"을 주둔시켜 단속반을 밀고하지 못하게 하는 일부터 "낡고 지저분한 항아리 속처럼" 아스텍인들이 은닉물을 숨겨두는 장소가 어딘지를 대주교에게 알리는 데에 이르기까지 이 사제는 만반의 준비를 했다.

하지만 단지 악마 숭배자들의 집을 급습하는 일로는 충분하지 않았을 것이다. 루이스 데 알라르콘은 그 공급을 반드시 차단해야 했다. 한 사례에서 그는 "그 과실을 생산하는 덤불 다량을" 밭에서 제거하라고 자랑스럽게 명령했다.[31] 다른 사례에서 그는 "장엄 축제 날에나 만드는 커다란 모닥불"에 씨앗 다섯 말을 불태우면서 아스텍인 모두 강제로 밖에 나와 구경하도록 했다. 이런 식으로 가차 없는 접근법을 취함으로써 가톨릭교회는 상당히 결정적인 승리를 거뒀고, 오늘날 가톨릭의 수가 압도적인 멕시코에서는 매주 일요일마다 위약 성체를 위해 수천만 명이 길게 늘어선다.

하지만 저항도 있었다. 특히 자신들의 환각성 신비를 몰수당하기 거부한 사람들의 두 가지 중요한 저항은 역사의 방향을 영원히 바꿔놓았다.

첫째는 아메리칸 인디언이었다. 시간이 흐르면서 페요테는 북쪽으로 가 미국 영토로 들어갔으며, 신세계의 성체가 1629년 멕시코에서 그랬던 것처럼 크나큰 영예를 견지하게 되었다. 바티칸에서 신호가 떨어지자 프로테스탄트 선교사들과 워싱턴 D. C.는 힘을 합쳐 연방 차원에서는 최초로 약물 사용을 금지하는 조치를 취했다. 이 때의 약물은 1906년 순수 식품 약물법Pure Food and Drug Act of 1906이며 1914년 해리슨 마약류 과세법Harrison Narcotics Tax Act of 1914에서 금지했던 아편이나 코카인이 아니었다. 1937년 대마초 과세법Marihuana Tax Act of 1937 이전까지만 해도 규제되지 않고 남아 있던 대마초도 아니었다. 그랬다. 이 모든 것은 1970년대 닉슨 대통령이 공식적으로 선포한 '약물과의 전쟁'보다 선행하는 조치로, 지구 상 최초의 현대적인 금주법 가운데 일부였다. 아울러 이 모든 것은 찰스 헨리 브렌트Charles Henry Brent라는 미국의 성공회 주교에게서 영감을 얻었는데, 그는 1901년 이른바 '브렌트 위원회'Brent Commission를 결성해 아편 중독과 싸웠으며, 그리하여 1912년 최초의 국제 약물 통제 협약을 이뤘다. 하지만 이런 물질 가운데 어느 것도 순수하게 종교적인 이유에서 말세의 이단 심문소와 '약물과의 전쟁'을 일으킨 그리스도교인들과 관료들의 진정한 우선순위는 아니었다. 그들의 사냥 대상은 바로 페요테였다.

미국 전역의 아메리카 인디언 자치 지역, 특히 키오와족과 코만치족 사이에서 부흥한 그 비밀을 없애려는 노력의 일환으로, 인디언 사무국Bureau of Indian Affairs, BIA에서는 1980년 7월 31일 자로 모든 연방기관에 "보호 구역 어디에서든 메스칼 원두나 이를 이용한 준비나 탕약을 발견하면 압류하고 파괴하라"고 지시했다.[32] 루이스 데 알라르콘 성명서의 한 쪽이라도 되는 듯 "사악한 관습"을 한 번에 완전히 "근절하려면" 이 작전도 "신속하고, 적극적이고, 끈질겨야" 했다. 페요테 숭배가 보호 구역 안에서 계속 성장하며 새로운 개종자가 발견되자 BIA 국장은 한 부관에게 보낸 글에서 그 비밀은 "선교 활동을 상당히 심각하게 저해한다"라고 쓰기도 했다.[33] 1629년 이래 바티칸이 멕시코에서 노력한 바는 전혀 의미 없었을까? 이교도가 옛 방식을 버리기 전까지는 아무런 타협도 없었다.

하지만 아메리카 인디언도 싸워보기 전에 포기부터 하지는 않았다. 아메리카 원주민 교회와 네브라스카주 위네바고족의 일원인 앨버트 헨슬리Albert Hensley는 1908년 BIA 앞으로 보낸 격정적인 편지에서 이른바 '약물과의 전쟁'의 진짜 기원을 포착했다. 이는 사실상 이름 없는 종교와의 전쟁이었다. 공중보건이나 안전의 우려는 전혀 없었다. 품질 관리나 소비자 보호와 관련된 쟁점도 전혀 없었다. 이는 영적 전쟁 행위였다. 이들보다 앞선 구세계의 이단 심문관들과 마찬가지로 그리스도교 선교사들이 실제로 효과 있는 가정식 성만찬을 박멸하려 했을 뿐이다. 즉 「요한 복음서」에 나오는 지복직관에 관한 예수의 말에 실제로 의미를 부여하는 뭔가를 박멸하려 했을 뿐이다. "나는 보지 못하는 이들이 보게 하려고 여기 왔다. (…) 내가 분명히 너희에게 말하노니, 너희는 하늘이 열리고 하느님의 천사들이 오르내리는 모습을 보게 될 것이다." 헨슬리는 이를 다음과 같이 기록했다.

당신들도 의심할 여지 없이 알고 있겠지만 '메스칼'이라는 명칭은 부적절합니다. 그 식물의 정확한 이름은 '페요테'이며 (…) 우리는 그것을 메스칼이라 부르지도 않고, 페요테라 부르지도 않습니다. 우리가 선호하는 명칭은 '약'이며, 우리에게는 그것이 그리스도 몸의 일부분입니다. 다른 그리스도교 종파에서 성만찬이 빵을 그리스도 몸의 일부분이라고 믿는 것과 마찬가지입니다. 우리가 성서를 읽어보니, 그리스도께서는 장차 오실 '위로자'Comforter에 관해 말씀하셨습니다. 오래전 '위로자'는 백인들에게 오셨지만 인디언들에게는 오시지 않았다가 결국 하느님께서 이 거룩한 약의 형태로 보내주셨습니다. 우리는 지금 우리가 하는 말을 잘 알고 있습니다. 우리는 하느님을 맛보았고, 우리의 눈이 뜨였습니다.[34]

'약물과의 전쟁'은 사실 이렇게 시작되었다. 치명적인 물약을 소비한다는 이유로 바오로가 코린토인들에게 소리 지른 이후로 그리스도교의 전체 역사는 결국 성체성사를 둘러싼 한 편의 서사시적 전투였다. 이 세상에는 항상 올바른 성체와 잘못된 성체가 있었다. 초기 그리스도교의 가정 교회와 카타콤에서 시작해 중세 이탈리아의 묘지, 부화 신전, 르네상스의 사바트에 이르기까지 신비주의자들은 항상 각자 버전의 '불멸의 약물'을 보호하려 했다. 그리고 관료제는 항상 철권으로 대응했다. 교부들부터 이단 심문관, 에르난도 루이스 데 알라르콘, 프로테스탄트 선교사, 미국 연방 정부에 이르기까지 말이다. 1890년 미국 정부가 관여하고 머지않아 국제 조약이 진행되자 이 이야기는 모두 끝난 것처럼 보였다. 2,000년이라는 세월이 걸렸지만 관료제가 마침내 경쟁자를 제거한 것이었다.

하지만 두 번째 저항이 있었다. 바로 마자테크족이었다. 에르난도 루이스 데 알라르콘이 아스텍족의 **올롤리우키**, 페요테, 담배에 대해 불평하느라 바쁜 와중에 그가 있던 곳에서 남쪽으로 조금 떨어진 산속에는 또 다른 환각성 비밀이 숨어 있었다. 그것이 얼마나 오래 거기에 있었는지는 아무도 모른다. 사실 어느 용감무쌍한 민족균류학자가 아니었다면 '작은 성인들'은 지금도 여전히 숨어 있었을 것이다. 마자테크족의 마녀 마리아 사비나는 그것을 이렇게 불렀다. 1955년 그녀는 확실하게 지복직관을 다루는 실로시빈 버섯을 고든 와슨이 맛보도록 허락했다. 와슨은 곧바로 자기가 '고대 신비제'의 암호를 해독했다고 믿게 되었다. 1957년 그는 선사 시대의 비밀을 전 세계에 알렸으며, 그 소식에 스페인 선교사들은 심장마비를 일으켰을 것이다.

1959년 마자테크족 사이에 있었던 프로테스탄트 선교사들은 와슨의 발견에 관해 듣게 되었다. 그들은 방금 전 발굴된 것이 무엇인지 정확히 알았다. 학술지 『실천 인류학』Practical Anthropology에 간행된 「버섯 의례 대 그리스도교」Mushroom Ritual versus Christianity라는 논문에서 유니스 파이크Eunice Pike와 플로렌스 코언Florence Cowan은 내가 바티칸에서 추출하려 여러 해 동안 노력했던 그 고백을 기록했다. 이 간단한 깨달음 덕분에 비밀 문서고와 신앙교리성성 문서고에서 내가 연구한 모든 것은 완벽한 맥락 속에 들어서게 되었다.

> 버섯 섭취는 그리스도교 성체와 공통된 특징을 가지고 있는 것으로 보이며, 이는 잠재적인 혼란의 원천이다. 버섯 의례 동안 모든 사람은 동시에 버섯을 씹는다. 그들은 함께 샤먼의 노래를 듣고 환영을 보며 일종의 단위를 형성한다. 와슨은 아가페라는 단어를 그 행사에 적용했는데, 그래서 우리는 혹시 마자테크족이 그것을 최후의 만찬과 혼동한 것 아니냐고 외부인들에게서 질문받아 왔다. 그렇다면 마자테크족에게 신성한 버섯을 섭취하는 일은 성체가 그리스도교인에게 갖는 심리적 가치에 버금가는 뭔가를 갖는 일일까? 마자테크족에게 최후의 만찬을 소개할 때 그리스도교인들이 과거 그 버섯에서 얻었던 것과 똑같은 경험을 그들이 빵과 포도주로부터 얻으려다 실망하는 일을 방지하려면 어떤 가르침이 따라야 할까?[35]

음, 정확한 표현이다.

그런 실망은 결국 슬금슬금 기어들 것이다. 그렇지 않은가? 제아무리 관료들이라 해도 세상 모든 마녀를 화형시키거나, 모든 식물을 불태우거나, 하느님을 한번 맛보고 싶어 하는 모든 인디언과 히피를 감옥에 집어넣을 수는 없을 것이다. 그렇지 않은가?

파이크와 코언이 스스로 제기한 질문에 대해 내놓은 답은 무지한 마자테크족에게 계속해서 성서를 공부시키는 것이었다. 두 여성은 동료 선교사들에게 인내하라고 조언했는데, 성서의 "몇몇 간략한 구절만 공부한 이후"에 "하느님의 위대하심"을 이해하는 일은 드물기 때문이라고 했다. 대신 이들은 "한 사람의 눈이 열리기 위해서는 상당한 공부가 필요해 보인다"라고 말했다.

우리는 돌고 돌아서 간다. 어떤 사람들은 하느님에 관해 읽기를 선호한다. 다른 어떤 사람들은 하느님을 경험하기를 선호한다. 내가 피오리 광장에서 만나기로 한 오랜 친구처럼 후자라면 하느님을 경험하는 유일한 방법은 우리가 죽기 전에 죽는 것뿐이다. 이단자들에 따르면 그렇게 하기 위해 가장 확실한 방법 중 하나는 조화우주의 참된 본성을 밝혀주는 약물의 일종을 사용하는 것이다.

우주는 영원하다. 시간을 초월한다.

그런 다음에야 눈먼 사람도 보는 법을 배울 수 있을 것이다.

그런 다음에야 죽어 없어질 인간도 불멸할 수 있을 것이다.

입문자는 과거, 현재, 미래라는 개념 자체를 초월할 것이기 때문이다. 삶과 죽음을 초월할 것이기 때문이다. 어느 무신론자가 예전에 내게 한 말처럼 그곳에서는 "모든 순간이 그 자체로 영원"하다. 어째서 그것을 경험하기 위해 굳이 죽음 그 자체를 기다리는가? 우리가 아직 살아 있을 때 그것을 경험한다면, 단 한 번이라도 경험한다면 우리 삶의 마지막 순간은 친숙한 것으로의 귀환이다. 죽음을 연습하라. 철학자들은 2,500년 동안 우리에게 그렇게 말해왔다. 그러면 우리의 때가 오더라도 지금껏 알던 모든 것을 집어삼키는 불길조차 느끼지 못할 것이다. 이것이 이전에도 있었음을 우리는 기억할 것이다. 이것은 죽음이 아니다.

이것은 하느님이 되는 것이다. 우리는 예전부터 항상 하느님이었다.

바티칸에서 우리가 결코 듣지 못하길 바란 하느님이었다.

내 친구와 마찬가지로 많은 사람이 목숨을 바친 하느님이었다. 언젠가 세계가 정신 차리기를 바라며 그들은 목숨을 바쳤다. 관료제가 불가피함과 더는 싸우지 않기를 바라며 그들은 목숨을 바쳤다.

나는 자리에서 일어나 광장 한가운데 있는 조르다노 브루노의 거대한 동상을 향해 건배했다. 오늘은 신비주의자들에게 좋은 날이었다.

나오며

이제 역사에서 가장 잘 지켜진 비밀 속으로의 여행이 끝에 다다랐다. 하지만 내 앞에는 평생에 걸친 연구가 놓여 있다. 이번 모험을 질리도록 만끽하고 나서 일상으로 돌아가기 위해 일정을 조절하느라 골치 아픈 와중에, 나는 받은 메일함을 들여다보고 냉엄하고도 가혹한 현실을 감지했다.

장기적으로 보면 이 일은 끝난 것이 아니었다.

구세계가 부르고 있었다. 그곳에는 여전히 해야 할 일이 있었다.

그리스 신비제와 그 신성한 약전에서 그리스도교의 진짜 기원을 찾아야 한다면 확고한 과학적 증거가 더 많이 발굴되기를 기다리고 있을 것이기 때문이다. 아직 발견되지 않았다면 말이다. 그리고 내 안의 변호사 기질은 그런 컵 하나, 잔 하나, 그릇 하나가 빛을 볼 때까지 멈추지 않을 것이기 때문이다. 역사에서는 잊혔지만 부정할 수 없는 그리스도교의 전례 유적에서 나온 극히 일부 자료가 빛을 볼 때까지 멈추지 않을 것이기 때문이다. 종교와 과학, 신앙과 이성의 간극을 마침내 치료할 수 있는 뭔가를 세계가 필요로 할 때 그 역사는 비로소 되살아날 것이다. 이제 2,000년 가까이 서양 문명의 양심을 갉아먹은 오래된 정체성 위기를 치료할 때이다. 우리는 어느 날은 그리스도교인이고, 다른 어느 날은 그리스인이다. 이런 정신분열을 겪은 지도 오래되었다. 우리에게는 치료제가 필요하다.

환각제라는 의외의 요소가 깃든 이교 연속 가설의 아름다움은 옳거나 그르거나 둘 중 하나라는 점이다. 최초의 그리스도교인들과 이단자들의 비밀 연쇄가 자신들의 그리스어 구사 선조들과 선사 시대 선조들로부터 약물 함유 성만찬을 물려받았다는 발상은 매우 알 만한 것이었다. 고고식물학과 고고화학, 그리고 계절이 한 번 지날 때마다 점점 좋아지는 첨단 실험 장비의 최근 모든 발전 덕분에 석기 시대 인도유럽인, 고대 그리스인, 초기 그리스도교인, 심지어 르네상스 마녀 사이에서도 환각제가 사용되었다는 증거를 이제 고찰하고, 검사하고, 반복하고, 변조할 수 있게 되었다. 어쨌거나 이것이 과학의 작동 방식이다. 도취시키는 물질의 잔여물은 미래의 발굴에서도 계속해서 나타나거나 나타나지 않을 것이다.

지금까지 서술한 내용에서 나는 오늘날, 특히 이탈리아 남부에 존재하는 증거를 그대로 확립하려 했다. 그리스도교의 처음 몇 세기 동안 그곳에서 그리스의 영적 현존이 가장 강력했기 때문이다. 그리고 신비제 해안 고속도로의 맨 꼭대기인 로마에서도 그 유서 깊은 신앙의 최초 개종자들이 여성 선조들의 신비적 뿌리에 쉽게 접근했을 수 있다. 그곳에서는 그들이 벨리아와 '영원의 도시' 사이를 오가며 사후의 삶을 엿보고 죽음을 속이는 고풍스러운 기술을 유포하던 포카이아인과 기타 그리스어 구사 입문자들의 영향을 사실상 피하지 못했을 것이다.

예수 탄생 몇 세기 전 서양 문명의 호弧 뒤에 숨어 있던 그 손들은 고대 이베리아에 가장 희미한 단서를 남겨둔 것으로 보인다. 마스카스테야르 데 폰토스에서 나온 환각성 묘지 맥주는 러크가 엘레우시스 신비제에 관해 40년간 연구한 내용이 절대적으로 옳았다고 입증하는 스모킹 건일 가능성이 충분하다. 오직 시간이 말해줄 것이다. 실제로 진지하게 토론하는 데 유용한 자료가 풍부하기 때문이다. 우리가 운이 좋다면 호르디 후안트레세라스가 바르셀로나 대학교 기록 보관소에 파묻힌 원래의 맥각 표본을 다시 발견할 수도 있다. 아직 해야 할 작업이 많이 남아 있는 그리스 농장에서 엔리케타 폰스가 새로운 그릇을 하나 발굴할 수도 있다. 한때 보스턴 대학교의 나이 많은 교수를 학술적으로 유배시킨 맥각 비밀은 여러 면에서 빙산의 일각에 지나지 않는다. 고고학자, 고전학자, 성서학자가 매우 오랫동안 무시해온 환각제에 관한 서류함을 다시 열었을 뿐이다.

세계 최초의 신전 괴베클리 테페에서 지속해온 발굴에서 마르틴 차른코브는 인류 최초 맥주의 흔적을 담고 있으리라 짐작하는 거대한 석회석 분지에서 새롭고 교란되지 않은 표본을 찾아낼 것이다. 비 오는 날 뮌헨 외곽에서 대화를 나누며 내가 얻어낸 정보에 따르면, 그는 양조의 결정적 징후인 옥살산칼슘뿐 아니라 그보다 마법적인 뭔가를 함께 찾아볼 것이었다. 어쩌면 그것은 문명을 가능하게 만든 하느님의 지복직관을 찾아 우리가 동굴을 버리고 도시로 온 진짜 이유일지도 모른다. 믿기 어렵지만 1만 2,000년 전 정말 맥주가 빵보다 먼저 나왔다면 그것은 어떤 종류의 맥주였을까?

마스 카스테야르 데 폰토스 사례처럼 스캐닝 전자 현미경이 차른코브가 미래에 얻을 표본 가운데 하나에서 맥각의 존재를 밝혀줄 수도 있다. 생물공학을 적절히 이용하면 LSD와 비슷한 환영을 만들 수 있는 버섯의 '통제된 오염'에 대한 증거를 말이다. 기체 크로마토그래피 질량 분석이 그 황금 영약에 들어간 다른 어떤 식물, 약초, 균류의 화학적 특징을 포착할 수도 있다. 이스라엘 라케페트 동굴에서 나온 최초의 자료와 함께 그런 고고화학적 자료는 이미 수십 년간 논란이 되어온 농업 혁명의 촉매로서의 맥주를 확증해줄 뿐 아니라 종교의 개념 자체와 인간이 되는 일이 무엇인지를 다시 쓸 것이다.

하느님은 정말 하늘에서 내려와 컵 안에 들어갔을까? 이것이 오늘날 지구 상 인구 절반이 구사하는 여러 인도유럽어의 비할 데 없는 성공을 마침내 설명해주는 기술, 즉 '비밀 중의 비밀' 아닐까? 그 모든 것은 아나톨리아 동쪽과 서쪽의 비옥한 초승달 지대에서 확산되어 석기 시대의 수렵 채집민을 아시아와 유럽 최초의 농부들로 변모시킨 저 기묘하고 사라진 언어에 근거하지 않는가? 환각성 묘지 맥주는 실제로 우리의 선사 시대 선조들을 향해 그들의 고인들이 결코 사라지지 않는다고, 죽음 뒤에도 삶이 있다고 납득시켰을까? 지금으로부터 몇 년 전에만 해도 이는 부조리한 질문이었다. 이제 나는 더 젊은 고고학자들이 차른코브의 개방적인 사고방식을 유념했으면 한다. 아울러 그 지역에 걸친 현장 연구에서 어떤 종류의 용기容器가 언제라도 발굴된다면 그 연약한 내용물을 철저히 분석하는 데 비용을 아끼지 않기를 바란다.

운 좋게도 대서양 이쪽에서는 패트릭 맥거번의 발자취를 따르는 사람들이 그런 학제간 사고방식을 이미 채택하고 있다. 그가 기원전 16세기에 부활시킨 맥주와 포도주와 꿀술로 이루어진 미노아의 의례용 칵테일은 또 하나의 놀라운 발견과 짝을 이룬다. 고전기 그리스인의 청동기 시대 선조들의 미노아와 미케네를 넘어 에게해 건너편의 아나톨리아인도 그들 나름의 묘지 맥주, 즉 기원전 8세기의 향정신성 마이더스터치를 가졌던 것이다. 이 두 물약은 20년 전 확인되었는데, 당시에만 해도 이른바 '극한 음료의 인디애나 존스'가 탄생시킨 고고화학은 영아기에 머물러 있었다. 이제 그 분야는 유아기에 이르렀다. 그리고 충분히 귀 기울인다면 우리는 그 분야의 웅얼거리는 말을 문장으로 이어 붙여 알아들을 수 있을 것이다. 이집트의 스코르피온 1세(기원전 3150년경)의 포도주 항아리나 갈릴래아 텔 카브리 포도주 저장고(기원전 1700년경)에 첨가되었던 성분들에 관한 풍부한 화학적 발견이 말해주는 것이 있다면, 그것은 고대의 포도주가 오늘날의 포도주와는 달랐다는 사실이다. 그리고 지난날의 그릇들은 불과 한 세대 전 누군가가 의심했던 것보다 훨씬 많은 비밀을 간직하고 있다는 사실이다.

따라서 키케온의 "약리학적 성질"이 "높은 알코올 성분 탓으로 돌릴 수 있는 수준을 분명히 능가"한다는 맥거번의 고찰은 진지하게 받아들여져야 한다. 열심히 찾아보고 있으나 그는 서양 문명의 본고장 안팎에서 그 파악하기 힘든 성분(들)을 아직 발견하지 못했다. 이는 세계에서 가장 뛰어나고 가장 개척적인 고고화학자들 중 일부인 매사추세츠 공과대학교의 앤드류 코와 그의 헌신적인 연구진 같은 사람들에게 두 가지 도전을 남겨둔다. 코의 발명품인 OpenARCHEM(더 나은 통합적 고고학 현장 연구 및 과학적 분석을 추구하는 오픈 소스 온라인 데이터베이스이자 저장소)을 통해 그의 연구진은 우리 집단 역사의 짜증스러운 간극들을 체계적으로 공략하고 있다. 자금과 지원만 충분하다면 그들은 그 점들을 연결할 수 있을지도 모른다.

첫 번째 도전은 어쩌면 라케페트 동굴과 괴베클리 테페에서 양조되었을 맥주의 종류에서 시작해 청동기 시대에 확실히 혼합된 약초 포도주까지의 점들을 잇는 것이다. 지중해 동부에서는 수천 년에 걸쳐 극한 양조와 포도주 제조가 이루어졌지만 정작 우리는 이에 관해 아는 것이 거의 없다. 스코르피온 1세와 텔 카브리의 은닉처가 시사하듯 수천 년 넘도록 선사 시대 맥주와 포도주는 정기적으로 정신 활성 재료와 혼합되지 않았는가? 그리고 행사용 주류로서 포도주가 맥주를 서서히 대체하면서 환각성 묘지 맥주가 떠난 자리를 환각성 포도주 물약이 대신 차지하지 않았는가? 환각성 포도주는 아직 제대로 연구되지 않은 마르제아 의례에서 가나안인, 페니키아인, 나바테아인과 기타 근동의 신비주의자들을 지하 세계로 접근하게 한 황홀경 같은 마비 상태를 부추겼을까? 고대 이집트와 메소포타미아의 최초 고도 문명 사이 글쓰기가 발달했던 기원전 3200년경 벌어진 장례 잔치는 선사와 오늘날 우리가 아는 역사를 잇는 환각성 교량이었을까? 약물과 환영적 경험은 믿기 어려울 정도로 방대한 시간 사이의 구전 및 문자 문화들을 엮어주는 공통의 종교적 유대였을까?

두 번째 도전은 코와 그의 연구진이 청동기 시대의 약물 첨가 포도주, 그리고 예수 시대의 그리스 신비제 및 그리스도교 신비제의 성사용 포도주 사이의 결정적 연계를 찾아내는 것이다. 그리스 또는 디오니소스의 마법에 걸린 지중해의 그리스어 구사 지역 어딘가에는 테살로니키 아리스토텔레스 대학교의 술타나 발라모티가 이미 파편적으로 발견한 환각제 실마리를 추가적으로 뒷받침할 만한 확고한 식물학적·화학적 증거가 있으리라 장담한다. 그런 증거는 "영과 선조 그리고 신과 의사소통하는" 고대 그리스의 샤먼들이 약물 함유 포도주를 사용했다는 그녀의 육감을 확증해줄 것이다. 그리고 우리가 루브르 박물관에서 G 408과 G 409를 조사하며 해내지 못한 일을 확고히 정립할 것이다. 하지만 디오스코리데스와 갈레노스의 정교한 약리학과 호메로스를 연결하는 1,000년의 전통을 공부한 진지한 학생이라면 그것을 알게 되더라도 전혀 놀라지 않을 것이다. 고대 그리스의 포도주가 파르마콘이라고 서술되었을 때 그것은 정확히 사실 그대로였을 것이다. 즉 이례적으로 도취시키고, 심각하게 정신 변성적이며, 때때로 환각성이고, 잠재적으로 치명적인 물약이었을 것이다. 그리고 디오니소스는 '포도주의 신'일 뿐 아니라 '환각제의 신'이기도 했을 것이다.

나는 예수 이후 처음 몇 세기 동안 그리스 신비제와 그리스도교 신비제가 중첩되었던 전략적 장소들 가운데 한 곳의 가정 교회나 공동묘지에서 머지않아 확고한 증거가 나타날 것이라 믿는다. 어쩌면 지난 몇 년 동안 내 관심을 사로잡았던 장소들 가운데 하나일 수도 있다. 그리스의 코린토, 터키 서부 해안의 에페소, 이스라엘과 요르단 국경 인근 갈릴래아의 스키토폴리스처럼 말이다. 어쩌면 시리아와 터키 국경 인근 안티오크나 이집트의 알렉산드리아도 그럴 수 있다. 로마를 제외하면 그 두 곳이야말로 콘스탄티노플의 대두 이전 그리스도교의 주요 중심지였고, 무아경 신 숭배의 발판이 되었기 때문이다.

하지만 이탈리아에서는 디오니소스가, 신비제에서는 그의 어머니인 페르세포네가 특히 사랑받았다. 바로 거기에서 지금까지 나온 것 가운데 최상의 단서들이 나타났다. 폼페이의 베수비오 저택에서 나온 환각성 도마뱀 물약으로 로마와 캄파냐의 그리스도교 카타콤들은 표적 명단 중에서도 맨 꼭대기에 오르게 되었을 것이다. 청동기 시대 근동의 마르제아와 마찬가지로 그런 곳들에서는 죽은 자를 무덤에서 소환하기 위해 여러 세기 동안 레프리게리움이 열렸다. 그리고 포카이아와 마그나 그라이키아의 다른 장소에서 그리스 신비제에 충분히 노출된 이들은 '죽음의 군주'와 '죽은 자의 여왕'을 만나려 했다. 서기 처음 몇 세기까지 그 현상은 적어도 1만 년 동안 지속되었으며, 한때 괴베클리 테페에 모였던 잊힌 부족들의 두개골 숭배를 연상시켰다. 이는 선사와 '역사'뿐 아니라 이교도와 그리스도교인을 잇는 또 하나의 교량이다. 바티칸이 지금도 여전히 본거지라 부르는 그 땅에서 말이다.

이 세상에 그리스 신비제와 그리스도교 신비제를 결합시키기 위한 수단이 있었다면 그것은 바로 예일 대학교의 학자 램지 맥멀렌이 분명히 진정한 "종교"였다고 엄격하게 기록한 로마의 레프리게리움이었다. 바티칸이 "초기 그리스도교 시대의 가장 중요한 자산"이라 불렀던 곳 지하에는 아우렐리아 프리마 같은 여성들이 불법 예수 경배의 가장 깊은 비밀에 입문하는 모습이 나와 있다. 그곳의 여러 프레스코화에는 여사제들이 유서 깊은 장례 잔치에서 약물 함유 포도주인 칼다로 이루어진 성만찬을 제공하는 모습이 나와 있다. 환각성 포도주에 대한 식물학적·화학적 자료가 어디에선가 나타난다면 교황청 고고학 위원회에서 발굴한 먼지투성이 잔들 가운데 하나에서 나오리라고 생각하지 않을 수 없다. 하지만 어느 누구도 아직 그에 관해 들어보지 못했다. 예상할 수 있는 한 가지 장애물 때문이다.

아우렐리우스 가문 지하 묘지, 프리스킬라의 카타콤, 성 마르켈리누스와 성 페트루스의 카타콤을 통제하는 사람이 토스카나부터 시칠리아에 이르는 이탈리아 전역의 귀중한 카타콤 수십 곳도 통제하기 때문이다. 이곳에는 개방되기만을 기다리는 귀중하고도 경험적인 증거가 가득하다.

내가 말한 사람은 바로 교황이다.

불신자인 외국 화학자들이 그들의 보물에 값비싼 참견을 해도 된다고 교황이나 그 휘하의 고고학자들이 허락할지는 확신할 수 없다. 그 화학자들은 환영적 성체성사의 존재를 확증함으로써 그리스도교 역사 전체를 다시 쓸 수 있는 자료에 전문가다운 관심을 갖고 있을 테니 말이다. 모든 정황 증거를 고려해볼 때 그 신비는 약리학적 전문 지식을 지닌 여성에 의해 마련되었다. 교부 히폴리토스가 기록했던 여성 영지주의자와 마찬가지로 이들은 3세기 초 약물 함유 포도주를 사용했다. 히폴리토스는 그 이단의 범위를 명료하게 드러내고자 **파르마콘**이라는 단어를 7회나 언급하며 그 포도주를 묘사했다. 그 여성들은 4세기에 마침내 출범한 제도적 그리스도교의 사제직에서 배제되었던 이들이다. 그리고 오늘날까지 여전히 교회의 지도층에서 배제된 이들이다.

아우렐리우스 가문 지하 묘지에서 11년 동안 고생스럽게 복원을 진행한 선임 고고학자 바버라 마체이에게서 다시 연락받고서 내가 그리 놀라지 않았던 이유도 바로 그것이었다. 2019년 2월 바티칸을 마지막으로 방문한 이후, 나는 그녀의 동료 조바나가 견학을 안내해준 데에 감사 편지를 보냈다. 이 책에 수록할 모든 카타콤 사진에 대해 언제라도 마체이에게 발행 허가를 받아야 했으므로 이를 구실삼아 그와 한동안 연락을 주고받았다. 이메일을 몇 번 주고받았을 때, 나는 혹시 교황청 고고학 위원회가 발굴 현장에서 여전히 고대 음주 그릇을 발견하고 있는지, 그리고 혹시 그 유물들을 검사하는 데 관심 있는지를 뜬금없이 물어보았다. 물론 최초의 그리스도교 행사 동안 예수의 고대 추종자들이 무엇을 섭취했는지 화학적으로 판정하는 데는 과학적인 장점이 있을 것이었다. 나는 그녀의 연구진을 패트릭 맥거번, 마르틴 차른코브, 앤드류 코에게 소개해주겠다고 자발적으로 제안하기도 했다.

여러 주, 정말 여러 주가 지나는 동안 그런 이메일을 보냈다는 사실에 대한 최초의 후회도 증발하고, 종교와 과학의 양극적 세계들은 기꺼이 분리되고 말았다. 2,000년 동안 줄곧 그래왔듯 말이다.

그러던 5월의 어느 날, 나는 로마에서 온 짧은 이탈리아어 이메일 한 통 때문에 잠에서 깨었다.

안녕하세요, 브라이언.
시간이 없어 지난번 이메일에 답장하지 못해 미안합니다. 카타콤에 있는 용기의 잔여물을 분석하는 프로젝트에 관해 토스카나의 카타콤들을 다루는 제 동료 마테오 브라코니Matteo Braconi 박사와 이야기를 나눠봤습니다. 최근(2017~2018) 발굴에서 그들은 분석해보면 흥미로울 법한 유기 물질을 담은 재미있는 물건들을 발견했습니다. 따라서 우리는 이 프로젝트에 기꺼이 협력하고자 합니다.

조만간 소식 기다리겠습니다. 이만 줄입니다.

바버라 마체이

충격이 가라앉자마자 나는 브라코니에게 연락했다. 한 달을 기다렸고, 그 사이에 침묵이 기어들고 나서 다시 한 번 연락을 취했다. 또다시 6개월을 기다렸고, 그동안 나는 바버라 마체이와 저작권 취득 과정을 마무리했다. 2019년 말에 이르러 나는 바티칸으로부터 프레스코화 이미지를 발행할 수 있는 법적 허가를 모두 획득하는 데 성공했는데, 이는 그 자체로 주목할 만한 쾌거였다. 교황청 고고학 위원회가 나의 링크드인과 아카데미아닷에듀 프로필에 게시된 활동을 근거 삼아 내가 그들의 카타콤에 그토록 흥미를 느끼는 이유를 알아내려고 노력하는 모습을 훤히 그려볼 수 있었기 때문이다. 아울러 그들의 포도주 그릇에 그토록 흥미를 느끼는 이유도. 나는 결코 다시 연락받지 못했다.

이 책이 발행될 무렵이면 바티칸은 내 문의를 계속 무시할 만한 권리를 완벽하게 갖춘 상태일 것이다. 나는 고고학자도, 고고화학자도 아니다. 대학이나 연구 기관을 대표하지도 않는다. 하지만 맥거번이나 차른코브나 코처럼 자격 요건이 충분하고 수십 년의 경력을 지닌 학자들도 그리스도교의 본래 성사를 분석하는 데 매우 관심이 많다. 이에 교황청은 불편한 입장에 놓인다. 토스카나에서 발견된 그 물건들을 21세기의 협력 정신하에 한번 검사해보면 안 될 이유 없지 않을까? 말이 나온 김에 이탈리아 전역의 비공개 보관실 사물함에 놓여만 있는 어떤 그릇이든 검사해보면 안 될 이유 없지 않을까?

바티칸이 고대의 잔을 몇 개나 보유한지는 아무도 모른다. 그 그릇들에는 로마 내부와 주위에서 벌어졌던 가장 먼저이고 가장 진정한 버전의 성만찬 때 그것이 어떻게 쓰였는지에 대해 길고도 자세한 이야기들이 담겨 있다. 한때 키케온을 담았으며 지금은 엘레우시스에 있는 칼리오페 파팡겔리의 창고에 보관된 여러 케르노스 그릇과 달리 교황의 용기가 단 한 번도 보전 목적으로 화학약품 처리를 거친 적 없었다면 특히 그렇다. 발굴 시기가 언제이든 초기 그리스도교 시대의 어떤 유기 잔여물도 이론상으로는 여전히 온전할 수 있다. 한 예로 1990년대 말 패트릭 맥거번은 고르디움의 장례 잔치 유물을 검사하려고 마음먹고 곧바로 펜실베이니아 대학교 기록 보관소에서 마이더스터치의 표본을 입수했다. 아나톨리아 음료의 흔적을 지닌 그 의례용 물품들은 1957년 펜실베이니아 대학교 소속 고고학자 로드니 영Rodney Young이 터키에서 수집해 필라델피아로 가져온 이래 40년 동안 창고에 처박혀 있었다. 온갖 어려움을 겪고 2,700년 뒤에도 그 표본들은 여전히 말짱한 모습이었다.

이 책을 인쇄하려는 지금, 마지막으로 한 가지 놀라운 사실이 이 표본들의 내구성을 극적인 방식으로 입증했다. 2020년 5월 발표된 유대교-그리스도교 전통에서의 의례적 약물 사용에 관한 사상 최초의 고고화학적 증거가 전 세계에서 헤드라인을 장식했다. 사해 인근 텔 아라드Tel Arad의 핵심 성지에서 발굴된 석회석 제단 위의 유기적 잔해 무더기를 기체 크로마토그래피 질량 분석한 결과 대마의 주요 성분인 테트라하이드로카나비놀tetrahydrocannabinol, THC, 카나비디올cannabidiol, CBD, 카나비놀cannabinol, CBN이 발견되었다. 기원전 8세기 것인 텔 아라드의 성소는 성서에 묘사된 솔로몬 왕의 성전 축소판이라 묘사되었는데, 이는 양쪽의 "숭배 의례 유사성"을 암시했다. 신성한 향료의 잔여물을 분석한 결과 저자들은 이렇게 결론지었다. "대마초는 아라드의 제단에서 정신을 활성하기 위해 의도적으로 사용되었다고 가정해도 무방해 보인다." 그들은 이를 가리켜 "유다 왕국에서 발견된 환각성 물질에 관한 최초의 공인된 증거"라 불렀다.[1] 흥미롭게도 대마초 잔해를 지닌 제단은 1960년대에 발굴된 것이었으며, 이후 적절한 기술이 나타날 때까지 예루살렘 소재 이스라엘 박물관에 그냥 놓여 있었다.

여기에서 핵심은 이런 종류의 자료가 살아남을 수 있다는 점이다. 그리고 정교하게 분석될 수 있다는 점이다. 바티칸이 협조하려는 의향만 있다면 말이다.

전 세계적인 성적 학대의 격통 속에 있는, 그래서 더는 성변화의 교리를 믿지도 않는 미국 가톨릭의 69퍼센트 가운데 일부를 아예 잃을 수도 있는 위험에 처한 종교에는 이것이야말로 얼마나 큰 기회인가. 매사추세츠주에서 대마초를 계속 불법화하기 위해 결국 수포로 돌아간 캠페인에 사용할 85만 달러가 지구 상에서 가장 오래 운영 중인 제도에 있다면 그 제도는 고고학자의 연구를 지원할 예산도 갖고 있을 것이다.[2] 그리고 그 결과로 그것이 무엇이든 허구보다 사실에 관심이 많은 신자를 얻을 수도 있을 것이다. 급증하는 나 같은 가톨릭 신자 무리에게 위약 성체는 공허한 상징이 되고 말았다. 신성한 살과 피를 섭취함으로써 얻는 불멸성에 관한 요한의 언어는 동화에 지나지 않았다. 오늘날에는 어느 누구도 성체를 맛보고 하느님을 목격하지 않는다. 하지만 예수 이후 처음 300년 동안 고대 지중해의 가정 교회와 카타콤에 옹기종기 모였던 소수 그리스도교인 집단에게 환영적 약물의 사용이 곧 현실이었다면 어떨까? 폼페이 베수비오 저택의 마리사 데 스파뇰리스 연구가 뭔가의 증거라면 그것은 원료 성분을 이용할 수 있었다는 증거일 것이다. 그렇다면 왜 신앙의 본질 자체를 입증하거나 반증하려 하지 않을까?

앞선 내용에서 개요를 설명한 시나리오가 진짜로 판명된다면 그것은 우리가 1896년 「마리아 막달레나 복음서」와 1945년 나그함마디에서 발굴된 여러 영지주의 복음서로부터 이미 배운 바를 확증해 줄 뿐이다.

그리스도교의 단일한 형태는 결코 없었다.

처음부터 신앙의 버전들이 항상 경쟁했다. 여러 그리스도교인은 의심할 여지 없이 그리스 신비제의 입문자들을 낚았던 그 경험에 이끌렸다. 지하 세계로의 환각성 여행이 모든 가정 교회나 카타콤에서 일어났던 것은 당연히 아니었다. 그리고 심지어 다수에게 일어났던 것도 당연히 아니었으리라. 하지만 로마에서 시작해 코린토를 거쳐 에페소에 이르는, 일부 학자는 여러 세기 동안 "수십만 명"이었다고 추산한 바 있는 고대 그리스도교 인구 가운데 상당수가 약물 첨가 포도주를 이용한 성만찬 전례를 수행했을 수 있다.[3] 이는 약물에 대한 전반적인 편견 때문에 모든 세속·종교 권위자에게 크게 간과된 신비주의 운동이었다. 또 이런 고대 성사의 참된 식물학적·화학적 비밀을 진정으로 해부할 수 있는 기술적 전문 지식이 전반적으로 결여되었기 때문이기도 했는데, 매사추세츠 공과대학교의 앤드류 코와 그의 연구진을 제외하고는 극소수만 그런 지식을 갖췄다. 하지만 예수 이후 처음 세 세기 동안 그리스도교의 성공 비결을 해명하는 데 결국 도움을 줄 수 있는 것은 바로 이런 신비들이다.

석기 시대 이후 '불멸의 약물'은 여러 모습을 취하고 나타나 우리 종이 발달하는 데 근본적인 역할을 담당했다. 모든 사람이 하느님을 보기 위해 환각성 강장제를 필요로 하는 것은 아니다. 하지만 며칠 동안 연속해 동굴 안에 누워 있는 것보다는 나았다. 머지않아 강력한 약물이 영적으로 눈먼 사람을 선견자로 만들 수 있게 되었다. 그것은 종교적 바보들을 종교적 천재들로 바꿔놓을 수 있었다. 효과가 있었다. 보수적인 독일 학자 발터 부르케르트조차 "의식의 확장을 통해 어떤 환각성 '내세'를 보장했던 것으로" 보이는 "선사 시대의 약물 의례"를 언급했다. 지난 1년 동안 조사를 진행하는 동안 주된 문제점은 상당히 현저해졌다. 그것은 단지 그리스 신비제와 그리스도교 신비제보다 선행한 종교적 실천에 약물이 쓰였는지 여부가 아니었다. 오히려 그것이 실제로 사라졌다면 도대체 언제 사라졌으며 "오래전 망각되고 무해한 물질로 대체"되었느냐는 점이었다.

내가 제시한 증거는 후기 구석기 시대의 약물이 결코 어딘가로 가지 않았음을 암시한다. 그것들은 근동의 왕족과 그리스 세습 관리의 독점, 로마 원로원의 단속, 성 바오로의 비난, 교부들의 공동 전선을 모두 겪고도 살아남았다. 여러 세기 뒤 이단 심문소가 집요하게 마녀들을 뒤쫓아 이 과정에서 구세계의 약리학적 지식 가운데 상당 부분을 지우기 전까지는 말이다. 프로테스탄트도 앙갚음이라도 하듯 이를 본받기 전까지는 말이다. 이후 19세기 말 인디언 영토에서 미국 선교사들이 페요테를 금지하면서 시작된 국제적인 '약물과의 전쟁'에 이르기까지, 이 모든 것이 멕시코라는 신세계의 환각제를 사랑하는 '야만인들'을 상대한 바티칸의 전투를 완벽하게 모범으로 삼았다.

이 모든 내용이 옳다면 이름 없는 종교는 지금까지 이 세상에 알려진 것 가운데에서도 가장 오래되고 지속적으로 기능하는 영적 전통이다. 최소한 1만 2,000년 이상 된 셈이다. 오늘날 어떤 종교도 이 옆에 서면 왜소해 보인다. 문자가 없는 상황에서 수천 년 동안 살아남았다는 사실만으로도 충분히 인상적이다. 하지만 이 종교의 가장 놀라운 특징은 한마디로 죽기를 거부한다는 점, 그리고 우리가 가장 예상하지 않은 곳에서 툭 튀어나온다는 점이다. 내가 2007년 경험한 것처럼 말이다. 내가 이 토끼 굴을 따라 내려가게 된 유일한 이유는 『이코노미스트』에 게재된 「신의 알약」이라는 짧은 기사였다.

존스홉킨스 환각제 연구진이 최초의 현대적인 실로시빈 연구를 수행했다는 그 기사를 읽은 그 순간부터 나의 최초 육감은 전혀 변하지 않았다.

이름 없는 종교가 돌아온 것이었다.

나는 한 눈으로 과거를 주시하면서 다른 한 눈으로는 미래를 주시해왔다.

전례 없이 비범한 일이 벌어지고 있었기 때문이다.

시간을 들여 존스홉킨스 환각제와 의식 연구센터Johns Hopkins Center for Psychedelic and Consciousness Research의 새 웹사이트(https://hopkinspsychedelic.org/publications)에 올라온 동료 검토 간행

물 50편을 샅샅이 뒤져보면 그들의 자랑스러운 통계가 지난 15년 동안 믿을 수 없이 안정적인 상태로 남아 있음을 알게 될 것이다. 연구 자원자 가운데 약 75퍼센트는 단 한 번뿐이었던 실로시빈 투여를 삶 전체에서 가장 의미 있는 경험 가운데 하나, 또는 최고의 경험 다섯 개 가운데 하나로 꼽았다. 그 모든 전문 용어 속에 사라진 통찰을 우리는 희미하게만 엿볼 수 있다. 하지만 우리가 윌리엄 리처즈와 볼티모어에 있는 그의 집 사무실에 나란히 앉아 있거나 앤서니 보시스를 뉴욕에서 여러 시간 동안 닦달하면 그것은 펼쳐지기 시작한다. 그리고 우리가 다이너 베이저 같은 사람과 이야기 나누고 귀 기울이다 눈물이 고이면 그것은 우리를 엄습한다.

이들은 지복직관을 지녔기 때문이다.

실로시빈 자원자의 증언을 고대 입문자들의 극소수 남아 있는 증언과 비교해보면 현저히 비슷하다. 2016년 존스홉킨스와 뉴욕 대학교의 역사적 협업에 뒤이어 『뉴욕 타임스』에서 게시한 8분짜리 비디오를 보면 죽음의 경계에 놓인 환자들이 각자의 필멸성에 대한 모든 불안으로부터 기적적으로 벗어나 삶에 대해 새로운 의욕을 갖는 소리를 들을 수 있을 것이다.[4] 이때 내가 들은 것은 각자의 삶을 변모시킨 선견을 이해하려 애쓰며 엘레우시스를 떠나 멀리 집으로 돌아가는 순례자들의 목소리였다. 디오니소스를 경외하며 산과 숲을 떠나 돌아가는 광녀들의 목소리였다. 각자의 시력을 돌려준 예수에게 감사하며 갑자기 지하 세계에서 부활한 초기 그리스도교인들의 목소리였다. "세상의 온갖 즐거움"을 엿보며 베네벤토의 호두나무에서 하룻밤 비행을 마치고 힘겹게 깨어난 마녀들의 목소리였다. 여러분도 신중하게 귀를 기울여보면 불가능한 소리를 들을 수 있을 것이다. 석기 시대 수렵 채집민이 각자의 불멸성을 확신하는 소리를. 그들이 막 발견한 종교가 이후로도 살아남아 지평선에서 기다리는 수많은 세대의 농부들을 위로하려 안달하는 소리를. 그 농부들은 식물과 약초와 버섯에서 각자의 영적 동맹자를 결코 버리지 않을 것이었다.

물론 꿈은 희미해지게 마련이다. 이름 없는 종교는 항상 위협당해왔다. 글쓰기의 발명 이후, 이집트 파라오와 근동 엘리트와 엘레우시스 귀족 혈통은 나머지 99퍼센트로부터 그 종교를 빼앗았다. 그러다 디오니소스가 나타나 그것을 황야로 가져갔다. 이후 예수가 그리스 세계에서는 사형까지 당할 수 있는 행위를 통해 한 걸음 더 나아갔으니, 그것을 사람들의 식당으로 초청한 것이었다. 하지만 그 혁명은 결코 지속되지 못했다. 정치 및 종교 당국은 항상 환영자와 그들의 가정식 성만찬을 강하게 반대했기 때문이다. 앨런 와츠가 "하느님 나라에 민주주의를 수립하는 일에" 버금간다고 말했던 "신비주의의 대중적 창궐"은 조금씩 진압되었다.

한 걸음 뒤로 물러나 존스홉킨스와 뉴욕 대학교의 정신약리학자들과 임상정신의학자들을 역사적 렌즈로 고찰해보면 한때의 야심만만한 고전학자를 흔들리게 만드는 불가피한 생각이 하나 떠오른다. 고든 와슨이나 알베르트 호프만이 아직 살아 있다면 그들도 이 생각에 깜짝 놀랐을 것이다.

단언컨대 그들은 이미 해냈다! 그들은 번개를 유리병 안에 담았다!

존스홉킨스와 뉴욕 대학교 연구진은 그리스 신비제와 그리스도교 신비제가 고대에는 결코 달성하지 못했던 뭔가를 어찌어찌 해냈다. 올더스 헉슬리가 1958년 우리 종의 역사에서 다른 모든 것을 능가하는 "종교의 부흥"을 낳을 것이라 예언한 뭔가를 말이다. 오늘날의 과학자들은 이름 없는 종교의 중대한 결점인 안전성, 안정성, 크기 조절 가능성을 해결했다. 최대한 신중하고 최대한 효과적인 방법으로 최대한 많은 사람에게 심오한 신비적 경험을 전달한다. 기술은 모두 거기에 있다. 안전한 조제약 등급의 환각제와 섬세하게 조정한 규약을 이용해 영적 돌파구를 최대화하는 동시에 위험을 최소화한다. 이는 "다수의 사람이 급진적인 자기 초월을 이루고, 사물의 본성을 더 깊이 이해하도록 해줄" 것이라고 헉슬리가 예견한 "생화학적 발견"이다.

이 모든 것은 이미 늘어서 있다. 다만 불편한 사실에 가로막혀 있을 뿐이다.

실험실 밖에서는 이 모든 것이 불법이다. 미국은 물론 다른 대부분 지역에서도 마찬가지이다. 따라서 동의를 거친 모든 성인이 그리스 신비제와 그리스도교 신비제에서 벌어졌던 것과 유사한 일을 감옥에 갈 염려 없이 경험할 기회를 갖기 전까지는 이름 없는 종교도 완전히 재탄생하지는 못할 것이다. 다행히 자연적으로 발생하는 환각제에 대한 금지는 종식되는 중이다. 하지만 우리가 우드스톡으로 돌아가고 있는 것 같지는 않다. 최근 몇 년 동안 앤서니 보시스에게서 얻은 정보에 따르면 더 건실한 운동이 계획되고 있다. 즉 이 나라에 있는 수천만 명, 그리고 결국에는 전 세계에 있는 수억 명이 현직 신비주의자들에게 진정으로 말할 수 있는 뭔가가 말이다. 형성되는 데 수천 년이 걸린 뭔가가 말이다. 과거에는 오직 그리스인만 그것을 목격할 수 있었다.

2020년 5월 나는 이 책을 마무리하기 위해 마지막으로 줌을 실행했다. 보시스가 뉴욕 자택에서 격리 기간 동안 자란 반백의 턱수염을 하고 스크린에 나타났다. 그는 정교회 사제의 대역 스턴트맨 같았다.

"그러면 코로나 바이러스 시대 다음은 뭡니까, 토니? 이 모든 게 지금 어디로 가는 거죠?"

"음, 지금 우리는 전 세계의 학술적 의학 센터에서 임상 시험을 하고 있습니다. 존스홉킨스, 뉴욕 대학교, UCLA, 임페리얼 칼리지 런던, 예일 대학교 등에서요. 앞으로 5년 내지 7년 이내 더 좋은 발견이 이뤄지면 실로시빈이 제한적인 임상적 적용으로나마 최초의 환각성 처방 약품이 되리라 고대합니다. 예를 들어 중독, PTSD, 불안증, 우울증, 생애 말 비탄증 같은 증상일 경우에요. 하지만 개인적 용도로 간단히 얻을 수는 없을 겁니다. 처방전은 통제 센터와 연결될 테고, 면허를 가진 연구진이 약물을 안전하고 치료적인 환경에서 사용하도록 할 테니까요."

"그러고 나면요?"

"그러고 나면 FDA가 실로시빈을 전국적으로 재조정한 뒤에 미국 전역에 통제 센터가 생기리라고 상상해봅니다. 상당히 외진 곳에서 도시 한가운데까지, 그 사이의 모든 곳에도 말입니다. 사람들은 그곳을 한두 주에 한 번씩 방문할 수 있을 겁니다. 물론 거기에는 심리 요법 레퍼토리도 있을 거예요. 부가 치료법도 있을 거고요. 편안하고 온천 같은 환경에서 진행하는 마음 챙김, 명상, 요가, 건강식 같은 것들이요. 잘 훈련된 임상팀이 진행하는 실로시빈 세션도 한두 번 있을 겁니다. 그러고 나면 그냥 집에 가면 되는 겁니다. 엘레우시스처럼요."

할아버지 대에 에게해의 림노스섬에서 뉴욕으로 이주한 자랑스러운 그리스계 미국인인 그가 당연히 이렇게 비교하리라 예상했어야 마땅했다. 하지만 임상심리학자가 하는 이야기치고는 여전히 좀 기묘하게 들렸다. 내가 고대 그리스의 본래 종교를 부활시키기 직전 상황에 있는 그리스계 과학자의 아이러니를 지적하자 보시스는 책상 주위를 뒤적이더니 자기가 좋아하는 아인슈타인의 인용문을 꺼냈다. "우주의 종교적 경험은 과학적 탐구 배후의 가장 강력하고 가장 고귀한 원동력이다." 자기 동료들을 "현대의 고위 여사제들"로 지칭함으로써 보시스는 뭔가를 준비하는지도 몰랐다. 그가 시인한 바에 따르면, 이 실로시빈 간섭의 전체 핵심은 수천 년 동안 엘레우시스에서 보고되었던 지복직관을 촉발하려는 것이었다. 그는 이 전통을 매우 잘 알았다. 자료가 보여주는 바에 따르면 신비적 경험보다 강건하고 임상적 변화 강도도 컸기 때문이다.[5] 정신 건강에 이상이 없다는 확인서는 오로지 신성한 서명 다음에야 오는 것이었다. 그것을 필요로 하는 사람들에게는 이 통제 센터가 패러다임의 변화이겠으나 다른 면에서 '건강한' 사람들은 어떻게 할까? 우리 모두 '신의 알약'으로부터 혜택받을 수는 없을까?

이를 알베르트 호프만에게 물었다면 그는 이것이야말로 4세기에 신비제가 불법화된 이후 서양 문명이 줄곧 갈구하던 기술이라고 말할 것이다. 이 정도 규모의 뭔가만이 "환경 파괴와 기후 변화의 원인이 되는 이유"였던 "자연으로부터의 소외, 그리고 살아 있는 창조물의 일부분이 되는 경험의 상실"을 치유할 수 있었다. 이를 로마의 입문자 프라이텍스타투스에게 물었다면 그는 아마 동의했을 것이다. 엘레우시스에는 "온 인류를 하나로" 엮어주는 뭔가가 있었다. 그것이 없다면 삶은 그가 예견한 대로 아비오토스, 즉 "살 수 없게" 되었다. "신비주의의 대중적 창궐"이 대자연 그리고 서로에 대한 우리의 잃어버린 연계를 치유할 수 있을까?

우리가 모두 죽기 전에 죽는다면 신비제 입문자들에게만 알려진 크나큰 비밀을 발견할지도 모른다.

우리는 모두 하느님이다.

"사람의 아들은 너희 안에 있다." 「마리아 막달레나 복음서」는 이렇게 말한다. 하지만 지금 죽지 않으면 우리는 그것을 결코 깨닫지 못할 것이다. 천국이란 것이 물리적 육체가 쇠약해지고 나면 벌어지는 뭔가가 아니라는 사실을 우리는 결코 이해하지 못할 것이다. 사후의 삶이 전혀 없다는 사실 또한. 왜냐하면 이후는 없기 때문이다. 오직 지금 여기, 지금 당장만 있을 뿐이다. "아버지의 왕국은 땅 위에 펼쳐져 있지만 사람들은 그걸 보지 못한다." 「토마스 복음서」는 이렇게 말한다. 일단 우리가 다이너의 말처럼 "항상 있음의 상태"로 들어서고 나면 영원이 열린다. 이와 함께 불멸의 열쇠도 주어진다. 신비주의자들에게 이는 시간의 장場 안에서 영원히 산다는 이야기가 아니었다. 그저 우주가 내파될 때까지 가고 또 갈 뿐이다. 이는 죽음 이후의 삶이 결코 아니다. 이는 항상 무한한 현재의 초시간성 속으로 도피한다는 이야기였다. "시작도 끝도 없었어요." 다이너는 말했다. "모든 순간이 그 자체로 영원이었죠."

13년 동안의 가톨릭 학교 생활도 하지 못한 이야기를 어떻게 무신론자가 단 한 번의 대화에서 내게 말할 수 있을까? 신비주의자들이 지금껏 줄곧 해온 이야기를 말이다.

물론 '신의 알약'이 있었다.

이는 너무 편리하지 않은가?

하지만 앨런 와츠에 따르면 그렇지도 않다.

1962년 출간된 『기쁨을 주는 우주론: 의식의 화학에서의 모험』 The Joyous Cosmology: Adventures in the Chemistry of Consciousness에서 그는 이렇게 썼다. "약물을 통해 어떤 깊은 심리학적, 철학적 통찰을 얻는다는 발상에 대해 가장 교양 있는 사람들은 그것이 너무 간단하고 인공적이며 심지어 너무 시시해 진지하게 여길 수 없다고 반응한다. 전등 스위치처럼 '켤' 수 있는 지혜는 인간의 존엄을 모독하고 우리를 화학적 로봇으로 격하시키는 것처럼 보인다."[6] 하지만 메스칼린, LSD, 실로시빈을 직접 경험한 이후 와츠는 여러 세대에 걸쳐 신비주의 문헌에 기록된 "'우주적 의식'의 상태와 편안한 환경에서 이런 화학 약품을 통해 유도된 경험의 본질적 차이를 전혀" 발견할 수 없었다.

이 모든 초자연적 요술에는 현실 세계의 혜택이 있다. "친절함과 자기희생과 협동과 자원 공유 같은 친사회적 행동의 증가"가 따르는 그 "경외의 과학"에는 말이다. 어쨌거나 이는 언젠가 휴스턴 스미스가 환각제의 가치를 요약했듯 변성 상태가 아니라 변성 특질이다. '신의 알약'을 복용하면 우리는 정말 더 나은 사람이 될 것인가? 더 많이 사랑하고 덜 미워하게 될 것인가? 그 점이 어떤 차이를 만들 것인가?

입문 경험이 신성한 한 그럴 것이다. 신성한 채 남아 있는 한 그럴 것이다. 의미 있는 채로 남아 있는 한 말이다. 신비제에는 여러 단계의 입문, 깊은 정신적 준비, 스승들의 공동체, 일상생활로의 통합 등 죽어 없어질 인간이 불멸자로 변모할 가능성을 의례적으로 보장하는 방법이 마련되어 있었다. 신비제는 신과 여신을 만들어내는 기계였다. 그 모든 것은 제도화된 그리스도교가 대두하며 사라졌다. 하지만 나는 그것이 돌아오는 것을 볼 수 있다. 모든 종교 개혁을 종식시킬 종교 개혁에서 마침내 나 자신의 정체성 위기가 멋진 해결책이 된 것을 볼 수 있다.

이 모든 일 다음에 말하자니 기묘하게 들릴지 모르겠으나 나는 여전히 스스로 그리스도교인이라 생각한다. 고전학이 아이비리그와 법조계 무료입장권을 제공함으로써 내 삶을 구제해주었을지도 모른다. 하지만 그 모든 일을 가능하게 만든 예수회원들을 생각하지 않고 넘어가는 날은 단 하루도 없었다. 라틴어와 그리스어라는 그들의 선물은 그리스도교 역사에 관한 모든 것을 질문하도록 나를 이끌었다. 물론 그것이 의도였다고는 생각하지 않는다. 하지만 세계에서 가장 큰 종교의 뿌리를 탐색하며 나는 그들을 자랑스럽게 만들고 있다고 생각했다. 가톨릭교회를 이끌었던 최초의 예수회원도 이 실존적 탐색을 인정할 것이라 믿었다. 내 어린 시절의 모든 영적 스승과 마찬가지로 프란치스코 교황은 온화하고 개방적인 사고를 지닌 지식인이었다. 2020년 4월, 이전의 시도가 실패한 이후 그는 여성이 부제副祭가 될 수 있는 가능성을 검토하기 위해 새로운 위원회를 만들었다. 여성에게 성체를 축성할 권한을 부여하지는 않았으나 올바른 방향으로 한 발짝 내딛기는 했다. 나는 또 하나를 염두에 두고 있었다.

교회 역사상 최초로, 전 지구적인 규모로 성체성사의 집행이 연기되었다. 코로나 바이러스가 우리에게 모든 것을 재고하도록 강요했을 때, 나는 지금이야말로 성체성사에 대해 재고할 때라고 생각했다. 최후의 만찬, 즉 가장 처음이고 가장 진정한 성체성사의 거행을 숙고할 때 나는 오래전 사라진 명백한 주제 하나를 보았다. 매우 작은 집단의 사람이 가정에 모인 것을 보았다. 초소형 교회를 보았다. 그리고 마스 카스테야르 데 폰토스와 베수비오 저택에서 나온 최초의 증거가 시사하듯 초기 그리스도교로 들어왔을 수도 있는 가정 양조주와 가정 포도주를 보았다. 우리는 최후의 만찬에서 무슨 일이 벌어졌는지 결코 알 수 없을 테지만, 이제 고대 지중해의 가정 교회와 카타콤에 있었던 그리스어 구사자가 그것을 어떻게 해석했는지 느낄 수 있다. 신비제는 길들여졌던 것이다. 음, 내 생각에는 그것을 다시 한 번 길들일 때가 온 것 같다.

보시스가 신비제를 부활시키고 모든 건축물을 제자리에 놓기만 하면, 나는 지복직관을 탐색하는 모든 호기심 많은 영혼이 그의 통제 센터와 훈련된 인원을 이용할 수 있어야 한다고 제안할 것이다. 삶과 죽음의 신비에 관해 궁금해하는 누구에게나 그 미래의 가정 교회는 이름 없는 종교의 새로운 예배당으로 기능할 수 있을 것이다. 재미나 놀이가 아니다. 앨런 와츠가 환각성 입문에 관해 언젠가 말한 그대로이다. "메시지를 들었으면 전화를 끊는 법이다." 이상적인 경우, 우리는 정서적이고 정신적으로 진지하게 준비하는 시기를 거치고 25세를 넘긴 이후 언젠가 단 한 번 방문을 허락받을 것이다. 자료에 따르면, 영구히 변모된 상태에서 FDA가 승인한 가정 교회를 떠나는 사람은 75퍼센트에 달할 것이다. 그리고 다시 한 번 이 행성에서의 삶을 살 만하게 만들어줄 수 있는 평생에 걸친 영적 여정을 시작할 준비가 될 것이다. 이 일은 2030년부터 일어나기 시작해야 마땅하다. 더 일찍은 아니어도 말이다.

그때까지 나는 본래의 초소형 교회로 돌아갈 것이다.

2019년 마스 카스테야르 데 폰토스에서 맥각 신비에 양성 반응을 보인 축소판 잔을 조사하러 바르셀로나에서 헤로나로 가는 길에, 나는 이 모든 것이 이치에 닿느냐고 러크에게 물었다. 그는 이름 없는 종교를 21세기로 다시 가져오기를 원했을까?

"망설였지. 그렇게 하면 혹시 자네가 운동가가 될까 싶어서 말이야. 종교적 예언자가 될까 싶어서 말이지. 오, 이런, 아니야! 종교는 더 갖지 말도록 하세."

그래서 나중에 우리는 협정을 맺었다. 동료지간인 가톨릭 소년들 사이의 합의였다. 굳이 바퀴를 다시 발명하지는 말기로 했다. 스모킹 건이 나타나면, 그래서 본래의 성체성사가 사실 환각성이었다고 합리적으로 의심할 여지 없이 증명한다면 우리는 로마로 가는 첫 비행기를 예약할 것이었다. 그리고 남쪽에 있는 프랜시스 신부를 실험실에서 끌고 나올 것이었다. 우리는 다 함께 성 베드로 대성당 아래 있는 죽은 자의 도시에서 환각성 포도주를 한 잔 마실 것이었다. 처음에 바로 그러했기 때문이다. 수녀 몇몇이 그리스도의 피를 건네주면서 말이다.

그것은 나와 프랜시스 신부에게 최초의 환각제 경험일 것이다.

러크에게는 여러 번 가운데 마지막일 것이다.

그리고 교황님께도 함께하시자고 요청할 것이다.

들어가며

1 S. Ross et al., "Rapid and sustained symptom reduction following psilocybin treatment for anxiety and depression in patients with life-threatening cancer: a randomized controlled trial," *Journal of Psychopharmacology*, vol. 30, no. 12 (December 2016): 1165~80쪽, doi:10.1177/0269881116675512.

2 R. Griffiths et al., "Psilocybin produces substantial and sustained decreases in depression and anxiety in patients with life-threatening cancer: A randomized double-blind trial," *Journal of Psychopharmacology*, vol. 30, no. 12 (December 2016): 1181~97쪽, doi:10.1177/0269881116675513.

3 "The science of psilocybin and its use to relieve suffering," https://www.youtube.com/ watch?v=81-v8ePXPd4.

4 William Richards, *Sacred Knowledge: Psychedelics and Religious Experiences* (New York: Columbia University Press, 2015), 5쪽.

5 다음 자료를 보라. https://hopkinspsychedelic.org/.

6 "The science of psilocybin."

7 Richards, *Sacred Knowledge*, 4쪽.

8 같은 책, 46쪽.

9 A. Singer et al., "Symptom trends in the last year of life from 1998 to 2010: a cohort study," *Annals of Internal Medicine*, vol. 162, no. 3 (February 3, 2015): 175~83쪽, doi: 10.7326/M13-1609.

10 Ashleigh Garrison, "Medicare's most indefensible fraud hotspot: Hospice care" (CNBC, August 2, 2018), www.cnbc.com/2018/08/02/medicares-most-despicable-indefensible-fraud-hotspot-hospice-care.html.

11 "Transcendence Through Psilocybin | Anthony Bossis, PhD" (YouTube, 2018), https://www.youtube.com/watch?v=jCf3h-F7apM.

12 Richards, *Sacred Knowledge*, 60~61쪽.

13 다음 자료를 보라. C. Chiron et al., "The right brain hemisphere is dominant in human infants," *Brain*, vol. 120, no. 6 (June 1997): 1057~65쪽, doi:10.1093/brain/120.6.1057; Vinod Goel et al., "Asymmetrical involvement of frontal lobes in social reasoning," *Brain*, vol. 127, no. 4 (April 2004): 783~90쪽, doi:10.1093/brain/awh086; Leonardo C. de Souza et al., "Frontal lobe neurology and the creative mind," *Frontiers in Psychology*, vol. 5, no. 761 (July 23, 2014), doi:10.3389/fpsyg.2014.00761.

14 다음 자료를 보라. "'Nones' on the Rise" (Pew Research Center, October 9, 2012), http://pewrsr.ch/14gdLju. 또 다음 자료를 보라. "Religiously Unaffiliated" (Pew Research Center, December 18, 2012), http://pewrsr.ch/13srrSd. 그리고 다음 자료를 보라. British Social Attitudes Report, 36th ed. (National Centre for Social Research, 2019), www.bsa.natcen.ac.uk/latest-report/british-social-attitudes-36/religion.aspx.

15 Gregory A. Smith et al., "In U.S., Decline of Christianity Continues at Rapid Pace" (Pew Research Center, October 17, 2019), https://pewrsr.ch/33zq8Hc. 또 다음 자료를 보라. Richard Fry, "Millennials projected to overtake Baby Boomers as America's largest generation" (Pew Research Center, March 1, 2018), http://pewrsr.ch/2FgVPwv.

16 Michael Lipka and Claire Gecewicz, "More Americans now say they're spiritual but not religious" (Pew Research Center, September 6, 2017), http://pewrsr.ch/2xP0Y8w.

17 Michael Lipka, "Millennials increasingly are driving growth of 'nones'" (Pew Research Center, May 12, 2015), http://pewrsr.ch/1H1yXH3.

18 Richard A. Shweder, *Thinking Through Cultures: Expeditions in Cultural Psychology* (Cambridge, MA: Harvard University Press, 1991), 68쪽.

19 Ahmad Shameem, *The Fascinating Story of Muhammad* (Bloomington, IN: AuthorHouse, 2014), 11쪽.

20 "The Monk and the Rabbi—Mysticism & the Peak Experience," https://www.youtube.com/watch?v=4egjKZe4wJs.

21 David Steindl-Rast, "The Mystical Core of Organized Religion," *New Realities*, vol. X, no. 4 (March/April 1990): 35~37쪽, https://gratefulness.org/resource/dsr-mystical-core-religion/.

22 Robert Frager and James Fadiman, eds., *Essential Sufism* (San Francisco: HarperOne, 1999), 251쪽.

23 같은 책, 249쪽.

24 같은 책, 244쪽. 또 다음 자료를 보라. Jane Ciabattari, "Why is Rumi the best-selling poet in the US?" (BBC.com, October 21, 2014), www.bbc.com/culture/story/20140414-americas-best-selling-poet.

25 Rabbi Lawrence Kushner, *The River of Light: Spirituality, Judaism, Consciousness* (Woodstock, VT: Longhill Partners, 1990), 131쪽.

26 같은 곳.

27 Reza Shah-Kazemi, *Paths to Transcendence: According to Shankara, Ibn Arabi & Meister Eckhart* (Bloomington, IN: World Wisdom, 2006), 151쪽.

28 같은 책, 156~59쪽.

29 Aldous Huxley, *The Doors of Perception & Heaven and Hell* (New York: Harper Perennial Modern Classics, 2004), 26쪽.

30 같은 책, 70쪽.

31 Aldous Huxley, "Drugs That Shape Men's Minds," *Saturday Evening Post*, October 18, 1958, www.hofmann.org/papers/drugstsmms.htm에서 열람할 수 있다.

32 Alan Watts, *The Joyous Cosmology: Adventures in the Chemistry of Consciousness* (Novato, CA: New World Library, 2013), 108~09쪽.

33 Robert Tann, "A look inside Denver's International Church of Cannabis," *CU Independent*, April 18, 2019, https://cuindependent.com/2019/04/18/inside-denvers-international-church-of-cannabis/.

34 David Roach, "How Erasmus' Greek NT changed history," *Western Recorder*, March 22, 2016, http://westernrecorder.org/825.article.

35 Huxley, *Doors of Perception*, 71쪽.

36 Victor David Hanson and John Heath, *Who Killed Homer? The Demise of Classical Education and the Recovery of Greek Wisdom* (New York: Encounter Books, 2001), xxiii쪽.

37 같은 책, xxii쪽.

38 같은 책, 11쪽.

39 Demetrios J. Constantelos, "Thomas Jefferson and His Philhellenism," *Journal of Modern Hellenism*, nos. 12–13 (1995–96): 156쪽.

40 같은 책, 160쪽.

41 Hanson and Heath, *Who Killed Homer?*, 12쪽.

42 같은 책, 16, 19쪽.

43 같은 책, 83쪽.

44 같은 책, 84쪽.

45 핸슨과 히스는 이러한 현상, 멜로드라마, 기타 등등을 투박하게 다뤄 적잖이 비판받았다. 하지만 그 숫자에 대해서만큼은 이론(異論)의 여지가 없었다. 1971년부터 1991년 사이 고전학 전공자 수는 30퍼센트나 줄었다. 1994년 석사 학위를 취득한 100만

명이 넘는 사람 중 고전학 전공자는 600명에 불과했다. 비율로 따지면 0.06퍼센트이다. 몇 세기 전에만 해도 그 비율은 100퍼센트에 가까웠다. 2009년부터 2013년까지 고대 그리스어 전공 신입생은 2만 40명에서 1만 2,917명으로 35퍼센트 감소했다. 그야말로 바닥을 친 격이어서, 2016년 현대언어협회(Modern Language Association, MLA)에서 작성한 미국 대학의 언어 교과 과정에 관한 포괄적인 보고서상의 열다섯 개 언어 가운데 이때까지 가장 큰 변동 폭을 기록했다. 참고로 스페인어 전공자는 마지막 조사에서 71만 2,240명이었다. 한국어, 중국어, 미국식 수화(ASL) 전공 신입생은 오히려 증가했다. 다음 자료를 보라. www.mla.org/content/download/83540/2197676/2016-Enrollments-Short-Report.pdf, 27쪽.

46 Hanson and Heath, *Who Killed Homer?*, xxi쪽.

47 "The God pill: Hallucinogens induce lasting spiritual highs in the religious," *Economist*, July 13, 2006, www.economist.com/science-and-technology/2006/07/13/the-god-pill.

1장 정체성 위기

1 George E. Mylonas, *Eleusis and the Eleusinian Mysteries* (Elefsina, Greece: Cyceon Tales, 2009), 12쪽.

2 Carl Kerenyi, *Eleusis: Archetypal Image of Mother and Daughter* (Princeton, NJ: Princeton University Press, 1967), 20~21쪽. 케레니는 밀로나스의 발굴 내용에 근거해 이 숭배의 최초 증거가 기원전 1580년부터 1500년 사이의 것이라고 보았다. 다음 자료를 보라. George E. Mylonas, "Excavations at Eleusis, 1932 Preliminary Report," *American Journal of Archaeology*, vol. 37, no. 2 (April–June 1933): 271~86쪽. 또 다음 자료를 보라. Walter Burkert, *Greek Religion* (Cambridge, MA: Harvard University Press, 1985), 285쪽: "디오도로스에 따르면, 그 숭배의 오랜 역사와 손댈 수 없는 순수성 때문에 그 특별한 명성이 생겨났다. 그리스 문학과 철학에서 아테네가 차지하는 독특한 위치 때문에 이 명성은 사방으로 퍼져나갔다." Hugh Bowden, *Mystery Cults of the Ancient World* (Princeton, NJ: Princeton University Press, 2010), 26쪽: "엘레우시스 신비제는 고대의 신비주의 숭배 중에서도 가장 존중받았다."

3 다음 자료를 보라. Aristotle, *Fragmenta*, ed. Valentini Rose, fr. 15. 또 다음 자료를 보라. Regis Laurent, *An Introduction to Aristotle's Metaphysics of Time* (Paris: Villegagnons-Plaisance Editions, 2015), 122쪽: "입문 제의는 개념적 지식을 배경으로 밀어내는 대신 상징적 환영을 선호하게 만들었으며, 그리하여 시민들도 자신의 판단을 중지하는 대신 아무런 설명도 필요 없는 계시를 선호하게 되었다."

4 Kerenyi, *Eleusis: Archetypal Image*, 12쪽.

5 같은 곳.

6 D. C. A. Hillman, *The Chemical Muse: Drug Use and the Roots of Western Civilization* (New York: Thomas Dunne Books, 2008), 11, 32쪽.

7 같은 책, 19쪽.

8 Thucydides, *History of the Peloponnesian War*, 권6, 61쪽.

9 Plato, *Phaedrus*, 250b−c.

10 Homer, *Odyssey*, Book 11.489−490, as translated by Samuel Butler.

11 Hē En Athēnais Archaiologikē Hetaireia ed., *Ephēmeris archaiologikē*, 1883 (Athens: Carl Beck, 1884), 81쪽, https://digi.ub.uni−heidelberg.de/diglit/ephemarch1883/0058/image에서 열람할 수 있다.

12 Pindar, fragment 137, in *Nemean Odes, Isthmian Odes, Fragments*, ed. and trans. William H. Race, Loeb Classical Library 485 (Cambridge, MA: Harvard University Press, 1997), 384~85쪽.

13 Sophocles, fragment 837, in A. C. Pearson, ed., *The Fragments of Sophocles*, edited with additional notes from the papers of Sir R.C. Jebb and W.G. Headlam (Cambridge: 1917).

14 다음 자료를 보라. Crinagoras, *Greek Anthology*, 11.42. 기원전 1세기, 기원전 45년부터 26년까지 로마에 주재했던 그리스 대사는 이렇게 말했다. "설령 당신의 삶이 정주하는 삶이었더라도, 당신이 결코 바다를 항해해본 적 없더라도, 당신이 땅 위의 길을 걸어본 적 없더라도 당신은 아티카에 가야 마땅한데, 그렇게 해야만 위대한 데메테르 축제의 밤들을 목격할 수 있을 것이기 때문이다. 그런 다음에야 당신의 마음은 살아 있는 동안 걱정에서 자유로울 수 있을 것이며, 당신이 죽은 자의 땅에 갔을 때에도 더 가벼울 수 있을 것이기 때문이다." 또 다음 자료를 보라. Pausanias, *Description of Greece*, 5.10.1: "그리스에는 볼 만한 광경이 많고, 들을 만한 놀라운 이야기가 많지만 엘레우시스의 제의만큼 하늘이 많이 보살펴주시는 것은 또 없다."

15 Marvin Meyer, ed., *The Ancient Mysteries: A Sourcebook of Sacred Texts* (Philadelphia: University of Pennsylvania Press, 1999), 8쪽. 다음 자료를 보라. Apuleius, *Metamorphoses*, 11.23: "나는 죽음의 경계에 접근해 페르세포네의 문턱을 밟았다. 그 모든 요소를 헤치고 나아갔으며, 그 이후에는 돌아왔다. 밤이 끝날 무렵, 나는 광채가 찬란한 태양을 보았다. 저 위의 신들과 저 아래의 신들 모두에게 가까이 다가갔고, 직접 얼굴을 맞대고 그들을 예배했다."

16 M. Tullius Cicero, *De Legibus*, ed. Georges de Plinval, Book 2.14.36: "Nam mihi cum multa eximia divinaque videntur Athenae tuae peperisse atque in vitam hominum attulisse, tum nihil melius illis mysteriis, quibus ex agresti immanique vita exculti ad humanitatem et mitigati sumus, initiaque ut appellantur, ita re vera principia vitae cognovimus; neque solum cum laetitia vivendi rationem accepimus, sed etiam cum spe meliore moriendi."

17 Mylonas, *Eleusis and the Eleusinian Mysteries*, 161~62쪽.

18 Kerenyi, *Eleusis: Archetypal Image*, 48쪽. 여기에서 케레니가 내놓은 설명에 따르면, 기원전 5세기 중반 엘레우시스 신비제를 주관하던 귀족 가문들은 아테네 성벽 바깥에서 2월에 거행되던 아그라이에서의 "비밀 예식"이 "자신들의 제의를 위해 필수적인 준비에 해당한다고" 여기게 되었다. "이 신비제는 (엘레우시스 신비제는 결코 이렇게 노골적으로 이야기된 적 없었지만) 교육의 목적에 기여하며, 더 나중에 엘레우시스에서 일어날 일에 대한 준비를 암시한다. 그리하여 아그라이부터 엘레우시스까지의 행진은 엄격한 종교적 법률로 발전했다." 이른바 비법 전수자(mystagogue)가 담당하는 인도와 조언은 특정 해의 2월부터 이듬해 9월까지 이루어졌다. 즉 엘레우시스의 안전한 비밀까지는 18개월 동안의 입문 과정이 있었다.

19 Ken Dowden, "Grades in the Eleusinian Mysteries," *Revue de l'histoire des religions*, vol. 197, no. 4 (1980): 426쪽. 여기에서 다우든은 입문 지원자가 엘레우시스로의 첫 번째 순례 때 텔레스테리온 밖에서 거행되는 신성한 춤과 공연에 참가했을 것이라 주장했다. 이런 방식으로 "미스타이는 깊이 영향받고, 엘레우시스의 매력 가운데 뭔가를 이해할 수도 있었을 것이다." 이런 의례적 흥분에 뒤따라 에포프타이만이 "텔레스테리온에서의 환영에 입장을 허락받을 수 있었다." 다우든의 의견에 따르면, "작은 신비제"(Lesser Mysteries)는 아그라이에서의 제의를 가리킨다기보다는 오히려 엘레우시스로의 첫 번째 방문을 말하는 것일 수 있는데, '큰 신비제'(Greater Mysteries)는 오로지 에포프타이에게만 보장된 수준 높은 입문을 뜻했기 때문이다. 이렇게 하더라도 결국 입문에는 한 해가 꼬박 걸리는 셈이었다.

20 Mylonas, *Eleusis and the Eleusinian Mysteries*, 161~62쪽.

21 Catherine Nixey, *The Darkening Age: The Christian Destruction of the Classical World* (New York: Houghton Mifflin Harcourt, 2018), xxvii~xxix쪽. 또 다음 자료를 보라. Troels Myrup Kristensen, *Making and Breaking the Gods: Christian Responses to Pagan Sculpture in Late Antiquity*, Aarhus Studies in Mediterranean Antiquity (Aarus, DK: Aarhus University Press, 2013).

22 Nixey, *Darkening Age*, 221쪽.

23 Reginald Horsman, *Race and Manifest Destiny: the Origins of American Racial Anglo-Saxonism* (Cambridge, MA: Harvard University Press, 1981), 2쪽.

24 William C. Allen, *History of the United States Capitol* (Honolulu: University Press of the Pacific, 2005), 19쪽: "이 돔과 포르티코는 모두 2세기에 하드리아누스 황제가 건설한 판테온 같은 거대한 로마 신전을 연상시킨다. 손턴이 미국 의사당을 설계하면

서 판테온을 응용한 것은 이 새로운 공화국을 고전 세계에, 그리고 고전 세계의 시민적 미덕과 자치라는 발상에 연결하는 셈이었다."

25 미국 국립공원청(National Park Service) 웹사이트에 나온 설명은 다음과 같다: "이 설계를 책임진 건축가 헨리 베이컨(Henry Bacon)은 파르테논이라는 그리스 신전을 이 기념관의 모범으로 삼았다. 민주주의를 수호한 인물의 기념관이라면 민주주의의 탄생지에 건립된 구조물을 근거로 삼아야 마땅하다고 베이컨은 생각했다." www.nps.gov/linc/learn/historyculture/lincoln-memorial-design-and-symbolism.htm에서 열람할 수 있다.

26 Robert Grudin, "Humanism," *Encyclopedia Britannica*, last updated Nov. 29, 2019, www.britannica.com/topic/humanism.

27 *International Bulletin of Missionary Research*, vol. 39, no. 1 (January 2015): 28~29쪽: www.internationalbulletin.org/issues/2015-01/2015-01-029-table.html.

2장 체면 실추

1 P. Walcott et al., "Brief reviews," *Greece and Rome*, vol. 26, no. 1 (1979): 104쪽.

2 "President Nixon Declares Drug Abuse 'Public Enemy Number One'" (YouTube, 2016), https://youtu.be/y8TGLLQlD9M.

3 Laura Mansnerus, "Timothy Leary, Pied Piper of Psychedelic 60s, Dies at 75," *New York Times*, June 1, 1996, www.nytimes.com/1996/06/01/us/timothy-leary-pied-piper-of-psychedelic-60-s-dies-at-75.html.

4 Leigh A. Henderson and William J. Glass, *LSD: Still With Us After All These Years* (San Francisco: Jossey-Bass, 1998), 4쪽.

5 같은 책, 69쪽.

6 R. Gordon Wasson, "Seeking the Magic Mushroom", *Life*, May 13, 1957, www.psychedelic-library.org/lifep6.htm에서 열람할 수 있다.

7 Michael Pollan, *How to Change Your Mind* (New York: Penguin Press, 2018), 113쪽. 또 다음 자료를 보라. Stephen Siff, *Acid Hype: American News Media and the Psychedelic Experience* (Champaign, IL: University of Illinois Press, 2015).

8 Benjamin Feinberg, *The Devil's Book of Culture: History, Mushrooms, and Caves in Southern Mexico* (Austin: University of Texas Press, 2003), 151쪽.

9 Percy Gardner, *New Chapters in Greek History* (London: John Murray, 1892), 394쪽, https://archive.org/stream/newchaptersingr01gardgoog에서 열람할 수 있다.

10 Jane Ellen Harrison, *Prolegomena to the Study of Greek Religion* (Cambridge,

UK: Cambridge University Press, 1908), 162쪽, https://archive.org/stream/
prolegomenatostu00harr에서 열람할 수 있다.

11 같은 책, 83쪽.

12 같은 책, 453쪽.

13 R. Gordon Wasson, Albert Hofmann, and Carl A. P. Ruck, *The Road to Eleusis: Unveiling the Secret of the Mysteries* (Berkeley, CA: North Atlantic Books, 2008), 82쪽.

14 같은 책, 74쪽.

15 Dieter Hagenbach and Lucius Werthmüller, "Turn On, Tune In, Drop Out— and Accidentally Discover LSD," *Scientific American*, May 17, 2013, www. scientificamerican.com/article/lsd-finds-its-discoverer/?amp.

16 Wasson, Hofmann, and Ruck, *Road to Eleusis*, 37쪽.

17 같은 책, 42쪽.

18 같은 책, 44쪽.

19 John R. Silber, *Straight Shooting: What's Wrong with America and How to Fix It* (New York: HarperCollins, 1989).

20 Wasson, Hofmann, and Ruck, *Road to Eleusis*, 61쪽.

21 Bowden, *Mystery Cults*, 43쪽.

22 다음 자료를 보라. www.bu.edu/classics/files/2011/01/CV_Ruck913_web.pdf.

23 Harrison, *Prolegomena*, 151쪽.

24 Geoffrey W. Bromiley, *The International Standard Bible Encyclopedia* (Grand Rapids, MI: Wm. B. Eerdmans Publishing, 1979), 281쪽.

25 Roy J. Deferrari, "The Classics and the Greek Writers of the Early Church: Saint Basil," *Classical Journal*, vol. 13, no. 8 (May 1918): 579~91쪽에서 588쪽.

26 Victor David Hanson and John Heath, *Who Killed Homer? The Demise of Classical Education and the Recovery of Greek Wisdom* (New York: Encounter Books, 2001), 14쪽.

27 같은 책, 15쪽.

28 같은 책, 18쪽.

29 다음 자료를 보라. "Psilocybin Studies: In Progress," the Multidisciplinary Association for Psychedelic Studies(MAPS)의 https://maps.org/other-psychedelic-research/211-psilocybin-research/psilocybin-studies-in-progress/research/psilo/passiepsilocybin1.html에서 열람할 수 있다.

30 Ryan O'Hare, "Imperial launches world's first Centre for Psychedelics Research" (Imperial College London, April 26, 2019), www.imperial.ac.uk/news/190994/

imperial-launches-worlds-first-centre-psychedelics/.

3장 보릿가루와 월계수 잎

1   다음 자료를 보라. www.theacropolismuseum.gr/en/eleusis-great-mysteries.

2   Catherine Nixey, *The Darkening Age: the Christian Destruction of the Classical World* (New York: Houghton Mifflin Harcourt, 2018), 93쪽.

3   같은 책, 94쪽.

4   같은 책, 141쪽.

5   J. Hahn, "The Conversion of Cult Statues: The Destruction of the Serapeum 392 AD and the Transformation of Alexandria into the 'Christ-Loving' City," in *From Temple to Church: Destruction and Renewal of Local Cultic Topography in Late Antiquity*, ed. J. Hahn et al. (Boston: Brill, 2008), 356~57쪽.

6   같은 곳.

7   Mubaraz Ahmed, "Why Does Isis Destroy Historic Sites?" (Tony Blair Institute for Global Change, September 1, 2015), https://institute.global/insight/co-existence/why-does-isis-destroy-historic-sites.

8   *Ion*, 1074. 나는 특히 러크가 환각성으로 유도된 만화경 같은 환영이라 해석한 다음 문단을 선호한다. "제우스의 별이 빛나는 하늘도 춤에 참여했고, 달도 춤추었으며, 네 레우스의 딸 쉰 명도 바다나 영원히 흐르는 강들의 소용돌이에서 춤을 통해 황금 관을 쓴 처녀[페르세포네]와 그녀의 존경받는 어머니[데메테르]를 축하했다." 러크는 왜 별과 달이 코레우에이(χορεύει), 즉 '춤추었다'라고 하는지에 대해, 그리고 엘레우시스의 신전에 지붕이 있었다면 어떻게 사람이 그런 장관을 볼 수 있었는지에 대해 의문을 제기했다.

9   Rudolf Blum, Kallimachos: *The Alexandrian library and the origins of bibliography* (Madison, WI: University of Wisconsin Press, 1991), with the original German of *Kallimachos und die Literaturverzeichnung bei den Griechen: Untersuchungen zur Geschichte der Biobibliographie* (Frankfurt: Buchhändler-Verein GmbH, 1977), translated by Hans H. Wellisch, 8쪽: "그리스인의 작은 국가는 예술과 학술 분야에서 어마어마하게 생산적이었다. 그리스 저자들이 저술한 작품의 총수를 확인할 수는 없지만 지금까지 보전된 작품이나 한때 있었다고 알려진 작품 수보다는 분명히 훨씬 많았을 것이다. 기원전 250년 이전 창작된 그리스 문학 중 우리가 보유한 것은 (매우 가치가 높기는 하지만) 매우 적은 부분에 불과하다. 우리는 알렉산드리아의 문헌학자들이 편찬한 고전 목록에 포함된 저자들의 작품 전집조차 갖고 있지 못하다. 이교도인 그리스 문학 작품 전체에서 기껏해야 1퍼센트쯤 우리에

게 전해졌을 것이다. 나머지 모든 작품 가운데 일부는 3세기에 이르러 이미 잊혔으며, 다른 일부는 더 나중에 사라졌다. 4세기 코덱스라는 새로운 책의 형태가 전통적인 두루마리를 대체할 때 굳이 필사될 만한 가치가 없다고 여겨졌거나, 특정 그리스도교인 집단의 견해에 따르면 '바람직하지 않은 문학'에 속해 소멸되었을 것이다."

10 Ezra Pound, "Hugh Selwyn Mauberley," in Lawrence Rainey, ed., *Modernism: An Anthology* (Malden, MA: Blackwell, 2005), 51쪽.

11 프란츠 그라프가 보낸 2018년 7월 27일 자 이메일 내용에 근거함.

12 Walter Burkert, *Greek Religion* (Cambridge, MA: Harvard University Press, 1985), 116쪽.

13 같은 곳.

14 같은 곳.

15 William J. Broad, "For Delphic Oracle, Fumes and Visions," *New York Times*, March 19, 2002, www.nytimes.com/2002/03/19/science/for-delphic-oracle-fumes-and-visions.html.

16 같은 기사.

17 같은 기사.

18 같은 기사.

19 Plutarch, "The Oracles at Delphi," 6 / 397A; Aeschylus, *The Libation Bearers*, 1035-37. 부르케르트에게 영향을 주었을 가능성이 있는 자료로는 다음을 보라. T. K. Oesterreich, *Posssession, Demoniacal and Other, Among Primitive Races, in Antiquity, the Middle Ages and Modern Times* (London: Kegan Paul, Trench, Trübner & Co., 1930), 319쪽, https://archive.org/details/possessiondemoni031669mbp: "월계수 잎을 씹음으로써 나타나는 효과 중에는 딱히 관련 있다고 할 만한 것이 없다. 그것은 모든 환영자의 일반적인 습관이었다." 저자는 각주 3에서 본인의 자체 실험에 대해 잠시 설명하는데, 그러면서도 알프스 산자락에 자리한 스위스의 한 휴양지를 실험 장소로 선택한 이유에 대해서는 굳이 밝히지 않는다. "나는 로카르노에서 신선한 월계수 잎사귀를 씹는 실험을 했지만 딱히 흥미로운 결과는 없었다." 또 다음 자료를 보라. H. V. Harissis, "A bittersweet story: the true nature of the laurel of the Oracle of Delphi," *Perspectives in Biology and Medicine*, vol. 57, no. 3 (Summer 2014): 351~60쪽, doi: 10.1353/pbm.2014.0032. 여기에 나오는 실제 동정에서는 고대의 "월계수"가 네리움 올레안데르(Nerium oleander)일 것이라고 설득력 있게 논증한다.

20 Burkert, *Greek Religion*, 115쪽.

21 D. C. A. Hillman, *The Chemical Muse: Drug Use and the Roots of Western Civilization* (New York: Thomas Dunne Books, 2008), 42쪽.

22 데이비드 힐먼은 친절하게도 미간행 논문("Shattering the Victorian Lens of Classical History with Pharmaceutical Precision")을 저자에게 공유해주었다. 여기에서 그는 다음과 같이 덧붙인다. "갈레노스는 해부학, 생리학, 체액 병리학, 질병, 약학에 관해 저술했다.『옥스퍼드 그리스어 어휘 사전』만 봐도, 일반적인 고전 그리스어 단어는 물론이고 의학과 철학에 연관된 전문 용어 상당수를 정의하기 위해 갈레노스의 터무니없이 왕성한 그리스어에 의존하고 있을 정도이다. 갈레노스의 표준 현대판('쿤 판본') 권1은 1822년 발행되었다. 그런데 현대 고전학자들은 갈레노스의 번역이 아니라 오히려 그의 심오한 영향의 역사에 초점을 맞추는 경향이 있다. 쿤 판본 갈레노스 저작집은 전 22권이며 권당 1,000쪽이 넘는다. 쿤 판본 갈레노스 저작집 가운데 절반이 라틴어 번역문이며, 그마저도 상당히 엉터리로 악명이 높다는 점을 고려하면 고전학자들은 번역되지도 않은 원문을 1만 쪽 이상 갖고 있다 해도 무방할 것이다. 왜 그들은 일에 착수하지 않을까? 할 수 없기 때문이다. 아니면 약물, 약물 혼합, 약물 이론, 약물 이용에 관한 수천 쪽을 굳이 이해하고 싶어 하지 않기 때문이다."

23 다음 자료를 보라. Christy Constantakopoulou, "Eparchides (437)," *Brill's New Jacoby* (Brill Online, BNJ-contributors, August 25, 2011).

24 Peter Reuell, "Calvert Watkins dies at 80: Pioneer in Indo-European linguistics and poetics, taught at Harvard for decades," *Harvard Gazette*, March 28, 2013, https://news.harvard.edu/gazette/story/2013/03/calvert-watkins-dies-at-80/.

25 Calvert Watkins, "Let Us Now Praise Famous Grains," *Proceedings of the American Philosophical Society*, vol. 122, no. 1 (February 15, 1978): 9~17쪽에서 16쪽.

26 Michael Balter, "Farmers vs. Nomads: Whose Lingo Spread the Farthest?" *Scientific American*, May 1, 2016, www.scientificamerican.com/article/farmers-vs-nomads-whose-lingo-spread-the-farthest/. 추가 논의에 관해서는 특히 6장을 보라.

27 Watkins, 17쪽.

28 *Rigveda*, 8.48.3.

29 Watkins, 16쪽.

4장 비밀 중의 비밀

1 "New Acropolis Museum Receives 2011 AIA Institute Honor Award for Architecture" (YouTube, 2011), https://youtu.be/KfaKqoEzvwM.

2 엘레우시스를 유럽의 문화 수도로 삼는다는 발상을 둘러싼 이야기는 다음 자료를 보라. https://eleusis2021.eu/.

3 https://issuu.com/eleusis2021/docs/eleusis_2021-_electronic_form_ecoc_.

4 다음 자료를 보라. Damian Carrington, "Earth's sixth mass extinction event under way, scientists warn," *Guardian*, July 10, 2017, www.theguardian.com/environment/2017/jul/10/earths-sixth-mass-extinction-event-already-underway-scientists-warn. 또 다음 자료를 보라. Damian Carrington, "Humanity has wiped out 60 percent of animal populations since 1970, report finds," *Guardian*, October 29, 2018, www.theguardian.com/environment/2018/oct/30/humanity-wiped-out-animals-since-1970-major-report-finds.

5 Fred Pearce, "Global Extinction Rates: Why Do Estimates Vary So Wildly?" *Yale Environment* 360, August 17, 2015, https://e360.yale.edu/features/global_extinction_rates_why_do_estimates_vary_so_wildly.

6 Carl Kerenyi, *Eleusis: Archetypal Image of Mother and Daughter* (Princeton, NJ: Princeton University Press, 1967), 11~12쪽.

7 같은 책, 12쪽.

8 같은 곳.

9 같은 책, 63~64쪽.

10 R. Gordon Wasson, Albert Hofmann, and Carl A. P. Ruck, *The Road to Eleusis: Unveiling the Secret of the Mysteries* (Berkeley, CA: North Atlantic Books, 2008), 109쪽.

11 같은 책, 56쪽.

12 같은 곳.

13 같은 책, 61쪽.

14 같은 책, 45쪽.

15 William James, *The Varieties of Religious Experience* (London: Longmans, Green Co, 1917), 381쪽, www.gutenberg.org/files/621/621-h/621-h.html에서 열람할 수 있다.

16 같은 곳.

17 다음 자료를 보라. L. M. Edinger-Schons, "Oneness beliefs and their effect on life satisfaction," *Psychology of Religion and Spirituality* (advance online publication, 2019), doi.org/10.1037/rel0000259. 또 다음 자료를 보라. Roland R. Griffiths et al., "Psilocybin-occasioned mystical-type experience in combination with meditation and other spiritual practices produces enduring positive changes in psychological functioning and in trait measures of prosocial attitudes and behaviors," *Journal of Psychopharmacology*, vol. 32, no. 1 (2018): 49~69쪽, doi:10.1177/0269881117731279. "이 연구는 실로시빈 투여의 강력하고 상호적인 긍

정 효과를 보여주며, 6개월이라는 긴 기간 동안 폭넓게 측정해(여기에는 사람과 사람 사이의 가까움, 감사, 삶의 의미/목적, 용서, 죽음에 대한 초월, 일상의 영적 경험, 종교 신앙과 극복, 공동체 관찰자의 참여자 평가 등이 포함되었다) 영적 실천에 대한 지지를 한층 더해준다. 이 분석은 실로시빈에서 비롯된 신비 경험의 강도, 그리고 명상과 기타 영적 실천의 참여 비율이 이런 효과들의 결정 요인이라고 암시한다."

18 Emma Stone, "The Emerging Science of Awe and Its Benefits," *Psychology Today*, April 27, 2017, www.psychologytoday.com/us/blog/understanding-awe/201704/the-emerging-science-awe-and-its-benefits. 또 다음 자료를 보라. Jo Marchant, "Awesome awe: The emotion that gives us superpowers," *Scientific American*, July 26, 2017, www.newscientist.com/article/mg23531360-400-awesome-awe-the-emotion-that-gives-us-superpowers/.

19 William Richards, *Sacred Knowledge: Psychedelics and Religious Experiences* (New York: Columbia University Press, 2015), 55쪽.

20 Wasson, Hofmann, and Ruck, *Road to Eleusis*, 112~13쪽.

21 다음 자료를 보라. J. B. Connelly, *Portrait of a Priestess: Women and Ritual in Ancient Greece* (Princeton, NJ: Princeton University Press, 2007), 73쪽. 또 다음 자료를 보라. Diodorus Siculus, *Bibliotheca historica*, Book 16.26, in C. H. Oldfather, trans., *Diodorus of Sicily in twelve volumes with an English translation by C. H. Oldfather*, vols. 4-8 (Cambridge, MA: Harvard University Press, 1989). 그리고 다음 자료를 보라. Wasson, Hofmann, and Ruck, Road to Eleusis, 112~13쪽. 러크의 지적에 따르면, 사실 『호메로스풍의 데메테르 찬가』는 데메테르가 겪은 어머니에서 할머니로의 이행을 예견하면서 주술과 맞서 싸울 수 있는 "뛰어난 약초"와 "부적 식물"에 대한 그녀의 지식을 언급한다.

22 Elizabeth Blair, "Why Are Old Women Often the Face of Evil in Fairy Tales and Folklore?" NPR, as heard on *Morning Edition*, October 28, 2015, www.npr.org/2015/10/28/450657717/why-are-old-women-often-the-face-of-evil-in-fairy-tales-and-folklore.

23 Carl Kerenyi, *Dionysos: Archetypal Image of Indestructible Life* (Princeton, NJ: Princeton University Press, 1976), 315쪽, quoting Ortega y Gasset, *Meditaciones del Quijote*: "우리가 진실하다면 그것을 이해하지 못한다고 시인해야 한다. 언어학은 아직까지도 그리스 비극을 볼 수 있도록 우리를 충분히 준비시키지 못했다. 그 어떤 예술적 창조의 산물도 그만큼 순수하게 역사적인 모티프로 가득하지는 못할 것이다. 아테네에서는 비극이 종교적 행사였음을, 즉 무대 위에 작용하는 것 못지않게 관객의 영혼에도 작용했음을 잊어서는 안 될 것이다. 무대와 관객은 시(詩) 외부의 분위기에 에워싸이는데, 그것은 바로 종교이다. 우리에게 전해져 내려온 것은 오페라의 대본과

유사할 뿐 우리는 결코 그 음악을 들어본 적 없다. 그것은 양탄자의 뒷면이며, 신앙으로 엮인 표면으로부터 나타나는 다채로운 색실의 끄트머리이다. 그리스어 학자들은 아테네인의 신앙에 당황했다. 그들로서는 그것을 재구성할 수 없었기 때문이다. 그들이 재구성에 성공하기 전까지 그리스 비극은 우리에게 사전조차 없는 언어로 적힌 한 쪽에 불과할 것이다."

24 K. O. Müller, *History of the Literature of Ancient Greece*, trans. George Cornwall Lewis (London: Robert Baldwin, 1840), 289쪽.

25 같은 책, 288쪽. 흥미롭게도 그리스어 엔테오스는 또한 러크가 선호한 환영적 약물의 명칭인 영신제의 기반을 형성한다. 그는 이 용어를 1978년 고안했는데, 직역하면 '내부에 (여)신을 생성하는 것'이라는 뜻이다. 이 책 전체에 걸쳐 나는 이보다 전통적인 '환각제'라는 용어를 사용했는데, 이 역시 정신의학자 험프리 오스먼드(Humphrey Osmond)가 1956년 제안한 놀라운 그리스어식 신조어였다. 즉 '자아'를 뜻하는 그리스어 프시케(ψυχή)에 '눈에 보이는'을 뜻하는 그리스어 델로스(δήλος)를 더한 것이므로, 직역하면 대략 '의식의 내용물을 명료하게 만드는 것'이라는 뜻이다.

26 Peter Hoyle, *Delphi* (London: Cassell and Company, 1967), 76쪽.

27 Carl Ruck, *Sacred Mushrooms of the Goddess* (Berkeley, CA: Ronin Publishing, 2006), 99쪽.

28 같은 책, 100쪽.

29 Kerenyi, *Eleusis: Archetypal Image*, 9쪽. 이아코스는 축제 시작 당시부터 거기에 함께 있었다. 횃불을 들고 있는 이 젊은 신의 조상(彫像)은 아테네부터 엘레우시스까지 이어지는 21킬로미터 길이의 '신성한 길' 전체에서 입문자들의 행렬을 지휘하곤 했다. "춤, 희생제, 헌주, 의례적 세정, 피리 반주에 맞춰 찬가 부르기" 가운데 "이아코스! 이아코스!" 하고 박자를 맞춘 외침이 구두점처럼 들어가곤 했다. 아리스토파네스는 『개구리』(*The Frogs*)에 이 "외침이 지하 세계까지, 살아생전 엘레우시스에서 입문했던 축복받은 사람들의 거처까지 메아리쳤다"라고 썼다. 그리스어 이름 이아코스는 디오니소스의 로마 버전을 가리키는 라틴어 이름 바쿠스에도 영향을 끼쳤다고 여겨진다.

30 다음 자료를 보라. Fritz Graf, *Eleusis und die orphische Dichtung Athens in vorhellenistischer Zeit* (Berlin: De Gruyter, 1974).

31 프란츠 그라프와의 2018년 7월 30일 자 개인적 연락 내용에 근거한다.

32 Euripides, *The Bacchae*, ed. E. R. Dodds (London: Clarendon Press, 1987), xx쪽.

33 Carrington, "Humanity has wiped out 60 percent of animal populations."

34 Courtney Woo, "Religion rejuvenates environmentalism," *Miami Herald*, February 18, 2010.

35 다음 자료의 서론을 보라. Stanislav Grof, LSD Psychotherapy (Santa Cruz, CA:

Multidisciplinary Association for Psychedelic Studies, 2008).

36 Wasson, Hofmann, and Ruck, *Road to Eleusis*, 144~45쪽.

5장 지복직관

1 교부 알렉산드리아의 클레멘스는 다음 자료에서 키스타 미스티카에 감춰 운반했으리라 짐작되는 물건이 무엇인지를 밝힌다. *The Exhortation to the Greeks* 2.19: "그것들은 온통 돈을새김되고, 소금 덩어리가 묻고, 디오니소스 바사레우스(Dionysus Bassareus, 긴 예복을 걸친 디오니소스)의 상징인 뱀이 새겨진 참깨 케이크, 피라미드 모양 케이크, 둥글납작한 케이크가 아닌가? 그밖에 석류, 나뭇가지, 장대, 담쟁이 잎사귀도 들어 있지 않은가? 그리고 둥근 케이크와 양귀비 씨앗도 있지 않은가? 나아가 차마 입에 올릴 수도 없는 테미스(Themis)의 상징인 마요라나(marjoram), 등잔, 검 그리고 음문(陰門)의 완곡어이자 신비적 표현인 여성용 빗도 들어 있다."

2 Jan N. Bremmer, "Initiation into the Eleusinian Mysteries: A 'Thin' Description," in *Mystery and Secrecy in the Nag Hammadi Collection and Other Ancient Literature: Ideas and Practices*, eds. Christian H. Bull, Liv Lied, and John D. Turner (Boston: Brill, 2012), doi.org/10.1163/9789004215122_019.

3 R. Gordon Wasson, Albert Hofmann, and Carl A. P. Ruck, *The Road to Eleusis: Unveiling the Secret of the Mysteries* (Berkeley, CA: North Atlantic Books, 2008), 123쪽.

4 다음 자료를 보라. Hugh Bowden, "Cults of Demeter Eleusinia and the Transmission of Religious Ideas," *Mediterranean Historical Review*, vol. 22, no. 1 (2007): 71~83쪽, doi: 10.1080/09518960701539182. 저자는 에게해 주위에서 엘레우시스와 유사하게 데메테르에게 헌정된 숭배 몇 가지를 거론하지만 "엘레우시스에 있는 데메테르의 성소와 공식적인 연관"을 확증해주는 증거는 거의 없다시피 하다.

5 디리크 바오츠가 1480년에서 1500년 사이에 제작한 〈마테르 돌로로사〉의 이미지는 다음 웹사이트에서 볼 수 있다: www.artic.edu/artworks/110673/mater-dolorosa-sorrowing-virgin.

6 Preserved Smith, "Christian Theophagy: An Historical Sketch," *The Monist*, vol. 28, no. 2 (April 1918): 161~208쪽.

7 Elaine Pagels, *The Gnostic Gospels* (New York: Vintage, 1989), xix-xx쪽.

8 같은 책, xxvii쪽.

9 Elaine Pagels, *Beyond Belief: The Secret Gospel of Thomas* (New York: Vintage, 2004), 177쪽.

10 Elaine Pagels, *The Origin of Satan: How Christians Demonized Jews, Pagans, and*

Heretics (New York: Vintage, 1995), 69쪽.

11 Pagels, *Gnostic Gospels*, 27쪽.

12 같은 책, 25쪽.

13 Pagels, *Beyond Belief*, 227쪽.

14 Pagels, *Gnostic Gospels*, 126쪽.

15 세이어의 『신약성서 그리스어-영어 어휘 사전』에 나온 미스테리온의 정의는 다음 웹 사이트에서 볼 수 있다: https://biblehub.com/greek/3466.htm. 초기 그리스도교의 은밀한 의례에 관한 독특한 시각을 확인하려면 다음 자료를 보라. Morton Smith, *The Secret Gospel* (Middletown, CA: Dawn Horse Press, 2005), 107쪽. 하버드 신학대학을 졸업한 이 역사가는 1958년 예루살렘 바로 남쪽에 있는 마르 사바(Mar Saba)라는 정교회 수도원을 방문했다가 일생일대의 발견을 하게 되었다. 오늘날 '마르코의 비밀 복음서'라 불리는 실전(失傳) 텍스트의 두 쪽짜리 단편을 기적적으로 발굴한 것이었다. 거기에는 그리스도가 가장 가까운 제자들을 위해 별도로 마련한 비밀 저녁 입문 제의가 언급되어 있었다. 즉 내부자들이 하늘 왕국으로 직접 접근하도록 하는 "비밀 세례"였다. 이 복음서는 세부사항이 충분하지 않았지만, 스미스는 그 "승천의 기술"이 당시의 그리스와 유대의 마법 실천으로부터 영향받았을 가능성이 있다고 지적했다. 즉 "제자가 예수의 영에 빙의됨으로써 예수와 하나 된다. 그와 하나 되어 환각에 의해 예수의 승천에 참여"하고, "하느님의 왕국에 들어간"다.

16 Pagels, *Gnostic Gospels*, 15쪽.

17 "The Virgin Mary, patroness of farmers," Pros-Eleusis, November 19, 2018, https://proseleusis.com/en/the-virgin-mary-patroness-of-farmers/.

18 같은 글.

19 Apostolos Lakasas, "Greece's many places of worship," *Kathimerini*, June 1, 2017, www.ekathimerini.com/215056/article/ekathimerini/community/greeces-many-places-of-worship.

20 이 사제 서품 성사의 전례에 관한 설명은 미국 그리스 정교회 대교구 홈페이지의 다음 자료를 보라: www.goarch.org/-/the-holy-sacrament-of-ordination-to-the-priesthood.

21 E. M. Lee et al., "Altered States of Consciousness during an Extreme Ritual," *PLoS ONE* vol. 11, no. 5 (2016): e0153126, doi.org/10.1371/journal.pone.0153126.

22 Mircea Eliade, *Shamanism: Archaic Techniques of Ecstasy* (Princeton, NJ: Princeton University Press, 2004), 65쪽.

23 같은 책, 35쪽.

24 같은 책, 59쪽.

25 같은 책, 61쪽.

26 Carl Kerenyi, *Eleusis: Archetypal Image of Mother and Daughter* (Princeton, NJ: Princeton University Press, 1967), 95쪽.

27 같은 책, 96쪽.

28 같은 책, 97쪽.

29 Kenneth Ring and Sharon Cooper, "Near-Death and Out-of-Body Experiences in the Blind: A Study of Apparent Eyeless Vision," *Journal of Near-Death Studies*, vol. 16, no. 2 (1997): 101~47쪽에서 108쪽.

30 같은 책, 116쪽.

31 같은 책, 119쪽.

32 R. Gordon Wasson, "Seeking the Magic Mushroom," *Life*, May 13, 1957.

33 William Richards, *Sacred Knowledge: Psychedelics and Religious Experiences* (New York: Columbia University Press, 2015), 136쪽. 다음 자료를 보라. Alex E. Krill et al., "Effects of a Hallucinogenic Agent in Totally Blind Subjects," *Archives of Ophthalmology*, vol. 69 (1963): 180~185쪽. 여기에서 연구자들은 완전 맹인 참가자 스물네 명에게 LSD를 투여했다. 그중 열세 명은 LSD를 투여한 이후 "시각적 변화"를 보고했다. 자원자 열한 명은 "단순하다"고 평가했지만 두 명은 "복잡한 환각"을 보고했다. 과학자들은 이렇게 말했다. "LSD가 유도하는 시각 경험의 발생에는 정상적인 망막이 굳이 필요하지 않다는 점이 명백하다." 하지만 과학자들은 시각 경험을 확언했던 모든 참가자가 LSD와 무관한 "사전에 자발적 시각 활동을 체험"했다는 사실도 조심스럽게 지적했다.

34 Richards, *Sacred Knowledge*, 136쪽.

35 Burkert, *Greek Religion*, 277, 289쪽.

36 Kerenyi, *Eleusis: Archetypal Image*, 179쪽.

37 같은 책, 180쪽.

38 Elisa Guerra-Doce, "Psychoactive Substances in Prehistoric Times: Examining the Archaeological Evidence," *Time and Mind*, vol. 8, no. 1 (2015): 91~112쪽, doi.org/10.1080/1751696X.2014.993244.

39 Li Liu et al., "Fermented beverage and food storage in 13,000 y-old stone mortars at Raqefet Cave, Israel: Investigating Natufian ritual feasting," *Journal of Archaeological Science: Reports*, vol. 21 (September 2018): 783~93쪽, doi.org/10.1016/j.jasrep.2018.08.008.

40 Kerenyi, *Eleusis: Archetypal Image*, 184쪽.

41 Wasson, Hofmann, and Ruck, *Road to Eleusis*, 93쪽.

42 같은 책, 93~94쪽.

43 Kevin T. Glowacki, "New Insights into Bronze Age Eleusis and the Formative

Stages of the Eleusinian Cults," *American Journal of Archaeology*, vol. 120, no. 4 (October 2016): 673~77쪽에서 674쪽, doi:10.3764/aja.120.4.0673.

6장 묘지 맥주

1 바이에른 주립 바이엔슈테판 양조장의 약사(略史)는 다음 자료를 보라: www. weihenstephaner.de/en/our-brewery/history/.

2 Robert J. Braidwood et al, "Symposium: Did Man Once Live by Beer Alone?" *American Anthropologist*, New Series, vol. 55, no. 4 (Oct. 1953): 515~26쪽에서 515쪽.

3 O. Dietrich et al., "The role of cult and feasting in the emergence of Neolithic communities. New evidence from Göbekli Tepe, south-eastern Turkey," *Antiquity*, vol. 86, no. 333 (2012): 674~95쪽에서 692쪽, doi:10.1017/S0003598X00047840.

4 Jared Diamond, "The Worst Mistake in the History of the Human Race: The advent of agriculture was a watershed moment for the human race. It may also have been our greatest blunder," *Discover*, May 1, 1999, www.discovermagazine. com/planet-earth/the-worst-mistake-in-the-history-of-the-human-race. 다이 아몬드는 이렇게 설명한다. "고고병리학자들이 두개골에서 배운 내용의 단도직입적인 사례 한 가지는 신장의 역사적 변화이다. 그리스와 터키에서 발굴된 두개골에 따르면, 빙하 시대 말기로 향하던 무렵 수렵 채집민의 평균 신장은 남성 180센티미터, 여성 167센티미터로 큰 편이었다. 그러다 농업이 도입되면서 신장이 줄었으며, 기원 전 3000년에는 남성 160센티미터, 여성 152센티미터로 가장 작아졌다. 이후 고전 시대에 이르러 신장은 아주 서서히 다시 커지기 시작했지만 현대 그리스인과 터키인은 먼 선조들의 평균 키를 여전히 회복하지 못하고 있다."

5 Brian Hayden et al., "What Was Brewing in the Natufian? An Archaeological Assessment of Brewing Technology in the Epipaleolithic," *Journal of Archaeological Method and Theory*, vol. 20, no. 1 (2013): 102~50쪽, doi. org/10.1007/s10816-011-9127-y.

6 같은 책, 131쪽.

7 Liu et al., "Fermented beverage and food storage in 13,000 y-old stone mortars at Raqefet Cave, Israel: Investigating Natufian ritual feasting," *Journal of Archaeological Science: Reports*, vol. 21 (September 2018): 783쪽. 또 다음 자료를 보라. Melissa De Witte, "An ancient thirst for beer may have inspired agriculture, Stanford archaeologists say," *Stanford News*, September 12, 2018, https://news.

stanford.edu/2018/09/12/crafting-beer-lead-cereal-cultivation/.

8   Liu et al., "Fermented beverage and food storage," 792쪽. 이 저자는 추가로 이렇게 말한다. "장례의 맥락에서 깊은 돌절구를 제조하는 데 든 시간과 노력, 그리고 맥주 양조에 분명히 필요한 지식의 습득은 나투프 문화에서 알코올음료가 담당한 중요한 의례적 기능을 암시한다." 아울러 1953년 발표된 사우어의 이론에 관해서는 이렇게 말한다. "맥주 양조야말로 (최소한 부분적으로나마) 레반트 남부에서 곡물을 재배하기 위한 배후의 동기가 되었을 것이며, 이는 고고학자들이 60년도 더 전에 제안한 맥주 가설을 뒷받침한다."

9   Melissa De Witte, "New evidence supports the hypothesis that beer may have been motivation to cultivate cereals," *Phys.org*, September 12, 2018, https://phys.org/news/2018-09-evidence-hypothesis-beer-cultivate-cereals.html.

10 Andrew Curry, "Gobekli Tepe: The World's First Temple?" *Smithsonian Magazine*, November 2008, www.smithsonianmag.com/history/gobekli-tepe-the-worlds-first-temple-83613665/.

11 Jens Notroff, "The Göbekli Tepe excavations—Frequently Asked Questions," *Tepe Telegrams*, May 12, 2016, https://tepetelegrams.wordpress.com/faq.

12 Klaus Schmidt, "Göbekli Tepe—the Stone Age Sanctuaries. New results of ongoing excavations with a special focus on sculptures and high reliefs," *Documenta Praehistorica*, vol. 37 (2010): 239~56쪽에서 254쪽, doi.org/10.4312/dp37.21.

13 Curry, "Gobekli Tepe: The World's First Temple?"

14 다음 자료를 보라. Dietrich et al., "The role of cult and feasting," 675쪽. 장차 비옥한 초승달 지대에 확산되어 우리의 저녁 식탁에까지 오르게 될 곡물은 티그리스강과 유프라테스강 사이의 비옥한 경작지에서 시작되었다. "외알밀, 엠머밀, 보리와 기타 신석기 시대 초창기 농작물 야생종의 분포 지역은 이곳[괴베클리 테페 인근]에서 중첩되며, 두 가지 종의 밀이 결국 재배품종 농작물로 변모하는 이행은 이 지역에서만 이루어졌다." 또 다음 자료를 보라. Curry, "Gobekli Tepe: The World's First Temple?" 여기에서 스탠퍼드 대학교 고고학자 이언 호더(Ian Hodder)는 이렇게 덧붙인다. "이 지역이야말로 복잡한 신석기 시대 사회의 진짜 기원이라 주장해도 제법 설득력 있을 것이다."

15 같은 기사.

16 Julia Gresky et al., "Modified human crania from Göbekli Tepe provide evidence for a new form of Neolithic skull cult," *Science Advances*, vol. 3, no. 6 (June 28, 2017): e1700564, doi: 10.1126/sciadv.1700564.

17 Dietrich et al., "The role of cult and feasting," 690쪽.

18 같은 글, 692쪽.

19 Gresky et al., "Modified human crania."

20 Robert Drews, *The Coming of the Greeks: Indo-European Conquests in the Aegean and the Near East* (Princeton, NJ: Princeton University Press, 1988), 9쪽.

21 쿠르간 가설의 옹호자들은 서쪽으로 여행한 인도유럽인이 말과 수레를 이용해 빈약한 장비만 가진 고대 유럽의 원주민을 굴복시켰다고 말한다. 하지만 이런 군사적 고기물은 그리스 고고학 기록에서는 등장하지 않고, 그보다 훨씬 나중인 기원전 2000년대의 청동기 시대에나 나타난다. 다음 자료를 보라. Colin Renfrew, *Archaeology and Language: The Puzzle of Indo-European Origins* (Cambridge, UK: Cambridge University Press, 1987), 95~96쪽: "더 윗세대가 원시 인도유럽인의 '호전적 정신'에 호소한 것은 전적으로 근거가 없다. 그들이 말을 탄 전사들이라는 가정은 설득력이 없다. 그 시기 즈음 러시아 남부의 초원 지대에서 말을 많이 사용했다는 가능성은 강력하며, 사람이 말을 탔음을 보여주는 증거도 일부나마 있다. 말의 사용에 관한 이야기는 초원 지대에서 중요할 수밖에 없지만 그 시기 말에 올라탄 전사들이 서쪽을 급습했다는 증거는 사실상 없다. 그런 주장은 사실 마지막 청동기 시대 이전 시기에 대해서는 제기될 수 없다."

22 같은 책, 96쪽.

23 쿠르간 가설과 아나톨리아 가설의 대립에 관한 뛰어난 개관으로는 콜린 렌프루의 최근 강연을 보라: "Lord Colin Renfrew | Marija Redivia: DNA and Indo-European Origins" (YouTube, 2018), https://youtu.be/pmv3J55bdZc.

24 하지만 그렇다고 해서 쿠르간 가설이 반드시 폄하되는 것은 아니다. 다음 자료를 보라. Iosif Lazaridis et al., "Genetic origins of the Minoans and Mycenaeans," *Nature*, vol. 548 (2017): 214~18쪽, doi:10.1038/nature23310. 여기에서 저자는 미케네인이 실제로 "유라시아의 초원 지대나 아르메니아 어느 한쪽 거주민과 관련된 중심부의 원천을 통해 도입된, 동유럽과 시베리아의 수렵 채집민과 관련된 궁극적인 원천으로부터 "추가적인 혈통"을 도출했다고 지적한다. 아나톨리아 출신 원시 인도유럽인 농업가들의 첫 번째 물결이 지나가고, 기원전 4000년대와 3000년대에 또 한 번의 물결이 지나가는 그림이 여기에서 대두한다. 하지만 의심할 여지 없이 석기 시대 아나톨리아 농부들이 거기에 먼저 있었을 것이다. 다음 자료를 보라. Renfrew, *Archaeology and Language*, 30: "유럽 최초의 농업 정착지는 기원전 6500년 그리스에서 목격되었으며, 그 직후 지중해 서부에서도 목격되었다. 기원전 3000년에 이르러 먼 북쪽 외에 거의 모든 유럽이 매우 다양한 공동체에 의해 점령되었으며, 이들은 모두 농업에 상당 부분 의존하고 있었다."

25 Andrew Curry, "The First Europeans Weren't Who You Might Think," *National Geographic*, August 2019, www.nationalgeographic.com/culture/2019/07/firsteuropeans-immigrants-genetic-testing-feature/.

26 John Noble Wilford, "Jar in Iranian Ruins Betrays Beer Drinkers of 3500 B.C.," *New York Times*, November 5, 1992, www.nytimes.com/1992/11/05/world/jar-in-iranian-ruins-betrays-beer-drinkers-of-3500-bc.html.

27 Patrick McGovern, "Early Neolithic Wine of Georgia in the South Caucasus," *Proceedings of the National Academy of Sciences*, vol. 114, no. 48 (November 2017): e10309 - e10318, doi: 10.1073/pnas.1714728114.

28 같은 책. 콜린 렌프루가 제안한 원시 인도유럽인의 최초 확산과 마찬가지로, 맥거번이 확인한 본래의 극한 음료 제조 지역은 비옥한 초승달 지대에서 방사되어 "아나톨리아 동남부 타우루스산맥에서 시작해 카프카스 남부와 메소포타미아 북부를 거쳐 이란 북서부의 자그로스산맥까지 서쪽에서 동쪽으로" 뻗어나갔다.

29 Ker Than, "Ancient Tablet Found: Oldest Readable Writing in Europe," *National Geographic*, April 1, 2011, www.nationalgeographic.com/news/2011/4/110330-oldest-writing-europe-tablet-greece-science-mycenae-greek/.

30 Patrick E. McGovern, *Uncorking the Past: The Quest for Wine, Beer, and Other Alcoholic Beverages* (Oakland, CA: University of California Press, 2009), 187쪽. 또 다음 자료를 보라. Patrick E. McGovern, "Retsina, Mixed Fermented Beverages, and the Cuisine of Pre-Classical Greece," in Yannis Tzedakis and Holley Martlew, eds., *Minoans and Mycenaeans: Flavours of their Time* (Athens: Kapon Editions, 1999), 206~209쪽에서 207쪽, www.penn.museum/sites/biomoleculararchaeology/wp-content/uploads/2010/03/MinMycretsina.pdf에서 열람할 수 있다.

31 Patrick E. McGovern, *Ancient Brews: Rediscovered and Re-created* (New York: W. W. Norton, 2017), 29쪽.

32 Patrick E. McGovern et al., "The Chemical Identification of Resinated Wine and a Mixed Fermented Beverage in Bronze-Age Pottery Vessels of Greece," in Holley Martlew and Martin Jones, *Archaeology Meets Science: Biomolecular Investigations in Bronze Age Greece* (Oxford, UK: Oxbow Books, 2008), 169~218쪽에서 202쪽.

33 Soultana Maria Valamoti, "Brewing beer in wine country? First archaeobotanical indications for beer making in Early and Middle Bronze Age Greece," *Vegetation History and Archaeobotany*, vol. 27 (2018): 611~25쪽에서 621~22쪽, doi.org/10.1007/s00334-017-0661-8: "양조는 지중해 동부에서 널리 알려져 있었으며, 그 방법은 적어도 기원전 3000년대 또는 그보다 먼저 동쪽에서 그리스로 도입되었을 가능성이 있고 (…) 유럽의 이 지역, 즉 에게해 지역에서 맥주 양조의 도입 시

기는 현재까지도 여전히 모호한 상태이며, 맥주가 더 나중에 고대 그리스 세계에서 야만인의 음료라며 추방된 이유 역시 모호하기는 마찬가지이다. 우리의 증거에 따르면, 선사 시대 유럽 남동부와 에게해 지역에서 '포도주 문화'와 '맥주 문화'의 전형적인 구분은 더 이상 타당하지 않다." 마케도니아 서부 아르콘디코(Archondiko)와 (기원전 2135~2020년 것인) 테살리아의 아르기사(Argissa)에서 나온 (기원전 2100~1700년 것인) 분쇄된 곡물 파편과 싹이 튼 곡물로 발아의 증거를 분석한 결과, 저자들은 다음과 같이 결론지었다. "여기에 제출된 청동기 시대 그리스에서의 양조에 관한 고고식물학적 증거에 따르면, 포도주가 그곳에서 주된 알코올음료였다는 이전의 가정은 시대에 뒤떨어진 듯하며, 선사 시대 에게해 지역에서의 맥주 소비에 대한 더 이전의 임시적인 가정은 예전까지 생각되었던 것보다 근거가 튼튼하다는 사실을 보여주었다." 또 다음 자료를 보라. Catherine Perlès, "Early seventh-millennium AMS dates from domestic seeds in the Initial Neolithic at Franchthi Cave (Argolid, Greece)," *Antiquity*, vol. 87, no. 338 (December 1, 2013): 1001~15쪽, doi. org/10.1017/S0003598X00049826. 이 자료에 따르면, 기원전 6500년 전 아테네 남서쪽 아르골리드(Argolid) 소재 프란크티 동굴(Franchthi Cave)에서 재배한 밀의 증거가 나타났는데, 이렇게 되면 불가리아에 있는 신석기인의 정주보다 세 세기 내지 다섯 세기 앞서고, 이탈리아에 있는 것보다 다섯 세기 내지 일곱 세기 앞서며, 스페인에 있는 것보다 최소 1,000년 앞선다.

34 R. Gordon Wasson, Albert Hofmann, and Carl A. P. Ruck, *The Road to Eleusis: Unveiling the Secret of the Mysteries* (Berkeley, CA: North Atlantic Books, 2008), 36쪽.

35 M. L. Nelson, "Brief communication: Mass spectroscopic characterization of tetracycline in the skeletal remains of an ancient population from Sudanese Nubia 350–550 CE," *American Journal of Physical Anthropology*, vol. 143, no. 1 (September 2010): 151~54쪽, doi.org/10.1002/ajpa.21340. 또 다음 자료를 보라. Carol Clark, "Ancient brewmasters tapped drug secrets," Emory University, August 31, 2010, www.emory.edu/EMORY_REPORT/stories/2010/09/07/beer. html. 그리고 다음 자료도 보라. George J. Armelagos, "Take Two Beers and Call Me in 1,600 Years—use of tetracycline by Nubians and Ancient Egyptians," *The Medical Dictionary*, http://the-medical-dictionary.com/tetracycline_article_4. htm.

36 Clark, "Ancient brewmasters tapped drug secrets."

37 같은 기사.

38 Stephen Harrod Buhner, *Sacred and Herbal Healing Beers: The Secrets of Ancient Fermentation* (Denver, CO: Brewers Publications, 1998), 171쪽.

39 Nina Martyris, "The Other Reformation: How Martin Luther Changed Our Beer, Too," NPR, October 31, 2017, www.npr.org/sections/thesalt/2017/10/31/561117731/the-other-reformation-how-martin-luther-changed-our-beer-too.

40 같은 기사.

41 다음 자료를 보라. John Bickerdyke, *The Curiosities of Ale & Beer: An Entertaining History* (Bloomsbury, UK: Swan Sonnenschein & Co., 1889). 황홀경을 유도하는 사리풀 맥주가 1753년에 구식 마취제로 사용되었다는 기록이 있다. "신선한 청어를 압착해서 만든 기름 470밀리리터에 돼지 담즙, 사리풀, 독당근, 아르셀(arsel), 상추, 야생 개박하를 각각 170그램씩 섞은 다음 잘 끓여 유리그릇에 넣고 뚜껑을 닫는다. 세 숟갈을 떠서 따뜻한 에일 맥주 950시시에 섞은 다음, 수술 예정인 사람에게 1회 28그램씩 마시게 하는데, 그렇게 잠들면 세 시간 내지 네 시간 동안 계속 잘 것이며, 그사이에는 자기 몸이 무슨 일을 당해도 느끼지 못할 것이다."

7장 카탈루냐의 키케온

1 Josep Maria Llorens, *Sant Pere de Galligants. Un monestir al llarg del temps* (Girona, Spain: Museu d'Arqueologia de Catalunya - Girona, 2011), 47쪽.

2 Peter Kingsley, *In the Dark Places of Wisdom* (Inverness, CA: The Golden Sufi Center, 1999), 11, 13쪽.

3 엠포리온에 있었던 그리스-로마 식민지의 다양한 국면에 관한 약사(略史)는 다음 자료를 보라: www.livius.org/articles/place/emporiae-ampurias/.

4 2008년에 발굴된 케르노스는 암푸리아스 소재 카탈루냐 고고학 박물관이 소장하고 있다. 다음 자료를 보라: www.macempuries.cat/ca/Col-leccions/Objectes-de-la-col-leccio/Empuries-grega/Kernos.

5 Enriqueta Pons et al., "El yacimiento ibérico de Mas Castellà de Pontós (Girona). Análisis de algunas piezas significativas," *Saguntum*, vol. 1 (1998): 55~64쪽에서 55쪽.

6 Enriqueta Pons et al., "Dog Sacrifice at the Protohistoric Site of Mas Castellar (Pontós, Spain)," in Carrie Ann Murray, ed., *Diversity of Sacrifice: Form and Function of Sacrificial Practices in the Ancient World and Beyond* (Albany, NY: State University of New York Press, 2016), 191~209쪽에서 192쪽.

7 Enriqueta Pons et al., *El deposit d'ofrenes de la fossa 101 de Mas Castellar de Pontós: un estudi interdisciplinary*, Universitat de Girona, Estudis Arqueològics, vol. 4 (1997): 26쪽.

8 M. A. Martin and N. Llavaneras, "Un conjunt de timateris de terracuita, amb representació de Demèter, procedent del Mas Castellà de Pontós," *Cypsela*, vol. 3 (1980): 153~61쪽. 카탈루냐 전역에서 고대의 테라코타 여신 두상을 발굴한 추가 사례에 관해서는 다음 자료를 보라. Mariá José Pena, "Los 'thymiateria' en forma de cabeza femenina hallados en el N.E. de la Península Ibérica," *Revue des Études Anciennes*, vol. 89, nos. 3–4 (1987): 349~58쪽.

9 마그나 그라이키아의 그리스인 현존에 대해서는 2부, 특히 15장에서 더 자세히 논의했다. 이탈리아에서 그리스인의 본래 정착지의 약사(略史)는 10장 39번 주를 보라.

10 Denise Demetriou, "What is an emporion? A reassessment," *Historia: Zeitschrift für Alte Geschichte*, vol. 60, no. 3 (2011): 255~72쪽에서 268쪽.

11 같은 책, 269쪽.

12 François de Polignac, *Cults, Territory, and the Origins of the Greek City-State* (Chicago: University of Chicago Press, 1995), 115쪽: "분명한 사실은 [이탈리아 남부 칼라브리아] 로크리(Locri)에서 있었던 것과 같은 (대개는 데메테르와 코레, 심지어 페르세포네를 향한) 지하의 신 숭배는 귀족 엘리트 이외의 비(非)그리스인이 그리스의 숭배와 관습에 익숙해지는 동시에 그것을 자신의 문화로 통합할 수 있는 주요 매개체 가운데 하나였다는 점이다. 6세기에 시칠리아와 마그나 그라이키아를 포함한 원주민 지역에서 그것이 널리 유포되었다는 점은 매우 많은 사실을 입증한다. 당시 그 출현은 보통 정착지의 재조직 및 물질문화의 변모와 일치했는데, 이는 그 사회 전체에 그리스의 모범이 일반적으로 채택되었음을 암시한다. 지하의 신 숭배의 이 특별한 역할은 그 신들과 그 숭배의 개별 특징에서 비롯되었을 수 있으며, 농업적이거나 심지어 장례적인 함축과 성소는 (다양한 유형의 실천에 열려 있어) 원주민의 믿음과 관습에 비견되었을 것이다."

13 Pons et al., "Dog Sacrifice," 200쪽.

14 Pons et al., "El yacimiento ibérico," 59쪽.

15 Pons et al., "Dog Sacrifice," 204쪽.

16 M. De Grossi, "Dog Sacrifice in the Ancient World: A Ritual Passage?" in L. M. Snyder and E. A. Moore, eds., *Dogs and People in Social, Working, Economic or Symbolic Interaction* (Proceedings of the 9th ICAZ Conference, Durham, NC, 2002), 62~66쪽에서 62쪽.

17 다음 자료를 보라. Richard Cavendish, *The Powers of Evil in Western Religion, Magic and Folk Belief* (Abington-on-Thames, UK: Routledge, 1975), 62쪽: "개는 문턱의 생물이며, 문과 출입구의 경비원이므로 삶과 죽음의 경계는 물론 그 경계를 넘어오는 마귀와 유령과도 적절하게 연관되었다. 하데스의 열린 문에는 괴물 같은 경비견 케르베로스가 지키고 있어 산 자가 지하 세계로 들어오지 못하게 막는 동시에 죽은 자가

그곳을 떠나지 못하게 했다."

18 Manolis Sergis, "Dog Sacrifice in Ancient and Modern Greece: From the Sacrifice Ritual to Dog Torture (kynomartyrion)," *Folklore*, vol. 45 (July 2010): 61~88쪽, doi:10.7592/ FEJF2010.45.sergis.

19 R. Gordon Wasson, Albert Hofmann, and Carl A. P. Ruck, *The Road to Eleusis: Unveiling the Secret of the Mysteries* (Berkeley, CA: North Atlantic Books, 2008), 70쪽. 헤카테는 흑해의 먼 동쪽 해안에 자리한 콜키스에 있는 신화적인 정원 때문에 각별히 두려운 대상이었다. 거기에는 "약리학적 효능을 지닌 식물"이 다수 자라고 있는데, 그중에는 바꽂(Aconitum spp.), 노간주나무, 월계수, 맨드레이크, 벨라도나, 까마중 등도 있었다. 그것들은 이 여신의 자체적인 개인적 신비제 입문의 일환으로 사용될 수도 있었다. 로마의 스토아 철학자 겸 비극 작가 세네카는 그 신비제를 가리켜 "비밀인, 그리고 비밀이어야 마땅한 계몽적 의례"라 불렀다. 다음 자료를 보라. Claudia Müller-Ebeling et al., *Witchcraft Medicine: Healing Arts, Shamanic Practices, and Forbidden Plants* (Rochester, VT: Inner Traditions, 2003), 92쪽.

20 Sam Jones, "Thousands protest in Madrid before trial of Catalan separatists," *Guardian*, February 10, 2019, www.theguardian.com/world/2019/feb/10/thousands-protest-in-madrid-as-catalan-separatists-trial-looms.

21 Pons et al., "Dog Sacrifice," 195쪽. 폰스는 개의 두개골에서 탄화한 씨앗 6,156점과 동물 잔해 404점을 발굴했다. 씨앗은 대부분 기장과 보리였고, 동물은 양이나 염소가 66.21퍼센트, 돼지가 17.93퍼센트, 소가 15.86퍼센트로 나타났다.

22 Hans-Peter Stika, "Early Iron Age and Late Mediaeval malt finds from Germany—attempts at reconstruction of early Celtic brewing and the taste of Celtic beer," *Archaeological and Anthropological Sciences*, vol. 3 (2011): 41~48쪽에서 47쪽, doi.org/10.1007/s12520-010-0049-5: "중세와 근대 초기에 맥주의 첨가제로 잘 알려졌던 또 한 가지는 사리풀이었는데, 향을 더해주는 동시에 그 음료를 더 독하게 만들어주었다. 한때 사리풀을 가리키는 데 사용된 고대 영어 단어 '베올레네'(beolene), 고대 고지 독일어 '빌리사'(bilisa), 현대 독일어 식물명 '빌젠크라우트'(Bilsenkraut)는 모두 켈트어 어근으로 거슬러 올라가며, 켈트의 신 '벨레노스'(Belenos)와 관련 있다고 추정되는데 (…) 철기 시대 초기의 것인 호흐도르프(Hochdorf)의 표본에서도 사리풀 씨앗 몇 개가 발견되었으나 통계적 대응 분석에 따르면 발아한 보리와 직접적인 관련은 전혀 없었다. 우리는 사리풀이 호흐도르프의 켈트식 맥주에 향을 더하는 데에 사용되었으리라고 추측해볼 수 있을 따름이다."

23 Margaret F. Roberts and Michael Wink, eds., *Alkaloids: biochemistry, ecology, and medicinal applications* (Berlin: Plenum Press, 1998), 31~32쪽.

24 Elizabeth Campbell, "Flowers of Evil: Proserpina's Venomous Plants in Ruskin's

Botany," *Pacific Coast Philology*, vol. 44, no. 1 (2009): 114~28쪽에서 117쪽. 다음 자료를 보라. Müller-Ebeling et al., *Witchcraft Medicine*, 96쪽. 1648년에 있었던 한 마녀재판 기록에 따르면, 피고인은 암소를 잃어버린 가난한 농부에게 "사리풀 봉오리 아홉 개"를 건네 그 잃어버린 동물을 찾아내도록 도와주었다. 이는 "정신 활성 물질에 의해 유도된 투시적 황홀경 상태에서 잃어버린 물건을 찾아내는" 고대 샤먼의 능력을 암시한다.

25 Francesc Burjachs i Casas et al., "La fossa de Prats (Andorra), un jaciment del bronze mitjà al Pirineu," *Revista d'arqueologia de Ponent*, no. 11–12 (2001–2002): 123~50쪽에서 141~42쪽.

26 Priyanka Soni et al., "Pharmacological properties of Datura stramonium L. as a potential medicinal tree: An overview," *Asian Pacific Journal of Tropical Biomedicine*, vol. 2, no. 12 (2012): 1002~8쪽, doi:10.1016/S2221-1691(13)60014-3.

27 Francesc Burjachs i Casas et al., "La fossa de Prats," 137쪽.

28 Elisa Guerra-Doce, "Psychoactive Substances in Prehistoric Times: Examining the Archaeological Evidence," Time and Mind, vol. 8, no. 1 (2015): 91~112쪽에서 100쪽, doi.org/10.1080/1751696X.2014.993244. 또 다음 자료를 보라. Ramón Fábregas Valcarce, Los petroglifos y su contexto: un ejemplo de la Galicia meridional (Vigo, Spain: Instituto de Estudios Vigueses, 2001), 63~64쪽.

29 Elisa Guerra-Doce, "The Origins of Inebriation: Archaeological Evidence of the Consumption of Fermented Beverages and Drugs in Prehistoric Eurasia," Journal of Archaeological Method and Theory, vol. 22, no. 3 (September 2015): 751~82쪽에서 771쪽.

30 C. Sanz Mínguez et al., "Escatología vaccea: nuevos datos para su comprensión a través de la analítica de residuos," in C. Sanz Mínguez and J. Velasco Vázquez, eds., *Pintia. Unoppidum en los confines orientales de la región vaccea. Investigaciones arqueológicas vacceas, romanas y visigodas (1999–2003)* (Valladolid, Spain: Universidad de Valladolid, 2003), 145~71쪽. 핀티아의 유적에서 현재 진행 중인 고고학 발굴에 관한 내용을 모두 수록한 스페인 바야돌리드 대학 (Universidad de Valladolid) 부설 페데리코 바텐베르크 박세오족 연구 센터(Centro de Estudios Vacceos Federico Wattenberg)의 웹사이트는 살펴볼 만한 가치가 있다: https://pintiavaccea.es/.

31 C. Sanz Mínguez, *Los Vacceos: cultura y ritos funerarios de un pueblo prerromano del valle medio del Duero. La necrópolis de Las Ruedas, Padilla de Duero (Valladolid)* (Salamanca, Spain: Junta de Castilla y León, 1998), 349~50쪽. 이 자료에서는 아테네에서 수입된 도기를 추가로 다섯 점 거론한다.

32 Mínguez et al., "Escatología vaccea," 155~57, 316쪽: "Todo ello nos estaría ilustrando en suma sobre un conjunto correspondiente a una elite guerrera que hace uso restringido, de manera acorde a su rango, de cierta droga que, habida cuenta el contexto funerario en el que comparece, podría estar dotada de una clara intencionalidad vehicular para el allende."

33 Fiona Greenland, "Devotio Iberica and the Manipulation of Ancient History to Suit Spain's Mythic Nationalist Past," *Greece & Rome*, vol. 53, no. 2 (October 2006): 235~51쪽에서 237쪽.

34 Nicholas Wade, "Celtic Found to Have Ancient Roots," *New York Times*, July 1, 2003, www.nytimes.com/2003/07/01/science/celtic-found-to-have-ancient-roots.html. 켈트어족 중에서도 영국 게일어가 대륙 게일어에서 분기된 것은 대략 기원전 3200년까지 거슬러 올라가므로, 이전에 생각되었던 것보다 훨씬 깊은 뿌리를 켈트어에 제공한다. 즉 기원전 8100년경 인도유럽어족의 선조가 유럽에 처음 도착했을 때인 기원전 8100년까지도 거슬러 올라갈 수 있다. 아래 38번 주를 참고하라.

35 다음 자료를 보라. C. Gamba, "Ancient DNA from an Early Neolithic Iberian population supports a pioneer colonization by first farmers," *Molecular Ecology*, vol. 21, no. 1 (January 2012): 45~56쪽, doi.org/10.1111/j.1365-294X.2011.05361. x. 또 다음 자료를 보라. Iñigo Olalde, "The genomic history of the Iberian Peninsula over the past 8000 years," *Science*, vol. 363, issue 6432 (March 15, 2019): 1230~34쪽, doi: 10.1126/science.aav4040. 그리고 다음 자료를 보라. Uppsala University, "Genetic prehistory of Iberia differs from central and northern Europe," *Phys.org*, March 12, 2018, https://phys.org/news/2018-03-genetic-prehistory-iberia-differs-central.html.

36 Paul Rincon, "Ancient migration transformed Spain's DNA" (BBC, March 15, 2019), www.bbc.com/news/science-environment-47540792. 오늘날 스페인인에게서 나타나는 DNA 신호는 이탈리아 사르데냐섬에서도 확인되었는데, 이곳은 콜린 렌프루의 아나톨리아 가설에 의거하면 터키에서 스페인까지 남유럽을 가로지른 인도유럽어족의 서쪽 팽창의 논리적 중간 기착지였다.

37 Anna Blasco et al., "Evidencias de procesado y consumo de cerveza en la cueva de Can Sadurní (Begues, Barcelona) durante la prehistoria," in Mauro S. Hernández Pérez et al., eds., *Actas del IV Congreso del Neolítico Peninsular, Noviembre 27–30, 2006, vol. I* (Museo Arqueológico de Alicante, 2008): 428~31쪽. 또 다음 자료를 보라. Universidad de Barcelona, "Most ancient pottery prehistoric figurine of the Iberian Peninsula found in Begues" (ScienceDaily, October 26, 2012), www.sciencedaily.com/releases/2012/10/121026084641.htm. 사두르니 동

굴(Sadurní Cave)에서 발견된 도기로 만든 인간 소상(小像)은 기원전 4500년경의 것이었다.

38 Colin Renfrew, *Archaeology and Language: The Puzzle of Indo-European Origins* (Cambridge, UK: Cambridge University Press, 1987), 242~45쪽: "켈트어는 모두 이 초기 인도유럽어나 인도유럽어들로부터 내려왔을 것이다. 프랑스 남부에서는 기원전 6000년경 초기 농업과 연관되는 (즉 지중해 서부의 초기 신석기 정착지에서 널리 퍼진 특징인 이른바 '압인 무늬 토기'와 연관되는) 방사선 탄소 연대가 있다. 스페인 농업의 초창기는 기원전 5500년경이지만 그런 그림도 매우 완전하지는 않으므로 그보다 이른 시기도 기대할 만하다. 하지만 우리가 이 큰 그림을 언어학적으로 따라간다면 이 서유럽 집단과 동유럽 집단 사이에 어떤 차이가 있으리라 기대하는 것이 논리적일 터이다. 물론 양쪽 모두 기원전 6500년경으로 거슬러 올라간 그리스의 초기 농민에게서 유래했지만 서로 다른 문화 및 언어 전통이 수립되었다는 데에는 의심할 여지가 없고 (…) 켈트 언어들의 발전을 바라볼 때, 나는 (그 입말이 더 나중에 입증된 지역에서 본질적으로 벌어진 것처럼) 그 언어들이 일반화된 인도유럽어와는 뚜렷이 구분될 만큼 켈트적이라는 시각에서 바라보고자 한다. 이는 기원전 4000년 이전의 프랑스, 영국, 아일랜드와 이베리아의 상당 부분에도 인도유럽어 구사 인구가 있었음을 암시한다. 물론 언어적 발전은 그 시기 이후로도 지속되었다."

39 호르디 후안트레세라스의 박사 학위 논문은 바르셀로나 대학교의 저명한 고고학자 겸 선사학자 호세프 M. 푸욜라 이 페리코트(Josep M. Fullola i Pericot)의 지도로 1997년 완성되었다: "Procesado y preparación de alimentos vegetales para consumo humano. Aportaciones del estudio de fitolitos, almidones y lípidos en yacimientos prehistóricos y protohistóricos del cuadrante n.e. de la Península Ibérica"(인간의 소비를 위한 식물성 식료품의 가공과 준비: 이베리아 반도 북동부의 선사 및 원사(原史) 시대 유적에서 출토된 식물석(植物石), 녹말, 지질(脂質)에 관한 연구를 토대로). 이 논문의 간략한 개요는 다음 웹사이트에서 볼 수 있다: https://dialnet.unirioja.es/servlet/tesis?codigo=178760.

40 Jordi Juan-Tresserras, "La arqueología de las drogas en la Península Ibérica: una síntesis de las recientes investigaciones arqueobotánicas," *Complutum*, no. 11 (2000): 261~74쪽.

41 E. Pons et al., *Mas Castellar de Pontós (Alt Empordà). Un complex arqueològic d'època ibèrica* (Excavacions 1990–1998) (Girona, Spain: Museu d'Arqueologia de Catalunya, 2002), 481쪽.

42 Juan-Tresserras, "Procesado y preparación de alimentos vegetales," 386쪽.

43 Pons et al., *Mas Castellar de Pontós*, 481, 555쪽.

44 같은 책, 555~56쪽. 장식된 두개골은 (프랑스 마르세유 북쪽의 로크페르튀즈

(Roquepertuse)와 앙트르몽(Entremont) 유적에서와 마찬가지로) 기둥의 벽감에 삽입되어 거처의 현관을 장식하는 데 사용되거나 (카탈루냐의 푸이그 카스테야르 (Puig Castellar)와 푸이그 데 산트 안드레우(Puig de Sant Andreu) 같은 유적에서와 마찬가지로) 문중방에 삽입될 수 있었다. 이에 더해 로마 역사가 리비우스(기원전 59~서기 17) 같은 고대 저자 몇 명도 두개골에 담은 피를 마시는 엽기적인 관습을 언급했다. 스코틀랜드의 학자 J. A. 매컬로크(J. A. MacCulloch)의 다음 자료에 따르면, 이 관습은 사망자의 "힘을 마시는 사람에게 직접 이전하려는 의도"로 "종교적 측면"을 지니고 있었다. J. A. MacCulloch, *The Religion of the Ancient Celts* (Edinburgh, UK: T. & T. Clark, 1911), 240~41쪽, https://archive.org/details/religionofancien00macc/. 이 전통은 전투에서 죽인 적이나 존경받는 선조에게 똑같이 적용될 수 있었는데, 여기에서는 "그들의 미덕을 획득하거나 그들과 더 가까운 관계를 맺기 위해 죽은 친척이 그들의 피를 마셨다."

45 Pons et al., *Mas Castellar de Pontós*, 548쪽.

46 Gresky et al., "Modified human crania."

47 Pons et al., *Mas Castellar de Pontós*, 550쪽.

48 호모 사피엔스의 30만 년 역사의 개요는 스미소니언 자연사 박물관의 웹사이트를 보라: http://humanorigins.si.edu/evidence/human-fossils/species/homo-sapiens.

49 Scott M. Fitzpatrick, ed., *Ancient Psychoactive Substances* (Gainesville, FL: University Press of Florida, 2018), 13쪽.

50 같은 책, 77쪽. 또 다음 자료를 보라. Colin Barras, "Neanderthal dental tartar reveals evidence of medicine," *New Scientist*, July 18, 2012, www.newscientist.com/article/dn22075-neanderthal-dental-tartar-reveals-evidence-of-medicine/.

51 Fitzpatrick, *Ancient Psychoactive Substances*, 77쪽.

52 Herodotus, *The Histories*, 1.164.

53 Kingsley, *Dark Places of Wisdom*, 42쪽.

54 Kingsley, *Dark Places of Wisdom*, 36쪽.

55 같은 책, 12쪽.

1부를 마치며

1 Elisa Guerra-Doce, "The Origins of Inebriation: Archaeological Evidence of the Consumption of Fermented Beverages and Drugs in Prehistoric Eurasia," *Journal of Archaeological Method and Theory*, vol. 22, no. 3 (September 2015): 751~82쪽에서 755쪽. 신석기 시대 스코틀랜드 것인 '홈무늬 토기'(Grooved Ware)에 들어 있던 유기 잔해에는 처음에만 해도 곡물성 잔여물이며 검은 사리풀 꽃가루

와 씨앗이 들어 있다고 보고되었다. 이 자료의 저자는 다음과 같이 요약했다. "사리 풀은 그 항아리 안에서 발견된 포리지 같은 물질에 환각 성질을 전달했을 것이며, 이 물질은 매장 제의의 일부로 섭취되었을 것이다." 또 다음 자료를 보라. G.J. Barclay and C.J. Russell-White, "Excavations in the ceremonial complex of the fourth to second millennium BC at Balfarg/Balbirnie, Glenrothes, Fife," *Proceedings of the Society of Antiquaries of Scotland*, vol. 123 (1993): 43~210쪽. 그런데 도기 파편을 다시 검토한 결과, 사리풀이나 기타 독성 식물의 흔적은 전혀 확인되지 않았다. 다음 자료를 보라. D.J. Long et al., "The use of henbane (*Hyoscyamus niger* L.) as a hallucinogen at Neolithic 'ritual' sites: a re-evaluation," *Antiquity*, vol. 74, no. 283 (March 2000), 49~53쪽: doi.org/10.1017/S0003598X00066138.

2   다음 자료를 보라. Francis Thackeray, "Was William Shakespeare high when he penned his plays? Pipes with cannabis residue were found in the Bard's garden," *Independent*, August 8, 2015, www.independent.co.uk/arts-entertainment/theatre-dance/features/william-shakespeare-high-cannabis-marijuana-stoned-plays-hamlet-macbeth-romeo-juliet-stratford-10446510.html. 또 다음 자료를 보라. Edward Delman, "Hide Your Fires: On Shakespeare and the 'Noted Weed,' Reports spread this week that the English language's most celebrated writer might have smoked marijuana, but the fuss only reveals how little is known about the Bard of Avon," *The Atlantic*, August 12, 2015, www.theatlantic.com/entertainment/archive/2015/08/shakespeare-marijuana-nope/401087/.

3   J. F. Thackeray et al., "Chemical analysis of residues from seventeenth-century clay pipes from Stratford-upon-Avon and environs," *South African Journal of Science*, vol. 97, no. 1 - 2 (January 2001): 19~21쪽, https://hdl.handle.net/10520/EJC97282에서 열람할 수 있다.

4   Patrick E. McGovern et al., "Ancient Egyptian herbal wines," *Proceedings of the National Academy of Sciences*, vol. 106, no. 18 (May 5, 2009): 7361~66쪽, doi.org/10.1073/pnas.0811578106.

5   호르디 후안트레세레스의 간행물 전체 목록은 그의 구글 스콜라(Google Scholar) 페이지를 보라: https://scholar.google.com/citations?user=kDhR6jAAAAAJ&hl=es.

6   Patrick E. McGovern, *Uncorking the Past: The Quest for Wine, Beer, and Other Alcoholic Beverages* (Oakland: University of California Press, 2009), 141쪽.

7   엄격한 의미에서 환각성까지는 아니지만 고전 고대의 의례적 약물 사용에 관한 추가적인 고고식물학 증거는 다음 자료를 보라. Giorgio Samorini, "The oldest archeological data evidencing the relationship of Homo sapiens with

psychoactive plants: A worldwide overview," *Journal of Psychedelic Studies*, vol. 3 (2019): 63~80쪽, doi.org/10.1556/2054.2019.008. 이 자료에서 저자는 발렌시아 북부 푼탈 델스 요프스(Puntal dels Llops)에서 발견된 기원전 3세기 내지 2세기의 마황(麻黃) 꽃가루(ephedra pollen)의 탄화된 거시 잔해, 사모스 남동 해안에 있는 헤라 신전에서 양귀비 씨앗과 함께 발견된 기원전 7세기의 야생 상추(Lactuca serriola) 씨앗 45점을 언급한다. 또 다음 자료를 보라. D. Kučan, "Zur Ernährung und dem Gebrauch von Pflanzen im Heraion von Samos im 7. Jahrhundert v. Chr" [On the use of plants as food in the Heraion of Samos in the seventh century BC], *Jahrbuch des Deutschen Archäologischen Instituts*, vol. 110 (1995): 1~64쪽. 특히 이 자료 32쪽에서 저자가 지적한 바에 따르면, 가시상추에 함유된 락투신(lactucin)과 락투코피크린(lactucopicrin)은 "최면 및 진통 효과"를 지닐 수 있는데, 그런 효과가 "양귀비 즙과 유사한 까닭에 그 즙이 이전에는 아편과 혼합되었다." 의례적 성격이 확증되지는 않았지만 고전 고대의 환각성 약물 사용에 관한 추가적인 고고학적 증거에 관해서는 다음 자료를 보라. Zuzana Chovanec, "Intoxication on the wine dark sea: Investigating psychoactive substances in the eastern Mediterranean," in Scott M. Fitzpatrick, ed., *Ancient Psychoactive Substances* (Gainesville: University Press of Florida, 2018), 43~70쪽. 여기에서 저자는 키프로스섬에서 출토된 기원전 2400년에서 기원전 1650년 사이의 여러 고대 용기에서 자신이 찾아낸 (아편에서 유래한) 노스카핀(noscapine), (향쑥(absinthe wormwood)에서 유래한) 아르테미세올(artemiseole)과 시스-사비넨(cis-sabinene)에 관해 상세히 설명한다. 고대 지중해 외부 지역에서의 환각성 또는 의례적 약물 사용의 최신 고고학적 증거에 관해서는 다음 자료들을 보라. Melanie J. Miller et al., "Chemical evidence for the use of multiple psychotropic plants in a 1,000-year-old ritual bundle from South America," *Proceedings of the National Academy of Sciences*, vol. 116, no. 23 (June 4, 2019): 11207~12쪽, doi.org/10.1073/pnas.1902174116 (이 자료에는 액체 크로마토그래피 직렬 질량 분석기(LC-MS/MS)를 통해 코카인, 벤조일엑고닌(BZE), 하르민(harmine), 부포테닌, 디메틸트리프타민 그리고 어쩌면 실로신(psilosin)까지도 검출했다고 나온다); Meng Ren et al., "The origins of cannabis smoking: Chemical residue evidence from the first millennium BCE in the Pamirs," *Science Advances*, vol. 5, no. 6 (June 12, 2019), eaaw1391, doi.org/10.1126/sciadv.aaw1391 (이 자료에는 기체 크로마토그래피 질량 분석을 통해 중앙아시아의 지르잔칼 공동묘지(Jirzankal Cemetery)에서 발굴된 목제 화로에서 몇 가지 카나비노이드를 검출했으며, 이로써 "변성 의식 상태로 사람들을 인도하기 위해 의도된 모닥불, 리드미컬한 음악, 환각성 연기를 포함한 장례 제의"에 관한 증거를 제공했다고 나온다); Andrew S. Wilson et al., "Archaeological, radiological, and biological evidence offer insight into Inca child sacrifice," *Proceedings of the National Academy of Sciences*, vol. 110, no. 33 (August 13, 2013): 13322~27쪽, doi.org/10.1073/pnas.1305117110 (이 자료에는 1500년경 얼어붙은 미라 세 구의 머리카락 표본에 대한 LC-MS/MS 검사 결과, 코카인과 벤조일엑고닌을 검출했다고 나온다); H.R. El-Seedi, "Prehistoric peyote use: alkaloid analysis and radiocarbon dating of archaeological specimens of Lophophora from Texas," *Journal of Ethnopharmacology*, vol. 101, no. 1-3 (October 2005): 238~242쪽, doi.org/10.1016/j.jep.2005.04.022 (이 자료에는 박층 크로마토그래피(TLC)와 기체 크로마토그래피 질량 분석을 통해 텍사스주 리오그란데강의 슈믈라 동굴(Shumla Cave) 5호에서 발굴된 기원전 3780~3660년의 페요테 봉오리 두 개에서 메스칼린을 검출했다고 나온다).

8 Max Nelson, *The Barbarian's Beverage: A History of Beer in Ancient Europe* (New York: Routledge, 2005), 54쪽.

9 Paulina Komar, "The Benefits of Interdisciplinary Approach—A Case of Studying the Consumption of Greek Wines in Roman Italy," *European Scientific Journal*, Special Edition no. 2 (June 2013): 45~54쪽에서 49쪽. 고대 그리스인이 이탈리아에 포도주 음용을 도입했든 식민화 이전에 에트루리아인과 기타 원주민이 그런 취향을 발전시켰든 코마르는 현재의 논쟁 상태를 다음과 같이 요약한다. "청동기 시대의 이탈리아 주민이 포도나무에 관심을 두었으며, 그 열매로 발효 음료를 만들 수도 있었다고 가설을 세울 수는 있다. 하지만 그것은 오히려 원시적이었고 소규모였을 터이며, 그러다 그리스인이 들어오고 나서야 그들에게서 포도류의 적절한 관리법을 배웠을 것이다.(포도나무의 가지치기는 그리스인이 이탈리아 반도를 식민화했을 무렵 누마(Numa)가 도입했다). 아울러 그들은 심포시온(symposion) 동안의 포도주 마시기에 관한 발상을 확산시켰다(고고학적 증거에서는 그리스식 포도주 용기가 압도적으로 많다)."

10 Patrick E. McGovern, *Uncorking the Past: The Quest for Wine, Beer, and Other Alcoholic Beverages* (Oakland, CA: University of California Press, 2009), 192쪽.

11 Anna Isabel Jiménez San Cristóbal, "Iacchus in Plutarch," in Lautaro Roig Lanzillotta et al., (eds.), *Plutarch in the Religious and Philosophical Discourse of Late Antiquity* (Boston: Brill, 2012), 125~36쪽.

12 Plutarch, *Lives*, Alcibiades, 29.

8장 불멸의 약물

1 Reuters, "Gilets jaunes protests: Eiffel Tower and Louvre to shut amid fears of violence," *Guardian*, December 6, 2018, www.theguardian.com/world/2018/dec/06/french-government-warns-of-weekend-of-great-violence-protesters.

2 R. Gordon Wasson, Albert Hofmann, and Carl A. P. Ruck, *The Road to Eleusis: Unveiling the Secret of the Mysteries* (Berkeley, CA: North Atlantic Books, 2008), 99쪽.

3 Hoyle, *Delphi*, 76쪽.

4 Wasson, Hofmann, and Ruck, *Road to Eleusis*, 101쪽.

5 August Frickenhaus, *Lenäenvasen* (Zum Winckelmannsfeste der Archäeologischen Gesellschaft Zu Berlin, 1912), doi.org/10.11588/diglit.2165#0010.

6 G 408과 유사한 꽃병의 이미지는 온라인으로 몇 가지 발견할 수 있다. G 409에 묘사된 모티프는 훨씬 더 뚜렷하다. 루브르에서는 G 408을 만든 화가를 (기원전 470년부터 440년까지 아테네에서 활동한) 다작의 일명 '빌라 줄리아 화가'(Villa Giulia Painter)라고 확인했다. G 409는 일명 '시카고 화가'(Chicago Painter)의 것으로 간주되었다. 그리스 도기의 명명규약은 영국의 고고학자 겸 미술사가 존 비어즐리 경(Sir John Beazley)으로부터 시작되었다. "비어즐리의 명명 체계를 따라 화가의 이름은 중요한 꽃병이 있는 도시의 이름에서 비롯된다. 가령 '베를린 화가'(Berlin Painter)의 이름이 베를린에 있는 '후드리아'(hudria)에서 비롯되었듯 우리의 화가는 '시카고 화가'라는 이름을 갖게 된 것이다. 물론 고대 그리스의 화가가 아메리카 인디언의 이름을 갖게 되었다는 사실이 뭔가 변칙적이기는 하지만 말이다." Betty Grossman, "Greek Vase by the Chicago Painter," *Bulletin of the City Art Museum of St. Louis*, vol. 40, no. 1/2 (1955): 15~24쪽.

7 다음 자료를 보라. Francis Tiso, *Rainbow Body and Resurrection: Spiritual Attainment, the Dissolution of the Material Body, and the Case of Khenpo A Chö* (Berkeley, CA: North Atlantic Books, 2016). 1998년 켄포가 사망하자 "그의 얼굴은 젊어졌고" 노화의 징후는 모조리 녹아 사라졌다. 며칠 동안 그의 집 위로 무지개가 다섯 개 보였다고 보고되었다. 일주일 뒤 그의 몸에서는 머리카락과 손톱을 비롯해 모든 것이 완전히 사라졌다. 또 다른 사례에서 켄포 아 초의 도반인 라마 아 키웅(Lama A Khyung)은 어둠 속에 있는 자신을 찍은 사진을 프랜시스 신부에게 보여주었다. 명상 자세를 취한 그 승려의 윤곽선 주위로 너울거리는 빛이 보였다. 2008년 이 라마가 사망하자 그의 시신은 예상대로 무지개를 드러냈으며, 길이가 8센티미터 미만으로 줄어들었다.

8 *The Other Side of Midnight* podcast, April 1, 2018, www.theothersideofmidnight.com/3018-04-01_tiso-francis/.

9 Erik Thunø, *Image and Relic: Mediating the Sacred in Early Medieval Rome* (Rome:

L'erma di Bretschneider, 2002), 141~43쪽.

10 Euripides, *The Bacchae*, 777쪽.

11 Euripides, *The Bacchae*, 274~84쪽.

12 *Odyssey*, 4,230. 호메로스는 외관상 위험한 약물이라도, 포도 물약에 첨가할 때에는 그 준비와 투여량에 따라 에스틀라(ἐσθλὰ), 즉 '치료할' 수도 있다고 말했다. 따라서 비교적 이른 기원전 8세기에, 우리는 고대 그리스 전통이 약물에 지닌 깊은 친숙함에 대한 문헌 증거를 갖고 있다. 이 물질은 다양한 범위의 신체적, 심리적, 영적 효과까지 달성하도록 조작될 수 있었다.

13 R. Scodel, "Wine, Water, and the Anthesteria in Callimachus Fr. 178. Pf.," *Zeitschrift für Papyrologie und Epigraphik*, vol. 39 (1980): 37~40쪽. 저자는 이렇게 덧붙인다. "이카리오스(Icarios)의 이야기에 대한 신화의 출처가 똑같은 용어[파르마콘]를 사용해 포도주의 위험한 잠재력을 환기시킨 일이 우연의 일치일 가능성은 없다." 어쨌거나 "신화와 의례는 밀접하게 관련 맺기 때문이다."(그리스 신화에서 이카리오스는 디오니소스 신으로부터 포도주 제조법을 처음 전수받은 인간이었지만, 그가 준 포도주를 마신 사람들이 취해 쓰러지는 바람에 독극물 제조자라는 누명을 쓰고 억울하게 죽임당한다. — 옮긴이)

14 같은 책, 39쪽.

15 Charlotte Higgins, "Ancient Greece, the Middle East and an ancient cultural internet," *Guardian*, July 11, 2013, www.theguardian.com/education/2013/jul/11/ancient-greece-cultural-hybridisation-theory.

16 H. W. Janson, *History of Art*, 5th ed., rev. by Anthony F. Janson (New York: Thames & Hudson, 1986), 157~58쪽.

17 Walter F. Otto, *Dionysus: Myth and Cult* (Bloomington, IN: Indiana University Press, 1995), 152쪽. 또 다음을 보라. Marvin Meyer, *The Ancient Mysteries: A Sourcebook of Ancient Texts* (Philadelphia: University of Pennsylvania Press, 1987), 5쪽, citing Plutarch's On Isis and Osiris, 6,35.

18 가장 설득력 있는 발견 가운데 하나는 현재 터키 에디르네 박물관에 소장된 기원전 5세기의 적색 인물화 〈후드리아〉이다. 2011년 오늘날 그리스와 터키의 접경지대인 마케도니아 동부 에브로스(Evros) 지역의 고대 항구 도시 아이노스(Ainos)에서 발굴된 이 그릇에는 포도주 발효를 위해 땅에 묻어놓은 피토스 항아리가 묘사되어 있다. 그 주위로는 남녀 두 명이 혼합에 첨가하기 위한 식물 표본을 보여주고 있다. 러크는 그중 첫 번째를 담쟁이라고 확인했다. G 409에 나온 광녀와 유사한 손 모양을 취한 여성이 예식적으로 보여주는 두 번째 식물은 흥미롭게도 버섯처럼 보인다. 다음 자료를 보라. Carl Ruck, ed., *Dionysus in Thrace: Ancient Entheogenic Themes in the Mythology and Archeology of Northern Greece, Bulgaria and Turkey* (Berkeley,

CA: Regent Press, 2017). 아이노스 공동묘지에서 이 〈후드리아〉가 발견된 점이나 그 장소에 존재하는 장례 연회 전통은 포도주 혼합물의 이세계적 성격을 암시한다. 즉 무아경의 신과 명시적으로 연결되는 묘지 전통이다. 다음 자료를 보라. A. Erzen, "1981 Yılı Enez Kazısı Çalışmaları," in *KST IV—1982* (Ankara: Kültür ve Turizm Bakanlığı Eski Eserler ve Müzeler Genel Müdürlüğü, 1983), 285~290쪽: "1981년 의 캠페인 동안 발굴된 소상, 즉 사티로스와 광녀의 그림은 아이노스에서 디오니소스 숭배의 현존을 암시한다."

19 Robert F. Forbes, *A Short History of the Art of Distillation: From the Beginnings Up to the Death of Cellier Blumenthal* (Boston: Brill, 1970).

20 로마 국립중앙도서관이 소장한 필사본 『의학의 재료에 관하여』의 스캔본은 다음 웹사이트에서 볼 수 있다. https://archive.org/details/bub_gb_ZStFeIm9EukC/.

21 필사본 전문가에게는 잘 알려졌으나 그 외 사람들에게 거의 알려지지 않은 사실은 암흑시대와 르네상스가 그 이름을 얻게 된 경위이다. 6세기부터 14세기까지는 '암흑'이었는데, 로마 제국이 몰락하고 학문의 중심이 동쪽 비잔틴 제국으로 옮겨가는 과정에서 (디오스코리데스의 『의학의 재료에 관하여』처럼) 고대 그리스어 문서 대부분이 실전(失傳)되었기 때문이다. 플라톤과 아리스토텔레스, 기타 저자들 저서의 그리스어 원문은 15세기에야 콘스탄티노플과 중동에서 다시 발견되었으며, 그것을 라틴어로 번역함으로써 서양 문명의 '재탄생'이 시작되었다. 다음 자료를 보라. Paul Oskar Kristeller, *Renaissance Thought: The Classic, Scholastic and Humanist Strains* (New York: Harper & Row, 1961), 15~16쪽: "인문주의자들은 서유럽의 모든 대학과 비교적 훌륭한 중등학교의 교과 과정에 그리스어를 도입했다. 또한 잔존하는 그리스 문헌 거의 전체를 담고 있는 막대한 양의 필사본을 처음에는 비잔틴 제국, 나중에는 동쪽 투르크에서 수입했는데, 한편으로는 구매하고 다른 한편으로는 그리 명예롭지 못한 수단으로 들여왔다. 그리하여 이런 문헌들이 서양 여러 도서관에 비치되고, 필사본과 인쇄본으로 유포되었으며 (…) 그때까지 확인된 그리스어 문헌 거의 모두를 라틴어로 번역하고, 그리하여 서양 사상의 주류에 그 내용을 도입한 일이야말로 르네상스 학자들의 (아직까지도 충분히 인정받지는 못하지만) 중요한 위업이었다."

22 W. B. Turrill, "A Contribution to the Botany of Athos Peninsula," *Bulletin of Miscellaneous Information (Royal Botanic Gardens, Kew)*, vol. 1937, no. 4 (1937): 197~273쪽에서 197쪽. 1934년 영국 왕립 식물원(Royal Botanic Gardens) 대표였던 아서 W. 힐 경(Sir Arthur W. Hill)은 그리스 아토스산을 방문했던 일을 서술하면서 "실제 혹은 추정상 의학적 중요성이 있는 식물을 찾아내려" 기회를 엿보는 "공식 식물학 수도사"에 관해 썼다. "그는 나이가 대단히 많은 수도사로, 식물과 그 성질에 지식이 방대했다. 길고 검은 수단(cassok)을 완전히 갖춰 입었는데도 그는 매우 재빨리 움직였고, 보통은 걸어 다녔지만 때때로 노새를 탔으며, 크고 검고 불룩한 가방에 자

신의 '본초서'(本草書)를 넣어 들고 다녔다. 그런 가방이 필수적인 까닭은 그의 본초서가 직접 필사한 것처럼 보이는 디오스코리데스의 필사본 2절판 네 권뿐이었기 때문이다. 그는 눈에 띄는 식물 가운데 자기가 이름을 모르는 식물이 있으면 십중팔구 이 본초서를 꺼내 확인했는데, 자신의 만족을 위해 놀라운 속도로 책을 뒤져 식물을 확인했다. 힐의 설명에 따르면, 흥미롭게도 그 수도사는 그때 마침 환각성 사리풀을 찾아 나선 참이었다.

23 Paula De Vos, "European Materia Medica in Historical Texts: Longevity of a Tradition and Implications for Future Use," *Journal of Ethnopharmacology*, vol. 132, no. 1 (October 2010): 28~47쪽.

24 Dioscorides, *Materia Medica*, Book 4.69.

25 Dioscorides, *Materia Medica*, Book 5.81.

26 Dioscorides, *Materia Medica*, Book 4.74

27 Philip Mayerson, *Classical Mythology in Literature, Art and Music* (Indianapolis, IN: Hackett Publishing Company, 2011), 251쪽.

9장 천국의 포도밭

1 W. R. Halliday, "The Magical Vine of Nysa and the Dionysiac Wine Miracle," *Classical Review*, vol. 42, no. 1 (February 1928): 19쪽, doi.org/10.1017/S0009840X00043596.

2 Pausanias, *Pausaniae Graeciae Descriptio*, 3 vols. (Suttgart: Teubner, 1903), 6.26.1 - 2.

3 Pliny, *The Natural History*, Book 2.106: "집정관을 세 번이나 역임한 무키아누스(Mucianus)가 단언한 바에 따르면, 안드로스섬의 아버지 리베르[디오니소스]의 신전에 있는 샘에서 흐르는 물은 매년 1월 5일이면 항상 포도주의 향기를 풍겼다고 한다. 그날을 '신이 내린 선물의 날'이라 불렀다."

4 Euripides, *The Bacchae*, 150, 353, 455쪽.

5 Maggie Owens, "'Mona Lisa' to Move to Private Room in Louvre" (ABC News, January 6, 2006), https://abcnews.go.com/International/story?id=81285&page=1.

6 "The moving of the Mona Lisa," *Independent*, April 2, 2005, www.independent.co.uk/news/world/europe/the-moving-of-the-mona-lisa-530771.html.

7 A. D. Nock, "Hellenic Mysteries and Christian Sacraments," *Mnemosyne*, Fourth Series, vol. 5, fasc. 3 (1952): 177~213쪽에서 183쪽, www.jstor.org/stable/4427382.

8 예를 들어 에우리피데스의 『디오니소스의 여사제들』 603행에는 디오스 고노스(Διὸς γόνος)라고 나오는데, 이는 '신이 낳은 아들'이라는 뜻이다.

9 Dennis R. MacDonald, *The Dionysian Gospel: the Fourth Gospel and Euripides* (Minneapolis, MN: Fortress Press, 2017), 31쪽.

10 The Gospel of John 1:18, New International Version.

11 Matthew 8:1-4.

12 Mark 1:21-27; Luke 4:31-36.

13 MacDonald, *Dionysian Gospel*, 40쪽.

14 Erik Raymond, "Why Did Jesus Make So Much Wine?" (Gospel Coalition, April 18, 2018), www.thegospelcoalition.org/blogs/erik-raymond/jesus-make-much-wine/.

15 다음 자료를 보라. Epiphanius of Salamis, *Adversus Haereses*, Book 2, Sect 51, 29.7, https://archive.org/details/epiphanius02epip/ 301쪽에서 열람할 수 있다. 여기에서 [교부] 에피파니오스는 예수의 출생일을 "1월 5일에서 1월 6일로 넘어가는 새벽"이라 단언했는데, 이날은 안드로스에서 디오니소스의 기적이 벌어진다고 이야기되는 때이다. 곧이어 에피파니오스는 포도주 신으로서 예수의 현현을 그날로 연결 짓는다. "갈릴래아의 가나에서 물이 포도주로 변했던 첫 번째 기적은 그로부터 30년 뒤 같은 날[예수의 원래 생일인 공현절]에 일어났다." 흥미롭게도 가나의 혼인 잔치에 관한 구절(『요한 복음서』 2장 1~11절)은 여전히 매년 1월, 즉 1월 6일 공현절 축일 이후 두 번째 일요일에 로마 가톨릭 미사에서 낭독된다. 동방정교회에서도 1월 6일에 공현절을 기념하는데, 율리아누스력으로는 1월 19일에 해당한다.

16 Philipp Fehl, "Veronese's Decorum: Notes on the Marriage at Cana," in Moshe Barasch, ed., *Art, the Ape of Nature: Studies in Honor of H. W. Janson* (Upper Saddle River, NJ: Prentice-Hall, 1981) 345~46쪽.

17 추가적인 세부사항은 19세기에 발굴된 그리스어 서간 모음인 '제논 기록물'(Zenon Archive)에 있는 각별히 매혹적인 파피루스에 파묻혀 있다. 제논은 프톨레마이오스 왕국의 관료였는데, 이 왕국은 알렉산드로스 대왕 시절부터 클레오파트라 시절까지 헬레니즘 시대 이집트를 약 300년간 통치하다 결국 로마에 점령되었다. 기원전 257년 5월의 언젠가 작성된 간결한 편지 한 통은 갈릴래아 북부 베트 하케렘 계곡 (Beit HaKerem Valley)에 있는 유명한 베트아나트(Beth-Anath) 영지를 언급했다. 구약성서에서도 언급된 이 방대한 토지는 오늘날 나자렛에서 북쪽으로 멀지 않은 카르미엘(Karmiel) 외곽의 비이나(Bi'ina)이다. 편지 작성자인 글라우키아스 (Glaukias)라는 사람은 베트아나트에서 8만 그루의 포도나무를 이용해 특출하게 훌륭한 포도주를 만들었으며, 그 맛은 그리스 키오스섬에서 생산되는 시금석용 포도주와 구분되지 않는다고 썼다. 2001년 그곳 인근 나흐프(Nahf)에서 이루어진 발굴로

글라우키아스의 말이 정확했다고 확증되었다. 이 장소에서 발굴된 "지나치게 많은 양의 보관용 그릇 파편"을 고려한 결과, 이스라엘 고유물 관리국(Israeli Antiquities Authority)도 이제는 헬레니즘 시대의 포도주 생산에서 갈릴래아 북부가 차지하는 중요성을 확실시하게 되었다. 다음 자료를 보라. Howard Smithline, "Results of Three Small Excavations at Nahf, Upper Galilee" *Atiqot*, vol. 59 (2008): 87~101쪽에서 99쪽.

18 다음 자료를 보라. Asher Ovadiah and Sonia Mucznik, "Dionysos in the Decapolis," *Liber Annuus*, vol. 65 (2015): 387~405쪽.

19 Patricia Maynor Bikai et al., "Beidha in Jordan: A Dionysian Hall in a Nabataean Landscape," *American Journal of Archaeology*, vol. 112, no. 3 (July 2008): 465~507쪽에서 495쪽.

20 Scott D. Charlesworth, "The Use of Greek in Early Roman Galilee: The Inscriptional Evidence Re-examined," *Journal for the Study of the New Testament*, vol. 38, no. 3 (2016): 356~95쪽, doi.org/10.1177/0142064X15621650: "잔존 증거를 모두 고려해보면 그리스어에 대한 지식은 상당히 일반적이었던 것으로, 대부분 사람이 철저하게 공식 교육받은 것이 아니라 주위 상황에 강요받아 어찌어찌하다 보니 그 언어를 터득한 것으로 보인다."

21 Thomas L. Friedman, "Ancient Mosaic Shows 'Mona Lisa of Palestine,'" *New York Times*, August 18, 1987.

22 다음 자료를 보라. Rachel Hachlili, "Reviewed Work: The Mosaics of the House of Dionysos at Sepphoris (Qedem 44) by Rina Talgam, Zeev Weiss," *Israel Exploration Journal*, vol. 57, no. 2 (2007): 248~52쪽. 전통적으로 '술 취함'이라고 번역되는 메테의 어근은 정작 포도주와 아무런 관계가 없다. 이 어근은 인도유럽어 마드후(madhu)에서 유래했으며, 산스크리트어에서는 달콤하거나 도취시키는 음료를 모두 가리키는 말이었고, 따라서 영어 '꿀술'의 어원이기도 하다.

23 "The Surprises of Sepphoris: the archaeological excavations at Sepphoris are painting a new portrait of Jesus' world" (PBS Frontline series: *From Jesus to Christ*, April 1998), www.pbs.org/wgbh/pages/frontline/shows/religion/jesus/sepphoris.html.

24 Bikai et al., "Beidha in Jordan," 477쪽. 놀라우리만치 잘 보전된 석조 두상 몇 점은 한때 신전의 기둥의 머리 장식[柱頭]이었을 것이다. 그중 하나는 "디오니소스임을 손쉽게 알아볼 수 있는데, 그의 머리에 쓰고 있는 포도나무 화관 때문에 특징이 두드러지기 때문이다." 사티로스와 주신제 참가자들 외에도 "부드러운 형태를 갖춘" 여성의 두상이 다수 있는데, 이는 광녀와 님프와 그리스의 무사이[뮤즈들]라고 해석된다.

25 같은 책, 495쪽.

26 Diodorus Siculus, 3.59.2, 3.64.5, 3.65.7, and 3.66.3. 다른 곳에서도 디오도로스는 니사의 위치가 북아프리카라고 말한 저자들을 인용했지만, 헤로도토스는 니사의 위치가 에티오피아라고 말했다. 다음을 보라. Herodotus, 2.146, 3.97.

27 Patrick E. McGovern, *Ancient Brews: Rediscovered and Re-created* (New York: W. W. Norton, 2017), 94. 또 다음을 보라. Patrick E. McGovern, *Ancient Wine: The Search for the Origins of Viniculture* (Princeton, NJ: Princeton University Press, 2003).

10장 성지의 영약

1 Elisa Guerra-Doce, "The Origins of Inebriation: Archaeological Evidence of the Consumption of Fermented Beverages and Drugs in Prehistoric Eurasia," *Journal of Archaeological Method and Theory*, vol. 22, no. 3 (September 2015): 760쪽. 또 다음 자료를 보라. Patrick E. McGovern et al., "Neolithic resinated wine," *Nature*, vol. 381 (June 6, 1996): 480~81쪽, www.penn.museum/sites/biomoleculararchaeology/wp-content/uploads/2009/11/neolithicwinenature.pdf에서 열람할 수 있다.

2 Patrick E. McGovern, *Uncorking the Past: The Quest for Wine, Beer, and Other Alcoholic Beverages* (Oakland, CA: University of California Press, 2009), 89쪽.

3 같은 책, 100쪽.

4 Patrick E. McGovern et al., "Ancient Egyptian herbal wines," *Proceedings of the National Academy of Sciences*, vol. 106, no. 18 (May 5, 2009): 7361~66쪽, doi.org/10.1073/pnas.0811578106. 아비도스의 표본에서는 타타르산 외에도 리나로올(linalool), 장뇌, 보르네올(borneol), L-멘톨(L-menthol), 알파-테르피네올(alpha-terpineol), 카르본, 티몰(thymol), 제라닐 아세톤(geranyl acetone), 그리고 기타 물질이 검출되었다. 그 유기적 선조들을 추적하는 과정에서 맥거번은 이 화합물들이 세이보리(Satureja), 향쑥(Artemisia seiberi), 블루 탠시(Tanacetum annuum), 레몬밤(Melissa), 차풀(Cassia), 고수(Coriandrum), 곽향(Teucrium), 박하, 세이지(Salvia), 타임(Thymus/Thymbra) 같은 약초들의 속(屬)에서 유래한다고 설명했다. 게벨 아다(Gebel Adda)의 표본은 펜촌(fenchone), 장뇌, 보르네올, 커민알데하이드(cuminaldehyde), 바닐린(vanillin)이라는 다섯 가지 개별 테르페노이드(terpenoids)에 대해 양성 반응을 보였다. 약초 중에서 이처럼 독특한 생체 지표를 지닌 유력한 후보는 바로 박하과(Lamiaceae/Labiatae)에 속하는 로즈마리(Rosmarinus officinialis)이다.

5 McGovern, *Uncorking the Past*, 120쪽.

6 McGovern, *Ancient Brews*, 94쪽.

7 같은 책, 95쪽.

8 William A. Emboden, *Narcotic Plants: hallucinogens, stimulants, inebriants and hypnotics, their origins and uses* (New York: Macmillan, 1979), 149쪽.

9 Jeremy Naydler, *Shamanic Wisdom in the Pyramid Texts: The Mystical Tradition of Ancient Egypt* (Rochester, VT: Inner Traditions, 2004), 193~94쪽. 현재 대영박물관에 소장된 〈연극적 라메세움 파피루스〉(Dramatic Ramesseum Papyrus)는 기원전 1980년경의 것이다. 여기에는 제12왕조(Twelfth Dynasty) 세누스레트 1세(Senusret I)의 왕위 등극을 재현하는 기념 연극이 수록되어 있다. 좁은 세로줄을 따라 작성된 그 상형문자들은 현대의 만화에 비교되기도 했다.

10 같은 책, 234쪽.

11 같은 책, 209쪽.

12 다음 자료를 보라. F. Nigel Hepper, *Pharaoh's Flowers: The Botanical Treasures of Tutankhamun* (Chicago: KWS Publishers, 2009).

13 다음 자료를 보라. William A. Emboden, "The Sacred Narcotic Lily of the Nile: Nymphaea caerulea," *Economic Botany*, vol. 32, no. 4 (October – December 1978): 395~407쪽에서 397쪽.

14 다음 자료를 보라. Lynnsay Maynard, "What Would Jesus Drink? A Class Exploring Ancient Wines Asks" (NPR, *All Things Considered*, December 25, 2014), www.npr.org/sections/thesalt/2014/12/25/372727808/what-would-jesus-drink-a-class-exploring-ancient-wines-asks; Megan Gannon, "World's Oldest Wine Cellar Fueled Palatial Parties" (LiveScience, August 27, 2014), www.livescience.com/47577-worlds-oldest-wine-cellar-israel.html; Doyle Rice, "World's oldest wine cellar discovered," *USA Today*, November 22, 2013, www.usatoday.com/story/news/world/2013/11/22/old-wine-cellar-israel/3667621/.

15 Andrew J. Koh et al., "Characterizing a Middle Bronze Palatial Wine Cellar from Tel Kabri, Israel," *PLoS ONE* 9 (8) (August 27, 2014): e106406, doi.org/10.1371/journal.pone.0106406.

16 앤드류 코의 OpenARCHEM 프로젝트는 고고화학 분야에서 최첨단 자원에 해당한다: https://openarchem.com/research-teams-at-openarchem/.

17 Ilan Ben Zion, "Canaanite wine stash found in Galilee unearths ancient flavors: Excavators at Tel Kabri find hard evidence of viniculture, seek to recreate Bronze Age beverage," *Times of Israel*, August 28, 2014, www.timesofisrael.com/canaanite-wine-stash-found-in-galilee-unearths-ancient-flavors/.

18 Stephen Harrod Buhner, *Sacred and Herbal Healing Beers: The Secrets of Ancient*

Fermentation (Denver, CO: Brewers Publications, 1998), 237~41쪽.

19 Christian Rätsch, *The Encyclopedia of Psychoactive Plants: Ethnopharmacology and Its Applications* (Paris, ME: Park Street Press, 2005). 힌두쿠시의 정신 활성 노간주나무의 종(種)은 이른바 '히말라야 노간주나무'(Juniperus recurva)일 가능성이 있다.

20 같은 책. 다음 자료를 보라. M. H. Sidky, "Shamans and Mountain Spirits in Hunza," *Asian Folklore Studies*, vol. 53, no. 1 (January 1994): 67~96쪽, doi: 10.2307/1178560. 훈자족 샤먼이 거행한 이 행사 전체를 촬영한 영상은 다음 웹사이트에서 볼 수 있다: https://vimeo.com/51983176.

21 Bezalel Porten, *Archives from Elephantine: The Life of an Ancient Jewish Military Colony* (Oakland, CA: University of California Press, 1968), 184쪽.

22 McGovern, *Uncorking the Past*, 179쪽.

23 Porten, *Archives from Elephantine*, 183쪽.

24 G. del Olmo Lete, "The Marzeaḥ: and the Ugaritic Magic Ritual System: a close reading of KTU 1114," *Aula orientalis*, vol. 33, No. 2 (2015): 221~42쪽에서 224쪽.

25 같은 책, 231쪽.

26 같은 책, 233쪽. 다음 자료를 보라. S. Tamar Kamionkowski and Wonil Kim, eds., *Bodies, Embodiment and Theology of the Hebrew Bible* (London: T & T Clark, 2010), 165쪽. 우가리트 이야기 전체의 영어 번역문은 다음 사이트를 보라: http://inamidst.com/stuff/notes/feast.

27 다음 자료를 보라. Patrick E. McGovern, *Ancient Wine: The Search for the Origins of Viniculture* (Princeton, NJ: Princeton University Press, 2003) 228~30쪽; Randall Heskett and Joel Butler, *Divine Vintage, Following the Wine Trail from Genesis to the Modern Age* (New York: St. Martin's Press, 2012), 93~94쪽. 가나안의 신 엘(El)이 [언젠가 술을 마시다] 지쳐 기절했다고 전하기 때문에 마르제아 참가자들 역시 "신들을 모방해 인사불성이 될 때까지 술을 마셨다." 따라서 그 "하늘 잔치"는 극단적 도취와 "신과 인간의 직접 접촉" 기회를 제공했다. 구약성서에서 마르제아에 대한 언급은 「아모스서」 6장 4~7절, 「예레미야서」 16장 5절, 「민수기」 13장 1~33절에 나온다. 특히 「민수기」에서 모세는 이스라엘의 열두 지파에서 각각 한 명씩 첨자를 선발해 총 열두 명을 파견한 뒤 '약속의 땅'에서 약쟁이 이교도들이 실제로 무슨 일을 하는지 살펴보게 한다. 첨자들은 두 명이 달려들어야 운반할 수 있을 만큼 매우 거대한 포도송이를 갖고 돌아온 것으로 유명하다. 이 사건을 소재로 삼은 여러 미술 작품 중 밀라노 대성당(Duomo di Milan) 외벽에 설치된 프란체스코 카라벨리(Francesco Carabelli)의 얕은 부조는 그 임무가 얼마나 힘들었을지 잘 보여준다. 역시 그 의미는 명확하다. 텔 카브리의 계승자들이 무엇을 꾸미고 있었던 그것은 이 세계를 벗어난

일이었을 것이다.

28 다음 자료를 보라. Elizabeth M. Bloch-Smith, "The Cult of the Dead in Judah: Interpreting the Material Remains," *Journal of Biblical Literature*, vol. 111, no. 2 (Summer 1992): 213~24쪽에서 214, 219쪽. www.jstor.org/stable/3267540. 예루살렘의 남성 정통파를 제외하면 유대인 샤먼의 역할에서는 여성이 지배적이었다는 주장이 오래전부터 있었다. "그런 역할 가운데 하나는 세대 간의 중재자인 선조들을 제공하고, 선조들에게 상담하는 일이었다." 여성은 이번 삶과 다음 삶 사이의 자연적 중개자로 여겨졌지만 야훼의 남성 예언자들 역시 이른바 "은혜 갚은 죽은 자"(Grateful Dead)의 묘지에 관해 잘 알고 있었다. 「이사야서」 8장 19절에서 야훼가 이사야를 무시할 때, 구약성서의 선견자는 세상을 떠난 선조들에게서 조언을 구하라고 독려받는다. "재잘거리고 중얼거리는 유령과 친숙한 영들. 민족이 그 신성한 존재들에게 물어봐야, 즉 산 자를 대신해 죽은 자에게 물어봐야 마땅하지 않겠는가?" 또 다음 자료를 보라. Earl Lee, *From the Bodies of the Gods* (Paris, ME: Park Street Press, 2012), 64~65쪽.

29 Zeyad al-Salameen and Hani Falahat, "Two New Nabataean Inscriptions from Wadi Musa, with Discussion of Gaia and the Marzeah," *Journal of Semitic Studies*, vol. 57, no. 1 (March 2012): 37~51쪽에서 43~45쪽. 「루카 복음서」 13장 32절에서 예수는 자기를 죽이고자 하는 독재자 헤롯을 알로펙스(ἀλώπηξ), 즉 '여우'라 부르는데, 이 단어는 히브리어로 대략 '잡것' 또는 '멍청이'라는 뜻이었을 것이다. 다음 자료를 보라. Hermann Strack and Paul Billerbeck, *Kommentar zum Neuen Testament aus Talmud und Midrasch* (Munich, Germany: C. H. Beck, 1960), 2:200–201.

30 John McLaughlin, *The Marzeah in the Prophetic Literature: References and Allusions in Light of the Extra-Biblical Evidence* (Boston: Brill, 2001), 47쪽: "나바테아의 종교에서 두샤라(Dushara)는 다른 여러 신 중에서도 특히 그리스의 디오니소스 신에 상응했는데, 그 신이 도취와 결부된다는 사실은 그 연계에서 폭음이 일익을 담당했음을 시사한다. 이 견해는 돌로 만든 물체들[이스라엘 남부 네게브 사막의 아브다트(Avdat)에서 발굴된 구유 형태의 그릇 네 개] 자체의 목적에 의해 강화된다. 비문에 나온 명칭이나 각각의 바닥에 있는 액체 자국을 보면, 그 그릇들이 액체를 담는 데에 사용되었음을 나타낸다. 아울러 일반적인 마르제아에서 포도주가 담당하는 역할과 이 특정 마르제아가 두샤라/디오니소스에게 헌정되었다는 사실을 고려해보면 그 그릇에 액체의 일종을 담았다고 추측하는 것이 타당하다. 나아가 그 물체들의 크기만 보아도 상당한 양의 포도주가 사용되었음을 암시한다."

31 Carl Kerenyi, *Dionysos: Archetypal Image of Indestructible Life* (Princeton, NJ: Princeton University Press, 1976), 303쪽.

32 1 Peter 4:6.

33 Euripides, *The Bacchae*, 422~30쪽.

34 A. J. Nijboer, "Banquet, Marzeah, Symposion and Symposium during the Iron Age: Disparity and Mimicry," in Franco de Angelis, ed., *Regionalism and Globalism in Antiquity: Exploring Their Limits* (Walpole, MA: Peeters, 2013), 95~126쪽. 특히 96쪽에서는 엘리트의 마르제아를 규정하는 속성을 다음과 같이 설명한다. "상류층 남성의 실천, 왕실의 후원, 특정 신과의 연계, 고기와 포도주를 이용한 잔치, 훌륭한 향유의 사용, 포도밭과 농지의 소유, 누울 수 있는 안락의자가 종종 설치된 잔치 장소, 음악, 후손 육성과 결부되었을 가능성이 있는 죽음 및 장례와의 상호 연관성." 특히 더 나중에 그리스와 이탈리아에서의 잔치에 미친 이런 동양의 영향력이 부각된다. "지중해 서부 레반트와 페니키아-카르타고 세계에서의 마르제아, 그리스의 (기원전 7세기부터 이탈리아 남부에 있었던 그리스 식민지의 것도 포함한) 심포시온, 이탈리아 중부의 심포시움(symposium)의 개념은 사치품, 고급 포도주, 음악, 이야기가 곁들여진 엘리트 남성의 잔치 연회 또는 술잔치를 암시하고 (…) 그들의 무수한 문화적 차이, 갈등, 무역을 둘러싼 다툼에도 이런 일련의 사건은 그리스인과 이탈리아인 전사 엘리트들과 페니키아인 전사 엘리트들 간의 지속적인 유대를 형성해주었을 것이다."

35 McGovern, *Ancient Wine*, 230쪽.

36 Luke 7:34; Matthew 11:19.

37 다음 자료를 보라. P. G. Walsh, "Making a Drama out of a Crisis: Livy on the Bacchanalia," *Greece & Rome*, vol. 43, no. 2 (October 1996): 188~203쪽, www. jstor.org/stable/643095.

38 Eric Orlin, "Urban Religion in the Middle and Late Republic," in Jörg Rüpke, ed., *A Companion to Roman Religion* (Hoboken, NJ: Wiley-Blackwell, 2011), 58~70쪽에서 64쪽.

39 다음 자료를 보라. Dan Stanislawski, "Dionysus Westward: Early Religion and the Economic Geography of Wine," *Geographical Review*, vol. 65, no. 4 (October 1975): 427~44쪽에서 441쪽, www.jstor.org/stable/213743. 기원전 2세기 이전, 디오니소스 숭배는 마그나 그라이키아에서 호의적인 청중을 발견했다. 지중해 서부에 대한 그리스의 식민화는 기원전 8세기 중반 티레니아해의 작은 섬 이스키아에서 시작되었다. 그로부터 머지않아 나폴리(또는 이런 초기의 발판들보다 젊었던 네아폴리스(Neapolis), 즉 '새로운 도시'의) 남쪽 키메(Kyme)에 이탈리아와의 무역 기지가 또 하나 설립되었다. 반도 서쪽 해안에 자리한 파이스툼과 칼라브리아 사이의 이 지역은 오이노트리아(Oenotria)라고 알려졌는데, 훗날 이탈리아 남부 전체를 이 이름으로 부르게 되었다. 물론 오이노트리아라는 이름은 그리스어 오이노스(οἶνος), 즉 '포

도주'에서 유래했다. 기름진 땅을 이용할 수 있다는 가능성은 코린토, 크레타, 로도스, 낙소스처럼 농업이 풍부한 배경 출신의 개척 식민주의자들에게 강한 유인이 되었다. 시칠리아 최초의 식민지는 적절하게도 '낙소스'라는 이름을 갖게 되었는데, 거기에서 정착민은 "디오니소스를 가장 중요하게 여기는 자신들의 숭배 관습"을 수출했다. "그리스 식민지들 중에서 가장 먼저 주화를 제작한 곳 가운데 하나인 낙소스가 주화 한 면에는 디오니소스, 다른 면에는 포도와 포도 잎에 대한 묘사를 넣은 것도 충분히 이해할 만하다."

40 Livy, *History of Rome*, 39.13: "마지막 2년 동안 20세 미만은 누구도 입문할 수 없다고 정해졌다. 그 나이 소년들은 악덕과 부패 양쪽에서 입문시키려 물색하는 대상이었기 때문이다."(biennio proximo institutum esse, ne quis maior viginti annis initiaretur: captari aetates et erroris et stupri patientes).

41 다음 자료를 보라. "Bacchus Uncovered: Ancient God of Ecstasy" (BBC Four, September 26, 2019), www.bbc.co.uk/programmes/b09z8d01.

42 Vivian Nutton, *Ancient Medicine* (New York: Routledge, 2012), 232쪽. 또 다음 자료에는 유대와 페트라에 있는 몇 가지 표본에 관해 디오스코리데스가 언급한 내용이 나와 있다. Menahem Stern, ed., *Greek and Latin Authors on Jews and Judaism, vol. 1, From Herodotus to Plutarch* (Jerusalem: Israel Academy of Sciences and Humanities, 1974), 422~25쪽. 또 다음 자료에서 저자들은 디오스코리데스가 어느 범위까지 여행했는지에 대해서는 논란이 약간 있었다고 밝힌 다음, '약물의 아버지'가 『의학의 재료에 관하여』에 언급한 지역 가운데 여러 곳을 실제로 여행했다고 궁극적으로 결론짓는다. Gavin Hardy and Laurence Totelin, *Ancient Botany* (New York: Routledge, 2016), 39쪽.

43 다음 자료를 보라. Walter Burkert, *Ancient Mystery Cults* (Cambridge, MA: Harvard University Press, 1987), 52쪽.

44 Euripides, *The Bacchae*, 487쪽.

45 John 11:48.

46 Matthias Riedl, "The Containment of Dionysos: Religion and Politics in the Bacchanalia Affair of 186 BCE," *International Political Anthropology*, vol. 5, no.2 (2012): 113~34쪽.

47 Mary Beard, John North, and Simon Price, *The Religions of Rome: vol. 1* (Cambridge, UK: Cambridge University Press, 1998), 226쪽 각주 49.

48 다음 자료를 보라. Joan Taylor, "What did Jesus really look like?" (BBC, December 24, 2015), www.bbc.com/news/magazine-35120965; Joan Taylor, "What did Jesus really look like, as a Jew in 1st-century Judaea?" *Irish Times*, February 9, 2018, www.irishtimes.com/culture/books/what-did-jesus-really-look-like-as-

a-jew-in-1st-century-judaea-1.3385334. 고대 갈릴래아에서의 남성의 몸단장을 검토해보면, 역사적 예수가 길고 치렁치렁한 머리카락을 가졌을 가능성에 대해서는 의구심이 생길 수밖에 없다. 그런데도 일부 익명 그리스도교 화가들은 그 신앙의 처음 몇 세기 동안 "디오니소스의 크고 곱슬거리는 머리카락"을 모방했으며, 히피 같은 외모를 후세에 물려주고 말았다.

49 Barry B. Powell, *Classical Myth*, 7th ed. (New York: Pearson, 2011), 201~02쪽. 이교도 이미저리에서 염소의 보편성을 고려해보면 문득 프란시스코 고야(Francisco Goya)의 〈엘 아켈라레〉(El Aquelarre)가 떠오른다. 바스크어로 "마녀의 사바트"라는 제목이 붙은 이 18세기 유화에는 눈을 번뜩이는 염소 한 마리가 참나무 잎사귀로 만든 관을 쓴 채 노파들과 시시덕거린다.

50 R. Gordon Wasson, Albert Hofmann, and Carl A. P. Ruck, *The Road to Eleusis: Unveiling the Secret of the Mysteries* (Berkeley, CA: North Atlantic Books, 2008), 98쪽. 러크의 지적에 따르면 테오프라스토스는 다음과 같이 기록을 남겼다. "약초꾼들이 속이 텅 비고 회향풀처럼 생긴 대롱에 채집한 약초를 넣어 신선도를 유지했다."

51 Plato, *Euthydemus*, 285c쪽.

52 Philostratus the Younger, *Imagines* 2, Marsyas (395K).

53 Werner Keller, *The Bible as History* (New York: Barnes & Noble, 1995), 352쪽.

11장 영원의 넥타르를 마시고

1 Wouter J. Hanegraaff, *Esotericism and the Academy: Rejected Knowledge in Western Culture* (Cambridge, UK: Cambridge University Press, 2012), 54쪽.

2 Bart D. Ehrman, *The Triumph of Christianity* (New York: Simon & Schuster, 2018). 다음 자료를 보라. Rodney Stark, *The Rise of Christianity: How the Obscure, Marginal Jesus Movement Became the Dominant Religious Force in the Western World in a Few Centuries* (San Francisco, CA: Harper San Francisco, 1997), 10쪽.

3 Carl A. P. Ruck et al., *The Apples of Apollo: Pagan and Christian Mysteries of the Eucharist* (Durham, NC: Carolina Academic Press, 2000), 145쪽.

4 이 신성 모독의 길로 나아간 사람은 러크 혼자가 아니었다. 고전학자이자 케임브리지 대학교 퀸스 칼리지 총장을 역임하고 일리(Ely)의 주교이기도 했던 프레더릭 헨리 체이스(1853~1925)가 다음 저서에서 한 말을 보라. Frederic Henry Chase, *The Credibility of the Book of the Acts of the Apostles* (London: Macmillan, 1902), 205~206쪽 각주 3, https://archive.org/details/thecredibilityof00chasuoft/에서 열람할 수 있다: "아테네인이라면 이에수스('Iησοῦς)라는 이름을 치유와 건강의 여신의 이름인 이아시스(ἴασις)와 이아소('Iασώ)와 (이오니아식으로는) 이에시스스(ἴησις)와

이에소(Ἰησώ)와) 자연스럽게 연관시킬 것이다. 특히 이오니아식 이름인 이에소는 헤로다스(Herondas)의 시에 나오는 "코스의 이에소 숭배"(vi. 6) 같은 구절을 통해 아테네인에게 알려져 있었다는 데에는 의심할 여지가 없다."

5   Ruck et al, 146쪽. 여기에서 러크는 신약성서의 다음 구절들을 인용한다. Matthew 13:15; Luke 5:17 and 13:32; John 12:40; Acts 10:38.

6   에우리피데스의 『디오니소스의 여신도들』 81행에서는 주신제 참가자가 키소 스테파노테이스(κισσώ στεφανωθεὶς), 즉 "담쟁이를 가지고" 스스로 "관을 썼다"라고 묘사된다. 나중에 펜테우스는 이 신의 독특한 상징인 그 복장을 직접 걸치고 나와 디오니소스를 테바이로 맞이하라고 독촉받았다. 341행에서 펜테우스의 할아버지 카드모스는 이렇게 명령한다. "어서 오너라, 내가 너의 머리에 담쟁이 관을 씌워주마."

7   이 색깔의 규약은 그리스 문학의 가장 오래된 사례들 중에서도 특히 『호메로스풍의 디오니소스 찬가』(Homeric Hymn to Dionysus)까지 거슬러 올라간다. 에우리피데스보다 먼저인 이 찬가에서는 그 망토가 포르푸레온(πορφύρεον), 즉 '자주색'으로 묘사된다. 다음 자료를 보라. Athenaeus, Deipnosophistae 5.198c: "그 위에는 높이 10큐비트의 디오니소스 상이 있었는데, 발치까지 내려오는 자주색 튜닉 위에 얇은 노란색 예복을 걸치고 황금빛 카르케시온(karchēsion, 그릇)에 헌주를 따르는 모습이었다. 어깨에는 금 조각들로 장식된 자주색 예복을 걸치고 있었다."

8   Justin Martyr, Dialogue with Trypho, 69장: "악마는 진실을 모방하기 때문에 바쿠스, 헤라클레이토스, 아스클레피오스에 관한 전설을 만들어냈다." 또 다음 자료를 보라. Justin Martyr, The First Apology, 54장: "이에 따라 악마들은 [『창세기』에 나오는] 이런 예언의 말을 듣자마자 바쿠스가 유피테르의 아들이라 말했고, 그가 포도의 발견자라 공표했으며, 그의 신비제에 포도주를 포함시켰다. 아울러 악마들은 그가 여러 조각으로 찢긴 뒤 하늘로 올라갔다고 가르쳤다."

9   유스티누스 이후에 알렉산드리아의 클레멘스는 에우리피데스를 고대의 랩 배틀에 관여시킴으로써 그리스도교의 논증에 노력을 약간 더 들이려고 마음먹었다. 그는 디오니소스의 모든 "술 취하"고 "광란에 사로잡힌" 추종자 모두를 향해 담쟁이와 머리 장식을 모두 벗어던지라고 촉구했다. 이 교부는 『디오니소스의 여사제들』에 나오는 키타이론산(Mount Cithaeron)이 "비극을 위한 소재"로서 허구라고 지적하면서, 청중을 향해 "진리의 극(劇)" 속에서 그리스도교 신비제의 "포도주 없는 산"을 발견하라고 독려했다. 시적인 말장난을 통해 클레멘스는 그 어떤 마이나데스(μαινάδες), 즉 '광녀들'도 그의 산의 "신성한 숲"에서 뛰어다니는 모습을 발견할 수 없고, 암나데스(ἀμνάδες), 즉 '어린 양들'만 "맨 정신 상태로 무리지어" 있을 뿐이라 말했다. 그리스어로 '광녀들'과 '어린 양들'을 가리키는 단어는 거의 비슷하며, 철자를 아주 살짝 손대면 충분히 바꿔 쓸 수도 있기 때문이다.

10   Hannah Brockhaus, "Pope on Corpus Christi: Only the Eucharist satisfies hearts"

(Catholic News Agency, June 3, 2018), www.catholicnewsagency.com/news/
pope-on-corpus-christi-only-the-eucharist-satisfies-hearts-18847.

11 "Pope celebrates Mass for Solemnity of Corpus Christi" (Vatican Radio, June
18, 2017), www.archivioradiovaticana.va/storico/2017/06/18/pope_celebrates_
mass_for_solemnity_of_corpus_christi/en-1319866.

12 "Pope Francis: The Eucharist is not a symbol, it is Jesus giving himself entirely"
(YouTube, 2015), https://youtu.be/fH9Lg4SFP0M.

13 Hyam MacCoby, *The Mythmaker: Paul and the Invention of Christianity* (New
York: Barnes & Noble, 1998), 110쪽.

14 J. G. Frazer, *Spirits of the Corn and of the Wild* (New York: Macmillan, 1912),
https://archive.org/details/goldenboughstudy07fraz/page/n8과 https://archive.
org/details/goldenboughstudy08fraz/page/n8에서 열람할 수 있다.

15 Martin Luther King, Jr., "The Influence of the Mystery Religions on Christianity,"
in Clayborne Carson, Ralph Luker, and Penny A. Russell, eds., *The Papers of
Martin Luther King, Jr. Volume I: Called to Serve, January 1929–June 1951*
(Oakland: University of California Press, 1992), https://kinginstitute.stanford.
edu/king-papers/documents/influence-mystery-religions-christianity에서 열람
할 수 있다.

16 Dennis R. MacDonald, *The Dionysian Gospel: the Fourth Gospel and Euripides*
(Minneapolis, MN: Fortress Press, 2017), 65쪽.

17 Alan Piper, "The Milk of Goat Heidrun: An Investigation into the Sacramental
Use of Psychoactive Meat and Milk," in John Rush, ed., *Entheogens and
the Development of Culture: The Anthropology and Neurobiology of Ecstatic
Experience* (Berkeley, CA: North Atlantic Books, 2013), 211쪽. 특히 오모파기아
(omophagia)에 관한 내용은 241쪽에 언급된다. 파이퍼는 한 예로 스칸디나비아와
시베리아의 순록이 환각성 버섯 아미니타 무스카리아에 대해 지니는 친근성을 지적
한다. 순록의 소변을 마시는 샤먼에 관한 전통은 많이 기록되었는데, 그렇게 해야만
버섯의 주요 정신 활성 성분인 무스키몰(muscimol)은 보전하면서도 자칫 인간에게
불쾌할 수도 있는 다른 독소를 억누를 수 있기 때문이라고 한다. 아울러 아프리카의
고릴라와 멧돼지에서도 환각성 타베르난테 이보가(Tabernanthe iboga)가 발견되었
다는 보고도 있다. 소, 말, 토끼는 가짓과 식물을 섭취해도 아무런 악영향을 받지 않지
만 그런 동물의 갑작스럽게 정신 활성된 살을 섭취한 인간은 자칫 죽을 수도 있다.

18 같은 책, 247쪽.

19 포도주를 피로 간주하는 이집트의 전통에 관해서는 다음 자료를 보라. Plutarch,
Moralia, Isis and Osiris, 6. 구약성서의 전통에 관해서는 다음 자료를 보라. Genesis

49:11. 디오니소스의 거룩한 포도주를 디오니소스의 거룩한 피로 간주하는 것에 관해서는 다음 자료를 보라. Timotheus, *Fragments, in Greek Lyric, Volume V: The New School of Poetry and Anonymous Songs and Hymns*, Loeb Classical Library (Cambridge, MA: Harvard University Press, 1993), 86~87쪽, doi:10.4159/DLCL. timotheus-fragments.1993. 티모테오스로부터 몇 세기 뒤에는 플루타르코스가 포도주를 "질주하는 포도주 신의 검붉은 피"(κελαινὸν αἷμα Διονύσου θοου)라 지칭함으로써 똑같은 이미지를 환기시켰다. Moralia, *Table Talk*, Book 5, 676E. 또 다음 자료를 보라. Walter Burkert, *Homo Necans: the Anthropolgy of Ancient Greek Sacrificial Ritual and Myth* (Berkeley: University of California Press, 1983), 225쪽.

20 Philip Mayerson, *Classical Mythology in Literature, Art and Music* (Indianapolis, IN: Hackett Publishing Company, 2011), 250쪽. 에우리피데스의 또 다른 희곡『크레타인들』(*Cretans*)에서는 디오니소스 종교의 최종 목표가 밝혀진다. 1,400행에 달하는 『디오니소스의 여신도들』과 달리 이 귀중한 단편은 겨우 120행만 남아 있다. 한 입문자는 "오모파기온(omophagion) 잔치의 제의를 거행하고" "어머니 산(Mountain Mother)을 향해 횃불을 치켜들었던" 일에 관해 이야기한다. 그 모든 것을 말하고 행한 다음 입문자는 더 이상 인간이 아니었고, "바코스"(Βάκχος)라고 "축성되고" 또 "명명된다". 그들은 디오니소스 본인이 된 것이다.

21 네 번째 복음서의 저자는 일반적으로 파트모스의 요한(John of Patmos)이라 여겨지는데, 여기에서 파트모스는 사모스 남쪽에 있는 소아시아 연안의 섬이며, 에페소스와 놀라우리만치 가까이에 있다. 에우세비오스와 이레네오는 모두 요한이 에페소에 정착해 그곳에 교회를 세웠다고 기록했다. 최근 한 세기 동안의 학술 연구도 이 견해를 지지한다. 다음 자료를 보라. Carl Clemen, "The Sojourn of the Apostle John at Ephesus." *The American Journal of Theology*, vol. 9, no. 4 (October 1905): 643~76쪽에서 674쪽, www.jstor.org/stable/3154273: "내가 보기에 「요한 복음서」의 기원이 에페소나 그 주변에 있다는 데에는 이론의 여지가 없는 듯하다. 「요한 묵시록」과의 주목할 만한 관계, 특히 우리가 유스티누스의 사례보다 먼저는 물론 나중에도 아시아에서 발견한 로고스에 관한 사색과의 관계, 세례자 요한의 추종자들에 대한 (과장해서는 안 되지만) 반박, 그리고 마지막으로 소아시아에 살았던 모든 사람의 경우에서 우리가 처음 알아차린 영향까지 모두 「요한 복음서」의 에페소 기원을 지목한다." 다음 자료를 보라. R. Brown, *An Introduction to the New Testament* (New York: Doubleday, 1997), 371~75쪽; D. A. Carson, *The Gospel According to John* (Grand Rapids, MI: Eerdmans, 1990), 86~87쪽: "전통적인 견해에 따르면 네 번째 복음서는 에페소에서 저술되었다고 한다. 몬타누스주의자(Montanist)가 요한을 이용했으며, 그들이 대개 근거로 삼은 프리기아가 에페소에서 그리 멀지 않았다는 사실이 종종 이 주장을 뒷받침하기 위해 제기된다. 하지만 「요한 복음서」는 어디에서 처음 간

행되었든 저술된 지 반세기 넘도록 프리기아에서 유통되었을 가능성이 있다. 여기에서 분명히 짚고 넘어가야 할 사실은, 교부들조차 다른 지역을 지지한 적은 전혀 없었다는 것이다. 옳든 그르든 그들은 에페소를 지목했다.”

22 Ross S. Kraemer, “Ecstasy and Possession: The Attraction of Women to the Cult of Dionysus,” *The Harvard Theological Review*, vol. 72, no. 1/2 (January – April 1979): 55~80쪽에서 70쪽, www.jstor.org/stable/1509675. 다음 자료를 보라. Glen W. Bowersock et al., eds., *Arktouros: Hellenic Studies Presented to Bernard M. W. Knox on the Occasion of His 65th Birthday* (New York: Walter de Gruyter, 1979), 188쪽: “패턴의 놀라운 완전성과 에우리피데스가 희생제를 연상시키는 종교적 용어를 반복 사용한다는 사실로 미루어볼 때 이런 상응이 우연이 아니라는 데에는 의심할 여지가 거의 없다. 이는 전통적 성질일 뿐 아니라 에우리피데스가 자기 비극의 극적이고 정서적인 절정을 희생제로 바라보고 이해하라며 청중에게 의도적이고 항상적으로 호소하기 때문이기도 하다.”

23 Kraemer, “Ecstasy and Possession,” 71, 76~77쪽. 저자는 현대 아프리카와 카리브해의 빙의 숭배에 대한 교차 문화 분석에서 I. M. 루이스(I. M. Lewis)의 인류학 학술 연구를 인용하며, 일시적인 무아경의 발작이 “사회에서 억압된 개인들이 느끼는 잠재적으로 파괴적인 정서들을 중화시킬” 수 있다고 설명한다. 당시 그리스 여성이라면 이런 사실을 상당히 잘 알고 있었을 것이다. “수많은 역사가가 지적했듯 고전기 그리스에 여성의 지위는 역대 서양 사회 여성 중에서도 최악에 해당했다.” 일종의 압력 방출 밸브로서 디오니소스 의례는 그것 외에는 “관심과 존중을 바라는 자신들의 주장을 강제할 효과적인 수단이 거의 없다시피” 했던 “약하고 짓밟힌” 사람들의 이익에 기여했을 것이다. “고통받는 사람과 빙의한 영(靈) 사이에 지속되는 관계”를(특히 “유사하게 고통받는 다른 사람들”과의 숭배 환경에서) 수립함으로써 현대적이고 주변화된 숭배는 “주로 낮은 사회 계층에 있는 사람들, 특히 여성을 끌어모음으로써” 평화를 유지했다. 디오니소스 신비제와 초기 그리스도교 신비제가 고대 지중해의 여성에게 유사한 역할을 담당했다고 상상하는 일은 자명하다.

24 다음 자료를 보라. Pliny, *The Natural History*, Book 34, chapter 19. 여기에서 저자는 그리스의 가장 위대한 조각가들 사이에서 벌어진 경쟁의 결과로 청동상 다섯 개가 신전을 장식하게 되었다고 언급한다. 또 다음 자료를 보라. Margaret Mowczko, “The Prominence of Women in the Cults of Ephesus” (personal blog, September 20, 2014), https://margmowczko.com/the-prominence-of-women-in-the-cultic-life-of-ephesus/.

25 다음 자료를 보라. Rick Strelan, Paul, *Artemis and the Jews in Ephesus* (New York: Walter de Gruyter, 1996), 120쪽. 또 다음 자료를 보라. R. A. Kearsley, “Asiarchs, Archiereis, and the Archiereiai of Asia,” *Greek, Roman and Byzantine Studies*,

vol. 27 (1986): 183~192쪽에서 186쪽.

26 Cleon L. Rogers, Jr., "The Dionysian Background of Ephesians 5:18," *Bibliotheca Sacra*, vol. 136, no. 543 (July 1979): 249~57쪽.

27 Plutarch, *Lives*, Antony 24.3. 에페소에서의 숭배에 관한 추가 증거는 비문에서 발견된다. 다음 자료를 보라. Martin P. Nilsson, *Geschichte der griechischen Religion*, vol. 2 (Munich, Germany: C. H. Beck, 1955), 359~62쪽.

28 Krystal Baugher, "Women and Beer: A 4,500-Year History Is Coming Full Circle," *Atlantic*, November 11, 2013, www.theatlantic.com/business/archive/2013/11/women-and-beer-a-4-500-year-history-is-coming-full-circle/281338/.

29 Patrick E. McGovern, *Uncorking the Past: The Quest for Wine, Beer, and Other Alcoholic Beverages* (Oakland: University of California Press, 2009), 19, 190쪽.

30 Raymond E. Brown, "Roles of Women in the Fourth Gospel," *Theological Studies*, vol. 36 (1975): 688~99쪽, www.womencanbepriests.org/classic/brown2.asp에서 열람할 수 있다.

31 Elaine Pagels, *Beyond Belief: The Secret Gospel of Thomas* (New York: Vintage, 2004), 41쪽.

32 같은 책, 89, 98~105쪽. 「마리아 막달레나 복음서」와는 별개로, 페걸스는 신성한 환영의 계시적 성격을 중요시하는 다른 여러 영지주의 텍스트를 언급한다. 「야고보 비밀의 서」(Secret Book of James)에서 예수는 야고보와 베드로를 데리고 천국으로 환각성 여행을 떠나는데, 그곳에서 사도들은 "나팔 소리가 울려" 퍼지고 "천사들이 찬양하는" 모습을 보게 된다. 이 경험을 통해 예수는 자신이 어떻게 해서 "죽은 이후뿐 아니라 지금 여기에서도 그와 함께할" 수 있는지 예증하기를 바랐다. 「사도 바오로의 기도」(Prayer of the Apostle Paul)에서 저자는 "그 어떤 천사의 눈으로도 본 적 없는" 광경을 위해 기도한다. 「베드로 묵시록」(Apocalypse of Peter)에서 이 미래의 교황은 "십자가에 달려 기뻐하고 웃는" 예수의 환영을 본다. 덕분에 그는 "평정을 유지하며 자신의 죽음을 맞이하도록" 독려받는다. 신약성서의 정경(正經) 중에서도 「요한 복음서」의 저자는 때때로 요한이 "영(靈)의 상태에서" 받은 "놀라운 환영들"을 묘사하는 「요한 묵시록」의 배후 저자로 여겨진다. 여기에서 페걸스는 "영의 상태에서"라는 구절을 "무아적 상태에서"라고 해석한다.

33 Karen Jo Torjesen, *When Women Were Priests: Women's Leadership in the Early Church and the Scandal of Their Subordination in the Rise of Christianity* (San Francisco, CA: Harper San Francisco, 1995), 15~16쪽.

34 같은 곳.

35 같은 책, 127쪽.

36 같은 책, 80쪽.

37 콜로사이의 다른 곳에서는 아피아(Apphia)가 그런 사람이었다. 「필레몬에게 보낸 서간」 1장 2절에서 바오로는 그녀를 아델페(άδελφή), 즉 '자매'라 부르는데, 이는 그녀가 초기 선교 활동에서 중요한 동역자였음을 의미한 것으로 해석된다. 소아시아 에페소 동쪽 인근 라오디케아(Laodicea)에서는 님파(Nympha)가 그런 사람이었는데, 그는 리디아와 프리스킬라처럼 부유한 후원자로서 그리스도교 활동을 위해 자기 집을 개방했다. 예루살렘에서는 베드로의 여행 동료인 성 마르코의 어머니 마리아가 그런 사람이었다. 베드로는 감옥에 갇혔다가 천사에게 구출되자 곧장 마리아의 집으로 향했다. 그리스의 코린토 옆에 있는 켄크레아이(Cenchreae)에는 역시나 부유한 여성인 포이베(Phoebe)가 있었다. 「로마 신자들에게 보낸 서간」 16장 1~2절에서 바오로는 특히 그녀를 자신의 프로스타티스(προστάτις), 즉 '후원자'라 부르면서 그녀를 디아코논(διάκονον), 즉 '보조자'(deacon, 오리게네스의 『로마서 주해』에서는 '일꾼'이라 표현하지만 그리스어와 라틴어 의미에 따라 이렇게 옮긴다 ─ 감수자)로 호칭한다. 그녀는 바오로의 「로마 신자들에게 보낸 서간」을 이탈리아에서 그들의 최종 목적지로 전달하는 임무를 맡았다.

38 1 Corinthians 16:19; Romans 16:3-5.

39 Bart Ehrman, *Misquoting Jesus: The Story Behind Who Changed the Bible and Why* (San Francisco: HarperOne, 2007), 180쪽.

40 Torjesen, *When Women Were Priests*, 33쪽.

41 M. Hengel, *Acts and the History of Earliest Christianity* (London: SCM Press, 1979), 107~08쪽.

42 Walter Burkert, *Ancient Mystery Cults* (Cambridge, MA: Harvard University Press, 1989), 52쪽, https://archive.org/details/AncientMysteryCultsWalterBurkert1987에서 열람할 수 있다.

43 Mary Beard, John North, and Simon Price, *The Religions of Rome*, vol. 1 (Cambridge, UK: Cambridge University Press, 1998), 214, 217쪽. 특히 230쪽에는 이렇게 나온다: "카이사르와 아우구스투스 모두 사적 결사(콜레기아(collegia))를 금지했는데, 사회적이고 정치적인 무질서가 벌어졌을 때 그 역할을 두려워했기 때문이라 (⋯) 2세기 중반부터 어느 누구도 모임을 하나 이상 가입할 수 없었다(그리하여 주신제 사건에서 명백했던 전반적인 음모의 망령이 제거되었다)."

44 같은 책, 225~26쪽. 결국 그리스도교에 따라붙은 "불법적인 외래 종교"라는 고정관념은 "최소한 로마에서 그리스도보다 두 세기 앞섰던 주신제 사건으로 거슬러 올라갈 수 있다."

45 다음 자료를 보라. Lulu Garcia-Navarro and Ned Wharton, "After The Flames, Notre Dame's Centuries-Old Organ May Never Be The Same Again" (WCRB, April 21, 2019), www.tinyurl.com/yylbzkzo. 또 다음 자료를 보라. Naomi Rea, "See

7 of the Most Precious Relics That Survived the Blaze at Notre Dame" (ArtNet News, April 17, 2019), https://news.artnet.com/art-world/7-artworks-and-relics-survived-notre-dame-fire-1518991.

46 Elian Peltier, "The Chaplain, the Cathedral Fire and the Race to Rescue Notre-Dame's Relics," *New York Times*, April 17, 2019, www.nytimes.com/2019/04/17/world/europe/statues-notre-dame-relics.html.

47 Hugues Lefèvre, "Exclusif-Père Fournier: 'Dans Notre-Dame en feu, j'ai récupéré Jésus et béni la cathédrale'" (*Famille Chretienne*, April 17, 2019), www.famillechretienne.fr/eglise/vie-de-l-eglise/exclusif-pere-jean-marc-fournier-dans-notre-dame-en-feu-j-ai-sorti-les-hosties-et-beni-la-cathedrale-253491.

48 "Incendie à Notre-Dame: témoignage de l'aumônier des pompiers de Paris" (YouTube, 2019), https://youtu.be/ULpcmCCMNTc.

49 Edward Pentin, "Notre Dame Priest: How Blessed Sacrament, Crown of Thorns Were Saved from Fire" (National Catholic Register, April 18, 2019), www.ncregister.com/blog/edward-pentin/notre-dame-hero-priest-describes-rescue-of-blessed-sacrament-crown-of-thorn.

50 Clemente Lisi, "Why rebuilding Notre Dame Cathedral could cost billions and take over a decade" (GetReligion, April 22, 2019), www.getreligion.org/getreligion/2019/4/22/why-rebuilding-notre-dame-could-cost-billions-and-take-over-a-decade.

12장 이 모든 것은 단순히 소풍이 아니다

1 다음 자료를 보라. S. Tofanelli et al., "The Greeks in the West: Genetic signatures of the Hellenic colonisation in southern Italy and Sicily," *European Journal of Human Genetics*, vol. 24, no. 3 (March 2016): 429~36쪽, doi: 10.1038/ejhg.2015.124.

2 Soultana Maria Valamoti, "Healing With Plants in Prehistoric Northern Greece," in Claus von Carnap-Bornheim, ed., *Von Sylt bis Kastanas, Offa*, vol. 69 – 70 (Kiel, Germany: Wachholtz, 2012 – 2013), 479~94쪽에서 487쪽.

3 Giovanni Casadio and Patricia A. Johnston, eds., *Mystic Cults in Magna Graecia* (Austin: University of Texas Press, 2009), 1쪽.

4 Peter Lampe, *From Paul to Valentinus: Christians at Rome in the First Two Centuries* (Minneapolis, MN: Fortress Press, 2003), 375쪽.

5 같은 곳. 다음 자료를 보라. Ignatius of Antioch, *Epistle to the Smyrneans*, 8쪽.

6 Carl A. P. Ruck et al., *The Apples of Apollo: Pagan and Christian Mysteries of the Eucharist* (Durham, NC: Carolina Academic Press, 2000), 191쪽.

7 예수가 라자로를 죽은 자 가운데서 부활시킨 일은 신약성서에서 그가 일으킨 가장 큰 기적이었을 것이다. 어쨌거나 그 일은 '하느님의 아들'의 운명을 결정한 사건이었을 것이다. 유대교 대사제 카야파(Caiaphas)는 이 소식을 듣고 예수가 실력을 과시하는 일을 멈추기로 마음먹었다. 「요한 복음서」 11장 11절에서 이 나자렛 출신 마법사는 자기가 케코이메타이(κεκοίμηται), 즉 '잠들어 있는' 라자로를 '깨울' 것이라 주장했다. 다음 절에서 그의 제자들은 우습게도 예수에게 라자로가 [실제로 잔다면] 머지않아 깨어날 것이니 걱정 마시라고 말한다. 이에 예수는 자기가 코이마오(koimao)라는 동사를 무슨 뜻으로 썼는지 설명한다. 즉 '그는 죽었다, 이 멍청이들아'라고 말한 셈이었다. 이는 「코린토 신자들에게 보낸 첫째 서간」 7장 39절에서 바오로가 일부일처제 그리스도교인 여성을 향해 그 남편이 코이메테(κοιμηθῇ), 즉 '잠들어 있을' 때는 다른 남성과 재혼해도 무방하다고 말했을 리 없었을 것과 매한가지이다.

8 「코린토 신자들에게 보낸 첫째 서간」 11장에 대한 엘리코트의 주석은 다음 웹사이트를 보라: www.studylight.org/commentaries/ebc/1-corinthians-11.html.

9 Karen Jo Torjesen, *When Women Were Priests: Women's Leadership in the Early Church and the Scandal of Their Subordination in the Rise of Christianity* (San Francisco, CA: Harper San Francisco, 1995), 22쪽.

10 다음 자료를 보라. Campbell Bonner, "A Dionysiac Miracle at Corinth," *American Journal of Archaeology*, vol. 33, no. 3 (July–September 1929): 368~75쪽에서 373쪽, www.jstor.org/stable/498351. 「요한 복음서」의 대상 독자로 보이는 아마존족의 후손 에페소의 광녀들과 마찬가지로, 무아경의 신의 팬들 역시 그리스의 심장부에 나타났었다. 코린토에 있는 기원전 5세기의 디오니소스 신전에서 오래전의 터널과 수로가 발굴되었는데, 이 "특이한 설비"의 목적은 "특별히 대단한 기회에" 비범하게도 그 신전에서 포도주가 흘러나오게 하기 위한 장치라고 해야 "가장 잘 설명되었다". 다음 자료를 보라. Pausanias, *Descriptions of Greece*, vol. I, Book Ⅱ.6 (Corinth). 이 지역에서 포도주 신의 우위는 에우리피데스의 『디오니소스의 여신도들』에서 직접 비롯되었다. 파우사니아스는 코린토의 시장에 있는 몇 가지 나무 이미지의 존재를 기록했는데, 전설에 따르면 그 재료는 희곡 결말부에서 펜테우스가 키타이론산에서 광녀들을 염탐하러 올라갔던 나무에서 베어낸 것이었다. 델포이의 피티아는 코린토 북동쪽 테바이 외곽에 있는 그 나무를 찾아내 "신과 동등하게 숭배하라"라고 코린토인에게 명령했다.

11 Torjesen, *When Women Were Priests*, 22쪽.

12 David B. Barrett et al., eds., *World Christian Encyclopedia* (New York: Oxford

University Press, 2001), 16쪽: "세계 기독교는 여섯 곳의 주요 교회-문화 구역, 300개의 주요 교회 전통, 238개국 3만 3,000개의 서로 다른 종파로 이루어진다."

13 "Did the Last Supper really take place as it is recorded?" (YouTube, 2009), https://youtu.be/9qCotTdUnn8. 여기에서 N. T. 라이트(N. T. Wright) 주교는 최후의 만찬의 역사적 사실성을 설명한다. 불확실한 면이 있기는 하지만 그는 결국 "[성체성사] 주위에 내 삶이 집중되어 있다"라고 말한다.

14 「로마 신자들에게 보낸 서간」 13장 11~14절에서 바오로는 로마 교회가 코린토인과 유사한 행동을 하고 유사한 용어를 사용했다는 이유로 질책한다.

15 F. Bisconti, *L'ipogeo degli Aureli in Viale Manzoni. Restauri, tutela, valorizzazione e aggiornamenti interpretativi* (Vatican City: Pontificia Commissione di Archeologia Sacra, 2011).

16 Juliette Harrisson, ed., *Imagining the Afterlife in the Ancient World* (New York: Routledge, 2018).

17 Propertius, *Elegies*, 4.5.2. 아직 살아 있는 친척이 적절하게 영양을 공급하지 않는 일은 사후의 삶에 있는 죽은 자에게 궁극적인 모욕이 된다. "땅이 네 무덤을 가시나무로 뒤덮기를, 창녀여 / 네가 혐오하는 것으로 뒤덮기를, 네 망령이 갈증을 느끼기를 / 네 재[灰]로도 네 영(靈)이 평화를 찾지 못하기를, 오히려 복수하는 케르베로스가 / 굶주린 울음으로 네 비열한 뼈를 떨게 만들기를 바라노라!" (Terra tuum spinis obducat, lena, sepulcrum / et tua, quod non vis, sentiat umbra sitim / nec sedeant cineri Manes, et Cerberus ultor / turpia ieiuno terreat ossa sono!)

18 Franz Cumont, *After Life in Roman Paganism* (New Haven: Yale University Press, 1922), 200~03쪽.

19 Ramsay MacMullen, "Christian Ancestor Worship in Rome," *Journal of Biblical Literature*, vol. 129, no. 3 (Fall 2010): 603쪽, www.jstor.org/stable/25765954.

20 Augustine, *Select Letters*, Loeb Classical Library (Cambridge, MA: Harvard University Press, 1953), 44~45쪽, doi: 10.4159/DLCL.augustine-letters.1930. 그 중 다음 대목에서 아우구스티누스는 「로마 신자들에게 보낸 서간」 13장 11절에서 바오로가 술 취함을 금지한 일을 언급하지만, 죽은 자 숭배를 완전히 불법화하는 데에는 미치지 못했다. Epistle XXII. 3 - 6 (392): "흥청거림[코미사티오네스(Comissationes)]과 술 취함은 허용되고 용인될 수 있다고 여겨진 까닭에 축복받은 순교자들을 기념하는 거룩한 날뿐 아니라 (이것만 해도 육욕적 시각 이상으로 그런 축제를 바라보는 사람 누구나 개탄할 만한 광경인데) 아무 때나 실천했으며 (…) 하지만 묘지에서의 술잔치며 사교적 난교가 육욕적이고 무지한 속인들에게는 일반적으로 순교자를 기릴 뿐 아니라 죽은 자를 위로한다고 여겨졌으므로, 내가 생각하기에는 성서적 근거하에 그것을 금지하는 일 외에도 잠들어 있는 사람들의 영을 위해 우리가

무덤에 바치는 제물을 (우리도 그들이 약간은 쓸모 있다고 믿어야 한다) 과도하지 않고 그것을 원하는 사람 누구에게나 허세나 주저함 없이 내놓을 수 있게 하되 판매하지는 않도록 보장할 수만 있다면 그 불명예스럽고도 사악한 관습을 포기하게 하기 더 수월할 듯하다."

21 같은 책, 45쪽 각주 c: "순교자의 무덤에서 이처럼 취하는 관습은 널리 퍼져 있었다. (Ps.-Cypr. Dupl. Martyr.25 'annon videmus ad martyrum memorias Christianum a Christiano cogi ad ebrietatem?' Ambr. Helia xvii. 62 'calices ad sepulchra martyrum deferunt atque illic in vesperam bibunt,' etc). 이것은 죽은 자의 무덤에서 파렌탈리아(Parentalia) 또는 페랄리아(Feralia)를 기념하던 과거 이교적 관습의 잔존이었으나, 아우구스티누스의 말처럼 교회는 완전히 억압하는 것이 아니라 오히려 무덤 위에 빵과 포도주를 공물로 바치는 일을 더 고귀한 행동으로 바꿔놓음으로써 이런 방종을 제어하려 했다(Conf. vi. 2를 보라). 순교자의 무덤은 제단으로 만들어졌으며, 주위에 그에게 헌정하는 예배당을 지어 그의 이름을 붙였다. 이는 4세기 교회가 도시 밖에 건설된 이유를 설명해준다. 공동묘지가 도시 밖에 있었기 때문이다. 10세기에야 교회는 도시 한가운데로 오게 되었다. 나아가 순교자의 명성과 성스러움의 독려로 사람들이 그 주위에 매장되었다. 그리하여 교회 내부에, 더 나중에는 교회 주위에 매장하는 관습이 생겼다. 중세 내내 교회와 공동묘지는 민중에게 신성한 장소였다. 공의회의 금지에도 그들은 거기에서 연극을 공연하고, 무도회를 열고(기랄두스 캄브렌시스(Giraldus Cambrensis)가 기록한 1188년 웨일스의 사례는 Itin. Kambr. i. 2를 보라), 술잔치를 벌이고, 폭음까지 했다.

22 성만찬 전례 텍스트는 미국 가톨릭주교회 웹사이트에서 볼 수 있다: www.usccb.org/prayer-and-worship/the-mass/order-of-mass/liturgy-of-the-eucharist/.

23 Fabrizio Bisconti, "The Art of the Catacombs," in David K. Pettegrew et al., eds., *The Oxford Handbooks of Early Christian Archaeology* (New York: Oxford University Press, 2019), 209~20쪽에서 210쪽.

24 로마 카타콤에 관한 영어 다큐멘터리 가운데 가장 뛰어난 영상은 다음 웹사이트에서 볼 수 있다: www.archaeologychannel.org/video-guide/video-guide/video-guide-list/126-the-witnesses-of-silence-discovering-romes-catacombs.

25 로마와 이탈리아 다른 지역에서 대중에게 공개된 카타콤 목록은 다음 자료를 보라: www.catacombeditalia.va/content/archeologiasacra/it/visita-catacombe/aperte-al-pubblico.html.

26 Bisconti, "The Art of the Catacombs," 211쪽.

27 Barbara Mazzei, "Preservation and use of the religious sites: case study of the roman catacombs," *European Journal of Science and Theology*, vol. 11, no. 2 (December 2014): 33~43쪽에서 41쪽.

28 다음 자료를 보라. Harold Whetstone Johnston, *The Private Life of the Romans* (Glenview, IL: Scott Foresman, 1909), www.gutenberg.org/files/40549/40549-h/40549-h.htm: "좋은 가문의 소년 옆에는 항상 믿음직한 노예(파이다고구스)가 따라다니며 학교도 함께 가고, 수업 중에도 곁을 지켰으며, 수업이 끝나면 다시 집까지 안전하게 데려다주었다. 부유한 부모를 둔 소년은 자기 가방과 석판을 대신 들어주는 노예(페디세퀴(pedisequi))를 한 명 이상 두었다. 파이다고구스는 보통 나이 지긋한 남성이었고, 훌륭한 성격을 기준으로 선발했다. 그는 도덕적인 일에서 물리적인 일까지 모든 해악에서 소년을 보호하는 임무를 지녔다. 하지만 그는 교사가 아니었다. [그리스어에서 유래한] 이 영어 단어에는 '교사'(pedagogue)라는 뜻이 있지만 말이다. 이를 제외하면 그리스어 학습이 보편화된 이후 그리스인 노예는 보통 소년이 유모에게서 배운 그리스어를 잊지 않도록 하는 역할로 선발되었다. 파이다고구스의 임무 범위는 때때로 그 대신 사용된 코메스(comes, 보호교사), 쿠스토스(custos, 선생), 모니토르(monitor, 가정교사), 렉토르(rector, 교사) 같은 라틴어 단어를 통해 분명히 드러난다. 소년은 그를 도미누스(dominus, 선생님)라 불렀으며, 가벼운 처벌을 내려 복종을 강요할 권한까지 갖고 있었던 것으로 보인다. 소년이 성인의 상징인 토가를 걸치게 되면 그의 임무도 끝나지만, 청년과 파이다고구스 사이에는 이전과 마찬가지로 처녀와 유모 사이에서 볼 수 있는 따뜻한 애정이 종종 지속되었다."

29 다음 자료를 보라. M. Hammond, "Composition of the Senate, A.D. 68–235," *Journal of Roman Studies*, vol. 47 (1957): 74~81쪽. "이 통계는 2세기 초부터 속주 출신 원로원 의원들이 수사에서 이탈리아 출신들을 능가하기 시작했음을 보여준다. 2세기 초부터 3세기 초까지 그 수는 50퍼센트에서 60퍼센트에 달했다."

30 Horatius, *Epistulae*, 2.1.156: "*Graecia capta ferum victorem cepit et artis intulit agresti Latio.*"

13장 성배

1 Larraona, *Missale Romanum* (Rome: Sacrae Rituum Congregationis, 1962), 63쪽: "accipiens calicem discoopertum cum Sanguine ambabus manibus, ut prius, elevat eum, et erectum quantum commode potest, ostendit populo adorandum."

2 다음 자료를 보라. Matthew 26:26–28; Mark 14:22–24; Luke 22:19; 1 Corinthians 11:24.

3 Ramsay MacMullen, "Christian Ancestor Worship in Rome," *Journal of Biblical Literature*, vol. 129, no. 3 (Fall 2010): 605쪽. 성 세바스티아누스(St. Sebastian)의 로마 카타콤에 있는 식당에는 3세기와 4세기의 낙서가 적혀 있는데, 그 내용을 보면

사도 베드로와 바오로를 기념하기 위해 현장에서 레프리게리아가 거행되었음이 암시된다.

4 같은 책, 606쪽.

5 같은 책, 604쪽.

6 같은 책, 603쪽.

7 같은 곳.

8 같은 책, 612~13쪽.

9 Ramsay MacMullen, "Roman Religion: The Best Attested Practice," *Historia*, vol. 66, no. 1 (January 2017): 111~27쪽.

10 아울러 라티니는 베르길리우스와 호메로스의 작품에서 관련된 행들을 인용한다. 『아이네이스』 권7에서 키르케가 "섬세한 날실 사이로 날카로운 북을 집어넣었다"라는 대목과 『오디세이아』 권10에서 "커다란 불후의 베틀 앞에서 오가며 달콤한 목소리로 노래했다"라는 대목이다.

11 Barbara Mazzei, "Quando le nuove tecnologie apportano progressi. La revisione della pulitura delle pitture murali dell'ipogeo degli Aureli," in *Lo stato dell'arte* 9, VIII Congresso Nazionale IGIIC, October 13 – 15, 2011: 523~29쪽.

12 F. Bisconti, *L'ipogeo degli Aureli in Viale Manzoni. Restauri, tutela, valorizzazione e aggiornamenti interpretativi* (Rome: Pontificia Commissione di Archeologia Sacra, 2011), 178쪽.

13 Homer, *The Odyssey*, 11.34; 10.564 – 565.

14 Bisconti, *L'ipogeo degli Aureli in Viale Manzoni*, 185쪽.

15 Robert Lamberton, *Homer the Theologian: Neoplatonist Allegorical Reading and the Growth of the Epic Tradition* (Oakland, CA: University of California Press, 1989), 1쪽.

16 Lamberton, *Homer the Theologian*, 173쪽 각주 36. 다음 자료에서는 나아센파 영지주의자(Naassenian Gnostic)가 영혼의 인도자 헤르메스에 관한 호메로스의 묘사를 예수라 해석한 방식에 관해 언급한다. Meghan Henning, *Educating Early Christians Through the Rhetoric of Hell: 'Weeping and Gnashing of Teeth' as Paideia in Matthew and the Early Church* (Heidelberg, Germany: Mohr Siebeck, 2014), 76쪽 각주 165.

17 Bisconti, *L'ipogeo degli Aureli in Viale Manzoni*, 17쪽: "바오로(또는 바오로의 도상학을 준비할 플로티노스 양식이라 정확히 여겨지는 대리석 초상화 중 플로티노스의 인상학적 정경에 가장 가까운 철학자)의 얼굴은 상징적 모티프들의 포트폴리오 안에 위대한 근동 철학 이론의 동양적 전통을 보유했던 상상 화가들의 [아우렐리우스 가문 지하 묘지에서의] 활동에서 가장 예리한 증언을 상징한다."

18 Plotinus, *Enneads*, I.6.8.25. 다음 자료를 보라. Pierre Hadot, *Plotinus or the Simplicity of Vision* (Chicago: University of Chicago Press, 1998), 30쪽.

19 Lamberton, *Homer the Theologian*, 42쪽.

20 다음 자료를 보라. Sarah B. Pomeroy, *Pythagorean Women: Their History and Writings* (Baltimore, MD: Johns Hopkins University Press, 2013).

21 Carl A. P. Ruck, "The Cave of Euripides," *Time and Mind*, vol. 8, no. 3 (2015): 279~302쪽에서 282쪽, doi.org/10.1080/1751696X.2015.1066127.

22 같은 책, 292쪽.

23 같은 책, 299쪽.

24 Calvert Watkins, "Let Us Now Praise Famous Grains," *Proceedings of the American Philosophical Society*, vol. 122, no. 1 (February 15, 1978): 10쪽.

25 같은 책, 14쪽.

26 같은 책, 16쪽.

27 John 6:60.

28 Nikolaus Himmelmann, *Das Hypogäum der Aurelier am Viale Manzoni: Ikonographische Beobachtungen* (Mainz, Germany: Akademie Der Wissenschaften Und Der Literatur, 1975).

29 같은 책, 17~20쪽.

30 Himmelmann, citing Martin P. Nilsson, *Geschichte Der Griechischen Religion* (Munich: C.H. Beck, 1967), 663쪽: "신비제 참가자는 축복의 나뭇가지를 운반했다 (o.S. 126). 그들은 화환(Bekraenzung)을 썼다. 비록 이것은 나중에 언급되지만 말이다(10). 이들은 오른손과 왼발에 끈을 묶었다(11). 우리는 이런 제의의 시기를 알지 못하지만 그것들이 가장 오래된 버전에 속하지 않는다고 말할 만한 근거는 없다."

31 다음 자료를 보라. R. A. S. Seaford, "The Mysteries of Dionysos at Pompeii," in H. W. Stubbs, ed., *Pegasus: Classical Essays from the University of Exeter* (Exeter, UK: University of Exeter, 1981), 52~68쪽.

32 George Rawlinson, *The History of Herodotus*, vol. II (New York: D. Appleton, 1859), 75쪽. 19세기에 J. G. 윌킨슨(J. G. Wilkinson) 경이 지적한 것처럼, 보르게세 꽃병과 무수히 많은 다른 고대의 사례에서 명백히 드러나는 "바쿠스의 창(槍) 머리에 솔방울을 채택한 일"은 "포도주 부대에, 그리고 나중에는 암포라에 수지 물질을 집어넣은 데에서 비롯했다."

33 Victoria Hearnshaw, "The Dionysiac Cycle in the Villa of the Mysteries: a Re-Reading," *Mediterranean Archaeology*, vol. 12 (1999): 43~50쪽에서 47쪽, www.jstor.org/stable/24667847: "예를 들어 에우리피데스의 『디오니소스의 여신도들』에서 디오니소스의 귀의자들은 때때로 그를 대신하는 행동에 돌입하도록 자극받아야

했다. 리사(Lyssa)는 특별히 요구된 의인화였다. 그녀는 내키지 않아 하는 사람들에게 박차를 가해 '광기'로 밀어넣은 다음 저택에 있는 부조의 참가자들처럼 각자의 머리카락을 어깨까지 늘어뜨린다. 그 의례적 매질은 감각을 고조시키는 수단으로 여겨졌을 수도 있는데, 감각의 고조는 또다시 여성 참가자를 흥분시켜 광란으로 몰아넣을 것이기 때문이다." 또 다음 자료를 보라. Euripides, *The Bacchae*, 795. 여기에서 무아경의 신은 변장한 채로 펜테우스에게 다가가 난폭한 변성 의식 상태로의 부름에 더 이상 저항하지 말라고 조언한다. "나라면 막대기(kentra)에 화내며 그것을 걷어차는 대신 그[디오니소스]에게 희생을 바치겠소. 인간이 신에게 맞서다니."

34 Olga Levaniouk, "The Toys of Dionysos," *Harvard Studies in Classical Philology*, vol. 103 (2007): 165~202쪽에서 188~190쪽, www.jstor.org/stable/30032222.

35 Bisconti, *L'ipogeo degli Aureli in Viale Manzoni*, 10쪽.

14장 영지주의 성만찬

1 Robert Kahn et al., eds., *City Secrets: Rome* (Melbourne: The Little Bookroom, 2000), 79~80쪽.

2 5장 16번 주를 보라.

3 Carl A. P. Ruck et al., *The Apples of Apollo: Pagan and Christian Mysteries of the Eucharist* (Durham, NC: Carolina Academic Press, 2000), 151쪽.

4 Eusebius, *Ecclesiastical History*, II.13. 시몬 조상(彫像)의 실존 여부는 의심스럽다. 1574년 티베리나섬(Isola Tiberina)에서 기념물이 하나 실제로 발견되기는 했지만, 그 비문 일부에는 순교자 유스티누스가 언급한 "시모니 데오 산크토"(SIMONI DEO SANCTO)가 아니라 "세모니 산코 데오"(SEMONI SANCO DEO)라고만 나와 있었다. 사비네족의 맹세와 계약의 신 세모 산쿠스(Semo Sancus)를 가리키는 것으로 추정된다.

5 같은 곳.

6 Irenaeus, *Adversus Haereses*, 1.23.4. 다음 자료를 보라. Epiphanius of Salamis, Adversus Haereses Book 1, Sect 21, 2.1, https://archive.org/details/epiphanius01epip/ 239쪽에서 열람할 수 있다. 여기에서 시몬은 "꿀에 헬레보레(hellebore)를 섞듯 그리스도 이름의 존엄에" 델레테리온(δηλητήριον), 즉 '독약'을 집어넣었다고 비난한다.

7 Elaine Pagels, *The Gnostic Gospels* (New York: Vintage, 1989), 36쪽.

8 같은 곳.

9 같은 곳.

10 William Christian Pinner, *Reception of the Fourth Gospel in the Second Century*

(master's thesis, University of Georgia, 2007), 42~46쪽, https://getd.libs.uga.edu/pdfs/pinner_william_c_201005_ma.pdf에서 열람할 수 있다.

11 Ruck, *Apples of Apollo*, 187쪽.

12 Hippolytus, *Refutatio Omnium Haeresium*, Book 6, 39~40쪽, https://archive.org/details/origenisphilosop00hipp/ 200~201쪽에서 열람할 수 있다. 파르마콘을 일곱 번이나 언급한 이후 히폴리토스는 여성들이 "뭔가 신성한 것, 즉 신이 고안한 것을 마시기라도 하는 듯 그 혼합물을 마시러 나아갔다"라는 설명으로 마르쿠스의 약물 함유 비밀에 관한 자신의 논의를 마무리한다.

13 Irenaeus, *Adversus Haereses*, 1.13.2.

14 같은 곳. 여기에서 마르쿠스가 여성 귀의자들을 정신 나가게 만드는 데 사용한 방법을 묘사하기 위해 이레네오가 사용한 단어는 엑소이스트레사스(ἐξοιστρήσας)이다. 이 동사는 그리스어 오이스트로스(οἶστρος)에서 비롯되었는데, 직역하면 '등에'라는 곤충을 뜻하지만 디오니소스의 광기라는 맥락에서는 '침'(針)이나 '미친 격정'을 뜻할 수도 있다. 나중에 이레네오는 마르쿠스주의자가 시몬주의자와 똑같은 이단적 성사(필트라(φίλτρα)와 아고기마(ἀγώγιμα), 즉 '사랑의 부적'과 '사랑의 묘약'을)를 사용한다며 비난한다. 다음을 보라. 같은 책, 1.13.5.

15 Pagels, *Gnostic Gospels*, 141쪽.

16 같은 곳.

17 Elaine Pagels, *Beyond Belief: The Secret Gospel of Thomas* (New York: Vintage, 2004), 180쪽.

18 Karen Jo Torjesen, *When Women Were Priests: Women's Leadership in the Early Church and the Scandal of Their Subordination in the Rise of Christianity* (San Francisco, CA: Harper San Francisco, 1995), 222쪽.

19 Sacred Congregation for the Doctrine of the Faith, "Declaration Inter Insigniores on the Question of the Admission of Women to the Ministerial Priesthood" (Vatican City, October 15, 1976).

20 같은 책. 다음 자료를 보라. Pope John Paul Ⅱ, "Ordinatio Sacerdotalis" (Vatican City, May 22, 1994). 또 다음 자료를 보라. Cardinal Luis F. Ladaria, "In Response to Certain Doubts Regarding the Definitive Character of the Doctrine of Ordinatio Sacerdotalis" (Vatican City, May 29, 2018).

21 "Declaration Inter Insigniores on the Question of the Admission of Women."

22 Letha Clair Robertson, "Saints, Shrines, and Relics: Bernini's Reliquary Balconies in St. Peter's Basilica" (seminar paper, University of Kansas, May 19, 2005), http://stpetersbasilica.info/Docs/LCR/SSRelics.htm에서 열람할 수 있다.

23 가톨릭교회 교리문답서의 텍스트는 다음 바티칸 웹사이트에서 볼 수 있다: https://

www.vatican.va/archive/ENG0015/_INDEX.HTM

24 Bruno Bartoloni, "All the Mystery Surrounding St Peter's Tomb," *L'Osservatore Romano*, August 29, 2012.

25 성 베드로 대성전 관리처 웹사이트는 다음과 같다: www.vatican.va/various/basiliche/san_pietro/index_it.htm.

26 Pietro Zander, *La necropoli di San Pietro. Arte e fede nei sotterranei della Basilica vaticana* (Rome: Elio de Rosa, 2015), 145~151쪽.

27 Martin Wallraff, *Christus Verus Sol. Sonnenverehrung und Christentum in der Spätantike* (Münster: Aschendorff, 2001).

28 John Beckwith, *Early Christian and Byzantine Art* (New Haven, CT: Yale University Press, 1986), 19쪽.

29 Zander, *La necropoli di San Pietro*, 301쪽.

30 Beckwith, *Early Christian and Byzantine Art*, 19쪽.

31 Valdis Leinieks, *The City of Dionysos: A Study of Euripides' Bakchai* (Stuttgart and Leipzig: B. G. Teubner, 1996), 187쪽.

32 프리스킬라의 카타콤 웹사이트는 다음과 같다: www.catacombepriscilla.com.

33 *Le Catacombe di Priscilla* (Vatican City: Pontificia Commissione di Archeologia Sacra, 2016), 40쪽. 또 다음 자료를 보라. Vincenzo F. Nicolai et al., *The Christian Catacombs of Rome: History, Decoration, Inscriptions* (Stuttgart: Art Stock Books, 2006). 프리스킬라 카타콤의 다른 곳에 있는 비문에는 374년 또는 375년 3월에 거행된 레프리게리움에 관한 기록이 있다.

34 다음 자료를 보라. Mary M. Schaefer, *Women in Pastoral Office: The Story of Santa Prassede, Rome* (New York: Oxford University Press, 2013), 187쪽.

35 Dorothy Irvin, "The Ministry of Women in the Early Church: the Archeological Evidence," *Duke Divinity School Review*, vol. 2 (1980): 76~86쪽에서 83쪽.

36 *Le Catacombe di Priscilla*, 46쪽.

37 같은 곳.

38 같은 책, 47쪽.

39 같은 책, 46쪽.

40 Nicola Denzey, *The Bone Gatherers: The Lost Worlds of Early Christian Women* (Boston: Beacon Press, 2007), 102쪽.

41 성 마르켈리누스와 성 페트루스의 카타콤의 웹사이트는 다음과 같다: www.santimarcellinoepietro.it/english/.

42 Janet Tulloch, "Women Leaders in Family Funerary Banquets," in Carolyn Osiek et al., *A Woman's Place: House Churches in Earliest Christianity* (Minneapolis,

MN: Fortress Press, 2005), 164~193쪽에서 165쪽.

43 같은 책, 173쪽.

44 같은 책, 176쪽.

45 같은 책, 182, 192쪽.

46 같은 책, 186쪽.

47 D. E. Eichholz, "Galen and His Environment." *Greece&Rome*, vol. 20, no. 59 (June 1951): 60~71쪽에서 64쪽, www.jstor.org/stable/640892.

48 Tulloch, "Women Leaders," 190쪽. 현재 독일 트리어 소재 라이니셰스 박물관 (Rheinisches Landesmuseum)에 소장된 꽃병에는 "다 칼둠"(Da caldum)이라는 구절이 있다.

15장 신비제 해안 고속도로

1 William Anderson, "An Archaeology of Late Antique Pilgrim Flasks," *Anatolian Studies*, vol. 54 (2004): 79~93쪽, www.jstor.org/stable/3643040.

2 Stephanie Hagan, "Death and Eternal Life at Beth Shean," Penn Museum's *Expedition Magazine*, vol. 55, no. 1 (2013): 33~36쪽, www.penn.museum/sites/expedition/articles/ volume55-issue1/.

3 Plato, *Phaedo*, 64a.

4 Peter Kingsley, *In the Dark Places of Wisdom* (Inverness, CA: The Golden Sufi Center, 1999), 79쪽.

5 같은 책, 112쪽.

6 같은 책, 100쪽.

7 같은 책, 111쪽.

8 같은 책, 82쪽.

9 같은 책, 84쪽.

10 같은 책, 102~103쪽.

11 Roy Merle Peterson, *The Cults of Campania*, vol. I (Rome: American Academy in Rome, 1919), https://archive.org/details/cultsofcampania00pete/page/n6에서 열람할 수 있다.

12 같은 책, 26쪽.

13 같은 책, 28쪽.

14 같은 책, 31쪽.

15 같은 책, 36쪽.

16 같은 책, 39쪽.

17 Peter Kingsley, *Ancient Philosophy, Mystery, and Magic: Empedocles and Pythagorean Tradition* (Oxford: Clarendon Press, 1995), 222~227쪽. 엠페도클레스의 단편 111번의 정확한 의미가 무엇인지는 열띤 논쟁의 대상이지만, 킹즐리는 "그 주된 의미가 식물에서 추출한 마법적 치료제라는 데에는 의심할 여지가 없다"라고 지적했다. 하지만 그는 그 단어에 함의된 "'주문'(呪文) 또는 '주어'(呪語)라는 더 넓은 의미"를 선호했다. 즉 "식물을 수집하고 장만하는 동안에 외우는 주문(ἐπωιδαί)이다."

18 Marina Ciaraldi, "Drug preparation in evidence? An unusual plant and bone assemblage from the Pompeian countryside, Italy," *Vegetation History and Archaeobotany*, vol. 9 (2000): 91~98쪽에서 91쪽, doi.org/10.1007/BF01300059.

19 같은 책, 95쪽.

20 같은 곳.

21 같은 곳.

22 같은 책, 97~98쪽.

23 같은 책, 97쪽.

24 Giovanni Casadio, "Dionysus in Campania: Cumae," in Giovanni Casadio and Patricia A. Johnston, eds., *Mystic Cults in Magna Graecia* (Austin, TX: University of Texas Press, 2009), 33~45쪽에서 33, 35쪽. "(최소한 이교의) 신들은 육체를 갖고 있다. 그들은 마시고, 먹고, 교접하고, 세월이 흐르면 쇠락하며, 노년의 질환을 앓는다. 지중해 이교의 모든 신 가운데에서도 가장 이교적인 신(디오니소스-바쿠스)이 자신의 가장 뿌리 깊은 습관을 포기하지 않은 채 자신의 세 번째 시대를 보내기 좋아했을 법한 장소는 이상적으로 캄파냐와 동일시될 수 있다. 베수비오산이나 캄피 플레그레이(Flegrean Fields) 같은 토양의 분출이나 빙빙 도는 타란텔라 춤이나 호색적이고 희극적인 인물 풀치넬로 같은 주민의 비등(沸騰)을 고려할 때 그곳이야말로 본래 난교적인 성격을 지닌 땅이었기 때문이며 (…) 가에타만부터 나폴리만까지의 이스키아섬, 베수비오산, 소렌토 반도에 걸치는 해안 지역에 활기를 불어넣은 저 물결치는 비티페리 콜레스(vitiferi colles) 포도를 심은 언덕과 거기에서 비롯하는 유명한 호라티우스의 사례에서처럼 거의 영적인 수준까지 상승하는 술 취함의 상태를 가리키는 테물렌티아 노비스(temulentia nobilis, 고귀한 음주)야말로 캄파냐 풍경의 표장이다."

16장 무한의 복음서와 두꺼비 성만찬

1 바티칸 비밀 문서고 웹사이트는 다음과 같다: www.archiviosegretovaticano.va/content/archiviosegretovaticano/en/l_archivio/ambienti/bunker-e-depositi.html.

2 Ingrid D. Rowland, *Giordano Bruno: Philosopher/Heretic* (Chicago: University of

Chicago Press, 2009), 276쪽.

3 2014년 폭스와 내셔널 지오그래픽 채널에서 방영된 다큐멘터리 시리즈 〈코스모스: 시공간의 오디세이아〉(Cosmos: A Spacetime Odyssey)에서 우주물리학자 닐 디그래스 타이슨(Neil deGrasse Tyson)은 브루노에게 각별히 존경을 표한다. 그가 브루노를 언급한 대목은 다음 웹사이트에서 볼 수 있다: https://vimeo.com/150392001.

4 NASA의 외행성 관련 웹사이트는 흥미진진한 자료이다: https://exoplanets.nasa.gov/the-search-for-life/exoplanets-101/.

5 갈릴레오를 겨냥한 기소장의 영어 번역문은 다음 사이트에서 볼 수 있다: https://hti.osu.edu/sites/hti.osu.edu/files/documents_in_the_case_of_galileo_1.pdf.

6 Frances A. Yates, *Giordano Bruno and the Hermetic Tradition* (Chicago: University of Chicago Press, 1991).

7 『영웅적 열광자들』의 영어 번역문은 다음 사이트에서 볼 수 있다: www.gutenberg.org/files/19833/19833-h/19833-h.htm. 이탈리아어 원문은 다음 사이트에서 볼 수 있다: www.letteraturaitaliana.net/pdf/Volume_5/t113.pdf.

8 Maria Luisa Ambrosini, *The Secret Archives of the Vatican* (New York: Barnes & Noble Books, 1996), 195쪽.

9 브루노 필사본의 210쪽 뒷면(folio 210v)을 직접 번역해보면 이렇다: "그는 답변하기를, 미사를 사랑의 기술을 위한 성직자의 은신처라고 조롱했으며, 성변화에 대해서는 (그 이야기를 하려면 분노하지 않을 수 없는데) 빵이 살로 변화될 수 없으므로 그것은 수간, 신성 모독, 우상 숭배라 말했다."(rispondea burlandosi, che messa porto d'officio de arte amandi, e de la transubstantione me ne parlo quando ragiono de la Irirrita dicendo che non si potea transmutare pane in carne e ch'erano bestialita, bestemie et idolatria).

10 다음 자료를 보라. N. J. Walforf, "Luther and Consubstantiation," *Ministry Magazine*, November 1936, www.ministrymagazine.org/archive/1936/11/luther-and-consubstantiation에서 열람할 수 있다. 마르틴 루터 같은 16세기 종교 개혁가들은 가톨릭교회의 성변화 교의에서 나타나는 검증 불가능한 신앙의 도약에 대해 무척 불만을 품었다. 하지만 그들이라고 해서 훨씬 낫지도 않았다. 1529년부터 1536년까지 여러 차례 회의한 프로테스탄트 종교 개혁 지도자들은 이른바 '실체공존설'(consubstantion, 성체성사에 있어 빵과 포도주의 실체 및 그리스도의 인성이 실체로 공존한다는 설 — 감수자) 또는 성사적 결합이라는 역시나 혼란스러운 교의를 만들어내고 말았는데, 여기에서는 빵과 포도주의 실체 '그리고' 예수의 살과 피의 실체가 '모두' 축성된 성체에 항상 존재한다고 보았다.

11 "What Americans Know About Religion" (Pew Research Center, July 23, 2019), https://pewrsr.ch/2Gh6pmo.

12 James T. Keane and Sam Sawyer, S.J., "Explainer: Why the Eucharist is confusing for many Catholics (and survey researchers)," (*America*, August 09, 2019), www.americamagazine.org/faith/2019/08/09/explainer-why-eucharist-confusing-many-catholics-and-survey-researchers.

13 Giordano Bruno, The Ash Wednesday Supper, edited and translated by Edward A. Gosselin and Lawrence S. Lerner (Toronto: University of Toronto Press, 1995), 50쪽: "성체성사에 대한 연금술적이고 브루노적인 이해, 즉 잔의 참된 예식은 만찬에 대해 프로테스탄트나 전통적인 가톨릭의 정의에서 허락하는 것보다 깊은 본질들의 혼합과 관련되어 있다. 브루노의 친교는 능동적인 양방향 과정이며, 이는 인간 존엄성의 내재성에 대한 브루노의 견해와도 일맥상통한다. 따라서 이는 가톨릭과 프로테스탄트의 간극 양쪽에 있는 편협한 신자들의 수동적인 '일방적' 친교를 초월한다. 더이상 해롭지 않은 성체성사와의 관계를 통해 인간에서 인간에게로, 그리고 하느님에게서 인간에게로 흐르는 신성한 촉발에 의해 활성화된 인간도 마찬가지이며 (…) 성사를 받음으로써 인간은 우주를 움직이는 원인인 물활론적 힘을 공유할 수 있다."

14 Pierre Hadot, *Plotinus or the Simplicity of Vision* (Chicago: University of Chicago Press, 1998), 40쪽. 또 다음 자료를 보라. Plotinus, *Enneads*, V.8.4.36 and V.8.5.5.

15 Alessandra Stanley, "Pope Asks Forgiveness for Errors of the Church Over 2,000 Years," *New York Times*, March 13, 2000, www.nytimes.com/2000/03/13/world/pope-asks-forgiveness-for-errors-of-the-church-over-2000-years.html.

16 Charles Seife, "Vatican Regrets Burning Cosmologist," *Science*, March 1, 2000.

17 Massimo Faggioli, "Flirting with Schism: the Right-Wing Effort to Delegitimize Pope Francis," *Commonweal*, September 6, 2018, www.commonwealmagazine.org/flirting-schism.

18 Walter Strauss, "The Wherewithal of Witches," *Notes in the History of Art*, vol. 2, no. 2 (Winter 1983): 16~22쪽에서 17쪽, www.jstor.org/stable/23202279. 또 다음 자료를 보라. A. Laguna, "Contes à la première personne (extraits des livres sérieux du docteur Laguna)," *Bulletin hispanique*, vol, 58, no. 2 (1956): 201~06쪽에서 204쪽, www.persee.fr/doc/hispa_0007-4640_1956_num_58_2_3484에서 열람할 수 있다.

19 A. Alizadeh et al., "Black henbane and its toxicity—a descriptive review," *Avicenna Journal of Phytomedicine*, vol. 4, no. 5 (September—October 2014): 297~311쪽, www.ncbi.nlm.nih.gov/pubmed/25386392. 영국의 채널 4에서 1998년에 방영한 〈신성한 풀들〉 시리즈 가운데 하나도 꼭 봐야 한다: "Sacred Weeds-Henbane The Witches Brew" (YouTube, 2011), https://youtu.be/uLZiKBdMEIc.

20 Strauss, "Wherewithal of Witches," 17쪽.

21 같은 곳.

22 Linda C. Hults, "Baldung's Bewitched Groom Revisited: Artistic Temperament, Fantasy and the 'Dream of Reason,'" *Sixteenth Century Journal*, vol. 15, no. 3 (Autumn 1984): 259~79쪽에서 265~68쪽, www.jstor.org/stable/2540763: "널리 유포된 마녀사냥 지침서 『마녀 잡는 망치』(*Malleus Maleficarum*)(1486)에서는 이를 노골적으로 서술했다. '모든 마술은 육욕에서 비롯되며, 여성은 육욕에 만족하지 못한다.' 발둥의 마녀 그림은 (…) 그들의 나체와 무례한 자세와 몸짓을 통해 그들의 육욕성을 강조한다(가운데 있는 마녀를 보면 (…) '날아가는 고약'을 자기 두 다리 사이에 직접 바르고 있다). 『악마의 술책에 대하여』(*De Praestigiis Daemonum*)(1563)에서 요한 베이어르(Johann Weyer)는 대담하게도 그 연고에 들어 있는 약물 때문에 마녀는 비행의 느낌과 사바트의 성적인 행동을 경험하게 된다고 주장했다."

23 Strauss, "Wherewithal of Witches," 17쪽.

24 Carl A. P. Ruck et al., *The Apples of Apollo: Pagan and Christian Mysteries of the Eucharist* (Durham, NC: Carolina Academic Press, 2000), 144쪽.

25 12장 21번 주를 참고하라.

26 Ramsay MacMullen, *Christianity and Paganism in the Fourth to Eighth Centuries* (New Haven, CT: Yale University Press, 1999), 154쪽.

27 같은 책, 127쪽.

28 Zoe A. Ferraris and Victor A. Ferraris, "The Women of Salerno: Contribution to the Origins of Surgery From Medieval Italy," *Annals of Thoracic Surgery*, vol. 64 (1997): 1855~57쪽, www.annalsthoracicsurgery.org/article/S0003-4975(97)01079-5/pdf에서 열람할 수 있다.

29 그중에서도 두드러진 유명인사는 11세기의 의학 교수인 트로타(Trota) 또는 트로툴라(Trotula)였다. 다음 자료에 따르면, 그녀의 저서 『여성의 질병』(*Passionibus Mulierum Curandorum*)은 "유럽에서 17세기까지 여성의 건강에 관한 주요 텍스트"로 사용되었다. [Ferraris and Ferraris, "The Women of Salerno."] 또 다음 자료를 보라. "Trotula and the Ladies of Salerno," *Nature*, vol. 145 (March 30, 1940): 507~508쪽.

30 Colin Tatz and Winton Higgins, *The Magnitude of Genocide* (Santa Barbara, CA: Praeger Security International, 2016), 214쪽.

31 Carlo Ginzburg, *Ecstasies: Deciphering the Witches' Sabbath* (Chicago: University of Chicago Press, 2004), 122쪽.

32 같은 곳.

33 오늘날의 프랑스, 스위스, 이탈리아에 걸친 지역인 사보이에서 1430년대에 저술된 『카타르파의 오류』(*Errores Gazariorum*) 제목 전체를 번역하면 대략 다음과 같다:

"마녀의 이단 행위: 빗자루와 막대기를 타고 다닌다고 알려진 이들에 관하여."

34 Brian P. Levack, *The Witch-Hunt in Early Modern Europe, Third Edition* (Harlow, UK: Pearson, 2006), 21쪽.

35 Karen Jolly et al., *Witchcraft and Magic in Europe, vol. 3: The Middle Ages* (London: Athlone Press, 2002), 233쪽.

36 Thomas Hatsis, *The Witches' Ointment: The Secret History of Psychedelic Magic* (Paris, ME: Park Street Press, 2015), 70쪽.

37 같은 곳.

38 Bengt Ankarloo and Gustav Henningsen, eds., *Early Modern European Witchcraft: Centres and Peripheries* (New York: Oxford University Press, 1993), 197쪽.

39 Franco Mormando, "Bernardino of Siena, Popular Preacher and Witch-Hunter: A 1426 Witch Trial in Rome," in *Fifteenth Century Studies*, vol. 24 (1998): 84~118쪽에서 100~01쪽. 이 자료에 따르면 베르나르디노의 악명 높은 로마 설교의 날짜는 불분명한 상태이다. 또 다음 자료를 보라. Franco Mormando, *The Preacher's Demons: Bernardino of Siena and the Social Underworld of Early Renaissance Italy* (Chicago: University of Chicago Press, 1999), 235쪽, for Mormando's date of 1426.

40 Mormando, *Preacher's Demons*, 55쪽.

41 Ginzburg, *Ecstasies*, 298쪽.

42 다음 자료를 보라. Hatsis, *Witches' Ointment*, 198쪽. 여기에서 피니첼라가 다음과 같이 언급된다: "일각에서는 맨드레이크를 키르케이움이라 불렀는데, 이는 변신 연고와 물약에서 그 재료가 담당하는 역할을 가리킨다(이것은 로마의 고양이 여자 피니첼라의 물약에서도 활성 첨가물이었다). 15세기와 16세기에도 독성 물약을 여전히 불길하게 여겼다는 사실을 보여주는 뚜렷한 암시가 있다. 때때로 그러하듯 이 시기 화가들은 종교 엘리트들이 하지 않는 이야기를 전한다. 특히 인쇄기 사용을 맨 먼저 숙달했던 사람 중 하나인 인문학자 하르트만 셰델(Hartmann Schedel, 1440~1514)과 독일의 제도사 겸 판화 제작자 피르길 졸리스(Virgil Solis, 1514~1562)가 키르케를 묘사한 내용에서는 이 마법 물약이 여전히 그녀의 능력의 참된 원천으로 여겨졌다." 위의 22번 주도 참고하라.

43 Dioscorides, *Materia Medica*, Book 4.76.

44 Mormando, *Preacher's Demons*, 65쪽.

45 Ginzburg, *Ecstasies*, 299쪽.

17장 우리의 눈이 뜨였습니다

1 Joe Mozingo and John Spano, "$660-million settlement in priest abuses," *Los Angeles Times*, July 15, 2007, www.latimes.com/archives/la-xpm-2007-jul-15-me-priests15-story.html.

2 Aaron Schrank, "Attorney General Launches Statewide Investigation Into Catholic Dioceses Handling of Sex Abuse Cases" (*LAist*, May 3, 2019), https://laist.com/2019/05/03/california_ag_investigating_catholic_dioceses.php.

3 Michelle Boorstein and Sarah Pulliam Bailey, "More U.S. Catholics are considering leaving the church over the sex abuse crisis, poll says," *Washington Post*, March 13, 2019, www.washingtonpost.com/religion/2019/03/13/more-us-catholics-are-considering-leaving-church-over-sex-abuse-crisis-poll-says/.

4 다음 자료를 보라. Henry Kamen, *The Spanish Inquisition* (New Haven, CT: Yale University Press, 2014), 253쪽: "현재 이용할 수 있는 문서들을 바탕으로, 그 재판소가 존재하는 동안 최대 3,000명이 죽음을 맞이했다는 추산을 어느 모로 보나 충분히 받아들일 수 있다." 또 다음 자료를 보라. F. Almeida, ed., *História da Igreja em Portugal*, vol. IV (Oporto, PT: Coimbra, 1923), Appendix IX, 442쪽. 아프리카 출신 노예에 관해서는 다음 자료를 보라. Heather Rachelle White, "Between the Devil and the Inquisition: African Slaves and the Witchcraft Trials in Cartagena de Indies," *North Star: A Journal of African American Religious History*, vol. 8, no. 2 (Spring 2005), www.princeton.edu/~jweisenf/northstar/volume8/white.pdf에서 열람할 수 있다.

5 R. J. Rummel, *Death by Government* (Piscataway, NJ: Transaction Publishers, 2011), 162쪽.

6 Anne Jacobson Schutte, "Palazzo del Sant'Uffizio: The Opening of the Roman Inquisition's Central Archive," *Perspectives on History*, May 1, 1999, www.historians.org/publications-and-directories/perspectives-on-history/may-1999/palazzo-del-santuffizio-the-opening-of-the-roman-inquisitions-central-archive에서 열람할 수 있다.

7 A. De Blasio, *Inciarmatori, maghi e streghe di Benevento* (Naples: Luigi Pierro Tip., 1900).

8 Francis X. Blouin, Jr., ed., *Vatican Archives: an Inventory and Guide to Historical Documents of the Holy See, Supplement #1: The Archives of the Congregation for the Doctrine of the Faith, including the Archives of the former Congregation of the Holy Office and the Archives of the former Congregation for Forbidden Books* (Ann

Arbor, MI: University of Michigan, 2003), 3쪽. 성성의 발단은 12세기로 거슬러 올라간다. 하지만 1542년에야 비로소 바오로 3세가 "신앙의 고결성을 보호하고 유지하는 한편 오류와 잘못된 가르침을 추방하기 위해" 로마에 최초로 추기경 상임위원회와 법원을 임명했다.

9 C. B. Schmitt et al., eds., *Cambridge History of Renaissance Philosophy* (Cambridge, UK: Cambridge University Press, 1988), 46쪽.

10 Schutte, "Palazzo del Sant'Uffizio."

11 Blouin, ed., *Vatican Archives*, 11쪽.

12 Schutte, "Palazzo del Sant'Uffizio."

13 같은 책.

14 Cullen Murphy, *God's Jury: The Inquisition and the Making of the Modern World* (New York: Houghton Mifflin Harcourt, 2012), 20쪽.

15 펜실베이니아 윌크스베러 소재 킹스 칼리지의 역사학 교수 브라이언 A. 파블라크(Brian A. Pavlac)의 웹사이트는 마녀사냥에 대한 훌륭한 자료이다: www. brianpavlac.org/witchhunts/werrors.html.

16 Gwynn Guilford, "Germany was once the witch-burning capital of the world. Here's why" (*Quartz*, January 24, 2018), https://qz.com/1183992/why-europe-was-overrun-by-witch-hunts-in-early-modern-history/.

17 Dioscorides, *Materia Medica*, 2.210, https://archive.org/details/de-materia-medica/page/n379에서 열람할 수 있다.

18 Pliny, *The Natural History*, 24.47.75, https://archive.org/stream/naturalhistory07plinuoft#page/56/mode/2up/search/ivy에서 열람할 수 있다.

19 Plutarch, *Quaestiones Romanae*, 112쪽.

20 같은 곳. 다음 자료를 보라. D. C. A. Hillman, *The Chemical Muse: Drug Use and the Roots of Western Civilization* (New York: Thomas Dunne Books, 2008), 85~86쪽. 또 다음 자료를 보라. Karl-Heinrich Horz and Jürgen Reichling, "Hedera," in *Hagers Handbuch der pharmazeutischen*, 5th ed., (Berlin: Praxis, 1993), 4:398–407. 여기에서 저자들은 담쟁이의 환각성 성질을 다음과 같이 언급한다. "독물학 문헌을 보면, 3세 어린이가 담쟁이를 다량 섭취하고 환각을 경험했다고 한다."

21 Edward Peters, *The Magician, the Witch, and the Law* (Philadelphia: University of Pennsylvania Press, 1982), 131쪽.

22 Keith Thomas, *Religion and the Decline of Magic: Studies in Popular Beliefs in Sixteenth and Seventeenth-Century England* (London: Penguin UK, 2003), 38쪽.

23 나폴리에서 태어나고 성장한 비의학자 잠바티스타 델라 포르타(Giambattista della Porta)도 마찬가지였다. 1588년 그는 마녀 연고 내용물의 추가 후보를 언급했다. 그

중에는 바곳, 독 당근, 벨라돈나, 심지어 보리의 사악한 의붓자매이자 맥각의 이상적인 숙주인 독보리도 있었다. 그의 저서인 『자연 마법』(*Magia Naturalis*)의 이후 버전 스캔본은 미국 의회도서관에서 온라인으로 열람할 수 있다: http://hdl.loc.gov/loc.rbc/pre1801.23451.1.

24 A. D. Nock, "The Lizard in Magic and Religion," in *Essays on Religion and the Ancient World* (New York: Oxford University Press, 1972), 271~276쪽에서 273쪽.

25 같은 책, 275쪽.

26 Rossell Hope Robbins, *The Encyclopedia of Witchcraft & Demonology* (New York: Crown Publishers, 1959), 540쪽.

27 George Gifford, *A Dialogue Concerning Witches and Witchcraft: In Which Is Layed Open How Craftily the Divell Deceiveth Not Onely the Witches But Many Other, And So Leadeth Them Awrie Into Manie Great Errours* (London: Percy Society, 1842), 116쪽, https://archive.org/details/adialogueconcer00giffgoog/page/n8에서 열람할 수 있다.

28 Hernando Ruiz de Alarcón, *Treatise on the Heathen Superstitions: That Today Live Among the Indians Native to This New Spain, 1629* (Norman, OK: University of Oklahoma Press, 1987), 59쪽.

29 같은 책, 66쪽.

30 같은 책, 62쪽.

31 같은 곳.

32 Omer C. Stewart, *Peyote Religion: A History* (Norman: University of Oklahoma Press, 1993), 129쪽.

33 같은 책, 130쪽.

34 같은 책, 157쪽.

35 Eunice V. Pike and Florence H. Cowan, "Mushroom Ritual versus Christianity," *Practical Anthropology*, vol. 6 (1959): 145~50쪽, http://en.psilosophy.info/mushroom_ritual_versus_christianity.html.

나오며

1 Eran Arie, Baruch Rosen, and Dvory Namdar, "Cannabis and Frankincense at the Judahite Shrine of Arad," *Tel Aviv*, vol. 47, no. 1 (2020): 5~28쪽, doi.org/10.1080/03344355.2020.1732046.

2 Jim O'Sullivan, "Archdiocese gives $850,000 to fight marijuana bid," *Boston Globe*, October 28, 2016, www.bostonglobe.com/metro/2016/10/28/archdiocesespend-against-marijuana-legalization/qtCwVY4ViWjRFwOvcyveeK/story.html.

3 한 예로 다음 자료를 보라. Morton Smith, *Jesus the Magician* (Newburyport, MA: Hampton Roads, 2014). 이 저자는 하버드 대학교 신학대학을 졸업하고 컬럼비아 대학교에서 33년간 재직했다. 이 책은 1978년 초판 발행된 이후 그리스도교 신앙의 보수 진영에서 계속해서 논쟁을 부추겼다. 에우리피데스의 『디오니소스의 여신도들』에서 디오니소스가 고에스(γόης)와 에포도스(ἐπῳδὸς), 즉 '마법사'이자 '매혹자'라 일컬어진다는 점을 기억하기 바란다. 이와 마찬가지로 예수는 복음서 전체에 걸쳐 플라노스(πλάνος), 즉 '기만자' 또는 '요술쟁이'라 비난받았다. 이 그리스어는 영어의 '행성'(planet)의 어원이기도 한데, 이 영어 단어를 직역하면 '방랑하는 것'이라는 뜻이기 때문이다. 플라노스로서의 예수는 자신의 요술 도구를 이용해 사람들의 정신을 '엇나가게' 하거나 방랑하게 만드는 자였을 것이다. 스미스는 "그리스도교의 주문과 퇴마에서 그의 이름을 사용했다고 증언하는 방대한 분량의 자료"를 파헤친 끝에 일부 초기 그리스도교인 사이에서 강력한 마법사로서 예수의 인기를 예증했다. 예를 들어 그리스 메가라에서 출토된 1세기의 저주 평판을 보면, 예수는 헤카테나 페르세포네와 마찬가지로 자주 언급되었다. 『그리스 마법 파피루스』라고 알려진, 그리 유명하지 않은 공식과 의례 모음집에 수록된 이교적 주문 중에도 그의 이름이 언급되는데 이 파피루스의 내용 대부분은 예수 사망 직후 처음 몇 세기 동안 저술된 것이다. 그것은 "그리스도교가 4세기에 공식 지위를 획득한 이후" "점차 지하로 들어가게" 된 "종교의 한 측면"이었다. 비록 "그런 변화가 느린" 편이었지만 말이다. 스미스는 중세 내내 시골 공동묘지에서 차마 제거할 수 없었다고 입증된 죽음 숭배와 마찬가지로, 그리스도교의 비의적 버전이 "그리스도교 역사의 처음 1,000년과 그 이후까지도 믿음을 가진 그리스도교인 수십만 명에게 받아들여졌다"라고 믿는다. 다음 자료를 보라. Smith, *Jesus the Magician*, 87쪽.

4 Jan Hoffman, "A Dose of a Hallucinogen From a 'Magic Mushroom,' and Then Lasting Peace." *New York Times*, December 1, 2016), www.nytimes.com/2016/12/01/health/hallucinogenic-mushrooms-psilocybin-cancer-anxiety-depression.html.

5 Frederick S. Barrett and Roland R. Griffiths, "Classic Hallucinogens and Mystical Experiences: Phenomenology and Neural Correlates," *Current Topics in Behavioral Neurosciences*, vol. 36 (2018), 393~430쪽, doi:10.1007/7854_2017_474.

6 Alan Watts, *The Joyous Cosmology: Adventures in the Chemistry of Consciousness* (Novato, CA: New World Library, 2013), 14쪽.

찾아보기

718

기타

78쪽   Courtesy of the Archaeological Museum of Eleusis, Ephorate of Antiquities –
       Western Attica. ⓒ Hellenic Ministry of Culture and Sports

98쪽   Courtesy of the Biodiversity Heritage Library. After Sämmtliche Giftgewächse
       Deutschlands by Eduard Winkler, published in 1854. Illustration ⓒ Cameron
       Jones

101쪽 Photos ⓒ Jeremy Bigwood

139쪽 Courtesy of the Acropolis Museum and the Archaeological Museum of Eleusis,
       Ephorate of Antiquities—Western Attica. ⓒ Hellenic Ministry of Culture and
       Sports

163쪽 Courtesy of the Archaeological Museum of Eleusis, Ephorate of Antiquities –
       Western Attica. ⓒ Hellenic Ministry of Culture and Sports

166쪽 위: Courtesy of the Archaeological Museum of Eleusis, Ephorate of Antiquities–
       Western Attica. ⓒ Hellenic Ministry of Culture and Sports 아래: Courtesy of the
       British Museum Images. ⓒ The Trustees of the British Museum

181쪽 Courtesy of the National Archaeological Museum. ⓒ Hellenic Ministry of Culture
       and Sports

190쪽 Courtesy of the Archaeological Museum of Eleusis, Ephorate of Antiquities –
       Western Attica. ⓒ Hellenic Ministry of Culture and Sports

202쪽 Dror Maayan. Courtesy of Dani Nadel, Zinman Institute of Archaeology, University
       of Haifa, Israel.

207쪽 Courtesy of Juliane Haelm. ⓒ Deutsches Archäologisches Institut, DAI

208쪽 K. Schmidt, N. Becker. Courtesy of Jens Notroff. ⓒ Deutsches Archäologisches
       Institut, DAI

218쪽 왼쪽: Courtesy of the National Archaeological Museum, Ephorate of Antiquities –
       Argolid. ⓒ Hellenic Ministry of Culture and Sports 오른쪽: Courtesy of the
       National Archaeological Museum. ⓒ Hellenic Ministry of Culture and Sports

232쪽 Anna Hervera. Courtesy of Soler y Llach SL.

234쪽 Courtesy of Enriqueta Pons.

236쪽 왼쪽 위/오른쪽 위: Courtesy of M. Solé. 아래: Courtesy of Enriqueta Pons and

Museu de Arqueologia.

238쪽   Courtesy of Museu de Arqueologia de Catalunya-Girona.

240쪽   Courtesy of Enriqueta Pons.

241쪽   Courtesy of Enriqueta Pons and Museu de Arqueologia de Catalunya -Girona.

245쪽   Courtesy of Enriqueta Pons and Museu de Arqueologia de Catalunya -Girona.

250쪽   Courtesy of Centro de Estudios Vacceos Federico Wattenberg, Universidad de Valladolid, Spain.

260쪽   Courtesy of Ramón Buxó and Museu de Arqueologia de Catalunya-Girona.

309쪽   Courtesy of Musée du Louvre.

313쪽   Brian C. Muraresku; courtesy of Musée du Louvre.

350쪽   © Deutsches Archäologisches Institut Kairo, DAI Cairo

363쪽   Courtesy of Dennis Graen, Friedrich-Schiller-Universität Jena, Germany.

375쪽   Stéphane Maréchalle; © RMN-Grand Palais / Art Resource, NY

377쪽   Hervé Lewandowski; © RMN- Grand Palais / Art Resource, NY

379쪽   왼쪽: Daniel Lebée / Carine Déambrosis; © Musée du Louvre, Dist. RMN- Grand Palais / Daniel Lebée / Carine Déambrosis / Art Resource, NY 오른쪽: Philippe Lissac.

450쪽   © Ponticia Commissione di Archeologia Sacra; courtesy of Archivio PCAS.

453쪽   © Ponticia Commissione di Archeologia Sacra; courtesy of Archivio PCAS.

454쪽   © Ponticia Commissione di Archeologia Sacra; courtesy of Archivio PCAS.

461쪽   © Ponticia Commissione di Archeologia Sacra; courtesy of Archivio PCAS.

464쪽   © Ponticia Commissione di Archeologia Sacra; courtesy of Archivio PCAS.

475쪽   © Ponticia Commissione di Archeologia Sacra; courtesy of Archivio PCAS.

477쪽   © Ponticia Commissione di Archeologia Sacra; courtesy of Archivio PCAS.

481쪽   왼쪽: Courtesy of RMN. © Musée du Louvre 가운데: © Ponticia Commissione di Archeologia Sacra; courtesy of Archivio PCAS.

499쪽   With the kind permission of the Fabbrica di San Pietro in Vaticano.

502쪽   With the kind permission of the Fabbrica di San Pietro in Vaticano.

504쪽   With the kind permission of the Fabbrica di San Pietro in Vaticano.

514쪽   © Ponticia Commissione di Archeologia Sacra; courtesy of Archivio PCAS.

519쪽   © Ponticia Commissione di Archeologia Sacra; Courtesy of Archivio PCAS.

523쪽   © Ponticia Commissione di Archeologia Sacra; Courtesy of Archivio PCAS.

오랫동안 거주한 매사추세츠주 헐의 힝엄만에서 칼 러크. 2018년 5월.

엘레우시스 고고학 유적 입구의 넓은 마당에 있는 저자. 2018년 9월. Ilias Monacholias

Dear Gordon,

I shall follow your suggestions, made in your letter of March 6, concerning our inquiry in Greece. I shall try to get the information we need for our trip in order to collect ergot samples.

The first point in our programm, the question wether Ergobasin is hallucinogenic, is already cleared up. Yesterday I have made a self-experiment with 1,6 mg Ergobasin. It elicited pronounced psychotropic effects, which lastened about 10 hours. The side effects were the same which I experience after taking LSD or Psilocybin, i.e. slight nausea and a strange feeling in the spinal cord. These side effects of psychedelic drugs differ from individual to individual. With my eyes closed I saw colored figures, mainly abstract geometrical forms but sometimes also organic elements, animals, plants. The feeling of my ego and its connection with the outer world was changed. I felt the need to lay down and to dream. Late in the evening just after the beginning of sleep I woke up like after an inner explosion. This happened two times.

Now we know: the watter soluble constituent of ergot is a strong psychotropic agent. It is about 5 to 10 times more effective than Psilocybin. As you know, Ergobasin is used in obstetrics to stop hemmorhage. It is injected intramuscularly to women just after the birth of the child in a dosage of 0,1 mg to 0,25 mg. I am surprised that the psychic effects of Ergobasin have not been observed until now. This may be explained by the low dosage used and by the fact that women just after the birth are anyway in an extraordinary state of mind. I foresee the implications when we publish our findings that hippies may use pharmaceutical preparations like"Ergotrate" Lilly, or "Ergonovine" etc. containing Ergobasin as oxytocic (= unterus contracting) agent, in order to get"high".

I enclose two samples of Ergobasin for your personal use, if you like to test it yourself, which I would suggest. One sample contains 2,0 mg, the other 3,0 mg Ergobasin in the form of a water soluble salt. You dissolve the content in a glass of water or fruit juice, just as you do it with Psilocybin. I have not checked the influence of Ergobasin on my bood pressure. Could you carry out the first experiment with Ergobasin under medical supervision? - in order to get absolutely save.

I shall inform you as soon as possible about the right period of time for our trip to Greece.

PS.- I am in correspondence with Dr. St. Grof. *Cordially*
What is your impression from Esalen
Institute, Big Sur?
                                              Albert.

저자가 하버드 대학교 식물학 도서관에 소장된 티나 & R. 고든 와슨 민족균류학 컬렉션 기록물을 검색하다 발견한 편지. 알베르트 호프만이 스위스 리타미테(Rittimatte) 소재 자택에서 "에르고바신"(에르고노빈) 약간을 자체 실험용으로 와슨에게 우편 발송했다는 내용이다. 호프만은 엘레우시스의 고대 입문자들이 말한 지복직관의 원인이 맥각의 여러 알칼로이드 가운데 하나인 에르고노빈이 아닐까 하고 추측했다. 그는 1976년 이 화합물을 실험해 성공을 거두었다. "실로시빈보다 다섯 배 내지 열 배쯤 더 효과적이었다네." 반면 미국에서 그 환각제를 받아 자기 몸에 실험한 칼 러크는 어중간한 결과뿐이었다고 보고했다. 본래 키케온의 정확한 화학적 제조법에 대한 사냥은 이후로도 지속되었다.

사티로스가 폰(pawn)으로 등장하는 칼 러크의 체스 세트. 그 옆에 놓인 아스텍 버섯 돌은 원래 러크의 친구이자 동역자이며 민족식물학 분야 개척자인 R. 고든 와슨이 갖고 있었던 것이다.

엘레우시스 고고학 박물관 옆 목제 정자에서 만난 유적 발굴 책임자 칼리오페 파팡겔리. 2018년 9월.

그리스 아테네 소재 국립 고고학 박물관. 그리스 고유물 및 문화유산 종합 관리국 책임자인 폴릭세니 아담벨레니 박사 사무실이 있는 곳이다.

엘레우시스 고고학 유적의 어느 올리브 나무 그늘 아래에 레고 블록처럼 놓여 있는 대리석 덩어리. 오른쪽으로는 고대 지중해 세계 이교의 수도였던 장소를 굽어보는 언덕 위에 자리한 파나기아 메소스포리티사 그리스 정교회가 보인다.

엘레우시스 고고학 유적에서 지옥의 입구로 여겨지던 플루토니온 동굴 안 모습. 새로이 그리스도교화한 로마 제국이 신비제를 말살한 지 1,600년 이상 지났지만 이 성소에는 여전히 순례자들이 찾아와 죽은 자들의 여왕 페르세포네에게 공물을 놓아둔다. 사진에 보이듯 석류, 호두, 아몬드, 올리브 가지, 참깨 케이크 같은 것들이다.

세계에서 가장 오래된 현역 양
조장 바로 옆에 있는 뮌헨 공
과대학 부설 바이엔슈테판 양
조 및 식품 품질 연구센터 사무
실에서 만난 마르틴 차른코브
박사.

터키 고르디온 소재 미다스 무덤에서 출토된
기원전 740~700년경의 솥 세 개 가운데 하
나의 옆에서 커다란 음료 그릇의 복제품을
들고 서 있는 패트릭 E. 맥거번. Courtesy
of Thomas A. Stanley; courtesy of the
University of Pennsylvania Museum of
Archaeology and anthropology

스페인 헤로나 소재 베네딕도회 수도원 산트 페레 데 가이간츠의 12세기 로마네스크 대성당에서 신도석을 지나가고 있는 마크 호프먼(왼쪽), 라몬 북소(가운데), 칼 러크(오른쪽). Courtesy of Museu de Arqueologia de Catalunya-Girona

산트 페레 데 가이간츠 헤로나 고고학 박물관 바로 아래에 있는 중세풍 회랑. Courtesy of Museu de Arqueologia de Catalunya-Girona

카탈루냐에서 발굴된 유물들을 살펴보는 칼 러크. 왼쪽은 그리스 여신 모습의 도기 향로(티미아테리아), 가운데는 맥각 함유 맥주에 양성 반응을 나타낸 잔(칸타로스), 오른쪽은 데메테르 혹은 페르세포네의 테라코타 두상이다.
Courtesy of Museu de Arqueologia de Catalunya–Girona

헤로나 고고학 박물관 바깥에 앉아 있는 마스 카스테야르 데 폰토스의 수석 고고학자 엔리케타 폰스와 칼 러크. 2019년 2월.

스페인 카탈루냐 소재 마스 카스테야르 데 폰토스의 가정 예배당에서 데메테르와 페르세포네에게 헌정하기 위해 열렸던 그리스 신비제의 복원도. 여사제 두 명이 예식을 이끌며 지하 세계로의 여행을 인도한다. 여사제 가운데 한 사람은 양손에 든 햇불을 높이 치켜들고, 다른 사람은 곡물 이삭을 올려 든다. 이 그림에는 신비제의 의례적 요소가 모두 나타나 있다. 왼쪽에는 신성한 맥주의 곡물을 분쇄하는 맷돌이 놓여 있다. 가운데에는 향로가 몇 개 놓여 있고, 세 번째 여사제가 공물을 따르고 있다. 뒤쪽 벽에는 그리스계 이탈리아식 암포라들이 놓여 있다. 오른쪽에서는 마술의 수호 여신인 헤카테를 기리기 위해 나이 많은 마녀 두 명이 펜텔리코스산 대리석 제단에서 개를 희생 제물로 바치고 있다. 음악가들은 여신을 맞이하기 위해 귀에 오래 남는 선율로 예배당을 가득 채운다. 어린 소녀가 선조의 귀환을 고대하며 들고 있는 해골 이에서는 훗날 맥각의 흔적이 발견되었다. 외곽의 지하 사일로 가운데 하나에서 발굴된 종 모양 항아리 크라테르에 담긴 환각성 묘지 맥주를 수석 마녀가 국자로 퍼 담고 있다. 술 취한 디오니소스 행렬이 묘사된 고대 그리스의 크라테르는 기원전 5세기 것으로, 포카이아인이 엠포리온 식민지를 처음 건설한 때로부터 불과 몇 세대 뒤에 만들어진 물건이다. ⓒ Cesc Pujol

이탈리아 아뇨네 소재 성 프란체스코 교회 겸 수도원 부설 도서관에서의 프랜시스 신부와 저자. 2018년 6월. Courtesy of Chiesa e Convento di San Francesco (Agnone)

루브르 박물관 보관실에서 방대한 컬렉션을 살펴보는 그리스 도기 담당 선임 큐레이터 알렉산드라 카르디아누와 프랜시스 신부. Courtesy of Musée du Louvre

루브르 박물관 출입 제한 구역에 있는 검토용 책상 위에 놓인 G 408(왼쪽)과 G 409(오른쪽). 그 사이에 놓인 것은 에우리피데스의 『디오니소스의 여신도들』 로브판, 그리고 디오스코리데스의 『의학의 재료에 관하여』에서 약물 첨가 포도주 공식이 소개된 몇 페이지를 출력한 인쇄물이다. Courtesy of Musée du Louvre

1850년경 파리에서 제작된 C. 베트몽(Bethmont)의 수작업 채색 석판화 〈위험한 식물들〉(Plantes dangereuses). 독 당근을 마신 소크라테스의 죽음 장면이 한가운데 묘사되어 있다. 그 주위로는 바곳, 맥각, 치명적인 가짓과 식물, 각종 환각성 버섯을 비롯한 여러 독성 식물, 약초, 균류에 관한 추가 삽화가 나와 있다.

어니스트 보드(Ernest Board)가 1912년경 그린 〈맨드레이크를 기술하는 디오스코리데스〉(Dioscorides Describing the Mandrake). 맨드레이크를 첨가한 포도주는 이 '약물의 아버지'가 저서 『의학의 재료에 관하여』에 수록한 여러 환각성 포도주 제조 공식 가운데 하나일 뿐이다. 이 약초 백과사전은 1세기 후반 고대 그리스어로 저술되었는데, 마침 그 시기에 성 바오로의 서간과 복음서가 똑같은 언어로 저술된 바 있다. Courtesy of the Wellcome Collection

파리의 식당 '리저드 라운지'에서 『요한 복음서』의 고대 그리스어 원문 연구를 마친 직후의 프랜시스 신부와 저자.

그리스도교가 발전하면서 디오니소스의
신성한 자주색은 예수의 자주색으로 변
했으며, 이는 「요한 복음서」 19장 5절에
나오는 '에케 호모'(Ecce Homo, 이 사람
을 보라)라는 유명한 장면에서 명시적으
로 언급되었다.
폼페이에서 발굴된 신비제 저택 벽화의
세부 장면들. 광녀들이 무아경 신의 자주
색 예복을 선보이고 있다(위와 아래).

키프로스의 네아 파포스(Nea Paphos) 고
고학 유적에서 발굴된 2세기 디오니소스
주택의 모자이크 세부 장면. 포도송이를
들고 관을 쓴 디오니소스의 모습 옆에 그
이름이 적혀 있다.

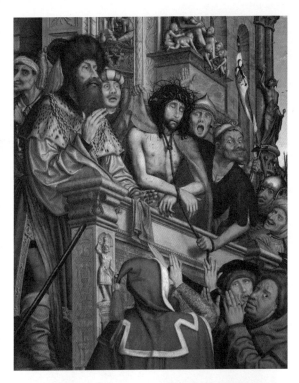

캥탱 마시(Quinten Massys)가 「요한 복음서」 19장 5절의 내용을 소재 삼아 1518년부터 1520년까지 제작한 〈군중 앞에 끌려 나온 그리스도〉(Christ Presented to the People). 현재 스페인 마드리드 소재 프라도 미술관에 소장되어 있다. Courtesy of Museo Nacional del Prado

포르투갈 에보라 소재 산사나무의 성모 성당(Capela Mor Nossa Senhora do Espinheiro)에 있는 십자가를 진 예수상.

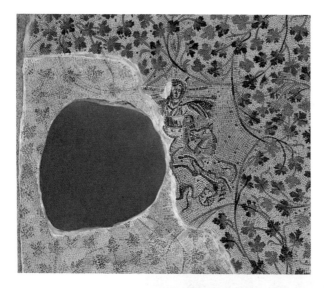

바티칸 지하 묘지 '율리아누스 가문의 무덤'(M 영묘)에 있는 천장 모자이크화. With the kind permission of the Fabbrica di San Pietro in Vaticano

성 마르켈리누스와 성 페트루스의 카타콤 78호실에 있는 장례 연회 프레스코화. 여사제 위에 로마자로 적힌 아가페와 미스케는 각각 '사랑을 위하여!'와 '섞어요!'라는 뜻이다. ⓒ Ponticia Commissione di Archeologia Sacra; Courtesy of Archivio PCAS

성 마르켈리누스와 성 페트루스의 카타콤 39호실에 있는 마지막 장례식 연회 장면. 왼쪽의 로마자는 이레네와 다 칼다(Da calda), 각각 '평화를 위하여!'와 '따뜻한 걸 주세요!'라는 뜻이다. ⓒ Ponticia Commissione di Archeologia Sacra; Courtesy of Archivio PCAS

바티칸 비밀 문서고와 바티칸 도서관 사이에 있는 정원 '도서관 마당'.

저자가 발급받은 바티칸 비밀 문서고와 바티칸 도서
관 출입증.

바티칸 비밀 문서고의 선임 기록 보관원 잔프랑코 아르만도가
'도서관 마당'에 있는 지하실 비슷한 카페에서 나오는 모습.

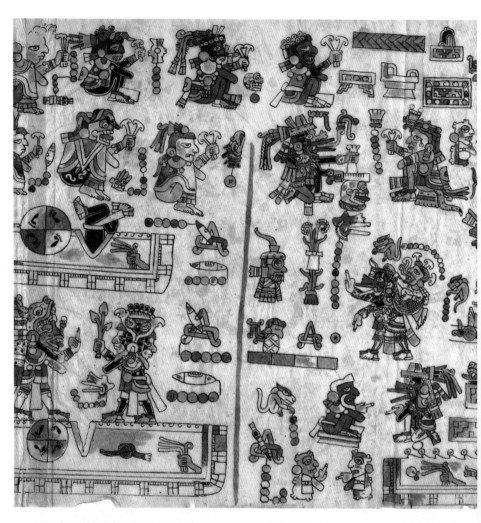

1500년경 멕시코에서 제작된 원본 필사본의 복제품인 『코덱스 빈도보넨시스』(Codex Vindobonensis)의 24번 도판. 오른쪽 위에는 아스텍에서 환영과 환각성 식물의 신인 필친테쿠틀리(Piltzintechutli)가 실로시빈 버섯을 한 움큼 쥐고 있는 모습으로 묘사되어 있다. 콜럼버스 이전 원주민은 이 버섯을 테오나나카틀(teonanácatl)이라 불렀는데, 직역하면 '신들의 살' 또는 '신성한 살'이라는 뜻이다. 필친테쿠틀리는 다른 신 여덟 명에게 이 성사용품의 의례적 이용을 가르치는 것처럼 보인다. 멕시코에서 이루어진 가톨릭의 식민화 가운데 에르난도 루이스 데 알라르콘과 다른 선교사들이 이를 근절하려 했으나 성공하지는 못했다. Courtesy of the British Museum Images (© The Trustees of the British Museum)